DIREITO MARÍTIMO
ESTUDOS EM HOMENAGEM AOS 500 ANOS DA CIRCUM-NAVEGAÇÃO DE FERNÃO DE MAGALHÃES

ENRIQUE RICARDO LEWANDOWSKI
Coordenador

Apresentação
Ilques Barbosa Junior

DIREITO MARÍTIMO

ESTUDOS EM HOMENAGEM AOS 500 ANOS DA CIRCUM-NAVEGAÇÃO DE FERNÃO DE MAGALHÃES

1ª reimpressão

Belo Horizonte

FÓRUM
CONHECIMENTO JURÍDICO
2023

© 2021 Editora Fórum Ltda.

2023 1ª reimpressão

É proibida a reprodução total ou parcial desta obra, por qualquer meio eletrônico, inclusive por processos xerográficos, sem autorização expressa do Editor.

Conselho Editorial

Adilson Abreu Dallari
Alécia Paolucci Nogueira Bicalho
Alexandre Coutinho Pagliarini
André Ramos Tavares
Carlos Ayres Britto
Carlos Mário da Silva Velloso
Cármen Lúcia Antunes Rocha
Cesar Augusto Guimarães Pereira
Clovis Beznos
Cristiana Fortini
Dinorá Adelaide Musetti Grotti
Diogo de Figueiredo Moreira Neto (*in memoriam*)
Egon Bockmann Moreira
Emerson Gabardo
Fabrício Motta
Fernando Rossi
Flávio Henrique Unes Pereira

Floriano de Azevedo Marques Neto
Gustavo Justino de Oliveira
Inês Virgínia Prado Soares
Jorge Ulisses Jacoby Fernandes
Juarez Freitas
Luciano Ferraz
Lúcio Delfino
Marcia Carla Pereira Ribeiro
Márcio Cammarosano
Marcos Ehrhardt Jr.
Maria Sylvia Zanella Di Pietro
Ney José de Freitas
Oswaldo Othon de Pontes Saraiva Filho
Paulo Modesto
Romeu Felipe Bacellar Filho
Sérgio Guerra
Walber de Moura Agra

FÓRUM
CONHECIMENTO JURÍDICO

Luís Cláudio Rodrigues Ferreira
Presidente e Editor

Coordenação editorial: Leonardo Eustáquio Siqueira Araújo
Aline Sobreira de Oliveira

Imagem de capa: Caravana da expedição espanhola comandada pelo explorador português Fernão de Magalhães para circum-navegar o mundo. (Adobe Stock)

Rua Paulo Ribeiro Bastos, 211 – Jardim Atlântico – CEP 31710-430
Belo Horizonte – Minas Gerais – Tel.: (31) 99412.0131
www.editoraforum.com.br – editoraforum@editoraforum.com.br

Técnica. Empenho. Zelo. Esses foram alguns dos cuidados aplicados na edição desta obra. No entanto, podem ocorrer erros de impressão, digitação ou mesmo restar alguma dúvida conceitual. Caso se constate algo assim, solicitamos a gentileza de nos comunicar através do *e-mail* editorial@editoraforum.com.br para que possamos esclarecer, no que couber. A sua contribuição é muito importante para mantermos a excelência editorial. A Editora Fórum agradece a sua contribuição.

Dados Internacionais de Catalogação na Publicação (CIP) de acordo com a AACR2

D598	Direito Marítimo: estudos em homenagem aos 500 anos da circum-navegação de Fernão de Magalhães / Enrique Ricardo Lewandowski (Coord.). 1. reimpressão.– Belo Horizonte : Fórum, 2021.
	620 p.; 17x24cm
	ISBN: 978-65-5518-105-0
	1. Direito Privado. 2. Direito Marítimo. 3. Direito Comercial. I. Lewandowski, Enrique Ricardo. II. Título.
	CDD 342
	CDU 347.7

Elaborado por Daniela Lopes Duarte - CRB-6/3500

Informação bibliográfica deste livro, conforme a NBR 6023:2018 da Associação Brasileira de Normas Técnicas (ABNT):

LEWANDOWSKI, Enrique Ricardo (Coord.). *Direito Marítimo*: estudos em homenagem aos 500 anos da circum-navegação de Fernão de Magalhães. 1. reimpr. Belo Horizonte: Fórum, 2021. 620 p. ISBN 978-65-5518-105-0.

SUMÁRIO

APRESENTAÇÃO
Ilques Barbosa Junior.. 15

INTRODUÇÃO – SOBERANIA E DIREITO MARÍTIMO
Ricardo Lewandowski... 23
1   Poder supremo... 23
2   Moeda de duas faces 25
3   Coexistência simultânea 26
4   Força *versus* direito 28
5   Mar territorial 30
6   Alto mar 32
      Referências 34

REPARTIÇÃO CONSTITUCIONAL DE COMPETÊNCIAS – DIREITO AMBIENTAL MARÍTIMO OU DIREITO MARÍTIMO AMBIENTAL
Alexandre de Moraes.. 37
      Referências 47

O PRAZO PRESCRICIONAL PARA A COBRANÇA DE SOBRE-ESTADIA DE CONTÊINERES (*DEMURRAGE*) EM CONTRATOS DE TRANSPORTE MARÍTIMO UNIMODAL NA PERSPECTIVA DA JURISPRUDÊNCIA DO SUPERIOR TRIBUNAL DE JUSTIÇA – STJ
Antonio Carlos Ferreira 49
      Introdução 49
      Legislação aplicável 51
      O Recurso Especial nº 1.340.041/SP e os prazos prescricionais para a cobrança da *demurrage* nos transportes unimodais e multimodais................. 54
      O termo inicial do prazo prescricional: término do *free time* ou a efetiva restituição do contêiner? 63
      Conclusão 65

ACIDENTES E FATOS DA NAVEGAÇÃO E SUA RELAÇÃO COM O CRIME DE ATENTADO CONTRA A SEGURANÇA DO TRANSPORTE MARÍTIMO OU FLUVIAL: ASPECTOS PENAIS E PROCESSUAIS PENAIS

Antonio Eduardo Ramires Santoro 67
    Introdução 67
1   Acidentes e fatos da navegação: elementos típicos e dogmáticos 70
1.1 Acidentes da navegação 71
1.2 Fatos da navegação 73
1.3 Distinções entre acidentes e fatos da navegação 75
2   O crime de atentado contra a segurança do transporte marítimo e fluvial: elementos do tipo 77
3   Ação significativa e a prova da intenção 80
    À guisa de conclusão: consequências da relação típico-dogmática entre acidente da navegação e o tipo penal de atentado contra a segurança do transporte marítimo e fluvial 88
    Consequências penais 88
    Consequências processuais penais 90
    Referências 92

DA RESPONSABILIDADE CIVIL DO PRÁTICO NO DIREITO MARÍTIMO BRASILEIRO

Benedito Gonçalves 95
1   Introdução 95
2   Da responsabilidade civil no direito brasileiro 96
3   Dos tipos de responsabilidade e regras 97
4   Da responsabilidade civil do prático no direito brasileiro e no direito comparado 101
5   Considerações finais 110
    Referências 111

PIRATARIA MARÍTIMA: O PROBLEMA DA JURISDIÇÃO UNIVERSAL

Caetano F. A. Silveira 113
I   Introdução 113
II   A pirataria marítima e o direito internacional 114
1   Noção de pirataria. Caracterização 114
2   Regime jurídico da pirataria marítima 116
2.1 Período do direito internacional clássico 117
2.2 Período do direito internacional contemporâneo 119
2.3 A Convenção das Nações Unidas sobre o Direito do Mar, de 1982 120
3   Natureza jurídica da pirataria: crime ou mero delito internacional? 121
III O problema da jurisdição universal 125
4   Jurisdição universal dos Estados 125
4.1 Princípio da universalidade 126
4.2 O caso da pirataria marítima 127

5	Dever dos Estados no combate à pirataria marítima	129
5.1	O problema das jurisdições internas	131
5.2	Breve abordagem ao caso do Quênia	133
6	Outras instâncias de jurisdição universal	135
IV	Conclusões	137
	Referências	138

ENERGIAS AZUIS E A PROTEÇÃO DO ALTO-MAR
Carmen Lucia Sarmento Pimenta 141

1	Introdução	141
2	Energias fósseis. O problema	142
3	Energias renováveis. A solução	146
4	Energias azuis. As renováveis no mar	148
4.1	Energia eólica marinha	148
4.2	Energia geotérmica marinha	150
4.3	Bioenergia marinha	151
4.4	Energia marítima	152
4.4.1	Energia das ondas	152
4.4.2	Energia das marés	153
4.4.2.1	Energia das amplitudes de marés	154
4.4.2.2	Energia das correntes de marés	154
4.4.3	Energia das correntes oceânicas	155
4.4.4	Energia térmica marinha	156
4.4.5	Energia da graduação de salinidade	157
5	Águas de ninguém	157
6	Considerações finais	161
	Referências	163

A "SEGURANÇA NO MAR" E A CIBERSEGURANÇA MARÍTIMA NO QUADRO JURÍDICO PORTUGUÊS
Duarte Lynce de Faria 165

I	Introdução	165
II	A influência da segurança nacional e de uma estratégia setorial no conceito de "segurança no mar"	173
III	A perspectiva moderna da defesa contra os ciberataques no setor marítimo	182
IV	Conclusões	191
	Referências	193

LUZES E SOMBRAS SOBRE AS REGRAS DE ROTTERDAM: A POSIÇÃO DO BRASIL E DA AMÉRICA LATINA

Eliane M. Octaviano Martins 197

1. A regulamentação internacional dos contratos internacionais de transporte marítimo de mercadorias 197
2. Das "luzes" sobre as Regras de Rotterdam 202
2.1 Das responsabilidades do transportador 204
2.2 Da limitação e excludentes de responsabilidade do transportador 208
2.3 Contratos de volume 209
2.4 A responsabilidade do proprietário do navio 210
2.5 Documentação e transferência de direitos 211
2.6 Transporte pelo mar e outros modais 212
3. Das "sombras" sobre as Regras de Rotterdam 213
4. A posição do Brasil e da América Latina 215
4.1 A Declaração de Montevidéu 216
4.2 Os contratos marítimos internacionais de transporte de mercadorias no direito brasileiro 218
4.2.1 Foro competente 219
4.2.2 Legislação aplicável 219
4.2.3 A incidência do CDC nos contratos de transporte marítimo de mercadorias ... 221
4.2.3.1 Teoria finalista 221
4.2.3.2 Teoria maximalista 223
4.2.3.3 A teoria prevalente 224
4.3 O Brasil e as Regras de Rotterdam 224
5. Considerações finais 226

ASPECTOS AMBIENTAIS DA OPERAÇÃO *SHIP TO SHIP*

Elton M. C. Leme, Luis Felipe Salomão Filho 231

Introdução 231
A sustentabilidade ambiental como direito fundamental e princípio condicionante .. 237
Riscos da operação STS e o princípio da prevenção 240
Regulamentação e licenciamento da operação STS 247
Considerações finais 252
Referências 255

A LIMITAÇÃO DE RESPONSABILIDADE NO DIREITO MARÍTIMO: A NECESSIDADE DE SUA MODERNIZAÇÃO

Luís Felipe Galante 257

1. Introdução 257
2. Fundamento da limitação de valor indenizatório 258
3. O direito à limitação de responsabilidade e suas modalidades 262
3.1 A limitação individual 262

3.2	As cláusulas limitativas de responsabilidade	263
3.3	A limitação geral	264
4	A limitação no direito marítimo brasileiro atual	265
4.1	Direito material	265
4.2	Direito processual	270
4.3	Análise crítica	273
5	A proposta de modernização	274
6	Conclusão	277

O PROCESSO DE REMOÇÃO DE DESTROÇOS DE NAVIOS NAUFRAGADOS OU ENCALHADOS, NO QUADRO DA SEGURANÇA MARÍTIMA E DO EXERCÍCIO DA AUTORIDADE MARÍTIMA

Luis Manuel da Costa Diogo 279

1	Enquadramento. A Autoridade Marítima	279
2	A questão da remoção de navios encalhados ou afundados. Breve resenha de antecedentes	282
2.1	Características jurídicas do art. 168º do RGC. Particularidades de regime	284
2.2	Os casos-tipo que obrigaram à publicação posterior de legislação avulsa	290
2.2.1	*Jacob Maersk*	290
2.2.2	*Tollan*	292
2.2.3	*Vianna*	292
2.2.4	Os decretos-leis que definiram os processos de remoção dos navios	293
3	A *Nairobi Wreck Removal Convention*	295
4	O Decreto-Lei nº 64/2005, de 15 de março. Enquadramento e justificação do regime	301
	Referências	305

O TRANSPORTE MARÍTIMO NUM MUNDO GLOBALIZADO

Manuel Carlos Lopes Porto, Jose Luis Moreira da Silva 307

1	O contributo de Portugal para o transporte marítimo e a globalização	308
2	O juízo a fazer acerca da globalização	311
2.1	As lições das experiências e da ciência econômica, apontando no sentido do livre-cambismo	312
2.1.1	As experiências verificadas	312
2.1.2	O contributo recente da ciência econômica	316
2.2	"Razões", designadamente políticas, que podem levar ao protecionismo	318
2.3	Uma ingenuidade, ante o novo quadro do mundo?	320
3	Um papel crescente, sem alternativa, para o transporte marítimo, dada a localização das potências emergentes	324
4	Grandes exigências, designadamente em algumas áreas do direito	326
4.1	A grande evolução do direito marítimo em Portugal	326
4.2	A metamorfose do direito portuário: as novas concessões de terminais, a criação dos portos secos e os *green ports*	329
4.3	As novas tecnologias a favor da cadeia logística: a janela única logística	333

4.4	O registro internacional de navios (MAR), o registro convencional e a *tonnage tax* 335
4.5	A modernização do direito marítimo e os tribunais especializados 342
5	Conclusões 347
	Referências 349

O TRIBUNAL MARÍTIMO E A EFICÁCIA DOS SEUS ACÓRDÃOS
Marcelo David Gonçalves 353

1	Do Tribunal Marítimo 353
2	Composição do Tribunal Marítimo 355
3	Da competência do Tribunal Marítimo 355
4	Eficácia das decisões do Tribunal Marítimo 357
a)	Navegação comercial: atividade estratégica do Estado brasileiro 358
b)	Meio securitário: reflexo de natureza privada dos julgados do Tribunal Marítimo 364
c)	Valor dos acórdãos do Tribunal Marítimo perante o Poder Judiciário 365
c.1)	Deve ou não o Poder Judiciário esperar o julgamento do Tribunal Marítimo? 366
c.2)	Decisões do Tribunal Marítimo: competência quase-jurisdicional – Provas de maior valia. Necessidade de fundamentação das decisões judiciais 368

SEGURANÇA JURÍDICA E LIVRE INICIATIVA NO ÂMBITO DO DIREITO MARÍTIMO
Marco Aurélio Mello 377

Introdução 377
Os princípios da livre iniciativa e da segurança jurídica 380
Conclusão 384

LEI NACIONAL DE PRATICAGEM: UMA PROPOSTA DE AJUSTE AOS PARADIGMAS DA ORGANIZAÇÃO MARÍTIMA INTERNACIONAL
Matusalém Gonçalves Pimenta 385

	Introdução 385
1	A praticagem no Brasil 387
2	Princípios fundamentais da praticagem 391
2.1	Princípio da sinistralidade mínima 391
2.2	Princípio da independência funcional 393
2.3	Princípio da experiência recente 394
2.4	Princípio do número limitado 396
2.5	Princípio da divisão equânime 397
3	A praticagem nos países europeus 398
3.1	A posição da União Europeia 399
3.2	A posição da Associação Europeia de Práticos 400
3.3	O posicionamento dos Estados europeus 401

3.3.1	No Reino Unido	402
3.3.2	Na Alemanha	403
3.3.3	Na Espanha	403
3.3.4	Em Portugal	404
3.4	Relatório do Subcomitê de Praticagem do Grupo de Seguradores Marítimos	405
4	Proposta para uma lei nacional de praticagem	407
	ANTEPROJETO DE LEI	408
	Considerações finais	415
	Referências	416

A RESOLUÇÃO DE CONFLITOS NO ÂMBITO DA CONVENÇÃO DAS NAÇÕES UNIDAS PARA O DIREITO DO MAR

Miguel Xavier da Cunha O. Júdice Pargana 419

1	Introdução	419
2	Princípios atinentes à resolução de conflitos	420
3	Mecanismos de resolução de conflitos	426
4	Mecanismos compulsórios	430
5	O Tribunal Internacional do Direito do Mar	431
6	O Tribunal Internacional de Justiça	438
7	Tribunais arbitrais	440
8	Conclusão	442
	Referências	443

BLUE GROWTH Y ENERGÍA EN LA UE: BALANCE Y PERSPECTIVAS

Montserrat Abad Castelos 445

I	Introducción: el marco jurídico-político para la búsqueda de crecimiento y energía azul	445
1	Más allá de la UE	445
2	En la UE: *Blue growth* y energía	447
II	Tipos de energías renovables marinas, inclusive la energía oceánica	448
III	Estado actual y potencial de la energía oceánica en la UE	451
IV	Actores implicados y algunos desafíos presentes	453
V	Nuevas tendencias, necesidad de partenariados y algunos problemas a tener en cuenta	456
VI	Conclusión	462

EMBARGO DE EMBARCAÇÃO OU ARRESTO DE NAVIO?

Nelson Cavalcante e Silva Filho 465

1	Introdução	465
2	O arresto de navios no Brasil	467
3	Como liberar um navio arrestado para seguir viagem?	481

4	O arresto impróprio e seus efeitos	484
5	A Convenção Internacional sobre Arresto de Navios de 1999	484
6	Conclusões	493
	Referências	495

AVARIA GROSSA
Paulo Dias de Moura Ribeiro 497

1	Apresentação	497
2	Síntese histórica do direito marítimo	498
3	Leis de Rodes	498
4	Liberdade marítima	499
5	Das avarias	501
6	Requisitos para a regulação da avaria grossa	503
7	Jurisprudência	504
8	Jurisprudência selecionada do STJ sobre atividade de praticagem	509
	Referências	518

ARBITRAGEM NO TRANSPORTE MARÍTIMO DE MERCADORIAS: PROSPECTIVAS PARA O BRASIL
Raphael Magno Vianna Gonçalves 519

	Introdução	519
I	Transporte marítimo de mercadorias	521
a)	Contratos de afretamento	524
b)	Contratos de transporte	528
II	Utilização da arbitragem no transporte marítimo	533
a)	Relação contratual entre fretadores e afretadores	534
b)	Relação contratual entre interessados na mercadoria e transportadores	540
	Conclusão	543

PRESCRIÇÃO DA COBRANÇA DA SOBRE-ESTADIA DE CONTÊINERES (*DEMURRAGE*)
Ricardo Villas Bôas Cueva 545

1	Introdução	545
2	Conceito de sobre-estadia	546
3	O Código Comercial como lei de regência	547
4	Aplicação do Código Civil de 2002: dois prazos prescricionais	550
5	Divergência: aplicação analógica das regras de transporte multimodal	553
6	Reuniformização da jurisprudência	554
7	Considerações finais	559

A NATUREZA JURÍDICA DA REMUNERAÇÃO DA PRATICAGEM E A POSSIBILIDADE DE ATRIBUIÇÃO DE PREÇO MÁXIMO PELA AUTORIDADE MARÍTIMA BRASILEIRA

Theophilo Antonio Miguel Filho 561
1   Introdução 561
2   Breve histórico sobre a praticagem no Brasil e sua evolução legislativa 562
3   Controvérsia e natureza jurídica: a possibilidade de fixação de preço máximo
       ao serviço de praticagem pela Comissão Nacional para Assuntos de Praticagem 567
4   Princípios inerentes à controvérsia jurídica de fixação prévia de preço máximo
       à atividade de praticagem 572
4.1   Princípio da essencialidade da atividade (prestação de serviço) 572
4.2   Princípio da legalidade 574
4.3   Princípio da liberdade econômica (livre concorrência e livre iniciativa) 586
5   A evolução do posicionamento dos órgãos jurisdicionais 592
       Referências 596

TRIBUNAL MARÍTIMO: VISITANDO A CORTE DO MAR BRASILEIRA

Wilson Pereira de Lima Filho 599
1   Introdução 599
2   Uma história resumida do Tribunal Marítimo 602
3   As atribuições do Tribunal Marítimo 604
4   A composição do Colegiado do Tribunal Marítimo 605
5   O Tribunal Marítimo e os acidentes e fatos da navegação 606
6   O Tribunal Marítimo hoje 610
7   Considerações finais 612
       Referências 614

SOBRE OS AUTORES 617

APRESENTAÇÃO

ILQUES BARBOSA JUNIOR

Almirante de Esquadra. Comandante da Marinha. Autoridade Marítima Brasileira.

> *O Oceano é um meio diferente da terra, tão diferente, de fato, que nos força a pensar diferentemente. O oceano, onde tudo flui e tudo é interconectado, nos força a desfocar, a repelir nossos velhos conceitos e paradigmas – a refocar sobre novo paradigma.*
>
> *Conceitos fundamentais, desenvolvidos por milênios na Terra, como os de soberania, fronteiras geográficas e prosperidade, simplesmente não funcionarão no meio oceânico, onde novos conceitos políticos, jurídicos e econômicos estão emergindo.*
>
> (BORGESE, Elisabeth Mann. *The oceanic circle*: governing the seas as global resource. Tradução de Marcos Lourenço de Almeida. New York: United Nations University, 1998)

Na história da humanidade, constatamos inúmeras iniciativas visando ao estabelecimento de alguma forma de jurisdição sobre os espaços oceânicos e rios. Essas iniciativas, pautadas, inicialmente, em conquistas territoriais, passaram a ter no comércio, na exploração de recursos naturais (vivos e não vivos) e, sobretudo, no conceito de Estado, os fundamentos para a elaboração e o aprimoramento constante de um amplo e complexo ordenamento jurídico. Os fenícios e os *vikings*, exímios navegadores, foram os percursores de conquistas territoriais e do comércio marítimo. No entanto, como sabemos, era inexistente um ordenamento jurídico. Aos romanos coube a honra das primeiras normas jurídicas, ao reivindicarem o domínio do Mar Mediterrâneo, durante a *Pax Romana*, com o *Mare Nostrum*. A partir do século XVI, portugueses e espanhóis buscaram fortalecer seus interesses nos oceanos, por meio do *Mare Clausum*. No século XVII, o holandês Hugo Grotius divulgou a teoria do *Mar Liberum*, com ênfase na livre navegação nos espaços marítimos.

A longa singradura do ordenamento jurídico alcança o ano de 1982, quando temos a promulgação da "Constituição do Mar", a Convenção das Nações Unidas para o Direito do Mar, assinada em Montego Bay, Jamaica.

Os aspectos jurídicos que envolvem o mar e os rios continuam em evolução à medida que é ampliado o conhecimento sobre os espaços marítimos e fluviais. No mar, o homem tem obtido alimento, prospectado petróleo e gás, principais fontes de energia da atualidade, conectado Estados, possibilitado o transporte da maior parte do comércio internacional; assim como, por meio dos cabos submarinos, estabelecido a predominância nas comunicações globais. A "Economia Azul" representa bem toda essa riqueza, visto que as atividades direta e indiretamente relacionadas aos espaços marítimos e apoiadas por extensas hidrovias como turismo, complexos portuários, estaleiros, entre outros setores, promovem desenvolvimento e amplas oportunidades de trabalho.

A transformação dos desafios em oportunidades inseridas em temas relacionados aos oceanos e capazes de aprimorar a exploração dos benefícios, que estes podem proporcionar, exige uma "matriz de conhecimentos" que vem sendo perseguida por países ao longo dos últimos séculos. No século XV, tivemos em Portugal uma excelência em "matriz de conhecimentos": a Escola de Sagres. A habilidade e liderança política da família real, com empreendedores, carpinteiros, cartógrafos, filósofos, cientistas e marinheiros, permitiram que aquele país alcançasse as dimensões de um império, de proporções continentais, do qual despontou o imenso Brasil.

Nesse contexto, a Espanha também registra sua contribuição. Em 20.9.1519, a expedição composta por cinco navios, sob o comando do navegador português Fernão de Magalhães, a serviço da coroa espanhola, deixava o porto de Sanlúcar de Barrameda, no sul da Espanha.

A expedição de Magalhães realizou algo inédito: completou a primeira circum-navegação. Esse notável feito, empreendido com grande sacrifício e custo de vidas, contribuiu para alterar o curso da história.

Diversas foram as consequências para a humanidade, entre as quais, surgimento de novos conhecimentos, superação de mitos medievais, maior conscientização da diversidade cultural e, inquestionavelmente, ampliação das rotas comerciais, no século XVI.

Assim, aponto a relevância desta obra, ora apresentada e intitulada *Direito marítimo: estudos em homenagem aos 500 anos da circum-navegação de Fernão de Magalhães*. Rememorar tal conquista é uma forma de demonstrar à geração atual e às futuras que os grandes eventos disruptivos da civilização impõem a predominância do bem comum, sacrifícios, coragem, engenhosidade e elevada capacidade de liderança.

Nessa homenagem, o Professor e Ministro do Supremo Tribunal Federal, Ricardo Lewandowski, reúne uma coletânea de artigos ofertados por magistrados, professores, advogados e, também, marinheiros que atuam na área do direito marítimo. Este ramo especializado do direito comercial tem como objeto o comércio aquaviário, seja pela via marítima ou fluvial, portanto é de natureza jurídica privada. Nesse aspecto, destaco essa coletânea, como uma "matriz de conhecimentos", constatando a pluralidade de áreas de atuação profissional dos participantes na sua elaboração.

Em que pese o objeto do direito marítimo, de natureza privada, ser distinto ao do direito do mar, área especializada do direito internacional público, os dois ramos estão inter-relacionados sob a ótica da jurisdição e soberania do Estado Costeiro sobre suas águas, como destacado pelo Ministro Ricardo Lewandowski, na introdução da obra.

O que encontramos ao longo da leitura, nessa singradura "marinheira-jurídica"?

Nessa profícua navegação, temos artigos que apresentam temas atuais do direito marítimo relacionados aos acidentes da navegação, sobre-estadia de contêineres, praticagem, solução de controvérsias pela arbitragem, assim como contribuições para a produção sustentável de energia no mar, proteção do meio marinho e segurança da navegação.

O Ministro Marco Aurélio Mello discorre sobre segurança jurídica e livre iniciativa no âmbito do direito marítimo, e o Ministro Alexandre de Moraes trata da repartição constitucional de competências no direito ambiental marítimo ou direito marítimo ambiental.

A Professora Montserrat Abad Castelos aborda a produção de energia no mar. Os acidentes e fatos da navegação recebem a atenção nos artigos do Professor Antonio Eduardo Ramires Santoro e do Ministro Paulo Dias de Moura Ribeiro.

Em seguida, a prescrição sobre a cobrança de sobre-estadia de contêineres é analisada pelo Ministro Antonio Carlos Ferreira e pelo Ministro Ricardo Villas Bôas Cueva. A segurança do espaço cibernético relacionado ao mar, na perspectiva da legislação portuguesa, é apresentada pelo Professor Duarte Lynce de Faria.

O serviço de praticagem é analisado pelo Ministro Benedito Gonçalves, pelo Desembargador Federal Theophilo Antônio Miguel Filho e pelo Professor Matusalém Gonçalves Pimenta.

O Professor Luís Felipe Galante trata da proposta de limitação de responsabilidade no direito marítimo, que tramita no Senado Federal. Por sua vez, a Professora Eliane M. Octaviano Martins aborda a posição do Brasil e da América Latina sobre Regras de Rotterdam.

A pirataria é analisada no artigo do Professor Caetano F. A. Silveira, enquanto os aspectos ambientais da operação de transbordo navio a navio, chamado *ship to ship*, são tratados pelo Desembargador Elton M. C. Leme e pelo Engenheiro Naval Luis Felipe Salomão Filho. A Professora Carmen Lucia Sarmento Pimenta discute os riscos de instalação das estruturas para a captação de energia no alto-mar.

A importância do Tribunal Marítimo brasileiro é destacada em artigos de dois de seus juízes, o presidente do Tribunal, Vice-Almirante Wilson Pereira de Lima Filho, e o Juiz Marcelo David Gonçalves.

O Juiz Nelson Cavalcante e Silva Filho traça um panorama do arresto de navios no Brasil. O Professor Costa Diogo trata do processo de remoção de navios encalhados ou naufragados, no âmbito do ordenamento jurídico nacional português. O transporte marítimo em um mundo globalizado é analisado pelos professores Manoel Carlos Lopes Porto e José Luis Moreira da Silva.

Os mecanismos de resolução pacífica de conflitos previstos na Convenção das Nações Unidas sobre o Direito do Mar são objeto do artigo do Professor Miguel Xavier da Cunha O. Júdice Pargana.

Finalmente, a arbitragem como método de solução de controvérsias no transporte marítimo de mercadorias no Brasil é tratada pelo Professor Raphael Magno Vianna Gonçalves.

Como foi ponderado, são temas importantes para o direito marítimo e, igualmente, relacionados às competências da autoridade marítima brasileira conferidas ao comandante da Marinha, por norma legal.

A Marinha do Brasil, que tem por missão "preparar e empregar o Poder Naval, a fim de contribuir para a Defesa da Pátria; para a garantia dos poderes constitucionais e, por iniciativa de qualquer destes, da lei e da ordem; para o cumprimento das atribuições subsidiárias previstas em Lei; e para o apoio à Política Externa", possui as seguintes atividades enfeixadas no rol das atribuições da autoridade marítima: segurança da navegação, salvaguarda da vida humana no mar, preservação do meio ambiente, formação do pessoal da Marinha Mercante, proposição de políticas públicas vinculadas aos mares e rios, elaboração de normas, confecção e atualização de cartas náuticas, levantamentos hidrográficos, manutenção da sinalização náutica, serviço meteorológico marinho, entre outras.

Sempre é oportuno destacar que todas essas atividades são realizadas pela Marinha do Brasil nos mais de 60 mil quilômetros de rios ao longo do nosso território e em uma área de 5,7 milhões de km², que compõem a base física do conceito político-estratégico "Amazônia Azul".

Esse imenso mar que nos pertence, vital para a sobrevivência e prosperidade do país, é melhor compreendido ao ser analisado em vertentes: ambiental, econômica, científica, diplomática e de soberania nacional.

Na vertente ambiental, pela relevância da preservação da vida, relembramos que a continuidade dos espaços oceânicos e a mobilidade das correntes marítimas ampliam a probabilidade de o tráfego marítimo e as atividades de exploração de recursos no mar comprometerem o ambiente marinho. Assim, destacamos a importância de contínuos ajustes na legislação, em especial, os que fazem referência à navegação na Zona Econômica Exclusiva e Alto-Mar.

Devido às imensas oportunidades ligadas à "Amazônia Azul", é fundamental desenvolver o direito marítimo, sendo necessário que as comunidades acadêmicas e científicas e as instituições de ensino públicas e privadas envidem esforços no incremento da formação de professores, cientistas, engenheiros, advogados e outros profissionais por meio de cursos e aprofundamento dos debates.

Nesse contexto, indico a relevância da iniciativa de homenagear os 500 anos da circum-navegação de Fernão de Magalhães por ampliar as análises sobre temas sempre complexos, que envolvem as atividades marítimas e fluviais. Adicionalmente, a homenagem pode ser inserida como mais um atendimento da proposta da Organização das Nações Unidas, que prevê a "Década dos Oceanos" (2021-2030), ao constatar o alvorecer de uma nova corrida de conquista do ambiente marítimo.

Também é relevante apontar que o Comando da Marinha possui, em sua estrutura orgânica, a Representação Permanente do Brasil junto à Organização Marítima Internacional, instituição vinculada à Organização das Nações Unidas. Desta forma, o país tem participado do debate e da construção de convenções e normas internacionais, buscando exercer sua soberania, atendendo aos interesses nacionais e internalizando diversos instrumentos normativos internacionais, o que se traduz em segurança jurídica, atração de investimentos e defesa dos interesses nacionais.

Deve ser ainda mencionado que o Brasil possui um órgão autônomo especializado, vinculado ao Comandante da Marinha, composto por um Colegiado multidisciplinar, para julgar acidentes e fatos da navegação e manter o registro da propriedade marítima: o Tribunal Marítimo, a "Corte do Mar".

Adicionalmente, a Procuradoria Especial da Marinha, "Ministério Público do Mar", atua como *dominus litis* e *custos legis*, sendo responsável pela fiel observância da Constituição Federal, das leis e dos atos emanados dos poderes públicos, referentes às atividades marítimas, fluviais e lacustres, função essencial para a segurança e justiça da navegação.

Devido à magnitude do desafio da necessidade do constante aprimoramento da legislação sobre os oceanos e rios, foi com satisfação que tomei conhecimento desta obra, coordenada pelo Ministro Ricardo Lewandowski, de quem recebi o honroso convite para redigir a sua apresentação.

Esta obra deve ser celebrada por aqueles que se dedicam às atividades vinculadas ao direito marítimo. Estou convicto de que, por sua qualidade e abrangência, constitui valioso material de estudo e pesquisa.

Assim, auguro ao leitor uma "boa navegação" nas páginas deste compêndio de natureza ímpar que aborda dois "auxílios à navegação" para um futuro exitoso do Estado brasileiro: a maritimidade e a justiça!

No momento em que iniciamos a leitura que nos remete aos espaços oceânicos e fluviais, é oportuno relembrar o poema de Fernando Pessoa:

Valeu a pena? Tudo vale a pena
Se a alma não é pequena.
Quem quer passar além do Bojador
Tem que passar além da dor.
Deus ao mar o perigo e o abismo deu,
Mas nele é que espelhou o céu.

Tudo pela Pátria!

INTRODUÇÃO

SOBERANIA E DIREITO MARÍTIMO

RICARDO LEWANDOWSKI

Ministro do Supremo Tribunal Federal. Professor Titular de Teoria do Estado da Faculdade de Direito da Universidade de São Paulo e Coordenador desta obra coletiva.

1 Poder supremo

Não é possível compreender adequadamente a atual regulamentação jurídica dos espaços marítimos sem conhecer a evolução do conceito de soberania.[1] Tal como a palavra que lhe diz respeito, a ideia de soberania somente foi se firmando nos albores da Era Moderna, quando o poder real passou a ocupar o espaço político antes dominado pelos senhores feudais, sendo desconhecida na antiguidade greco-romana e na Alta Idade Média. Nem o vocábulo *autarquia*, correspondente à autossuficiência da *polis* helênica, que distinguia, segundo Aristóteles, o Estado de outros agrupamentos humanos,[2] tampouco as expressões *maiestas*, *potestas* e *imperium* – que na Roma antiga expressavam ora a potência e a força do

---

[1] V. LEWANDOWSKI, Enrique Ricardo. *Globalização, regionalização e soberania*. São Paulo: Juarez de Oliveira, 2004. Dessa obra foi extraída grande parte das considerações desenvolvidas na presente Introdução.
[2] BAKER, Ernest (Trad.) *The politics of Aristotle*. Oxford: Oxford University Press, 1979. p. 4-5.

povo, ora poder civil e militar de mando – igualam-se à moderna concepção de soberania, como lembra Georg Jellinek.[3]

É que "faltava ao mundo antigo aquilo que podia trazer à consciência o conceito de soberania: a oposição do poder do Estado a outros poderes".[4] Essa oposição somente veio a esboçar-se na Baixa Idade Média, pois na primeira fase do medievo, que se estendeu dos séculos V ao XI de nossa era, o domínio dos senhores feudais não sofreu maiores contrastes, salvo em matéria espiritual, seara em que a Igreja detinha a última palavra.

É bem verdade que a soberania, compreendida como um fato social, ou seja, enquanto dado de realidade, sempre existiu, mesmo nas sociedades mais primitivas, pois, como observa Pinto Ferreira, ela "existe onde há poder de decisão em última instância".[5] Mas o próprio autor reconhece que o conceito de soberania, como princípio político e normativo, desenvolveu-se "no último período da Idade Média, melhor ainda, como uma obra-prima, lavor da indagação analítica da Renascença e de suas condições materiais de existência".[6]

Em face disso, é possível concluir que o conceito de soberania constitui uma elaboração teórica levada a cabo dentro de determinadas condições históricas que coincidiram, de um modo geral, com o declínio político dos senhores feudais e com a concomitante centralização do poder por parte de determinados reis e príncipes, no apagar das luzes do medievo. Esse processo resultou na assunção do *poder supremo*, ou seja, da *summa potestas*, pelo Estado, dentro de certos limites territoriais.

Assim, a soberania não coincide simplesmente com o poder do Estado, mas representa uma qualidade desse poder. No dizer de Carré de Malberg, trata-se do grau supremo a que pode atingir o poder estatal, que

---

[3] JELLINEK, Georg. *Teoria general del Estado*. Buenos Aires: Albatros, 1973. p. 327-331.
[4] JELLINEK, Georg. *Teoria general del Estado*. Buenos Aires: Albatros, 1973. p. 331.
[5] FERREIRA, Pinto. *Teoria geral do Estado*. 3. ed. São Paulo: Saraiva, 1975. v. 1. p. 215.
[6] FERREIRA, Pinto. *Teoria geral do Estado*. 3. ed. São Paulo: Saraiva, 1975. v. 1. p. 215.

"não admite que nenhum outro se equipare ou concorra com ele".[7] Não é outro o entendimento de Pinto Ferreira, para quem, por Estado soberano "deve entender-se que, na esfera de sua autoridade, na competência a que é chamado a exercer para realizar a sua finalidade, que é o bem público, ele representa um poder que não depende de outro poder, nem é igualado por qualquer outro dentro de seu território".[8]

2 Moeda de duas faces

O conceito de soberania, contudo, não resulta apenas das lutas travadas entre os nobres e os reis pelo exercício do poder político, derivando também das disputas que estes mantiveram com a Igreja e o Sacro Império Romano-Germânico, que se pretendiam superiores, no plano espiritual e político, respectivamente, a todos os governantes medievais.

Por isso é que Carré de Malberg observa que a soberania apresenta uma dupla feição, ou seja, uma externa e outra interna. A primeira diz respeito ao relacionamento internacional dos Estados, pressupondo "a exclusão de toda a subordinação, de toda a dependência, em face dos Estados estrangeiros"; já a segunda

> implica que o Estado possua, seja em relação às pessoas que dele façam parte ou que se encontrem em seu território, seja com relação a todos os outros agrupamentos públicos ou privados organizados dentro dele, uma autoridade suprema, no sentido de que sua vontade predomine sobre todas as vontades dessas pessoas ou grupos, não possuindo estes senão um poder inferior ao seu.[9]

A soberania, portanto, equivale a uma *moeda de duas faces*: uma correspondendo ao conceito de supremacia e outra à ideia de independência.[10]

---

[7] MALBERG, R. Carré de. *Contribution a la théorie génerale de L'Etat.* Paris: Sirey, 1920. t. 1. p. 71.
[8] FERREIRA, Pinto. *Teoria geral do Estado.* 3. ed. São Paulo: Saraiva, 1975. v. 1. p. 206.
[9] MALBERG, R. Carré de. *Contribution a la théorie génerale de L'Etat.* Paris: Sirey, 1920. t. 1. p. 71.
[10] Cf. DALLARI, Dalmo de Abreu. *Elementos de teoria geral do Estado.* 22. ed. São Paulo: Saraiva, 2001. p. 84. O autor esclarece o seguinte: "[...] a soberania continua sendo concebida de duas maneiras distintas: como sinônimo de

Melhor explicando, no plano interno, as leis e as determinações que promanam do Estado predominam sem contraste dentro de seu território, não encontrando limite em qualquer outro poder. Por esse motivo é que se diz tratar-se de um poder de decisão em última instância, cujo exercício, ademais, encontra respaldo no monopólio da coação legal.[11] Já no plano externo, soberania significa que inexiste qualquer subordinação ou dependência nas relações recíprocas entre os Estados, predominando no âmbito internacional uma convivência caracterizada pela igualdade, ao menos formalmente.

3 Coexistência simultânea

Hans Kelsen, de forma inovadora, assentou que, na hipótese de conflito entre uma norma interna e outra internacional, o direito das gentes tem precedência, em razão do "princípio da efetividade".[12] Em outras palavras, as ordens normativas estatais, concebidas como ordens jurídicas parciais, somente podem coexistir no espaço e no tempo graças ao direito internacional, nele encontrando o seu fundamento de validade.[13] É que o *jus gentium* delimita o domínio territorial dos Estados, ou seja, a esfera de validade espacial das diversas ordens jurídicas estatais, com o que torna possível a *coexistência simultânea* de uma pluralidade de ordens coercitivas.[14] Também circunscreve a validade destas no âmbito

---

independência, e assim tem sido invocada pelos dirigentes dos Estados que desejam afirmar, sobretudo ao seu povo, não serem mais submissos a qualquer potência estrangeira; ou como expressão do poder jurídico mais alto, significando que, dentro dos limites da jurisdição do Estado, este é que tem o poder de decisão em última instância, sobre a eficácia de qualquer norma jurídica".

[11] FERREIRA, Pinto. *Teoria geral do Estado*. 3. ed. São Paulo: Saraiva, 1975. v. 1. p. 206.

[12] Kelsen, em face da inclinação que manifestou pela prevalência da ordem internacional sobre a interna, embora não a tenha manifestado explicitamente, passou a ser conhecido como um *monista internacionalista*.

[13] KELSEN, Hans. *Teoria pura do direito*. 3. ed. Coimbra: Arménio Amado, 1974. p. 448. Consulte-se também sobre o tema, do mesmo autor, *Teoria general del Derecho y del Estado*. México: Imprenta Universitaria, 1949. p. 369-370.

[14] KELSEN, Hans. *Teoria pura do direito*. 3. ed. Coimbra: Arménio Amado, 1974. p. 450. Grifos nossos.

temporal, ao determinar, com amparo no referido princípio, o momento do nascimento e do desaparecimento dos Estados.[15]

A opção intelectual pelo primado do direito internacional sobre o interno, como se pode perceber, leva necessariamente a um abrandamento da noção tradicional de soberania. Com efeito, sob essa ótica, o Estado somente é soberano num sentido relativo, eis que não está subordinado a nenhuma ordem jurídica superior, salvo a internacional. Já na hipótese contrária, ou seja, a da prevalência da ordem interna sobre a internacional, o Estado é soberano num sentido absoluto, na medida em que não está submetido a qualquer outro poder.

Com o fim da Segunda Guerra Mundial, o monismo desenvolvido por Kelsen, Verdross, Lauterpach e outros acabou sendo majoritariamente adotado pelos juristas, sobretudo em razão da crescente influência das organizações internacionais na construção da nova ordem mundial, com destaque para a Organização das Nações Unidas, bem como em função do processo de globalização, que passou a exigir um esforço coletivo cada vez mais intenso para evitar ou mitigar os aspectos negativos do fenômeno.

Além disso, para os internacionalistas, de um modo geral, a defesa da soberania do Estado, tal como tradicionalmente concebida, ou seja, como um poder absoluto, sempre foi vista com suspeição.[16] Equivale a negar a própria existência do direito das gentes, constituindo-se em empecilho para a construção da *civitas maxima* preconizada por Kelsen,[17] prestes a materializar-se, segundo alguns, diante da progressiva integração do mundo.

---

[15] KELSEN, Hans. *Teoria pura do direito*. 3. ed. Coimbra: Arménio Amado, 1974. p. 450.
[16] BONAVIDES, Paulo. *Ciência política*. 8. ed. Rio de Janeiro: Forense, 1992. p. 143. Para o autor os internacionalistas enxergam o princípio da soberania "como se fora ele obstáculo à realização da comunidade internacional, à positivação do direito internacional, à passagem do direito internacional, de um direito de bases meramente contratuais, apoiado em princípios de direito natural, de fundamentos tão-somente éticos ou racionais, a um direito que coercitivamente se pudesse impor aos Estados".
[17] Cf. KELSEN, Hans. *Il problema della sovranità e la teoria del diritto internazionale*: contributo per una dottrina pura del diritto. Milano: Giuffrè, 1989. p. 355-402.

E não deixam de ter razão em certo sentido, pois a tese de que os tratados firmados pelos Estados representam meros compromissos externos, sem qualquer repercussão no ordenamento jurídico nacional,[18] revogáveis a qualquer tempo, não pode mais subsistir num mundo cada vez mais interdependente, sob pena de exclusão do concerto internacional daqueles que se recusam a emprestar validade interna às normas regularmente constituídas no âmbito do direito das gentes. Não é por outra razão que tanto a Convenção de Viena sobre o Direito dos Tratados como o Preâmbulo da Carta da ONU agasalham esse entendimento.[19]

Em contrapartida, porém, constata-se que a ideia segundo a qual o conceito de soberania teria sido superado pelas vicissitudes do mundo contemporâneo não encontra abrigo no direito internacional positivo. Com efeito, a própria Carta da ONU, em seu art. 2º, §1º, à semelhança do que ocorre com o estatuto da maioria das entidades internacionais, estabelece que a organização se baseia no princípio da igualdade soberana de todos os seus membros.[20] E também no plano diplomático nada indica que, num futuro próximo, essa realidade seja alterada, pois, como observa Dalmo Dallari, "analisando-se o comportamento político dos Estados, vê-se que, em lugar de uma redução dos poderes da soberania, todos procuram ampliá-la".[21]

4 Força *versus* direito

A soberania, convém lembrar, concebida num primeiro momento em termos eminentemente políticos, como um "poder incontrastável de

---

[18] Essa é, a rigor, a tese dos *monistas nacionalistas*, conforme explicitado em nota de rodapé *supra*.

[19] O art. 27 da Convenção de Viena sobre o Direito dos Tratados consigna o seguinte: "Uma parte não poderá invocar as disposições de seu direito interno como justificação do incumprimento de um tratado". Já o Preâmbulo da Carta da ONU refere-se à necessidade de ser mantido "o respeito às obrigações decorrentes de tratados e de outras fontes do direito internacional".

[20] Sobre a soberania dos Estados nas organizações internacionais, veja-se SAGÜÉS, Nestor Pedro. *El Estado soberano en el Pacto de la Sociedad de las Naciones y en la Carta de la Organización de las Naciones Unidas*. Buenos Aires: Asociación Argentina de Ex Becarios, 1976.

[21] DALLARI, Dalmo de Abreu. *O futuro do Estado*. São Paulo: Saraiva, 1972. p. 121.

querer coercitivamente",[22] passou, ao cabo de sua evolução histórica, a ser compreendida como uma *força disciplinada pelo direito*. Em razão disso, pode ser apreciada sob um aspecto político ou sociológico e outro exclusivamente jurídico. Do ponto de vista político, constitui o poder que tem um povo ou uma nação de organizar-se em Estado, estabelecendo, de forma originária e exclusiva, o seu direito. De uma perspectiva jurídica, corresponde ao poder originário e exclusivo do Estado, enquanto pessoa moral, "de declarar e assegurar por meios próprios a positividade de seu direito e de resolver, em última instância, sobre a validade de todos os ordenamentos internos".[23]

Isso significa que, a partir do momento em que a soberania, como força social, opta por um ou outro modelo de organização política, ela passa a constituir direito do Estado, isto é, do povo ou da nação juridicamente organizados. Nesse ponto, a ligação lógica e doutrinária entre soberania e representação adquire significado crucial para a aferição da legitimidade do exercício do poder no Estado contemporâneo.[24]

Convém notar, de outra parte, que o Estado, embora constitua a instância máxima de decisão dentro de determinada circunscrição territorial, não detém um poder absoluto e ilimitado, porquanto o exerce dentro dos quadros do *Rechtsstaat*[25] a que se referem os autores alemães, o qual compreende um sistema de garantias dos direitos e liberdades fundamentais, bem como o respeito à justiça e à dignidade da pessoa humana. Além da observância desses valores, impõe-se ao Estado, no plano internacional, o cumprimento das normas do direito das gentes e dos princípios universais que o informam.

---

[22] DALLARI, Dalmo de Abreu. *Elementos de teoria geral do Estado*. 22. ed. São Paulo: Saraiva, 2001. p. 79-80.
[23] Cf. REALE, Miguel. *Teoria do Direito e do Estado*. 4. ed. São Paulo, Saraiva, 1984. p. 153.
[24] Veja-se sobre o tema MENEZES, Aderson. *Teoria geral do Estado*. 4. ed. Rio de Janeiro: Forense, 1984. p. 155.
[25] Estado de Direito.

5 Mar territorial

Visto isso, convém assentar que soberania estatal é exercida basicamente sobre pessoas e coisas que se encontram em determinado território, o qual, do ponto de vista jurídico, não se resume apenas ao solo, abrangendo também o subsolo, o espaço aéreo e determinada faixa de mar.

Quanto ao chamado "mar territorial", cumpre lembrar que, durante várias centúrias, valeu o brocardo *terra potestas finitur ubi finitur armorum vis*, significando, desde o século XVII, que a soberania de um Estado, mar adentro, limitava-se à distância que um tiro de canhão poderia alcançar.[26] Tal compreensão foi desenvolvida basicamente por razões defensivas, pois não se mostrava razoável aguardar que uma força inimiga desembarcasse no litoral do Estado, para só então ser-lhe permitido combatê-la. Evidentemente, com a evolução da tecnologia bélica – sobretudo com o advento dos mísseis balísticos intercontinentais –, esse conceito deixou de representar um fundamento adequado para a fixação do espaço estatal soberano correspondente a determinada porção de mar.

Tal matéria tornou-se objeto de intensas discussões por parte dos internacionalistas, tendo em conta os interesses conflitantes dos vários Estados quanto à extensão do mar territorial, chegando-se a estabelecer inicialmente, por consenso, uma faixa de três milhas, mais tarde ampliada, de forma unilateral, por muitos deles, para até doze milhas.

Com o passar do tempo, os interesses econômicos passaram a superar as preocupações relativas à segurança, consideradas não apenas as riquezas provenientes da exploração da fauna marítima como também – e especialmente – do petróleo e gás, encontráveis no ambiente subaquático. Outros motivos, de ordem fiscal, sanitária e ambiental, por exemplo, também começaram a ser invocados para justificar o exercício de um

---

[26] DALLARI, Dalmo de Abreu. *Elementos de teoria geral do Estado*. 22. ed. São Paulo: Saraiva, 2001. p. 92.

controle cada vez mais amplo do mar adjacente ao litoral. Com base nesses e outros argumentos, sobretudo de natureza geopolítica, alguns Estados estabeleceram, por conta própria, o seu mar territorial em duzentas milhas, como foi o caso de muitos sul-americanos, entre os quais o Brasil, que o fez por meio do Decreto-Lei nº 1.098, datado de 25.3.1970.

Com o advento da Constituição de 1988, o Brasil abandonou a ambição de exercer a soberania absoluta sobre uma extensão de mar tão extensa, incorporando, em grande medida, os conceitos mais modernos e consensuais estabelecidos na Convenção das Nações Unidas sobre o Direito do Mar, assinada em Montego Bay, no dia 10.12.1982, muito embora ela só tivesse entrado em vigor internacionalmente aos 16.11.1994.[27]

De fato, o nosso texto constitucional foi pródigo ao disciplinar o tema. Logo no art. 20, assenta que pertencem à União as praias marítimas, as ilhas oceânicas e as costeiras, os recursos naturais da plataforma continental e da zona econômica exclusiva, o mar territorial e os terrenos de marinha (incs. IV, V e VI).[28]

O aprofundamento e o alcance desses conceitos, por sua vez, encontra abrigo na Lei nº 8.617, de 4.1.1993, que revogou expressamente o Decreto-Lei nº 1.098/1970. Agora, segundo o novo texto normativo, o "mar territorial" brasileiro compreende uma faixa de doze milhas marítimas de largura, medidas a partir da linha de baixa-mar do litoral continental e insular (art. 1º). O diploma define também a denominada "zona contígua", abrangendo um intervalo que se estende das doze às vinte e quatro milhas (art. 4º). Contempla ainda uma "zona econômica exclusiva", que se espraia das doze às duzentas milhas (art. 6º). Assinala igualmente que a "plataforma continental" encerra o leito e o subsolo das

---

[27] A Convenção foi aprovada pelo Congresso Nacional por meio do Decreto-Legislativo nº 5, de 9.11.1987, e promulgada pelo Presidente da República mediante o Decreto nº 1.530, de 22.6.1995.

[28] V. CASELLA, Paulo Borba. *Direito internacional dos espaços*. São Paulo: Atlas, 2009. p. 369. O autor, com acerto, assenta: "O que, hoje, pode parecer claro, levou séculos e muitas controvérsias, para ser consolidado".

áreas submarinas, que se expandem além de seu mar territorial, em toda a extensão do prolongamento de seu território terrestre, até o bordo exterior da margem continental, ou até uma distância de duzentas milhas (art. 11).

Cumpre assinalar que o grau ou a intensidade da soberania exercida pelo Brasil nesses locais é variável. No mar territorial mostra-se plena, exclusiva, integral, abrangendo o espaço aéreo sobrejacente, bem como o seu leito e subsolo (art. 2º). Nele se admite, todavia, a chamada "passagem inocente" de embarcações estrangeiras, assim considerada aquela que não seja prejudicial à paz, à boa ordem ou à segurança nacional, devendo, ademais, ser contínua e rápida (art. 3º, §1º). Na zona contígua, por seu lado, poderão ser tomadas medidas de fiscalização para evitar ou reprimir infrações às leis e seus regulamentos (art. 5º). Já na zona econômica exclusiva, a soberania é exercida para fins de exploração e aproveitamento, conservação e gestão dos recursos naturais vivos e não vivos nela existentes (art. 7º). As autoridades têm ainda o direito exclusivo de regulamentar a investigação científica, bem assim a proteção e preservação ambiental, sendo-lhes lícito construir e operar todos os tipos de ilhas artificiais, instalações e estruturas (art. 8º). Outra regra estabelece que a realização de exercícios ou manobras militares por parte dos demais Estados dependerá do consentimento do governo brasileiro (art. 9º), embora se admita a liberdade de navegação e sobrevoo, bem como outros usos internacionalmente lícitos (art. 10).

6 Alto mar

Sempre houve grande controvérsia entre os especialistas em direito internacional – e que remanesce até os dias de hoje – sobre a natureza jurídica de suas normas, se cogente, quer dizer, obrigatória, ou, ao revés, facultativa, considerada a soberania dos Estados. Prevalece, atualmente, o entendimento segundo o qual certos preceitos que integram o *jus gentium*, por seu valor ético – independentemente até da adesão a tratados –, são imperativos, ou seja, constituem verdadeiro *jus cogens*. De acordo com Carrillo Salcedo, normas que exemplificativamente digam respeito a direitos fundamentais ou se destinem a "proteger os interesses da comunidade internacional em seu conjunto" possuem "caráter absoluto, porquanto derivam de considerações elementares de humanidade".[29]

Por isso mesmo, a maior parte das normas que integram a Convenção das Nações Unidas sobre o Direito do Mar, de 1982, ostenta esse cunho impositivo, não apenas porque, como anota Amaral Júnior, nos tempos atuais, registra-se uma mudança significativa na atuação do Estado, "representada pela existência de novas relações de autoridade nascidas fora das fronteiras nacionais, por intermédio de padrões associativos multiformes com impacto sobre o comportamento de indivíduos e grupos, sujeitos, agora, à competência de organizações internacionais",[30] como também – e particularmente – porque ela constituiu um enorme avanço no sentido da harmonização dos interesses dos distintos Estados quanto a essa temática, contribuindo para uma pacificação geral.

Um dos aspectos mais notáveis da Convenção é o estabelecimento do conceito de "alto mar", que compreende "todas as partes [...] não incluídas na zona econômica exclusiva, no mar territorial ou nas águas interiores [...], nem nas águas arquipelágicas de um Estado arquipélago" (art. 86). Essa área encontra-se franqueada a todos Estados, "quer costeiros quer sem litoral", nela imperando, *inter alia*, a liberdade de navegação, de sobrevoo, de pesca e de investigação científica (art. 87, 1), preservada sempre a sua "utilização para fins pacíficos" (art. 88).

---

[29] CARRILLO SALCEDO, Juan Antonio. *Soberanía del Estado y derecho internacional*. 2. ed. Madrid: Technos, 1976. p. 279-280.
[30] AMARAL JÚNIOR, Alberto. As relações internacionais, o direito internacional e a mudança do Estado. *In*: BUCCI, Maria Paula Dallari; GASPARDO, Murilo (Org.). *Teoria do Estado*: sentidos contemporâneos. São Paulo: Saraiva, 2018. p. 322.

Um dado relevantíssimo é que o alto mar não se acha submetido à soberania de qualquer Estado (art. 89).[31] Borba Casella bem anota, nesse sentido, que houve, com o decurso do tempo, uma importante evolução doutrinária e legal no tocante à própria natureza jurídica desse e de outros espaços internacionais: de mera *res nullius*, como eram tradicionalmente considerados – "passíveis de apropriação e exploração indiscriminadas" –, passaram a ser definidos como *res communis omnium*, em outras palavras, bens que integram o patrimônio coletivo de todo o gênero humano.[32]

Em suma, para compreender o direto do mar é preciso entender que ele está intimamente relacionado com o conceito de soberania, desenvolvido no mundo ocidental ao longo de vários séculos. O domínio e o emprego dos espaços marítimos pelos distintos Estados encontram-se juridicamente disciplinados, seja no plano interno, seja no âmbito internacional, em cujos textos normativos são definidos o grau e a intensidade da soberania que estes podem exercer sobre os ditos espaços. Com efeito, como se verificou acima, a soberania é plena no mar territorial, relativa na zona contígua, na zona econômica exclusiva e na plataforma continental, porém nula em alto mar.

Referências

AMARAL JÚNIOR, Alberto. As relações internacionais, o direito internacional e a mudança do Estado. *In*: BUCCI, Maria Paula Dallari; GASPARDO, Murilo (Org.). *Teoria do Estado*: sentidos contemporâneos. São Paulo: Saraiva, 2018.

BONAVIDES, Paulo. *Ciência política*. 8. ed. Rio de Janeiro: Forense, 1992.

CARRILLO SALCEDO, Juan Antonio. *Soberania del Estado y derecho internacional*. 2. ed. Madrid: Technos, 1976.

CASELLA, Paulo Borba. *Direito Internacional dos Espaços*. São Paulo: Atlas, 2009.

---

[31] O art. 89 da Convenção, sobre o assunto, consigna o seguinte: "Nenhum Estado pode legitimamente pretender submeter qualquer parte do alto mar à sua soberania".

[32] CASELLA, Paulo Borba. *Direito internacional dos espaços*. São Paulo: Atlas, 2009. p. 566-567.

DALLARI, Dalmo de Abreu. *Elementos de teoria geral do Estado*. 22. ed. São Paulo: Saraiva, 2001.

DALLARI, Dalmo de Abreu. *O futuro do Estado*. São Paulo: Saraiva, 1972.

FERREIRA, Pinto. *Teoria geral do Estado*. 3. ed. São Paulo: Saraiva, 1975. v. 1.

JELLINEK, Georg. *Teoria general del Estado*. Buenos Aires: Albatros, 1973.

KELSEN, Hans. *Il problema della sovranità e la teoria del diritto internazionale: contributo per una dottrina pura del diritto*. Milano: Giuffrè, 1989.

KELSEN, Hans. *Teoria general del derecho y del Estado*. México: Imprenta Universitaria, 1949.

KELSEN, Hans. *Teoria pura do direito*. 3. ed. Coimbra: Arménio Amado, 1974.

LEWANDOWSKI, Enrique Ricardo. *Globalização, regionalização e soberania*. São Paulo: Juarez de Oliveira, 2004.

MALBERG, R. Carré de. *Contribution a la théorie générale de L'Etat*. Paris: Sirey, 1920. t. 1.

MENEZES, Aderson. *Teoria geral do Estado*. 4. ed. Rio de Janeiro: Forense, 1984.

REALE, Miguel. *Teoria do direito e do Estado*. 4. ed. São Paulo, Saraiva, 1984.

SAGÜÉS, Nestor Pedro. *El Estado soberano en el Pacto de la Sociedade de las Naciones y en la Carta de la Organización de las Naciones Unidas*. Buenos Aires: Asociación Argentina de Ex Becarios, 1976.

REPARTIÇÃO CONSTITUCIONAL DE COMPETÊNCIAS – DIREITO AMBIENTAL MARÍTIMO OU DIREITO MARÍTIMO AMBIENTAL

ALEXANDRE DE MORAES

Em 9.8.2017, o Supremo Tribunal teve a oportunidade de definir importante questão relacionada à distribuição constitucional de competências legislativas entre União e Estados-Membros, a partir de a análise material sobre o conteúdo de legislação estadual tratar-se, predominantemente, de direito marítimo ou de proteção ao meio ambiente.

Analisou-se a ação direta de inconstitucionalidade (ADI nº 2.030) ajuizada pelo governador do estado de Santa Catarina em face dos arts. 4º e 8º da Lei nº 11.078/1999 daquele estado, que estabeleceu normas sobre controle de resíduos de embarcações, oleodutos e instalações costeiras.

O âmbito da questão situou-se na definição material das normas editadas – direito marítimo ou proteção ao meio ambiente – e, consequentemente, na correta repartição constitucional de competências.

O governador do estado alegou a incompatibilidade dos dispositivos citados com o art. 22, I, da Constituição Federal, que prevê competência privativa da União para legislar sobre o direito marítimo. Alegou, ainda, que a norma atacada contrariava a Convenção sobre Prevenção da Poluição

Marinha por Alijamento de Resíduos e outras Matérias, promulgada pelo Decreto Federal nº 87.566/1982.

Por sua vez, a Assembleia Legislativa do Estado de Santa Catarina manifestou-se pela constitucionalidade dos dispositivos legais impugnados, argumentando que (i) a *mens legis* é a preservação da qualidade da costa marítima catarinense bem como a defesa do meio ambiente, em consonância com os arts. 23, VI, e 24, VI, da Carta Constitucional; (ii) não se veicula nas normas atacadas direito marítimo, inexistindo ferimento ao art. 22, I, da Constituição Federal; (iii) as normas impugnadas estão em consonância com a Lei Federal nº 9.966/2000, que dispõe sobre a prevenção, o controle e a fiscalização da poluição causada por lançamento de óleo e outras substâncias nocivas ou perigosas em águas sob jurisdição nacional.

A Advocacia-Geral da União sustentou, como preliminar, que a ação não deveria ser conhecida, no tocante à alegação da citada convenção promulgada pelo Decreto Federal nº 87.566/1982, norma de natureza infraconstitucional insuscetível de servir como parâmetro em controle abstrato de constitucionalidade. No mérito, alega ser a ação improcedente, já que o art. 4º seria compatível com a exigência constitucional de proteção ao meio ambiente, e o art. 8º está em consonância com o art. 24, VIII, da Carta Constitucional, o qual atribui competência concorrente à União, aos estados e ao Distrito Federal para legislar sobre responsabilidade por dano ao meio ambiente. Aduziu, por fim, que a matéria questionada não diz com o direito marítimo.

A Procuradoria-Geral da República sustentou, em preliminar, o não conhecimento da ação, no tocante à ofensa à convenção referida. No mérito, opinou pela improcedência da demanda, afirmando que o art. 4º não trata de direito marítimo, mas de meio ambiente, e que o art. 24, VIII, da Carta Magna atribui aos Estados-Membros competência concorrente para legislar sobre responsabilidade por dano ao meio ambiente.

À época do julgamento, manifestei-me no mesmo sentido da unanimidade do Plenário do Supremo Tribunal Federal, que conheceu em parte a ação e, na parte conhecida, julgou-a improcedente, por reconhecer a competência estadual decorrente de matéria relacionada, predominantemente, à proteção ao meio ambiente; ou, como destacou o eminente ministro relator, Gilmar Mendes, na ementa do julgado, "matéria que trata de direito ambiental marítimo, e não de direito marítimo ambiental":

> Ementa: Ação Direta de Inconstitucionalidade. Repartição de competências. Lei Estadual 11.078/1999, de Santa Catarina, que estabelece normas sobre controle de resíduos de embarcações, oleodutos e instalações costeiras. Alegação de ofensa aos artigos 22, I, da Constituição Federal. Não ocorrência. Legislação estadual que trata de direito ambiental marítimo, e não de direito marítimo ambiental. Competência legislativa concorrente para legislar sobre proteção do meio ambiente e controle da poluição (art. 22, I, CF), e sobre responsabilidade por dano ao meio ambiente (art. 24, VIII, CF). Superveniência de lei geral sobre o tema. Suspensão da eficácia do diploma legislativo estadual no que contrariar a legislação geral. Ação julgada improcedente.

Aponto, a seguir, os fundamentos de minha posição, iniciando com a transcrição do teor dos dispositivos da lei estadual atacada:

> Art. 4º As embarcações deverão contar com sistemas adequados para receber, selecionar e dispor seus próprios resíduos, que serão descartados somente em instalações terrestres. [...]
> Art. 8º Em caso de derrame, vazamento ou deposição acidental de óleo, em trato d'água ou solo, as despesas de limpeza e restauração da área e bens atingidos, assim como a destinação final dos resíduos gerados, serão de responsabilidade do porto, terminal, embarcação ou instalação em que ocorreu o incidente.
> Parágrafo único. É proibido o emprego de produtos químicos no controle de eventuais derrames de óleo.

No exame da referida ação, era necessária a seguinte análise: (i) a legislação impugnada afronta a competência legislativa privativa da União para legislar sobre direito marítimo e direito civil posta no art. 22, I, da Carta Maior?; (ii) poderia o Estado-Membro dispor sobre a matéria veiculada na norma impugnada, de forma a disciplinar a proteção do meio ambiente e controle da poluição e a responsabilidade por dano ao meio ambiente, no exercício de competência legislativa concorrente, nos termos do art. 24, VI e VIII, da Constituição Federal?

Ditos questionamentos dizem com a forma federativa de Estado e a repartição de competências entre os entes da Federação posta no texto constitucional, tema cujo exame se mostra pertinente no caso em foco.

O federalismo e suas regras de distribuição de competências legislativas são um dos grandes alicerces da consagração da fórmula *Estado de direito*, que, conforme salientado por Pablo Lucas Verdú, ainda exerce particular fascinação sobre os juristas. Essa fórmula aponta a necessidade de o direito ser respeitoso com as interpretações acerca de diferentes dispositivos constitucionais que envolvem diversas competências legislativas, para que se garanta a previsão do legislador constituinte sobre a divisão dos centros de poder entre os entes federativos, cuja importância é ressaltada tanto por Jorge Miranda (1990, p. 13-14), quanto por José Gomes Canotilho ([s.d.], p. 87).

A essencialidade da discussão não está na maior ou menor importância do assunto específico tratado pela legislação, mas, sim, na observância respeitosa à competência constitucional do ente federativo para editá-la (DUVERGER, 1955, p. 265 e ss.), com preservação de sua autonomia e sem interferência dos demais entes da federação, pois, como salientado por Lúcio Levi:

> a federação constitui, portanto, a realização mais alta dos princípios do constitucionalismo. Com efeito, a idéia do Estado de direito, o Estado que submete todos os poderes à lei constitucional, parece que pode encontrar sua plena realização somente quando, na fase de uma distribuição substancial das competências, o Executivo e o Judiciário assumem as características e as funções que têm no Estado Federal. (BOBBIO; MATTEUCCI; PASQUINO; LEVI, [s.d.], p. 482)

O equilíbrio na interpretação constitucional sobre a distribuição de competências na história do federalismo iniciou com a Constituição norte-americana de 1787. A análise de suas características e consequências, bem como do desenvolvimento de seus institutos vem sendo realizada desde os escritos de Jay, Madison e Hamilton, nos artigos federalistas, publicados sob o codinome *Publius*, durante os anos de 1787-1788, até os dias de hoje, e mostra que se trata de um sistema baseado principalmente na consagração da divisão constitucional de competências, para manutenção de autonomia dos entes federativos e equilíbrio no exercício do poder (COOLEY, 1898, p. 52; ROBINSON, 1987, p. 18-19). Em 1887, em seu centenário, o estadista inglês William Gladstone, um dos mais influentes primeiros-ministros ingleses, afirmou que a Constituição dos Estados Unidos era a mais maravilhosa obra jamais concebida num momento dado pelo cérebro e o propósito do homem, por equilibrar o exercício do poder.

É importante salientar, dentro dessa perspectiva da "mais maravilhosa obra jamais concebida", que a questão do federalismo e do equilíbrio entre o Poder Central e os poderes regionais foi das mais discutidas durante a convenção norte-americana, pois a manutenção do equilíbrio democrático e republicano, no âmbito do regime federalista, depende do bom entendimento, definição, fixação de funções, deveres e responsabilidades entre os três poderes, bem como a fiel observância da distribuição de competências legislativas, administrativas e tributárias entre União, estados e municípios, característica do Pacto Federativo, consagrado constitucionalmente no Brasil, desde a primeira Constituição Republicana, em 1891, até a Constituição Federal de 1988.

A Federação, portanto, nasceu adotando a necessidade de um poder central, com competências suficientes para manter a união e coesão do próprio país, garantindo-lhes, como afirmado por Hamilton, a oportunidade máxima para a consecução da paz e liberdade contra o facciosismo e a insurreição (*The Federalist papers*, nº IX) e permitindo à União realizar seu papel aglutinador dos diversos Estados-Membros e de equilíbrio no exercício das diversas funções constitucionais delegadas aos três poderes de Estado.

Durante a evolução do federalismo, passou-se da ideia de três campos de poder mutuamente exclusivos e limitadores, pela qual a União, os estados e os municípios teriam suas áreas exclusivas de autoridade, para um novo modelo federal baseado, principalmente, na cooperação, como salientado por Karl Loewenstein (1962, p. 362).

O legislador constituinte de 1988, atento a essa evolução, bem como sabedor da tradição centralizadora brasileira, tanto obviamente nas diversas ditaduras que sofremos, quanto nos momentos de normalidade democrática, instituiu novas regras descentralizadoras na distribuição formal de competências legislativas, com base no princípio da predominância do interesse, e ampliou as hipóteses de competências concorrentes, além de fortalecer o município como polo gerador de normas de interesse local.

O princípio geral que norteia a repartição de competência entre os entes componentes do Estado Federal brasileiro, portanto, é o princípio da predominância do interesse, tanto para as matérias cuja definição foi preestabelecida pelo texto constitucional, quanto em termos de interpretação em hipóteses que envolvem várias e diversas matérias, como na presente ação direta de inconstitucionalidade.

A própria Constituição Federal, portanto, presumindo de forma absoluta para algumas matérias a presença do princípio da predominância do interesse, estabeleceu, *a priori*, diversas competências para cada um dos entes federativos, União, estados-membros, Distrito Federal e municípios, e a partir dessas opções pode ora acentuar maior centralização de poder, principalmente na própria União (CF, art. 22), ora permitir uma maior descentralização nos estados-membros e municípios (CF, arts. 24 e 30, I).

Atuando dessa maneira, se na distribuição formal de competências houve um maior afastamento do federalismo centrípeto que sempre caracterizou a República brasileira, na distribuição material, nossas tradições históricas, político-econômicas e culturais somadas ao próprio interesse do legislador constituinte, que permaneceria como poder constituído (Congresso Nacional), após a edição da Constituição de 1988, acabaram por produzir grande generosidade do texto constitucional na previsão dos poderes enumerados da União, com a fixação de competência privativa para a maioria dos assuntos de maior importância legislativa.

Consequentemente, concordemos ou não, no texto da Constituição de 1988, as contingências históricas, político-econômicas e culturais mantiveram a concentração dos temas mais importantes no Congresso Nacional, em detrimento das assembleias locais, como salientado por José Alfredo de Oliveira Baracho (1986, p. 317), e facilmente constatado ao analisarmos o rol de competências legislativas da União estabelecidas no art. 22 do texto constitucional, entre as quais o inc. I, um dos parâmetros constitucionais invocados na petição inicial.

Essa opção inicial do legislador constituinte, ao centralizar nos poderes enumerados da União (CF, art. 22) a maioria das matérias legislativas mais importantes, contudo, não afastou da Constituição de 1988 os princípios básicos de nossa tradição republicana federalista, que gravita em torno do princípio da autonomia, da participação política e da existência de competências legislativas próprias dos estados/Distrito Federal e municípios, indicando ao intérprete a necessidade de aplicá-los como vetores principais em cada hipótese concreta em que haja a necessidade de análise da predominância do interesse, para que se garanta a manutenção, o fortalecimento e, principalmente, o equilíbrio federativo (ATALIBA, 1985, p. 10), que se caracteriza pelo respeito às diversidades locais, como bem salientado por Michael J. Malbin (1987, p. 144), ao apontar que a intenção dos elaboradores da Carta Constitucional americana foi justamente estimular e incentivar a diversidade, transcendendo as facções e trabalhando pelo bem comum, consagrando, ainda, a pluralidade de centros locais de poder, com autonomia de autogoverno e autoadministração, para que se reforçasse a ideia de preservação da autonomia na elaboração do federalismo, como salientado por Alexis de Tocqueville (1988, p. 37 e ss.), ao comentar a formação da nação americana, que serviu de modelo à nossa Primeira Constituição Republicana em 1891.

Estas premissas são essenciais para análise da legislação impugnada.

Ao dispor que as embarcações devem contar com sistemas adequados para receber, selecionar e dispor seus próprios resíduos, e determinar que tais resíduos somente podem ser descartados em instalações terrestres, o art. 4º, sob ataque, não disciplina regra de direito marítimo, mas regra de proteção ao meio ambiente, pois como define Osvaldo Agripino de Castro Junior (2016, p. 79):

> o direito marítimo é a disciplina jurídica que tem como objeto regular as relações que se dão no navio e a partir do navio, portanto, o conjunto de normas jurídicas que disciplina as atividades necessárias para que as embarcações efetuem o transporte pela via aquaviária", sendo, portanto, "uma disciplina jurídica autônoma, tendo, inclusive, em face da sua relevância, assento constitucional (art. 22, I, da Constituição Federal de 1988), e tem como objeto principal regular as relações jurídicas que se dão em torno do navio, aqui considerado espécie de embarcação, por meio das relações jurídicas que se dão através dos contratos de transportes e de afretamento de embarcações, hipoteca naval, registro de embarcação, entre outras.

Por outro lado, ao disciplinar regras de responsabilização do porto, terminal, embarcação ou instalação em que ocorreu o acidente, em caso dos eventos ali especificados, o art. 8º, impugnado, veicula regra de responsabilidade por dano ao meio ambiente.

Sobressaem, portanto, nos dispositivos estaduais em exame regras de proteção ao meio ambiente e de responsabilidade por dano ao meio ambiente e não propriamente regras de direito civil ou de direito marítimo, como alegado na petição inicial. Afasto, desta forma, o argumento de inconstitucionalidade das normas por ferimento ao art. 22, I, da Constituição Federal.

Superada a alegação de suposta violação à competência legislativa privativa da União, resta examinar se os dispositivos atacados estão abarcados pela competência legislativa concorrente atribuída pela Carta Magna aos estados-membros.

O texto constitucional é claro no sentido de que regras de proteção ao meio ambiente e regras por responsabilidade por dano ao meio ambiente integram a competência legislativa concorrente dos estados (art. 24, VI e VIII, da Constituição Federal).

Observei que as normas impugnadas remontam ao ano de 1999, sendo editada, no ano seguinte, em âmbito federal, a Lei nº 9.966/2000, a qual estabeleceu normas gerais sobre *a prevenção, o controle e a fiscalização da poluição causada por lançamento de óleo e outras substâncias nocivas ou perigosas em águas sob jurisdição nacional*.

No tocante ao descarte de resíduos, a lei estadual em análise, em seu art. 4º, é mais restritiva do que a lei federal superveniente, ao estatuir que *todos os resíduos* devam ser descartados somente em instalações terrestres, ao passo que a lei federal admite, a título excepcional, em condições especificadas, o descarte de substâncias determinadas em águas sob jurisdição nacional. *Vide*, nesse sentido, os arts. 15, §1º, 16 e 17, da legislação federal, bem como o seu art. 30, que impõe a observância, em casos de alijamento em águas sob jurisdição nacional, da Convenção sobre Prevenção da Poluição Marinha por Alijamento de Resíduos e Outras Matérias, a qual, por sua vez, disciplina eventos que não se constituem em alijamento, para fins de proteção legal (art. III, "b") e, mesmo entre as hipóteses de proibição de alijamento, prevê exceções a admitir sua ocorrência (arts. IV e V).

Em matéria de proteção ao meio ambiente, não vislumbrei óbice a que a legislação dos demais entes federativos seja mais restritiva do que a legislação da União veiculadora de normas gerais. Nesse sentido, precedentes desta Corte: ADI nº 3937-MC (Rel. Min. Marco Aurélio, Tribunal Pleno. *DJ*, 10.10.2008), que tratou de lei estadual paulista que proibiu a produção e circulação do amianto, confrontada com legislação federal que admite o emprego dessa substância; e o recente julgamento do RE nº 194.704 (Rel. p/acórdão Min. Edson Fachin, Tribunal Pleno, j. 29.6.2017), em que validada lei do município de Belo Horizonte/MG que estabelecera padrões mais restritos de emissão de gases poluentes.

Conclui-se, desta forma, ser constitucional o art. 4º da lei catarinense.

Com relação ao art. 8º atacado, observei que a matéria nele disposta também foi objeto de superveniente disciplina por lei federal. A Lei nº 9.966/2000 determinou em seu art. 23 a seguinte regra de responsabilização no caso de descarga de material poluente em águas sob jurisdição nacional:

> Art. 23. A entidade exploradora de porto organizado ou de instalação portuária, o proprietário ou operador de plataforma ou de navio, e o concessionário ou empresa autorizada a exercer atividade pertinente à indústria do petróleo, responsáveis pela descarga de material poluente em águas sob jurisdição nacional, são obrigados a ressarcir os órgãos competentes pelas despesas por eles efetuadas para o controle ou minimização da poluição causada, independentemente de prévia autorização e de pagamento de multa.

Como se lê do texto legal, foi atribuída responsabilidade à *entidade exploradora de porto organizado ou de instalação portuária*, ao *proprietário ou operador de plataforma ou de navio*, e ao *concessionário ou empresa autorizada a exercer a atividade pertinente* à *indústria do petróleo*.

Referida norma guarda pertinência com o teor do art. 8º objeto da impugnação, o qual indica como responsáveis, em caso de incidente ambiental, o porto, terminal, embarcação ou instalação em que ocorrido o evento.

Embora alguns dos vocábulos utilizados no dispositivo legal federal não coincidam *ipsis litteris* com aqueles postos no art. 8º atacado, o sentido normativo dos textos é congruente, não havendo que se cogitar de inconstitucionalidade da lei estadual no tema.

Com essa fundamentação, conclui-se pela improcedência da ação direta de inconstitucionalidade e, consequentemente, pela manutenção dos arts. 4º e 8º da Lei nº 11.078/99 do estado de Santa Catarina.

Em conclusão, o Supremo Tribunal Federal teve a oportunidade de definir importante regra de distribuição de competência legislativa em face da distinção entre "direito ambiental marítimo", de competência concorrente entre União e estados, nos termos do art. 24, e "direito marítimo ambiental", de competência exclusiva da União, nos termos do art. 22, ambos da Constituição Federal.

Referências

ATALIBA, Geraldo. *República e Constituição*. São Paulo: Revista dos Tribunais, 1985.

BARACHO, José Alfredo de Oliveira. *Teoria geral do federalismo*. Rio de Janeiro: Forense, 1986.

BOBBIO, Norberto; MATTEUCCI, Nicola; PASQUINO, Gianfranco; LEVI, Lúcio (Coord.). *Dicionário de política*. [s.l.]: [s.n.], [s.d.]. v. I.

CANOTILHO, José Gomes. *Direito constitucional e teoria da Constituição*. Coimbra: Almedina, [s.d.].

CASTRO JUNIOR, Osvaldo Agripino. (In)constitucionalização do direito marítimo: breves notas. *Revista de Direito Aduaneiro, Marítimo e Portuário – RDM*, n. 32, maio/jun. 2016.

COOLEY, Thomas Mcintyre. *The general principles of constitutional law in the United States of America*. 3. ed. Boston: Little, Brown and Company, 1898.

DUVERGER, Maurice. *Droit constitutionnel et institutions politiques*. Paris: Presses Universitaires de France, 1955.

JAY, John; MADISON, James; HAMILTON, Alexander. *The Federalist papers*, Nova York, [s.d.].

LOEWENSTEIN, Karl. *Teoria de la Constitución*. Barcelona: Ariel, 1962.

MALBIN, Michael J. *A ordem constitucional americana*. Rio de Janeiro: Forense Universitária, 1987.

MIRANDA, Jorge. *Manual de direito constitucional*. 4. ed. Coimbra: Coimbra Editora, 1990. t. 1.

ROBINSON. Donald L. *To the best of my ability*: the presidency the constitution. New York: W. W. Norton & Company, 1987.

TOCQUEVILLE, Alexis de. *Democracia na América*: leis e costumes. São Paulo: Martins Fontes, 1988.

Informação bibliográfica deste texto, conforme a NBR 6023:2018 da Associação Brasileira de Normas Técnicas (ABNT):

MORAES, Alexandre de. Repartição constitucional de competências – Direito ambiental marítimo ou direito marítimo ambiental. *In*: LEWANDOWSKI, Enrique Ricardo (Coord.). *Direito Marítimo*: estudos em homenagem aos 500 anos da circum-navegação de Fernão de Magalhães. Belo Horizonte: Fórum, 2021. p. 37-48. ISBN 978-65-5518-105-0.

O PRAZO PRESCRICIONAL PARA A COBRANÇA DE SOBRE-ESTADIA DE CONTÊINERES (*DEMURRAGE*) EM CONTRATOS DE TRANSPORTE MARÍTIMO UNIMODAL NA PERSPECTIVA DA JURISPRUDÊNCIA DO SUPERIOR TRIBUNAL DE JUSTIÇA – STJ

ANTONIO CARLOS FERREIRA

Introdução

O transporte pela via marinha é o principal meio de transferência de mercadorias em um ambiente de comércio internacional. Mais recentemente, com a necessidade de se criar um compartimento padrão para o acondicionamento das mercadorias transportadas, surge, a partir do século XX, os denominados contêineres (aportuguesamento da palavra inglesa *container*, que em tradução literal pode significar recipiente, compartimento, vasilhame ou, simplesmente, "o que contém").

No período pré-contêineres, o transporte era feito de modo desorganizado e sem padronização, com o armazenamento dos produtos em espaços nos portos (geralmente galpões, silos ou armazéns), e seu transporte manual para as embarcações, dentro das quais eram acondicionados em barris.

A história atribui ao caminhoneiro e empresário norte-americano Malcom McLean a percepção do alto custo e da ineficiência dessa forma de transbordo,[1] e, no final da década de 1950, a ideia da criação de um compartimento com tamanho padronizado para ser armazenado nas mais diversas modalidades de transporte de mercadorias.

A ampla utilização dos contêineres, por sua vez, estimulou a criação de um negócio em paralelo: o aluguel dos equipamentos, com preço e prazo de utilização previamente estipulados entre as partes contratantes.

Nesse tipo de contrato de transporte – de um lado, o armador e, de outro lado, o afretador – os contratantes estipulam, a par do preço do frete, todos os prazos de duração do serviço, no que se incluem os procedimentos de carga e descarga.

Por motivos diversos – abuso dos usuários, demora nos procedimentos alfandegários etc. –, nem sempre o equipamento é restituído dentro do prazo contratualmente fixado (no instrumento denominado "conhecimento de transporte", ou *bill of loading*, ou ainda no "termo de compromisso de devolução de contêiner"). De modo a equilibrar a relação jurídica em tais casos, criou-se a chamada *demurrage*, ou tarifa de sobre-estadia.

Segundo Cremoneze:

> sobre-estadia (*demurrage*), de contêineres é o termo empregado no ramo do comércio internacional e no Direito Marítimo para identificar a remuneração devida ao transportador marítimo (armador e/ou dono do contêiner) pela utilização, por parte do consignatário da carga, de seu contêiner além do prazo de estadia livre por ele concedido.[2]

---

[1] Noticia-se que cerca da metade do custo do transporte marítimo era decorrente dessa movimentação de cargas soltas entre a embarcação e o armazém em solo.

[2] CREMONEZE, Paulo Henrique. *Prática de direito marítimo*: o contrato de transporte marítimo e a responsabilidade civil do transportador. 4. ed. São Paulo: Aduaneiras, 2019. p. 299.

Portanto, no ato da contratação do frete marítimo e da reserva, o armador e o importador/exportador desde logo negociam o prazo de utilização (*transit time*) e de sobreutilização do contêiner, sendo este último denominado, no âmbito dessa prática contratual, *free time* (tempo livre sem custo adicional para a entrega). Na oportunidade, é também estipulada a *demurrage*, qual seja o valor previamente negociado, em regra calculado em diárias, pelo uso do equipamento além do tempo livre.

No âmbito dessa relação jurídica, surgiu controvérsia sobre o prazo prescricional para a cobrança da tarifa de sobre-estadia, que é o objeto de estudo neste artigo, com especial enfoque na jurisprudência do Superior Tribunal de Justiça, órgão judiciário a quem a Constituição Federal atribuiu a competência para uniformizar a interpretação do direito federal.

Legislação aplicável

A cobrança da sobre-estadia tem, no direito brasileiro, sua base legal no art. 567 do Código Comercial de 1850, que dispunha sobre os requisitos da chamada "carta-partida" (*charter party*), e no art. 591 do mesmo diploma, que previa:

> Art. 591. Não se tendo determinado na carta de fretamento o tempo em que deve começar a carregar-se, entende-se que principia a correr desde o dia em que o capitão declarar que está pronto para receber a carga; se o tempo que deve durar a carga e a descarga não estiver fixado, ou *quanto se há de pagar de primagem e estadias e sobreestadias*, e o tempo e o modo do pagamento, será tudo regulado pelo uso do porto onde uma ou outra deva efetuar-se.

No que se refere à prescrição, até o advento do Código Civil de 2002 a cobrança da *demurrage* era regida pelo art. 449, "3", do Código Comercial:

> Art. 449. Prescrevem igualmente no fim de 1 (um) ano: [...]
> 3 - As ações de frete e primagem, estadias e sobreestadias, e as de avaria simples, a contar do dia da entrega da carga.

Note-se que, a rigor, o dispositivo tratava da cobrança de sobre-estadia da embarcação, e não propriamente do contêiner. Entretanto, o art. 3º da Lei Federal nº 6.288/1975 previu que "[o] container, para todos os efeitos legais, não constitui embalagem das mercadorias, sendo considerado sempre um equipamento ou acessório do veículo transportador", disposição reproduzida no art. 5º do Decreto nº 80.145/1977 e assim acolhida pela jurisprudência do STJ, aplicando-se-lhe a secular parêmia de que o acessório segue a sorte do principal.

> RECURSO ESPECIAL. SOBREESTADIA DE "CONTAINERS" (DEMURRAGES). DECRETO 80.145/77. PRESCRIÇÃO. ARTIGO 449, INCISO III, DO CÓDIGO COMERCIAL.
> I - O artigo 5º do Decreto 80.145/77 dispõe que "container" não constitui embalagem das mercadorias e sim parte ou acessório do veículo transportador.
> II - Por analogia, é de se aplicar aos "containers" a legislação pertinente a sobreestadia do navio. Num caso e noutro, as ações que buscam a indenização pelos respectivos prejuízos estão sujeitas à regra do artigo 449, inciso III, do Código Comercial.
> Recurso especial provido. (REsp nº 678.100/SP, Rel. Ministro Castro Filho, Terceira Turma, j. 4.8.2005. *DJ*, 5 set. 2005. p. 404)

Não pesava grande controvérsia sobre o entendimento acerca do prazo de prescrição para a cobrança da *demurrage*, que afastava a aplicação do Código Civil de 1916 em razão da especialidade do diploma comercial. A jurisprudência consolidou-o a partir do julgamento do Recurso Especial nº 176.903/PR:

> DIREITO COMERCIAL. PRESCRIÇÃO. SOBREESTADIA DE "CONTAINERS". CÓDIGO COMERCIAL, ART. 449, INCISO 3º. LEI Nº 6.288, DE 1975, ART. 3º.
> Na sobreestadia do navio, a carga ou a descarga excedem o prazo contratado; na sobreestadia do "container", a devolução deste se dá após o prazo usual no porto de destino. Num caso e noutro, as ações que perseguem a indenização pelos respectivos prejuízos estão sujeitas à regra do artigo 449, inciso 3º, do Código Comercial.

Recurso especial não conhecido. (REsp nº 176.903/PR. Rel. Min. Ari Pargendler, Terceira Turma, j. 20.2.2001. *DJ*, 9 abr. 2001. p. 351)

Sucede que, com a vigência da ora vigente lei material civil, que expressamente revogou toda a primeira parte do Código Comercial (art. 2.045), surgiu polêmica a propósito da legislação federal aplicável, dividindo-se a doutrina sobre a incidência do art. 22 da Lei Federal nº 9.611/1998[3] ou da regra geral do art. 205 do CC/2002, ou, ainda, das hipóteses previstas no art. 202 do mesmo *Codex*, respectivamente:

> Art. 22. As ações judiciais oriundas do não cumprimento das responsabilidades decorrentes do transporte multimodal deverão ser intentadas no prazo máximo de um ano, contado da data da entrega da mercadoria no ponto de destino ou, caso isso não ocorra, do nonagésimo dia após o prazo previsto para a referida entrega, sob pena de prescrição. [...]
> Art. 205. A prescrição ocorre em dez anos, quando a lei não lhe haja fixado prazo menor.
> Art. 206. Prescreve: [...]
> §3º Em três anos: [...]
> V - a pretensão de reparação civil; [...]
> §5º Em cinco anos:
> I - a pretensão de cobrança de dívidas líquidas constantes de instrumento público ou particular; [...].

Note-se que o prazo previsto no art. 449, "3", do CCom era o mesmo previsto no art. 22 da Lei Federal nº 9.611/1998, de modo que a edição desta última não estimulou grande discussão sobre qual norma legal deveria ser aplicada, no caso de transporte unimodal (na medida em que, expressamente, o transporte multimodal é regido pelo diploma especial).

Foi esse o cerne da discussão em que, em junho de 2015, a Segunda Seção do STJ debruçou-se para fixar uma orientação nacional sobre o tema.

---

[3] Que "[d]ispõe sobre o Transporte Multimodal de Cargas e dá outras providências".

O Recurso Especial nº 1.340.041/SP e os prazos prescricionais para a cobrança da *demurrage* nos transportes unimodais e multimodais

O Superior Tribunal de Justiça, por meio de sua Segunda Seção – órgão que reúne as duas turmas especializadas em direito privado do Tribunal (Terceira e Quarta Turmas) –, foi chamado a definir qual seria o prazo prescricional para a cobrança dos valores devidos em razão da sobre-estadia de contêineres após o início de vigência do Código Civil de 2002.

Depois de alguns precedentes sobre o tema, em junho de 2015 ultimou-se o julgamento do Recurso Especial nº 1.340.041/SP, relatado pelo Ministro Ricardo Villas Bôas Cueva, no qual se firmou o entendimento de que, em caso de transporte *unimodal*, o prazo prescricional para a cobrança da *demurrage* é de 5 (cinco) anos, se houver estipulação contratual "que estabeleça os dados e os critérios necessários ao cálculo dos valores devidos a título de ressarcimento pelos prejuízos causados em virtude do retorno tardio do contêiner", segundo a previsão do art. 206, §5º, I, do CC/2002, ou de 10 (dez) anos, na ausência de previsão em contrato, aplicando-se a regra geral do art. 205 da lei civil substantiva.

O acórdão lavrado no referido recurso está assim ementado:

RECURSO ESPECIAL. DIREITO CIVIL E PROCESSUAL CIVIL. AÇÃO DE COBRANÇA POR SOBRE-ESTADIA DE CONTÊINERES. TRANSPORTE MARÍTIMO. UNIMODAL. "TAXA" DE SOBRE-ESTADIA PREVISTA CONTRATUALMENTE. PRAZO PRESCRICIONAL. ART. 206, §5º, INCISO I, DO CÓDIGO CIVIL. APLICAÇÃO ANALÓGICA DO PRAZO PREVISTO NOS ARTS. 8º DO DECRETO-LEI Nº 116/1967 E 22 DA LEI Nº 9.611/1998. IMPOSSIBILIDADE.

1. Ação de cobrança de valores relativos a despesas de sobre-estadia de contêineres (demurrage) previamente estabelecidos em contrato de transporte marítimo (unimodal). Acórdão recorrido que afastou tese defensiva de prescrição ânua da pretensão autoral.

2. Recurso especial que reitera pretensão da demandada (afretadora) de que se reconheça prescrita a pretensão da autora (armadora) a partir da aplicação ao

caso, por analogia, do prazo prescricional de 1 (um) ano de que tratam os arts. 8º do Decreto-Lei nº 116/1967 e 22 da Lei nº 9.611/1998.

3. Para as ações fundadas no não cumprimento das responsabilidades decorrentes do transporte multimodal, o prazo prescricional, apesar da revogação do Código Comercial, permanece sendo de 1 (um) ano, haja vista a existência de expressa previsão legal nesse sentido (art. 22 da Lei nº 9.611/1998).

4. A diferença existente entre as atividades desempenhadas pelo transportador marítimo (unimodal) e aquelas legalmente exigidas do Operador de Transporte Multimodal revela a manifesta impossibilidade de se estender à pretensão de cobrança de despesas decorrentes da sobre-estadia de contêineres (pretensão do transportador unimodal contra o contratante do serviço) a regra prevista do art. 22 da Lei nº 9.611/1998 (que diz respeito ao prazo prescricional ânuo aplicável às pretensões dos contratantes do serviço contra o Operador de Transporte Multimodal).

5. Além disso, as regras jurídicas sobre a prescrição devem ser interpretadas estritamente, repelindo-se a interpretação extensiva ou analógica. Daí porque afigura-se absolutamente incabível a fixação de prazo prescricional por analogia, medida que não se coaduna com os princípios gerais que regem o Direito Civil brasileiro, além de constituir verdadeiro atentado à segurança jurídica, cuja preservação se espera desta Corte Superior.

6. Por isso, em se tratando de transporte unimodal de cargas, quando a taxa de sobre-estadia objeto da cobrança for oriunda de disposição contratual que estabeleça os dados e os critérios necessários ao cálculo dos valores devidos a título de ressarcimento pelos prejuízos causados em virtude do retorno tardio do contêiner, será quinquenal o prazo prescricional (art. 206, §5º, inciso I, do Código Civil). Caso contrário, ou seja, nas hipóteses em que inexistente prévia estipulação contratual, aplica-se a regra geral do art. 205 do Código Civil, ocorrendo a prescrição em 10 (dez) anos.

7. No caso, revela-se inequívoco o acerto da Corte local ao concluir pela não ocorrência da prescrição, haja vista que (i) a devolução dos contêineres deu-se entre os dias 10/9/2008 e 16/10/2008 e (ii) a ação de cobrança foi ajuizada em 5/5/2010, muito antes, portanto, do decurso do prazo de 5 (cinco) anos.

8. Recurso especial não provido. (REsp nº 1.340.041/SP. Rel. Min. Ricardo Villas Bôas Cueva, Segunda Seção, j. 24.6.2015. *DJe*, 4 set. 2015)

Esse entendimento, firmado por maioria de votos, foi precedido de rico e substancioso debate entre os membros do Colegiado, destacando-se as importantes ponderações feitas pelo Ministro Paulo de Tarso Sanseverino, que examinou a discussão sob a perspectiva da "dinâmica do comércio marítimo e a segurança jurídica legitimamente esperada nas relações econômicas dele surgidas", sobretudo ante a semelhança entre as relações jurídicas estabelecidas no âmbito dos serviços relacionados ao transporte de mercadorias, sejam eles prestados por uma única ou por mais de uma modalidade, e a possibilidade de um único contêiner armazenar mercadorias sujeitas a meios diversos de transportes (unimodal e multimodal):

> Deve-se questionar, assim, se a aplicação dessas regras gerais de prescrição do Código Civil de 2002 constituem a melhor solução para essa delicada questão.
>
> Tenho que essas regras do Código Civil de 2002 não fornecem a melhor solução para a hipótese em tela, que deve ser buscada no regramento do já aludido art. 22 da Lei 9.611/98 ao estabelecer o prazo de um ano para a prescrição das 'ações judiciais oriundas do não cumprimento das responsabilidades decorrentes do transporte multimodal'.
>
> Observe-se que esse dispositivo legal não se limitou às ações entre o contratante e o operador do transporte multimodal.
>
> A redação foi abrangente, incluindo todas as ações judiciais oriundas do transporte multimodal.
>
> Nessa modalidade de transporte, uma pessoa jurídica, denominada operador de transporte multimodal (OTM), assume a responsabilidade transportar a carga da origem até o destino, utilizando-se de duas ou mais modalidades de transporte, podendo subcontratar terceiros.
>
> A Lei 9.611/98, além de tratar da responsabilidade do OTM, dispõe também acerca da responsabilidade dos subcontratados, conforme se verifica, dentre outros, nos seguintes dispositivos:
>
> Art. 12. O Operador de Transporte Multimodal é responsável pelas ações ou omissões de seus empregados, agentes, prepostos ou terceiros contratados ou subcontratados para a execução dos serviços de transporte multimodal, como se essas ações ou omissões fossem próprias.
>
> Parágrafo único. O Operador de Transporte Multimodal tem direito a ação regressiva contra os terceiros contratados ou subcontratados, para se ressarcir do valor da indenização que houver pago. [...]
>
> Art. 16. O Operador de Transporte Multimodal e seus subcontratados somente serão liberados de sua responsabilidade em razão de:
>
> I - ato ou fato imputável ao expedidor ou ao destinatário da carga;
>
> II - inadequação da embalagem, quando imputável ao expedidor da carga;

III - vício próprio ou oculto da carga;

IV - manuseio, embarque, estiva ou descarga executados diretamente pelo expedidor, destinatário ou consignatário da carga, ou, ainda, pelos seus agentes ou propostos;

V - força maior ou caso fortuito.

Parágrafo único. Inobstante as excludentes de responsabilidade previstas neste artigo, o Operador de Transporte Multimodal e seus subcontratados serão responsáveis pela agravação das perdas ou danos a que derem causa.

Desse modo, a redação abrangente do enunciado normativo do art. 22, regulando a prescrição ânua, teve como objetivo abarcar não somente a relação jurídica do contratante com o operador, mas também as que envolvem estes e os subcontratados.

Nesse passo, a pretensão de cobrança da *demurrage*, deduzida pelo armador (subcontratado) contra o operador de transporte multimodal, também deve estar sujeita ao mesmo prazo prescricional de um ano do art. 22, tendo em vista a inexistência de prazo diverso em legislação específica.

Ora, se a *demurrage*, no transporte multimodal, está sujeita ao prazo prescricional de um ano, a necessidade de coerência entre as normas de um mesmo sistema jurídico recomenda que a prescrição no transporte unimodal também deva ocorrer no mesmo prazo.

Isso porque, do ponto de vista do armador, titular da pretensão, a demurrage é sempre o mesmo fato, seja o transporte marítimo o único meio de transporte (unimodal), seja ele apenas uma parte do transporte multimodal.

É possível, em tese, inclusive, que, em um mesmo contêiner, existam mercadorias sujeitas a um contrato de transporte multimodal e outras a um unimodal.

Efetivamente, nada obsta que um operador de transporte multimodal também celebre contratos de transporte unimodal.

Em tal situação, caso haja atraso na devolução do contêiner, haveria um conflito entre a prescrição anual, prevista no art. 22 da Lei 9.611/98, e a prescrição quinquenal, prevista no art. 206, §5º, I, do Código Civil.

A solução, a meu juízo, é entender que a prescrição do art. 22 da Lei 9.611/98 aplica-se também ao contrato unimodal, pois o transporte multimodal, no plano dos fatos, nada mais é do que a integração de dois ou mais transportes unimodais.

Não se olvida que as normas referentes à prescrição devem ser interpretadas restritivamente, como bem salientou o eminente relator, na linha do precedente aludido da Quarta Turma, seguindo lição de PONTES DE MIRANDA.

Contudo, há de se lembrar, também, que a interpretação não pode conduzir a resultados contraditórios ou paradoxais, como ocorreria na hipótese de se estabelecer prazos prescricionais diversos para a *demurrage* em transporte multimodal e unimodal.

Como ensina WASHINGTON DE BARROS MONTEIRO: "na interpretação deve sempre preferir-se a inteligência que faz sentido à que não faz... deve ser afastada a exegese que conduza ao vago, ao inexplicável, ao contraditório..." (Curso de Direito Civil - parte geral, 11a. ed., São Paulo: Saraiva, 1972, p. 41).

A conclusão pela prescrição anual também tem a vantagem de tratar de maneira uniforme a pretensão deduzida pelo armador quanto à demurrage e a pretensão deduzida contra o armador, quanto aos danos à carga transportada (cf. art. 8º do Decreto-Lei 116/67, supracitado).

Segue-se, por fim, a tradição de nosso Direito Comercial que, desde 1850, sem maiores questionamentos da doutrina ou da jurisprudência, fixava um prazo de um ano para a cobrança das despesas de sobre-estadia.

Ante o exposto, com a devida vênia do eminente relator, voto no sentido de dar provimento ao recurso especial, restabelecendo os comandos da sentença de primeiro grau.

A tese prevalecente, todavia, afastou a aplicação analógica do art. 22 da Lei Federal nº 9.611/1998, que em seu texto indicou tratar-se de dispositivo incidente apenas nos contratos de transporte por mais de uma modalidade (multimodal).

Efetivamente, conquanto se trate, em essência, de um mesmo gênero de serviço, há substancial diferença no campo de atuação da atividade desempenhada pelo transportador marítimo, cuja responsabilidade cinge-se ao percurso desenvolvido por mares e oceanos – iniciando-se com o recebimento da carga no porto de origem e cessando após desembarque no destino – e as obrigações que recaem sobre o chamado "Operador de Transporte Multimodal – OTM", cujo serviço compreende, segundo o texto do art. 3º da lei de regência (Lei nº 9.611/1998):

> além do transporte em si, os serviços de coleta, unitização, desunitização, movimentação, armazenagem e entrega de carga ao destinatário, bem como a realização dos serviços correlatos que forem contratados entre a origem e o destino, inclusive os de consolidação e desconsolidação documental de cargas.

Tem-se, portanto, serviço prestado e atividade realizada "de ponta a ponta", sendo único o responsável pelo transporte da mercadoria, por todo o trajeto, incluído seu acondicionamento, desde a coleta até a entrega ao destinatário. Essa concentração, que distingue os serviços de transporte *unimodal* e *multimodal*, parece-me relevante para justificar a diferença dos prazos prescricionais, pois é certo que no caso do transporte realizado sob a responsabilidade do OTM haverá convergência das obrigações recaindo sobre um único agente, o que facilita a identificação do responsável, e, como consequência, a propositura de demanda visando à cobrança da *demurrage*. Assertiva nessa mesma linha consta do voto do Min. Villas Boas Cuêva no caso líder sob comento:

> Em outras palavras, em nenhum momento a unidade de carga deixa de estar sob a posse e o controle do operador de transporte multimodal, sendo descabido, portanto, falar, em caso tal, na existência de responsabilidade do contratante por suposta sobre-estadia de contêineres.

Por outro lado, em especial sob o ângulo da segurança jurídica e em um sistema com enfoque positivista, com suas raízes fortemente influenciadas pelo direito germânico-romano e pela *civil law*, não se mostra possível a utilização de prazos prescricionais previstos em normas editadas para casos semelhantes ou assemelhados (analogia), notadamente para reduzi-los em prejuízo do titular da pretensão. Isso porque o uso da analogia somente se faz possível, no dizer do art. 4º da Lei de Introdução às Normas de Direito Brasileiro – LINDB, "quando a lei for omissa".

Na espécie, não há omissão. A lei civil dispôs norma geral residual que fixa o prazo decenal para a prescrição e, como cláusula de incidência, estipulou que sua aplicação se dá "quando a lei não lhe haja fixado prazo menor". Trata-se, com efeito, do art. 205 do Código Civil brasileiro, que elimina a possibilidade de o hermeneuta valer-se da analogia para a contagem de prazo prescricional, pois jamais haverá omissão legislativa sobre o assunto. No ponto, mais uma vez invoco a sempre lembrada doutrina de Pontes de Miranda, citada no voto do relator, para quem "as regras jurídicas sobre prescrição hão de ser interpretadas estritamente, repelindo-se a própria interpretação analógica".[4]

Note-se, a propósito, que o legislador foi cuidadoso em dispor que o prazo previsto no art. 22 da Lei Federal nº 9.611/1998 refere-se ao "transporte multimodal" (não bastasse o fato de que a lei dispõe de forma especial sobre o assunto, em nenhum momento tratando de disposições relacionadas exclusivamente com o transporte marítimo).

Trata-se, evidentemente, de exceção à norma geral, exigindo interpretação estrita de seus termos, segundo a fórmula geral originalmente gravada no art. 6º do Código Civil de 1916, reproduzida por Carlos Maximiliano em sua clássica obra: "[a] lei que abre exceção a regras gerais, ou restringe direitos, só abrange os casos que especifica".[5]

Nessa perspectiva, em um cuidadoso estudo sobre as peculiaridades dos serviços prestados em caráter de plurimodalidade, o Ministro Moura Ribeiro apontou a necessidade de tratamento díspar entre os meios:

> Prossegue o mesmo autor [Daniel de Sousa Arci, em "Pontos Controversos da Sobre-estadia de Contêineres", Informativo Jurídico Consulex, ano XXVII, nº 45, págs. 9-11] analisando a disposição do art. 22 da Lei nº 9.611/98, que estabelece que as ações judiciais oriundas do não cumprimento das responsabilidades decorrentes do transporte multimodal deverão ser intentadas no prazo máximo de um ano, contado da data da entrega da mercadoria no ponto de destino, concluindo que sua aplicação se restringe ao contrato de transporte multimodal. Confira-se:
> A prescrição ânua aplicável aos contratos de transportes multimodais considera a responsabilidade do OTM na integridade das cargas, vigentes até a definitiva entrega, livres e desembaraçadas, aos contratantes. Enseja segurança jurídica aos personagens do contrato multimodal o prazo de 1 (um) ano para discutir as responsabilidades por um contrato executado por um único personagem.
> Atente-se ainda que o art. 22 da Lei Multimodal sequer menciona a palavra sobre-estadia, como fazia o revogado art. 449, inciso III, do Código Comercial, o que reforça a inocorrência de sobre-estadia entre as partes envolvidas nesta modalidade de contratação.

---

[4] PONTES DE MIRANDA, Francisco Cavalcanti. *Tratado de direito privado*. Rio de Janeiro: Borsoi, 1970. t. VI. p. 317.
[5] MAXIMILIANO, Carlos. *Hermenêutica e interpretação do direito*. Rio de Janeiro: Forense, 2006. p. 183.

Percebe-se assim que a aplicação deste dispositivo está direcionada às reclamações que envolvam cargas transportadas por força do Contrato de Transporte Multimodal, da mesma forma como contemplado no art. 8º do Decreto-Lei nº 116/67.

Logo, o art. 22 da Lei nº 9.611/98 se relaciona a pretensões contra o OTM, figura que qualifica somente o contrato de transporte como multimodal. Desse modo, o dispositivo não se dirige aos contratos unimodais, não sendo possível a aplicação do prazo prescricional ali previsto para este tipo de transporte.

A essa mesma conclusão chega Fábio do Carmo Gentil (Demurrage de Contêineres e o Prazo Prescricional das Ações de Cobrança, na Revista Jurídica Consulex, ano XIII, nº 295, págs. 62-63):

A revogação do art. 449, 3, do Código Comercial deu abertura [...] ao surgimento de teses diversas, com especial ênfase a cinco correntes a seguir apresentadas: [...]

A segunda corrente pertinente à prescrição para ação de sobrestadia também defende o prazo de um ano, porém com espeque no art. 22 da Lei nº 9.611/98 (Lei do Operador de Transporte Multimodal), por analogia. O referido artigo estabelece que "as ações judiciais oriundas do não cumprimento das responsabilidades decorrentes do transporte multimodal deverão ser intentadas no prazo máximo de um ano, contado da data da entrega da mercadoria no porto de destino ou, caso isso não ocorra, do nonagésimo dia após o prazo previsto para a referida entrega, sob pena de prescrição".

Pela simples leitura do artigo, concluímos que sua aplicação às cobranças de sobrestadia é equivocada. Inicialmente, deve ser notado que a Lei nº 9.611/98 se aplica exclusivamente aos Operadores de Transporte Multimodal, da mesma forma que o Decreto nº 2.681/12 regulamenta o transporte ferroviário e a Lei nº 11.442/07 disciplina o transporte rodoviário.

A chamada Lei do OTM é inteiramente direcionada à pessoa jurídica de direito privado denominada Operador de Transporte Multimodal, para cujo exercício profissional se exige registro específico, nos termos da Resolução ANTT nº 794, bem como da própria Lei nº 9.611/98 e do seu Regulamento (Decreto nº 3.411/00). Ainda, o exercício da atividade do OTM depende de prévia habilitação e registro na ANTT, o que vem reiterar que a aplicação analógica da Lei nº 9.611/98 não é acertada, pois não há identidade de razão, o que desautoriza a aplicação do mesmo direito ('ubi eadem est ratio, ibi ide jus'). Também deve ser observado que o supracitado art. 22 da Lei nº 9.611/98 encontra-se inserido no Capítulo IV, intitulado "Da Responsabilidade", que, por sua interpretação topográfica, bem como pela simples leitura dos arts. 11 a 23, evidencia tratar de hipóteses de responsabilidade do Operador de Transporte Multimodal (OTM) perante consignatários e terceiros no tocante às cargas, e não a indenização pelo uso de contêineres ('demurrage'). [...]

Ou seja, o prazo prescricional do art. 22 da Lei nº 9.611/98 trata de ações propostas contra o Operador de Transporte Multimodal e em nada se comunica com as pretensões de sobrestadia.

Situação diversa é aquela na qual a tarifa de sobre-estadia é estipulada por meio de disposição contratual com previsão expressa dos dados e critérios necessários ao cálculo dos valores devidos, quando então o prazo prescricional enquadra-se de modo perfeito à previsão do art. 206, §5º, I, do Código Civil:

> Art. 206. Prescreve: [...]
> §5º Em cinco anos:
> I - a pretensão de cobrança de dívidas líquidas constantes de instrumento público ou particular; [...].

Aqui não se trata, pois, de aplicação analógica, senão direta, do texto legal. Efetivamente, existindo estipulação escrita, com detalhamento de valores e forma de cobrança, tem-se que a *demurrage* configura dívida líquida constante de instrumento contratual, subsumindo-se de modo perfeito à previsão legal acima transcrita.

Curiosamente, embora tenha a questão sido resolvida de forma sólida por um Colegiado amplo do STJ (a Segunda Seção), alguns tribunais estaduais não têm aplicado o entendimento firmado no *leading case* antes mencionado, o que ensejou, no âmbito daquela Corte Superior, a afetação de um recurso especial ao rito do art. 1.036 e ss. do CPC/2015 (recursos repetitivos), com o exclusivo escopo de lhe conferir eficácia impositiva às instâncias ordinárias (CPC/2015, art. 927, III).

Trata-se do Recurso Especial nº 1.819.826/SP, também relatado pelo Ministro Ricardo Villas Bôas Cueva, cuja proposta de afetação foi aprovada e recebeu a seguinte ementa:

PROPOSTA DE AFETAÇÃO. RECURSO ESPECIAL. RITO DOS RECURSOS REPETITIVOS. DIREITO CIVIL. AÇÃO DE COBRANÇA POR SOBRE-ESTADIA DE CONTÊINERES. DEMURRAGE. TRANSPORTE MARÍTIMO. UNIMODAL. PRAZO PRESCRICIONAL.

1. Delimitação da controvérsia: definir o prazo prescricional da pretensão de cobrança de despesas de sobre-estadia de contêineres (demurrage) fundadas em contrato de transporte marítimo (unimodal).

2. Recurso especial afetado ao rito do art. 1.036 do CPC/2015.

Indubitavelmente é certa a manutenção do entendimento consolidado, todavia agora com os efeitos previstos na legislação processual civil, dos quais posso enumerar: (i) a exclusão da ordem cronológica de julgamento (art. 12), (ii) a possibilidade de se deferir tutela de evidência (art. 311, II); (iii) o julgamento de improcedência liminar do pedido (art. 332, II); (iv) a ausência de se submeter o processo à remessa necessária (art. 496, §4º, II); (v) a dispensa de caução para o levantamento de valores (art. 521, IV); (vi) ensejar o procedimento do juízo de retratação no caso de acórdão conflitante (art. 1.030, II); (vii) a retenção dos processos na instância regional (art. 1.042).

O termo inicial do prazo prescricional: término do *free time* ou a efetiva restituição do contêiner?

Questão igualmente interessante é a controvérsia sobre o termo inicial do prazo prescricional para a cobrança da tarifa de sobre-estadia, se ele ocorre a partir do momento em que vencido o prazo livre (*free time*) ou na oportunidade em que restituído o contêiner.

Embora escassa a jurisprudência sobre o assunto, em dois precedentes do STJ (REsp nº 163.897/SP e AgRg no Ag nº 1.220.719/SP, relatados, respectivamente, pelos ministros Ari Pargendler e Sidnei Beneti), ambos da Terceira Turma, prevaleceu o entendimento de que a pretensão do armador nasce somente a partir do momento em que "após a devolução do 'container', porque antes disso o respectivo proprietário não sabe qual a extensão do seu direito" (REsp nº 163.897/SP).

Aqui, todavia, impõe-me fazer uma ressalva de entendimento quanto à fundamentação indicada no excerto acima transcrito.

Como consabido, o início da contagem do prazo para se aferir eventual ocorrência de prescrição deve observar o princípio da *actio nata*, que orienta somente iniciar o fluxo do prazo prescricional se existir pretensão exercitável por parte daquele que suportará os efeitos do fenômeno extintivo. É o que se extrai da disposição contida no art. 189 da lei material civil:

> Art. 189. Violado o direito, nasce para o titular a pretensão, a qual se extingue, pela prescrição, nos prazos a que aludem os arts. 205 e 206.

O fato de o armador desconhecer a extensão de seu direito não lhe impede a propositura de demanda visando à restituição do equipamento e, se assim o quiser, cumulativamente, o pagamento da tarifa de sobre-estadia. A lei processual contém dispositivo que autoriza o pedido genérico em tal hipótese, viabilizando que a apuração do *quantum debeatur* seja realizada em procedimento complementar de liquidação.

De fato, o art. 324, III, do CPC/2015 (e do mesmo modo previa o art. 286, III, do CPC/1973) autoriza desde logo a propositura da demanda, com pedido ilíquido, "quando a determinação do objeto ou do valor da condenação depender de ato que deva ser praticado pelo réu".

Portanto, não haveria obstáculo para o ajuizamento da ação de cobrança logo após o término do prazo fixado para a utilização (*free time*), de modo que, a rigor, pode-se afirmar a existência de pretensão exercitável pelo armador, o que é suficiente para dar início à contagem do prazo de prescrição.

Entretanto, nos casos em que as partes contratantes estipulam prévia e expressamente a tarifa de sobre-estadia, tem-se que a retenção do equipamento pelo importador/exportador, dentro do prazo limite fixado em contrato (ou, em sua ausência, em prazo razoável), não configura violação do direito do proprietário, senão o estrito cumprimento da avença, de sorte que a pretensão não surge imediatamente após o *free time*.

Desse modo, o termo inicial do prazo prescricional da pretensão de cobrança da *demurrage* depende, em meu sentir, dos termos em que contratada a utilização do contêiner, podendo exemplificar as seguintes hipóteses: (i) caso não expressamente contratada a tarifa de sobre-estadia, a partir do término do prazo estipulado para a utilização do equipamento (*free time*); (ii) caso avençada a tarifa de sobre-estadia e, bem assim, estipulado o prazo máximo para o uso do equipamento, logo após o término desse prazo; e (iii) se houver previsão de cobrança da tarifa de sobre-estadia, todavia não estipulado o prazo para a utilização do contêiner, cabe ao magistrado ponderar os usos e costumes locais e do direito comercial, iniciando-se a contagem do prazo prescricional tão logo decorrido um período razoável de uso, em exame circunstancial do caso concreto.

Reconheço que essa última hipótese traz imprecisão na contagem do prazo prescricional e até mesmo insegurança jurídica. À míngua de previsão legal que delimite o período máximo de sobre-estadia, todavia, cabe ao Judiciário definir um prazo razoável a partir do qual a retenção do equipamento qualifica abuso de direito (CC/2002, art. 187), exsurgindo a pretensão.

Conclusão

Como demonstrado, a jurisprudência do STJ sedimentou os entendimentos sobre o termo inicial e o prazo de prescrição da pretensão de cobrança da sobre-estadia ou *demurrage*.

Sob a perspectiva de sua atribuição constitucional, o Tribunal cumpriu o seu dever de uniformizar a jurisprudência sobre a matéria, fixando a orientação que deve ser aplicada para a questão.

Sem embargo, as ponderações feitas pela corrente divergente, sobretudo em relação "à dinâmica do comércio marítimo" (Min. Paulo de Tarso Sanseverino), que demanda o encurtamento dos prazos prescricionais para a mais ágil consolidação das relações jurídicas – conferindo segurança jurídica aos negócios – é de todo recomendado que o legislador avalie a conveniência de se editar norma com a unificação dos prazos de prescrição para a cobrança de sobre-estadia de contêiner, reduzindo-os, se assim entender por adequado, para o prazo ânuo.

Nesse sentido, *de lege ferenda*, o PLS nº 487/2013, de autoria do Senador Renan Calheiros, conta com a previsão do prazo prescricional de um ano para a "cobrança de frete, estadias e sobrestadias de embarcações, a contar do dia da entrega da carga, se outra não for a prescrição decorrente da natureza do título" (art. 172, II, "k").

Informação bibliográfica deste texto, conforme a NBR 6023:2018 da Associação Brasileira de Normas Técnicas (ABNT):

FERREIRA, Antonio Carlos. O prazo prescricional para a cobrança de sobre-estadia de contêineres (demurrage) em contratos de transporte marítimo unimodal na perspectiva da jurisprudência do Superior Tribunal de Justiça – STJ. *In*: LEWANDOWSKI, Enrique Ricardo (Coord.). *Direito Marítimo*: estudos em homenagem aos 500 anos da circum-navegação de Fernão de Magalhães. Belo Horizonte: Fórum, 2021. p. 49-66. ISBN 978-65-5518-105-0.

ACIDENTES E FATOS DA NAVEGAÇÃO E SUA RELAÇÃO COM O CRIME DE ATENTADO CONTRA A SEGURANÇA DO TRANSPORTE MARÍTIMO OU FLUVIAL: ASPECTOS PENAIS E PROCESSUAIS PENAIS

ANTONIO EDUARDO RAMIRES SANTORO

Introdução

Ser convidado para trabalho em obra coletiva pelo Doutor Matusalém Pimenta e pelo Ministro Ricardo Lewandowski é motivo de muita honra para mim, não somente pelo laço de amizade que me une ao primeiro, mas porque ambos são importantes referências para minhas pesquisas acadêmicas.

O tema que relaciona os acidentes e fatos da navegação com o crime de atentado contra a segurança de transporte marítimo ou fluvial se justifica por inúmeras razões, das quais apontarei aqui na introdução a que considero a mais importante.

O número de acidentes da navegação no Brasil é suficiente para ingressarmos no debate a respeito da sua relação com o crime em comento, haja vista a necessidade de se estabelecer um critério que permita apontar os casos em que os acidentes e fatos da navegação podem ou não vir a ser considerados crime contra a segurança de transporte marítimo ou fluvial, previsto no tipo do art. 261 do Código Penal, o objetivo principal deste trabalho.

A partir da análise dos inquéritos administrativos sobre acidentes e fatos da navegação, que doravante serão chamados simplesmente de IAFN, o Departamento de Inquéritos e Investigações de Acidentes de Navegação da Diretoria de Portos e Costas[1] apresenta dados estatísticos[2] que permitem compreender a dimensão do fenômeno fático e seus efeitos no âmbito jurídico, mais especificamente jurídico-penal.[3]

Nos últimos 5 (cinco) anos, de 2014 a 2018, precisamente 4.523 (quatro mil, quinhentos e vinte e três) acidentes e fatos da navegação foram objeto de apuração por meio de IAFN, dos quais 3.093 (três mil e noventa e três) eram acidentes da navegação, 1.429 (um mil, quatrocentos e vinte e nove) eram fatos da navegação e apenas um IAFN não indicava a natureza do objeto da investigação. No ano de 2019, até o dia 30 de junho, já existiam 306 (trezentos e seis) acidentes da navegação e 168 (cento e sessenta e oito) fatos da navegação, totalizando 474 (quatrocentos e setenta e quatro) objetos de investigação.

Esses acidentes e fatos da navegação, considerando-se de 2014 até 30.6.2019, resultaram em 1.308 (um mil, trezentas e oito) vítimas fatais, 1.384 (um mil, trezentos e oitenta e quatro) feridos e 237 (duzentas e trinta e sete) pessoas desaparecidas.[4]

---

[1] A Diretoria de Portos e Costas é uma Organização Militar da Marinha do Brasil, subordinada à Diretoria-Geral de Navegações e responsável por elaborar normas no âmbito das suas atribuições como representante da autoridade marítima brasileira e efetuar a gestão dos processos das 64 capitanias, delegacias e agências espalhadas pelo território nacional, entre outras atribuições.

[2] Disponível em: https://www.marinha.mil.br/dpc/acidentes-de-navegacao2. Acesso em: 26 jul. 2019.

[3] Esses dados não incluem os casos em que mesmo havendo acidente ou fato da navegação não se realiza inquérito marítimo, como os casos envolvendo navio da Marinha de Guerra brasileira ou estrangeira e a Arribada Justificada (PIMENTA, Matusalém Gonçalves. *Processo marítimo*: formalidades e tramitação. 2. ed. Barueri: Manole, 2013. p. 64-65).

[4] No ano de 2014 ocorreram 941 IAFN, dos quais 627 acidentes da navegação e 314 fatos da navegação, 275 vítimas fatais, 273 feridos e 36 desaparecidos. No ano de 2015 ocorreram 999 IAFN, dos quais 686 acidentes da navegação

Se cada acidente ou fato da navegação investigado implicasse a obrigatoriedade de investigação por crime de atentado contra a segurança de transporte marítimo ou fluvial, existiram obrigatoriamente 4.996 (quatro mil, novecentos e noventa e seis) investigações criminais sobre esse tema no Brasil.

Diante desses dados, o problema que se apresenta é: a ocorrência de um acidente ou fato da navegação implica a ocorrência de crime de atentado contra a segurança de transporte marítimo ou fluvial? Secundariamente: que elementos típicos devem ser considerados para análise dessa relação? E, por fim: quais as consequências processuais sobre a consideração desses elementos típicos?

A hipótese que será trabalhada é a de que os elementos típicos dos acidentes da navegação não coincidem totalmente com os do tipo penal de atentado contra a segurança de transporte marítimo ou fluvial, mas que se trata de uma questão que pode afastar a configuração típica formal criminal e impedir a deflagração de ação penal sem apuração prévia na esfera administrativa.

Para responder a esta pergunta far-se-á uma pesquisa de natureza dedutiva, por fontes documentais bibliográficas, tomando em conta aspectos dogmáticos de natureza penal e processual penal.

Adotar-se-á como referencial teórico a teoria da ação significativa de Vives Antón, estudada no Brasil especialmente por Paulo Cesar Busato, abordagem dogmática sobre o tipo penal de atentado contra a segurança de transporte marítimo e fluvial de Cezar Roberto Bitencourt, aportes de

---

e 313 fatos da navegação, 226 vítimas fatais, 294 feridos e 52 desaparecidos. No ano de 2016 ocorreram 906 IAFN, dos quais 605 acidentes da navegação e 301 fatos da navegação, 250 vítimas fatais, 228 feridos e 37 desaparecidos. No ano de 2017 ocorreram 905 IAFN, dos quais 643 acidentes da navegação e 262 fatos da navegação, 261 vítimas fatais, 287 feridos e 45 desaparecidos. No ano de 2018 ocorreram 772 IAFN, dos quais 532 acidentes da navegação e 239 fatos da navegação, 187 vítimas fatais, 205 feridos e 33 desaparecidos. No ano de 2019, até 30 de junho, ocorreram 474 IAFN, dos quais 306 acidentes da navegação e 168 fatos da navegação, 109 vítimas fatais, 97 feridos e 34 desaparecidos.

epistemologia da prova penal, especialmente da prova do dolo fundado no pensamento de Geraldo Prado, e nas lições sobre processo marítimo de Matusalém Pimenta.

1 Acidentes e fatos da navegação: elementos típicos e dogmáticos

Não existe uma definição de acidentes e fatos da navegação, uma vez que a opção do legislador foi listá-los. Passaremos, portanto, à análise de cada um dos acidentes e fatos da navegação.

Antes, porém, de analisar cada um dos casos legais apontados como acidentes e fatos da navegação, importa esclarecer que compete ao Tribunal Marítimo (TM) julgar os acidentes e fatos da navegação, definindo a natureza, determinando as causas, indicando os responsáveis, aplicando penas e propondo medidas preventivas e de segurança (art. 13, inc. I da Lei nº 2.180/1954).

Na apuração da responsabilidade por fatos e acidentes da navegação, cabe ao Tribunal Marítimo investigar, entre outras questões, "se o capitão, o prático, o oficial de quarto, outros membros da tripulação ou quaisquer outras pessoas foram causadores por dolo ou culpa" (art. 17, alínea "a", da Lei nº 2.180/1954).

Desta forma, ainda que se possa identificar outras formas de responsabilidade pelos acidentes e fatos da navegação (que vão da alínea "b" a "f"),[5] a única que estabelece responsabilidade pelo nexo causal é a alínea "a", que exige dolo ou culpa.

---

[5] As demais alíneas estabelecem responsabilidades, mas não as vinculam ao nexo de causalidade. Por exemplo, a alínea "b" determina ao TM que investigue se foram fielmente cumpridas as regras estabelecidas em convenção internacional vigente e as baixadas pela autoridade marítima para evitar a abalroação, portanto não trabalha com o nexo causal, mas com o nexo de evitação. Outros exemplos são as alíneas "c" e "d", que não se dirigem à atividade pré-acidente ou fato, mas pós, uma vez que pretende seja apurada a prestação de assistência. A alínea "e", por sua vez, diz respeito à obrigação do proprietário, armador ou afretador no cumprimento de seus deveres, não estabelecendo relação alguma de nexo de causa ou evitação.

A questão do dolo e da culpa, portanto, interessam a este trabalho, porque vão determinar uma relação direta com o tipo penal de atentado contra a segurança de transporte marítimo ou fluvial.

Passaremos, desta forma, a abordar cada um dos acidentes ou fatos da navegação e, bem assim, identificar aqueles que admitem responsabilidade por dolo e culpa, e aqueles que afastam a responsabilidade por culpa.

Abordaremos de forma sucinta não apenas o significado das expressões com base na Normam-9 da Diretoria de Portos e Costas da Marinha do Brasil, mas também com fundamento na doutrina de Matusalém Pimenta.[6]

1.1 Acidentes da navegação

De acordo com o art. 14 da Lei nº 2.180/1954, que dispõe sobre o Tribunal Marítimo, são acidentes da navegação: (a) naufrágio, encalhe, colisão, abalroação, água aberta, explosão, incêndio, varação, arribada e alijamento; (b) avaria ou defeito no navio e nas suas instalações, que ponha em risco a embarcação, as vidas e fazendas de bordo.

Segundo Matusalém Pimenta, *naufrágio* "é o afundamento total ou parcial da embarcação, sem a possibilidade de reflutuação por meios próprios, quando há embarque de água em razão de adernamento, emborcamento ou alagamento, capaz de levar à perda total da embarcação".[7] Importante dizer que o naufrágio pode ser doloso (provocado intencionalmente) ou culposo (quando violado um dever de cuidado normativo).

Encalhe "é o contato de obras vivas [a parte do casco do navio que fica submersa] com o fundo do mar (rio, lagoa, etc.) capaz de provocar resistência externa de tal ordem que a embarcação seja incapaz de se

---

[6] PIMENTA, Matusalém Gonçalves. *Processo marítimo*: formalidades e tramitação. 2. ed. Barueri: Manole, 2013.
[7] PIMENTA, Matusalém Gonçalves. *Processo marítimo*: formalidades e tramitação. 2. ed. Barueri: Manole, 2013. p. 30-31.

movimentar com seus próprios recursos",[8] e a conduta que causa o encalhe pode ser dolosa ou culposa.

Varação é espécie de encalhe provocado por ato intencional (portanto, só pode ser doloso) de "por o navio em seco para se elidir evento mais danoso".[9]

Colisão "é o choque mecânico [eficaz para causar avarias na embarcação ou no objeto] de uma embarcação e/ou seus apêndices contra objeto que não seja outra embarcação" e insuscetível de navegar. A colisão pode ser dolosa ou culposa.

Abalroação (termo legal) ou *abalroamento* (uso doutrinário) é o "choque mecânico entre embarcações ou seus pertences e acessórios".[10] Seja violento ou não, só haverá abalroamento se houver dano.[11] O abalroamento pode ser classificado em fortuito, culposo (culpa *lato sensu* que inclui o dolo) e culpa comum (em que os envolvidos concorreram com culpa para o acidente).

Água *aberta* é a abertura ou fratura nas obras vivas (casco abaixo da linha de flutuação) que permita o ingresso descontrolado de água nos espaços internos, ou a descarga de líquidos dos tanques. Esse acidente também pode ser fortuito, doloso ou culposo.

Incêndio é a destruição (que pode ser total ou parcial) provocada pela ação do fogo por combustão dos materiais de bordo, ou sobre as águas, em decorrência de derramamento de combustível ou inflamável, curto-circuito elétrico, guarda ou manuseio de material inflamável ou explosivo.[12] Pode ser fortuito, doloso ou culposo.

---

[8] PIMENTA, Matusalém Gonçalves. *Processo marítimo*: formalidades e tramitação. 2. ed. Barueri: Manole, 2013. p. 32.
[9] PIMENTA, Matusalém Gonçalves. *Processo marítimo*: formalidades e tramitação. 2. ed. Barueri: Manole, 2013. p. 34.
[10] *Vide* BRASIL. Marinha. *Normam-9/DPC*. Disponível em: https://www.marinha.mil.br/dpc/sites/www.marinha.mil.br.dpc/files/Normam_%2009_%20MOD%206.pdf. Acesso em: 29 jul. 2019.
[11] PIMENTA, Matusalém Gonçalves. *Processo marítimo*: formalidades e tramitação. 2. ed. Barueri: Manole, 2013. p. 36.
[12] *Vide* BRASIL. Marinha. *Normam-9/DPC*. Disponível em: https://www.marinha.mil.br/dpc/sites/www.marinha.mil.br.dpc/files/Normam_%2009_%20MOD%206.pdf. Acesso em: 29 jul. 2019.

Explosão é a combustão brusca provocando a deflagração de ondas de pressão de grande intensidade,[13] que pode provocar a destruição total ou parcial do navio.[14] A explosão pode ser fortuita, dolosa ou culposa.

Arribada é a entrada de embarcação em porto ou lugar não previsto para a travessia, que não esteja programado. A arribada pode ter sido forçada, mas também pode ser dolosa.

Alijamento é o ato deliberado (não cabe forma culposa) de lançar na água as coisas de bordo, incluindo a carga. Caracteriza o alijamento não apenas o dolo, mas também (devem estar presentes os dois elementos subjetivos) o especial fim de agir consistente na "finalidade de salvar a embarcação, parte da carga ou outros bens".[15]

Avaria de risco é qualquer avaria distinta das já elencadas que ponha em risco a embarcação, as vidas e fazendas de bordo. Nela também se enquadram os *defeitos no navio ou nas suas instalações* (aparelhos, equipamentos, peças, acessórios e materiais de bordo) que representem o risco. Este último item dos acidentes "admite uma pluralidade de possibilidades".[16]

1.2 Fatos da navegação

De acordo com o art. 15 da Lei nº 2.180/1954, que dispõe sobre o Tribunal Marítimo, são fatos da navegação: (a) o mau aparelhamento ou a impropriedade da embarcação para o serviço em que é utilizada, e a deficiência da equipagem; (b) a alteração de rota; (c) a má estivação da carga, que sujeite a risco a segurança da expedição; (d) a recusa injustificada de socorro à embarcação em perigo; (e) todos os fatos que prejudiquem ou

---

[13] Vide BRASIL. Marinha. *Normam-9/DPC*. Disponível em: https://www.marinha.mil.br/dpc/sites/www.marinha.mil.br/dpc/files/Normam_%2009_%20MOD%206.pdf. Acesso em: 29 jul. 2019.

[14] PIMENTA, Matusalém Gonçalves. *Processo marítimo*: formalidades e tramitação. 2. ed. Barueri: Manole, 2013. p. 39.

[15] Vide BRASIL. Marinha. *Normam-9/DPC*. Disponível em: https://www.marinha.mil.br/dpc/sites/www.marinha.mil.br/dpc/files/Normam_%2009_%20MOD%206.pdf. Acesso em: 29 jul. 2019.

[16] PIMENTA, Matusalém Gonçalves. *Processo marítimo*: formalidades e tramitação. 2. ed. Barueri: Manole, 2013. p. 41.

ponham em risco a incolumidade e segurança da embarcação, as vidas e fazendas de bordo; (f) o emprego da embarcação, no todo ou em parte, na prática de atos ilícitos, previsto em lei como crime ou contravenção penal, ou lesivos à Fazenda Nacional.

O *mau aparelhamento ou a impropriedade da embarcação para o serviço em que é utilizada, e a deficiência da equipagem*, na verdade, são três fatos. O *mau aparelhamento da embarcação* é "a falta ou impropriedade de aparelhos, equipamentos, peças sobressalentes, acessórios e materiais, quando em desacordo com o projeto aprovado, as exigências da boa técnica marinheira e demais normas e padrões técnicos recomendados".[17] *Impropriedade da embarcação para o serviço em que é utilizada* é configurada pela utilização da embarcação em desacordo com sua destinação, área de navegação ou atividade estabelecida em seu título de inscrição. A *deficiência de equipagem* decorre da falta ou deficiência quanto à quantidade e à qualificação de tripulantes, em desacordo com as exigências regulamentares.

A *alteração de rota* "é o desvio da derrota ou o não cumprimento dos portos de escala, por ato deliberado do comandante, desde que não justificado, estando, portanto, em direto confronto com as determinações do armador, de tal ordem que coloque em risco a expedição marítima ou gere prejuízos"[18]. Verifica-se que o ato deve ser doloso.

A *má estivação da carga*, que sujeite a risco a segurança da expedição, é:

> má peação, colocação em local inadequado ou a má arrumação no porão, no convés ou mesmo no interior do container, quer no granel, quer na carga geral, sem observar, ainda, a adequabilidade da embalagem, pondo em risco a estabilidade do navio, a integridade da própria carga e das pessoas de bordo.[19]

---

[17] Vide BRASIL. Marinha. *Normam-9/DPC*. Disponível em: https://www.marinha.mil.br/dpc/sites/www.marinha.mil.br.dpc/files/Normam_%2009_%20MOD%206.pdf. Acesso em: 29 jul. 2019.

[18] PIMENTA, Matusalém Gonçalves. *Processo marítimo*: formalidades e tramitação. 2. ed. Barueri: Manole, 2013. p. 42.

[19] Vide BRASIL. Marinha. *Normam-9/DPC*. Disponível em: https://www.marinha.mil.br/dpc/sites/www.marinha.mil.br.dpc/files/Normam_%2009_%20MOD%206.pdf. Acesso em: 29 jul. 2019.

A *recusa injustificada de socorro* à *embarcação em perigo*, para ser caracterizada como um fato da navegação, deve ser intencional e não justificada.

Todos os fatos que prejudiquem ou ponham em risco a incolumidade e a segurança da embarcação, as vidas e as fazendas de bordo abrangem uma amplitude indeterminada de situações. A Normam-9/DPC exemplifica esse fato com a situação que caracterize a presença de clandestino a bordo, o que obviamente demanda conhecimento do comandante ou omissão nos cuidados de verificação.

Emprego de embarcação, no todo ou em parte, na prática de atos ilícitos, previstos em lei como crime ou contravenção penal, ou lesivos à *Fazenda Nacional* depende do reconhecimento do ilícito criminal, uma vez que o TM não tem competência para julgá-los, configurando verdadeira questão prejudicial.[20]

1.3 Distinções entre acidentes e fatos da navegação

A Lei nº 2.180/1954 não faz distinção entre acidentes e fatos da navegação, para além das listas fechadas dos arts. 14 e 15.

A partir do conceito de avaria no direito marítimo, Matusalém Pimenta[21] propõe alterações legislativas que permitam distinguir os acidentes da navegação e os fatos da navegação. Os primeiros estariam relacionados à avaria-dano, com a consequente alteração da redação do art. 14, e os segundos estariam relacionados à avaria-despesa, com a consequente alteração do art. 15, ambos da Lei nº 2.180/1954.

Todavia, para efeito deste trabalho e o alcance do objetivo de apontar os casos em que os acidentes e fatos da navegação podem ou não vir a ser considerados crime de atentado contra a segurança de transporte

---

[20] PIMENTA, Matusalém Gonçalves. *Processo marítimo*: formalidades e tramitação. 2. ed. Barueri: Manole, 2013. p. 94 e ss.
[21] PIMENTA, Matusalém Gonçalves. *Processo marítimo*: formalidades e tramitação. 2. ed. Barueri: Manole, 2013. p. 46-54.

marítimo ou fluvial, nos cumpre metodologicamente analisar apenas o direito posto e não o proposto, a despeito do brilhantismo da proposta.

Nossa observação inicial é no sentido de não identificar um traço distintivo ontológico e geral, portanto, impõe-se reafirmar a necessidade de uma proposta que permita essa distinção, tal como o fez Matusalém Pimenta, sob pena de ter-se tão somente duas listas sem uma justificativa para a divisão.

No entanto, deve se apontar também para o fato de que a alínea "a" do art. 14 da Lei nº 2.180/1954 (acidentes da navegação) apresenta resultados materiais claros e específicos, diversamente de todos os casos do art. 15 da Lei nº 2.180/1954 (fatos da navegação) que não fazem referência a qualquer resultado concreto determinado (as alíneas "a", "b" e a primeira parte da "f" são previsões de mera conduta, a alínea "c" e a segunda parte da alínea "e" preveem a exposição à perigo concreto, a alínea "d" prevê um caso de perigo abstrato e apenas a primeira parte da alínea "e" e a última parte da alínea "f" preveem resultados materiais, porém indeterminados).

Portanto, a contar pelo que consta da alínea "a" do art. 14 da Lei nº 2.180/1954, seria possível afirmar que a diferença entre acidente e fato da navegação é a previsão de resultado material determinado para o primeiro. Porém, essa afirmação não pode ser feita, tendo em vista que a alínea "b" do art. 14 da Lei nº 2.180/1954 prevê um caso de exposição a perigo concreto.

Há, todavia, uma afirmação que pode ser feita, mas que não é possível considerar um traço distintivo geral entre acidentes e fatos da navegação. É que não existe previsão de fato da navegação que contemple a previsão de um resultado material determinado. Conquanto isso não agregue elemento doutrinário para efeito de distinção entre acidentes e fatos da navegação, tal observação poderá ser muito útil para o desenvolvimento do presente trabalho.

2   O crime de atentado contra a segurança do transporte marítimo e fluvial: elementos do tipo

O Código Penal assim define o tipo penal de "Atentado contra a segurança de transporte marítimo, fluvial ou aéreo" no art. 261:

> *Atentado contra a segurança de transporte marítimo, fluvial ou aéreo*
> Art. 261. Expor a perigo embarcação ou aeronave, própria ou alheia, ou praticar qualquer ato tendente a impedir ou dificultar navegação marítima, fluvial ou aérea:
> Pena - reclusão, de dois a cinco anos.
> *Sinistro em transporte marítimo, fluvial ou aéreo*
> §1º Se do fato resulta naufrágio, submersão ou encalhe de embarcação ou a queda ou destruição de aeronave:
> Pena - reclusão, de quatro a doze anos. [...]
> *Modalidade culposa*
> §3º No caso de culpa, se ocorre o sinistro:
> Pena - detenção, de seis meses a dois anos.

O *caput* do dispositivo prevê duas condutas, sob o ponto de vista objetivo: "expor a perigo embarcação" (o que nos interessa, vez que aeronave está entre os objetos materiais do tipo, mas não diz respeito ao tema do trabalho) ou "praticar qualquer ato tendente a impedir ou dificultar a navegação".

Trata-se de um tradicional crime de perigo concreto, assim entendido o tipo penal que exige prova da exposição real à perigo do bem jurídico protegido, não sendo suficiente a presunção. Como se trata de um tipo penal inserido no capítulo "Dos Crimes Contra a Segurança dos Meios de Comunicação e Transporte e Outros Serviços Públicos", é necessário que a conduta coloque um número indeterminado de pessoas em situação de perigo.

Por outro lado, como bem observa Cezar Roberto Bitencourt em *Parecer sobre a segurança de transporte marítimo ou fluvial* emitido a partir de consulta formulada pelo Conselho Nacional de Praticagem, "o art. 261 e seus respectivos parágrafos adotam uma constituição tipológica heterodoxa ao preverem um crime de perigo doloso (caput) e, ao mesmo tempo, dois crimes materiais, sendo um preterdoloso (§1º) e outro culposo (§3º) [...]".[22]

Esse é um ponto complexo, pois só existe crime de perigo na modalidade dolosa, "*crimes de perigo* são incompatíveis com a modalidade culposa, pois esta contém, necessariamente, o resultado material como integrante do próprio tipo penal, porque seria paradoxal, na medida em que *crime de perigo* é crime sem resultado".[23]

Nesse sentido, enfrentando a dificuldade exegética imposta pela previsão legal, Bitencourt apresenta o que compreende ser a solução para a heterodoxia da construção tipológica do art. 261 do CP: para ele o *caput* é o crime de "atentado contra a segurança de transporte marítimo ou fluvial", crime de perigo e, como tal, doloso; o §1º é um crime preterdoloso, material (pois exige o resultado) e deve ser chamado de crime de "sinistro"; e o §3º é um crime culposo de "sinistro", vez que exige resultado material.

É bom que se deixe claro que o raciocínio dogmático de Bitencourt é linear: não pode haver crime de perigo culposo, primeiro porque o crime culposo exige resultado material, segundo porque o crime de perigo exige dolo, de tal forma que a previsão do §3º do art. 261 do CP não se liga ao *caput* (tipo de "atentado contra a segurança de transporte marítimo ou fluvial"), mas ao §1º (tipo de "sinistro").

Assim, enquanto o *caput* do art. 261 do CP é doloso (expor a perigo embarcação ou praticar ato tendente a impedir ou dificultar navegação), o §1º é preterdoloso, ou seja, se ocorrer o sinistro (que consiste tipicamente em naufrágio, submersão ou encalhe de embarcação) não intencional em razão da conduta dolosa de exposição à perigo de embarcação ou de ato tendente a impedir ou dificultar a navegação.

---

[22] BITENCOURT, Cezar Roberto. *Parecer sobre a segurança de transporte marítimo ou fluvial*. Brasília: [s.n.], 2018. p. 38.
[23] BITENCOURT, Cezar Roberto. *Parecer sobre a segurança de transporte marítimo ou fluvial*. Brasília: [s.n.], 2018. p. 39.

Ainda, o §3º do art. 261 do CP só se configurará se o sinistro (naufrágio, submersão ou encalhe) for culposo. Mas o que é culposo não é a exposição a perigo ou ato tendente a impedir ou dificultar a navegação, e sim o próprio sinistro. Daí porque Bitencourt afirmou que o §3º não é modalidade culposa do crime de "atentado contra a segurança de transporte marítimo ou fluvial", mas modalidade culposa do crime de "sinistro", razão pela qual o §3º está ligado ao §1º e não ao *caput*.

Como consequência de seu brilhante raciocínio, a exposição culposa a perigo não é abrangida pelo tipo penal do art. 261 do CP, sob pena de se estabelecer responsabilidade penal objetiva.

Portanto, finalizando de forma sistemática a análise dos elementos dos tipos do art. 261 do CP, temos:

(i) o *caput* do art. 261 do CP: é o tipo de "atentado contra a segurança de transporte marítimo ou fluvial", um crime de perigo concreto e doloso;

(ii) o §1º do art. 261 do CP: é o tipo de "sinistro", um crime material e preterdoloso (dolo na conduta de "exposição a perigo" ou "praticar qualquer ato tendente a impedir ou dificultar a navegação" e culpa na ocorrência do sinistro, compreendido como naufrágio, submersão ou encalhe de embarcação);

(iii) o §3º do art. 261 do CP: é o tipo de "sinistro culposo", um crime material e culposo, sendo que a culpa não está na exposição à perigo, mas na violação de dever de cuidado normativamente imposto, em que ocorra um resultado material consistente no sinistro (naufrágio, submersão ou encalhe de embarcação), objetivamente previsível e desde que tenha havido uma conexão interna entre o desvalor da conduta e o desvalor do resultado (ou seja, que a inobservância do dever de conduta seja causa do resultado).

3 Ação significativa[24] e a prova da intenção

Vives Antón desenvolveu sua teoria da ação, apresentada em seu livro *Fundamentos del sistema penal* (1996),[25] mudando o referencial filosófico até então vigente.

Não resta dúvida de que as teorias ontológicas da ação se valem de métodos diversos, mas todos, na busca de conhecer algo que é, valem-se de teorias diversas do conhecimento para alcançar um conceito de algo que já existe no mundo previamente ao direito. Os funcionalistas criam seu conceito de ação ou eliminam a exigência de conceitos de acordo com a necessidade de construção de seu sistema de imputação.

Em outro viés, Vives Antón não buscou conhecer o conceito (ontológico) de ação, tampouco criou um conceito que sirva ao seu sistema, mas, partindo de uma análise da filosofia da linguagem de Wittgenstein e da teoria da ação comunicativa de Habermas, desenvolveu o conceito significativo da ação. O importante, para Vives, não é o método de conhecimento para saber o que a ação é, o que importa é o significado da ação para a sociedade. Portanto, ação não é o que os homens fazem, mas o significado do que fazem, "não como um substrato, mas como um sentido".[26]

Paulo Busato esclarece que "a comunicação ou percepção não provém de uma realidade do sujeito (interna) nem tampouco do objeto (externa), mas da interrelação entre eles. A comunicação é o resultado da interrelação entre o sujeito e o objeto que produz uma percepção".[27]

Deixando claro que o fundamento da concepção significativa de ação não é de matiz ontológica, tampouco axiológica, Busato afirma que

---

[24] Juarez Tavares classifica a proposta conceitual de ação significativa dentro dos modelos que ele chama de performáticos (TAVARES, Juarez. *Fundamentos de teoria do delito*. Florianópolis: Tirant lo Blanch, 2018. p. 129).
[25] VIVES ANTÓN, Tomás Salvador. *Fundamentos del sistema penal*. Valencia: Tirant lo Blanch, 1996.
[26] VIVES ANTÓN, Tomás Salvador. *Fundamentos del sistema penal*. Valencia: Tirant lo Blanch, 1996. p. 197.
[27] BUSATO, Paulo César. *Direito Penal e ação significativa*. Rio de Janeiro: Lumen Juris, 2005. p. 157.

"a percepção não é algo que possa ser traduzido em uma realidade ou concretado em algo que 'é', nem tampouco se traduz meramente numa valoração. A percepção é tão somente um sentido".[28]

Vives Antón expõe que as concepções tradicionais naturalísticas de ação separam a ação em aspectos objetivos e subjetivos distintos, como se houvessem dois mundos: o interno e o externo, sendo que o primeiro se traduz em complexos processos mentais que transmitem sentido aos movimentos corporais (aspectos externos).[29]

No entanto, para Vives Antón, a intenção não se vincula com algo externo (movimentos corporais) e sim com uma ação. Isso significa que a intenção está diretamente vinculada à situação concreta, aos costumes, às instituições humanas, às regras técnicas e práticas, pois, *v.g.*, se estou jogando uma partida de xadrez, o movimento de uma peça realizado pela minha mão adquire determinado significado ante as regras do jogo, assim, a intenção também só existe na medida em que se conecta à ação e é referida à determinada regra.

Assim não é difícil verificar que o conceito significativo de ação humana elaborado por Vives Antón não pretende conhecer os processos psicológicos internos do ser humano, os quais o jurista espanhol considera inalcançáveis à percepção, mas da interpretação da conduta referida à norma que atribui sentido à ação, uma vez que só a regra a que se refere a ação a torna compreensível. Por isso, como no exemplo dado, uma ação de mover peças em um tabuleiro de xadrez pode ser interpretada adequadamente com o conhecimento das regras que, portanto, se referem à conduta e permitem o conhecimento do seu sentido, independentemente do conhecimento dos processos psicológicos internos que determinaram

---

[28] BUSATO, Paulo César. *Direito Penal e ação significativa*. Rio de Janeiro: Lumen Juris, 2005. p. 157.
[29] VIVES ANTÓN, Tomás Salvador. *Fundamentos del sistema penal*. Valencia: Tirant lo Blanch, 1996. p. 216.

o movimento do corpo. Sem o conhecimento das regras do jogo de xadrez, o movimento das pedras não teria sentido ou teria um significado totalmente diferente do que realmente tem.

É, desta forma, conclusão lógica e objetiva que o conceito de conduta de Vives é normativo e não natural.

Daí porque, reiterando em outras palavras, em oposição à concepção finalista, que centra a ideia de ação a partir dos processos internos à mente do sujeito que são causa dos movimentos corpóreos, portanto, tem como ponto de partida os fenômenos psicológicos, a ação significativa se baseia na ideia do que transmite a conduta ao mundo. Isso não significa que para o conceito de ação a intenção seja ignorada, mas ela se localiza no campo da potencialidade, vez que, como esclarece Vives Antón, "para que seja possível falar de ação é preciso que os sujeitos tenham a capacidade de formar e expressar intenções; mas, as ações que realizam não dependem das intenções que pretendem expressadas, mas do significado que socialmente se atribui ao que façam".[30]

Contrapondo-se mais uma vez à dualidade conceitual das concepções de matizes naturalísticas, firma Vives que a intenção não existe como um processo estanque à ação (tampouco aos movimentos externos), mas que "ação e intenção formam uma unidade", porém esta relação (intenção-ação) não é definitória, porquanto "[...] nem toda ação é intencional", haja vista que, na esteira do pensamento de Wittgenstein, a ação gira em torno do significado e, portanto, refere-se à interpretação conforme o seguimento das regras que são, de toda forma, externas à conduta e à intenção.[31]

Esclarece Vives que "[...] para determinar se uma ação concreta é ou não intencional devemos atender, não a inverificáveis processos

---

[30] VIVES ANTÓN, Tomás Salvador. *Fundamentos del sistema penal*. Valencia: Tirant lo Blanch, 1996. p. 214.
[31] VIVES ANTÓN, Tomás Salvador. *Fundamentos del sistema penal*. Valencia: Tirant lo Blanch, 1996. p. 222.

mentais, a desejos e propósitos, mas a se na ação realizada se põe ou não de manifesto um *compromisso* do autor".[32]

Assim, a intenção, para Vives, indisponível ao conhecimento como processo psicológico, tem uma dupla dimensão normativa: em primeiro lugar nas *regras* que a identificam e a fazem possível e cognoscível e, em segundo lugar, na relação entre o autor e a ação. Quanto a esta relação, Vives a desdobra em três tarefas de conhecimento: o significado dos atos do autor, as competências que são possíveis de atribuição a ele e do entramado de estados intencionais que se plasmam na sua vida.[33]

E como fazer para identificar o compromisso sem se imiscuir no intrincado processo mental, que segundo Vives, é inalcançável? Pelas regras de toda índole (jurídicas e sociais) que definem a ação como ação. Assim, para saber se alguém teve um compromisso (intenção) de matar, devemos nos valer das regras que definem a ação de matar e compará-las com as competências do autor (capacidade diante do domínio de técnicas) para saber se houve um *compromisso*. Assim, o *saber*, que de acordo com a doutrina tradicional do dolo está ligada ao elemento *intelectual* (a consciência), passa a ser substituído pelo *ser capaz de entender* ("dominar" uma técnica), configurando-se assim o dolo. E, no caso concreto, para verificarmos o dolo, precisamos diante da regra que define a ação analisar as manifestações externas do autor para, através destas, averiguar a sua bagagem de conhecimentos e entender, ao menos parcialmente, suas intenções expressadas na ação.[34]

Assim, o que o autor *sabe*, entendido como acima exposto, se une ao *querer*, que no seu entendimento não pode ser um mero desejo

---

[32] VIVES ANTÓN, Tomás Salvador. *Fundamentos del sistema penal*. Valencia: Tirant lo Blanch, 1996. p. 232.
[33] VIVES ANTÓN, Tomás Salvador. *Fundamentos del sistema penal*. Valencia: Tirant lo Blanch, 1996. p. 233.
[34] VIVES ANTÓN, Tomás Salvador. *Fundamentos del sistema penal*. Valencia: Tirant lo Blanch, 1996. p. 237.

(o que implicaria um direito penal do ânimo), mas o próprio atuar em si mesmo, porque, baseado na firme posição de Wittgenstein, entre o *querer* e o *atuar* não existe nada, razão pela qual o *querer* reside na ação e nela se expressa um *compromisso* de atuar (uma intenção). Desta maneira o elemento volitivo do dolo deixa de ser entendido naturalisticamente como um processo psicológico dual e passa a ser entendido normativamente como um compromisso de atuar.[35]

Esse *compromisso* que caracteriza o *dolo* tem, portanto, uma dupla percepção: o domínio de uma técnica por parte do autor e a valoração da regra.

Quanto à omissão a perspectiva significativa também se faz presente na teoria de Vives. Para o jurista espanhol a omissão não se caracteriza pelo fim de alcançar determinado resultado, portanto não passa ou não se identifica com nenhum estado anímico particular, mas diz respeito ao que, de acordo com as perspectivas sociais aplicáveis, se podia *esperar* que o autor fizesse. "E, portanto, a relevância penal de uma omissão vem dada pela relevância penal (a *tipicidade*) da *situação* ou *posição* de espera que a faz ser tal".[36] Desta forma, nem a problemática da ação positiva nem, muito menos, a omissão podem resolver-se desde uma perspectiva naturalística, porquanto ambas sempre precisam de uma pauta normativa, isto é, no caso específico da omissão, a exigência de uma ação é que torna a omissão relevante do ponto de vista penal. Neste sentido Vives exemplifica que "um fragmento de conduta" pode ser interpretado como uma ação ou como uma omissão, conforme a atitude que se espera de um sujeito. Assim, para poder falar de omissão não é suficiente que o autor tenha a

---

[35] VIVES ANTÓN, Tomás Salvador. *Fundamentos del sistema penal*. Valencia: Tirant lo Blanch, 1996. p. 238.
[36] VIVES ANTÓN, Tomás Salvador. *Fundamentos del sistema penal*. Valencia: Tirant lo Blanch, 1996. p. 242.

possibilidade de atuar de outro modo, mas também "[...] um momento normativo do que *inferir* a espera do não realizado".[37]

Assim é que podemos dizer que o problema da omissão não depende do "aspecto externo", na medida em que a omissão só tem lugar quando não se atende a uma perspectiva de ação, razão pela qual o conceito de omissão é um problema de sentido, e não de substrato.

Partindo da definição normativa dada ao dolo como compromisso com a ação normativa, a culpa se limita a uma dupla ausência de compromisso: a ausência desse compromisso com o resultado típico, em que consiste o dolo (mesmo porque se houver o compromisso com o resultado haverá dolo); e a ausência de um compromisso normativamente exigido com a evitação da lesão (a infração ao dever de cuidado). Assim, se torna necessário para aferir a gravidade da infração ao dever de cuidado não a verificação (inverificável) da existência de um processo mental de representação, mas a determinação de suas determinações teóricas e práticas e da capacidade de autodireção e autocontrole do autor.[38]

Vives afirma que nem o dolo nem a culpa, enquanto juízos normativos, tal como foram expostos, fazem parte do conceito de ação, mas representam instâncias de imputação da antinormatividade de uma ação ou de uma omissão.

A rigor Vives afirma que o que se propõe para a ação e a omissão é uma mudança de método que promova a *objetivação* da ação, isto é, sejam definidas independentemente da intenção subjetiva, do mesmo modo que as palavras têm um significado objetivo independente da intenção com que foram ditas.

---

[37] VIVES ANTÓN, Tomás Salvador. *Fundamentos del sistema penal*. Valencia: Tirant lo Blanch, 1996. p. 243.
[38] VIVES ANTÓN, Tomás Salvador. *Fundamentos del sistema penal*. Valencia: Tirant lo Blanch, 1996. p. 244.

As ações não são fatos, não dependem das intenções de quem as pratica, são significados. Não são, pois, objetos do mundo, são formas de narrar a vida social tal como a entendemos.

O que Vives propõe, como dito anteriormente, é uma mudança de método. Para ele as ações não dependem dos objetos e processos da mente, mesmo porque não podemos conhecê-los. Dependem das *práticas sociais*. As ações podem ser conhecidas não mediante estratégias científicas, que pressupõem certa estabilidade da natureza, mas de estratégia intencional, que por sua vez pressupõe certa estabilidade das regras e práticas (sociais ou jurídicas). Quem conhece a ação o faz extraindo seu significado social objetivado a regras e práticas. Não é diferente o caso da omissão, que se conhece conforme a frustração da *espera* de uma ação, consoante a regra que estabelece a necessidade do agir.

E esse mesmo processo de *objetivação*, a que se refere Vives, aplica-se também às intenções subjetivas, porquanto estas não se conhecem pela inexequível incursão ao estado mental do autor, mas pela ação externa a que as diversas atitudes intencionais estão conectadas. Para Vives, o *saber* buscado pela doutrina tradicional, consiste no saber não viável acerca dos objetos mentais e, ao contrário de sua pretensão, não há um *saber* que exclua o *erro*. O método mais adequado é partir da ação para atribuirmos as intenções com uma razoável segurança, isto é, com a *certeza* possível no marco da estratégia intencional, o que pode realizar-se adequadamente tendo em vista o respeito às exigências da presunção de inocência. Para Vives, devemos renunciar ao *conhecimento* irrefutável (das doutrinas tradicionais que incursionam pelo processo mental) e passar a operar com a *certeza* prática.

Essa concepção de conduta foi cara a Geraldo Prado na elaboração de parecer a respeito da prova do dolo.

Com apoio na teoria de Daniel González Lagier, Prado afirma que provar um fato consiste em mostrar que, à luz das informações que possuímos, está justificado aceitar a ocorrência desse fato.[39] Isso se faz a partir de uma inferência probatória, consistente no "raciocínio utilizado pelo tomador de decisão judicial para justificar a determinação de uma questão de fato no tribunal".[40]

As inferências probatórias podem ser epistêmicas, de base empírica, mas também podem ter fundamento de ordem normativa, baseado em regras lógicas e jurídicas.

Ora, na medida em que admitamos que os processos mentais internos não são cognoscíveis, é necessário haver uma forma de o juiz evitar presumir o dolo a partir de seu próprio estado mental. Nesse sentido, as inferências probatórias epistêmicas e normativas são essenciais para objetivar o dolo a partir do contexto fático e normativo próprio do acusado e, a partir daí, extrair o significado da ação.

Tomar em conta as competências do acusado, sua potencialidade de atuação técnica, as interações com as pessoas que circundavam o fato, são dados essenciais para compreender o significado da ação e admitir que a prova do elemento subjetivo não pode estar vinculada a indícios, que terminam por levar a presunções de existência de estados mentais, que no mais das vezes reproduzem o que pensa o próprio julgador.

A prova do elemento subjetivo deve estar vinculada ao raciocínio conhecido como inferência probatória, que diante de fundamentos epistêmicos e normativos permite compreender o sentido da ação dentro do contexto em que se insere o acusado.

---

[39] PRADO, Geraldo. Parecer: a prova do dolo. *In*: SANTORO, Antonio Eduardo Ramires; MALAN, Diogo Rudge; MIRZA, Flavio (Org.). *Crise no processo penal contemporâneo*: escritos em homenagem aos 30 anos da Constituição de 1988. Belo Horizonte: D'Plácido, 2018. p. 195.

[40] MATIDA, Janaina; HERDY, Rachel. As inferências probatórias: compromissos epistêmicos, normativos e interpretativos. *In*: CUNHA, José Ricardo (Org.). *Epistemologias críticas do direito*. Rio de Janeiro: Lumen Juris, 2016. p. 213.

À guisa de conclusão: consequências da relação típico-dogmática entre acidente da navegação e o tipo penal de atentado contra a segurança do transporte marítimo e fluvial

Diante da análise dos elementos que caracterizam os acidentes e fatos da navegação, da estrutura típico dogmática do art. 261 do CP e do conceito de ação significativa com a decorrente discussão sobre a prova do elemento subjetivo do tipo, é possível extrairmos algumas consequências penais e processuais penais.

Consequências penais

Como se verificou no item 2, o art. 261 do CP é heterodoxo. Só é possível chamar de "atentado contra a segurança de transporte marítimo ou fluvial" o *caput* do dispositivo, ao passo que o §1º deve ser compreendido como o tipo de "sinistro" e o do §3º de "sinistro culposo".

Os tipos de sinistro, por sua vez, são crimes materiais, que exigem resultado. O resultado não é qualquer um, mas, especificamente, aqueles que estão listados no tipo penal do §1º do art. 261 do CP, quais sejam, *naufrágio*, *submersão* ou *encalhe* de embarcação.

Diante disso e do princípio constitucional da tipicidade, é de se considerar que este é um caso de lei penal em branco. Muito embora os doutrinadores penais não abordem esse tema com esse viés, é fundamental reconhecer que os termos utilizados devem guardar correlação com a área específica de atuação do direito marítimo, uma vez que o tipo penal confere proteção subsidiária (princípio da subsidiariedade) ao bem jurídico maritimista.

Dessa forma, só se poderá caracterizar o sinistro previsto no §1º do art. 261 do CP, se ocorrerem os acidentes da navegação de *naufrágio* e *encalhe*. Registre-se que o legislador penal chamou de *naufrágio*, de acordo com a doutrina, o que é considerado pela doutrina maritimista como naufrágio total com perda da embarcação e de *submersão* o afundamento que pode ou não ser total e pode ou não ter possibilidade de reflutuação (caso em que sequer seria caracterizado também como naufrágio enquanto acidente da navegação, conforme conceito visto no item 1 deste trabalho).

Portanto, o legislador penal não considerou como sinistro caracterizador, §1º do art. 261 do CP, todos os demais acidentes da navegação, tampouco os fatos da navegação.

Como o §3º é o tipo de "sinistro culposo" e se refere ao §1º do art. 261 do CP, o mesmo raciocínio se aplica ao referido parágrafo, ou seja, só se caracteriza o "sinistro culposo" quando ocorrem os acidentes da navegação *naufrágio* ou *encalhe* por dupla ausência de compromisso: a ausência de compromisso com o resultado típico (naufrágio ou encalhe) e a ausência de um compromisso normativamente exigido com a evitação da lesão (a infração ao dever de cuidado). Nenhum outro acidente ou fato da navegação pode caracterizar o tipo material de "sinistro culposo" previsto no §3º do art. 261 do CP.

Ademais, quanto aos elementos subjetivos do tipo, é importante estabelecer que o *caput* e o §1º dependem da prática de uma conduta dolosa ou culposa que exponha a risco a segurança da embarcação ou que impeça ou dificulte a navegação.

Ademais, é importante distinguir o dolo necessário à configuração dos acidentes ou fatos da navegação daqueles necessários à configuração do art. 261 *caput* e §1º do CP. É que a intenção exigida pela Lei nº 2.180/1954 para configurar o acidente ou fato da navegação é vinculada especificamente à sua previsão típica (realização do resultado material descrito no tipo administrativo de acidente marítimo), o que é diferente do dolo penal que implica a intenção de expor a risco a segurança da embarcação ou a intenção de impedir ou dificultar a navegação.

Com efeito, por exemplo, o dolo de praticar a varação é a intenção de fazer a embarcação encalhar, para evitar evento mais danoso. É impossível que isso se caracterize como o "atentado contra a segurança de transporte marítimo ou fluvial", pois que exige dolo de expor a risco a segurança da embarcação ou de impedir ou dificultar a navegação.

Em outras palavras, o dolo de praticar o acidente da navegação ou a culpa (dupla ausência de compromisso, já vista anteriormente) é etapa necessária para verificação do tipo de "atentado contra a segurança de transporte marítimo ou fluvial", mas para esse se configurar é preciso que o acidente da navegação sirva para expor intencionalmente a risco a segurança da embarcação ou para impedir ou dificultar a navegação.

Diversamente ocorre especificamente com o fato da navegação expresso na alínea "e" do art. 15 da Lei nº 2.180/1954. Isso porque é o único caso, entre as previsões típicas administrativas de acidentes e fatos da navegação em que o dolo do fato da navegação coincide com o dolo do tipo penal do *caput* e do §1º do art. 261 do CP: o dolo de prejudicar ou pôr em risco a incolumidade e segurança da embarcação, as vidas e fazendas de bordo.

Portanto, no caso em que o dolo do fato da navegação previsto na alínea "e" do art. 15 da Lei nº 2.180/1954 for provado, estará também demonstrado o dolo do *caput* do art. 261 do CP, bem como a primeira parte do preterdolo do §1º do art. 261 do CP.

Consequências processuais penais

A consequência processual penal direta é que a prova do acidente da navegação consistente no naufrágio ou no encalhe é condição para o reconhecimento do crime descrito nos §§1º e 3º do art. 261 do CP.

Isso acontece porque, como dito, trata-se de uma lei penal em branco, cujo conceito da elementar prevista no §1º do art. 261 do CP depende da ocorrência de um desses acidentes da navegação: naufrágio ou encalhe.

Além dessa exigência probatória, também deve haver prova do dolo ou da culpa de praticar o acidente ou fato da navegação como etapa necessária, porém não exaustiva, para demonstração do dolo exigido pelo art. 261, *caput* e §1º do CP. A única prova do dolo que exaure a configuração do elemento subjetivo dos tipos citados é a prova do dolo do fato da navegação previsto na alínea "e" do art. 15 da Lei nº 2.180/1954.

Mas resta a pergunta de extrema relevância para este trabalho. A apuração do dolo no âmbito do Tribunal Marítimo é vinculante para a decisão a ser tomada na esfera judicial penal?

Decerto, sob o ponto de vista jurídico legal, a resposta é não. A própria Lei nº 2.180/1954, no seu art. 18, prevê que as decisões do Tribunal Marítimo quanto à matéria técnica referente aos acidentes e fatos da navegação têm valor probatório e se presumem certas, mas são suscetíveis de reexame pelo Poder Judiciário.

Todavia, diante da exposição a respeito da teoria da ação significativa e da prova da intenção, a decisão do Tribunal Marítimo ganha especial relevo. Ao se admitir que a intenção não é um ente ontológico e, portanto, não pode ser acessado mediante inferências probatórias que deem acesso aos processos mentais do acusado, deu-se especial importância à compreensão objetivista da intenção do agente.

Também se admitiu que deve tomar em conta para verificação da intenção seus conhecimentos, suas competências, suas expectativas, especialmente diante das exigências normativas que se lhe impõem. Acresça-se a necessidade de cotejar com a interação com as pessoas circundantes aos fatos e que tenham sido fundamentais para compreensão das decisões tomadas pelo agente.

O Tribunal Marítimo detém conhecimento técnico mais aprofundado em tema de acidentes e fatos da navegação, em interação entre pessoas envolvidas nos eventos, em conhecimentos de exigências normativas jurídicas ou consuetudinárias, bem como nas competências das pessoas envolvidas para aferir a existência de intenção ou não, bem como para aferir a dupla ausência de compromisso caracterizador da culpa: a ausência de compromisso com o resultado típico (que só existe de forma determinada na alínea "a" do art. 14 da Lei nº 2.180/1954 ao definir os acidentes da navegação) e a ausência de um compromisso normativamente exigido com a evitação da lesão (a infração ao dever de cuidado).

Assim, muito embora não seja uma questão prejudicial, tampouco insuscetível de reexame pelo Poder Judiciário, deve se reconhecer que o Tribunal Marítimo detém competência para aferir a intenção e evitar as presunções de dolo a partir do estado mental do juiz, sendo uma esfera fundamental para determinar a prova da intenção do agente, epistêmica e normativamente mais qualificada do que as inferências probatórias que podem ser realizadas pelo Poder Judiciário. Isso ajudaria a evitar a transposição por presunção dos estados mentais do julgador para o acusado.

Referências

BITENCOURT, Cezar Roberto. *Parecer sobre a segurança de transporte marítimo ou fluvial*. Brasília: [s.n.], 2018.

BUSATO, Paulo César. *Direito Penal e ação significativa*. Rio de Janeiro: Lumen Juris, 2005.

MATIDA, Janaina; HERDY, Rachel. As inferências probatórias: compromissos epistêmicos, normativos e interpretativos. *In*: CUNHA, José Ricardo (Org.). *Epistemologias críticas do direito*. Rio de Janeiro: Lumen Juris, 2016.

PIMENTA, Matusalém Gonçalves. *Processo marítimo*: formalidades e tramitação. 2. ed. Barueri: Manole, 2013.

PRADO, Geraldo. Parecer: a prova do dolo. *In*: SANTORO, Antonio Eduardo Ramires; MALAN, Diogo Rudge; MIRZA, Flavio (Org.). *Crise no processo penal contemporâneo*: escritos em homenagem aos 30 anos da Constituição de 1988. Belo Horizonte: D'Plácido, 2018.

TAVARES, Juarez. *Fundamentos de teoria do delito*. Florianópolis: Tirant lo Blanch, 2018.

VIVES ANTÓN, Tomás Salvador. *Fundamentos del sistema penal*. Valencia: Tirant lo Blanch, 1996.

Informação bibliográfica deste texto, conforme a NBR 6023:2018 da Associação Brasileira de Normas Técnicas (ABNT):

SANTORO, Antonio Eduardo Ramires. Acidentes e fatos da navegação e sua relação com o crime de atentado contra a segurança do transporte marítimo ou fluvial: aspectos penais e processuais penais. *In*: LEWANDOWSKI, Enrique Ricardo (Coord.). *Direito Marítimo*: estudos em homenagem aos 500 anos da circum-navegação de Fernão de Magalhães. Belo Horizonte: Fórum, 2021. p. 67-93. ISBN 978-65-5518-105-0.

DA RESPONSABILIDADE CIVIL DO PRÁTICO NO DIREITO MARÍTIMO BRASILEIRO

BENEDITO GONÇALVES

1 Introdução

A escassez de legislação sobre a responsabilidade civil do prático no direito marítimo brasileiro enseja grande insegurança jurídica, haja vista o caráter essencial desses serviços e a sua importância diante do crescente comércio marítimo.

Os países de tradição marítima começaram a legislar no sentido de não responsabilizar civilmente seus práticos ou limitar a responsabilidade destes a um valor fixado por lei.

A Lei nº 9.537/1997 –[1] Lei de Segurança do Tráfego Aquaviário – Lesta, apesar de regulamentar o serviço de praticagem e outorgar à autoridade marítima a responsabilidade pela segurança da navegação, é silente sobre a responsabilidade civil do prático.

---

[1] BRASIL. *Lei nº 9.537, de 11 de dezembro de 1997*. Dispõe sobre a segurança do tráfego aquaviário em águas sob jurisdição nacional e dá outras providências. Disponível em: http://www.planalto.gov.br/ccivil_03/LEIS/L9537.HTM. Acesso em: 22 out. 2019.

O tema é de grande relevância, sobretudo diante da crescente propositura de ações civis de indenização em face dos práticos, pelos danos causados no exercício de suas funções, com base no entendimento minoritário de que, na lacuna da lei, despreza-se o consenso da comunidade marítima internacional sem a realização de uma interpretação hermenêutica a respeito da matéria.

2 Da responsabilidade civil no direito brasileiro

A revolução industrial e a busca da justiça social, na superação do Estado Liberal, notadamente após a Segunda Guerra Mundial, foram fatores preponderantes para a evolução da responsabilidade civil, porquanto ensejaram maior intervenção estatal na sociedade para garantir o acesso de todos aos bens e serviços necessários a uma vida digna em busca de uma sociedade solidária.

O Código Civil de 1916 era baseado na teoria subjetiva, aplicava o sistema da culpa provada, nos termos de seu art. 159, em virtude da influência do ideário liberalista do século XX.

Com a evolução da responsabilidade civil, a culpa não era mais suficiente para fundamentá-la, principalmente diante da expansão do maquinismo e multiplicação dos acidentes de trabalho, surgindo o sistema da responsabilidade objetiva, segundo o qual provados dano e nexo causal exsurge o dever de reparar o dano independentemente de culpa.

A Constituição Federal de 1988 foi um grande marco da responsabilidade civil ao estender a responsabilidade objetiva do Estado a todos os prestadores de serviços públicos no art. 37, §6º, além de prever a indenização pelo dano moral (art. 5º, V e X), disciplinar a responsabilidade por ato judicial (art. 5º, LXXV), a responsabilidade por dano nuclear (art. 21, XXIII, "c") e a responsabilidade por danos ambientais (art. 225, §3º).

Em 1990, a Lei nº 8.078/1990 – Código de Defesa do Consumidor – implantou novo sistema de responsabilidade civil com fundamentos e princípios próprios. Em 2002, o Novo Código Civil prestigiou a responsabilidade objetiva, notadamente no parágrafo único do art. 927, mantendo cláusula geral de responsabilidade subjetiva no *caput* do art. 927 c/c o art. 186 (correspondente ao art. 159 do CC/1916).

Assim, diante da evolução da responsabilidade no sentido de socialização dos riscos, a vítima e a reparação do dano passaram a ser os pontos centrais, o que fortaleceu o crescimento da responsabilidade objetiva, ao contrário do sistema no Código de Beviláqua, o qual centrava a responsabilidade civil na figura do sujeito, pautado na responsabilidade subjetiva.

3 Dos tipos de responsabilidade e regras

Segundo Maria Helena Diniz, a responsabilidade civil "[...] é a aplicação de medida que obrigue alguém a reparar dano moral ou patrimonial causado a terceiros em razão de ato próprio imputado, de pessoas por quem ele responde, ou de fato de coisa ou animal a sua guarda [...]".[2]

Sérgio Cavalieri Filho conceitua a responsabilidade civil como "um dever jurídico sucessivo que surge para recompor o dano decorrente da violação de um dever jurídico originário [...]. Daí ser possível dizer que toda conduta humana que, violando dever jurídico originário, causa prejuízo a outrem é fonte geradora de responsabilidade civil".[3]

A responsabilidade civil pode ser: contratual ou extracontratual (aquiliana), e subjetiva ou objetiva.

A responsabilidade civil contratual é aquela em que o dever jurídico de indenizar decorre da vontade das partes como consequência do

---

[2] DINIZ, Maria Helena. *Curso de direito civil brasileiro*. 33. ed. São Paulo: Saraiva, 2019. v. 7. p. 50.
[3] CAVALIERI FILHO, Sérgio. *Programa de responsabilidade civil*. 12. ed. rev. e ampl. São Paulo: Atlas, 2015. p. 67.

inadimplemento de um vínculo obrigacional preexistente, oriundo de um contrato.

Os pressupostos da responsabilidade civil contratual são: (a) a existência de contrato válido; (b) o descumprimento contratual total ou parcial; (c) o dano; e (d) o nexo de causalidade.

No tocante à responsabilidade civil contratual, é imperioso destacar a cláusula de não indenizar, a qual pode ser convencionada por ambas as partes a fim de afastar a indenização, salvo na hipótese de vedação legal como nos contratos de adesão e de transporte de pessoas.[4] As partes podem convencionar também a cláusula limitativa de responsabilidade, por meio da qual se limita o valor a ser ressarcido pelo agente do dano.

Por outro lado, a responsabilidade civil extracontratual (aquiliana) é aquela em que o dever jurídico de indenizar decorre de uma obrigação imposta por preceito geral de direito ou pela própria lei.[5]

A responsabilidade civil subjetiva e a objetiva são formas diferentes de visualizar a obrigação de reparar o dano. Na primeira, o foco é o agente causador do dano, enquanto que na segunda o dever de indenizar surge do nexo de causalidade entre o dano e o ato praticado pelo agente, independentemente de ter agido com culpa.

Constituem pressupostos da responsabilidade civil extracontratual subjetiva: (a) ação ou omissão do agente; (b) conduta culposa; (c) relação de causalidade; e (d) dano.

Geralmente o ato ilícito é praticado por ato comissivo, podendo ocorrer por omissão, quando esta for juridicamente relevante.

---

[4] "Art. 734. O transportador responde pelos danos causados às pessoas transportadas e suas bagagens, salvo motivo de força maior, sendo nula qualquer cláusula excludente da responsabilidade" (BRASIL. *Código Civil (2002)*. Disponível em: http://www.planalto.gov.br/ccivil_03/leis/2002/l10406.htm. Acesso em: 21 out. 2019).

[5] "Art. 186. Aquele que, por ação ou omissão voluntária, negligência ou imprudência, violar direito e causar dano a outrem, ainda que exclusivamente moral, comete ato ilícito. [...] Art. 927. Aquele que, por ato ilícito (arts. 186 e 187), causar dano a outrem, fica obrigado a repará-lo. Parágrafo único. Haverá obrigação de reparar o dano, independentemente de culpa, nos casos especificados em lei, ou quando a atividade normalmente desenvolvida pelo autor do dano implicar, por sua natureza, risco para os direitos de outrem" (BRASIL. *Código Civil (2002)*. Disponível em: http://www.planalto.gov.br/ccivil_03/leis/2002/l10406.htm. Acesso em: 21 out. 2019).

A conduta culposa é requisito essencial para a responsabilidade subjetiva, de modo que o direito à indenização depende de sua demonstração. A culpa pode ser graduada em grave, leve ou levíssima. Há, ainda, a possibilidade de compensação de culpas, nos termos do art. 945 do CC.[6]

A relação de causalidade entre a conduta e o dano é elemento indispensável para caracterização da responsabilidade civil. Sérgio Cavalieri Filho assevera que "[...] o nexo causal é um elemento referencial entre a conduta e o resultado. É um conceito jurídico-normativo através do qual poderemos concluir quem foi o causador do dano".[7]

Entre as teorias acerca do nexo de causalidade citem-se a teoria da equivalência dos antecedentes causais e a teoria da causalidade adequada.

A teoria da equivalência dos antecedentes causais, também chamada de *conditio sine qua non*, ou da equivalência das condições, não distingue causa e condição. A propósito, Sérgio Cavalieri Filho assevera:

> Se várias condições concorrerem para o mesmo resultado, todas têm o mesmo valor, a mesma relevância, todas se equivalem. Não se diga se uma delas foi mais ou menos eficaz, mais ou menos adequada. Causa é a ação ou omissão sem a qual o resultado não teria ocorrido, sem distinção da maior ou menor relevância que cada uma teve.[8]

Para a teoria da causalidade adequada, a causa somente será o antecedente necessário e adequado à produção do resultado, desconsiderando-se os demais. A respeito, Sérgio Cavalieri Filho frisa:

> Diferentemente da teoria anterior, esta faz distinção entre causa e condição, entre os antecedentes que tiveram maior ou menor relevância. Estabelecido que várias condições concorreram para o resultado, e isso é feito através do mesmo processo mental hipotético (até aqui as teorias seguem os mesmos caminhos), é necessário

---

[6] "Art. 945. Se a vítima tiver concorrido culposamente para o evento danoso, a sua indenização será fixada tendo-se em conta a gravidade de sua culpa em confronto com a do autor do dano" (BRASIL. *Código Civil (2002)*. Disponível em: http://www.planalto.gov.br/ccivil_03/leis/2002/l10406.htm. Acesso em: 21 out. 2019).
[7] CAVALIERI FILHO, Sérgio. *Programa de responsabilidade civil*. 12. ed. rev. e ampl. São Paulo: Atlas, 2015. p. 67.
[8] CAVALIERI FILHO, Sérgio. *Programa de responsabilidade civil*. 12. ed. rev. e ampl. São Paulo: Atlas, 2015. p. 68.

agora verificar qual foi a mais adequada. Causa será apenas aquela que foi mais adequada, desconsiderando-se as demais.[9]

Na esfera cível, a doutrina majoritária adota a teoria da causalidade adequada, com base no disposto no art. 403 do CC.[10]

O dano consiste no prejuízo patrimonial ou moral (imaterial) sofrido pela vítima em decorrência da conduta comissiva ou omissiva do agente. Pode ser causado por fato próprio, de outrem, ou da coisa. O primeiro é a regra, o segundo e o terceiro ocorrem no caso do dever de guarda, vigilância e cuidado, nos termos dos arts. 932, 936 e 938 do CC, respectivamente.[11]

O art. 402 do CC prevê as espécies de dano: dano emergente (o que a vítima efetivamente perdeu); e lucro cessante (o que razoavelmente deixou de lucrar). Alguns doutrinadores defendem a perda da chance como terceira espécie de dano.[12] Ela ocorre quando o ato danoso retira da vítima a oportunidade de conquistas futuras, mas, para tanto, é necessário que a chance seja real. Parcela da doutrina a insere no âmbito dos lucros cessantes.

A responsabilidade extracontratual objetiva é aquela que dispensa o elemento da culpa para a sua configuração, depende da demonstração da

---

[9] CAVALIERI FILHO, Sérgio. *Programa de responsabilidade civil*. 12. ed. rev. e ampl. São Paulo: Atlas, 2015. p. 69.

[10] "Art. 403. Ainda que a inexecução resulte de dolo do devedor, as perdas e danos só incluem os prejuízos efetivos e os lucros cessantes por efeito dela direto e imediato, sem prejuízo do disposto na lei processual" (BRASIL. *Código Civil (2002)*. Disponível em: http://www.planalto.gov.br/ccivil_03/leis/2002/l10406.htm. Acesso em: 21 out. 2019).

[11] "Art. 932. São também responsáveis pela reparação civil: I - os pais, pelos filhos menores que estiverem sob sua autoridade e em sua companhia; II - o tutor e o curador, pelos pupilos e curatelados, que se acharem nas mesmas condições; III - o empregador ou comitente, por seus empregados, serviçais e prepostos, no exercício do trabalho que lhes competir, ou em razão dele; IV - os donos de hotéis, hospedarias, casas ou estabelecimentos onde se albergue por dinheiro, mesmo para fins de educação, pelos seus hóspedes, moradores e educandos; V - os que gratuitamente houverem participado nos produtos do crime, até a concorrente quantia. [...] Art. 936. O dono, ou detentor, do animal ressarcirá o dano por este causado, se não provar culpa da vítima ou força maior. [...] Art. 938. Aquele que habitar prédio, ou parte dele, responde pelo dano proveniente das coisas que dele caírem ou forem lançadas em lugar indevido" (BRASIL. *Código Civil (2002)*. Disponível em: http://www.planalto.gov.br/ccivil_03/leis/2002/l10406.htm. Acesso em: 21 out. 2019).

[12] "Art. 402. Salvo as exceções expressamente previstas em lei, as perdas e danos devidas ao credor abrangem, além do que ele efetivamente perdeu, o que razoavelmente deixou de lucrar" (BRASIL. *Código Civil (2002)*. Disponível em: http://www.planalto.gov.br/ccivil_03/leis/2002/l10406.htm. Acesso em: 21 out. 2019).

conduta ilícita, do dano e do nexo de causalidade, e tem por fundamento a teoria do risco.

A propósito, Matusalém Gonçalves Pimenta assevera:

> Para os adeptos dessa teoria, risco é probabilidade de dano ou perigo de dano. Portanto, aquele que exerce atividade perigosa deve assumir os riscos e reparar os danos oriundos dela. Provados os danos e o nexo de causalidade, a vítima deverá ser indenizada, independentemente de qualquer análise de culpa. Essa é a dicção do parágrafo único do artigo 927 do Código Civil: "Haverá obrigação de reparar o dano, independentemente de culpa, nos casos especificados em lei, quando a atividade normalmente desenvolvida pelo autor do dano implicar, por sua natureza, risco para os direitos de outrem". Caberá à doutrina e à jurisprudência definirem a extensão do significado de atividade de risco, uma vez que o legislador não optou por suprimir a responsabilidade subjetiva, ao contrário, manteve sua aplicação como regra geral, expressa no *caput* do artigo 927. Assim, a responsabilidade sem culpa, ou responsabilidade objetiva, só poderá ser exigida quando existir lei expressa que a autorize ou no julgamento do caso concreto, pela exegese que o julgador fizer do parágrafo único do citado artigo.[13]

Por fim, ressalta-se que a responsabilidade civil poderá ser afastada nas hipóteses das excludentes do nexo de causalidade, quais sejam: fato de terceiro, culpa exclusiva da vítima, caso fortuito ou força maior.

4 Da responsabilidade civil do prático no direito brasileiro e no direito comparado

O prático é um assessor do comandante da embarcação para auxiliá-lo nas manobras em águas restritas, em virtude das particularidades locais, como ventos, marés e perigos submersos, com o objetivo de segurança do tráfego aquaviário, proteção do patrimônio, das vidas, das instalações portuárias e do meio ambiente. É o que se infere do art. 12 da Lei nº 9.537/1997 ao conceituar o serviço de praticagem.[14]

---

[13] PIMENTA, Matusalém Gonçalves. *Responsabilidade civil do prático*. Rio de Janeiro: Lumen Juris, 2007. p. 43-44.
[14] "Art. 12. O serviço de praticagem consiste no conjunto de atividades profissionais de assessoria ao Comandante requeridas por força de peculiaridades locais que dificultem a livre e segura movimentação da embarcação"

A atividade de praticagem é considerada de interesse público, em razão de seu caráter essencial, de modo que o prático não pode se recusar à prestação do serviço em apreço, sob pena de suspensão do certificado de habilitação ou, em caso de reincidência, cancelamento deste.[15]

Nesse contexto, sobreleva mencionar os ensinamentos de Matusalém Gonçalves Pimenta acerca da necessidade dos serviços de praticagem:

> Embora o exercício da profissão seja executado através de contratos privados, estes são firmados, respeitando-se os limites estabelecidos na legislação específica. Assim, ainda que o prático seja um assessor do comandante do navio, seu assessoramento é compulsório, visando aos interesses públicos já citados. Portanto, o prático a bordo atua mais como um representante do Estado, como um braço avançado da Marinha do Brasil, do que como executor de um contrato particular. Se estiver em jogo o interesse do Armador *versus* o interesse do Estado, este prevalecerá em detrimento daquele, não cabendo ao prático o direito de optar por um ou por outro. Nesse aspecto, o serviço de praticagem assemelha-se ao serviço público.
>
> Esse confronto de interesses é mais comum do que se imagina: de um lado o Estado exige que a manobra seja executada com segurança, do outro, o Armador deseja a sua execução de forma eficiente, rápida e menos custosa possível. Nem sempre se alcança a conjugação desses interesses, devendo o prático atuar, nesse particular, como um gerenciador de riscos. Os riscos de uma manobra não devem ultrapassar limites que comprometam a segurança, nem tampouco devem ser tão pequenos que inviabilizem os interesses econômicos do tomador do serviço. Essa avaliação técnica talvez seja a decisão mais difícil a ser tomada por um prático. Uma manobra não executada, por uma questão técnica mal avaliada, poderá causar grandes prejuízos a um Armador e a todo um segmento comercial ligado àquela manobra. Em contrapartida, a opção por uma execução, fora dos limites de segurança, poderá ter proporções infinitamente maiores, atingindo, em conjunto ou alternativamente, as vidas humanas, as instalações portuárias, a manutenção

---

(BRASIL. *Lei nº 9.537, de 11 de dezembro de 1997*. Dispõe sobre a segurança do tráfego aquaviário em águas sob jurisdição nacional e dá outras providências. Disponível em: http://www.planalto.gov.br/ccivil_03/LEIS/L9537.HTM. Acesso em: 22 out. 2019).

[15] "Art. 14. O serviço de praticagem, considerado atividade essencial, deve estar permanentemente disponível nas zonas de praticagem estabelecidas. Parágrafo único. Para assegurar o disposto no caput deste artigo, a autoridade marítima poderá: I - estabelecer o número de práticos necessário para cada zona de praticagem; II - fixar o preço do serviço em cada zona de praticagem; III - requisitar o serviço de práticos. Art. 15. O prático não pode recusar-se à prestação do serviço de praticagem, sob pena de suspensão do certificado de habilitação ou, em caso de reincidência, cancelamento deste" (BRASIL. *Lei nº 9.537, de 11 de dezembro de 1997*. Dispõe sobre a segurança do tráfego aquaviário em águas sob jurisdição nacional e dá outras providências. Disponível em: http://www.planalto.gov.br/ccivil_03/LEIS/L9537.HTM. Acesso em: 22 out. 2019).

do tráfego, o meio ambiente etc. Portanto, não seria exagero dizer que a manobra mais difícil de ser executada por um prático é aquela que não acontece, ou seja, é a árdua decisão de não manobrar.[16]

O Decreto nº 2.596, de 18.5.1998,[17] que regulamenta a Lei nº 9.537/97, disciplina em seu art. 25 as penalidades as quais o prático está sujeito:

> Art. 25. São infrações imputáveis ao prático:
> I - recusar-se à prestação do serviço de praticagem:
> Penalidade: suspensão do Certificado de Habilitação até doze meses, em caso de reincidência, o cancelamento;
> II - Deixar de cumprir as normas da Autoridade Marítima sobre o Serviço de Praticagem: Penalidade: suspensão do Certificado de Habilitação até cento e vinte dias.

O Tribunal Marítimo, com sede no Rio de Janeiro e jurisdição em todo o território nacional, tem competência para julgar os acidentes e fatos da navegação, nos termos da Lei nº 2.180/1954.[18] Constitui órgão autônomo, independente e auxiliar do Poder Judiciário na apreciação dos acidentes e fatos da navegação, apesar de integrar o Poder Executivo, vinculado ao Ministério da Marinha, no que se refere ao provimento de recursos orçamentários para pessoal e material destinado ao seu funcionamento.

---

[16] PIMENTA, Matusalém Gonçalves. *Responsabilidade civil do prático*. Rio de Janeiro: Lumen Juris, 2007. p. 83-84.

[17] BRASIL. *Decreto nº 2.596, de 18 de maio de 1998*. Regulamenta a Lei nº 9.537, de 11 de dezembro de 1997, que dispõe sobre a segurança do tráfego aquaviário em águas sob jurisdição nacional. Disponível em: http://planalto.gov.br/ccivil_03/decreto/D2596.htm. Acesso em: 22 out. 2019.

[18] "Art. 13. Compete ao Tribunal Marítimo: I - julgar os acidentes e fatos da navegação; a) definindo-lhes a natureza e determinando-lhes as causas, circunstâncias e extensão; b) indicando os responsáveis e aplicando-lhes as penas estabelecidas nesta lei; c) propondo medidas preventivas e de segurança da navegação; II - manter o registro geral: a) da propriedade naval; b) da hipoteca naval e demais ônus sobre embarcações brasileiras; c) dos armadores de navios brasileiros. [...] Art. 17. Na apuração da responsabilidade por fatos e acidentes da navegação, cabe ao Tribunal Marítimo investigar: a) se o capitão, o prático, o oficial de quarto, outros membros da tripulação ou quaisquer outras pessoas foram os causadores por dolo ou culpa; b) se foram fielmente cumpridas, para evitar abalroação, as regras estabelecidas em convenção internacional vigente, assim como as regras especiais baixadas pela autoridade marítima local, e concernentes à navegação nos portos, rios e águas interiores; c) se deixou de ser cumprida a obrigação de prestar assistência, e se o acidente na sua extensão teria sido evitado com a assistência solicitada em tempo, mas não prestada; d) se foram fielmente aplicadas as disposições de convenção concernentes à salvaguarda da vida humana no mar e as das leis e regulamentos complementares; e) se o proprietário, armador ou afretador infringiu a lei ou os regulamentos, instruções, usos e costumes pertinentes aos deveres que a sua qualidade lhes impõe em relação à navegação e atividades conexas; f) se nos casos de acidentes ou fato da navegação de que possa resultar a classificação de danos e despesas como avaria comum, se apresentam os requisitos que autorizam a regulação" (BRASIL. *Lei nº 2.180, de 05 de fevereiro de 1954*. Dispõe sobre o Tribunal Marítimo. Disponível em: https://www2.camara.leg.br/legin/fed/lei/1950-1959/lei-2180-5-fevereiro-1954-361393-normaatualizada-pl.html. Acesso em: 22 out. 2019).

O Tribunal Marítimo possui função preventiva e repressiva na medida em que lhe compete apontar a causa, a natureza e a extensão do acidente da navegação e, após todo o trâmite processual marítimo devidamente observado, identificar o responsável e aplicar as penalidades previstas na legislação.

As decisões do Tribunal Marítimo possuem natureza administrativa (ato administrativo), e seus julgados são suscetíveis de reexame pelo Poder Judiciário,[19] ainda que a decisão proferida pelo órgão administrativo, concernente à matéria técnica acerca dos acidentes e fatos da navegação, tenha valor probatório.

O CPC/2015, em seu art. 313, inc. VII, trouxe importante contribuição ao estabelecer a suspensão do processo quando se discutir em juízo questão decorrente de acidentes e fatos da navegação de competência do Tribunal Marítimo.

No tocante aos acidentes e fatos da navegação, a jurisprudência cível e do Tribunal Marítimo têm adotado a responsabilidade subjetiva e pessoal do comandante, fundada na culpa em sentido *lato* (atos dolosos e culposos), tendo em vista que sua autoridade a bordo é máxima,[20] respondendo por todos os acidentes que se verificarem no navio ou na carga,[21]

---

[19] "Art. 18. As decisões do Tribunal Marítimo, quanto à matéria técnica referente aos acidentes e fatos da navegação têm valor probatório e se presumem certas, sendo porém suscetíveis de reexame pelo Poder Judiciário" (BRASIL. *Lei nº 2.180, de 05 de fevereiro de 1954*. Dispõe sobre o Tribunal Marítimo. Disponível em: https://www2.camara.leg.br/legin/fed/lei/1950-1959/lei-2180-5-fevereiro-1954-361393-normaatualizada-pl.html. Acesso em: 22 out. 2019).

[20] Nesse sentido, o Regulamento Geral do Serviço de Praticagem, aprovado pelo Decreto nº 18.846, de 11.6.1945, previa: "O comandante tem como auxiliar na navegação o prático, que o aconselha sobre a derrota e a manobra; é, entretanto, o único responsável pelo governo do navio, sendo que sua autoridade nunca se sub-roga à do prático" (BRASIL. *Decreto nº 18.846, de 11 de junho de 1945*. Aprova e manda executar o Regulamento Geral do Serviço de Praticagem dos Portos, Costas, Lagoas e Rios Navegáveis do Brasil. Disponível em: https://www2.camara.leg.br/legin/fed/decret/1940-1949/decreto-18846-11-junho-1945-471669-publicacaooriginal-1-pe.html. Acesso em: 22 out. 2019).

[21] A Lei nº 9.537/1997 dispõe: "Para os efeitos desta lei, ficam estabelecidos os seguintes conceitos e definições: [...] Comandante (também denominado Mestre, Arraes ou Patrão) – tripulante responsável pela operação e manutenção da embarcação em condições de segurança, extensíveis à carga, aos tripulantes e às demais pessoas a bordo. [...] Compete ao comandante: [...] II - Cumprir e fazer cumprir a bordo, os procedimentos estabelecidos para a salvaguarda da vida humana, para a preservação do meio ambiente e para a segurança da navegação, da própria embarcação e da carga".

[22] salvo se provada uma das causas excludentes de responsabilidade: fato de terceiro, culpa exclusiva da vítima, caso fortuito ou força maior.

Nesse contexto, sobreleva mencionar que o comandante é um preposto legal do armador, fazendo deste responsável pela reparação civil, nos termos do art. 932, III, do CC,[23] com base na culpa *in eligendo*. Tal entendimento é ratificado pela Convenção Internacional para Unificação de certas Regras Relativas à Limitação de Responsabilidade dos Proprietários de Embarcações Marítimas – Bruxelas, 25.8.1924, assinada pelo Brasil em 29.12.1924,[24] que prevê a limitação da responsabilidade do proprietário de navio de mar até a concorrência do valor do navio, do frete e dos acessórios do navio pelas indenizações devidas a terceiros em virtude de prejuízos causados, em terra ou no mar, por fatos ou faltas do capitão, da tripulação, do prático ou de qualquer outra pessoa a serviço do navio.

O armador poderá, contudo, buscar ressarcimento para a indenização por ele paga, através de ação regressiva, em face do comandante, aplicando-se o princípio da razoabilidade, nos termos do parágrafo único do art. 944 do CC.[25]

A comunidade marítima internacional consolidou o entendimento de que a responsabilidade por danos causados a terceiro pelo navio é do

---

[22] A propósito, cita-se o inc. 6 do item 0401, da Normam-13, que regulamenta a Lei nº 9.537/97: "Das atribuições do comandante: Ao comandante compete: [...] 6 - Assumir pessoalmente a direção da embarcação sempre que necessário como: por ocasião de travessias perigosas, entrada e saída de portos, atracação e desatracação, fundear ou suspender, entrada e saída de diques, em temporais, cerração ou outra qualquer manobra da embarcação em casos de emergência" (BRASIL. Marinha. *Norma nº 13, de 16 de dezembro de 2003*. Normas da Autoridade Marítima para Aquaviários: NORMAM-13/DPC. Disponível em: https://www.marinha.mil.br/dpc/sites/www.marinha.mil.br.dpc/files/normam13_0.pdf. Acesso em: 22 out. 2019).

[23] "Art. 932. São também responsáveis pela reparação civil: [...] III - O empregador ou comitente, por seus empregados, serviçais e prepostos, no exercício do trabalho que lhes competir, ou em razão dele" (BRASIL. *Código Civil (2002)*. Disponível em: http://www.planalto.gov.br/ccivil_03/leis/2002/l10406.htm. Acesso em: 21 out. 2019).

[24] BRASIL. *Decreto nº 350, de 21 de novembro de 1991*. Promulga a Convenção Internacional, para a unificação de certas regras relativas à limitação da responsabilidade dos proprietários de embarcações marítimas e respectivo Protocollo de Assignatura, firmados entre o Brasil e vários paízes. em Bruxellas, a 25 de agosto de 1924, por ocasião da Conferência Internacional de Direito Marítimo, reunida na mesma capital. Disponível em: http://www.planalto.gov.br/ccivil_03/decreto/1930-1949/D350.htm. Acesso em: 22 out. 2019.

[25] "Art. 944. A indenização mede-se pela extensão do dano: Parágrafo único. Se houver expressiva desproporção entre a gravidade da culpa e o dano, poderá o juiz reduzir, equitativamente, a indenização (BRASIL. *Código Civil (2002)*. Disponível em: http://www.planalto.gov.br/ccivil_03/leis/2002/l10406.htm. Acesso em: 21 out. 2019).

proprietário, armador ou afretador, dependendo do contrato estabelecido entre eles, porquanto o comércio marítimo sempre foi visto como atividade de risco, sendo conhecido como "aventura marítima".

Com efeito, os Tribunais têm consagrado a responsabilidade objetiva do armador, com fundamento na teoria do risco profissional, de modo que o terceiro prejudicado deverá ser indenizado pelo armador na hipótese de comprovação do dano e do nexo de causalidade, independentemente de qualquer análise acerca da culpa, aplicando-se o disposto no parágrafo único do art. 927 do CC.[26]

A propósito, citam-se os ensinamentos de Eliane M. Octaviano Martins:

> Em sede de responsabilidade do armador pelos acidentes e fatos da navegação e pelas avarias marítimas, tem-se evidenciado, no âmbito cível e administrativo, a tendência geral dos tribunais em consagrar a teoria da responsabilidade objetiva ou do risco profissional do armador. Considerado o armador o empresário da navegação, tem-lhe sido imputáveis responsabilidades independentemente de culpa pelas avarias marítimas e pelos acidentes e fatos da navegação.[27]

No que concerne à responsabilidade civil do prático, Matusalém Gonçalves Pimenta enfatiza a importância da análise da natureza jurídica da relação estabelecida entre ele e o armador, a qual defende ser híbrida sob o fundamento de não haver por absoluto a liberdade de contratar, eis que a praticagem constitui atividade essencial de interesse público, pois inexiste a hipótese de sua não utilização por parte dos armadores tampouco a sua não prestação pelos práticos, nos termos do já citado

---

[26] "Art. 927. Aquele que, por ato ilícito (arts. 186 e 187), causar dano a outrem, fica obrigado a repará-lo. Parágrafo único. Haverá obrigação de reparar o dano, independentemente de culpa, nos casos especificados em lei, ou quando a atividade normalmente desenvolvida pelo autor do dano implicar, por sua natureza, risco para os direitos de outrem" (BRASIL. *Código Civil (2002)*. Disponível em: http://www.planalto.gov.br/ccivil_03/leis/2002/l10406.htm. Acesso em: 21 out. 2019).

[27] MARTINS, Eliane M. Octaviano. *Curso de direito marítimo*: teoria geral. 4. ed. atual. e ampl. Barueri: Manole, 2013. v. 1. p. 322-323.

art. 15 da Lei nº 9.537/1997. Ressalta que há mitigação da bilateralidade quanto à escolha do seu conteúdo, eis que deve ser executado em conformidade com os normativos legais que regem os serviços de praticagem (Lei nº 9.537/1997 – Lesta, Decreto nº 2.596/98 – RLESTA, Normam-12 – Norma da Autoridade Marítima para o Serviço de Praticagem),[28] além de vigorar o regime de hierarquia, mantendo o comandante a responsabilidade pelas condições de segurança a bordo, inclusive sobre o serviço prestado pelo prático, o qual é exercido sob subordinação deste ao armador.[29]

Eliane M. Octaviano Martins enfatiza que independentemente da polêmica acerca dessa natureza jurídica, a qual parcela da doutrina defende ser contratual, "o Comandante mantém sua condição de autoridade máxima dentro do navio, delegando ao Prático a condução náutica".[30]

Assim, tendo em vista o caráter de assessoramento do serviço de praticagem, nos termos do art. 12 da Lei nº 9.537/1997, uma vez que o prático, ao se apresentar a bordo, submete-se à autoridade do comandante, não assumindo a direção do navio, a responsabilidade é do comandante na hipótese de acidente causado por erro técnico de navegação, consoante se infere do art. 2º, IV e XV, da Lei n. 9.537/97.[31] Tanto que o comandante pode e deve dispensar a assessoria do prático ao perceber que ela compromete a segurança da embarcação.[32]

---

[28] BRASIL. Marinha. *Norma nº 12, de 19 de maio de 2011*. Normas da Autoridade Marítima para o Serviço de Praticagem: NORMAM-12/DPC. Disponível em: https://www.marinha.mil.br/dpc/sites/www.marinha.mil.br.dpc/files/processo-selecao/normam12.pdf. Acesso em: 22 out. 2019.

[29] MARTINS, Eliane M. Octaviano. *Curso de direito marítimo*: teoria geral. 4. ed. atual. e ampl. Barueri: Manole, 2013. v. 1. p. 124-126.

[30] MARTINS, Eliane M. Octaviano. *Curso de direito marítimo*: teoria geral. 4. ed. atual. e ampl. Barueri: Manole, 2013. v. 1. p. 238.

[31] "Art. 2º Para os efeitos desta Lei, ficam estabelecidos os seguintes conceitos e definições: [...] IV - Comandante (também denominado Mestre, Arrais ou Patrão) – tripulante responsável pela operação e manutenção de embarcação, em condições de segurança, extensivas à carga, aos tripulantes e às demais pessoas a bordo; [...] XV - Prático – aquaviário não-tripulante que presta serviços de praticagem embarcado; [...]" (BRASIL. *Lei nº 9.537, de 11 de dezembro de 1997*. Dispõe sobre a segurança do tráfego aquaviário em águas sob jurisdição nacional e dá outras providências. Disponível em: http://www.planalto.gov.br/ccivil_03/LEIS/L9537.HTM. Acesso em: 22 out. 2019).

[32] "NORMAN-12-0230 – Dos deveres do comandante da embarcação com relação ao prático: [...] 3) Fiscalizar a execução do Serviço de Praticagem, comunicando à CP/DL/AG qualquer anormalidade constatada;

No entanto, o comandante não deve responder por acidente ou fato da navegação quando o erro do prático for específico, decorrente de sugestões equivocadas deste, restrito a particularidades locais, fora da esfera de conhecimento do comandante, responsabilizando-se, portanto, nesse caso, o prático.

Por outro lado, consoante alhures explanado, tem-se que a responsabilidade do armador é objetiva em relação aos possíveis danos causados por erro do prático, devido à relação de preposição, nos termos dos arts. 932, III,[33] e 933,[34] ambos do CC, com base na culpa *in eligendo*. Além do disposto nas convenções de Bruxelas de 1910[35] e 1924 – das quais o Brasil é signatário – e da Convenção Internacional sobre Responsabilidade e Compensação por Danos em Conexão com o Transporte de Substâncias Nocivas e Perigosas por Mar, Londres de 1996, a qual estabeleceu a responsabilidade objetiva do proprietário da embarcação, no caso de acidente, perante o terceiro prejudicado.

Outrossim, sobreleva mencionar que eventual responsabilização do prático perante terceiros aumentaria, consideravelmente, os custos portuários, haja vista os clubes de proteção, que são sociedades de seguro mútuo compostas por armadores, estipularem cláusulas para cobertura de prejuízos decorrentes de culpa do comandante, tripulantes e práticos,

---

4) Dispensar a assessoria do Prático quando convencido que o mesmo está orientando a faina de praticagem de forma perigosa [...]".

[33] "Art. 932. São também responsáveis pela reparação civil: [...] III - o empregador ou comitente, por seus empregados, serviçais e prepostos, no exercício do trabalho que lhes competir, ou em razão dele; [...]" (BRASIL. *Código Civil (2002)*. Disponível em: http://www.planalto.gov.br/ccivil_03/leis/2002/l10406.htm. Acesso em: 21 out. 2019).

[34] "Art. 933. As pessoas indicadas nos incisos I a V do artigo antecedente, ainda que não haja culpa de sua parte, responderão pelos atos praticados pelos terceiros ali referidos" (BRASIL. *Código Civil (2002)*. Disponível em: http://www.planalto.gov.br/ccivil_03/leis/2002/l10406.htm. Acesso em: 21 out. 2019).

[35] "Art. 3º. Se o abalroamento tiver sido causado por culpa de um dos navios, a reparação dos danos incumbirá ao navio que tiver incorrido na culpa. [...] Art. 5º. A responsabilidade estabelecida pelas disposições precedentes subsiste no caso em que o abalroamento tenha sido causado por culpa do prático, mesmo nos casos em que a presença deste é obrigatória" (BRASIL. *Decreto nº 10.773, de 19 de fevereiro de 1914*. Promulga as Convenções sobre abalroação e assistência marítima, assignadas em Bruxellas a 23 de setembro de 1910. Disponível em: http://www.planalto.gov.br/ccivil_03/decreto/1910-1929/D10773.htm. Acesso em: 22 out. 2019).

em razão do enquadramento da atividade exercida pelo armador como de risco.[36]

Nesse contexto, Matusalém Gonçalves Pimenta, ao citar o entendimento do Tribunal Marítimo, assevera:

> Enfatizava ainda o eminente juiz, que, na hipótese de responsabilização civil do prático, este passaria a exercer suas funções sob pressão psicológica, o que poderia transformar-se em fator humano contribuinte para eventos danosos à segurança da navegação, sendo de todo absurdo para quem é contratado exatamente para auxiliar o comandante na navegação em água e rumos seguros: É importante notar que o Tribunal Marítimo, em seu Parecer sobre a matéria, alerta que a simples possibilidade de dilapidação dos patrimônios pessoais dos práticos, construídos com o esforço da dura labuta diária a bordo dos navios, em decorrência de uma indenização vultosa, resultante de Ação de Responsabilidade Civil, originada em fatos e acidentes da navegação, certamente provoca impacto negativo em tais profissionais, ensejando insegurança e intranquilidade, quando do desempenho de suas funções como assistente técnico do comandante a bordo, podendo se tornar um fator humano contribuinte para a ocorrência de eventos danosos à segurança da navegação e de consequências nefastas para o contexto geral da navegação comercial (SALVIANO, 2000: 2014).[37]

Assim, tem-se que o prático somente responderá civilmente na hipótese de erro específico, por meio de ação de regresso a ser proposta pelo armador, uma vez que os erros genéricos ensejam a responsabilização do comandante, devido à teoria da causalidade adequada, por não ter dispensado a assessoria do prático como lhe era exigido, nos termos da Norman-12,[38] 0230, "d", aplicando-se em ambas as hipóteses o parágrafo único do art. 944 do CC.

---

[36] A propósito, Matusalém Gonçalves Pimenta cita a experiência desastrosa nos Estados Unidos com o *dual rate* (os dois preços para os serviços prestados), que elevou significativamente os custos portuários, tendo os armadores optado por pagar o menor preço, por não desejarem pagar duas vezes pelo mesmo risco (PIMENTA, Matusalém Gonçalves. *Responsabilidade civil do prático*. Rio de Janeiro: Lumen Juris, 2007. p. 143).

[37] SALVIANO, 2000. p. 144-145 apud PIMENTA, Matusalém Gonçalves. *Responsabilidade civil do prático*. Rio de Janeiro: Lumen Juris, 2007.

[38] BRASIL. Marinha. *Norma nº 12, de 19 de maio de 2011*. Normas da Autoridade Marítima para o Serviço de Praticagem: NORMAM-12/DPC. Disponível em: https://www.marinha.mil.br/dpc/sites/www.marinha.mil.br.dpc/files/processo-selecao/normam12.pdf. Acesso em: 22 out. 2019.

Por fim, ressalta-se que no direito comparado a comunidade marítima internacional resolveu limitar a responsabilidade civil do prático. Alguns países, como a Austrália, decidiram por não o responsabilizar na hipótese de acidente durante a navegação de praticagem. A maioria resolveu limitar a sua responsabilização a valores preestabelecidos por lei, a exemplo do Reino Unido, Canadá, EUA e França.[39]

5 Considerações finais

A escassez de legislação sobre a responsabilidade civil do prático no direito marítimo brasileiro enseja grande insegurança jurídica, em virtude do caráter essencial desses serviços e de sua importância diante do crescente comércio marítimo.

A regulamentação da matéria é de grande relevância, porquanto, obrigar o prático a indenizar danos em decorrência da atividade profissional, cujo exercício tem por pressuposto não só a habilitação como a lisura no desempenho, seria considerá-lo de antemão à virtualidade, de uma hora para outra, obrigado a até comprometer seu patrimônio para ressarcir eventual dano.

Em regra, os tribunais têm excluído os práticos de serem civilmente responsáveis pelos acidentes e fatos da navegação, consolidando a responsabilidade administrativa pelos erros ou omissões, sem prejuízo da responsabilidade criminal que incorram.

O prático somente responderá civilmente na hipótese de erro específico, por meio de ação de regresso a ser proposta pelo armador, uma vez que os erros genéricos ensejam a responsabilização do comandante.

É preponderante o entendimento de responsabilidade objetiva do armador pelos atos do comandante relativos às funções de gestão

---

[39] PIMENTA, Matusalém Gonçalves. *Responsabilidade civil do prático*. Rio de Janeiro: Lumen Juris, 2007. p. 151-162.

comercial, ou seja, nas hipóteses em que o comandante atua como preposto do armador, com fundamento na teoria do risco profissional. A *contrario sensu*, no exercício da gestão náutica, a responsabilidade é pessoal do comandante.

No direito comparado há várias normas no sentido de não responsabilizar civilmente seus práticos ou limitar a responsabilidade destes a um valor fixado por lei.

Dessa forma, é imperiosa a regulação da responsabilidade civil do prático no direito marítimo brasileiro a fim de preencher a lacuna legislativa e conferir maior segurança à atividade essencial desenvolvida pelos práticos, evitando-se, com isso, a sobreposição de seguros e, por conseguinte, o aumento dos custos portuários através de cláusula limitativa de responsabilidade nos contratos de prestação de serviços de praticagem, com a imposição de valores razoáveis ou por meio de limitação legal a exemplo do ocorrido no direito comparado.

Referências

BRASIL. *Código Civil (2002)*. Disponível em: http://www.planalto.gov.br/ccivil_03/leis/2002/l10406.htm. Acesso em: 21 out. 2019.

BRASIL. *Decreto nº 10.773, de 19 de fevereiro de 1914*. Promulga as Convenções sobre abalroação e assistência marítima, assignadas em Bruxellas a 23 de setembro de 1910. Disponível em: http://www.planalto.gov.br/ccivil_03/decreto/1910-1929/D10773.htm. Acesso em: 22 out. 2019.

BRASIL. *Decreto nº 2.596, de 18 de maio de 1998*. Regulamenta a Lei nº 9.537, de 11 de dezembro de 1997, que dispõe sobre a segurança do tráfego aquaviário em águas sob jurisdição nacional. Disponível em: http://planalto.gov.br/ccivil_03/decreto/D2596.htm. Acesso em: 22 out. 2019.

BRASIL. *Lei nº 2.180, de 05 de fevereiro de 1954*. Dispõe sobre o Tribunal Marítimo. Disponível em: https://www2.camara.leg.br/legin/fed/lei/1950-1959/lei-2180-5-fevereiro-1954-361393-normaatualizada-pl.html. Acesso em: 22 out. 2019.

BRASIL. *Lei nº 9.537, de 11 de dezembro de 1997*. Dispõe sobre a segurança do tráfego aquaviário em águas sob jurisdição nacional e dá outras providências. Disponível em: http://www.planalto.gov.br/ccivil_03/LEIS/L9537.HTM. Acesso em: 22 out. 2019.

BRASIL. Marinha. *Norma nº 12, de 19 de maio de 2011*. Normas da Autoridade Marítima para o Serviço de Praticagem: NORMAM-12/DPC. Disponível em: https://www.marinha.mil.br/dpc/sites/www.marinha.mil.br.dpc/files/processo-selecao/normam12.pdf. Acesso em: 22 out. 2019.

BRASIL. Marinha. *Norma nº 13, de 16 de dezembro de 2003*. Normas da Autoridade Marítima para Aquaviários: NORMAM-13/DPC. Disponível em: https://www.marinha.mil.br/dpc/sites/www.marinha.mil.br.dpc/files/normam13_0.pdf. Acesso em: 22 out. 2019.

CAVALIERI FILHO, Sérgio. *Programa de responsabilidade civil*. 12. ed. rev. e ampl. São Paulo: Atlas, 2015.

DINIZ, Maria Helena. *Curso de direito civil brasileiro*. 33. ed. São Paulo: Saraiva, 2019. v. 7.

MARTINS, Eliane M. Octaviano. *Curso de direito marítimo*: teoria geral. 4. ed. atual. e ampl. Barueri: Manole, 2013. v. 1.

MARTINS, Eliane M. Octaviano; PIMENTA, Matusalém Gonçalves. *Direito marítimo*: reflexões doutrinárias: sugestões para monografias, dissertações e teses. Rio de Janeiro: Lumen Juris, 2015.

PIMENTA, Matusalém Gonçalves. *Responsabilidade civil do prático*. Rio de Janeiro: Lumen Juris, 2007.

Informação bibliográfica deste texto, conforme a NBR 6023:2018 da Associação Brasileira de Normas Técnicas (ABNT):

GONÇALVES, Benedito. Da responsabilidade civil do prático no direito marítimo brasileiro. *In*: LEWANDOWSKI, Enrique Ricardo (Coord.). *Direito Marítimo:* estudos em homenagem aos 500 anos da circum-navegação de Fernão de Magalhães. Belo Horizonte: Fórum, 2021. p. 95-112. ISBN 978-65-5518-105-0.

PIRATARIA MARÍTIMA:
O PROBLEMA DA JURISDIÇÃO UNIVERSAL

CAETANO F. A. SILVEIRA

I   Introdução

A questão da pirataria marítima ganhou importância acrescida nas últimas duas décadas, devido quer ao aumento do número de casos verificados, quer aos locais onde tais casos começaram a acontecer,[1] quer, ainda, por terem atingido, diretamente, cidadãos e navios com nacionalidades de países ocidentais.[2]

Apesar de os crimes de pirataria se encontrarem sob jurisdição de todos os Estados, salvo alguns casos e não obstante as medidas que se têm tentado implementar, ainda se verifica uma generalizada ausência de punição dos seus perpetradores, o que nos leva a questionar se haverá, por parte dos Estados envolvidos no combate à pirataria, alguma

---

[1] Os casos de pirataria marítima, que até então se verificavam nos mares do extremo oriente, *v.g.*, nos mares do Sul da China e, em particular, no Estreito de Malaca, começaram a acontecer nas rotas marítimas ocidentais da navegação de comércio, nomeadamente no Golfo de Áden, ao largo da longa costa da Somália, e no Golfo da Guiné.

[2] Para uma ideia aproximada de casos relatados ver, por todos estes aspectos, INTERNATIONAL MARITIME ORGANIZATION. *Report* – Piracy Incidents Report. London. Disponível em: www.imo.org/en/OurWork/Security/PiracyArmedRobbery/Report/Pages/Default.aspx. Acesso em: jan. 2020.

omissão relativamente ao dever universal de punir, decorrente do direito internacional.

Esta realidade conduz-nos, inevitavelmente, à questão de aferir em que medida a pirataria marítima se encontra, na atualidade, abrangida pela jurisdição universal dos Estados, declarada pelo direito internacional, bem como questionar qual a obrigatoriedade dos Estados no combate e repressão da pirataria

Em face desta alegada omissão dos Estados, importa ainda averiguar se existirá alguma instância internacional jurisdicional que seja competente para se substituir às instâncias nacionais, no julgamento dos piratas quando capturados.

II A pirataria marítima e o direito internacional
1 Noção de pirataria. Caracterização

(i) Existe pirataria marítima desde que o desenvolvimento da navegação permitiu a prática do comércio por via marítima ou fluvial. Na antiguidade, a pirataria marítima atingiu uma fase próspera nos mares do Próximo Oriente e no mar Egeu, afetando seriamente o comércio grego, bem como toda a navegação do Mediterrâneo.

Tendo percorrido toda a Idade Média, é, no entanto, a partir do século XV e durante toda a Idade Moderna que se assiste ao seu apogeu, a chamada *Idade de Ouro* da pirataria, devido ao advento dos descobrimentos e à enorme atividade mercantil por via marítima praticada entre diversas nações.

(ii) Visando exclusivamente a fins privados, os piratas atuavam à margem da lei, atacando, indistintamente, tanto navios e embarcações estrangeiros como os do seu próprio país, ou saqueando aldeias litorâneas. O que os movia era o lucro fácil, tendo em vista uma rápida acumulação de riqueza, sem se deterem sobre os meios ou modos de os obter.

A atividade pirata foi sempre caracterizada pela crueldade e desrespeito pela vida humana, socorrendo-se de mecanismos de assalto violento ou amotinação a bordo, acompanhado de saque, pilhagem ou qualquer modo de depredação de bens dos ocupantes, ou mesmo da apropriação da embarcação para posteriores atos de pirataria, venda, ou exigência de contrapartida monetária pela sua devolução, com tomada de reféns para exigência de resgate.[3]

(iii) Doutrinariamente,[4] e num sentido amplo do conceito, a pirataria é uma atividade marítima ilegal e ilícita, proscrita pelo direito internacional, caracterizada pela violência dos seus atos. Sendo marítima, ela é praticada no mar ou em qualquer ambiente marinho,[5] contra navios ou os seus ocupantes. É ilegal, porque não reconhecida pelas autoridades ou ordenamentos dos respetivos países, e ilícita porque não permitida por qualquer norma de justiça ou princípio transcendente.[6] Neste sentido amplo cabem não apenas os atos praticados por um navio contra outro, mas, também, os praticados pelos tripulantes ou passageiros contra o seu próprio navio, noção esta que é, aliás,

---

[3] Na atualidade, o número de raptos nem por isso diminuiu. Se em 2013 existiam mais de 100 tripulantes de navios feitos reféns de piratas na zona da Somália, cfr., International Chamber of Commerce/Commercial Crime Services, London, em finais de 2019 já se contavam em 121 os tripulantes raptados nos navios alvos da pirataria ou de roubos armados, na região do Golfo da Guiné, cfr. INTERNATIONAL CHAMBER OF COMMERCE. *Unprecedented number of crew kidnappings in the Gulf of Guinea despite drop in overall global numbers*. London. Disponível em: https://www.icc-ccs.org/index.php/site_content/item/1286-unprecedented-number-of-crew-kidnappings-in-the-gulf-of-guinea-despite-drop-in-overall-global-numbers. Acesso em: jan. 2020.

[4] Como veremos, esta noção não corresponde à caracterização adotada pelo direito internacional convencional vigente, máxime a Convenção das Nações Unidas sobre o Direito do Mar, de 1982.

[5] Por exemplo, contra um navio ou embarcação fundeados, ou mesmo atracados numa instalação portuária. Segundo Hall, eram ainda considerados pirataria os atos de depredação e pilhagem contra aldeias litorâneas a partir do mar, cfr. HALL, W. E. *International law*. Oxford: Oxford University Press, 1880. p. 214-15.

[6] Cfr. PEREIRA, José Costa (Ed.); CASTRO, Armando. *Dicionário Enciclopédico da História de Portugal*. Lisboa: Alfa; Selecções do Reader's Digest, 1990. v. I. p. 161 e ss.

defendida, entre outros, por Oppenheim. Segundo este autor, "If the crew, or passengers, revolt on the open sea and convert the vessel and her goods to their own use, they commit piracy [...]",[7] embora reconheça que a maioria dos autores confina a pirataria àqueles atos cometidos por um navio privado contra outro, com intenção de saquear, ao que apelida de *narrow definition*.[8]

Ainda no raciocínio da visão ampla do conceito, e em termos cepto-doutrinais, porque não admitir que estes atos possam ser praticados não apenas no alto-mar, mas também em espaços sob soberania ou mera jurisdição de um qualquer Estado, pois, como diz Serra Brandão, "Smith escreve que «aquelas partes do mundo, agora poucas, em que se praticam atos de pirataria caracterizam-se normalmente pela ausência, fraqueza ou até conivência da autoridade constituída em terra»".[9]

2 Regime jurídico da pirataria marítima

Desde sempre o *direito das gentes* considerou os piratas *foras da lei*, sendo mesmo reputados como inimigos da humanidade, *hostis humani generis*, segundo Cassese, "[...] visto atentarem contra a liberdade dos mares e perigar a propriedade privada".[10] Com a tutela de mecanismos jurídicos, ou mesmo na sua ausência, os povos ribeirinhos, ao longo da história, sempre a combateram e puniram severamente os seus responsáveis.

---

[7] Cfr. OPPENHEIM, Lassa. *International law* – Treatise. 8. ed. London: H. Lauterpacht/Longmans Green and Co. Ltd., 1955. v. I. p. 614.

[8] OPPENHEIM, Lassa. *International law* – Treatise. 8. ed. London: H. Lauterpacht/Longmans Green and Co. Ltd., 1955. v. I; também neste sentido, cfr., *e.g.*, BRAWNLIE, Ian. *Princípios de direito internacional público*. 4. ed. Fundação Calouste Gulbenkian: Lisboa, 1997. p. 257.

[9] Cit. por BRANDÃO, E. H. Serra. *Direito internacional marítimo*. Lisboa: Livraria Clássica Editora, 1963. p. 125-26.

[10] Cfr. CASSESE, Antonio. *International law*. 2. ed. London: Oxford University Press, 2005. p. 345.

2.1 Período do direito internacional clássico[11]

(i) A generalidade da doutrina é unânime em considerar a pirataria um ato proibido pelo direito das nações nesta fase da evolução do direito internacional. De origem consuetudinária, essa proibição decorria de uma regra largamente aceita pelos povos, quaisquer que fossem as suas formas de organização. Tal situação não se alterou com o surgimento dos Estados na sua moderna concepção, com o advento da Idade Moderna (séculos XV, XVI e XVII).

Simultaneamente com a proibição, o direito das gentes permitia a todos os Estados que combatessem a pirataria nos mares, estando, para tal, todas as nações autorizadas a perseguir, capturar e punir todos aqueles que se dedicassem ou praticassem atos considerados de pirataria pelo direito internacional. Lassa Oppenheim escrevia em 1905, na sua 1ª edição do *Tratado sobre direito internacional*, "[...] Every maritime State has, by a customary rule of the Law of Nations, the right to punish pirates. And all the vessels of all nations [...] can chase, attack, and seize the pirate on the open sea, and bring him home for trial and punishment by the courts of their country".[12] Na mesma obra, este autor defende ainda que, pelo direito internacional, o castigo a aplicar aos piratas assim capturados poderia mesmo chegar à pena de morte. No entanto, sendo os Estados competentes para sancionar o crime de pirataria, de acordo com o seu ordenamento interno poderiam prescrever penas menos severas, pois não parece que o direito das nações impusesse a pena capital.[13]

---

[11] Divisão do direito internacional *moderno* adotada por Jorge Miranda, em período do direito internacional *clássico* (até à 1ª Guerra Mundial) e período do direito internacional *contemporâneo* (após a 2ª Guerra Mundial) (MIRANDA, Jorge. *Curso de direito internacional público*. 5. ed. rev. e atual. Lisboa: Principia, 2012. p. 9-13).

[12] Cfr. OPPENHEIM, Lassa. *International law* – Treatise. 8. ed. London: H. Lauterpacht/Longmans Green and Co. Ltd., 1955. v. I. p. 616.

[13] OPPENHEIM, Lassa. *International law* – Treatise. 8. ed. London: H. Lauterpacht/Longmans Green and Co. Ltd., 1955. v. I.

(ii) O direito internacional consuetudinário, que estabelecia uma noção mais ou menos consensual da pirataria, não era avesso a que os Estados adotassem uma noção mais restrita e assim o punissem. Igualmente, não repugnava ao dito direito que o ordenamento interno punisse os seus nacionais por atos de pirataria por si qualificados em mais larga noção do que aquela inserida no direito internacional. Este parecia ser o caso da lei penal inglesa, que considerava piratas todos os súditos britânicos que, no mar, ajudassem ou dessem apoio "[...] to the King's enemy during a war, or who transport slaves on the high seas".[14] Sendo a Inglaterra uma das principais potências marítimas de então, a lei inglesa parecia ser a que mais tutelava os valores atingidos pela pirataria e, simultaneamente, conferia aos seus navios de guerra e tribunais a competência para capturar e julgar piratas.[15] Assim também a lei americana, que, possuindo uma rígida postura contra atos de pirataria – mesmo quando praticados pelo corso –, instruía os seus comandantes no mar a combaterem-na e a capturarem as respetivas embarcações. Disso é exemplo a missiva enviada em 1823 pelo Secretário de Estado norte-americano ao Reino de Espanha asseverando: "Acts of piratical aggression and depredation may be committed by vessels having lawful commissions [...]".[16] Assim, para os Estados Unidos, constituía pirataria mesmo aqueles atos praticados em nome e sob mandato de um Estado soberano, desde que

---

[14] OPPENHEIM, Lassa. *International law* – Treatise. 8. ed. London: H. Lauterpacht/Longmans Green and Co. Ltd., 1955. v. I. p. 617.
[15] Cfr. *Criminal law*, transcrita em STEPHEN, Sir F. *Stephen's digest of the criminal law*. London e New York: [s.n.], 1887 (arts. 104, 105, 106 e 107).
[16] Cfr. OPPENHEIM, Lassa. *International law* – Treatise. 8. ed. London: H. Lauterpacht/Longmans Green and Co. Ltd., 1955. v. I. p. 612, nota 4.

os correspondentes atos se subsumissem em atos materiais de pirataria ou fossem praticados com especial violência e desumanidade, mesmo que sem intenção de lucro, como seriam os casos de ataques perpetrados por navios de guerra contra navios mercantes ou de países neutrais em caso de guerra.

(iii) No entanto, segundo o direito internacional, Estados terceiros não se encontravam vinculados à qualificação – adotada por determinado Estado – de um navio arvorando a sua bandeira como *navio pirata*, em razão de questões internas, desde que o referido navio não fosse um navio pirata *jure gentium*.[17]

2.2 Período do direito internacional contemporâneo[18]

(i) Na primeira fase deste período, que se estende até a II Guerra Mundial, o direito internacional caracteriza-se ainda pela coexistência de normas consuetudinárias com a proliferação de tratados sobre as mais diversas matérias.

A pirataria continua a ser uma atividade fortemente perseguida pelas potências marítimas e condenada pelo direito internacional, à qual se vão equiparando certas atividades, igualmente proibidas e condenadas pelos mais diversos tratados multilaterais que se vão firmando.[19] Como afirma Oppenheim, por uma prática contínua, a noção de pirataria ultrapassou o seu original conceito de atos predatórios cometidos no alto-mar por

---

[17] Expressão utilizada para referir que determinado navio é considerado *navio pirata* de acordo com o direito das gentes, e que tal qualificação não decorre do direito interno de qualquer Estado, cfr. OPPENHEIM, Lassa. *International law* – Treatise. 8. ed. London: H. Lauterpacht/Longmans Green and Co. Ltd., 1955. v. I. p. 612, parágrafo 273a.

[18] Ver *supra*, nota 11.

[19] Embora não ratificado posteriormente, o art. 3 do Tratado de Washington, assinado em 1922, punia como ato de pirataria os responsáveis por afundamentos de navios mercantes em violação do direito internacional; igualmente o *Nyon Agreement*, concluído em 14.9.1937, no decurso da Guerra Civil Espanhola, prescrevia medidas coletivas "contra atos de pirataria praticados por submarinos", cfr. OPPENHEIM, Lassa. *International law* – Treatise. 8. ed. London: H. Lauterpacht/Longmans Green and Co. Ltd., 1955. v. I. p. 613.

pessoas privadas, passando a abranger a generalidade de atos cruéis de ilegalidade no alto-mar praticados por quem quer que fosse.[20]

(ii) A segunda fase do período[21] é em muito marcada pela tendência codificadora do direito internacional, impulsionada pela Organização das Nações Unidas. A par com um evidente movimento de inovação e de aperfeiçoamento, grande parte das suas disposições mais não é que a *positivação* de normas do direito internacional consuetudinário.

Reflexo desta realidade é o novo direito internacional do mar, refletido quase exclusivamente nas Convenções de Genebra de 1958 e na Convenção das Nações Unidas sobre o Direito do Mar, – também dita Convenção de Montego Bay de 1982 – que constituem o culminar das tentativas de codificação do direito internacional aplicado ao mar, cujas regras são, na generalidade, de origem consuetudinária ou convencional.

2.3 A Convenção das Nações Unidas sobre o Direito do Mar, de 1982

A fim de estabelecer um regime de ilicitude para a atividade da pirataria, na perspectiva de proibi-la por constituir-se como uma atividade que atenta contra a liberdade e a segurança no uso dos mares, a Convenção de 1982 dedica-lhe nove artigos,[22] sistematicamente inseridos no capítulo relativo ao alto-mar.

Reproduzindo, na generalidade, as normas constantes da Convenção de Genebra de 1958, a Convenção de Montego Bay de 1982 começa

---

[20] Para retratar esta realidade, OPPENHEIM, Lassa. *International law* – Treatise. 8. ed. London: H. Lauterpacht/ Longmans Green and Co. Ltd., 1955. v. I. p. 613 cita a ordem emitida em setembro de 1941 pelo Presidente Roosevelt aos comandos das forças navais americanas para atacarem navios e submarinos alemães e italianos, descrevendo-a como medidas de defesa contra ataques piratas em violação do direito internacional.

[21] Iniciada após o findar da 2ª Guerra Mundial e que decorreu até a queda do Muro de Berlim.

[22] Arts. 100º a 107º e art. 110º, podendo ainda caber no âmbito do art. 111º.

por estabelecer um dever geral de cooperação na repressão da pirataria no alto-mar (art. 100º), para depois estabelecer uma permissão geral de apresamento de navios piratas e consentir a detenção e o julgamento de responsáveis por atos de pirataria (art. 105º), cuja caraterização vem pormenorizadamente descrita nos arts. 101º, 102º e 103º.

Neste sentido, o referido art. 100º vem afirmar o princípio geral da ilicitude penal de atos de pirataria no alto-mar, bem assim como estabelecer o dever de todos os Estados da comunidade mundial de cooperarem na sua repressão. Dispõe este artigo: "Todos os Estados devem cooperar em toda a medida do possível na repressão da pirataria no alto-mar ou em qualquer outro lugar que não se encontre sob a jurisdição de algum Estado".

Ante tal quadro jurídico, somos levados a concluir que o regime ora convencionado para a pirataria, não refletindo fielmente o regime traçado pelas regras costumeiras do direito internacional vigentes ao tempo, e que a criminalizavam, ainda assim tem implícito um reconhecimento da sua natureza criminal por ser uma conduta a prevenir, proibir e combater, bem como passível de ser punida criminalmente.

3 Natureza jurídica da pirataria: crime ou mero delito internacional?

(i) Não parece haver dúvidas na qualificação da pirataria como um *crime internacional* no período clássico da evolução do direito internacional. As regras costumeiras do direito das nações qualificavam a atividade da pirataria como um crime hediondo e permitiam a todas as nações perseguir, prender e julgar os piratas, não repudiando ao dito direito a imposição da pena capital.

(ii) A doutrina não diferia muito nesta posição: segundo Oppenheim:

> Before International Law in the modern sense of the term was in existence, a pirate was already considered an outlaw, a *"hostis humani generis'*. According to the Law of Nations the act of piracy makes the pirate lose the protection of his home State, and thereby his national character; [...] Piracy is a so-called *'international crime'*; the pirate is considered the enemy of every State and can be brought to justice anywhere.[23]

(iii) Poderá tal qualificação resistir ao atual estágio de evolução do direito internacional? No que concerne ao direito penal, o *princípio da legalidade* assume-se como condição fundamental para a qualificação das condutas como criminosas, assentando os sistemas jurídicos nacionais em doutrinas de estrita legalidade. A diferença de metodologias existente entre o direito interno e o direito internacional traz dificuldades acrescidas a esta questão. Nomeadamente, não existe, em nível internacional, no que toca à responsabilidade individual, um código penal internacional.[24]

No entanto, esta realidade não afasta a validade da regra *nullum crimen sine lege, nula pena sine lege* no direito internacional penal. Corroborando desta ideia geral, Antonio Cassese assevera: "General principles of International Criminal Law include principles specific to Criminal Law, such as the principle of legality and of specificity".[25]

Ao estabelecer a noção de *crime internacional,* isto é, uma conduta em violação de regras internacionais e que implica responsabilidade penal

---

[23] Cfr. OPPENHEIM, Lassa. *International law* – Treatise. 8. ed. London: H. Lauterpacht/Longmans Green and Co. Ltd., 1955. v. I. p. 609.
[24] Esta dificuldade é bem retratada por DINH, Nguyen Quoc; DAILLER, Patrick; PELLET, Allain. *Direito internacional público.* 7. ed. Lisboa: Fundação Calouste Gulbenkian, 2003. p. 720-21, quando refere "Para que a responsabilidade penal internacional do indivíduo seja efectiva, é necessário que o Direito internacional determine ele próprio os factos individuais ilícitos considerados como infracções no sentido do direito penal".
[25] Cfr. CASSESE, Antonio. *International criminal law.* London: Oxford University Press, 2003. p. 28.

individual, Antonio Cassese estabelece quatro elementos que cumulativamente têm de estar presentes para que uma conduta delituosa como tal seja qualificada. Relativamente à pirataria, entende que tais requisitos não se encontram reunidos, nomeadamente por não violar regras que tenham em vista a proteção de interesses gerais da comunidade internacional, isto é, pelo facto de a pirataria não ser punida com o fim de proteger valores fundamentais inerentes à comunidade internacional, mas sim para salvaguardar o interesse comum de luta contra um perigo comum.[26]

(iv) Qual então a natureza jurídica da atividade de pirataria marítima?

Julgamos que Nguyen Quoc Dinh dá um bom mote para início da discussão da questão quando afirma: "Desde há muito tempo os Estados julgaram de tal modo graves certos comportamentos dos indivíduos que os constituíram como infracções internacionais [...]" e, mais à frente:

> A qualificação dos factos é dúbia pois a distinção tradicional entre crimes e delitos não é claramente percebida. Quando se referem a esta matéria, os textos convencionais não utilizam senão expressão «crime» provavelmente porque os seus autores pensam que os factos que eles incriminam são particularmente graves.[27]

Cherif Bassiouni vem propor a divisão de condutas internacionalmente reprimidas em três categorias, a saber i) crimes internacionais; ii) delitos internacionais e iii) infrações internacionais. As primeiras seriam as prescrições normativas do direito internacional penal cujas violações são passíveis de afetar a paz e a segurança da humanidade ou são contrárias a valores humanitários fundamentais, ou que sejam o resultado de uma ação de determinado Estado ou da sua política nesse sentido. Por sua

---

[26] CASSESE, Antonio. *International criminal law*. London: Oxford University Press, 2003. p. 23-24.
[27] DINH, Nguyen Quoc; DAILLER, Patrick; PELLET, Allain. *Direito internacional público*. 7. ed. Lisboa: Fundação Calouste Gulbenkian, 2003. p. 720-21.

vez, os delitos internacionais seriam as prescrições normativas do direito internacional penal que afetassem um interesse internacional protegido e cuja comissão envolvesse mais do que um Estado ou que provocasse vítimas em mais de um Estado.[28]

À luz dos critérios acima enunciados, não parece possível a inclusão da pirataria marítima na categoria dos *crimes internacionais*, conformando-se então a sua conduta tão apenas como um *delito internacional*. Esta é, aliás, a posição de Bassiouni, a quem, no entanto, não repugna a qualificação como um crime internacional em certas condições.[29]

(v) Não deixamos, no entanto, de levantar algumas questões. A primeira será a de se saber se as regras consuetudinárias que incriminam e que permitem a punição da pirataria (nos termos suprarreferidos, nº 3, parágrafos i e ii) terão sido derrogadas. Diversa doutrina considera estas normas elevadas a princípios de *jus cogens*, insuscetíveis, pois, de serem afastados por tratado, senão pela formação de outras regras consuetudinárias de efeito contrário.[30]

Outra questão que levantamos se prende com a Convenção das Nações Unidas sobre o Direito do Mar, de 1982, um instrumento convencional e que se pretende como o resultado da codificação do direito preexistente. Perguntamos então se teve ela o propósito, e o efeito, de estabelecer qualquer qualificação da atividade da pirataria ou tão apenas descrever as condutas que conformam e integram esta atividade ilícita por atentar contra o princípio da liberdade na utilização dos mares.

---

[28] BASSIOUNI, M. Cherif. *Introduction to international criminal law*. New York: Transnational Publishers, 2003. p. 122.
[29] BASSIOUNI, M. Cherif. *Introduction to international criminal law*. New York: Transnational Publishers, 2003, nomeadamente quando acompanhada de prática de atos de extrema gravidade ou desumanos.
[30] Cfr. BRAWNLIE, Ian. *Princípios de direito internacional público*. 4. ed. Fundação Calouste Gulbenkian: Lisboa, 1997. p. 536-37, que considera ser a pirataria proibida por uma regra de *jus cogens*; no mesmo sentido também BASSIOUNI, M. Cherif. *Introduction to international criminal law*. New York: Transnational Publishers, 2003. p. 149.

Poderemos ainda questionar, em detrimento das posições que defendem não estarmos perante um crime, como pode um indivíduo ser responsabilizado por uma infração internacional, e por ela ser punido com pena de prisão, se o fato não for qualificado como crime no sentido do direito penal? Com efeito, nos arts. 100º, 101º e 105º da Convenção de 1982 encontram-se implícitos quer o reconhecimento da natureza criminal do ato, quer a possibilidade da sua punição em termos penais.[31]

(vi) À parte destas questões, é inquestionável que o direito internacional permite, como sempre o permitiu, indistintamente a todos os Estados, que exerçam jurisdição criminal sobre os casos de pirataria no alto-mar, independentemente da existência de qualquer elemento de conexão.

III   O problema da jurisdição universal
4   Jurisdição universal dos Estados

(i) Para o Juiz Van den Wyngaert, do Tribunal Internacional de Justiça, votação vencida no *case concerning the arrest Warrant*, de 11.4.2000, "Não existe uma definição geralmente aceite de jurisdição universal no direito internacional convencional ou costumeiro. Os Estados que incorporaram este princípio no seu direito interno fizeram-no de modo muito diferentes. [...]," e, mais à frente, "A doutrina tem escrito muito sobre a jurisdição universal. Muitos pontos de vista existem quanto ao seu significado e situação jurídica. [...]".[32]

---

[31] No mesmo sentido ver BASSIOUNI, M. Cherif. *International criminal laws conventions and their penal provisions.* New York: Transnational Publishers, 2006. p. 785.

[32] Tradução livre do autor, cfr. INTERNATIONAL COURT OF JUSTICE. "Dissenting opinion of Judge Van Den Wyngaert", in Arrest Warront of 11 April 2000 (Democratic Republic of Congo v. Belgium), Judgement. *I.C.J. Reports*, 2002. p. 165-166, parágrafos 44 e 45.

(ii) Considerando embora os princípios que regem o exercício da jurisdição penal sobre os indivíduos,[33] é, no entanto, confortável o setor da doutrina que defende que certas condutas criminosas com conotação internacional se encontram sob jurisdição de todos os Estados.

O direito consuetudinário entende que tais crimes se encontram sob a jurisdição universal por duas ordens de razões: (1) baseado na sua natureza hedionda e escala do crime ou (2) devido à inadequação da legislação nacional no que diz respeito aos delitos cometidos em locais não submetidos à autoridade de qualquer Estado.[34]

4.1 Princípio da universalidade

(i) Do ponto de vista descritivo, o princípio da universalidade refere-se à jurisdição estabelecida sobre uma conduta criminosa, sem referência ao lugar de perpetração e independentemente da nacionalidade quer do suspeito quer da vítima, ou da existência de qualquer outro elemento de conexão entre o crime e o Estado prossecutor, apenas devido à ideia de as circunstâncias, incluindo a natureza do crime, justificarem a repressão de tais crimes como matéria de interesse público internacional.[35]

Estão aqui em causa atos praticados por nacionais de quaisquer Estados, atos esses cuja natureza criminal de perigo comum justifica a repressão penal como matéria de interesse público internacional, por

---

[33] Referimo-nos, aqui, aos princípios da nacionalidade (ativa), da territorialidade e ao princípio da nacionalidade passiva, cfr., p. ex., BRAWNLIE, Ian. *Princípios de direito internacional público*. 4. ed. Fundação Calouste Gulbenkian: Lisboa, 1997. p. 321 e ss.; Ilias BANTEKAS, Ilias; NASH, Susan. *International criminal law*. 2. ed. [s.l.]: Cavendish Publishing Limited, 2003. p. 144 e ss. ou DINH, Nguyen Quoc; DAILLER, Patrick; PELLET, Allain. *Direito internacional público*. 7. ed. Lisboa: Fundação Calouste Gulbenkian, 2003. p. 700 e ss.

[34] Assim, p. ex., BANTEKAS, Ilias; NASH, Susan. *International criminal law*. 2. ed. [s.l.]: Cavendish Publishing Limited, 2003. p. 156 e ss.

[35] Cfr. CRYER, R.; FRIMAN, H.; ROBINSON, D.; WILMSHURST, E. *An introduction to international criminal law and procedure*. 2. ed. Cambridge: Cambridge University Press, 2010. p. 50-51; cfr. BRAWNLIE, Ian. *Princípios de direito internacional público*. 4. ed. Fundação Calouste Gulbenkian: Lisboa, 1997. p. 325.

atentarem contra os interesses internacionais, ou aqueles atos praticados por apátridas em áreas não sujeitas à jurisdição de qualquer Estado.[36]

(ii) São vários os exemplos de tratados multilaterais que criaram mecanismos de punição universal de atos ilícitos internacionais,[37] alguns dos quais qualificados como crimes internacionais. Como nos relata Ian Brawnlie,[38] a corrente anglo-saxônica é hostil a este princípio. A *Harvard Research* considera mesmo que este princípio apenas constitui uma base para uma competência subsidiária, admitindo, no entanto, que os tratados podem impor às partes o dever de punir certos crimes.

Mas uma questão se levanta: é que podem estar em causa fatos que sejam qualificados como crime pelo *jus gentium*, como são os casos das violações às leis da guerra[39] ou, por outro lado, "[...] actos a respeito dos quais o Direito Internacional dá a todos os Estados liberdade para punir mas que ele próprio não declara criminosos", sendo estes últimos, quando punidos, efetuados ao abrigo do direito nacional.[40] Estão ambos os casos sujeitos ao princípio da universalidade?

4.2 O caso da pirataria marítima

Não parece, contudo, haver dúvidas na doutrina de que a pirataria se encontra sujeita à jurisdição universal,[41] encontrando, na atualidade, base na jurisdição criminal estabelecida no art. 105º da CNUDM 1982.

---

[36] Cfr. BRAWNLIE, Ian. *Princípios de direito internacional público*. 4. ed. Fundação Calouste Gulbenkian: Lisboa, 1997. p. 325.
[37] Por exemplo, o comércio de escravos e o tráfico de narcóticos.
[38] BRAWNLIE, Ian. *Princípios de direito internacional público*. 4. ed. Fundação Calouste Gulbenkian: Lisboa, 1997. p. 325.
[39] Por exemplo, violações às Convenções de Haia de 1907 e às Convenções de Genebra de 1949.
[40] Cfr. BRAWNLIE, Ian. *Princípios de direito internacional público*. 4. ed. Fundação Calouste Gulbenkian: Lisboa, 1997. p. 326.
[41] Ver *supra*, ponto 3.ii; no mesmo sentido BASSIOUNI, M. Cherif. *International criminal laws conventions and their penal provisions*. New York: Transnational Publishers, 2006. p. 785.

O direito internacional confere jurisdição a todos os Estados para punir os seus agentes. Este princípio fora já afirmado de modo inequívoco pelo Juiz M. Moore no seu voto vencido no caso Lotus, julgado pelo Tribunal Permanente de Justiça Internacional no ano de 1927.[42]

Igualmente no já citado caso *Arrest Warrant*, de 2000,[43] foi opinião dos juízes Buergenthal e Kooijmans e Higgins que a jurisdição criminal universal "[...] seja exercida apenas sobre aqueles crimes tidos como os mais hediondos pela comunidade internacional. [...] A pirataria é o clássico exemplo [...]".[44] Igual opinião é defendida, no mesmo caso, pelo Presidente Guillaume do Tribunal Internacional de Justiça, que afirmou: "Tradicionalmente, o Direito Internacional consuetudinário reconhecia, contudo, um caso de jurisdição universal, que é a pirataria [...]" e, mais à frente, "[...] o Direito Internacional conhece apenas um verdadeiro caso de jurisdição universal: a pirataria [...]".[45]

Já Kontorovich[46] vem dizer que a razão da sujeição da pirataria marítima à jurisdição universal decorre do fato de haver necessidade de cobrir uma lacuna de jurisdição, visto a pirataria ocorrer num espaço onde os Estados não possuem jurisdição, mas que todos dispõem de interesses.

Independentemente de todas estas querelas doutrinárias, certo é que a Organização das Nações Unidas, por via do Conselho de Segurança, vem afirmando reiteradamente que ela constitui um crime que se encontra sob jurisdição universal. Disso é exemplo a seguinte passagem constante da Resolução nº 1.976, de 2011, quando afirma:

---

[42] Cfr. Tribunal Permanente de Justiça Internacional, Série A, n. 10, 1927. p. 70.
[43] Ver *supra*, ponto 5.i.
[44] Tradução livre do autor, cfr. INTERNATIONAL COURT OF JUSTICE. "Joint separate opinion of Judges Higgins, Kooijmans and Buergenthal", in Arrest Warrant of 11 April 2000 (Democratic Republic of Congo v. Belgium), Judgement. *I.C.J. Reports*, 2002. p. 81, parágrafos 60 e 61.
[45] INTERNATIONAL COURT OF JUSTICE. "Separate opinion of President Guillaume", in Arrest Warrant of 11 April 2000 (Democratic Republic of Congo v. Belgium), Judgement. *I.C.J. Reports*, 2002. p. 37, parágrafo 5, e p. 42, parágrafo 12.
[46] KONTOROVICH, E.; ART, S. An empirical examination of universal jurisdiction for piracy. *American Journal of International Law*, v. 104, n. 3, 2010. p. 451.

14. Recognizes that piracy is a crime subject to universal jurisdiction and in that regard reiterates its call on States to favourably consider the prosecution of suspected, and imprisonment of convicted, pirates apprehended off the coast of Somalia, consistent with applicable international human rights law.[47]

5 Dever dos Estados no combate à pirataria marítima

(i) Nos termos do art. 100º da Convenção das Nações Unidas sobre o Direito do Mar de 1982, sob a epígrafe "Dever de cooperar na repressão da pirataria", "Todos os Estados devem cooperar em toda a medida do possível na repressão da pirataria no alto-mar ou em qualquer outro lugar que não se encontre sob a jurisdição de algum Estado".

Esta norma leva-nos a duas questões: a primeira consiste em saber quais são o conteúdo e o alcance deste *dever* de cooperação. A segunda questão é sobre saber se a ausência da observância deste dever de cooperação constitui violação do direito internacional. Esta segunda questão, por entendermos que excede o âmbito deste estudo, não será abordada no presente trabalho, sem prejuízo de futuro estudo.

(ii) Na análise da primeira questão, não se pode ignorar o que foi dito sobre a jurisdição universal e a sua relação com a pirataria marítima. Estando os autores de atos de pirataria sujeitos à jurisdição universal, julgamos que aquele preceito legal deverá ser interpretado no âmbito do dito princípio, que, como se viu, atribui poderes a todos os Estados para punirem os atos de pirataria. Consequentemente, consideramos que o preceito mais não vem do que reafirmar o princípio da jurisdição universal sobre a atividade pirata, isto é, reafirmar o dever dos Estados

---

[47] Para o texto completo do documento, cfr. CONSELHO DE SEGURANÇA/ONU. *Resolução do CS das NU, S/RES/1976(2011)*. Nova Iorque. Disponível em: https://undocs.org/S/RES/1976(2011). Acesso em: abr. 2020.

no combate da pirataria. Dever este que *obriga* os Estados, visto a omissão de um tal dever-poder ser considerada violação do direito internacional,[48] pois é também um princípio geral do direito que quem não cumpre um dever a que está obrigado encontra-se em infração.

Este dever de cooperação (na repressão da pirataria) tem um alcance que deve abranger a *obrigação de punir* os piratas. Efetivamente, apesar de este dever decorrer, aparentemente, de uma norma de carácter convencional, não nos devemos esquecer que a convenção em questão se pretende uma codificação do direito internacional preexistente, o que significa que esse dever decorre de uma norma consuetudinária do direito internacional geral ou comum, que já vimos não poder ser afastado senão por norma de valor idêntico, por integrar o conjunto das normas e princípios de *jus cogens*.

Caso assim não fosse, ou caso estivéssemos perante uma mera recomendação aos Estados, sempre se questionaria qual a razão e o sentido prático da letra do referido preceito quando estatui "[...] em toda a medida do possível na repressão [...]". Parece-nos, pois, que esta expressão qualificativa vem estabelecer a *profundidade* e o alcance do dever dos Estados no combate da pirataria.

(iii) Assim, torna-se evidente que aquele dever dos Estados na repressão da pirataria deverá, além de uma atitude ativa, que não meramente expectante, ser acompanhado de todos as ações necessárias ao cabal sancionamento dos autores de atos de pirataria, mecanismos estes que se situarão no foro interno dos Estados, pois entendemos que, no foro internacional, os

---

[48] Posição defendida, p. ex., por OANTA, Grabriela A. The legal treatment of piracy carried out by the Spanish legislator. In: ASSOCIATION INTERNATIONALE DU DROIT DE LA MER. *Insecurity at sea*: piracy and other risks to navigation. Napoli: Giannini Editore, 2013. p. 123-135. Disponível em: https://www.academia.edu/9447624/Insecurity_at_Sea_Piracy_and_Other_Risks_to_Navigation. Acesso em: abr. 2020.

mecanismos necessários sempre existiram. Estes mecanismos deverão essencialmente dirigir-se a dois objetivos:

- permitir o apresamento dos navios piratas bem como a detenção dos autores dos atos de pirataria;
- dotar as instâncias judiciais dos poderes e meios para julgar e condenar aqueles responsáveis, o que deve passar, necessariamente, pela adoção das medidas legislativas consideradas adequadas e necessárias. Só assim se atribuirá conteúdo à regra do art. 100º da Convenção de 1982, que de outro modo ficará desprovido de qualquer sentido prático.[49]

5.1 O problema das jurisdições internas

(i) Apesar dos poderes estatais decorrentes da *jurisdição universal* sobre certos delitos internacionais como tal qualificados pelo direito internacional, certo é que, em relação à pirataria, se verifica uma generalizada apatia dos Estados no que respeita ao julgamento dos piratas quando capturados,[50] omissão esta cujas causas decorrem duma alegada impossibilidade de as instâncias judiciais nacionais atuarem, por inexistência do necessário normativo legal.[51]

---

[49] Neste particular, importa aqui recordar a posição da ONU relativamente a esta questão, conforme refletida nas resoluções do Conselho de Segurança S/RES/1816 (2008), de 2.6.2008 e S/RES/1851 (2008), de 16.12.2008 (CONSELHO DE SEGURANÇA/ONU. *Resolução S/RES/1816 (2008), de 2 de junho de 2008*. Disponível em: http://www.un.org/en/sc/documents/resolutions; CONSELHO DE SEGURANÇA/ONU. *Resolução S/RES/1851 (2008), de 16 de dezembro de 2008*. Disponível em: http://www.un.org/en/sc/documents/resolutions).

[50] Parte das vezes, os navios militares envolvidos na proteção da navegação mercante limitam-se a repelir o ataque pirata, com eventual apreensão do armamento, não procedendo à captura dos piratas, ou, quando capturados, os piratas são, de imediato, restituídos à liberdade. São conhecidos casos ocorridos, por exemplo, com os navios militares da Eunavfor, incluindo navios portugueses, bem como o caso da fragata holandesa *De Zeven Provinciën*, que, em abril de 2009, no quadro da intervenção da Otan no combate à pirataria na Somália, libertou um grupo de piratas, cfr. LABOTT, Elise. Clinton says releasing pirates sends 'wrong signal'. *CNN*, 2009. Disponível em: http://edition.cnn.com/2009/POLITICS/04/20/clinton.pirates/index.html. Acesso em: abr. 2020.

[51] No entanto, é sabido que as razões são de outra ordem, a mais das vezes de carácter político, podendo ter ainda a ver com razões de ordem financeira, devido aos custos e outros fatores logísticos. Problemas poderão também surgir no âmbito processual, devido à dificuldade de obtenção de intérpretes que falem a língua somali.

Com efeito, são poucos os Estados que, no foro penal, tipificam a pirataria como crime de modo a reunirem condições para levar os responsáveis às suas instâncias judiciais. A título de exemplo, cita-se o caso da Espanha, que até ao ano de 2010 não tinha no seu Código Penal de 1995 a previsão do crime de pirataria, ano em que, por alteração do referido código, o legislador espanhol passou a tipificar a pirataria marítima e aérea como um crime internacional.[52]

Mesmo relativamente às incriminações estabelecidas em convenção internacional, alguma doutrina entende que tal não é suficiente para que possamos qualificá-las como crimes ou delitos internacionais; a maior parte das vezes, os Estados-Parte são convidados a introduzir essas incriminações no seu direito penal, respeitando a definição que é dada pela convenção em causa. Vejam-se os casos da Convenção de 2001 contra a Cibercriminalidade, da Convenção de Palermo de 2000 contra a Criminalidade Organizada e o dos Protocolos de Nova Iorque de 2001 sobre a Luta contra o Tráfico Ilícito de Armas de Fogo e Contra o Tráfico de Mulheres e Crianças.

(ii) Certo é que as regras de atribuição de competências, firmadas nos princípios supra-apresentados,[53] têm como finalidade dar aplicação prática ao princípio da competência universal de punir. Relativamente aos problemas surgidos pela omissão dos Estados, afirma Nguyen Quoc Dinh:

> Se o Estado competente omite ou negligencia adotar as leis necessárias, não poderá julgar porque não está em conformidade com o princípio da legalidade dos delitos e das penas. A possibilidade para as normas

---

[52] Cfr. ESPANHA. Ley Orgánica 5/2010, de 22 de junho. *Boletín Oficial del Estado*, n. 152, 23 jun. 2010, artigo *616 ter* e artigo *616 quáter*; outros Estados que tipificaram a pirataria marítima no seu direito interno são, por exemplo, os Países Baixos, Alemanha, Itália e Quénia.

[53] Ver *supra*, pontos 4 e 4.1.

internacionais – consuetudinárias ou convencionais – de suprirem o silêncio da '"lex fori" constituiria um verdadeiro remédio se estas normas não fossem redigidas em termos muito gerais.[54]

E, mais à frente:

> O principal obstáculo à aplicabilidade direta destas incriminações reside na repugnância dos tribunais penais em darem seguimento a estas perseguições que não são fundamentadas numa incriminação "legal", stricto sensu, ou seja, com expressão num texto legislativo nacional.[55]

5.2 Breve abordagem ao caso do Quênia

(i) Conjuntamente com as Seychelles e as Maurícias, o Quênia é um dos países que têm recebido para julgamento alguns dos piratas capturados pelos navios militares em operações contra a pirataria na região da Somália e do Golfo de Áden, no âmbito dos *transfer agreements* firmados com a União Europeia,[56] acordos estes celebrados em resposta aos apelos das Nações Unidas, que incitavam os Estados e organizações regionais que combatem a pirataria na região a celebrarem acordos com os Estados que desejem efetuar o julgamento dos piratas.

Julgamos, no entanto, não poder ser invocado o princípio da jurisdição universal para os atos tipificados como pirataria no seu direito interno pelo fato de as correspondentes disposições não coincidirem com a previsão decorrente do direito internacional. Com efeito, nos termos do *Kenya Merchant Shipping Act* (2009), *section 369 (1)*, a prática da pirataria não

---

[54] DINH, Nguyen Quoc; DAILLER, Patrick; PELLET, Allain. *Direito internacional público*. 7. ed. Lisboa: Fundação Calouste Gulbenkian, 2003. p. 701.
[55] DINH, Nguyen Quoc; DAILLER, Patrick; PELLET, Allain. *Direito internacional público*. 7. ed. Lisboa: Fundação Calouste Gulbenkian, 2003. p. 732.
[56] Acordos celebrados entre a União Europeia e alguns países da costa oriental de África e Oceano Índico, nomeadamente com o Quénia (março de 2009) e República das Seychelles (dezembro de 2009).

se restringe apenas ao alto-mar, antes incluindo também na sua previsão a prática em qualquer parte do seu território, incluindo o mar territorial.

A questão da *jurisdição universal* poderá ter estado na origem da interrupção da recepção de alegados piratas e da suspensão do seu julgamento nos seus tribunais. A realidade é que uns meses após o início dos julgamentos, em meados de 2010, o Quênia deixou de receber os piratas por decisão do Kenyan High Court, segundo o qual o tribunal apenas poderia apreciar os casos ocorridos dentro do território.[57] A ser assim, estar-se-ia perante um claro desrespeito ao princípio da jurisdição universal e um claro repúdio ao princípio da universalidade.

(ii) Certo é que, em outubro de 2012, o Kenya's Court of Appeal veio decidir que os tribunais quenianos tinham jurisdição para julgar os piratas capturados em águas internacionais, tendo voltado a receber suspeitos detidos por atos de pirataria.[58]

(iii) Entretanto, em princípios de junho de 2010, um tribunal em Roterdã tinha sentenciado em cinco anos de prisão cinco piratas somalis por tentativa de assalto a um navio com registo nas Antilhas Holandesas,[59] levando a crer que os países apenas intervêm quando estão diretamente em causa interesses próprios, apesar de, como já referido, a Holanda ser um dos poucos países que preveem, no seu direito interno, a possibilidade de julgamento de piratas, mas cuja base reside no direito internacional consuetudinário. Efetivamente, as regras

---

[57] Cfr. RADIO NETHERLANDS WORLDWIDE. *Hilversum*. Disponível em: http://www.rnw.nl/international-justice/article/pirate-court-opens-kenya. Acesso em: 16 jun. 2013; cfr. JURIST. *University of Pittsburgh School of Law*, Pittsburgh. Disponível em: http://jurist.law.pitt.edu/paperchase/2010/04/kenya-courts-no-longer-accepting.php. Acesso em: 16 jun. 2013.

[58] Cfr. KENYA rules courts can try Somali pirates. *BBC*, London, 18 out. 2012. Disponível em: http://www.bbc.co.uk/news/world-africa-19992273. Acesso em: 16 jun. 2013. De modo a se tornarem mais céleres os julgamentos, os casos de pirataria deixaram também de ser efetuados por tribunais de júri.

[59] RADIO NETHERLANDS WORLDWIDE. *Hilversum*. Disponível em: http://www.rnw.nl/international-justice/article/pirate-court-opens-kenya. Acesso em: 16 jun. 2013.

da jurisdição universal sobre o crime da pirataria podem ser encontradas, por exemplo, no art. 4º, nº 5 do Código Penal holandês, em que sua base reside no direito internacional consuetudinário.

6 Outras instâncias de jurisdição universal

(i) No caso concreto da pirataria ao largo da costa da Somália, devido à inexistência de um efetivo poder político instituído no país, verifica-se a inoperância das instituições estatais. De facto, não existe qualquer instância judicial local a exercer ação penal sobre a pirataria, quer ocorra no seu mar territorial, quer nas águas internacionais contíguas ao seu território.

Por outro lado, salvo raríssimas exceções, os Estados captores também não julgam os piratas capturados, alegando não existência de legislação interna que lhes permita submetê-los aos seus tribunais, abdicando, assim, da competência universal que lhes é atribuída pelo direito internacional, sendo os piratas, por regra, restituídos imediatamente à liberdade.

(ii) Em face da inoperância dos sistemas existentes, urge encontrar uma solução que, de fato, exerça a repressão sobre a pirataria e ofereça garantias da realização da justiça internacional. Constituiria solução o recurso a um tribunal penal internacional, permanente ou *ad hoc*?

Recorrendo às instâncias existentes, surge à partida o Tribunal Penal Internacional, uma jurisdição de carácter permanente, juridicamente autônoma e dotada de personalidade jurídica, nos termos do art. 4º do seu estatuto.[60]

---

[60] O Tribunal Penal Internacional foi criado pelo Estatuto de Roma de 1998, adotado na Conferência Diplomática de 17.7.1998.

O campo da sua competência *ratione materiae* consta dos arts. 5º a 8º do estatuto, abrangendo o genocídio (art. 6º), os crimes contra a humanidade (art. 7º) e os crimes de guerra (art. 8º). Apesar de apenas possuir jurisdição sobre pessoas individuais (art. 1º), da análise das suas competências, constata-se a decisão de ter deixado no seu âmbito apenas os crimes mais graves, crimes estes suscetíveis de serem confundidos com os comportamentos dos Estados, passíveis pois de gerar responsabilidade internacional.

O extremo detalhe utilizado na tipificação das condutas mostra a enorme importância que foi dada ao princípio da legalidade. Assim, no respeito deste princípio, não nos parece que, relativamente à pirataria, o Tribunal possa exercer jurisdição. Uma possível alternativa seria a sua intervenção vir a ser solicitada pelo Conselho de Segurança da ONU nos termos do art. 13º do estatuto. No entanto, parece duvidoso que tal venha a acontecer, pois o próprio art. 13º limita o exercício da jurisdição aos crimes previstos no art. 5º.

(iii) Esgotada esta hipótese, julgamos que a solução passaria pela criação de tribunais *ad hoc*,[61] [62] cujo objeto seria o julgamento dos indivíduos capturados na atividade da pirataria. Não deixa, no entanto, esta possível solução de se revestir de inúmeros problemas. Logo à partida a morosidade na sua criação e início do seu funcionamento, bem como a dificuldade na escolha do local para a sua instalação. O destino de eventuais condenados seria certamente outro grande problema, pois a aferir pelos casos já julgados, seriam necessários, além da identificação

---

[61] Como é sabido, não seria uma solução inédita, pois são conhecidos os casos dos tribunais internacionais para Ex-Iugoslávia e para Ruanda, criados respetivamente pelas resoluções do CS da ONU S/RES/808 (1993) e S/RES/995 (1994).

[62] Relativamente à criação de um tribunal penal híbrido para o caso da pirataria na Somália, ver KOWALSKI, Mateus. Um tribunal híbrido para a pirataria na Somália – A construção de capacidade jurisdicional num Estado em colapso. *Relações Internacionais*, v. 31, p. 117-133, set. 2011.

dos países de acolhimento, um grande investimento na adequação das instalações prisionais de acordo com os padrões internacionalmente aceitáveis e no respeito pelas exigências dos direitos humanos.

IV Conclusões

(i) A pirataria marítima é uma atividade proibida pelo direito internacional. O direito consuetudinário, que para ela estabelecia uma noção mais ou menos consensual, sempre a considerou um crime, permitindo que todas as nações punissem os responsáveis por tais atos. A ele não lhe era avesso o fato de os Estados poderem estabelecer noções mais ou menos amplas e punissem os seus responsáveis de acordo com as suas leis internas.

Na primeira metade do século XX a pirataria continuou a ser uma atividade fortemente perseguida pelas potências marítimas e condenada pelo direito internacional. Para caracterizar a sua qualidade de ato hediondo, ilícito e perseguido pelo direito internacional, à pirataria se foram equiparando, por convenções internacionais, certas práticas igualmente não consentidas pelo direito internacional.

Apesar de ampla doutrina não a considerar como tal, subsistem dúvidas na qualificação da pirataria como crime internacional. Se, por um lado, o respeito pelo princípio da legalidade suporta argumentos em sentido da sua não criminalização, por outro lado, o direito consuetudinário e as regras do *jus cogens* permitem uma boa base para defender uma posição contrária.

Independentemente da existência de qualquer elo de conexão, bem como da sua eventual qualificação como mero delito internacional, o direito internacional admite a jurisdição universal sobre os casos de pirataria no alto-mar.

(ii) A Convenção de Montego Bay de 1982, que descreve com pormenor os atos que a caracterizam, impõe aos Estados um dever geral de combate à pirataria no mar e estabelece uma permissão geral de apresamento de navios piratas bem como a detenção e o julgamento dos piratas.

Embora o quadro jurídico nela convencionado não se conforme como um instrumento de direito penal, ainda assim tem implícito um reconhecimento da natureza criminal da pirataria, refletida na proibição da atividade, na criminalização e punição das condutas e na determinação, aos Estados, do exercício da jurisdição penal sobre a pirataria.

(iii) Apesar deste dever geral de combate e repressão decorrente do direito internacional, salvo raríssimas exceções constituídas por alguns Estados da região da África Oriental, cujas ações se têm revelado insuficiente para um combate efetivo à pirataria, a maioria dos Estados encontra-se em omissão relativamente ao exercício da jurisdição universal.

(vi) Não se vislumbra, no âmbito das atuais estruturas jurisdicionais internacionais, nem num futuro próximo, um tribunal que se possa substituir às instâncias judiciais nacionais no exercício da ação penal sobre a pirataria.

Apesar de inconvenientes de vária ordem, e a manter-se a atual postura dos Estados, a criação de um tribunal internacional, permanente ou *ad hoc*, parece ser a única solução.

Referências

BANTEKAS, Ilias; NASH, Susan. *International criminal law*. 2. ed. [s.l.]: Cavendish Publishing Limited, 2003.

BASSIOUNI, M. Cherif. *International criminal laws conventions and their penal provisions*. New York: Transnational Publishers, 2006.

BASSIOUNI, M. Cherif. *Introduction to international criminal law*. New York: Transnational Publishers, 2003.

BRANDÃO, E. H. Serra. *Direito internacional marítimo*. Lisboa: Livraria Clássica Editora, 1963.

BRAWNLIE, Ian. *Princípios de direito internacional público*. 4. ed. Fundação Calouste Gulbenkian: Lisboa, 1997.

CASSESE, Antonio. *International criminal law*. London: Oxford University Press, 2003.

CASSESE, Antonio. *International law*. 2. ed. London: Oxford University Press, 2005.

CONSELHO DE SEGURANÇA/ONU. *Resolução S/RES/1816 (2008), de 2 de junho de 2008*. Disponível em: http://www.un.org/en/sc/documents/resolutions.

CONSELHO DE SEGURANÇA/ONU. *Resolução S/RES/1851 (2008), de 16 de dezembro de 2008*. Disponível em: http://www.un.org/en/sc/documents/resolutions.

CONVENÇÃO DA NAÇÕES UNIDAS SOBRE O DIREITO DO MAR, DE 1982. *Diário da República*, I, série – A, n. 238, 14 out. 1997. Suplemento, p. 5486 (2)-5486 (192).

CRYER, R.; FRIMAN, H.; ROBINSON, D.; WILMSHURST, E. *An introduction to international criminal law and procedure*. 2. ed. Cambridge: Cambridge University Press, 2010.

DINH, Nguyen Quoc; DAILLER, Patrick; PELLET, Allain. *Direito internacional público*. 7. ed. Lisboa: Fundação Calouste Gulbenkian, 2003.

ESPANHA. Ley Orgánica 5/2010, de 22 de junho. *Boletín Oficial del Estado*, n. 152, 23 jun. 2010.

GUEDES, A. Marques. *Direito do mar*. 2. ed. Coimbra: Coimbra Editora, 1998.

HALL, W. E. *International law*. Oxford: Oxford University Press, 1880.

INTERNATIONAL CHAMBER OF COMMERCE. *Unprecedented number of crew kidnappings in the Gulf of Guinea despite drop in overall global numbers*. London. Disponível em: https://www.icc-ccs.org/index.php/site_content/item/1286-unprecedented-number-of-crew-kidnappings-in-the-gulf-of-guinea-despite-drop-in-overall-global-numbers. Acesso em: jan. 2020.

INTERNATIONAL COURT OF JUSTICE. "Dissenting opinion of Judge Van Den Wyngaert", in Arrest Warront of 11 April 2000 (Democratic Republic of Congo v. Belgium), Judgement. *I.C.J. Reports*, 2002.

INTERNATIONAL MARITIME ORGANIZATION. *Report* – Piracy Incidents Report. London. Disponível em: www.imo.org/en/OurWork/Security/PiracyArmedRobbery/Report/Pages/Default.aspx. Acesso em: jan. 2020.

JURIST. *University of Pittsburgh School of Law*, Pittsburgh. Disponível em: http://jurist.law.pitt.edu/paperchase/2010/04/kenya-courts-no-longer-accepting.php. Acesso em: 16 jun. 2013.

KENYA rules courts can try Somali pirates. *BBC*, London, 18 out. 2012. Disponível em: http://www.bbc.co.uk/news/world-africa-19992273. Acesso em: 16 jun. 2013.

KONTOROVICH, E.; ART, S. An empirical examination of universal jurisdiction for piracy. *American Journal of International Law*, v. 104, n. 3, 2010.

KOWALSKI, Mateus. Um tribunal híbrido para a pirataria na Somália – A construção de capacidade jurisdicional num Estado em colapso. *Relações Internacionais*, v. 31, p. 117-133, set. 2011.

MASOL, Sergii. Jurisdictional problems relative to the crime of piracy off the coast of Somália. *Academia.edu*. Disponível em: http://www.academia.edu/1834079/jurisdictional_problems_relative_to_the_crime_of_piracy_off_the_coast_of_somalia. Acesso em: 17 jun. 2013.

MIRANDA, Jorge. *Curso de direito internacional público*. 5. ed. rev. e atual. Lisboa: Principia, 2012.

OANTA, Grabriela A. The legal treatment of piracy carried out by the Spanish legislator. *In*: ASSOCIATION INTERNATIONALE DU DROIT DE LA MER. *Insecurity at sea*: piracy and other risks to navigation. Napoli: Giannini Editore, 2013. Disponível em: https://www.academia.edu/9447624/Insecurity_at_Sea_Piracy_and_Other_Risks_to_Navigation. Acesso em: abr. 2020.

OPPENHEIM, Lassa. *International law* – Treatise. 8. ed. London: H. Lauterpacht/Longmans Green and Co. Ltd., 1955. v. I.

PEREIRA, José Costa (Ed.); CASTRO, Armando. *Dicionário Enciclopédico da História de Portugal*. Lisboa: Alfa; Selecções do Reader's Digest, 1990. v. I.

RADIO NETHERLANDS WORLDWIDE. *Hilversum*. Disponível em: http://www.rnw.nl/international-justice/article/pirate-court-opens-kenya. Acesso em: 16 jun. 2013.

STEPHEN, Sir F. *Stephen's digest of the criminal law*. London e New York: [s.n.], 1887.

Informação bibliográfica deste texto, conforme a NBR 6023:2018 da Associação Brasileira de Normas Técnicas (ABNT):

SILVEIRA, Caetano F. A. Pirataria marítima: o problema da jurisdição universal. *In*: LEWANDOWSKI, Enrique Ricardo (Coord.). *Direito Marítimo:* estudos em homenagem aos 500 anos da circum-navegação de Fernão de Magalhães. Belo Horizonte: Fórum, 2021. p. 113-140. ISBN 978-65-5518-105-0.

ENERGIAS AZUIS
E A PROTEÇÃO DO ALTO-MAR

CARMEN LUCIA SARMENTO PIMENTA

1   Introdução

O sétimo objetivo da agenda proposta pela Organização das Nações Unidas – ONU – para 2030 pretende assegurar a todos o acesso à energia, exigindo uma parceria mundialmente colaborativa para se alcançar a transformação do nosso mundo, uma vez que não basta se ter acesso à energia, mas importa que esta seja limpa, sustentável e moderna.

As energias renováveis demonstraram responder aos requisitos impostos para essa meta internacional e revelam, dia a dia, suas inesgotáveis possibilidades, como exemplo, a sua exploração no meio marinho. São as bem-vindas energias azuis, cujo desenvolvimento merecerá um cuidado redobrado para que não se cometam os mesmos erros causados pelas energias fósseis.

Portanto, o problema está em se preservar o meio ambiente que será a fonte da exploração e explotação das energias azuis, uma vez que a CNUDM deixou sem proteção o alto-mar. Não obstante a maioria das fazendas de captação de energias renováveis marinhas ainda se encontrarem *sub studio* na Zona Econômica Exclusiva dos Estados, é de se esperar que essas estruturas sejam em breve levadas ao alto-mar, já que a própria convenção prevê, em seu art. 87, o direito de os países sem litoral realizarem investigação científica e instalarem cabos e dutos submarinos no alto-mar.

A abordagem do problema foi realizada, inicialmente, pelo método indutivo, buscando-se, a partir dos fatos, um raciocínio para a solução do problema apresentado, e, em seguida, pelo dialético, em que a percepção das mudanças ensejou uma contraposição de ideias. Ao final, sugere-se como medida profilática ao problema o estabelecimento de uma instituição que cuide do alto-mar e indica a *International Seabed Authority* – ISA – como a mais qualificada para essa função, exigindo-se, para isso, uma emenda na CNUDM.

2 Energias fósseis. O problema

Não obstante a grande importância que os combustíveis fósseis ainda representam para a humanidade, o mundo já tomou consciência de sua limitação. Por um lado, sabe-se que, naturalmente, se esgotarão e, por outro, a história demonstrou que a queima desses combustíveis produz uma pegada ecológica insuportável à raça humana e à manutenção do seu *habitat*.

Guido Soares (2003, p. 35) relata parte da história dessa descoberta, quando ainda se esperava que a natureza resolvesse por si só, como num passe de mágica, os malefícios produzidos pela raça humana:

> Em seu início, o século XX tinha herdado dos séculos anteriores, em especial do final do século XIX, a ideia de que o desenvolvimento material das sociedades, tal como potencializado pela Revolução Industrial, era o valor supremo a ser almejado, sem contudo atentar-se para o fato de que as atividades industriais tem um subproduto altamente nocivo para a natureza e, em consequência, para

o próprio homem. Na verdade, inexistia mesmo uma preocupação com o meio ambiente que cercava as indústrias, pois à falta de problemas agudos, havia um entendimento generalizado de que a natureza (entendida como um "dado" exterior ao homem) seria capaz de absorver materiais tóxicos lançados ao meio ambiente, e por um mecanismo "natural" (talvez "mágico"?!), o equilíbrio seria mantido de maneira automática.

Felizmente, o mundo decidiu reunir-se para discutir e tomar decisões a fim de conter o desenvolvimento pernicioso trazido pela industrialização e, principalmente, para traçar rumos para um desenvolvimento sustentável. A comunidade internacional decidiu iniciar uma batalha contra a poluição. Obviamente, as expectativas não seriam alcançadas imediatamente e tampouco em curto prazo, mas a conscientização humana dos efeitos deletérios causados por seus atos ao meio ambiente já foi considerada um bom início desde a primeira Conferência das Nações Unidas sobre o Meio Ambiente e o Desenvolvimento, na cidade de Estocolmo, Suécia.

Parafraseando o direito civil, quando, no §1º do art. 1.694 do Código Civil, apresenta um importante preceito do direito de família: o binômio necessidade-possibilidade. Sabe-se que, para arbitrar o valor dos alimentos, o julgador precisa ponderar entre a possibilidade do alimentando e a necessidade do alimentado. Nesse caso, tem-se dois sujeitos, ativo – o alimentando – e passivo – o alimentado, em que o objeto é o valor determinado para o sustento do segundo. O grande desafio do julgador é dar o sustento suficiente ao alimentado sem exaurir do alimentando o necessário para a sua própria subsistência.

Na relação ambiental, acontece o mesmo. Os sujeitos da equação a ser resolvida são o meio ambiente – *habitat* humano – e a humanidade, em que o objeto são os recursos naturais. Num cotejo com a situação familiar, o sujeito ativo, meio ambiente, não pode ser exaurido de suas possibilidades – recursos naturais – sob pena de não ter mais o necessário para a sua subsistência e tampouco a do sujeito passivo, qual seja, a humanidade.

Sabe-se que, dos combustíveis fósseis, o carvão, o petróleo e o gás são os mais danosos ao meio ambiente. A queima desses combustíveis lança grande quantidade de dióxido de carbono (CO_2) na atmosfera, causando o tão combatido efeito estufa. Entretanto, abandonar o uso desses combustíveis se apresenta como um esforço hercúleo. O carvão, por exemplo, que encontrado em abundância em muitas regiões do mundo demonstra-se economicamente viável e, por isso, continua sendo ainda muito utilizado em usinas termelétricas e indústrias siderúrgicas.

A Declaração de Estocolmo em muito colaborou para o desenvolvimento do direito ambiental, mas ainda carece de ser robustecida, principalmente afastando-se dúvidas sobre a sua cogência. Ignacio Arroyo Martinéz (2015, p. 230), analisando a coercitividade da Convenção da Unesco sobre a Proteção do Patrimônio Cultural, assim se manifesta:

> Para los países que no han manifestado su consentimiento en obligarse formalmente, mediante el depósito del instrumento de ratificación, adhesión, o accesión, no significa un vacío jurídico completo. Basta recordar que la Convención se aprobó con 87 votos a favor, 4 en contra y quince abstenciones. Tan elevado número de Estados favorables al Convenio produce dos efectos jurídicos relevantes. Por una parte, según el Convenio de Viena sobre los Tratados, los Estados firmantes deben abstenerse de realizar actos contrarios al Convenio. El segundo efecto no menos importante es que las disposiciones del Convenio, aplicadas por buena parte de los Estados, pueden convertirse en costumbre internacional y pasar a formar parte del denominado derecho débil (soft law).

Dessa forma, ainda que alguns Estados insistam na exploração de combustíveis altamente poluidores, ignorando o estabelecido pela Declaração de Estocolmo, terão pouca probabilidade de prosperar. Como visto, o mundo, felizmente, já decidiu tomar rumo ao contrário e, ainda que o documento internacional seja *derecho debil*, como nas palavras de Arroyo, seus ordenamentos ali estão para serem observados. Uma amostra dessa nova era foi o anúncio do governo canadense, em 2016, que deixará de usar o carvão na produção de eletricidade em 2030 (CANADÁ..., 2016).

Enquanto isso, China, África do Sul e Índia vão na contramão, como noticiado pela revista *Veja* (KHUMALO, 2016):

> A África do Sul, assim como a China e a Índia, tem grandes reservas domésticas de carvão que fornecem uma fonte barata de energia para uma demanda sempre crescente.
> Mas este recurso também levou estes países a ocuparem os níveis mais altos de emissões de dióxido de carbono, o principal gás causador de efeito estufa.
> Os três estão entre os cinco maiores produtores de carvão, que gera 90% da eletricidade da África do Sul, 70% da China e 55% da Índia.
> No conjunto, investem dezenas de bilhões de dólares em novas usinas movidas a carvão, enquanto avançam com planos de desenvolver energia nuclear e de fontes renováveis.

Desafortunadamente, esse é um problema que ultrapassa questões legais e doutrinadoras. Muitos países alegam não haver outra opção senão o desenvolvimento da exploração de minas de carvão. A mesma matéria da *Veja* (KHUMALO, 2016) relata os argumentos da África do Sul:

> "Ultimamente o carvão virou palavrão. Ninguém gosta dele, mas o país precisa de eletricidade", afirmou Cornelis van der Waal, analista sul-africano de energia da consultoria Frost and Sullivan.
> "Todo mundo adoraria usar energia limpa, mas o carvão é barato e neste momento é o que o país pode pagar", acrescentou.

Portanto, não obstante a plena consciência dos malefícios causados pelo uso do carvão mineral, obsta o fato de essa ser a opção mais simples, considerando que esses países já possuem a matéria-prima em seu território e uma iminente necessidade de providenciar energia economicamente viável para a sua população. Nesse caso, a consciência é posta de lado em benefício de um suposto bem maior.

Não é diferente no que tange ao petróleo e ao gás. Após dezenas de catástrofes provocadas pela exploração, transporte ou, até mesmo, uso do petróleo e do gás, como já aduzido, a humanidade encontra-se muito distante de deixar de desfrutar de seus benefícios.

Muitos acidentes emblemáticos envolvendo o petróleo aconteceram principalmente no meio ambiente marinho, criando, inclusive, a expressão "maré negra". Entre essas catástrofes, destaca-se a do navio Prestige, que naufragou a 200 km da costa da Espanha, derramando mais de 5 mil toneladas de combustível na água e continuou expelindo aproximadamente 125 toneladas de óleo/dia no mar (PIMENTA, 2017), tornando-se o estopim para um movimento que produziu importantes documentos internacionais para a preservação do meio ambiente marinho: nos Estados Unidos, o *Oil Poluction Act*; na União Europeia, os pacotes Érica e Prestige; e, por parte da IMO, a Convenção Internacional para a Prevenção da Poluição por Navios – Marpol – e seu Anexo I, estabelecendo a obrigatoriedade de casco duplo para os navios petroleiros entregues a partir de julho de 1996.

3 Energias renováveis. A solução

No preâmbulo do Relatório Brundtland[1] (1987, p. 16), a Presidente da Comissão Mundial sobre o Meio Ambiente e Desenvolvimento – CMMAD, estabelecida pela ONU, Primeira-Ministra e ambientalista norueguesa Gro Harlem Brundtland direciona o parecer a "todos os povos do mundo", destacando o papel das autoridades governamentais, das empresas privadas, das organizações não governamentais – ONGs, das instituições educacionais e da comunidade científica, enfatizando mais ainda a influência dos jovens para que o documento alcance o "Nosso futuro comum".

Consciente dos malefícios causados pelas energias fósseis, a humanidade volta seus olhos para opções energéticas mais simples e disponíveis

---

[1] Relatório Brundtland, ou "Nosso futuro comum", foi o resultado de um estudo apresentado em 1987 pela Comissão Mundial sobre o Meio Ambiente e Desenvolvimento, criada pela Organização das Nações Unidas para examinar os problemas ambientais e determinar metas a fim de revertê-los, principalmente através da cooperação de toda humanidade (GRANZIERA, 2014, p. 58-61).

e que foram deixadas de lado com a descoberta do alto potencial das energias não renováveis. Reconhecendo a importância da transição das energias fósseis para as renováveis, a ONU fez desta uma de suas metas para transformar o mundo (ONUBR, 2018): "Assegurar o acesso confiável, sustentável, moderno e a preço acessível à energia [...]".

A Organização das Nações Unidas compreende que as energias renováveis não apenas minimizam a pegada ecológica, mas, também, estariam acessíveis aos povos mais carentes, dependendo apenas da disponibilidade de tecnologia. Fazer essa energia limpa chegar a esses povos é um grande desafio que depende da união de forças, como se depreende do texto explicativo desse objetivo no *website* da ONUBR (2018).

Elevada à categoria de solução energética mundial, a energia limpa promete resolver problemas básicos dos povos menos desenvolvidos. Através da energia solar, por exemplo, se podem manter refrigeradas vacinas para controlar doenças já erradicadas na maioria dos países. Pode-se, ainda, proporcionar luz elétrica nas residências, além de hospitais, escolas e ambiente de trabalho, desde escritórios até agricultura. A ONU informa que um quinto da população mundial não tem acesso à energia elétrica. Isso vai além, pois essas pessoas, em sua maioria estabelecidas na África e Ásia, ainda usam combustíveis fósseis no aquecimento e na cocção de alimentos, resultando na morte de mais de quatro milhões de bebês prematuros devido à inalação de gases altamente nocivos dentro de suas próprias residências (ONU, 2018).

Yergin (2014, p. 544) conceitua as energias renováveis, afirmando que são "fontes de energias inesgotáveis que não causem danos ao meio ambiente" cuja prospecção ocorre por diferentes tecnologias. O autor apresenta, ainda, os tipos de energia limpa, classificadas de acordo com a sua captação. São elas: eólica, solar, biocombustível, biomassa, geotérmica, hidrelétrica e solar passiva (REIS, 2015).

Certamente, outras fontes de energia renovável encontram-se disponíveis na natureza, à espera da consciência e criatividade humanas. Até aqui, tratou-se das possibilidades de captação de energias renováveis apenas telúricas. Entretanto, esse trabalho tem por objeto as energias azuis, o que se abordará a seguir.

4 Energias azuis. As renováveis no mar

As energias azuis são as renováveis obtidas a partir de processos que se desenvolvem no meio ambiente marinho. São elas de quatro tipos: marítimas, eólicas, geotérmicas e bioenergéticas. As energias marítimas serão tratadas mais detalhadamente nas suas subespécies, visto que diferem das demais energias marinhas, porque são obtidas não só no ambiente marinho, mas, e máxime, da própria água do mar (ABAD CASTELOS, 2013, p. 62).

4.1 Energia eólica marinha

Essa tecnologia, desenvolvida na Babilônia, 1750 a.C., recentemente, foi transferida para o mar, apresentando uma série de vantagens em relação às estruturas de terra. Os ventos no mar são mais fortes e mais constantes pela ausência de barreiras físicas, gerando energia de melhor qualidade.

O relatório do *Intergovernamental Panel on Climate Change* informa que a energia eólica oferece um potencial importante para curto (2020) e longo (2050) prazos na redução da emissão de gases tóxicos (IPCC, 2012, p. 539). Informa ainda os prováveis impactos pela instalação dessas estruturas *offshore*:

> The impacts of wind power plants on marine life have moved into focus as wind energy development starts to occur offshore and, as part of the licensing procedures

for offshore wind power plants, a number of studies on the possible impacts of wind power plants on marine life and ecosystems have been conducted. As Michel et al. (2007) point out, there are "several excellent reviews...on the potential impacts of offshore wind parks on marine resources; most are based on environmental impact assessments and monitoring programs of existing offshore wind parks in Europe [...]". The localized impacts of offshore wind energy on marine life vary between the installation, operation and decommissioning phases, depend greatly on site-specifi c conditions, and may be negative or positive (e.g., Wahlberg and Westerberg, 2005; Dong Energy et al., 2006; Köller et al., 2006; P. Madsen et al., 2006; Michel et al., 2007; Wilhelmsson and Malm, 2008; Punt et al., 2009; Tougaard et al., 2009; Wilson and Elliott, 2009; Kikuchi, 2010). Potential negative impacts include underwater sounds and vibrations (especially during construction), electromagnetic fields, physical disruption and the establishment of invasive species. The physical structures may, however, create new breeding grounds or shelters and act as artifi cial reefs or fish aggregation devices (e.g., Wilhelmsson et al., 2006). Additional research is warranted on these impacts and their long-term and population-level consequences, especially in comparison to other sources of energy supply, but the impacts do not appear to be disproportionately large. In advance of conclusive findings, however, concerns about the impacts of offshore wind energy on marine life (and bird populations) have led to national zoning efforts in some countries that exclude the most sensitive areas from development.[2]

Como declarado pelo IPCC, as externalidades positivas prometem ser maiores do que as negativas. Destaca-se um resultado inesperado, já que a base das turbinas funciona como um habitat de espécies marinhas de toda sorte, contribuindo positivamente para o ecossistema.

---

[2] "Os impactos das usinas eólicas na vida marinha ganharam destaque à medida que o desenvolvimento da energia eólica começou a ocorrer *offshore* e, como parte do procedimento de licenciamento para usinas de energia eólica *offshore*, uma série de estudos sobre os possíveis impactos das usinas eólicas na vida marinha e nos ecossistemas foi realizada. Como Michel *et al.* (2007) aponta, existem 'várias excelentes análises... sobre os potenciais impactos dos parques eólicos offshore sobre os recursos marinhos; a maioria é fundamentada em avaliações e programas de monitoramento de parques eólicos offshore existentes em Europa [...]'. Os impactos locais causados pela energia eólica *offshore* na vida marinha variam entre as fases de instalação, operação e desmantelamento, dependem muito das condições específicas do local e podem ser negativos ou positivos (por exemplo, Wahlberg e Westerberg, 2005; Dong Energy *et al.*, 2006; Köller *et al.*, 2006; P. Madsen *et al.*, 2006; Michel *et al.*, 2007; Wilhelmsson e Malm, 2008; Punt *et al.*, 2009; Tougaard *et al.*, 2009; Wilson e Elliott, 2009; Kikuchi, 2010). Os potenciais impactos negativos incluem sons e vibrações subaquáticos (especialmente durante a construção), campos eletromagnéticos, perturbações físicas e o estabelecimento de espécies invasivas. Entretanto, as estruturas físicas podem criar novos viveiros ou abrigos e atuam como recifes artificiais ou dispositivos de agregação de peixes (por exemplo, Wilhelmsson *et al.*, 2006). Estão garantidas pesquisas adicionais sobre esses impactos em longo prazo e suas consequências no nível populacional, especialmente em comparação com outras fontes de energia, mas os impactos não parecem ser desproporcionalmente grandes. Antes das conclusões finais, no entanto, as preocupações sobre os impactos da energia eólica *offshore* na vida marinha (e populações de pássaro) lideraram, em alguns países, esforços nacionais de zoneamento, excluindo as áreas mais sensíveis desse desenvolvimento" (tradução livre da autora).

Sem sombra de dúvidas, a eólica é a energia renovável mais desenvolvida entre as marinhas, e pode-se afirmar que se encontra em fase madura, se comparada com as demais.

Outros países estão em franco desenvolvimento da energia eólica *offshore*, inclusive desenvolvendo novas tecnologias como o projeto norueguês *Hiwind* instalado no nordeste da Escócia (VAUGHAN, 2017). A novidade da proposta de 200 milhões de libras está, inicialmente, no fato de ser esse projeto desenvolvido por uma empresa petroleira estatal, Statoil, da Noruega, em busca de opções para as energias fósseis. Além disso, a nova tecnologia está na fixação da estrutura através de um lastro subaquático de 78 metros de altura e de três linhas de amarração que manterão as turbinas na posição vertical, dando a essa estrutura o *status* de primeiro parque eólico flutuante.

Essa nova tecnologia promete, em longo prazo, levar as fazendas eólicas *offshore* para além do litoral dos Estados. De acordo com a Statoil, "o parque eólico flutuante em águas profundas terá o mesmo custo que os parques eólicos convencionais a pouca distância do litoral até 2030" (VAUGHAN, 2017).

4.2 Energia geotérmica marinha

Energia geotérmica é aquela gerada por meio do aproveitamento do calor encontrado no interior da Terra, onde existe uma camada pastosa (magma) que alcança temperaturas altíssimas. Quando essa camada é atingida a partir dos fundos oceânicos, essa energia é chamada de geotérmica marinha (ENERGIA..., 2018).

A energia é obtida por meio de centrais geotérmicas. O vapor, extraído do interior do magma, fornece a energia que alimenta os geradores das turbinas e estas produzem eletricidade. Esse vapor, posteriormente, transforma-se em água que é reaproveitada, sendo reenviada a um reservatório, para ser novamente aquecida.

Há algumas desvantagens nesse processo de obtenção de energia. Os fluxos de água geotérmicos são constituídos por gases, e esses gases acompanham o vapor de água que vai para as centrais geotérmicas. Torna-se inevitável que esses gases se dissipem na atmosfera, causando certa poluição, embora pequena (VANTAGENS..., 2018).

Há, ainda, os prejuízos causados pelo ácido sulfídrico, incorporado no vapor extraído. Quando a concentração desse ácido é baixa, a inalação do gás causa náuseas. Se em concentrações mais altas, provoca sérios problemas de saúde, incluindo a possibilidade de morte por asfixia.

Desse modo, a manipulação dessa energia requer cuidados especiais para afastar os inconvenientes e minimizar os fatores negativos. De outra mão, trata-se de energia renovável, já que o interior da Terra está em constante aquecimento. O custo de sua extração ainda é alto, mas se movimentado em grandes proporções será muito mais vantajoso que as demais energias não renováveis.

4.3 Bioenergia marinha

A bioenergia é obtida por meio de processo que aproveita as características de certos vegetais para produção de combustível. Já em larga escala de produção está o biodiesel, extraído da soja e da mamona *onshore*. Quando a energia é retirada de algas e outras plantas marinhas, essa energia é chamada de bioenergia marinha.

O óleo vegetal passa por um processo de transformação (transesterificação) até chegar ao biodiesel. Explica-se: o óleo vegetal é um triglicerídeo, ou seja, é formado por três moléculas de ácidos graxos e uma molécula de glicerina. A transesterificação consiste na retirada da glicerina para que o óleo fique mais fino e possa ser aproveitado como combustível (GARCIA, 2006).

Pesquisas no Japão, Argentina e Brasil demonstraram que o biodiesel pode ser extraído de algas marinhas e que esse processo é mais vantajoso que os já existentes. Essas algas são retiradas do mar e plantadas em terra. Produzem mais óleo por hectare plantado que as fontes já exploradas e podem ser regadas com água do mar. Se plantadas próximo ao litoral as vantagens aumentam.

4.4 Energia marítima

Energia marítima, também conhecida como energia oceânica, é a energia obtida por três processos diferentes: cinético, térmico e químico, a partir de seis fontes distintas que têm como origem a própria água do mar. As seis fontes são: ondas, amplitude das marés, correntes de marés, correntes oceânicas, diferença de temperatura da água e diferença de salinidade.

Em razão da complexidade da produção dessas energias, estas serão tratadas em item apartado, como segue.

4.4.1 Energia das ondas

A energia das ondas, também conhecida por ondomotriz, é obtida por meio do aproveitamento do movimento oscilante das ondas do mar. Trata-se, portanto, de energia renovável extraída por processo cinético,[3] com agressão mínima ao meio ambiente (IPCC, 2012, p. 503).

Essa energia cinética, que aproveita o movimento ondular, é usada para pôr uma turbina em funcionamento. A elevação da onda em uma

---

[3] Cinética – ciência das forças, consideradas na multiplicidade dos movimentos que produzem (CINÉTICA, 2018).

câmara de ar especial provoca a saída do ar lá contido. Esse ar expelido da câmara faz girar uma turbina, e a energia mecânica da turbina é transformada em energia elétrica por meio de um gerador. Ainda, quando do movimento inverso, ou seja, quando a onda se desfaz e a água recua, o ar desloca-se em sentido contrário, passando novamente pela mesma turbina. Esse movimento de saída e entrada de ar na câmara potencializa a geração de energia.

O processo descrito, não é o único. O movimento de subida e descida da onda também é utilizado para dar potência a um êmbolo que se move para cima e para baixo num cilindro. O êmbolo em movimento é suficiente para pôr um gerador em trabalho. Há uma variedade enorme de tecnologias em desenvolvimento para a produção de energia das ondas. Todos os sistemas, porém, têm como base a cinemática cíclica das ondas. Entretanto, o aproveitamento se dá de formas distintas, havendo dezenas de pesquisas diferentes, em locais variados.

Algumas desvantagens estão sendo pesquisadas, na busca de se encontrar solução para tornar esse tipo de energia viável economicamente. Sabidamente há impactos ambientais, ainda que mínimos, em razão das instalações e seus riscos. A inconstância na altura das ondas gera uma variação na produção de energia indesejável, e a possibilidade de danos ao sistema, quando de condições meteorológicas extremas, como no caso de furações, ainda é um desafio.

4.4.2 Energia das marés

A energia que tem como fonte o fenômeno das marés, ou maremotriz, é uma forma de produção de energia obtida pela movimentação das águas dos mares, mais especificamente, por meio da utilização da energia retirada da cinética das massas de água que ocorrem durante os fenômenos das preamares e baixa-mares (IPCC, 2012, p. 505).

Podem essas energias ser de dois tipos: pela cinética vertical ou horizontal, esta pelas correntes de maré e aquela pelas amplitudes de maré, conforme detalhamento a seguir.

4.4.2.1 Energia das amplitudes de marés

Esse sistema, como mencionado anteriormente, é aquele que aproveita o movimento regular de fluxo do nível do mar (preamar/elevação e baixa-mar/abaixamento). É muito semelhante a uma hidrelétrica: necessita de uma construção de barragem que forme um reservatório junto ao mar. Quando das preamares, a água entra e fica armazenada no reservatório, e, quando das baixa-mares, a água sai. Esse movimento vertical de saída aciona uma turbina que, diretamente ligada a um sistema de conversão, gera eletricidade (LEITE NETTO *et al.*, 2011).

Para que a barragem tenha eficácia na geração de energia de qualidade, é condição imprescindível haver uma amplitude de maré considerável (acima de sete metros). Portanto, não é em qualquer parte do planeta que se pode explorar esse tipo de energia. No Brasil há condições favoráveis à exploração de energia maremotriz no litoral dos estados do Maranhão, do Amapá e do Pará, locais em que as amplitudes das marés chegam a oito metros. Apesar disso, o Brasil ainda não despertou o interesse nesse tipo de geração de energia (IPCC, 2012, p. 505).

4.4.2.2 Energia das correntes de marés

A energia cinética das correntes das marés traduz-se em movimentos horizontais devido às enchentes e às vazantes. Essa cinemática pode gerar energia elétrica com o auxílio de turbinas horizontais de fluxo livre com três pás, muito semelhantes às turbinas eólicas. Entretanto, em razão de a água possuir densidade de massa oitenta vezes superior à do ar, as pás marítimas podem ser mais curtas, barateando consideravelmente o custo do sistema (IPCC, 2012, p. 506).

Outra diferença na geração de energia pelas correntes das marés, em relação à eólica, está no fato de o movimento das correntes ser invertido a cada período (aproximadamente de seis em seis horas), ocorrendo, assim, quatro vezes ao dia. Dessa forma, as pás são construídas para girar nos dois sentidos (horário e anti-horário), fazendo a turbina inverter o seu sentido de rotação a cada mudança de maré. Essas turbinas são instaladas no fundo do mar, por meio de hastes verticais, sendo que suas pás são acionadas pelo movimento horizontal do fluxo das preamares e baixa-mares (LEITE NETTO *et al.*, 2011).

4.4.3 Energia das correntes oceânicas

As correntes oceânicas são movimentos de massas de água que atravessam grandes extensões dos mares e oceanos. Essas correntes têm características tais que influenciam o clima das regiões por onde passam. Normalmente, mas com algumas exceções, possuem direções definidas, ou seja, são estudadas e conhecidas pelo homem (IPCC, 2012, p. 506). São correntes oceânicas conhecidas, entre outras: a do Golfo do México (passa pela Costa Leste dos Estados Unidos e segue para Europa), a do Brasil, a de Humbolt, (oceano pacífico – efeito *El Niño*), a de Bengala (Oceano Índico), a das Malvinas, entre outras.

O processo de obtenção de energia das correntes oceânicas é o mesmo das correntes das marés. As principais diferenças são: as correntes de maré ocorrem em razão do movimento das marés (preamares e baixa-mares), já as correntes oceânicas são geradas pela rotação da Terra e pelos ventos. As correntes de marés ocorrem nas regiões costeiras, enquanto as correntes oceânicas atravessam os mares e oceanos.

A desvantagem da corrente oceânica em relação à corrente de maré está no gasto com as estruturas para geração de energia. Nas últimas, as estruturas são menores (em razão da pouca profundidade) e são instaladas perto da costa, enquanto nas primeiras, necessitam maiores extensões para atingir grandes profundidades nas regiões oceânicas.

4.4.4 Energia térmica marinha

O desenvolvimento da energia térmica marinha já acontece há anos. Notícias desde 1976 já demonstravam que vários países, inclusive o Brasil, investiam nesse recurso natural (BRIN, 1981, p. 99):

> The development of the thermal energy of the oceans is, at the present time, entering an active phase. Grants provides in the USA for studies of ocean thermal energy have increased from $7 million in 1976 to $35 million in 1980. An experimental station for heat exchanger components at a 1MW scale is operating at Argonne Laboratory near Chicago. [...]
> Japan is also studying the possibility of building a small power station of under 1 MW. Brazil envisages the production of ice and marine culture by using the upwelling cold waters at Cabo-Frio on the easterly point of this country.
> In France CNEXO is studying a power station of several megawatts which will be established either in Polynesia or in the French Antilles. The studies cover both a floating plant with a closed cycle. The cost price per kilowatt hour for a land based plant, adapted to modest requirements, would be 12 cents. The Eurocean group is, for its part, studying an OTEC project with an objective of 100 MW.[4]

O relatório do IPCC (2012, p. 507) noticia que cerca de 15% da entrada solar no oceano é convertida em energia térmica. Sua absorção

---

[4] "O desenvolvimento da energia térmica dos oceanos está, no momento, entrando em uma fase ativa. O grande investimento dos EUA para estudos de energia térmica oceânica aumentou de US$7 milhões em 1976 para US$35 milhões em 1980. Uma estação experimental para componentes do permutador de calor em uma escala de 1MW está operando no laboratório Argonne perto de Chicago. [...] O Japão também está estudando a possibilidade de construir uma pequena estação de energia com menos de 1 MW. O Brasil prevê a produção de gelo e cultura marinha usando as águas frias de surgimento em Cabo Frio, no leste do país. Na França, a CNEXO estuda uma estação de energia de vários megawatts que será estabelecida na Polinésia ou nas Antilhas francesas. Os estudos cobrem também uma estação flutuante com um ciclo fechado. O preço de custo por quilowatt-hora para uma estação terrestre, adaptado a requisitos modestos, seria de 12 centavos. O grupo Eurocean está, por sua vez, estudando um projeto OTEC com um objetivo de 100 MW" (tradução livre da autora).

é concentrada nas camadas superiores, declinando exponencialmente devido à baixa condutividade térmica da água do mar. Afirma o documento que a temperatura da superfície do mar pode exceder 25°C nas latitudes tropicais, enquanto, a 1 km abaixo da linha d'água, encontra-se entre 5°C e 10°C. Para operar uma usina de energia térmica é necessário que haja uma diferença de temperatura mínima de 20°C.

Muitos países do Caribe, ilhas do Oceano Pacífico, as costas oeste e sudeste das Américas, além das costas da África e Índia possuem essa característica que lhes proporcionam a possibilidade de exploração dessa proeminente fonte de energia.

4.4.5 Energia da graduação de salinidade

Essa inusitada fonte de energia acontece pelo encontro da água doce com a água do mar, produzindo calor e, assim, aproveitando o potencial químico proveniente desse encontro.

A Statkraf foi a primeira empresa do mundo a usar essa técnica, tornando a produção de energia a partir da diferença dos graus de salinidade uma realidade. Confirmando o talento tecnológico norueguês, a Statkraft construiu, em 2009, a primeira usina osmótica para a captação de energia da graduação de salinidade nas proximidades de Oslo, Noruega.

Essa tecnologia, bem desenvolvida, poderia ser aproveitada onde quer que exista um suprimento de água doce e salgada suficientes para o processo, o que ocorre na foz dos rios, ou no encontro destes com o mar.

5 Águas de ninguém

A relação do ser humano com o mar é ancestral. Entretanto, nos últimos anos, percebeu-se que a humanidade, em algum momento de sua história, deixou de lado quase todas as possibilidades por ele oferecidas.

O mundo encontra-se "de costas para o mar". Essa conclusão, verbalizada por algumas autoridades, foi tema de uma entrevista dada pelo explorador e expedicionário oceânico brasileiro Amyr Klink[5] (CALIXTO, 2013): "Acho que houve um momento da nossa história que a gente esqueceu do mar".

De qualquer forma, apesar de negligenciados, os oceanos sempre se apresentarão como uma grande oportunidade de recomeço para os seres humanos. Isso representa um retorno ao passado, quando o homem se lançou ao mar para novas conquistas num ambiente conturbado e sem muitas regras definidas. Dessa vez, entretanto, não ingressa num universo desconhecido, pois o ambiente marinho, após longo processo, foi regulamentado pela Convenção das Nações Unidas sobre o Direito do Mar.

Não obstante a importância de tentativas predecessoras à positivação do direito do mar pela ONU desde 1958, apenas em Montego Bay, Jamaica, oficializaram-se definitivamente os conceitos herdados do direito marítimo internacional, este formado basicamente pela tradição e pelo direito costumeiro. Desse modo, foram definidos internacionalmente, entre outros, os conceitos de mar territorial, zona econômica exclusiva e plataforma continental, dando aos Estados a dimensão exata de suas atuações e direitos sobre essas áreas.

A Convenção de Montego Bay, além da delimitação dos mares e oceanos, estabeleceu princípios gerais de exploração e explotação dos recursos naturais no mar, que definiu como "os recursos vivos encontrados nas águas, os do solo e os do subsolo marinhos".

Nesse contexto, o alto-mar foi delimitado pela Convenção pelo método de exclusão, ou seja, diz-se o que não é para se chegar à conclusão que todo o resto é. Portanto, para efeitos da CNUDM, o alto-mar é constituído

---

[5] Amyr Klink, expedicionário brasileiro, possui vasta experiência com o ambiente marinho. Sua primeira façanha foi a travessia do Atlântico Sul num barco a remo em 1984 (KLINK, 2018).

por todas as partes do mar não incluídas na zona econômica exclusiva, no mar territorial ou nas águas interiores de um Estado, tampouco nas águas arquipelágicas de um Estado arquipélago (UN, [s.d.]).

A CNUDM proíbe expressamente aos Estados evocarem para si a soberania de qualquer parte do alto-mar. Portanto, o alto-mar é de todos; é patrimônio da humanidade. Todos são responsáveis por ele e dele devem cuidar para que seus recursos estejam disponíveis também às gerações futuras.

Qualquer Estado, litorâneo ou não, pode exercer certos direitos em alto-mar. *Inter alia*, são direitos dos Estados em alto-mar: liberdade de navegação, de sobrevoo, de construção de ilhas e outras instalações, de colocação de cabos e dutos submarinos, de pesca e de investigação científica, devendo todos esses direitos ser exercidos com fins pacíficos.

Não obstante os esforços já empreendidos por alguns Estados, empresas e organizações não governamentais – ONGs – para a proteção do meio ambiente em alto-mar, isso ainda representa muito pouco ante tão grande desafio. Por isso, muitos se sentem "à vontade" para realizar atividades em alto-mar que não seriam permitidas em outra parte dos oceanos, como exemplo, o derramamento da água de lastro[6] dos navios mercantes. Esse tem demonstrado ser um grande problema de contaminação do meio ambiente marinho, assunto que motivou a IMO a aprovar a Convenção Internacional para o Controle e Gerenciamento da Água de Lastro e Sedimentos dos Navios – Convenção BWM (BRASIL, SEC-IMO, 2018) que entrou em vigor em dezembro de 2017.

---

[6] O art. 1º, inc. 2º, da própria Convenção apresenta a definição da água de lastro: "'Água de Lastro' significa água com suas partículas suspensas levada a bordo de um navio para controlar trim, adernamento, calado, estabilidade ou esforços estruturais do navio", ou seja, resumidamente, é através da água coletada para dentro dos tanques da embarcação que o navio mantém o seu equilíbrio.

Notadamente, outra grande ameaça ao meio ambiente em alto-mar é o alijamento[7] de lixo que, desafortunadamente, também provém dos navios que cruzam os oceanos, configurando uma afronta às legislações nacionais e internacionais já estatuídas, assim como a *London Convention* de 1972.[8] Parece já não ser suficiente a problemática tão bem conhecida referente aos detritos lançados ao mar, cujo exemplo maior é a Ilha de Lixo do Pacífico, como discorre Carla Liguori (2017, p. 28-29):

> Dados oficiais das Nações Unidas lançados no último Fórum Econômico Mundial em fevereiro de 2017 revelam que o plástico representa 80% da poluição dos oceanos, com lançamento de 8 milhões de toneladas ao ano e prejuízos de aproximadamente U$8 bilhões ao meio ambiente marinho. [...]
> O acúmulo do lixo visto é atribuído às correntes marinhas, as quais levam os resíduos que são lançados ao mar a áreas de encontro de águas, em um movimento giratório, onde ali permanecem por décadas em círculos até se decomporem em partículas menores, alcançarem o fundo do oceano ou mesmo retornarem à costa. [...]
> A situação é tão grave que já existe uma empresa europeia com projeto de criação de uma ilha artificial construída com os resíduos da ilha do Oceano Pacífico, com capacidade para moradia de 500 mil habitantes, [...].

A autora destaca que o lixo que compõe a ilha é proveniente da má gestão dos detritos do continente, que, sendo lançados ao mar e impulsionados pelas correntes marinhas, ultrapassam a ZEE do Estado costeiro, alcançando o alto-mar. Essa poluição silenciosa fomenta a reflexão sobre o resguardo do alto-mar, induzindo ao questionamento quanto à sua efetiva propriedade. Afinal, seria o alto-mar realmente patrimônio de toda a humanidade ou "águas de ninguém"?

---

[7] Apesar de a legislação pertinente definir alijamento como "o ato deliberado de lançar n'água, no todo ou em parte, carga ou outros bens existentes a bordo, com a finalidade de salvar a embarcação, parte da carga ou outros bens" (BRASIL, DPC, 2018), seguindo a linha da IMO, pode-se conceituar alijamento ainda como o lançamento n'água de qualquer coisa de bordo, desde que de forma deliberada, mesmo que não tenha por finalidade salvaguardar a embarcação.

[8] A *London Convention*, ou *Convention on the Prevention of Marine Pollution by Dumping of Wastes and Other Matter*, publicada pela IMO em 1972, entrou em vigor em 1975 como uma das primeiras convenções globais a proteger o meio marinho das ações antrópicas.

O art. 156 da CNUDM cria a *International Seabed Authorithy* – ISA,[9] uma entidade que exerce a tutela e trabalha como guardiã dos recursos da área, ou fundos marinhos, definindo a possibilidade de exploração e destinação desses recursos. Essa instituição, estabelecida na Jamaica, possui órgãos e é regida por uma assembleia, composta por todos os membros da autoridade, que se reúne anualmente, de forma ordinária, na sua sede.

Parece que a *International Seabed Authority* seria a herdeira natural para a função de tutelar o alto-mar, principalmente, porque, além de possuir a estrutura e as qualificações necessárias, essa instituição é a responsável por zelar pela área, espaço confinante às águas marinhas internacionais.

Velando pelo ecossistema da área, a ISA, espontaneamente, poderia agregar o meio ambiente do alto-mar aos seus cuidados. Os órgãos que corroboram o sucesso da ISA (assembleia, conselho, secretariado e empresa) estão aptos a incorporar aos seus encargos as questões já existentes e que possam vir a existir quanto ao alto-mar, desde que realizadas as necessárias adaptações, mediante emenda na CNUDM quanto às suas atribuições.

6 Considerações finais

A necessidade iminente de produção de energia limpa e acessível, um dos dezessete objetivos sugeridos pela Organização das Nações Unidas – ONU – para o desenvolvimento sustentável capaz de transformar o nosso mundo, tem direcionado para o alto-mar a possibilidade de captação dessas energias.

---

[9] Alguns autores referem-se à *International Seabed Authority* pelo acrônimo ISBA. Compreende-se que tal equívoco se deva à possibilidade de se escrever a expressão inglesa *seabed* de forma separada, *sea bed*, a qual não existe na linguagem culta. Assim, tal prática não é abraçada pela comunidade internacional, tampouco pelo próprio órgão, sendo a *International Seabed Authority* internacionalmente conhecida como ISA.

A CNUDM, ao designar o alto-mar como as águas sobrejacentes aos fundos marinhos, permaneceu silente quanto à sua proteção e administração, em um estranho contrassenso com o cuidado cedido em favor da área, espaço marinho vizinho, já que ambos são patrimônio de toda a humanidade. Isso tem dado oportunidade para que, desprotegido, o alto-mar sofra, a cada dia mais, os malefícios das ações antrópicas, demonstrados pelo alijamento de lixo e água de lastro nas águas marinhas, prejudicando demasiadamente seu ecossistema.

O processo de captação de energias marinhas, apesar de ainda se encontrar em fase de desenvolvimento nas Zonas Econômicas Exclusivas dos Estados, logo será transferido para o alto-mar, principalmente, pelos Estados não contemplados com costa marinha, já que estes possuem previsão legal dada pela CNUDM para desenvolver estudos naquele espaço.

Notícias já são veiculadas quanto à construção, por um consórcio de seis empresas holandesas, da primeira usina flutuante de energia solar que será instalada em mar aberto, cerca de 8 milhas náuticas do litoral de Scheveningen, em Haia (PRIMEIRA..., 2018). Trata-se de uma tecnologia já consolidada *onshore* que será potencializada no ambiente marinho. No Brasil, já se desenvolve esse método de produção de energia, tendo sido o primeiro instalado no reservatório de Sobradinho, na Bahia (BRASIL..., 2019).

Uma vez que a *International Seabed Authority* já tem por atribuição zelar pela área, o que faz com excelência, bastaria à Assembleia da Organização das Nações Unidas promover um processo de alargamento da jurisdição da ISA, adequando seus órgãos ou criando novos para capacitar esta instituição ímpar à nova jurisdição que lhe seria apresentada.

Referências

ABAD CASTELOS, Montserrat. *Las energías renovables marinas y la riqueza potencial de los océanos. ¿Um mar de dudas o um mar de oportunidades?*. España: Bosch, 2013.

ARROYO MARTÍNEZ, Ignacio. *Curso de derecho marítimo (Ley 14/2014 de Navegación Marítima)*. 3. ed. España: Thomson Reuters, 2015.

BRASIL ganha primeira usina solar flutuante no reservatório de Sobradinho (BA). *Portal Solar*, ago. 2019. Disponível em: https://www.portalsolar.com.br/blog-solar/energia-solar/brasil-ganha-primeira-usina-solar-flutuante-no-reservatorio-de-sobradinho-ba.html. Acesso em: 2 dez 2019.

BRASIL. DPC – Diretoria de Portos e Costas. *Normam 09*. Normas da Autoridade Marítima para Inquéritos Administrativos sobre Acidentes e Fatos da Navegação (IAFN) e para a Investigação de Segurança dos Acidentes e Incidentes Marítimos (ISAIM). Disponível em: https://www.dpc.mar.mil.br/sites/default/files/normam09.pdf. Acesso em: 18 jul. 2018.

BRASIL. SEC-IMO. CCA-IMO. *Convenção Internacional para Controle e Gerenciamento da Água de Lastro e Sedimentos de Navios*, 2004. Disponível em: https://www.ccaimo.mar.mil.br/sites/default/files/convencao_bwm.pdf. Acesso em: 18 jul. 2018.

BRIN, André, DSc. *Energy and the oceans*. England: Westbury House, 1981.

BRUNDTLAND, Gro Harlem. *Report of the World Commission on Environment and Development: our common future*. Oslo: United Nations, 1987. Disponível em: http://www.un-documents.net/our-common-future.pdf. Acesso em: 1º jul. 2017.

CALIXTO, Bruno. Amyr Klink: "O Brasil esqueceu do mar". *Revista Época*, 24 jun. 2013. Disponível em: http://epoca.globo.com/colunas-e-blogs/blog-do-planeta/noticia/2013/06/amyr-klink-o-brasil-esqueceu-do-mar.html. Acesso em: 18 fev. 2018.

CANADÁ deixará de utilizar carvão para eletricidade em 2030. *Exame Mundo*, 21 nov. 2016. Disponível em: https://exame.abril.com.br/mundo/canada-deixara-de-utilizar-carvao-para-eletricidade-em-2030/. Acesso em: 18 fev. 2018.

CINÉTICA. *Dicionário Aurélio de Português Online*, 2018. Disponível em: https://dicionariodoaurelio.com/cinetica. Acesso em: 19 fev. 2018.

ENERGIA geotérmica. *Energias Renováveis*, 2018. Disponível em: https://energiasalternativas.webnode.com.pt/energias-renovaveis/energia-geotermica/. Acesso em: 19 fev. 2018.

GARCIA, Camila Martins. *Transesterificação de óleos vegetais*. 2006. Dissertação (Mestrado) – Instituto de Química, Universidade Estadual de Campinas, Campinas, 2006.

GRANZIERA, Maria Luiza Machado. *Direito ambiental*. 3. ed. rev. e atual. São Paulo: Atlas, 2014.

IPCC. *Renewable Energy Sources and Climate Change Mitigation Special Report of the Intergovernmental Panel on Climate Change*. United Kingdom and United States: Cambridge University Press, 2012.

KHUMALO, Sibongile. Carvão permanece importante fonte de energia no mundo em desenvolvimento. *Veja*, 6 maio 2016. Disponível em: https://veja.abril.com.br/ciencia/carvao-permanece-importante-fonte-de-energia-no-mundo-em-desenvolvimento/.

KLINK, Amyr. *Biografia*. Disponível em: http://www.amyrklink.com.br/pt/biografia/. Acesso em: 18 fev. 2018.

LEITE NETTO, Pedro Bezerra; SAAVEDRA, Osvaldo Ronald; CAMELO, Nelson José; RIBEIRO, Luiz A. de Souza; FERREIRA, Rafael M. Exploração de energia maremotriz para geração de eletricidade: aspectos básicos e principais tendências. *Ingeniare – Revista Chilena de Ingeniería*, Arica, v. 19, n. 2, ago. 2011. Disponível em: https://scielo.conicyt.cl/scielo.php?script=sci_arttext&pid=S0718-33052011000200007. Acesso em: 19 fev. 2018.

LIGUORI, Carla. *Ilha de lixo*. A proteção ambiental das águas oceânicas. Belo Horizonte: Arraes, 2017.

ONUBR. Nações Unidas no Brasil. *17 Objetivos para transformar nosso mundo*. Disponível em: https://nacoesunidas.org/pos2015/ods7/. Acesso em: 17 fev. 2018.

PIMENTA, Matusalém. *Praticagem, meio ambiente e sinistralidade*. Rio de Janeiro: Lumen Juris, 2017.

PRIMEIRA usina flutuante de energia solar começa a ser construída na Holanda. *Portal Solar*, fev. 2018. Disponível em: https://www.portalsolar.com.br/blog-solar/energia-solar/primeira-usina-flutuante-de-energia-solar-comeca-a-ser-construida-na-holanda.html. Acesso em: 2 dez. 2019.

REIS, Pedro. Energias renováveis. O maior parque eólico offshore do mundo. *Portal Energia*, 29, nov. 2015. Disponível em: https://www.portal-energia.com/o-maior-parque-eolico-offshore-do-mundo/. Acesso em: 19 fev. 2018.

SOARES, Guido. *Direito internacional do meio ambiente*: emergência, obrigações e responsabilidades. 2. ed. São Paulo: Atlas, 2003.

UN. *United Nations Convention on the Law of the Sea*. [s.d.]. Disponível em: http://www.un.org/depts/los/convention_agreements/texts/unclos/unclos_e.pdf. Acesso em: 25 mar. 2017.

VANTAGENS e desvantagens da energia geotérmica. *Energia Solar*, 2018. Disponível em: https://pt.solar-energia.net/energia-renovavel/energia-geotermica/vantagens-inconvenientes. Acesso em: 19 fev. 2018.

VAUGHAN, Adam. World's first floating windfarm to take shape off coast of Scotland. *The Guardian*, 27 jun. 2017. Disponível em: https://www.theguardian.com/business/2017/jun/27/hywind-project-scotland-worlds-first-floating-windfarm-norway#img-1. Acesso em: 19 fev. 2018.

YERGIN, Daniel. *A busca*: energia, segurança e a reconstrução do mundo moderno. Tradução de Ana Beatriz Rodrigues. Rio de Janeiro: Intrínseca, 2014.

Informação bibliográfica deste texto, conforme a NBR 6023:2018 da Associação Brasileira de Normas Técnicas (ABNT):

PIMENTA, Carmen Lucia Sarmento. Energias azuis e a proteção do alto-mar. *In*: LEWANDOWSKI, Enrique Ricardo (Coord.). *Direito Marítimo*: estudos em homenagem aos 500 anos da circum-navegação de Fernão de Magalhães. Belo Horizonte: Fórum, 2021. p. 141-164. ISBN 978-65-5518-105-0.

A "SEGURANÇA NO MAR" E A CIBERSEGURANÇA MARÍTIMA NO QUADRO JURÍDICO PORTUGUÊS

DUARTE LYNCE DE FARIA

I   Introdução[1]

Quando em julho de 2017, a maior empresa armadora mundial no transporte de contentores (a dinamarquesa Maersk) sofreu um ciberataque que paralisou totalmente os seus sistemas de tecnologias de informação (TI) durante várias semanas, o setor marítimo-portuário "acordou" para o enorme impacto desta nova ameaça.

Os danos cifraram-se entre 250 a 300 milhões de dólares[2] e implicaram a reinstalação de 45.000 estações de trabalho e de 4.000 servidores

---

[1] Este artigo estava próximo da sua conclusão quando eclodiu a pandemia do Covid-19. Para além de obrigar a (re)pensar o mundo global – com os seus pontos fortes e fraquezas, as suas oportunidades e ameaças (numa verdadeira análise SWOT) – é importante mencionar que a "infeciologia" pode, também, ultrapassar, em muito, o domínio da saúde. O exemplo da virulência dos diversos *malwares* no nível de todos os sistemas ligados à rede pode igualmente, em períodos de crise como o que se atravessa, limitar drasticamente a resposta dos equipamentos de saúde e da proteção civil que exigem a adoção de respostas pré-planeadas associadas a diversos sistemas. Por isso, há que planear, igualmente, a adoção de medidas alternativas, ainda que com uma eficácia menor, mas com maior resiliência à fragilidade que alguns sistemas ainda apresentam, particularmente, nestes períodos de maior perigo para a humanidade. Entretanto, a 10 de abril, em plena pandemia, a MSC – o 2º maior armador mundial de carga contentorizada – foi também alvo de um ataque cibernético de *malware*. Assim, os três maiores armadores mundiais de contentores foram alvo de ataques cibernéticos nos últimos três anos. Para além do ataque à Maersk que a seguir se descreve, regista-se que a Cosco foi atingida, em 2018, por *malware* num ataque iniciado na costa oeste dos EUA.

[2] De custos diretos. Segundo estimativas mais recentes, os custos totais poderão ter chegado a 600 M€. Vale a pena perspectivar as ameaças à cibersegurança em 2020. Num recente artigo de título 2020 VISION: Check Point's

em todo o mundo e o responsável foi identificado como o *ransomware* NotPetya. De resto, este *malware* já tinha atacado a empresa holandesa TNT Express, em junho de 2017, conforme reconhecido pela FedEx (NYSE: FDX).[3]

Na verdade, estando os navios equipados com novos equipamentos dotados das mais modernas tecnologias para a ponte, para a casa das máquinas e para todo o navio em geral, a ameaça dos ciberataques é mais importante do que nunca, dado que a maioria dos novos sistemas funcionam de forma automática e estão extremamente dependentes das TI e dos fluxos de dados.

Estes são apenas dois exemplos de alvos à mercê de ciberataques. Tal como noutros setores econômicos, o setor marítimo-portuário tende a confiar cada vez mais nas tecnologias e a depender delas, para ser mais competitivo, mais eficiente na gestão dos seus recursos ou para estar em conformidade com *standards* ou políticas.

À escala global, assiste-se a uma cada vez maior integração processual dos atores das cadeias logísticas e, por consequência, dos portos, pela utilização de serviços baseados em sistemas de informação.

A Janela Única Logística (vulgarmente designada por JUL) – desenvolvida pelos portos portugueses e que estabelece a ligação numa plataforma eletrônica por cada porto entre autoridades, agentes de navegação, transitários e operadores portuários, ferroviários, rodoviários e logísticos, garantindo a fluidez do tráfego de mercadorias e da movimentação de

---

cyber-security predictions for the coming year. *Check Point*, 24 out. 2019. Disponível em: https://blog.checkpoint.com/2019/10/24/2020-vision-check-points-cyber-security, o cenário das ameaças relativo à cibersegurança foi assim descrito: "1. A new cyber 'cold war'; 2. Fake news 2.0 at the U.S. 2020 elections; 3. Cyber-attacks on utilities and critical infrastructures will continue to grow; 4. High profile US brands, beware of cyber-attacks targeting high-profile American companies; 5. Increased lobbying to weaken privacy regulations". No que respeita às perspectivas relativas à tecnologia da cibersegurança, são as seguintes as principais ameaças e formas de atuação expectáveis para 2020: "1. Targeted ransomware; 2. Phishing attacks go beyond email; 3. Mobile malware attacks step up; 4. The rise of cyber insurance; 5. More IoT devices, more risks; 6. Data volumes skyrocket with 5G; 7. AI will accelerate security responses".

[3] *Vide* notícia em GALLAGHER, John. *Freight Wave (Revue)*. [s.l.]: [s.n.], 29 mar. 2019.

passageiros sem a produção de documentos em papel – é um bom exemplo deste tipo de sistema e do nível de integração e de otimização que proporciona aos portos e demais plataformas servidas nas cadeias logísticas.

Estes novos avanços tecnológicos tornaram-se um alvo fácil para os criminosos.[4] São vários os desafios de cibersegurança que os portos e as plataformas associadas têm que enfrentar, qualquer que seja o tipo de tecnologia ou sistema de informação usados nas várias atividades portuárias.

As ameaças são várias, vão desde a intercepção de comunicações, bloqueio de serviço, *malware*, roubo de identidade, roubo ou manipulação de dados e fuga de informação, entre outras mais relevantes. Os impactos podem também ser de vária ordem e nefastos, como exemplo, paralisia total das operações, morte ou lesões nas pessoas, rapto, roubo de cargas e perdas financeiras ou de reputação, que urge evitar a todo o custo.

Torna-se crítico impedir a entrada criminosa nos sistemas do navio de pessoas não credenciadas, o que implica um controle efetivo do acesso de um tripulante que utiliza, por exemplo, uma rede livre de *wi-fi* para chamadas telefônicas e mensagens de correio eletrônico (*e-mails*) junto à terra. A vulnerabilidade é o resultado imediato da interconexão quase permanente que hoje em dia um navio moderno possui, o que leva a que, devido à utilização do mesmo equipamento dos sistemas do navio com acessos não autorizados das redes comuns, os sistemas de bordo possam ser facilmente "infetados" e assim comprometidos (por exemplo, a abertura de um *phishing email attachments or hyperlinks* ou de uma notícia dos media previamente "infetada").[5]

---

[4] Uma vez que a introdução de uma tecnologia nova em determinado processo incrementa a possibilidade de falha humana, altera comportamentos e altera o panorama do risco.
[5] *Infected removable media.*

Os impactos deste acesso não credenciado e criminoso podem ser gravíssimos: disrupção da rede, ausência de fluxos de informação entre os sistemas de controle do navio, acesso não autorizado ao controle e aos sistemas TI, alterações não autorizadas dos parâmetros dos sistemas, consequências nefastas no ambiente, na segurança marítima a bordo e nos procedimentos críticos e de emergência do navio, levando a que, se nada for feito atempadamente, um problema de *security* se possa rapidamente transformar num problema de *safety*.[6]

Outro modo de atuação muito em voga consiste na mistificação (*spoofing*) do sinal do GPS[7] através de estações em terra que podem, igualmente, aproveitar os sistemas GPS diferencial em terra (que se servem das plataformas de muitos faróis de navegação) destinados a melhorar a precisão daquele sistema de posicionamento, como foi relatado, em 2018, no Mediterrâneo Oriental, no Mar Negro e no Golfo Pérsico.

Em 2019, foi reportado[8] por diversas entidades e, em particular, pela *U.S. Coast Guard*, uma mistificação "agressiva" do sinal de GPS em 20 zonas costeiras da RP da China, incluindo os portos de Shangai, Fuzhou (Huilutou), Qingdao, Quanzhou (Shiyucun), Dalian, e Tianjin.

---

[6] Alguns autores já citados começam, igualmente, a perspectivar as hipóteses de uma ocorrência de *safety* se transformar num incidente de *security* no setor marítimo. Trata-se, por exemplo, de acontecimentos de mar (encalhe, abalroamento, água aberta etc.) que impliquem que se concretize um conjunto de ameaças sobre os sistemas TI – agora, em funcionamento degradado – impedindo-os de contribuírem para a limitação de avarias a bordo.

[7] O Sistema GPS (*Global Positioning System*) é um sistema de navegação por satélite que se destina a indicar a posição de um receptor móvel a partir da recepção simultânea de três satélites, no mínimo. Estão em funcionamento dois desses sistemas: o GPS norte-americano e o GLONASS russo. No entanto, estão já em lançamento dois outros sistemas: o Galileo da União Europeia e o Compass (ou Beidou-2) chinês. O sistema norte-americano é gerido pelo Governo dos Estados Unidos e começou por ter uso exclusivamente militar (no entanto, manteve-se a precisão do sistema encriptado para uso militar, designadamente, para o auxílio ao guiamento de mísseis de cruzeiro). A sua utilização civil pode rapidamente ser alterada ou mesmo levar ao seu bloqueio em períodos de tensão ou de crise, inclusivamente, dando informações erradas de posicionamento (*spoofing* de fonte interna), tal como pode suceder com o aproveitamento das estações GPS diferencial (que estão aptas, em funcionamento normal, a aumentar a precisão da posição geográfica do receptor) para a introdução de erros no posicionamento do veículo. O *spoofing* (ou mistificação) do GPS consiste, assim, na introdução deliberada de sinais nos receptores móveis por estações alheias e que visa indicar uma posição geográfica errada. Esta utilização na mistificação do sinal GPS coincide, normalmente, com o acesso não autorizado aos sistemas TI que procura esconder a verdadeira identidade do utilizador.

[8] Vide o artigo de GOWARD, Dana A. Patterns of GPS Spoofing at Chinese Ports. *MAREX, Daily Collection of Maritime Press Clippings*, n. 356, p. 31-32, 2019.

A revista *MIT Technology Review*, de novembro de 2019, contempla um artigo sobre este fenómeno, em que o analista Bjorn Bergman avaliou uma quantidade substancial de informação constante de AIS (*Automatic Identification System*) de navios. Nessa análise, identificou, pelo menos, 20 locais próximos da costa chinesa em que a mistificação ocorreu em moldes idênticos durante o ano de 2019, em que 14 deles eram terminais petrolíferos. Também a organização C4ADS (*Center for Advanced Defense Studies*), com sede em Washington D.C., veio a constatar que a mistificação do sinal se mantinha durante algum tempo naquelas mesmas zonas.[9]

Estas ocorrências foram mais persistentes no porto de Dalian, no norte da China, junto à Coreia do Norte, podendo suspeitar-se que, dado o momento escolhido – em que vigoravam as sanções norte-americanas que proibiam a compra de petróleo iraniano – e a constatação, por terceiros, da recepção daquele produto na China, se terá tratado de uma operação para evitar a localização exata dos navios envolvidos na transferência do produto. Noutros casos, a mistificação do sinal de GPS poderá, igualmente, estar relacionado com importantes visitas oficiais, um recurso, também, utilizado pela Rússia na proteção (i.e., no encobrimento) de visitas de VIP oficiais.

Este tipo de mistificação "em massa" é mais fácil de detectar nas áreas costeiras, onde existe uma ampla disponibilidade de dados AIS por via terrestre ou satélite, podendo ter como causa a mistificação de um sinal satélite e de um outro tipo associado a uma estação ou a um dispositivo em terra.[10]

---

[9] A C4ADS é uma organização privada sem fins lucrativos que tem como objetivo a análise e relato de dados num panorama de conflito ou de questões de *security* transnacional.

[10] *Vide* o relato da U.S. Coast Guard das situações relativas à mistificação do sinal de GPS (US COAST GUARD. *Cyber report*. Disponível em: https://navcen.uscg.gov/?Do=GPSReportStatus). *Vide* igualmente o artigo da autoria de THE AMERICAN CLUB. *Mass Global Positioning System (GPS) spoofing at ports in The People's Republic of China in Daily Collection of Maritime Press Clipping 2010-002*. [s.l.]: [s.n.], [s.d.]. p. 25.

Recuando algumas décadas, a mistificação dos sinais eletrônicos é algo que remonta ao tempo da Guerra Fria, juntamente com as medidas de empastelamento e contraempastelamento (*jamming* e *anti-jamming*, respetivamente, e medidas ECM e ECCM, *Electronic Countermeasures* e *Electronic Counter Countermeasures*, respetivamente). Assim, a transmissão de ecorradar falso para induzir em erro o opositor na sua consola radar era classificada como *deception jamming* (i.e., mistificação por empastelamento).[11]

Quando o sistema GPS entrou em produção, foi de fácil percepção que o seu código era vulnerável à mistificação, pois se tratava de um código aberto,[12] reproduzível por qualquer pessoa, através de um simulador (i.e., o mistificador do sinal GPS). Naturalmente que foi esta a razão para o sistema GPS transmitir, igualmente, um sinal militar encriptado (o chamado "P(Y)-code"), para além de permitir uma precisão muito superior na condução de operações militares, particularmente, no guiamento de armas.

Contudo, como o sistema GPS passou a ter uma utilização universal civil, a maioria dos receptores não têm capacidade para receber sinais codificados e o desenvolvimento de codificação para efeitos civis não é de fácil harmonização e de decisão pelos responsáveis pela gestão do sistema. Relembre-se, no entanto, que existem atualmente infraestruturas críticas vulneráveis e que deverão merecer uma atenção especial quanto à recepção de sinais de GPS, particularmente, no que respeita aos veículos que as frequentam diariamente.[13]

---

[11] *Vide* POOFING in the black sea what really happened. *GPS World*. Disponível em: https://www.gpsworld.com/spoofing-in-the-black-sea-what-really-happened/. Sucede, porém, que o que era restrito ao campo militar – elenco das ameaças, planos de contingência, detecção atempada e anulação/limitação dos danos – é hoje partilhado por toda a sociedade e, por isso, há que encarar uma nova realidade, sobretudo, no âmbito das chamadas *soft kills*, i.e., o uso de equipamentos e sistemas que neutralizem as ameaças sem as destruírem fisicamente através, designadamente, da sua disrupção, e que deverão ser utilizados também fora do campo estritamente militar.

[12] *Vide* KAPLAN, Elliott D.; HEGARTY, Christopher J. *Understanding GPS principles and applications*. 2. ed. Boston-London, Norwood, MA, USA: Artech House, 2006.

[13] Para mitigar esta situação, a União Europeia, no âmbito do sistema Galileo, irá disponibilizar um conjunto de serviços adicionais, designado *Public Regulated Services* (PRS), que visa fornecer, a entidades estatais e

Sucede que o crescimento exponencial no mercado de determinados transmissores específicos (apelidados de SDR – *Low Cost Software – Defined Radio*) tornou o *spoofing* disponível para qualquer pessoa que pode simular a transmissão de satélite nas mesmíssimas frequências e características de sinal. A época em que as frequências de comunicação com os satélites só estavam disponíveis nos meios militares acabou há muito, e até já existem instruções na internet de como proceder para mistificar os sinais radio de controle dos *drones*...

Estas novas ameaças vieram, claramente, exigir uma reflexão sobre como se deverá abordar a "segurança no mar", pois, por um lado, as tradicionais divisões entre *safety* e *security* não se apresentam estanques e são mutuamente influenciáveis e, por outro lado, elas próprias exigem a consagração de uma nova figura a montante que as enquadre e que beneficie, igualmente, do pensamento estratégico (e soberano) de cada Estado no "uso do mar".

Embora o conceito de "segurança no mar" não seja novo, o papel do meio marítimo na segurança dos Estados assume, hoje, uma relevância estratégica que se reforçou a partir do início da presente década, numa visão cada vez mais holística, particularmente, no nível da União Europeia.[14] Na verdade, é "sobre o mar e nos portos" que se materializa

---

fornecedoras de serviços essenciais e de infraestruturas críticas, um sinal de geoposicionamento mais resistente ao *spoofing* e ao *jamming*.

[14] *Vide* PEDRA, José Rodrigues. A União Europeia e a segurança no mar. *In*: CAJARABILLE, V. e outros. *A segurança no mar* – Uma visão holística. Aveiro: Mare Liberum, 2012. p. 143-162. O autor faz uma breve referência ao conceito de "segurança no mar" baseado na obra de Eric Grove, *Maritime strategy and European security* (Londres: Brassey's, 1990), que, com reminiscências da estratégia de dissuasão nuclear do período da Guerra Fria, alude à importância do mar para a segurança europeia. No entanto, é com a apresentação da Estratégia Marítima para o Atlântico em 2011, juntamente com o Livro Verde para a Política Marítima Integrada Europeia e com a Política Marítima Integrada Europeia propriamente dita que renasce esta perspectiva estratégica para o uso do mar. Mais do que o valor de comunicação e transporte, o mar é fonte de recursos essenciais e um meio indispensável para o controle das atividades em terra com a própria projeção de poder e defesa antecipada e "em profundidade" que são essenciais para fazerem valer os interesses europeus. *Vide* PEDRA, José Rodrigues. A União Europeia e a segurança no mar. *In*: CAJARABILLE, V. e outros. *A segurança no mar* – Uma visão holística. Aveiro: Mare Liberum, 2012. p. 149-155. Por outro lado, esta relevância estratégica também emergiu como resultado do impacto que a prospecção e exploração dos recursos marinhos está a assumir progressivamente nas economias dos Estados, confrontados com a crescente escassez e, igualmente, com a limitação do acesso aos recursos terrestres. Esta situação veio a colocar na agenda internacional as disputas dos países nas delimitações

a maioria das trocas comerciais essenciais ao bem-estar das populações, com especial referência para as importações de hidrocarbonetos (ou fontes energéticas, em geral) e como alternativa aos meios terrestres.

É, assim, desejável que o paradigma conceitual seja, progressivamente, alterado e expandido, i.e., por um lado, a tradicional segurança marítima terá de ser robustecida com medidas de proteção contra ataques ilícitos e disruptivos e, por outro, em sede legal, as condutas ditas "desculpáveis" ou "meramente culposas" das tripulações deverão ter, cada vez, menor aplicação tendo em conta a regulamentação existente – em que se incluem os códigos de boas práticas – e as graves consequências que podem daí decorrer. As citadas medidas assumem uma natureza cautelar ou preventiva, mas, igualmente, características reativas, quer na limitação do dano quer na adoção de procedimentos alternativos previstos em planos de contingência.

Esta abordagem terá, necessariamente, consequências em relação à caracterização da reação e ao combate dos sinistros marítimos graves (como exemplo, os derrames de hidrocarbonetos nos espaços de jurisdição de um Estado) que se consideram fortes componentes de *security* desde a sua origem, i.e., considerando "dolosa" (e não "meramente culposa") a conduta da tripulação que viole as regras da segurança marítima tendo como consequência a criação de um "perigo" ou de um "dano", qualificados juridicamente como "graves".

Parece assim que, ao alargarem-se as condutas "dolosas" do agente (e ao reduzirem-se as "meramente culposas" que, em tempos, exoneravam ou limitavam a responsabilidade dos agentes e das companhias), poderá estar traçado o caminho para que a maioria dos grandes sinistros

---

dos fundos marinhos contíguos e as candidaturas às extensões das plataformas continentais. Entre todos, *vide* DUARTE, António Rebelo. Políticas e estratégias marítimas da Europa e de Portugal. *Cadernos Navais*, n. 48, abr./jun. 2018. Disponível em: www.marinha.pt.

marítimos, como exemplo, os derrames de hidrocarbonetos dos navios, seja considerada, essencialmente e desde a sua origem, no âmbito da *security* e, consequentemente, como um papel acrescido de regulação no âmbito da soberania dos próprios Estados.[15]

II A influência da segurança nacional e de uma estratégia setorial no conceito de "segurança no mar"

A palavra "segurança" apresenta inúmeros significados, embora com um sentido comum, quer no âmbito da atividade em si mesma, quer no que respeita ao resultado: *o de proteção (ou garantia) de certo direito ou bem ante os riscos ou obstáculos que sobre eles impendem*. Tal significa que, não havendo obstáculos ao seu exercício, é desnecessária a adoção de meios suplementares garantísticos.[16]

Diversas classificações de segurança podem, igualmente, emergir em função de diferentes critérios, designadamente, o sujeito protegido

---

[15] Cabe, neste ponto, invocar uma matéria que iniciou, igualmente, a sua doutrina no direito penal e que, posteriormente, saltou para o domínio do direito internacional. Tratava-se, então, no âmbito criminal, de legitimar, por exemplo, a ação de um deficiente grave motor (i.e., paraplégico) quando conhecia, com quase absoluta certeza, que alguém o viria assassinar no local onde se encontrava sozinho e sem acesso a quaisquer contatos. E, perguntava-se, se seria legítimo a putativa vítima neutralizar o agente, alvejando-o antecipadamente antes de entrar no local em que se encontrava (por exemplo, por uma janela). Este exemplo veio a consubstanciar a diferença, em direito internacional, entre o ataque "preventivo" e o ataque "preemptivo", legitimando-se, neste último caso, a intervenção antecipada ante a intenção (e prova) de um ataque iminente. Assim, o ataque "preventivo" foi perdendo legitimidade jurídica, dada a sua arbitrariedade, e colocado ao serviço de um "direito da força" de escrutínio impossível, visando, apenas, prosseguir uma estratégia para evitar alterações no equilíbrio de poder que pudessem favorecer o adversário. Relembre-se que, de acordo com o art. 51º da Carta das Nações Unidas, o "direito de legítima defesa" só é reconhecido no caso de ataque armado e, com aquela extensão, procurou-se abranger a intenção de "ataque armado". Ora, no caso vertente, o "ataque iminente" (ou dito de outra forma, a "ameaça real") existe a partir do momento em que os sistemas de TI do navio se ligam ao exterior e, dessa forma, caberá ao Estado de bandeira atualizar aos seus regulamentos e procedimentos para que tenha em conta a "preemptividade" do exercício do navio e da companhia. *Vide, inter alia*, SANTOS, Sofia. Defesa preemptiva e defesa preventiva. In: GOUVEIA, Jorge Bacelar; SANTOS, Sofia (Coord.). *Enciclopédia de direito e segurança*. Coimbra: Almedina, 2015. p. 102-105.

[16] *Vide* GOUVEIA, Jorge Bacelar. *Direito da segurança cidadania, soberania e cosmopolitismo*. Coimbra: Almedina, 2018. p. 89 e ss. Com esta obra, iniciou-se a conceptualização de um novo ramo do direito: o direito da segurança, emergindo a fundamentação dogmática deste novo ramo e a análise das entidades estatais e internacionais de segurança. Define-se o direito da segurança como o "sistema de normas e princípios jurídicos que definem a organização e o funcionamento das estruturas de segurança, estabelecendo os seus poderes e limites, com vista à proteção dos direitos e bens jurídicos fundamentais dos cidadãos e das comunidades políticas" (p. 119). Esta obra é essencial para o enquadramento do atual tema, tanto mais que procuraremos, no futuro, "largar as amarras", sejam elas "lançantes, regeiras, contra-regeiras ou traveses" do "novo" direito da segurança marítima já que nos parece, igualmente, o momento de lhe "conceder" autonomia, em confronto com o direito do mar e com o direito marítimo.

(ou entidades destinatárias), os bens ou matérias a proteger, o âmbito territorial de intervenção, as estruturas que a asseguram e a intensidade da perturbação realizada (i.e., o efeito das ameaças, riscos e perigos sobre os citados bens ou direitos).[17]

Para além destes critérios, a figura da "segurança" assume, igualmente, diversas outras formas em função do seu objeto específico,[18] entre as quais se contam a segurança energética, a segurança no mar, a segurança marítima, a segurança aérea e a própria segurança nos transportes. Neste pequeno elenco, trata-se de delimitar a segurança em função, igualmente, da atividade realizada que, em alguns casos, envolve segmentos de transporte diversos (terrestre, fluvial, marítimo e aéreo) e, noutros, em determinados equipamentos essenciais e nas redes que os interligam (segurança energética e cibersegurança, por exemplo).

A atividade de segurança que se projeta no âmbito territorial de atuação dos meios em determinado Estado deve obedecer a uma dimensão espacial e material a montante que se designa por "segurança nacional" (a par da segurança, local, regional, internacional e global).

Constata-se assim que, na atualidade, a "segurança nacional" "deixou de ser apenas uma segurança contra atos criminosos para igualmente acolher a prevenção e solução dos riscos naturais, no âmbito da proteção civil, avultando a segurança na sua aceção de *safety*", sem, contudo, se descurar a sua "dimensão supraestadual, em consonância com a magnitude dos riscos de ataques terroristas que deixaram de ser nacionais, localizados, públicos e com armas convencionais, assim se revigorando

---

[17] GOUVEIA, Jorge Bacelar. *Direito da segurança cidadania, soberania e cosmopolitismo*. Coimbra: Almedina, 2018. p. 90-91.

[18] O direito marítimo trata de um objeto específico (a atividade do transporte marítimo) no âmbito do direito comercial, de âmbito mais geral e que, nem por isso, desmereceu a sua classificação como ramo do direito. *Vide*, igualmente, GOUVEIA, Jorge Bacelar. *Direito da segurança cidadania, soberania e cosmopolitismo*. Coimbra: Almedina, 2018. p. 93-96.

a segurança na sua aceção de *security*".[19] No âmbito expresso, a "segurança nacional" respeita a uma visão associada à defesa nacional e que, naturalmente, interage com opções políticas e estratégicas a montante da própria "segurança no mar".

O conceito de "segurança nacional"[20] dá corpo a uma estratégia do próprio Estado, tradicionalmente centrada nas ameaças militares à sua fronteira ou a outras ameaças não convencionais, como as alterações climáticas e as crises econômicas e financeiras mundiais, incluindo as de natureza híbrida as quais, no domínio marítimo, podem ter implicações de natureza bastante diversa.[21] Para que haja uma delimitação mínima da "segurança nacional", exige-se uma relação com a estratégia e, mais concretamente, que contribua (ou seja essencial) para a realização de objetivos político-estratégicos.[22]

---

[19] GOUVEIA, Jorge Bacelar. *Direito da segurança cidadania, soberania e cosmopolitismo*. Coimbra: Almedina, 2018. p. 96.

[20] No quadro legislativo nacional, não foi definido, formalmente, o conceito de "segurança nacional". Contudo e em sede doutrinal, *vide* GOUVEIA, Jorge Bacelar. *Direito da segurança cidadania, soberania e cosmopolitismo*. Coimbra: Almedina, 2018. p. 92 e ss. e COUTO, Abel Cabral. *Elementos de estratégia*. Lisboa: IAEM, 1988. v. I. p. 172 e ss. *Vide*, igualmente, GARCIA, Francisco Proença. Defesa Nacional. *In*: GOUVEIA, Jorge Bacelar; SANTOS, Sofia (Coord.). *Enciclopédia de direito e segurança*. Coimbra: Almedina, 2015. p. 99-101. Este autor discorre sobre a diferenciação entre os conceitos de defesa nacional e de segurança nacional, propondo que se adote este último "resultante de um conjunto de políticas do Estado devidamente articuladas, na vertente militar mas também em outras políticas sectoriais como a económica, cultural, educativa, que englobe ações coordenadas de segurança interna e externa, cuja fronteira esta atualmente desvanecida". Quanto ao desvanecimento entre a segurança interna e externa, *vide* SANTOS, Ana Miguel dos. Uma segurança interna cada vez mais europeia? Uma segurança externa cada vez mais nacional? *RDeS – Revista de Direito e Segurança*, ano VI, p. 27-51, jul./dez. 2018, GUEDES, Armando Marques. Segurança externa e segurança interna. *In*: GOUVEIA, Jorge Bacelar; SANTOS, Sofia (Coord.). *Enciclopédia de direito e segurança*. Coimbra: Almedina, 2015. p. 411-418; 425-431 e LOURENÇO, Nelson. Segurança interna. *In*: GOUVEIA, Jorge Bacelar; SANTOS, Sofia (Coord.). *Enciclopédia de direito e segurança*. Coimbra: Almedina, 2015. p. 431-433. Relativamente à concepção integrada na Constituição, *vide* GOUVEIA, Jorge Bacelar. Direito constitucional da segurança. *In*: GOUVEIA, Jorge Bacelar; SANTOS, Sofia (Coord.). *Enciclopédia de direito e segurança*. Coimbra: Almedina, 2015. p. 131-136. Enveredamos, nesta coletânea, por iniciar a conceitualização da "segurança no mar", que deverá abranger as "matérias da segurança marítima e da proteção marítima e, em termos espaciais, nos navios e nos portos" (p. 435) no artigo FARIA, Duarte Lynce de. Segurança no mar. *In*: GOUVEIA, Jorge Bacelar; SANTOS, Sofia (Coord.). *Enciclopédia de direito e segurança*. Coimbra: Almedina, 2015. p. 433-439. No entanto, em Portugal, o "Conceito Estratégico de Defesa Nacional" (CEDN), aprovado pela Resolução do Conselho de Ministros nº 19/2013, de 21 de março, ainda que se baseie no conceito de "segurança nacional", integra elementos muito importantes sobre a relevância do mar neste contexto, considerando-se, designadamente, que "como ativo estratégico, o mar deve estar integrado numa perspetiva ampla de segurança e defesa nacional". Uma outra componente que poderá influenciar a "segurança no mar" respeita à definição de estratégias setoriais. Em Portugal, vigora a "Estratégia Nacional para o Mar para o período 2013-2020" (ENM), aprovada pela Resolução de Conselho de Ministros nº 12/2014, de 23 de janeiro, e que coloca a tônica na utilização e preservação do mar como ativo nacional o que reforça a relevância estratégica da "segurança no mar". *Vide supra* nota nº 13.

[21] *Vide* THE EUROPEAN CENTRE OF EXCELLENCE FOR COUNTERING HYBRID THREATS. *Handbook on Maritime Hybrid Threats* – 10 Scenarios and Legal Scans. [s.l.]: [s.n.], nov. 2019.

[22] *Vide* FERNANDES, António Horta. Conceito estratégico de defesa nacional (CEDN) ou conceito estratégico de segurança nacional (CESN)? Um falso dilema. *Observatório Político*, n. 43, abr. 2014. Disponível em: http://

Ora, a "segurança no mar" – como definida anteriormente – só mediata e parcialmente comunga da "segurança nacional", pois continua a ter uma vertente transnacional, qualquer que seja o Estado em causa. No entanto, serão, essencialmente, as exigências de *security* que poderão modelar a "segurança no mar" pela via da "segurança nacional" ao invés das matrizes de *safety* que tendem a ser perenes e técnicas, visando à melhoria das condições de navegabilidade do meio utilizado, sem prejuízo de se considerarem abrangidos os fenômenos naturais.[23]

Na verdade e na maioria dos casos, só a *security* interessa ao quadro político-estratégico, envolvendo outros Estados ou atores do sistema internacional, o que significa que se quadra no âmbito da soberania dos Estados e dos correspondentes mecanismos unilaterais de *enforcement*.

Ao contrário, na *safety*, as regras de segurança marítima advêm das convenções internacionais e a coercibilidade resulta do que a lei internacional (ou os acordos internacionais, como é o caso dos *MoU* no âmbito do Controlo pelos Estados do Porto ou *Port State Control*) vier a determinar.[24]

Uma outra componente que poderá influenciar a "segurança no mar" respeita à definição de estratégias setoriais. É hoje essencial a articulação das questões do "mar" com os "portos", com os "transportes" e com a

---

www.observatoriopolitico.pt/wp-content/uploads/2014/04/WP_43_AHF.pdfla. p. 4 e ss., e BRANCO, Carlos. Porquê uma estratégia de segurança nacional? *Jornal Expresso*, 11 maio 2018. Por todos, CAJARABILLE, V. Enquadramento estratégico. *In*: CAJARABILLE, V. e outros. *A segurança no mar* – Uma visão holística. Aveiro: Mare Liberum, 2012. p. 21-35. *Vide* ESCORREGA, Luis Carlos Falcão. A segurança e os novos riscos e ameaças: perspetivas várias. *Revista Militar*, n. 2491, ago./set. 2009. Disponível em: https://www.revistamilitar.pt/. Este autor ser-nos-á de grande utilidade, pois vem admitir que o moderno *conceito* de "ameaças" engloba os "riscos" e as "ameaças" tradicionais (p. 14). *Vide* igualmente DUARTE, António Rebelo. Políticas e estratégias marítimas da Europa e de Portugal. *Cadernos Navais*, n. 48, abr./jun. 2018. Disponível em: www.marinha.pt. Este autor reforça o desenvolvimento da "segurança marítima" nos termos da Estratégia de Segurança Marítima, aprovada pelo Conselho Europeu em 24.6.2014, e o seu enquadramento no âmbito da Política Comum de Segurança e Defesa (PESD), com uma descrição dos riscos e das ameaças à segurança marítima europeia, reforçando a importância da *security* naquela estratégia.

[23] *Vide* nota nº 18 *supra* e o texto de remissão.
[24] Em Espanha o Comitê de Segurança Marítima responde perante o Conselho de Segurança Nacional. Por sua vez, no Reino Unido, o *Ministerial Working Group on Maritime Security* está a jusante do *National Security Council*. *Vide* GOBIERNO DE ESPAÑA. *Estrategia de Seguridad Marítima Nacional*. [s.l.]: [s.n.], 2013 e MINISTERY OF DEFENSE – MOD UK. *The UK National Strategy for Maritime Security*. [s.l.]: MOD UK, maio 2014.

"logística", seja numa visão mais vertical seja transversal dos assuntos do mar.[25]

Por outro lado, as ameaças e os riscos existem em documentos militares ou civis – porque decorrem das análises de componentes civis (designadamente, de índole econômica, cultural, científica, tecnológica ou ambiental) ou estritamente militares – mas têm repercussões no nível da política estratégica de qualquer país marítimo e, assim, em última instância, na segurança nacional.

Delimitados que estão os conceitos de "segurança" (*safety*) e de "proteção" (*security*), importa entender que a "segurança no mar" terá sempre uma dependência da estratégia (global) do Estado,[26] embora, ainda assim, a sua perspectiva holística se baseie no aprofundamento das condições tecnológicas das atividades no "mar" – em particular, no âmbito dos transportes marítimos e dos portos – e do grau de exigência no cumprimento das boas práticas e da consequente responsabilização das tripulações, das companhias e dos operadores portuários.[27]

---

[25] As opções políticas e estratégicas em sede de "defesa e segurança" devem ser seguidas em permanência quando se abordam os assuntos do mar tanto mais que proteção, fiscalização, prospecção e exploração sustentável dos seus recursos exigem meios aptos para o efeito, inventariando-os, em permanência e evitando a sua predação.

[26] A introdução do vocábulo "segurança" nos documentos conceptuais emerge quando se desenvolve a "estratégia" que se estriba em determinado "conceito". Em Portugal, dão-se como referências o "Conceito Estratégico de Defesa Nacional" e a "Estratégia de Segurança e Defesa Nacional".

[27] Em termos tradicionais, a "segurança" relaciona-se com a minimização dos "riscos" (da navegação) ao passo que a "proteção" visa combater a concretização, de forma intencional, das "ameaças" – embora não de forma completamente estanque – a começar por um simples derrame de hidrocarbonetos. Dito de outra forma, a "proteção" tem como núcleo essencial a ameaça e a intenção de provocar dano e, por isso mesmo, há que fazer constar a sua origem humana (*threat actors*). Ao invés, a "segurança" centra-se no "risco" das atividades marítimas, ou seja, em eventos naturais ou não intencionais que têm consequências graves e com certa probabilidade de se materializarem (i.e., tradicionalmente, as avarias inopinadas, os elementos da natureza etc.). O nosso desafio está, igualmente, em provar que, nos tempos atuais, o "risco" tende a ser reduzido a situações ditas "naturais" já que uma conduta da tripulação de um navio que foi exposto a um "perigo" ou a um "dano" grave pode, na maior parte das vezes, configurar uma atuação "dolosa" (e não "meramente culposa") por violação – ainda que não de forma intencional – das regras de segurança marítima. A ser assim, trata-se de um *upgrade* destas condutas – consideradas, até hoje, meramente culposas – para o campo das "ameaças" e, portanto, da *security*. Também neste campo, a prevenção e o combate (ou minimização) dos danos resultantes de ocorrências de "proteção" e de "segurança", embora com origens conceptuais distintas, tendem a sobrepor-se e a articularem-se, cada vez mais, nas ações, o que é evidente quando se caminha para conexões globais como é o caso das que decorrem do facto de vivermos num mundo digitalmente interconectado, quer física quer virtualmente, e assim retendo em permanência a respetiva cibersegurança. Na página da internet da norte-americana Cisa (*The Cybersecurity and Infrastructure Security Agency*), criada em 2018, constata-se que se parte do conceito de *safety* com a premência da *security* de uma forma muito simples, afirmando o seguinte: "Being online exposes us to cyber criminals and others who commit identity theft, fraud, and harassment. Every time

Ora, a "segurança no mar", ao enquadrar aqueles dois conceitos, desdobra-se em dois tipos de perigos: as "ameaças" e os "riscos" que envolvem a utilização do mar, seja nos navios ou nos portos.

As "ameaças" são, essencialmente, de duas naturezas: os ilícitos genéricos no mar e os ilícitos específicos que tenham influência na liberdade de navegação. Nos primeiros, constam, designadamente, o tráfico de estupefacientes e de substâncias psicotrópicas, o contrabando em geral e o de armamento, a proliferação de armas de destruição maciça,

---

we connect to the Internet-at home, at school, at work, or on our mobile devices-we make decisions that affect our cybersecurity. Emerging cyber threats require engagement from the entire American community to create a safer cyber environment-from government and law enforcement to the private sector and, most importantly, members of the public". Importa, contudo, reiterar que foi, de facto, a *ameaça ciber* e, em consequência, a cibersegurança que veio alavancar a tese do relacionamento concêntrico entre a *safety* e a *security* e que uma recente apresentação sobre o reposicionamento das ciberameaças nos sistemas OT – *Operational Technologies* (em Lisboa, na PwC, a 5.2.2020). O seu autor (Rafael Maman), um perito israelita na área da cibersegurança e abordando a matéria a título pessoal, referiu, em determinado momento, o seguinte: "Corresponding to a shift in the cyber risk equation: traditional IT risks – data privacy, IP theft, etc. – are augmented by higher-order risks – to unman life, disruption of critical operations, environmental disasters, etc.(it should have as a consequence that) governments and industrial enterprise recognise the importance of OT Security for Critical Infrastructure protection and the risks involved, and initiate proactive action". Com esta alteração qualitativa da equação dos riscos cibernéticos, importa, cada vez mais, identificar as diferenças fundamentais entre a cibersegurança no IT e no OT, em todas as suas dimensões – incluindo a jurídica – precisamente por ser no domínio do OT que as interdependências entre a *safety* e a *security* são mais relevantes, atendendo ao conceito de que o OT liga o mundo cibernético ao físico. Como consequência direta, a presença permanente do risco dos ciberataques para as infraestruturas críticas e para os serviços essenciais (em que se incluem os transportes marítimos e os portos) implica que a *security* deva ser sempre considerada. No nosso caso, a criação de condições para uma navegação safa, nos tempos atuais, deve sempre levar em linha de conta o ciberespaço e, portanto, a figura representativa que se propõe, consistindo em dois círculos concêntricos em que o central corresponde à *safety*. Nesta ótica, Rafael Maman vai ainda mais longe ao considerar nas microtendências das ameaças cibernéticas a seguinte evolução: "From 'military-grade cyberweapons' to 'industrial-grade ransomware'". O que antigamente eram consideradas armas de guerra cibernéticas utilizadas pelas forças armadas podem hoje ser usadas na disrupção de indústrias críticas e de serviços essenciais por qualquer ator suficientemente apto tecnologicamente para o executar (MAMAN, Rafael. The reshaping cyber threat landscape of operational technology. *Conferência Cibersegurança – Os desafios da Tecnologia Operacional (OT)*, Lisboa, 5 fev. 2020). Por outro lado, desde o início do século, a maioria dos incidentes de dimensões apreciáveis em indústrias sensíveis têm como causas associadas ataques deliberados (cibernéticos e outros), danos colaterais de ataques ou funcionamento deficiente dos sistemas, não sendo possível, na sua maioria, isolar as fontes na tradicional bipartição *safety/security* ou, sendo possível, perderá todo o interesse dada a necessidade de resposta integrada. Vide SIGNIFICANT cyber incidents. *CSIS – Center for Strategic & International Studies*. Disponível em: https://www.csis.org/programs/technology-policy-program/significant-cyber-incidents. Por isso, não só se pretende provar que as condutas da tripulação violadoras das regras da segurança marítima e que causem um "perigo" ou um "dano" qualificados juridicamente "graves" caem no âmbito do "dolo" como, igualmente, a representação pelos dois círculos concêntricos. A divisão tradicional entre a neutralização dos agentes das ameaças (*security*) e a ajuda a conter as consequências negativas (*safety*) concorrem, em nossa opinião, para um plano comum que fará parte das regras de segurança marítima a cumprir a bordo, não se destrinçando, no limite, a sua diferente origem nem as medidas de limitação de avarias. Também a Estratégia Europeia de Segurança e o Relatório sobre a Execução da Estratégia Europeia de Segurança destacam um conjunto de "ameaças" com implicações no uso do mar em que se incluem as atividades ilegais, o crime organizado, a pirataria, o terrorismo, a proliferação de armas de destruição em massa, os conflitos regionais, os Estados fragilizados, a poluição marítima, a segurança energética e as alterações climáticas. O que significa que este enfoque é essencialmente sobre a *security*. Vide http://www.consilium.europa.eu/uedocs (pesquisa pelos respetivos títulos). Ao invés, a EMSA (*European Maritime Safety Agency*) desempenha atividades no âmbito da *safety* e não será por essa razão que não deixa de ser invocada numa perspectiva conjunta e alargada de "segurança" (*safety + security*).

a exploração ilegal de recursos marinhos, da plataforma ou do patrimônio cultural subaquático, os atentados ambientais (em que se inclui a poluição) e a imigração ilegal. Na segunda categoria, contam-se, entre outros, o terrorismo, a pirataria, os ataques cibernéticos aos sistemas de informação e outras atividades de cariz criminoso classificadas como tal pelo direito internacional.

Por sua vez, os "riscos"[28] apresentam uma natureza tendencialmente acidental ou natural e têm a sua identificação principal (que não exclusiva) com a "segurança do transporte marítimo" e com a "segurança portuária". Os danos potenciais associados (ou a condição da criação de um "perigo") podem incidir sobre os navios e embarcações, sobre as pessoas embarcadas, sobre as plataformas ou infraestruturas no mar (e, igualmente, sobre aeronaves e submarinos) e sobre o ambiente marinho, designadamente, através dos acidentes de poluição.

Esta tendencial identificação da "segurança" (em sentido estrito) com os "riscos" e a "proteção" com as "ameaças" tem a grande vantagem de poder colher os ensinamentos de áreas que, até há bem pouco tempo, evoluíram autonomamente e das quais os atentados de 11.9.2001 vieram a exigir a sua estreita articulação, tendo em conta a necessidade de adotar medidas aplicáveis aos navios e às instalações portuárias no âmbito da "proteção" e considerando que a identificação de ameaças à segurança e à tomada de medidas para a prevenção de acidentes passou a desenrolar-se, cumulativa e coordenadamente, de acordo com o Código ISPS.[29]

---

[28] O "risco" é o produto da probabilidade de ocorrência de uma ameaça (ou dano) pela gravidade (ou intensidade) dos seus efeitos. Tradicionalmente, associado à *safety*, tende-se hoje a expurgar dele as condutas da tripulação violadoras das regras da segurança marítima com consequências graves. A origem destes conceitos radica no direito internacional e, mais especificamente, na teoria da resolução de conflitos. De forma sucinta e nesse quadro, "ameaça" corresponde a uma circunstância ou evento que faz perigar a prossecução dos objetivos políticos e estratégicos e o "risco" como o grau de exposição à ameaça em causa.

[29] A sigla ISPS designa o *International Ships and Port Facilities Security Code*, que constitui o capítulo XI-2 da Convenção Solas desde 2002.

Uma outra circunstância, que sucede com o aprofundamento e desenvolvimento das regras da segurança marítima – traduzidas, na sua essência, pelas convenções atinentes da IMO – respeita ao progressivo exaurimento de cláusulas de exoneração e de limitação da responsabilidade em contratos de transporte marítimo (e de convenções) que se traduzam em condutas consideradas, apenas e a esse título, como "meramente culposas". Como exemplo paradigmático, refere-se à célebre "falta náutica" constante das convenções internacionais sobre o transporte marítimo que exonera o transportador por avarias na carga (pelo menos, desde os anos 20 do século passado).

Deste exemplo poder-se-á retirar que as progressivas exigências tecnológicas e de boa conduta para uma navegação safa (i.e., as normas sobre a "segurança marítima") tornam as circunstâncias consideradas *ab initio* como "meramente culposas", bastante mais restritas no âmbito da responsabilidade civil (contratual e aquiliana), incluindo as que estão presentes nos derrames de hidrocarbonetos.[30]

Desta forma, também o cumprimento dos padrões de segurança marítima, ao mesmo tempo que minimizam os "riscos" (e os erros), dão maior robustez ao combate às "ameaças" e, em simultâneo, limitam a aplicação das cláusulas de exoneração e de limitação da responsabilidade que estão presentes, por exemplo e entre outros instrumentos, nas convenções sobre a poluição resultante de derrames de hidrocarbonetos e nas respeitantes ao transporte marítimo de mercadorias.[31]

---

[30] Matéria esta que se definiu como no âmbito da "proteção", mesmo na sua origem, já que, na apreciação feita, na maioria dos casos com consequências graves, resulta de uma conduta "dolosa" da tripulação.

[31] A "falta náutica" como cláusula de exoneração vem prevista na alínea a) do §2º, do art. 4º da Convenção Internacional para a Unificação de Certas Regras em Matéria de Conhecimentos, assinada em Bruxelas, a 25.8.1924 – conhecida como "Regras de Haia". Refere-se, especificamente, que a cláusula só se aplica aos "Atos, negligência ou falta do capitão, mestre, piloto ou empregados do transportador na navegação ou na administração do navio". Assim, se a "falta náutica" consistir na violação das regras essenciais da segurança marítima (em sentido lato) dificilmente poderão justificar a exoneração do transportador/armador pela avaria na carga. Lembre-se de que, em sede aquiliana e de acordo com as convenções vigentes – particularmente, nos termos da Convenção sobre a Responsabilidade Civil por Prejuízos devidos à Poluição por Hidrocarbonetos, de 1969 (*Civil Liability*

Entende-se, assim, que a noção ampla de "segurança no mar" (ou de "segurança marítima" em sentido amplo que é, de resto, a expressão mais utilizada) deve abranger as valências materiais da segurança (marítima) (em sentido estrito) e da proteção (marítima) e, em termos do seu arco espacial, com incidência nos navios e nos portos.[32] Particularmente, quanto ao objeto, a "segurança no mar" – com ambas as valências – abrange o transporte marítimo – em que o enfoque se traduz no navio e na sua movimentação – e os portos –, que respeita, essencialmente, à segurança nas áreas sob jurisdição portuária, abrangendo os diversos terminais, a área terrestre adjacente e a área molhada contígua.

A "segurança do transporte marítimo" (ou "segurança marítima em sentido estrito") envolve o conjunto de medidas destinadas a garantir uma navegação segura por parte dos navios, i.e., quer na envolvência das condições de bordo (qualificação dos tripulantes, estiva e movimentação da carga e, em geral, as condições de navegabilidade estruturais e de equipamentos do navio), quer no sistema de ajudas à navegação e de ordenamento das aproximações a um porto que permitem, aos navios, uma navegação segura.

Convention 1969 ou CLC/69) e da sua alteração de 1992 (CLC/92) –, o proprietário do navio é responsável por um erro de navegação que conduziu a um encalhe do navio e ao posterior derrame de hidrocarbonetos (caso do M/V *Exxon Valdez* com o derrame de cerca de 38.000 toneladas de crude nas costas do Alasca). Na verdade, o art. V/2 da CLC/92 vem estabelecer que o proprietário pode perder a faculdade de limitar a sua responsabilidade desde que o prejuízo devido à poluição resulte de ação ou omissão que lhe seja imputada "cometida com a intenção de causar tal prejuízo ou com imprudência e o conhecimento de que tal prejuízo se poderia vir a verificar". Esta fórmula é muito próxima da utilizada na alínea e) do §5º do art. IV Protocolo de Visby de 1968 ("Regras de Visby") à Convenção de Bruxelas de 1924 referida que afasta a limitação da responsabilidade se a ação ou omissão se desenrolou com a intenção de provocar um dano ou temerariamente e com conhecimento de que provavelmente dela resultaria um dano. Em sede civilista, trata-se de uma forma de culpa grave e que corresponde ao dolo. Vide COELHO, Carlos. *Poluição marítima por hidrocarbonetos e responsabilidade civil*. Coimbra: Almedina, 2007. p. 86 e ss. Em conclusão: entende-se que a culpa grave ("negligência grosseira" para alguns autores ou *wilful misconduct* em língua inglesa) na violação das regras da segurança marítima deverá afastar o benefício da cláusula de exoneração "falta náutica" por parte do transportador/armador. No nosso trabalho *O contrato de volume e o transporte marítimo de mercadorias* – Dos granéis aos contentores, do "tramping" às linhas regulares (Coimbra: Almedina, 2018. Coleção Teses. p. 73 e ss. nota nº 80), já vínhamos defendendo esta posição, embora, nessa altura, sem a generalização que agora se defende.

32 Em sede de "cadeia de valor", não se descarta a hipótese de se abrangerem também os agentes e operadores com responsabilidade na área logística, pois o seu desempenho está diretamente relacionado com os sistemas de informação e de comunicação, como é o caso dos portos portugueses que utilizam a moderna "Janela Única Portuária" ou a sua sucedânea, a nova "Janela Única Logística" que passou a abranger os portos secos e os operadores terrestres, bem como os transitários.

No outro polo, a "proteção do transporte marítimo" e a "proteção portuária", consoante o objeto, envolvem todas as medidas de segurança física[33] e outras aplicáveis no espaço sob jurisdição portuária, aos tripulantes e passageiros dos navios e aos demais funcionários que operam nos portos, bem como aos próprios navios, destinadas a garantir a atividade normal segundo as regras técnicas aplicáveis.[34]

III A perspectiva moderna da defesa contra os ciberataques no setor marítimo

Perspectiva-se, assim, que o objeto tendente à autonomização do "direito da segurança marítima"[35] deverá assumir uma natureza lata e abranger os dois vetores da *safety* e da *security*, por diversas ordens de razões: em primeiro lugar, a *safety* é a mais antiga,[36] a mais estável e a que é tratada na maioria das convenções da IMO; depois, porque a

---

[33] Nesta ótica, perspectiva-se, igualmente, a necessidade de se credenciar o pessoal que interaja com os sistemas TI em função do tipo de navio, dos portos de origem, do tipo de mercadoria ou, dito de outra forma, de acordo com o padrão de risco assumido para o navio de forma idêntica ao que hoje é feito para o cumprimento das condições de segurança marítima em que se avaliam, por exemplo, as condições do reabastecimento de bancas (combustível para navios) por barcaça nos portos.

[34] A Conferência Diplomática da Organização Marítima Internacional (OMI), reunida em 12.12.2002, alterou a Convenção Solas (*Safety of Life at Sea*), e veio a adotar o Código Internacional para a Proteção dos Navios e Instalações Portuárias (designado por "Código ISPS"), que entrou em vigor em 1º.7.2004. Este novo Código é bem uma expressão da valência da "proteção" dos transportes marítimos, dos terminais e dos portos. Esclarece-se que a Convenção Solas integra diversos códigos específicos visando à padronização da gestão da segurança a bordo (o caso do *ISM Code – Código Internacional de Gestão para a Segurança da Exploração dos Navios e para a Prevenção da Poluição*, a partir de 1992) ou visando às normas para a investigação de acidentes ou incidentes marítimos (o CIA ou *Código de Investigação de Acidentes*) que agrega um conjunto de resoluções da IMO, merecendo especial referência a Resolução A.849 820, de novembro de 1990, que estabelece as regras para a investigação dos fatores humanos nos acidentes, e a Resolução MSC.255 (84), de 16.5.2008, que contempla as normas e recomendações a adotar em investigações de acidentes ou incidentes marítimos.

[35] A autonomia do direito da segurança enquanto ramo do direito foi defendida por GOUVEIA, Jorge Bacelar. *Direito da segurança cidadania, soberania e cosmopolitismo*. Coimbra: Almedina, 2018. Nesta obra, em particular na sua *segunda parte* que respeita à "explicitação do Direito da Segurança como novo setor jurídico e no contexto das respetivas fontes" (p. 17), o autor "trilha" um caminho no trabalho que, em alguma medida, poderá dificultar "a busca em profundidade em alguns mais complexos pontos" (p. 15). No entanto, foi a sua abrangência e a forma inovadora da abordagem que fazem, em nossa opinião, emergir, entre outros âmbitos especiais, o direito da segurança marítima como discípulo do direito da segurança e, em simultâneo, "largando as amarras" dos ramos tradicionais do direito do mar e do direito marítimo.

[36] Importará esclarecer que se parte de uma perspectiva iminentemente comercial, i.e., para se estabelecer a atividade do transporte marítimo é necessário, em primeiro lugar, recorrer a meios tecnologicamente seguros. Só depois emerge a importância do controle das ameaças. Claro que este postulado pode ser (e é), em certas circunstâncias, reversível, garantindo-se a prioridade de estabelecer um ambiente minimamente adequado à utilização ou emprego dos meios.

interpenetração entre os dois conceitos é cada vez maior; em terceiro lugar, porque há traduções que já não voltam atrás (o caso da "cibersegurança"), nem um famigerado e "artificial" "direito da proteção marítima" teria condições para se autonomizar; e, finalmente, porque, nos tempos atuais, os dois vetores tendem a apresentar-se como dois círculos concêntricos – a *safety* (mais interior) e a *security*, que a envolve. Na verdade, esta última pode robustecer (ou enfraquecer) aquela no centro,[37] numa dialética e interação constantes.

Esta estrutura proposta vem ao encontro de uma constatação cada vez mais presente: os incidentes de *security* poderem ter consequências graves em sede de *safety*, o que significa que se exige que se passem a considerar os procedimentos de *security* como essenciais para que aqueles incidentes não tenham impacto e se evitem ocorrências graves em sede de *safety*, fazendo-os, inclusivamente, constar da obrigatoriedade dos códigos internacionais de gestão da segurança (marítima).

Contudo, o robustecimento da importância da *security* não se traduziu, no âmbito convencional, numa atualização e revisão dos conceitos, nem seria de esperar tal posição. Na verdade, a própria convenção Solas iniciou o seu longo percurso, em 1914, com uma vertente essencial de segurança marítima e de salvaguarda da vida humana no mar (que, aliás, advém da sua sigla Solas – *Safety of Life at Sea*), tendo sofrido, no seu seio,

---

[37] O que significa que, como já foi mencionado, que incidentes de (*cyber*) *security* podem dar origem a incidentes de *safety*, numa contínua interação que não deve ser tratada verticalmente. Aproximamo-nos, neste ponto, da evolução da tradicional missão de "defesa naval" da Nato para uma noção alargada de "segurança marítima" em que se visa "impedir o uso do mar para atividades ilícitas e assegurar a liberdade de navegação" cf. PEREIRA, Luis Sousa. A Nato e a segurança no mar. *In*: CAJARABILLE, V. e outros. *A segurança no mar – Uma visão holística*. Aveiro: Mare Liberum, 2012. p. 132. Simplesmente, o conceito por nós defendido não se esgota na perspectiva de "defesa naval" e exige uma componente muito significativa de *safety* em sentido estrito. No entanto, a tradução que é feita, por exemplo, de documentos Nato, como seja, o *Maritime Security Operations Concept*, ("Conceito de Operações de Segurança Marítima") faz com que – e uma vez mais – ao termo *security* corresponda o vocábulo "segurança" (e não "proteção"). Num recente trabalho (de 30.8.2019), sob o título *Polemologia da segurança marítima – Golfo da Guiné como estudo de caso* (inédito), elaborado pelo Comandante Luis Cuco de Jesus no âmbito do Curso de Doutoramento em Direito e Segurança da Faculdade de Direito da Universidade Nova de Lisboa, o autor utiliza a figura da "segurança marítima" com o objetivo de eleger mecanismos legais de repressão das novas ameaças em ambiente marítimo, o que significa que o quadro proposto se desenvolve, essencialmente e de forma estrita, no âmbito da *security*.

quer o alargamento a novas matérias (o Código ISPS, por exemplo), quer a autonomização de outras (como foi o caso da convenção Colreg que, em 1972, aprovou o Regulamento para Evitar Abalroamentos no Mar).

Assim, o *direito da segurança marítima*, no âmbito do direito internacional, tem como fontes essenciais as convenções específicas da IMO que se baseiam na classificação tradicional da *safety*, estendendo paulatinamente a sua regulamentação à *security* – como sucede com o Código ISPS anexo à Convenção Solas ou, de forma autônoma, com a Convenção SUA.[38]

Esta expansão instrumental da tradicional matéria da segurança à proteção marítima não é mais do que uma tentativa de resposta aos novos riscos e ameaças no mar e nos portos que, contudo, ainda esbarram na dificuldade da regulamentação em zonas claras do exercício da soberania dos Estados avessas, tradicionalmente, ao direito internacional.

Entende-se, contudo, que será inexorável, pelo menos, uma progressiva harmonização e articulação das capacidades e meios de atuação por parte dos Estados na vertente *security*, pois a dimensão global dos riscos e ameaças exige essa abordagem.

Tome-se, como exemplo, nos tempos de hoje, uma matéria que, cada vez mais, interessa ao transporte marítimo e aos portos: a chamada "cibersegurança marítima".[39]

---

[38] *Convention for the Suppression of Unlawful Acts against the Safety of Maritime Navigation*, 1988.

[39] Que, na verdade, dever-se-ia chamar "ciberproteção marítima" diante do que foi anteriormente exposto, pois trata-se de matéria de *security*. *Vide* igualmente o artigo de MARQUES, Antonio Gameiro. Cibersegurança no setor marítimo. *Revista de Marinha*, n. 1004, p. 30-32, jul./ago. 2018. O autor aborda esta matéria de forma pioneira, talhando a evolução na União Europeia e o regime jurídico recentemente aprovado em Portugal no que respeita ao ciberespaço. *Vide* igualmente, do mesmo autor, A segurança do ciberespaço em Portugal e no setor marítimo. *Cadernos Navais*, n. 52, abr./jun. 2019. Disponível em: www.marinha.pt. Quanto aos conceitos de cibersegurança e de segurança da informação, *vide* SANTOS, Lino. Cibersegurança e segurança da informação. *In*: GOUVEIA, Jorge Bacelar; SANTOS, Sofia (Coord.). *Enciclopédia de direito e segurança*. Coimbra: Almedina, 2015. p. 63-67; 422-425. Este autor refere que "a cibersegurança pode ser vista a partir de duas perspetivas, independentemente de o objeto da cibersegurança ser o Estado, as organizações ou os indivíduos: a segurança do ciberespaço (na aceção física deste como entidade autónoma) e a segurança da componente 'ciber' de um qualquer sistema (segurança do ciberespaço desse sistema)" (p. 63). Por seu lado e segundo o mesmo autor, a segurança da informação é indispensável para "garantir a todo o tempo, a confidencialidade, a integridade e a disponibilidade da informação" (p. 422).

Não é demais referir que a interconexão entre um incidente de *security* e a sua transposição para um incidente de *safety* assume, neste quadro, uma probabilidade real, pois não é difícil prever que a mistificação na posição geográfica de um navio leve ao seu desvio de rota e ao consequente encalhe ou abalroamento.

A partir de 2002, o Código ISPS veio a reconhecer o papel das estruturas portuárias (terminais e portos) no âmbito da proteção marítima e estabeleceu requisitos obrigatórios e recomendações aplicáveis aos navios e àquelas instalações. Ora, aqueles requisitos podem igualmente abranger medidas de cibersegurança relativas ao controle de acessos e à autenticação das autorizações.[40]

Na verdade, o Código ISPS exige que cada terminal elabore o designado *Port Facility Security Assessment* (PFSA), no qual se identificam as estruturas e os equipamentos, as possíveis ameaças e contramedidas, e o *Port Facility Security Plan* (PFSP), no qual se identificam, para os diferentes níveis de alerta, procedimentos, medidas e ações a executar. O PFSA deve abordar os seguintes aspectos: segurança física, integridade estrutural, sistemas de proteção pessoal, políticas procedimentais, sistemas de rádio e de telecomunicações – incluindo sistemas computacionais e redes informáticas – e infraestruturas relevantes de transporte. Por seu lado, o PFSP especifica as condições de acesso à infraestrutura, de acesso às áreas restritas, de movimentação da carga, de entrega dos abastecimentos aos navios e da monitorização das condições de proteção da infraestrutura.

Também as convenções Solas e FAL (*Facilitation on International Maritime Traffic*) vieram a definir nove formas-padrão para serem utilizadas na troca de informações no ecossistema marítimo, especialmente, entre os

---

[40] *Vide*, mais recentemente, o documento ENISA – EUROPEAN UNION AGENCY FOR CYBERSECURITY. *Port cybersecurity* – Good practices for cybersecurity in the maritime sector. Nov. 2019. ISBN 978-92-9204-314-8. DOI 10.2824/328515.

portos (ou terminais) e partes terceiras, que é obrigatoriamente processada por meios eletrônicos a partir de 9.4.2019, especialmente através do uso dos sistemas de *single window* ("janela única"). Trata-se da padronização do intercâmbio de informação que tem um forte impacto nos sistemas de TI e que lhe coloca novos desafios.

No que respeita à cibersegurança para o "ecossistema" marítimo, em particular para os navios, só a partir de 2017 começaram a ser endereçadas recomendações em sede internacional.

O Comitê da Facilitação (*IMO Facilitation Committee* ou FAL) e o Comitê de Segurança Marítima (*IMO Maritime Security Committee* ou MSC) da IMO elaboraram as linhas de ação na gestão do risco da cibersegurança marítima através do documento MSC-FAL 1/Circ.3.[41] Ambas aquelas estruturas reconhecem a necessidade urgente de se aumentar o alerta para as ameaças e vulnerabilidades do ciberespaço marítimo e de elaborar recomendações de alto nível na gestão dos riscos daquele ciberespaço relativamente às ameaças e vulnerabilidades atuais e emergentes, incluindo áreas principais que se consideram essenciais para o apoio à gestão do ciberespaço (identificar, proteger, detectar, responder e recuperar).

Estas linhas de ação procederam à distinção entre sistemas TI (ou IT) (tecnologias de informação, i.e., utilização de dados como informação) e TO (ou OT) (tecnologia operacional, i.e., constata-se que os sistemas TI estão cada vez mais interligados à TO de cada empresa que exige uma nova perspectiva de gestão na utilização de dados para controlar ou monitorizar os processos físicos, numa interação ciberfísica constante e bidirecional) e revelam que todas as organizações da indústria do transporte marítimo são diferentes e que o papel dos governos e dos Estados

---

[41] Ver IMO. *Guidelines on Maritime Cyber Risk Management (MSC-FAL.1/Circ.3)*. Disponível em: http://www.imo.org/en/OurWork/Security/Guide_to_Maritime_Security/Documents/MSC-FAL.1-Circ.3%20-%20Guidelines%20On%20Maritime%20Cyber%20Risk%20-Management%20(Secretariat).pdf.

de bandeira na sua regulação é essencial. Estes se devem, igualmente, pautar pelo prosseguimento das recomendações dos instrumentos e das boas práticas internacionais mais relevantes, visando à melhoria das medidas de proteção.

Claramente se constata que ficou a cargo de cada Estado tomar as medidas consideradas mais adequadas, num ambiente bem longe da progressiva uniformização exigida pela conexão global dos sistemas.

No nível da União Europeia,[42] o papel marcante da sua agência especializada (Enisa – *European Union European Union Agency for Network and Information Security*) sobre o setor marítimo iniciou-se em 2011 com a publicação do relatório sobre a cibersegurança marítima.[43]

Este documento, em síntese, começou por caracterizar os sistemas que a comunidade marítima utiliza, de uma forma geral, como altamente complexos, com diversas tecnologias, inúmeros fabricantes e enorme dispersão de nacionalidades. Sucede que as questões associadas à segurança (ou proteção no sentido de evitar a intrusão e disrupção) são, em geral, consideradas despiciendas, aumentando o risco dos ciberataques, ampliado pelas fáceis ligações à internet de forma livre e sem a adoção de boas práticas.

Mas mais grave ainda foi a constatação de ausência de capacidade de resposta quer a incidentes quer mesmo a ciberataques, numa completa ausência de coordenação entre os diversos atores do setor marítimo-portuário.

---

[42] Respigando a Estratégia da Segurança Marítima da União Europeia, de 24.7.2014, "Maritime security is understood as a state of affairs of the global maritime domain, in which international law and national law are enforced, freedom of navigation is guaranteed and citizens, infrastructure, transport, the environment and marine resources are protected". Deste parágrafo se extrai, igualmente, a ideia já aventada da apresentação dos 2 círculos concêntricos que correspondem à *safety* e à *security*, ou seja, a garantia da liberdade da navegação em condições seguras para os cidadãos, para as infraestruturas, para os transportes, para o ambiente e para os recursos marinhos. *Vide* COUNCIL OF THE EUROPEAN UNION. *European Union Maritime Security Strategy*. Bruxelas, 24 jun. 2014. Doc. 11205/14. p. 3.

[43] ENISA – EUROPEAN UNION AGENCY FOR CYBERSECURITY. *Report*. Disponível em: https://www.enisa.europa.eu/news/enisa-news/first-eu-report-on-maritime-cyber-security.

Em termos gerais, também a transposição e aprofundamento dos capítulos atinentes da Convenção Solas respeitantes à *security* poderão abranger ações de resposta aos ciberataques, particularmente, quando inseridos nas medidas gerais de proteção dos navios e dos portos.

A este título, merecem especial referência os seguintes diplomas comunitários:

- o Regulamento (CE) nº 725/2004 que respeita à aplicação do Código ISPS aos navios e às estruturas portuárias;
- a Diretiva nº 2005/65/CE no que respeita à proteção portuária;
- o Regulamento (CE) nº 336/2006 sobre a aplicação do Código ISM (*International Safety Management Code*) no setor marítimo – salvaguardando-se, contudo, que este código não é aplicável aos portos; e
- a Diretiva nº 2010/65/EU, sobre a aceitação dos Estados-Membros das formas-padrão (*FAL forms*) para facilitação do tráfego. Esta diretiva introduz igualmente no ordenamento jurídico os sistemas *SafeSeaNet* no nível nacional e da União Europeia, promovendo o tráfego seguro de dados entre as administrações marítimas de cada Estado e outras autoridades.

De forma breve, o Regulamento (CE) nº 725/2004 e a Diretiva nº 2005/65/CE constituem o quadro jurídico de referência que sustentam a avaliação e os planos de proteção dos portos e das infraestruturas portuárias, bem como dos navios e das companhias de navegação.

Entretanto, em 2014, o documento que aprovou a Estratégia Europeia para a Segurança Marítima (*European Maritime Security Strategy* ou EUMSS), revista em 2018,[44] foi definido como um instrumento destinado

---

[44] *Vide* a versão original de 2014 em ENISA – EUROPEAN UNION AGENCY FOR CYBERSECURITY. *The European Maritime Security Strategy*. 2014. Disponível em: https://ec.europa.eu/maritimeaffairs/policy/maritime-security_en. Fica patente que os documentos de estratégia sobre questões de *safety* e/ou de *security* são, quase invariavelmente, traduzidos por "segurança", argumento também a favor de se propugnar o "novo" direito da

a identificar, prevenir e dar resposta a qualquer desafio que possa afetar a proteção dos europeus, atividades e meios no ecossistema marítimo, incluindo os portos.

A EUMSS identifica as ameaças e riscos à segurança marítima (num sentido lato), que se consubstanciam em "terrorismo e outros atos intencionais e ilícitos no mar e nos portos contra os navios, mercadorias, tripulações e passageiros, portos e infraestruturas portuárias e infraestruturas críticas marítimas e energéticas, incluindo os ciberataques". A revisão de 2018 da estratégia focou-se essencialmente no procedimento de relato com vista à melhoria do alerta e à monitorização das ações subsequentes.

Entretanto, só a partir da vigência da Diretiva nº 2016/1148 (*Directive on Security of Network and Information Systems*, com o acrônimo NIS ou SRI em língua portuguesa),[45] a União Europeia passou a dispor de legislação habilitada a harmonizar as capacidades nacionais de cibersegurança, à colaboração nas fronteiras e à supervisão dos setores críticos no espaço da União.

Trata-se da primeira legislação da União Europeia sobre segurança do ciberespaço, visando aumentar a cooperação e criar uma cultura de segurança em setores essenciais para a sociedade que dependam fortemente das TI.

Os §§10 e 11 da diretiva do preâmbulo são específicos do setor marítimo:

> 10. No setor do transporte marítimo e por vias navegáveis interiores, os requisitos de segurança aplicáveis às empresas, navios, instalações portuárias, portos e

---

segurança marítima como abrangendo ambas as vertentes que, cada vez mais, se apresentam inter-relacionadas e cujos limites são cada vez mais fluidos. E, a sua revisão de 2018: ENISA – EUROPEAN UNION AGENCY FOR CYBERSECURITY. *The European Maritime Security Strategy*. Rev. 2018. Disponível em: https://www.consilium.europa.eu/en/press/press-releases/2018/06/26/maritime-security-eu-revises-its-action-plan/. Em 2016, o Regulamento (UE) nº 2016/679 (*General Data Protection Regulation*) que se destinou à proteção dos dados pessoais das pessoas singulares e da sua comunicação, também abrangeu, naturalmente, o setor marítimo, mas sem qualquer especialidade.

[45] Esta diretiva foi transportada para a legislação portuguesa pela Lei nº 46/2018, de 13 de agosto, que estabelece o regime jurídico da segurança do ciberespaço.

serviços de tráfego marítimo ao abrigo de atos jurídicos da União abrangem todas as operações, incluindo os sistemas de rádio e telecomunicações e os sistemas de informação e as redes. Parte dos procedimentos obrigatórios a seguir inclui a notificação de todos os incidentes e, como tal, deverá ser considerada como "lex specialis", na medida em que esses requisitos sejam, no mínimo, equivalentes às disposições correspondentes da presente diretiva.

11. Ao identificarem operadores do setor do transporte marítimo e por vias navegáveis interiores, os Estados-Membros deverão ter em conta os códigos e as orientações internacionais – atuais e futuros – elaborados pela Organização Marítima Internacional, a fim de permitir que os diversos operadores marítimos sigam uma abordagem coerente.

Nos termos do nº 4 do art. 4º da diretiva, é considerado "operador dos serviços essenciais" uma entidade pública ou privada pertencente a um dos tipos referidos no anexo II e que cumpre os critérios previstos no art. 5º, nº 2 (isto, é, uma entidade presta um serviço essencial para a manutenção de atividades societais e/ou econômicas cruciais, a prestação desse serviço depende de redes e sistemas de informação; e um incidente pode ter efeitos perturbadores importantes na prestação desse serviço).

Ora, no que respeita ao ecossistema do transporte marítimo e por vias navegáveis interiores são os seguintes os operadores constantes do anexo II:

- companhias de transporte por vias navegáveis interiores, marítimo e costeiro de passageiros e de mercadorias, tal como definidas, para o transporte marítimo, no anexo I do Regulamento (CE) nº 725/2004 do Parlamento Europeu e do Conselho não incluindo os navios explorados por essas companhias;
- entidades gestoras dos portos na acepção do art. 3º, ponto 1, da Diretiva 2005/65/CE do Parlamento Europeu e do Conselho, incluindo as respetivas instalações portuárias na acepção do art. 2º, ponto 11, do Regulamento (CE) nº 725/2004, e as entidades que gerem as obras e o equipamento existentes dentro dos portos;

- operadores de serviços de tráfego marítimo na acepção do art. 3º, alínea o), da Diretiva 2002/59/CE do Parlamento Europeu e do Conselho.

Finalmente, em 2019, o Ato Europeu sobre a Cibersegurança (*EU Cybersecurity Act*)[46] veio a robustecer a posição da Enisa em relação os Estados-Membros e definiu o quadro da certificação sobre cibersegurança dos produtos ICT, serviços e processos, passando-se a exigir o cumprimento de determinados requisitos.

Adicionalmente, foram vários os Estados-Membros que reforçaram a aplicação da regulamentação e políticas internacionais e comunitárias sobre a cibersegurança, desenvolvendo as suas próprias iniciativas para melhorar a gestão dos riscos do ciberespaço através de legislação nacional.[47]

IV Conclusões

Se desde os tempos da Antiguidade o mar era sinônimo de globalização para o comércio, a mesma globalização conduz à emergência de diversos riscos e ameaças que exigem condições mais exigentes dos produtos ICT (*information and communication technologies*) e dos serviços associados.

Os ciberataques no setor marítimo-portuário vieram a robustecer a necessidade de se abordar a nova segurança marítima de uma forma holística, integrando as duas vertentes (a *safety* e a *security*), mas com uma

---

[46] Disponível em: https://ec.europa.eu/digital-single-market/en/eu-cybersecurity-act.
[47] Lei CIIP em França (Disponível em: https://www.ssi.gouv.fr/en/cybersecurity-in-france/ciip-in-france/); lei específica para os portos no Reino Unido (Disponível em: https://www.gov.uk/government/publications/ports-and-port-systems-cyber-security-code-of-practice); Lei IT-Grundschutz na Alemanha (Disponível em: https://www.bsi.bund.de/EN/Topics/ITGrundschutz/itgrundschutz_node.html); em Portugal: a Lei nº 46/2018 de 13 de agosto transpôs para o ordenamento jurídico nacional a Diretiva (UE) nº 2016/1148 e a Resolução do Conselho de Ministros nº 92/2019 de 5 de junho veio estabelecer a Estratégia Nacional de Segurança do Ciberespaço. Note-se que a cibersegurança foi tema relevante na agenda da última Cimeira da Nato em Londres, no mês de dezembro de 2019.

modelação que deriva da estratégia nacional prosseguida para o mar por cada Estado.

Só assim será possível que a "segurança no mar" seja uma realidade que se equilibra pela interação de dois círculos concêntricos: a *safety*, de natureza essencialmente técnica, e a *security*, que reforça aquela (ou a torna, infelizmente, mais vulnerável) e que assume contornos de prevenção e de contenção das ameaças.

O salto qualitativo dado pela União Europeia no que respeita à cibersegurança foi dado pela Diretiva 2016/1148 (*Directive on Security of Network and Information Systems*), passando a dispor de legislação habilitada a harmonizar as capacidades nacionais de cibersegurança, à colaboração nas fronteiras e à supervisão dos setores críticos no espaço da União.

No entanto, se esta era a realidade antes da Covid-19, por maioria de razão deve ser reforçada nos tempos atuais, já que os cibercriminosos continuam (ou até reforçaram) a sua atividade durante a pandemia, designadamente, com a disseminação do teletrabalho, o que aumenta, drasticamente, a amplitude do ataque às empresas e com a procura, em todo o mundo, de informação sobre o vírus por milhões de cidadãos, associando modelos sofisticados de *phishing* e promovendo a distribuição de programas maliciosos para roubo de credenciais e acessos.

"Navegar no ciberespaço" em "segurança" corresponde, afinal, a enfrentar novos "escolhos" – acidentais ou deliberados – em que a globalização "desregulada" é o novo arquétipo do "Cabo das Tormentas" e do "Mar Tenebroso".

Tal como este foi navegável e safo, também o ciberespaço o deverá ser em segurança, com uma regulação apertada e com novos instrumentos, como Pedro Nunes o fez com a carta das "latitudes crescidas",[48] ou como

---

[48] Embora em cartas de pequena escala, deixando a Gerardo Mercator, mais tarde, a glória da sua generalização. Pedro Nunes, enquanto o primeiro cosmógrafo-mor do Reino, nomeado em 1547, desempenhou um papel crucial

Bartolomeu Dias, ao dobrar o promontório, veio a designá-lo como a nova "Boa Esperança", um repositório de novos conhecimentos e técnicas de navegação com os quais foi possível iniciar-se a "globalização"!

Referências

2020 VISION: Check Point's cyber-security predictions for the coming year. *Check Point*, 24 out. 2019. Disponível em: https://blog.checkpoint.com/2019/10/24/2020-vision-check-points-cyber-security.

BRANCO, Carlos. Porquê uma estratégia de segurança nacional? *Jornal Expresso*, 11 maio 2018.

CAJARABILLE, V. (Coord.). *A segurança nos portos* – Uma visão integrada. Aveiro: Mare Liberum, 2014.

CAJARABILLE, V. e outros. *A segurança no mar* – Uma visão holística. Aveiro: Mare Liberum, 2012.

CAJARABILLE, V. Enquadramento estratégico. *In*: CAJARABILLE, V. e outros. *A segurança no mar* – Uma visão holística. Aveiro: Mare Liberum, 2012.

COELHO, Carlos. *Poluição marítima por hidrocarbonetos e responsabilidade civil*. Coimbra: Almedina, 2007.

COUNCIL OF THE EUROPEAN UNION. *European Union Maritime Security Strategy*. Bruxelas, 24 jun. 2014. Doc. 11205/14.

COUTO, Abel Cabral. *Elementos de estratégia*. Lisboa: IAEM, 1988. v. I.

DUARTE, António Rebelo. Políticas e estratégias marítimas da Europa e de Portugal. *Cadernos Navais*, n. 48, abr./jun. 2018. Disponível em: www.marinha.pt.

ENISA – EUROPEAN UNION AGENCY FOR CYBERSECURITY. *Port cybersecurity* – Good practices for cybersecurity in the maritime sector. Nov. 2019. ISBN 978-92-9204-314-8. DOI 10.2824/328515.

ENISA – EUROPEAN UNION AGENCY FOR CYBERSECURITY. *Report*. Disponível em: https://www.enisa.europa.eu/news/enisa-news/first-eu-report-on-maritime-cyber-security.

ENISA – EUROPEAN UNION AGENCY FOR CYBERSECURITY. *The European Maritime Security Strategy*. 2014. Disponível em: https://ec.europa.eu/maritimeaffairs/policy/maritime-security_en.

---

no desenvolvimento do estudo dos problemas matemáticos da cartografia náutica e que se tornou imprescindível nos métodos e nos equipamentos utilizados na navegação oceânica. Foi o primeiro a conceptualizar a diferença entre a "loxodromia" e a "ortodromia", i.e., referindo que a linha de rumo constante não era a distância mais curta entre dois pontos. No seu *Tratado em Defesa da Carta de Marear*, argumentou que uma carta náutica deveria ter circunferências paralelas e meridianos "desenhados como linhas retas". Mas poderíamos referir muitos mais e, mais recentemente, o Almirante Gago Coutinho e a sua assombrosa preparação – matemática e cartográfica – da viagem da Primeira Travessia Aérea do Atlântico Sul, entre Lisboa e o Rio de Janeiro, em 1922.

ENISA – EUROPEAN UNION AGENCY FOR CYBERSECURITY. *The European Maritime Security Strategy*. Rev. 2018. Disponível em: https://www.consilium.europa.eu/en/press/press-releases/2018/06/26/maritime-security-eu-revises-its-action-plan/.

ESCORREGA, Luis Carlos Falcão. A segurança e os novos riscos e ameaças: perspetivas várias. *Revista Militar*, n. 2491, ago./set. 2009. Disponível em: https://www.revistamilitar.pt/.

FARIA, Duarte Lynce de. *O contrato de volume e o transporte marítimo de mercadorias* – Dos granéis aos contentores, do "tramping" às linhas regulares. Coimbra: Almedina, 2018. Coleção Teses.

FARIA, Duarte Lynce de. Segurança no mar. *In*: GOUVEIA, Jorge Bacelar; SANTOS, Sofia (Coord.). *Enciclopédia de direito e segurança*. Coimbra: Almedina, 2015.

FERNANDES, António Horta. Conceito estratégico de defesa nacional (CEDN) ou conceito estratégico de segurança nacional (CESN)? Um falso dilema. *Observatório Político*, n. 43, abr. 2014. Disponível em: http://www.observatoriopolitico.pt/wp-content/uploads/2014/04/WP_43_AHF.pdfla.

GALLAGHER, John. *Freight Wave (Revue)*. [s.l.]: [s.n.], 29 mar. 2019.

GARCIA, Francisco Proença. Defesa Nacional. *In*: GOUVEIA, Jorge Bacelar; SANTOS, Sofia (Coord.). *Enciclopédia de direito e segurança*. Coimbra: Almedina, 2015.

GOBIERNO DE ESPAÑA. *Estrategia de Seguridad Marítima Nacional*. [s.l.]: [s.n.], 2013.

GOUVEIA, Jorge Bacelar. Direito constitucional da segurança. *In*: GOUVEIA, Jorge Bacelar; SANTOS, Sofia (Coord.). *Enciclopédia de direito e segurança*. Coimbra: Almedina, 2015.

GOUVEIA, Jorge Bacelar. *Direito da segurança cidadania, soberania e cosmopolitismo*. Coimbra: Almedina, 2018.

GOUVEIA, Jorge Bacelar; SANTOS, Sofia (Coord.). *Enciclopédia de direito e segurança*. Coimbra: Almedina, 2015.

GOWARD, Dana A. Patterns of GPS Spoofing at Chinese Ports. *MAREX, Daily Collection of Maritime Press Clippings*, n. 356, p. 31-32, 2019.

GUEDES, Armando Marques. Segurança externa e segurança interna. *In*: GOUVEIA, Jorge Bacelar; SANTOS, Sofia (Coord.). *Enciclopédia de direito e segurança*. Coimbra: Almedina, 2015.

HOME. *CISA – The Cybersecurity and Infrastructure Security Agency*. Disponível em: www.cisa.gov.

IMO. *Guidelines on Maritime Cyber Risk Management (MSC-FAL.1/Circ.3)*. Disponível em: http://www.imo.org/en/OurWork/Security/Guide_to_Maritime_Security/Documents/MSC-FAL.1-Circ.3%20-%20Guidelines%20On%20Maritime%20Cyber%20Risk%20-Management%20(Secretariat).pdf.

JESUS, Luis António Cuco de. *Polemologia da segurança marítima* – Golfo da Guiné como estudo de caso. Inédito.

KAPLAN, Elliott D.; HEGARTY, Christopher J. *Understanding GPS principles and applications*. 2. ed. Boston-London, Norwood, MA, USA: Artech House, 2006.

LOURENÇO, Nelson. Segurança interna. *In*: GOUVEIA, Jorge Bacelar; SANTOS, Sofia (Coord.). *Enciclopédia de direito e segurança*. Coimbra: Almedina, 2015.

MAMAN, Rafael. The reshaping cyber threat landscape of operational technology. *Conferência Cibersegurança – Os desafios da Tecnologia Operacional (OT)*, Lisboa, 5 fev. 2020.

MARQUES, Antonio Gameiro. A segurança do ciberespaço em Portugal e no setor marítimo. *Cadernos Navais*, n. 52, abr./jun. 2019. Disponível em: www.marinha.pt.

MARQUES, Antonio Gameiro. Cibersegurança no setor marítimo. *Revista de Marinha*, n. 1004, p. 30-32, jul./ago. 2018.

MINISTERY OF DEFENSE – MOD UK. *The UK National Strategy for Maritime Security*. [s.l.]: MOD UK, maio 2014.

PEDRA, José Rodrigues. A União Europeia e a segurança no mar. *In*: CAJARABILLE, V. e outros. *A segurança no mar – Uma visão holística*. Aveiro: Mare Liberum, 2012.

PEREIRA, Luis Sousa. A Nato e a segurança no mar. *In*: CAJARABILLE, V. e outros. *A segurança no mar – Uma visão holística*. Aveiro: Mare Liberum, 2012.

POOFING in the black sea what really happened. *GPS World*. Disponível em: https://www.gpsworld.com/spoofing-in-the-black-sea-what-really-happened/.

SANTOS, Ana Miguel dos. Uma segurança interna cada vez mais europeia? Uma segurança externa cada vez mais nacional? *RDeS – Revista de Direito e Segurança*, ano VI, p. 27-51, jul./dez. 2018.

SANTOS, Lino. Cibersegurança e segurança da informação. *In*: GOUVEIA, Jorge Bacelar; SANTOS, Sofia (Coord.). *Enciclopédia de direito e segurança*. Coimbra: Almedina, 2015.

SANTOS, Sofia. Defesa preemptiva e defesa preventiva. *In*: GOUVEIA, Jorge Bacelar; SANTOS, Sofia (Coord.). *Enciclopédia de direito e segurança*. Coimbra: Almedina, 2015.

SIGNIFICANT cyber incidents. *CSIS – Center for Strategic & International Studies*. Disponível em: https://www.csis.org/programs/technology-policy-program/significant-cyber-incidents.

THE AMERICAN CLUB. *Mass Global Positioning System (GPS) spoofing at ports in The People's Republic of China in Daily Collection of Maritime Press Clipping 2010-002*. [s.l.]: [s.n.], [s.d.].

THE EUROPEAN CENTRE OF EXCELLENCE FOR COUNTERING HYBRID THREATS. *Handbook on Maritime Hybrid Threats – 10 Scenarios and Legal Scans*. [s.l.]: [s.n.], nov. 2019.

US COAST GUARD. *Cyber report*. Disponível em: https://navcen.uscg.gov/?Do=GPSReportStatus.

Informação bibliográfica deste texto, conforme a NBR 6023:2018 da Associação Brasileira de Normas Técnicas (ABNT):

FARIA, Duarte Lynce de. A "segurança no mar" e a cibersegurança marítima no quadro jurídico português. *In*: LEWANDOWSKI, Enrique Ricardo (Coord.). *Direito Marítimo*: estudos em homenagem aos 500 anos da circum-navegação de Fernão de Magalhães. Belo Horizonte: Fórum, 2021. p. 165-195. ISBN 978-65-5518-105-0.

LUZES E SOMBRAS SOBRE AS REGRAS DE ROTTERDAM: A POSIÇÃO DO BRASIL E DA AMÉRICA LATINA

ELIANE M. OCTAVIANO MARTINS

1 A regulamentação internacional dos contratos internacionais de transporte marítimo de mercadorias

A sistematização dos contratos de transporte marítimo internacional de mercadorias tem sido alvo de reiteradas iniciativas.

Todavia, a diversidade regulatória, a grande variedade de modalidades contratuais adotadas e a multiplicidade de documentos, interesses e sujeitos envolvidos vêm dificultando sensivelmente a unificação internacional do transporte marítimo internacional de mercadorias.

Efetivamente, a diversidade contratual e documental exerce forte influência na regulamentação material e conflitual atinente aos contratos marítimos internacionais de mercadorias e enseja uma dicotomia realística. Por um lado, os convênios materiais existentes regulam estritamente os contratos nos quais haja sido emitido um *bill of lading* (BL) – ou uma carta partida (CP) que incorpore os termos do BL – e que tenham sido efetivamente colocados em circulação, regulando, assim, os direitos das partes. Por outro lado, a normativa conflitual geralmente se atrela a normas imperativas e a elementos de conexão.

Não obstante tais dificuldades, destacam-se significativas iniciativas de uniformização internacional visando à sistematização do direito aplicável ao transporte marítimo internacional de mercadorias.

Historicamente, a primeira tentativa de regulamentação do transporte marítimo internacional é evidenciada nos EUA, em 1893, com a promulgação do *Harter Act* (Lei Harter).

A Lei Harter, de forma pioneira, inseriu o conceito de *due diligence*, que engendra a atitude do armador ou do comandante em empregar "diligência razoável", visando a evitar ou a salvar a carga de perda ou avaria, e proibiu a incorporação de cláusula contratual que exonerasse o armador do dever de exercer a devida diligência para fornecer o navio em estado de navegabilidade (*seaworthy*). A legislação americana em referência declarava nulas as cláusulas de exoneração que se referissem a negligências ou faltas do armador ou do capitão.

A par da Lei Harter, destacam-se ainda, nesse contexto histórico, o *Australian Carriage of Goods by Sea Act* (Austrália, 1904), o *New Zealand Shipping and Seaman Act* (Nova Zelândia, 1908) e o *Canadian's Water Carriage Act* (Canadá, 1910).

Em 1921, foram instituídas as Regras de Haia, configurando a primeira iniciativa global de uniformização das normas internacionais atinentes às responsabilidades do armador, porém as Regras de Haia eram um contrato-tipo que não tinha aplicabilidade imperativa entre as partes.[1]

Desta forma, surgiu a necessidade de uma convenção internacional imperativa para regular as relações contratuais decorrentes do transporte marítimo de mercadorias.

---

[1] As Regras de Haia foram elaboradas em uma reunião de especialistas realizada em Haia, na Holanda, com o objetivo de instituir uma regulamentação uniforme atinente à responsabilidade do transportador marítimo.

Em 1924, foi assinada a Convenção Internacional para a Unificação de Certas Regras em Matéria de Conhecimento de Embarque (*Internacional Convention for Unification of Certain Rules Related to Bill of Ladings*, Bruxelas, 1924), elaborada com base nas Regras de Haia (1921), motivo pelo qual, não obstante tenha sido assinada em Bruxelas, conservou-se o nome original da regulamentação-base e passou-se a designar a Convenção de Bruxelas para Unificação de Regras em matéria de Conhecimento de Embarque como Regras de Haia de 1924.

As Regras de Haia (1924) foram ratificadas por expressivo número de países, incluindo os países de maior importância no transporte marítimo.

Em 1936, é promulgado nos EUA o *Carriage of Goods by Sea Act* – Cosga. O Cogsa (1936) é considerado uma versão norte-americana modificada das Regras de Haia.

Em nível mundial, o marco normativo mais importante está conformado pelas Regras de Haia (1924) e respectivas alterações – Protocolo de Visby (1968) e Protocolo DES (1979).

As alterações às Regras de Haia (1924) foram introduzidas pelo Protocolo Visby (Convenção de Bruxelas de 1968). A partir de então, as Regras de Haia, de 1924, passam a ser internacionalmente denominadas Regras de Haia-Visby ou Regras de Visby.[2]

Em 1979, as Regras de Haia-Visby sofreram outra alteração através do Protocolo DES. Este afetou os limites da responsabilidade do transportador. Efetivamente, o Protocolo DES incorporou os Direitos Especiais de Saque do FMI (DES) no cálculo dos limites das indenizações a serem efetuadas pelo transportador marítimo.

Efetivamente, somente dois terços, aproximadamente, dos países signatários das Regras de Haia (1924) aderiram aos protocolos Visby e

---

[2] O Protocolo Visby alterou o teor dos arts. 3, 4, 5, 9 e 10 das Regras de Haia (1924). Atente-se, todavia, que há países que somente são signatários das Regras de Haia.

DES. Outros preferiram se manter apenas vinculados às Regras de Haia de 1924. Todavia, as nações de maior importância no comércio marítimo, ou seja, aquelas com as maiores frotas mercantes, aderiram às Regras de Haia (1924) e a ambos os protocolos – Visby (1968) e DES (1979).

Em 1978, foi elaborada, em Hamburgo, a *United Nations Convention on the Carriage of Goods by Sea*, 1978 (Convenção das Nações Unidas sobre o Transporte Marítimo Internacional), comumente conhecida como Regras de Hamburgo (RH).[3]

As Regras de Hamburgo consagram o princípio da presunção de culpa do transportador, entre outras alterações significativas que contrariaram, efetivamente, os interesses dos armadores. As RH preveem uma indenização por atraso na entrega das mercadorias: um limite de 835 DES por volume ou 2,5 DES por quilograma (ou o que resultar maior), e um limite de 2,5 vezes o valor do frete das mercadorias que tenham sofrido atraso, não podendo nunca ultrapassar o valor do frete total do BL.

Em decorrência de tais fatos, as RH entraram em vigor somente a partir 1992, todavia têm sua aplicabilidade limitada. Foram ratificadas apenas por 21 Estados, considerados de pouca importância no cenário marítimo internacional.[4]

Apesar de reiteradas e significativas iniciativas visando à uniformização das normas aplicáveis ao domínio dos contratos de transporte marítimo internacional de mercadorias, ainda não se alcançou a uniformização da regulamentação material e conflitual dos contratos de transporte marítimo.[5]

---

[3] As Regras de Hamburgo também podem ser aplicáveis às CPS.

[4] Os Estados signatários das Regras de Hamburgo são os seguintes: Áustria, Barbados, Botswana, Brasil, Burkina Faso, Camarões, Chile, República Tcheca, Egito, Gâmbia, Geórgia, Guiné, Hungria, Jordânia, Líbano, Lesoto, Malawi, Marrocos, Nigéria, Portugal, Quênia, Romênia, São Vicente e Granadinas, Senegal, Síria, Serra Leoa, Tanzânia, Tunísia, Uganda, Zâmbia, entre outros. Reitera-se que o Brasil é signatário, mas não ratificou.

[5] V. MARTINS, Eliane M. Octaviano. *Curso de direito marítimo*. 4. ed. São Paulo: Manole, 2013. v. I-II; ESPINOSA CALABUIG, Rosário. *El contrato internacional de transporte marítimo de mercancías*: cuestiones de ley aplicable. Granada: Comares, 1999 e DELEBECQUE Philippe; JACQUET Jean-Michel. *Droit du commerce international*. Paris: Dalloz, 1997.

Na época em que se estabeleceram as Regras de Haia, Haia-Visby e Cogsa, o transporte marítimo de cargas era feito em unidades soltas, como caixas, engradados, sacas e barris, e os trajetos limitavam-se do porto de destino ao porto de descarga. Com o uso dos estrados de madeira (*pallets*) e a intensificação do uso dos contêineres a partir da década 50, tornou-se mais regular o transporte de cargas unitizadas e, a partir da década de 70, começou a se notar significativamente a utilização do transporte multimodal (embarque feito por duas ou mais modalidades de transporte sob o mesmo conhecimento de embarque). As Regras de Haia e Haia-Visby não previam os embarques multimodais e unitizados que vêm dominando o transporte de carga seca por mais de 50 anos.

Neste cenário, surgiram em 2008 as Regras de Rotterdam (promulgadas em setembro de 2009) que buscam atualizar toda legislação internacional já existente acerca do transporte marítimo.

No período compreendido entre 2002 e 2009, um grupo intergovernamental realizou várias negociações acerca das novas regras que uniformizariam o transporte internacional de mercadorias.[6][7]

A nova convenção foi adotada pela Assembleia-Geral das Nações Unidas no dia 11.12.2008, sendo denominada Convenção das Nações Unidas sobre Contratos de Transporte Internacional de Mercadorias Total ou Parcialmente por Via Marítima (Regras de Rotterdam – *The Rotterdam Rules* – Uncitral/ CMI).

---

[6] Este trabalho foi desenvolvido primeiramente na Comissão das Nações Unidas para o Direito Comercial Internacional – CNUDCI, e posteriormente no Comitê Marítimo Internacional – CMI. "El resultado obtenido ha sido fruto de un enorme esfuerzo, no solo por la complejidad de la materia y la intensa participación de diversas organizaciones internacionales, entre otras el Comité Marítimo Internacional, sino por la actitud negociadora y de consenso que ha inspirado la redacción" (ARROYO MARTINEZ, Ignacio. Las reglas de Rotterdam ¿Para qué? *Anuario de Derecho Marítimo*, n. 27, p. 25-43, 2010. Disponível em: http://dialnet.unirioja.es/servlet/articulo?codigo=3322247).

[7] O então presidente do Comitê Marítimo Internacional – CMI, F. Berlingieri, já incentivava, desde 1988, o desenvolvimento de um estudo sobre as lacunas das Regras de Haia-Visby e as razões para o fracasso das Regras de Hamburgo de 1978.

Em termos gerais, a adoção de regras uniformes para reger os contratos internacionais de transporte total ou parcialmente por mar vai promover a segurança jurídica e pretende favorecer a eficiência do transporte internacional de mercadorias e facilitar novas oportunidades, desempenhando assim um papel fundamental na promoção do desenvolvimento econômico e do comércio nacional e internacional.

As Regras de Rotterdam (RR) entrarão em vigor no primeiro dia do mês seguinte à expiração do prazo de um ano, contado a partir da data do depósito do vigésimo instrumento de ratificação, aceitação, aprovação ou adesão.[8]

A efetividade das RR tem sido amplamente discutida, sendo alvo de inúmeras críticas. Tem se considerado o texto das Regras de Rotterdam extremamente ambicioso ao sistematizar a modernização do direito marítimo e normatizar o transporte multimodal.

Inobstante várias críticas, o texto das regras traz algumas alterações significativas. Em uma linguagem poética, poderiam ser consideradas "luzes" que se contrapõem a aspectos considerados negativos, resultando, portanto, em "sombras" no contexto da regulação do transporte marítimo internacional.[9]

2   Das "luzes" sobre as Regras de Rotterdam

As principais inovações das Regras de Rotterdam no transporte marítimo internacional têm sido amplamente analisadas em relação às convenções de Haia, Haia-Visby e Hamburgo em vários aspectos.

---

[8] A *International Chamber of Commerce* (ICC); *International Chamber of Shipping* (ICS); *European Community Shipowners Associations* (ECSA); *National Industrial Transportation League* (NITL), dos Estados Unidos e o Comitê Marítimo Internacional (CMI) se manifestam favoravelmente à adoção das RR. A Espanha foi o primeiro país a ratificar a convenção.

[9] MARTINS, Eliane M. Octaviano; VIANNA, Raphael Gonçalves. Da regulamentação internacional dos contratos internacionais de transporte marítimo de mercadorias: as Regras de Rotterdam e o direito brasileiro. *In*: ESPINOSA CALABUIG, Rosario. *Pros y contras del nuevo convenio*. Madrid: Tirant lo Blanch, 2013.

Consideradas inovadoras, tem se destacado que as regras consignam definições gerais teleológicas e não mais conceituais e consolidam a interpretação em consonância ao caráter internacional, a "uniformidade" e a "boa-fé" no comércio internacional.[10]

Considerando os objetivos de uniformização das normas concernentes ao transporte internacional de mercadorias via marítima, as RR regulam o transporte porta a porta (*maritime plus*), disciplinando obrigações e direitos relacionados ao transporte multimodal e inovando em aspectos fundamentais nas relações das partes.

Procede, ademais, alterações nas excludentes de responsabilidades e limitação, inova ao utilizar a DST como parâmetro,[11] consagra a aceitação de documentos e instrumentos eletrônicos, a possibilidade de transferência de direitos através de endosso e a criação de contratos de volume, entre outras relevantes inovações.

Além de tais aspectos, a definição e a criação de outros sujeitos intervenientes como parte executora e parte executora marítima, embarcador documental, parte controladora e portador têm sido apontadas tanto no

---

[10] "Apesar dos críticos acharem as Regras muito longas e complexas e que elas modificarão um histórico de jurisprudências consolidadas com aplicação principalmente da Convenção de Bruxelas de 1924 (Regras de Haia Visby), a nova convenção é inovadora e ambiciosa ao regular o transporte porta a porta ou o chamado 'maritime plus', ou seja, um transporte combinado com pelo menos uma fase marítima e podendo contar ainda com uma fase rodoviária, ferroviária e aérea. [...] Alguns defendem as novas regras argumentando que estas unificarão as normas internacionais já existentes. [...] Contudo, as RR também apresentam pontos positivos que merecem ser debatidos. O enquadramento das RR ao contexto atual do transporte internacional é um ponto a ser destacado como positivo, pois poderá trazer uniformidade e segurança jurídica para o comércio internacional além de ser uma norma moderna e que abrange todos os modais de transporte, simplificando e desburocratizando as operações próprias às atividades de transporte. [...] Concernente à obrigação do embarcador em relação ao transportador, as Regras aprofundaram e desenvolveram o que já existia nas Regras de Hamburgo de 1978, prevendo diferentes aspectos sob o ângulo das ações do embarcador e sua responsabilidade, trazendo desta forma maior segurança jurídica para as partes. As Regras aprofundam também em relação às obrigações do transportador, desde a recepção da mercadoria até sua entrega, prevendo obrigações fundamentais e acessórias. A responsabilidade do transportador por perdas, danos e atraso complementa o capítulo sobre as obrigações do transportador, uma vez que a ligação entre as obrigações e a responsabilidade do transportador seja estabelecida. [...] Resta saber se, havendo anuência internacional (artigo 94 RR/08), as Regras de Rotterdam realmente vão proporcionar a unificação objetivada" (MARTINS, Eliane M. Octaviano; VIANNA, Raphael Gonçalves. Da regulamentação internacional dos contratos internacionais de transporte marítimo de mercadorias: as Regras de Rotterdam e o direito brasileiro. *In*: ESPINOSA CALABUIG, Rosario. *Pros y contras del nuevo convenio*. Madrid: Tirant lo Blanch, 2013).

[11] V. RR, 17 e 59.

contexto positivo quanto no aspecto negativo, não havendo, portanto, consenso sobre a viabilidade de tais inovações.

No contexto das "luzes" sobre as RR, inferem-se, ainda, as seguintes questões:

i) disposições sobre carga transportada no convés;

ii) previsão sobre validade das cláusulas, modificação, deficiências nos dados e efeitos probatórios do contrato;

iii) alteração dos procedimentos e prazos para *claims*;

iv) obrigação de notificar o transportador por faltas, avarias ou atrasos – presumida a entrega da carga ao destinatário, salvo protesto do recebedor relativo às perdas e avarias sofridas no ato do recebimento; ou, no máximo,

iv) protesto do recebedor em até sete dias;

vi) prazo prescricional para o exercício da pretensão indenizatória de dois anos (RR, art. 62), prorrogável nos termos do art. 63;[12]

vii) normas sobre direito de regresso (RR, art. 64) e sobre ações contra pessoas identificadas como transportador. Especial referência à ação contra o afretador a casco nu (RR, art. 65);

viii) procedimentos arbitrais (Capítulo 15).

2.1 Das responsabilidades do transportador

O art. 1º (5) das RR define o transportador como aquele que é parte do contrato de transporte realizado com o embarcador, motivando a abrangência dos transportes multimodais vinculados ao transporte de

---

[12] "[...] a Convenção contém figuras interessantes, tais como: prazo prescricional para o exercício da pretensão indenizatória em face do transportador marítimo de dois anos e o enxugamento das causas legais excludentes de responsabilidades previstas nas convenções anteriores (das quais o Brasil corretamente não foi signatário), além do protesto do recebedor em até sete dias, sendo que a ausência deste não implicará prejuízo ao interessado, desde que o substitua por outro meio de prova [...]" (CREMONEZE, Paulo Henrique. Análise crítica das Regras de Roterdã: pela não adesão do Brasil. *Jus Navigandi*, Teresina, ano 16, n. 2813, 15 mar. 2011. Disponível em: http://jus.com.br/revista/texto/18691. Acesso em: 8 jan. 2013).

cargas marítimas, como em complementos terrestres ou hidroviários (rios e lagos). Da definição ora descrita, nota-se diferença fundamental em relação às outras regras utilizadas, ampliando a cadeia de *players* no transporte marítimo.

Entre as principais "luzes" sobre as Regras de Rotterdam (RR), têm se destacado as inovações relativas à responsabilidade do transportador.

O art. 13 das RR determina que o transportador é obrigado a agir de maneira apropriada e cuidadosa na recepção, no carregamento, na manutenção, na estivagem, no transporte, na preservação, no descarregamento e na entrega da mercadoria.[13] Ainda no contexto das responsabilidades, as RR, art. 14, contemplam obrigação do transportador de apresentar embarcação em condições de navegabilidade antes, no início e durante a viagem.

Consideradas uma importante inovação, as RR consagram a culpa *in eligendo* e *in vigilando* do transportador, afastando um dos últimos resquícios da *negligence clause* que objetivava a exoneração da responsabilidade do transportador por culpa (ou falta) náutica (RR, art. 17).

Amparando a responsabilidade por perdas, danos e atrasos, as RR consideram a responsabilidade do transportador até a efetiva entrega da carga ao proprietário no lugar de destino.

Além das tradicionais partes intervenientes no contrato de transporte marítimo – transportador (*carrier*), embarcador (*shipper*) e consignatário (*consignee*) – as RR criam e definem novos partícipes na cadeia

---

[13] "Observa-se que o parágrafo primeiro do artigo 13 não traz nenhuma alteração em relação às convenções em vigor atualmente (Bruxelas e Hamburgo). Entretanto, a segunda parte desse artigo (parágrafo segundo) proporciona uma liberdade muito grande aos contratantes, o que poderia acarretar uma relação contratual desigual. O parágrafo segundo desse artigo prevê que o transportador e o carregador têm a faculdade de acordar que as operações descritas no parágrafo 1 do mesmo artigo, poderão ser executadas pelo carregador ou pelo destinatário, ou seja, as operações compreendidas desde o carregamento da mercadoria até o seu descarregamento" (MARTINS, Eliane M. Octaviano; VIANNA, Raphael Gonçalves. Da regulamentação internacional dos contratos internacionais de transporte marítimo de mercadorias: as Regras de Rotterdam e o direito brasileiro. *In*: ESPINOSA CALABUIG, Rosario. *Pros y contras del nuevo convenio*. Madrid: Tirant lo Blanch, 2013).

obrigacional: parte executora e parte executora marítima, embarcador documental, parte controladora e portador. Enunciada no art. 1º, item 6, define-se como "parte executora" (*performing party*) aquela que:

> [...] sem ser o transportador, executa ou se compromete a executar quaisquer das obrigações do transportador por força de um contrato de transporte em relação ao recebimento, embarque, manuseio, estivagem, transporte, guarda, desembarque e entrega das mercadorias, desde que tais partes ajam, direta ou indiretamente, por solicitação do transportador ou sob seu controle ou supervisão.[14]

A parte marítima executora (*maritime performing party*) é conceituada como sendo a parte que "execute ou se comprometa a executar quaisquer das obrigações do transportador por força de um contrato de transporte, durante o período entre a chegada das mercadorias no porto de embarque de um navio e a sua partida do porto de descarga de um navio".

As regras normatizam a responsabilidade da parte marítima executora por atividades desempenhadas por delegação do transportador ou quem de direito receba a custódia das mercadorias avariadas, perdidas ou entregues com atraso ao destinatário, conforme reza o art. 19. O art. 18 assume aspectos conceituais do direito civil e responsabilidade civil, estabelecendo que o transportador se responsabiliza por ações ou omissões de qualquer parte executora, incluindo o comandante e a tripulação ou qualquer parte que execute ou se comprometa a executar algumas das obrigações de transportador por cumprimento de um contrato de transporte, atuando direta ou indiretamente, por solicitação do transportador ou sob seu controle ou supervisão.[15] Ressalte-se, porém, que, nesses casos,

---

[14] BERLINGIERI, Francesco. *The Rotterdam rules an attempt to clarify certain concerns that have emerged*. 2009. Disponível em: http://www.comitemaritime.org/Uploads/Rotterdam%20Rules/5RRULES.pdf. Acesso em: 15 jan. 2010 e CMI. A comparative analysis of the Hague-Visby Rules, the Hamburg Rules and the Rotterdam Rules. *General Assembly of the International Association of Average Adjusters-AMD*, 6 nov. 2009. Disponível em: http:/www.comitemaritime.org/draft/pdf/Comparative_analysis.pdf Acesso em: 15 jan. 2010.

[15] "As RR diferem do sistema do Direito Anglo-Saxão e consolida os aspectos civis referem-se a responsabilidade *in eligendo* e *in vigilando*. A desvinculação da responsabilidade do armador perante os atos da tripulação converge com os propostos no CC brasileiro, que imputa culpa '*in eligendo*', ou seja, responsabiliza a empresa por 'atos

os responsáveis se beneficiam com as mesmas defesas e limitações cabíveis ao transportador, enunciadas nos arts. 17 e 59 da convenção.

As RR normatizam, ainda, a responsabilidade solidária e conjunta entre o transportador e a parte marítima executora (*maritime performing party*), quando o dano/perda ocorreu em seu período de responsabilidade, dentro dos limites estabelecidos na referida convenção (RR, art. 20), por atividades desempenhadas por delegação do transportador ou quem de direito receba a custódia as mercadorias avariadas, perdidas ou entregues com atraso ao destinatário (RR, art. 19º).[16] Em consonância a estes dispositivos, tem se considerado que as RR eliminam a "Zona Gris" de responsabilidade principalmente envolvendo as empresas NVOCC ou angariadores de cargas.[17]

---

dos seus prepostos e empregados' [...] No que tange os contratos de transporte marítimo no direito francês, o transportador é obrigado a efetuar todas as operações desde o carregamento até o descarregamento. Assim, as cláusulas FIO, FIOS, FIOST (Free In and Out Stowed and Trimmed) não são válidas, pois o artigo 38 do Decreto 66-1078 de 1966, que incorporou ao ordenamento interno o artigo 3 §2 da Convenção de Bruxelas, é uma norma imperativa, de ordem pública, que não pode ser modificada pela vontade das partes. O artigo 3 §2 da Convenção de Bruxelas de 1924 (Hague-Visby Rules) apresenta as mesmas disposições do artigo 13 §1 das Regras de Rotterdam, porém não prevê a possibilidade de as partes acordarem em relação às operações de carregamento e descarregamento (artigo 13 §2 RR/08). O direito inglês tem uma interpretação diferente do direito francês no tocante à Convenção de Bruxelas de 1924. Para o direito inglês, as partes, no contrato de transporte marítimo, têm a liberdade de convencionar as obrigações descritas no artigo 3 §2. Destarte, se as Regras de Rotterdam forem ratificadas, é possível que os transportadores passem a transmitir essa obrigação aos carregadores e destinatários das cargas (através de cláusulas FIO, FIOS, FIOST), pois o contrato de transporte marítimo é um contrato de adesão com cláusulas pré-impressas, ou seja, os carregadores não terão outra alternativa a não ser aceitar as disposições contratuais impostas pelos transportadores" (MARTINS, Eliane M. Octaviano; VIANNA, Raphael Gonçalves. Da regulamentação internacional dos contratos internacionais de transporte marítimo de mercadorias: as Regras de Rotterdam e o direito brasileiro. *In*: ESPINOSA CALABUIG, Rosario. *Pros y contras del nuevo convenio*. Madrid: Tirant lo Blanch, 2013, *passim*).

[16] Art. 20 das RR, 1: "Caso o transportador e uma ou mais partes executantes marítimas forem responsáveis pela perda, avaria ou atraso na entrega da carga, sua responsabilidade será solidária, porém somente até os limites previstos nesta Convenção".

[17] V. MARTINS, Eliane M. Octaviano; VIANNA, Raphael Gonçalves. Da regulamentação internacional dos contratos internacionais de transporte marítimo de mercadorias: as Regras de Rotterdam e o direito brasileiro. *In*: ESPINOSA CALABUIG, Rosario. *Pros y contras del nuevo convenio*. Madrid: Tirant lo Blanch, 2013; CREMONEZE, Paulo Henrique. Análise crítica das Regras de Roterdã: pela não adesão do Brasil. *Jus Navigandi*, Teresina, ano 16, n. 2813, 15 mar. 2011. Disponível em: http://jus.com.br/revista/texto/18691. Acesso em: 8 jan. 2013 e MENDES, Carlos Pimentel. Um não a Rotterdam. *PortoGente*, 31 jan. 2011. Disponível em: http://www.portogente.com.br/texto.php?cod=39676. Acesso em: 3 fev. 2011.

2.2 Da limitação e excludentes de responsabilidade do transportador

Consoante análise precedente, consideram-se importantes modificações trazidas pelas RR o fundamento, as excludentes e a limitação da responsabilidade do transportador.

Ao contrário da Convenção de Bruxelas (art. 4º, 2, a), a Convenção de Hamburgo e as RR (art. 17) não mantiveram a falta náutica como um dos casos excludentes de responsabilidade do transportador, acabando assim com um dos últimos resquícios da *negligence clause* que tinha como objetivo a exoneração de toda responsabilidade do transportador.[18]

Nos termos das RR, art. 18 anteriormente citado, tipifica-se a responsabilidade do transportador pelo não cumprimento de suas obrigações previstas nas regras causadas por atos e omissões de: (a) qualquer parte executante; (b) o capitão ou tripulação do navio; (c) funcionários do transportador ou da parte executante; ou (d) qualquer outra pessoa que realize qualquer das obrigações do transportador previstas no contrato de transporte, na medida em que a pessoa haja, direta ou indiretamente, segundo supervisão ou controle do transportador.

O art. 59, §1º, das RR determina o perímetro de limitação de responsabilidade do transportador não mais por referência às perdas e danos ocasionados à mercadoria, mas sim em relação à falha no cumprimento das obrigações que incumbem ao transportador. Destarte, o campo de aplicação da limitação de responsabilidade trazido pelas Regras de

---

[18] "A reação contra essa prática começou nos Estados Unidos, através do *Harter Act*, que interditava todas as cláusulas de não responsabilidade que se aplicavam à '*culpa comercial*' (*negligence, fault of failure in proper loading, stowage, custody, care or proper delivery of any merchandise committed to its charge*). [...] A Convenção de Bruxelas aplica a limitação de responsabilidade (limite de indenização) às 'perdas ou danos causados à mercadoria ou concernentes a ela'" (art. 4, §5). Infere-se do dispositivo em questão que o atraso estaria dentro dos casos de limitação de responsabilidade do transportador, pois concerne à mercadoria transportada" (MARTINS, Eliane M. Octaviano; VIANNA, Raphael Gonçalves. Da regulamentação internacional dos contratos internacionais de transporte marítimo de mercadorias: as Regras de Rotterdam e o direito brasileiro. *In*: ESPINOSA CALABUIG, Rosario. *Pros y contras del nuevo convenio*. Madrid: Tirant lo Blanch, 2013, *passim*).

Rotterdam é mais abrangente do que o da Convenção de Bruxelas. Esta limitação do art. 59, §1º, cobrirá, por exemplo, os danos resultantes de uma falha na entrega da mercadoria sem a apresentação do conhecimento de embarque (*misdelivery*). As RR utilizam o DTS como parâmetro e aumentam o montante da limitação para 875 por volume ou unidade e 3 DTS por quilograma.[19] O art. 60 das novas regras prevê, ademais, uma limitação que se aplica aos casos de prejuízos causados por atraso na entrega da mercadoria.

Todavia, nem o transportador nem o navio terão, tanto nas Regras de Hamburgo como nas Regras de Rotterdam, o direito a se beneficiar dessa limitação de responsabilidade se for provado que o dano resulta de um ato ou de uma omissão do transportador que ocorrer, quer com a intenção de provocar um dano, quer temerariamente e com a consciência que um dano provavelmente resultaria desse ato ou omissão.

2.3 Contratos de volume

As RR preveem nova categoria de transporte subordinado ao regime especial: o contrato de volume.

Nos termos do art. 1º, §2º, das novas regras:

> contrato de volume significa um contrato de transporte que forneça o transporte de uma quantidade específica de carga em uma série de carregamentos durante um período de tempo acordado entre as partes. A especificação da quantidade pode incluir um mínimo, um máximo ou uma determinada variação.

Destarte, em se tratando de contrato de volume, o art. 80 das RR restitui ao transportador e ao carregador a liberdade contratual quanto

---

[19] Em relação aos valores da limitação, a Convenção de Bruxelas de 1924 (Protocolo de 1979) prevê o montante de 666,67 DTS por volume ou unidade e de 2 DTS por quilograma, em que o limite mais elevado deverá ser aplicado. As Regras de Hamburgo aumentaram o montante da limitação de 666,67 DTS por volume ou unidade para 835 DTS por volume ou unidade e de 2 DTS por quilograma para 2,5 DTS por quilograma.

aos seus direitos, obrigações e responsabilidades, normativa considerada uma das maiores inovações das novas regras.

As RR consolidam o princípio da autonomia da vontade e, sendo assim, as partes têm inteira liberdade de contratar, entretanto é necessário que o contrato de volume preveja de maneira expressa que ele derrogue as RR. Exige-se, ainda, que o carregador tenha condições de fazer um contrato de transporte nos termos da convenção e tenha sido informado desta possibilidade.

Por fim, a convenção determina também que esta derrogação não deve ser incorporada por referência a outro contrato, nem contida em um contrato de adesão, em que as partes não podem negociar. Se as partes respeitarem estas condições, suas relações serão determinadas livremente pelo contrato de volume.

2.4 A responsabilidade do proprietário do navio

Outra importante previsão das regras é a possibilidade de ação de responsabilidade contra o proprietário do navio em caso de não identificação do real transportador.[20]

O art. 37 das RR, intitulado "Identificação do Transportador", determina que, na ausência da identificação do transportador no documento de transporte, presume-se que o proprietário inscrito do navio é o transportador.

---

[20] "O contrato de transporte, como todo contrato, deveria permitir a identificação das partes de maneira clara, ou seja, o embarcador, o transportador e o destinatário. A incerteza em relação à qualidade real das partes torna complexas as regras de recebimento de uma eventual ação de responsabilidade. Concernente os cocontratantes do transportador, o problema de identificação decorre da generalização dos profissionais intermediários como, por exemplo, os transitários, comissionários, estabelecimentos bancários, agentes consolidadores (NVOCC), etc., que aparecem nos conhecimentos de embarque. Alguns Conhecimentos de Embarque (B/L) não constam o nome do transportador no local destinado. A falta de indicação do transportador no B/L pode gerar alguns problemas para o destinatário da mercadoria que almeja uma ação de indenização contra o transportador" (MARTINS, Eliane M. Octaviano; VIANNA, Raphael Gonçalves. Da regulamentação internacional dos contratos internacionais de transporte marítimo de mercadorias: as Regras de Rotterdam e o direito brasileiro. *In*: ESPINOSA CALABUIG, Rosario. *Pros y contras del nuevo convenio*. Madrid: Tirant lo Blanch, 2013).

Para Bonassies e Scapel:

o destinatário, terceiro portador do conhecimento de embarque, faz valer justamente que o anonimato do transportador impede o destinatário de qualquer recurso, e que não admitindo o seu direito de ação contra o proprietário do navio, criaria uma verdadeira recusa de justiça.[21]

2.5 Documentação e transferência de direitos

Seguindo a tendência mundial de desenvolvimento e desburocratização, as RR inovam, trazendo a previsão de um documento eletrônico de transporte. Esta nova tendência trazida pelas RR se deve à informatização dos documentos de transporte, à necessidade de acelerar a circulação dos documentos e à redução dos custos tradicionalmente ligados à circulação do papel.

Houve, antes mesmo das RR, algumas normas sobre comércio eletrônico (CNUDCI, 1996), assinatura eletrônica (2001), utilização de comunicações eletrônicas nos contratos internacionais (2005). Consequentemente, alguns países já regulamentaram internamente o documento eletrônico, as assinaturas eletrônicas e os serviços de certificação destes.

Com cerca de 90% do comércio mundial transportado pela via marítima, a utilização de um documento eletrônico beneficiaria o desempenho das transações comerciais.

Outra inovação considerada importante é a previsão de disposições suplementares relativas a etapas particulares do transporte, abrangendo o transporte anterior e posterior ao transporte marítimo.

---

[21] BONASSIES, Pierre; SCAPEL, Christian. *Traité de droit maritime*. 2. ed. Paris: LGDJ, 2010 e Resolución de controvérsias y derecho aplicable en el transporte marítimo internacional: el caso de la Unión Europea. *In*: CASTRO JÚNIOR, Osvaldo Agripino de (Org.). *Temas atuais de direito do comercio internacional*. Florianópolis, OAB-SC Editora, 2005. v. 2.

É a primeira vez que um instrumento internacional prevê a possibilidade de transferência de direitos através de endosso de documentos negociáveis, regulando esta relação:[22]

> Capítulo 11 Transferência de direitos
>
> *Artigo 57 Quando um documento de transporte negociável ou documento eletrônico de transporte negociável for emitido*
>
> 1. Quando um documento de transporte negociável for emitido, o portador poderá transferir os direitos incorporados no documento transferindo-o para outra pessoa:
>
> (a) Devidamente endossado a tal pessoa ou em branco, se for um documento a sua ordem; ou
>
> (b) Sem endosso, caso seja (i) documento ao portador ou em branco; ou (ii) um documento nominal em favor de uma pessoa e a transferência seja entre o primeiro portador e a pessoa específica.
>
> 2. Quando um documento eletrônico de transporte negociável for emitido, o seu portador poderá transferir os direitos incorporados no documento, tanto se for emitido à ordem ou à ordem de uma pessoa específica, transferindo o documento eletrônico de transporte de acordo com os procedimentos mencionados no Artigo 9, parágrafo 1.

2.6 Transporte pelo mar e outros modais

As RR consignam sua aplicabilidade a outros modais de transporte como complemento do transporte marítimo. Tal admissibilidade resulta da consonância entre a definição do art. 1º, §1º.

O termo "contrato de transporte" designa o contrato pelo qual um transportador se obriga, mediante o pagamento de um frete, a transportar uma mercadoria de um lugar a outro.

O contrato prevê o transporte pelo mar e pode prever, também, o transporte por outros modos e do art. 5º das novas regras, que adota quatro critérios geográficos levando-se em conta duas alternativas: se o

---

[22] V. MARTINS, Eliane M. Octaviano; VIANNA, Raphael Gonçalves. Da regulamentação internacional dos contratos internacionais de transporte marítimo de mercadorias: as Regras de Rotterdam e o direito brasileiro. *In*: ESPINOSA CALABUIG, Rosario. *Pros y contras del nuevo convenio*. Madrid: Tirant lo Blanch, 2013.

transporte é totalmente pelo mar, apenas os portos de carregamento e descarregamento são relevantes.

No entanto, se o transporte é parcialmente pelo mar, leva-se em conta o lugar da recepção da mercadoria pelo transportador e o lugar da entrega, que não coincidem com os portos de carregamento e descarregamento, bastando apenas que uma das partes esteja em um país que tenha ratificado as novas regras e que o trajeto marítimo seja internacional.

3 Das "sombras" sobre as Regras de Rotterdam

As RR têm sido alvo de reiteradas e complexas polêmicas desde o seu projeto. Ainda em termos de uma referência poética, diversas "sombras" vêm pairando sobre a nova convenção.

A exigência de fase marítima internacional, o favorecimento do transportador marítimo e a substituição de expressões consolidadas na doutrina e jurisprudência por termos inovadores são argumentos constantemente suscitados contra as RR.

Considerada muito extensa – 96 (noventa e seis) artigos agrupados em 18 (dezoito) capítulos – as RR utilizam terminologias e conceitos confusos e prolixos, de interpretação complexa.

O estilo da redação das RR é misto, alternando *common law* e *civil law*. Nas RR, há a ausência em muitos dispositivos legais da básica e mais importante característica do *common law*: precisão. A redação da *civil law* é também presente e há falta da característica básica dessa família jurídica: concisão. Acrescenta-se, ainda, que as RR são uma lei de contratos e não de contratos de transporte de mercadorias: as RR não são uma lei de transporte de mercadoria ou de transporte multimodal, mas uma lei de contratos, o que é uma abordagem muito nova e não usual.[23]

---

[23] Para Tetley, a prolixidade e extensão das RR dificultará a compreensão dos que atuam no setor, especialmente os que não possuem formação jurídica. Destaca que não há familiaridade. As RR são redigidas com termos de estilo, forma e conteúdo que não somente anulam os usos e costumes e não incluem mais de 100 anos

Assim como os novos sujeitos intervenientes são apontados como aspectos positivos da nova convenção, opositores das RR asseveram que os conceitos de parte executora/executante, parte marítima executante, embarcador documental, parte controladora, direito de controle são confusos.

Tem se considerado que as RR podem se converter em um tratado internacional imperativo sobre transporte multimodal.

As teorias que se opõem à adesão das RR consideram as modificações um histórico de jurisprudências consolidadas com aplicação principalmente da Convenção de Bruxelas de 1924 (Regras de Haia-Visby).

Entre as diversas críticas constantemente ostentadas, ainda se destacam os argumentos que propugnam que as RR:

i) não se aplicam aos contratos de afretamento (*charter parties*) nem aos contratos de utilização de espaço (*space charter*), restringindo-se aos contratos de transporte internacional de mercadoria (*liner transportation*);

ii) implementam sistema de responsabilidade *sui generis*, que não responde a nenhum modelo típico de responsabilidade objetiva;

iii) normatizam diversos contratos diferentes, consignam muitas leis diferentes, não somente de transportes de mercadoria por mar. Em específico, as RR contêm: i) uma lei parcial de *bill of lading*, outra de transporte de mercadoria, ii) uma lei parcial de multimodal; iii) uma lei parcial de armazenagem de mercadoria; iv) uma lei de responsabilidade para operação portuária e múltiplas exceções, tal como a exceção para contratos por volume;[24]

---

de jurisprudência. V. TETLEY, William. Summary of some general criticisms of the Uncitral Convention (The Rotterdam Rules). *Preliminary Observations*, 5 nov. 2008. Mimeo. p. 1-2 e CASTRO JUNIOR, Osvaldo Agripino de. Estratégia do Brasil para segurança jurídica no transporte de mercadorias pelo mar. *ADS Advogados*, 2009. Disponível em http://www.adsadvogados.adv.br/informacao.php?lg=br&sc=4&id=13. Acesso em: 30 out. 2013.

[24] V. TETLEY, William. Summary of some general criticisms of the Uncitral Convention (The Rotterdam Rules). *Preliminary Observations*, 5 nov. 2008. Mimeo, *passim*. Assevera Castro Júnior que, por outro lado, deve-se observar

iv) não admitem reservas (RR, art. 90);

v) exigem um número pequeno de ratificações para entrada em vigor (RR, art. 94).²⁵

4 A posição do Brasil e da América Latina

Consoante análise precedente, a discussão sobre as recentes alterações preconizadas na Convenção de Rotterdam, vis-à-vis as convenções de Haia, Haia-Visby e Hamburgo, é temática extremamente complexa.²⁶

A Convenção de Rotterdam não vem encontrando aceitação pacífica e vem sendo alvo de inúmeros questionamentos, em especial pelos países da América.

Tradicionalmente, os países da América Latina não são signatários da maioria das convenções internacionais sobre contratos de transporte marítimo internacional de mercadorias.

---

que as Regras de Haia, Haia-Visby e Regras de Hamburgo possuem um estilo misto *civil law* x *common law*, tal como art. IV, 1 e 2, e essa mistura é limitada, baseada em mais de 100 anos de prática, sendo compreendida por advogados, operadores de transporte e dispersa na jurisprudência no mundo. Pondera, ainda que "as RR não dispõem de dispositivo que trate do Ártico, a próxima fronteira da navegação marítima, bem como não trata do multimodalismo. Segundo Tetley, o mundo precisa de uma nova convenção multimodal e até a atual Convenção Multimodal (1980) é menos complexa e prolixa e possui menos exceções do que as RR. Além disso, é maior em abordagem no transporte por terra e mar e, mesmo assim, não tenta ser ao mesmo tempo uma lei de que regule o transporte marítimo de carga (bill of lading), armazenagem ou responsabilidade portuária" (CASTRO JUNIOR, Osvaldo Agripino de. Estratégia do Brasil para segurança jurídica no transporte de mercadorias pelo mar. *ADS Advogados*, 2009. Disponível em http://www.adsadvogados.adv.br/informacao.php?lg=br&sc=4&id=13. Acesso em: 30 out. 2013).

25 "Apesar da disposição na sistematização dessas regras, alguns especialistas acreditam que sua ratificação estaria colocando mais normas à disposição para o tipo de comércio, o que traria maior complexidade na regulamentação e nos julgamentos de ações litigiosas. Mas é o equilíbrio entre as partes o que mais agrada aos países que se utilizam dos serviços e dos representantes da ONU para o assunto, estabelecendo também, regras que normatizam ações diretamente sobre a carga e não somente ao transportador e transporte em si. Considera-se também nesta conclusão, que as principais economias do mundo que integram o 'G-8' (economias mais desenvolvidas) e 'G-20' (maiores economias em desenvolvimento) em especial Estados Unidos da América, e os integrantes do bloco do BRIC (Brasil, Rússia, Índia e China) são propensos a ratificar, adotando as RR, observada uma grande tendência de adesão do sistema nos demais países signatários. Ficou claro que essa disposição decorre dos últimos doze anos de conferências com representantes dos países supracitados, incluindo-se ainda Reino Unido, França, Alemanha, Japão, justificando-se uma perspectiva positiva entre a comunidade internacional em relação à aprovação da referida Convenção. Apesar de considerarem as RR, de conteúdo extenso e detalhado, surge oportunidade de uma uniformização no mundo jurídico internacional, como instrumento legal importantíssimo para o comércio internacional 'globalizado', adequadas ao que se apresenta operacionalmente no comercio marítimo internacional, sobretudo, identificando necessárias alterações em vista das novas tecnologias, do intenso fluxo comercial marítimo internacional e suas demandas" (MARTINS, Eliane M. Octaviano; VIANNA, Raphael Gonçalves. Da regulamentação internacional dos contratos internacionais de transporte marítimo de mercadorias: as Regras de Rotterdam e o direito brasileiro. *In*: ESPINOSA CALABUIG, Rosario. *Pros y contras del nuevo convenio*. Madrid: Tirant lo Blanch, 2013).

26 Consulte MARTINS, Eliane M. Octaviano. *Curso de direito marítimo*. Teoria geral. Barueri: Manole, 2013.

A Convenção de Haia foi ratificada por Argentina, Bolívia, Cuba e Peru. Equador e México (com o Protocolo SDR de 1979) são signatários de Haia-Visby.

A Convenção de Hamburgo foi adotada por Chile, Paraguai e República Dominicana. O Brasil é signatário, mas não ratificou.

Colômbia, Costa Rica, El Salvador, Guatemala, Haiti, Honduras, Jamaica, Nicarágua, Panamá, Porto Rico, Uruguai e Venezuela não são signatários de nenhuma das convenções.

Todos estes países têm um relevante ponto em comum: são países com Marinha Mercante ineficiente e pouco desenvolvida. Consequentemente, estas nações priorizam políticas que amparem os interesses da carga e não dos armadores.

Independentemente de tal peculiaridade, as críticas dos especialistas latino-americanos sobre as RR são contundentes e têm predominado a posição contrária à sua adesão.

4.1 A Declaração de Montevidéu

Em 22.10.2010 foi firmada Declaração de Montevidéu, documento idealizado por representantes de alguns países contrários às Regras de Rotterdam e, na sua maioria, por juristas.

A declaração recomenda aos Estados americanos a não adesão às RR, defendendo que estas seriam benéficas aos transportadores em detrimento dos embarcadores e destinatários.

As críticas anteriormente elencadas como "sombras" são reiteradas pela Declaração de Montevidéu, que destaca o favorecimento dos interesses dos transportadores e a falta de equidade e vantagens recíprocas no comércio internacional que resultariam em um retrocesso das normas e práticas vigentes no transporte intermodal, ao excluir outros meios de transporte quando não esteja presente o transporte marítimo. Destaca, ainda, a introdução de termos novos, porém ambíguos, que acabariam com a jurisprudência consolidada pelas convenções que antecederam as Regras de Rotterdam. Sobre as RR, a Declaração de Montevidéu elenca várias razões para a não ratificação delas, entre as quais se evidenciam relevantes argumentos:

i) introdução de definições juridicamente dispensáveis para transportador, eis que os termos "parte executante e parte executante marítima" não alteram o conceito de transportador como parte do contrato de transporte;

ii) eliminação dos termos "consignatário e endossatário da carga", consagrados em mais de dois séculos nas legislações, doutrina e jurisprudência internacionais, qualificando-os ainda como "parte", e não como beneficiários dos contratos de transporte, substituindo-os por termos sem significado jurídico, como "portador do documento de transporte, destinatário, direito de controle e parte controladora";

iii) substituição do termo "conhecimento de transporte", consagrado em todas legislações, doutrina e jurisprudência, pelos vagos termos "documento de transporte e documento de transporte eletrônico". Admissibilidade de inserção de cláusulas especiais no documento de transporte, somente em contratos de fretamento, livremente negociados;

iv) permissividade ao transportador de desviar-se da rota, sem perder o direito à exoneração ou à limitação de responsabilidade;

v) fixação de limites ínfimos de responsabilidade por perda ou avaria – 875 DES por 3 DES por quilograma de peso bruto, se for maior – ou por atraso – duas vezes e meia o valor do frete, considerando-se que não se admite limitação de responsabilidade no Uruguai e no Brasil (neste por violar questão de ordem pública, salvo se previsto em contrato de fretamento), sendo bastante inferior aos limites adotados na República argentina e em outros países.[27]

A conclusão da Declaração de Montevidéu é taxativa:

analisada a Convenção de Roterdã e feita a exposição de razões fundamentais, que todos os governos dos países latino-americanos não devem ser signatários das chamadas regras de Roterdã e, se porventura alguns o forem, que os respectivos parlamentos, observadas as regras que disciplinam a teoria do freios e contrapesos, não ratifiquem as assinaturas, tornando inaplicável a Convenção à luz de cada ordenamento jurídico nacional.

4.2 Os contratos marítimos internacionais de transporte de mercadorias no direito brasileiro

No Brasil, os contratos de transporte marítimos são regidos pelos princípios gerais atinentes a todos os contratos de transporte, estipulados nos arts. 730 a 733 e 743 a 756 do Código Civil (CC) e por legislações especiais e convenções internacionais.

O CC/02 efetivamente traça regras básicas do contrato de transporte e deflui do comando normativo do CC, art. 732. São aplicáveis aos contratos de transporte em geral os preceitos constantes da legislação especial e de tratados e convenções internacionais, desde que não contrariem as disposições do CC/02. Atente-se, ainda, para a possibilidade de incidência do CDC, temática extremamente complexa.

O conhecimento de embarque marítimo (*bill of lading* – BL) é normatizado pelos arts. 575 a 589 do Código Comercial (CCom) e nos decretos nºs 14.473/30 e 20.454/31.[28]

---

[27] V. MARTINS, Eliane M. Octaviano; VIANNA, Raphael Gonçalves. Da regulamentação internacional dos contratos internacionais de transporte marítimo de mercadorias: as Regras de Rotterdam e o direito brasileiro. *In*: ESPINOSA CALABUIG, Rosario. *Pros y contras del nuevo convenio*. Madrid: Tirant lo Blanch, 2013.

[28] Não se encontra consenso acerca da natureza jurídica do BL. A dicotomia doutrinária apresenta duas correntes: i) a que propugna pela configuração do BL como o contrato de transporte e ii) a corrente que considera ser

Reitera-se que nenhuma convenção internacional aplicável em matéria de contrato de transporte marítimo internacional de mercadorias foi recepcionada pelo sistema jurídico brasileiro.

4.2.1 Foro competente

No direito brasileiro, como regra, a autonomia da vontade é admissível na escolha do foro. Consequentemente, a cláusula de eleição de foro vem sendo aceita pela doutrina e considerada regra geral, válida, consoante a Súmula nº 335 do Supremo Tribunal Federal (STF). Todavia, destacam-se relevantes entendimentos jurisprudenciais considerando inválidas as cláusulas de eleição de foros estrangeiros em contratos internacionais, em razão do disposto no art. 88 do Código de Processo Civil (CPC). Ademais, o art. 12 da Lei de Introdução as Normas do Direito Brasileiro (LINDB) se consagra regra vigorante normatizando ser competente a autoridade judiciária brasileira, quando for o réu domiciliado no Brasil ou tiver de aqui ser cumprida a obrigação.

Regra geral, tem se consolidado o entendimento no sentido de que a cláusula de eleição de foro tem eficácia plena quando há inteira liberdade de contratar. Destarte, no que concerne aos contratos de transporte cuja evidência e prova decorre do BL, instrumento considerado eminentemente de adesão, prevalece o entendimento de não aceitação da autonomia da vontade relativa à eleição de foro.

4.2.2 Legislação aplicável

No Brasil, subsistem restrições ao princípio da autonomia da vontade. A *Paramount clause* constante do BL determina a legislação aplicável

---

o BL evidência escrita do contrato de transporte. Para aprofundamento do tema consulte MARTINS, Eliane M. Octaviano. *Curso de direito marítimo*. Barueri: Manole, 2008. v. 2. p. 277-279.

e comumente remete à aplicabilidade de um regime convencional, geralmente às Regras de Haia-Visby ou, alternativamente, à Convenção de Bruxelas (1924), conhecida como Regras de Haia, às Regras de Hamburgo, à Cogsa (1936 – EUA) ou a determinada lei estatal.

A regra do direito internacional privado brasileiro relativa à lei aplicável aos contratos em geral evidencia que as obrigações serão qualificadas e regidas pela lei do país em que se constituírem, conforme versa o art. 9º da LINDB. Consoante normativa *supra*, consagra-se a *Lex Loci Contractus*, sendo aplicável nos contratos entre presentes a lei do local de celebração do contrato (art. 9º, *caput*, LINDB) e nos contratos entre ausentes, a lei do local de residência do proponente (§2º do art. 9º da LINDB).

Na falta de escolha da lei ou invalidade desta, valerá a *Lex fori*, ou seja, a lei do lugar no qual se desenvolve o processo que determinará a lei aplicável ao contrato.

As particularidades que especificam a questão remetem à situação fática de o litígio ser julgado no Brasil, em decorrência do art. 12 da LINDB c/c arts. 88 a 90 do CPC, mesmo na hipótese usual de no BL constar cláusula de eleição de foro estrangeiro, ainda que haja a aplicabilidade das Regras de Haia-Visby, de Hamburgo ou Cogsa, ou um direito estatal estrangeiro, por força do disposto no art. 9º da LINDB.

Nessa situação específica, não obstante o processo venha a ser julgado no Brasil e de acordo com o direito processual brasileiro, a legislação estrangeira, ou seja, o direito material estrangeiro, será aplicada nas hipóteses de contratos entre presentes celebrados em país estrangeiro, nos termos do *caput* do art. 9º da LINDB, e nos contratos entre ausentes, se o ente proponente for estrangeiro.

O sistema de restrição da autonomia da vontade e a possível incidência do CDC nos contratos marítimos é visto com certa perplexidade pela comunidade jurídica internacional e apontado como um dos entraves ao investimento estrangeiro no Brasil e à intensificação do comércio com o país.

4.2.3 A incidência do CDC nos contratos de transporte marítimo de mercadorias

O influxo do CDC nos contratos de transporte marítimo encontra dissonância de entendimentos no contexto brasileiro.

Inobstante extensa polêmica e complexidade que permeia a temática, destacam-se entendimentos jurisprudenciais e doutrinários que consideram admissível a incidência do CDC nos contratos de transporte marítimo.[29]

No direito brasileiro, destacam-se duas correntes a respeito da incidência do CDC nos contratos de transportes marítimos de mercadorias: a finalista e a maximalista.

4.2.3.1 Teoria finalista

Como regra, as conclusões adotadas pela teoria subjetiva ou finalista estão calcadas nos seguintes pressupostos: i) o conceito de consumidor deve ser subjetivo[30] e permeado pelo critério econômico e da vulnerabilidade; ii) a expressão "destinatário final" deve ser interpretada restritivamente.

Para a corrente finalista, a tutela do consumidor decorre da vulnerabilidade deste nas relações de consumo (CDC, art. 4º, I). Inobstante serem

---

[29] No transporte de passageiros, é praticamente unânime o entendimento que propugna pela incidência do CDC nos contratos.
[30] O STJ vem flexibilizando o critério subjetivo e reconhece que em situações especiais esse critério deve ser abrandado do conceito de consumidor para admitir a aplicação do CDC nas relações entre fornecedores e consumidor-empresário em que fique evidenciada a relação de consumo, i.e., a relação formada entre fornecedor e consumidor vulnerável técnica, jurídica ou economicamente, de forma presumidamente ou não. Cf. STJ, T3. REsp nº 468.148/SP, j. 2.9.2003. DJ, 28 out. 2003. p. 28; STJ. CC nº 32.270/SP. DJ, 11 mar. 2003, voto do Rel. Min. Antonio de Pádua Ribeiro; REsp nº 286.441/RS (20000115400-1). Ainda pela não incidência 1º TACivSP. Ap nº 788.877-1, j. 3.4.2000.

detectados inúmeros entendimentos diversos acerca do exato alcance do conceito de vulnerabilidade, prepondera a exegese que sustenta dever ser a vulnerabilidade compreendida no sentido técnico, jurídico e socioeconômico. Infere-se, portanto, que tais sentidos importam na configuração de não ter o consumidor conhecimentos em relação aos aspectos jurídicos do negócio e as suas repercussões econômicas, além de não se encontrar, geralmente, na mesma condição social e econômica do fornecedor, parte com que negocia.

Em consonância à exegese finalista, consumidor deve ser aquele que ocupa um nicho específico da estrutura de mercado – o de ultimar a atividade econômica com a retirada de circulação (econômica) do bem ou serviço –, mas com a específica finalidade de consumir o bem ou serviço para suprir uma necessidade pessoal ou privada, e, portanto, final, e não pela necessidade profissional ou empresária, de cunho instrumental apenas.

Infere-se da teoria finalista que consumidor é o destinatário final na cadeia distributiva, o destinatário fático e econômico do bem. Na contextualização do consumidor enquanto destinatário fático, o produto deve ser retirado da cadeia de produção. Com referência à configuração de destinatário econômico, o bem não pode ser adquirido para revenda ou uso profissional, pois ele seria novamente um bem de produção cujo preço estaria embutido no valor final.

Destarte, para a caracterização de consumidor não basta identificar o sujeito como o adquirente ou utente destinatário final fático do bem ou serviço. Ele deve também ser o seu destinatário final econômico e romper a atividade econômica com vistas ao atendimento de necessidade privada, pessoal, não podendo ser reutilizado o bem ou serviço no processo produtivo, ainda que de forma indireta.

A interpretação da teoria *supra* considera o destinatário do produto no elo da cadeia distributiva total, entendendo que o transporte seria parte desse elo produtivo, bem como a destinação final do produto, e não a destinação final do serviço de transporte. Sob tal ótica, o bem transportado e o serviço de transporte serão empregados no desenvolvimento da atividade lucrativa e a circulação econômica não se encerra nas mãos da pessoa física (profissional ou empresário individual) ou jurídica (sociedade simples ou empresária) que utilize do serviço de transporte marítimo de mercadorias. Entende-se, portanto, tratar-se de consumo intermediário e não final; para essa corrente estão excluídos da proteção consumeirista.

Sob a égide da teoria finalista, o embarcador e consignatário, respectivamente, não são, em tese, considerados o destinatário final. Consequentemente, propugna pela não incidência do CDC aos casos envolvendo contratos de transporte marítimo de mercadorias, alegando que estes não instrumentalizam relações de consumo.

4.2.3.2 Teoria maximalista

A teoria maximalista se desponta mais ampla e visa abranger a maior gama de relações contratuais possíveis, enquadrando de forma irrestrita toda pessoa física ou jurídica como merecedora de proteção, seja ela profissional ou não. A corrente maximalista não enquadra a vulnerabilidade como pressuposto basilar.[31] Neste diapasão, insere-se, essencialmente, a atividade de transporte.

Para os maximalistas não importa a definição do destinatário final do serviço de transporte, o que é feito com o produto transportado. Destarte, no âmbito da teoria maximalista, o embarcador e consignatários poderão ser considerados destinatários finais na relação consumerista.[32]

---

[31] V. STJ. REsp nº 286.441/RS; Recurso Especial nº 2000/0115400-1, j. 7.11.2002.
[32] V. CREMONEZE, Paulo Henrique. Do Código do Consumidor: aspectos relevantes ao direito marítimo e ao direito do seguro. *Revista do Instituto dos Advogados de São Paulo*, São Paulo, v. 5, n. 10, jul./dez. 2002, a favor da incidência do CDC, independentemente de ser acatada a tese maximalista. Consulte, em contrário, SAMMARCO, Marcus Vinicius de Lucena. Transporte de carga: o conflito entre as normas especiais e as normas do código de

4.2.3.3 A teoria prevalente

Inobstante significativos julgados a respeito, ainda não há como afirmar a prevalência da corrente finalista ou maximalista.

Evidências empíricas e análise da jurisprudência têm revelado certa tendência de aplicabilidade da corrente maximalista, destacando-se o interesse em preservar os interesses, principalmente da carga avariada de importadores brasileiros.

4.3 O Brasil e as Regras de Rotterdam

O Brasil vive um momento único em sua história ante as recentes descobertas das reservas de petróleo na zona do "pré-sal",[33] situada na plataforma continental brasileira.

Tal fato vem colocando o país em evidência na agenda internacional, evidenciando a relevância das questões marítimas e portuárias no contexto jurídico, econômico e desenvolvimentista. Se confirmadas as reservas da zona "pré-sal", o Brasil será considerado a quarta maior reserva de petróleo do mundo e poderá se tornar uma grande potência mundial.

Consequentemente, estima-se efetiva intensificação do comércio internacional com o Brasil e já se revelam impactos significativos na indústria naval e na atividade portuária.

Nos últimos anos, tem se constatado efetiva intensificação do comércio internacional com o Brasil que resvala em impactos significativos na Marinha Mercante nacional e na atividade portuária, setores estratégicos no contexto da economia global.

---

defesa do consumidor e os limites da sub-rogação da seguradora. *Revista de Direito do Consumidor*, São Paulo, n. 55, p. 177-198, jul./set. 2005.

[33] "Pré-sal" é a denominação consolidada no Brasil das reservas de hidrocarbonetos em rochas calcárias que se localizam abaixo de camadas de sal. As reservas encontram-se em profundidades que superam os 7 mil metros, abaixo de uma extensa camada de sal, motivo pelo qual se denomina a área de camada, província ou zona "pré-sal". De acordo com os geólogos, a camada de sal existente na zona conserva a qualidade do petróleo. Estima-se que a camada do pré-sal contenha o equivalente a cerca de 1,6 trilhões de m3 de gás e óleo. A partir de 2017, estimativas apontam produção de mais de um milhão e 300 mil barris de petróleo por dia.

O Brasil é considerado um país com forte tradição marítima, tradição esta consolidada não só pelas vendas marítimas envolvendo o país e reservas de petróleo, mas, também, por já ter ocupado, nos idos da década de 70, a segunda posição na indústria de construção naval.[34]

Inobstante no mundo *shipping* o Brasil ser considerado uma nação marítima, está longe de se consolidar como uma "potência marítima".

No panorama atual, a indústria *shipping* brasileira enfrenta efetivas dificuldades que afetam o seu desenvolvimento e competitividade em todas as suas vertentes.

Como *global trader*, o Brasil apresenta uma significativa relação de dependência com o mar, evidenciada, principalmente, no tráfego e tráfico marítimo e nas reservas de petróleo e demais potencialidades econômicas como a pesca, que permanece praticamente artesanal, a exploração de gás e demais recursos.

O transporte marítimo representa aproximadamente 95% da carga transportada no comércio exterior. No limiar da sua autossuficiência, o Brasil prospecta mais de 80% de seu petróleo.

A frota mercante brasileira já representou 30% do comércio exterior do país, mas há décadas o Brasil é considerado um país "transportado" e não um país "transportador".

Atualmente, estudos empíricos evidenciam que apenas 3% das mercadorias são transportadas em navios de bandeira brasileira, revelando dependência de empresas e navios estrangeiros.[35]

No mercado de fretes marítimos (*freight market*), evidenciam-se como principais entraves para a competitividade da Marinha Mercante

---

[34] Para aprofundamento acerca das vendas marítimas consulte, MARTINS, Eliane M. Octaviano. *Curso de direito marítimo*. Vendas marítimas. São Paulo: Manole, 2013. v. 2.

[35] A partir de 1986, se constata involução da frota mercante brasileira de longo curso em quase 50%. Em 1986, a frota brasileira era formada por 169 navios, representando 8,3 milhões TPB. Em 1995, se evidencia a redução para 4,5 milhões de TPB e apenas 51 navios de bandeira brasileira. V. MARTINS, Eliane M. Octaviano. *Curso de direito marítimo*. São Paulo: Manole, 2012. v. 1. Capítulo 3.

brasileira o Custo Brasil em todas as vertentes, inclusive de "direito-custo", a fenomenologia das bandeiras de conveniência, a atuação de empresas da navegação em cartéis ou em conferências de frete, aspectos logísticos e operacionais e a ineficiência da infraestrutura portuária.[36]

Com as recentes descobertas do "pré-sal", há grande expectativa em torno do aumento da frota brasileira e intensificação das atividades das empresas brasileiras de navegação (EBN).

Considerados tais fatos, evidencia-se a necessidade ou não da ratificação das regras. Realisticamente, deverá o Brasil aderir às RR?

5 Considerações finais

Inobstante as relevantes inovações contidas nas RR, reitera-se que o Brasil é um "país transportado".

Em decorrência das recentes descobertas de petróleo na província do pré-sal, o Brasil tem implementado a priorização da economia nacional e a competitividade internacional da indústria *shipping* e da atividade portuária. Implementa, também, relevantes medidas para incentivar o modal aquaviário e a construção de hidrovias para ampliar navegação interior e de cabotagem.

Neste contexto, a adesão a Rotterdam não atende aos interesses atuais do Brasil, essencialmente pelo fato de Rotterdam priorizar os interesses do transportador internacional.

---

[36] "Evidências e estudos empíricos vêm revelando que a cadeia logística brasileira está baseada em uma matriz de transporte considerada distorcida. O Brasil possui cerca de 63 (sessenta e três) mil quilômetros de águas superficiais flúvio-lacustre e rede hidrográfica nacional formada por 44 mil quilômetros de rios. Inobstante a extensão de águas navegáveis, o modal flúvio-marítimo no Brasil não assume vanguarda no mercado doméstico. A participação do transporte aquaviário, principalmente na navegação de cabotagem e da navegação interior é pouco significativa. As hidrovias brasileiras têm sido subutilizadas. No comércio interno, prevalece o modal rodoviário, considerado saturado e tem se apontado que a malha ferroviária logo chegará ao limite de sua capacidade de transporte. Excetua-se a Região Amazônica consolidando a predominância pelo modal flúvio-marítimo no transporte de cargas não só em sede de Navegação Interior, mas também na Navegação de Cabotagem e de Longo Curso" (MARTINS, Eliane M. Octaviano. *Curso de direito marítimo*. São Paulo: Manole, 2012. v. 1. Capítulo 3).

Efetivamente, além de não privilegiar os interesses dos importadores e exportadores, excluem, da aplicabilidade de suas regras, os transportadores atuantes na navegação de cabotagem e interior.

As RR não seriam aplicáveis à navegação nacional, que continuaria submetida às leis nacionais. Via de consequência, a adesão às RR estabeleceria sistemas legais diversos no Brasil, o que seria prejudicial à segurança jurídica e representaria uma injusta discriminação: armador de cabotagem ficaria privado de valer-se dos benefícios concedidos aos armadores estrangeiros que transportam cargas brasileiras no longo curso.

Tem-se argumentado que a adesão às Regras de Rotterdam em detrimento da legislação pátria contraria a política de Estado e de governo e o ordenamento jurídico interno, sendo cogitada, inclusive, perda de soberania.[37]

Em 2010, um relatório da Associação Brasileira de Direito Marítimo (ABDM) recomenda ao Brasil que se abstenha de agir de qualquer modo para assinar ou ratificar as Regras de Rotterdam:[38]

---

[37] "Com efeito, se o Brasil assinar e ratificar a Convenção de Roterdã praticamente sepultará a possibilidade de um dono de carga pleitear, em caso de vício de transporte, a reparação do dano perante o Poder Judiciário brasileiro e com uso do Direito brasileiro, o que configurará ofensa ao sistema legal do país, especialmente a ordem constitucional. As normas convencionais que tratam da não aplicação do Direito brasileiro são manifestamente inconstitucionais, na medida em que Convenção alguma pode colidir frontalmente com os direitos e garantias fundamentais que informam o sistema legal brasileiro. Nenhuma norma, mesmo convencional e supranacional, pode por à pique a significativa e emblemática garantia constitucional do acesso à jurisdição, sob pena de violência de direitos e mitigação da própria soberania nacional. E, convém repetir, por acesso à jurisdição nacional, entenda-se também o uso das regras legais pátrias. Embora o artigo 66 da Convenção contemple a possibilidade de utilização do foro brasileiro, praticamente aos moldes do artigo 88 do Código de Processo Civil, há de se ter em mente que tal possibilidade somente será reconhecida se não houve no contrato de transporte acordo de escolha de foro. Aparentemente, uma norma equilibrada e que permite um leque poliédrico de opções. Todavia, nunca é demais lembrar que todo contrato de transporte é de adesão, com cláusulas impressas e dispostas conforme o livre-arbítrio do transportador. Logo, em termos práticos, haverá o dever convencional de se observar o que disposto no contrato, vinculando a parte aderente ao foro disposto unilateralmente pelo emissor do instrumento contratual e, mesmo, o regime de arbitragem. Daí a afirmada possibilidade concreta de ofensa aos conceitos de acesso à jurisdição nacional e de uso do sistema legal pátria. [...] O Brasil é um país mais voltado à carga do que ao transportador. Se isso é ou não uma política inteligente e correta não convém aqui debater. O fato é que no transporte marítimo internacional, os interesses brasileiros configurar-se-ão não na pessoa do transportador, mas, sim, nas pessoas do embarcador (exportador) ou do consignatário da carga (importador), ambos tutelados pelos seguradores dos transportes e das cargas. Assim, a visão do Brasil tem que ser necessariamente uma 'cargo' e não uma visão armador ou, em sentido mais amplo, transportador, a despeito da importância ímpar destes" (CREMONEZE, Paulo Henrique. Análise crítica das Regras de Roterdã: pela não adesão do Brasil. *Jus Navigandi*, Teresina, ano 16, n. 2813, 15 mar. 2011. Disponível em: http://jus.com.br/revista/texto/18691. Acesso em: 8 jan. 2013).

[38] V. ASSOCIAÇÃO BRASILEIRA DE DIREITO MARÍTIMO. *Regras de Roterdã*: Relatório. Rio de Janeiro: [s.n.], 2010.

As Regras de Roterdã, diferentemente das demais congêneres, criam um sistema parcial de responsabilidade concorrente (partial network liability system ou maritime plus), abrangendo também o transporte multimodal (porta-a-porta) desde que pelo menos um segmento de transporte marítimo internacional esteja incluído no contrato de transporte. Esta inovação, que em princípio pode parecer um esforço de modernização normativa, na verdade pode representar a introdução de um princípio nocivo à segurança jurídica na medida em que seriam aplicados, a cada modal, seus próprios sistemas de responsabilidade e limitações.

No cenário atual, percebe-se que o Brasil não tem interesse em ratificar Rotterdam ou qualquer outra convenção que favoreça os interesses dos armadores.

Na "era pré-sal", a efetividade da regulamentação vigente e demais instituições deve ser analisada, considerando, ademais, a implementação de políticas que priorizem a economia nacional, o desenvolvimento econômico e a competitividade internacional da indústria *shipping* e da atividade portuária.

Neste contexto, se o Brasil vier a retomar a posição de "país transportador", é possível que se repense a sua posição acerca das convenções internacionais relativas aos contratos de transporte marítimo de mercadorias e, em específico, a adesão a Rotterdam.[39] Todavia, não se vislumbra tal cenário, ao menos em curto ou médio prazo, e prevalece a corrente que defende um contundente "não" às Regras de Rotterdam.

---

[39] "A discussão acerca da ratificação ou não das RR pelo Brasil tem como foco central a proteção da carga em detrimento do transportador. Consequentemente, há uma tendência em repelir qualquer tentativa de uniformização das normativas internacionais no Brasil por achar que estas beneficiariam o transportador marítimo. Porém há de se considerar a possibilidade de fazer parte de uma convenção internacional aplicável ao transporte marítimo internacional como forma de garantir a segurança jurídica e regulamentar a relação contratual decorrente do contrato de transporte internacional. As RR, com qualquer outra convenção internacional, não são perfeitas em sua totalidade, porém, elas trouxeram várias inovações pertinentes ao contexto de desenvolvimento atual e merecem, pelo menos, ser estudadas e discutidas por todos os sujeitos envolvidos pelo contrato de transporte marítimo internacional e demais modalidades de transportes" (MARTINS, Eliane M. Octaviano; VIANNA, Raphael Gonçalves. Da regulamentação internacional dos contratos internacionais de transporte marítimo de mercadorias: as Regras de Rotterdam e o direito brasileiro. *In*: ESPINOSA CALABUIG, Rosario. *Pros y contras del nuevo convenio*. Madrid: Tirant lo Blanch, 2013).

Informação bibliográfica deste texto, conforme a NBR 6023:2018 da Associação Brasileira de Normas Técnicas (ABNT):

MARTINS, Eliane M. Octaviano. Luzes e sombras sobre as Regras de Rotterdam: a posição do Brasil e da América Latina. *In*: LEWANDOWSKI, Enrique Ricardo (Coord.). *Direito Marítimo:* estudos em homenagem aos 500 anos da circum-navegação de Fernão de Magalhães. Belo Horizonte: Fórum, 2021. p. 197-229. ISBN 978-65-5518-105-0.

ASPECTOS AMBIENTAIS DA OPERAÇÃO
SHIP TO SHIP

ELTON M. C. LEME
LUIS FELIPE SALOMÃO FILHO

Introdução

No início deste século, a produção de barris de petróleo no Brasil pouco excedia o patamar de 450 milhões de bbl[1]/ano. Esse cenário mudou substancialmente após o fenômeno expansionista na produção de petróleo brasileiro alavancado principalmente pela descoberta do pré-sal.[2] Em 2019 registrou-se uma produção de pouco mais de 1 bilhão de barris,[3] valor superior ao dobro do produzido 18 anos atrás.

Diferentemente do que ocorria nos anos 2000, a maior parte dos campos produtivos contemporâneos encontra-se dentro dos limites da zona econômica exclusiva brasileira,[4] sendo que hoje 95% da produção total de

---

[1] O barril (bbl) é uma unidade de medida de petróleo líquido, geralmente de petróleo cru, igual a 158,99 litros (barril estadunidense) ou a 159,11 litros (barril imperial britânico).
[2] A maior parte das reservas petrolíferas do pré-sal estão situadas em águas profundas e ultraprofundas do subsolo dos oceanos. O pré-sal é um termo da geologia que designa camada de solo rica em óleo posicionada abaixo de espessa camada de sal, o que explica sua denominação.
[3] Conforme Agência Nacional do Petróleo, Gás Natural e Biocombustíveis (ANP) (Disponível em: http://www.anp.gov.br/dados-estatisticos).
[4] Lei nº 8.617 de 4.1.1993: "Art. 6º A zona econômica exclusiva brasileira compreende uma faixa que se estende das doze às duzentas milhas marítimas, contadas a partir das linhas de base que servem para medir a largura do mar territorial".

petróleo no Brasil é proveniente do meio marítimo, como exemplifica o Campo de Lula,[5] o mais produtivo do país, localizado a cerca de 230 km da costa (*vide* nota 3). Não obstante o imenso esforço científico, tecnológico e de investimentos necessários à viabilização da produção de óleo e gás a partir de zona situada entre 4.000 e 6.000 metros de profundidade, abaixo do subsolo marinho, que por sua vez se encontra sob lamina d'água superior a 2.000 metros, estas não são as únicas dificuldades relacionadas ao aumento da produção de petróleo provindos dessas zonas. Surgem de plano grandes desafios ditados pela distância e posicionamento geográfico das unidades produtoras para escoar o fluxo contínuo da produção de aproximadamente 1.500 trilhões de litros/ano, diante da inviabilidade técnica e econômica para implementação de oleodutos tão utilizados em outros tempos.

É justamente nesse contexto que ganham grande importância estratégica no mundo moderno as operações de transbordo de carga em alto mar denominadas *ship-to-ship* (STS), que passaram a ser amplamente utilizadas no mercado de óleo e gás e no transporte de bens em meio marítimo. Constitui procedimento de carga e descarga utilizado inicialmente na década de 1960 em decorrência do aumento do calado dos grandes navios que passou a limitar o acesso a terminais específicos situados em rios pouco profundos do Golfo do México (STAVROU; VENTIKOS, 2014). Como resposta, desenvolveu-se metodologia e técnica de transferência de carga diretamente de navio para navio tanto para produtos líquidos (*i.e.*, petróleo, gás etc.) como também para produtos sólidos, como grãos, minérios e até mesmo containers (KIM *et al.*, 2014).

A operação STS ganhou impulso mundial com o aumento exponencial do transporte marítimo de bens e produtos combinado ao tamanho

---

[5] Disponível em: http://www.anp.gov.br/images/EXPLORACAO_E_PRODUCAO_DE_OLEO_E_GAS/Gestao_Contratos/Fase_Producao/Planos_Desenvolvimento/sumario_lula.pdf.

a cada dia maior dos navios, a limitação e sobrecarga dos portos, o desenvolvimento de tecnologias e instrumentos facilitadores da operação, e elementos próprios da competição mercadológica relacionados ao custo e o tempo dispendido. É realizada com navios posicionados paralelamente um ao outro, tanto fundeados em área abrigada ou em movimento, onde não é possível o fundeio, ou ainda numa operação mista, na qual a aproximação e amarração se faz com os navios ainda em movimento, ocorrendo a transferência somente quando um deles é ancorado.

O mercado classifica essas operações em três categorias, a saber: 1) STS atracado (*double banking*), em que uma das embarcações se encontra atracada em área portuária (geralmente em berço de um terminal) e a outra se posiciona, com auxílio de rebocadores portuários e guia de prático, a contrabordo[6] do navio atracado, tornando possível o acesso simultâneo ao mesmo terminal portuário; 2) STS fundeado (*at anchor*), no qual umas das embarcações está fundeada e a outra é rebocada até o ponto de contrabordo, procedimento este que, apesar de realizado fora da área portuária, tem restrição de profundidade tendo em vista os limites dos equipamentos de fundeio normalmente empregados em embarcações de longo curso; 3) STS navegando (*underway*), situação em que ambas as embarcações estão em movimento, não sendo necessário apoio prático, auxílio de rebocadores e sem qualquer restrição de profundidade.

A Normam-08/DPC[7] define a operação *ship-to-ship* como a transferência de petróleo e seus derivados, gases liquefeitos e químicos, como

---

[6] Contrabordo é a situação em que uma embarcação atraca no costado de outra, com um bordo (lado de uma embarcação) de uma encostado no bordo de outra, estando ou não atracada no cais ou fundeada ao largo.

[7] Normas da autoridade marítima para tráfego e permanência de embarcações em águas jurisdicionais brasileiras – Normam – emitida em 2013 pela Marinha do Brasil (Diretoria de Portos e Costas). Faz referência a inúmeras leis e atos administrativos pertinentes, a saber: a) *Lei nº 8.374*, de 30.12.1991, que dispõe sobre o seguro obrigatório de danos pessoais causados por embarcações ou por sua carga; b) *Lei nº 8.617*, de 4.1.1993, que dispõe sobre o mar territorial, a zona contígua, a zona econômica exclusiva e a plataforma continental brasileira; c) *Lei nº 9.537*, de 11.12.1997, que dispõe sobre a Segurança do Tráfego Aquaviário em Águas sob Jurisdição Nacional; d) *Lei nº 9.966*, de 28.4.2000, que dispõe sobre a prevenção, o controle e a fiscalização da poluição causada por lançamento de óleo e outras substâncias nocivas ou perigosas em águas sob jurisdição nacional e

carga, entre dois navios localizados em águas de jurisdição brasileira, fundeados ou em movimento conjunto, ou em áreas portuárias, atracados ou fundeados, excetuando-se as plataformas fixas, plataformas flutuantes, FPSO[8] e FSU,[9] pois nesses casos a operação é feita por meio de navios de menor porte, os aliviadores.[10] A norma, que faz referência a inúmeras outras leis e atos administrativos (*vide* nota 6), classifica as operações STS em dois grupos: i) operação STS em áreas portuárias, que definitivamente abrange a modalidade STS atracado e, dependendo do local da operação de fundeio, também compreende as atividades em fundeio; ii) operação STS em mar aberto, que por sua vez reúne o cenário *underway*; e iii) os casos fundeados não incluídos na hipótese (i) tratada anteriormente. Excluiu do conceito de STS o abastecimento (*bunkering*), definido como operação de fornecimento de combustíveis, por meio de transferência entre embarcações, destinados à propulsão, à operação auxiliar de uma embarcação ou à lubrificação do motor ou de suas respectivas máquinas. Exclui também a *ship to barge* (STB), que é a transferência de petróleo e seus derivados, gases liquefeitos e químicos, como carga, entre um navio e embarcações do tipo barcaça e vice-versa.

---

dá outras providências; e) *Lei nº 12.815*, de 5.6.2013, que dispõe sobre a exploração direta e indireta pela União de portos e instalações portuárias e sobre as atividades desempenhadas pelos operadores portuários e dá outras providências; f) *Decreto nº 1.530*, de 22.6.1995, que declara a entrada em vigor da Convenção das Nações Unidas sobre o Direito do Mar, concluída em Montego Bay, Jamaica, em 10.12.1982; g) *Decreto nº 4.810*, de 19.8.2003, que estabelece normas para operação de embarcações pesqueiras nas zonas brasileiras de pesca, alto-mar e por meio de acordos internacionais; h) *Decreto nº 96.000*, de 2.5.1988, que dispõe sobre a realização de pesquisa e investigação científica na plataforma continental e em águas sob jurisdição brasileira, e sobre navios e aeronaves de pesquisa estrangeiros em visita aos portos ou aeroportos nacionais, em trânsito nas águas jurisdicionais brasileiras ou no espaço aéreo sobrejacente; i) *Decreto nº 2.596*, de 18.5.1998, que regulamenta a Lei nº 9.537, que dispõe sobre a segurança do tráfego aquaviário em águas sob jurisdição nacional; j) *Decreto nº 80.672*, de 7.11.1977, que promulga a Convenção para a Facilitação do Tráfego Marítimo Internacional.

[8] *Floating production storage and offloading* (FPSO): a unidade flutuante de produção, armazenamento e transferência é um navio, com ou sem sua parte de propulsão para locomoção independente, capaz de produzir, armazenar e transferir óleo e gás, assim como as plataformas submersíveis. É amplamente utilizada na exploração do pré-sal em função da sua versatilidade e do relativo baixo preço de construção (não raro se trata de antigos navios petroleiros convertidos).

[9] *Floating storage unit* (FSU): as unidades flutuantes de armazenamento são navios empregados para armazenagem de gás natural liquefeito.

[10] Os "aliviadores" são navios-tanque especialmente desenvolvidos para transportar óleo das plataformas de produção ou de FPSOs para as refinarias.

Dispõem no mesmo sentido a Instrução Normativa Ibama nº 16, de 26.8.2013 e, mais recentemente, a Resolução nº 7.462 de 12.12.2019 da Agência Nacional de Transportes Aquaviários, Antaq,[11] havendo, portanto, no Brasil certa uniformidade conceitual.[12]

As vantagens promotoras da operação STS em todo mundo envolvem: i) maior flexibilidade de rotas e destinos para navios de maior porte (VLCC e ULCC),[13] visto que tais embarcações encontram diversas limitações para atracação em vários portos ao longo do globo, devido ao tamanho de suas dimensões principais, como boca e calado;[14] ii) otimização da operação, uma vez que esta ficará menos exposta a qualquer *delay* originado no porto, o que incluiu o período de ancoragem e atracagem, tornando todo o processo mais econômico; iii) evitar os custos portuários; e iv) benefícios e isenções tributárias.

Nesse sentido, as operações STS são fundamentais para continuidade operacional das refinarias no âmbito nacional, já que a qualidade do óleo produzido por nossas plataformas no pré-sal não é compatível com a capacidade das refinarias brasileiras, cenário que demanda transbordo dos navios aliviadores, após o *offloading*,[15] diretamente para petroleiros encarregados do transporte do óleo brasileiro para o Golfo Pérsico,

---

[11] Apesar de a Resolução nº 7.462 da Antaq não mencionar expressamente os FPSOs no item III de seu art. 3º, entende-se que estes estão ali indiretamente englobados por analogia às plataformas flutuantes.

[12] Há, entretanto, certo descompasso entre as referidas normas quanto à conceituação das operações que envolvem embarcações regaseificadores, *floating storage and regasification unit* (FSRU), que são unidades flutuantes de armazenamento e regaseificação, ou seja, navios que dispõem de uma completa planta de regaseificação com capacidade de transformar, em alta pressão, massivas quantidades de gás natural em estado líquido para estado gasoso, além de armazenar gás natural liquefeito. Vêm sendo cada vez mais empregados no Brasil em projetos inovadores de geração de energia de termoelétricas, geralmente em operações próximas a unidades termoelétricas que utilizam o gás natural.

[13] VLCC – *very large crude carrier* e ULCC – *ultra large crude carrier*, com capacidades de carga acima de 200.000 e 320.000 toneladas por porte bruto respectivamente.

[14] "Boca" (geralmente em metros) é a distância entre os dois pontos no extremo de cada bordo em uma seção transversal do navio, ou seja, a largura da embarcação; "calado" (também em metros) é a designação dada à profundidade a que se encontra o ponto mais baixo da quilha de uma embarcação, em relação à linha d'água (superfície da água).

[15] *Offloading* é a operação na qual a plataforma de produção ou o FPSO transfere o óleo produzido para um navio "aliviador", executando, portanto, transbordo de uma unidade para uma embarcação, como modalidade não convencional de STS.

onde realiza-se a troca pelo petróleo produzido no oriente médio, cujas características correspondem a de um perfil mais leve, menos viscoso, enquadrado na capacidade das refinarias brasileiras, tornando essa operação fundamental no abastecimento nacional de combustíveis e derivados leves.

Não obstante as reconhecidas e decantadas vantagens, a operação STS traz ínsita uma delicada equação custo-tempo-risco, de equilíbrio sutil. Não se trata aqui, propriamente, do risco empresarial que é inerente à atividade e tem no patrimônio privado, da sociedade empresária, seu lastro natural de garantia. Trata-se do risco ambiental, especialmente ao ecossistema marinho, fundamental ao equilíbrio do planeta e à vida das presentes e futuras gerações, à medida que estamos lidando com operação realizada sob as condições e limitações impostas pelas intempéries climáticas, envolvendo produtos e cargas altamente poluentes e a utilização, como insumo e meio viabilizador do lucro, de um dos elementos corpóreos do meio ambiente –[16] o mar – bem público de uso comum do povo e de interesse difuso. Embora essa fosse a estratégia empresarial do passado, não é possível conceber no mundo moderno, especialmente num *Estado de direito ambiental* a que alude Bosselmann (2008), uma equação em que há a concentração privada do lucro de um lado, mediante a utilização de bens ambientais, e, do outro, a partilha com a coletividade do ônus decorrente da deterioração do meio ambiente.

Nesse universo específico reside o foco deste estudo, ainda que em linhas preliminares. Visa destacar alguns aspectos ambientais que não podem ser olvidados em qualquer atividade que possa ser classificada como potencialmente poluidora, nos termos da Lei nº 6.938/81,[17] como é

---

[16] Conceito de meio ambiente – Lei nº 6.938 de 31.8.1981: "Art. 3º Para os fins previstos nesta Lei, entende-se por: I – meio ambiente, o conjunto de condições, leis, influências e interações de ordem física, química e biológica, que permite, abriga e rege a vida em todas as suas formas; [...]".

[17] Conceito de poluição e de poluidor – Lei nº 6.938 de 31.8.1981: "Art. 3º Para os fins previstos nesta Lei, entende-se por: [...] III - *poluição*, a degradação da qualidade ambiental resultante de atividades que direta ou indiretamente:

a operação STS, que se enquadra no item 18 do Anexo II da referida lei como de "alto potencial de risco".[18] Ademais, a indústria do petróleo, do início da cadeia produtiva, com a exploração do poço, assim como o transporte até o consumo final de seus produtos, é capaz de causar impactos negativos de grande monta no meio ambiente (ARAUJO, 2015). Um exemplo recente foi o derramamento de óleo bruto, durante o transporte por navio, ainda não inteiramente esclarecido, que atingiu uma faixa de 4.334 km do litoral, correspondendo a 120 municípios e 724 localidades dos estados do Nordeste e Sudeste (PENA *et al.*, 2020), poluindo pouco mais da metade dos 8.500 km da costa brasileira.

A sustentabilidade ambiental como direito fundamental e princípio condicionante

A *Declaração do Rio sobre o Meio Ambiente e o Desenvolvimento*, aprovada pela *Conferência das Nações Unidas sobre o Meio Ambiente e o Desenvolvimento* realizada no Rio de Janeiro em 1992, ratificou a histórica Declaração de Estocolmo de 1972 sobre o meio ambiente, que reconheceu os graves problemas enfrentados no mundo, especialmente pelos países em desenvolvimento, com a degradação ambiental, alimentação, educação, saúde, higiene e habitação. A *Declaração do Rio*, além de proclamar que "os seres humanos estão no centro das preocupações com o desenvolvimento sustentável" e que "têm direito a uma vida saudável e produtiva, em harmonia com a natureza" (princípio 1), afirmou o compromisso

---

a) prejudiquem a saúde, a segurança e o bem-estar da população; b) criem condições adversas às atividades sociais e econômicas; c) afetem desfavoravelmente a biota; d) afetem as condições estéticas ou sanitárias do meio ambiente; e) lancem matérias ou energia em desacordo com os padrões ambientais estabelecidos; IV - *poluidor*, a pessoa física ou jurídica, de direito público ou privado, responsável, direta ou indiretamente, por atividade causadora de degradação ambiental; [...]".

[18] Anexo VIII da Lei nº 6.938 de 31.8.1981 (incluído pela Lei nº 10.165 de 27.12.2000): "Código: 18. Categoria: Transportes, Terminais, Depósitos e Comércio. Descrição: transporte de cargas perigosas, transporte por dutos; marinas, portos e aeroportos; terminais de minério, petróleo e derivados e produtos químicos; depósitos de produtos químicos e produtos perigosos; comércio de combustíveis, derivados de petróleo e produtos químicos e produtos perigosos. Pp/gu: Alto".

intergeracional com o desenvolvimento e o meio ambiente (princípio 3), o caráter transversal da proteção ambiental, que não pode ser considerada isoladamente para alcançar o desenvolvimento sustentável (princípio 4) e a obrigação cooperativa de todos, Estados e indivíduos, na erradicação da pobreza, como requisito indispensável à consecução do desenvolvimento sustentável (princípio 5).

O *princípio da sustentabilidade* deve ser aqui concebido no seu espectro mais amplo, abrangendo os clássicos três pilares, nomeadamente, *social*, *econômico* e *ecológico*, e suas projeções *interestatal*, geracional e *intergeracional* ou ainda como *princípio, tarefa, incumbência, direito* e *dever fundamental*, nos ensinamentos de Canotilho (2010). Os três pilares da sustentabilidade modelam qualquer atividade humana, inclusive a econômica e comercial, em terra, ar e mar.

Nas palavras de Bosselmann (2008b), a *sustentabilidade* constitui o fundamento conceitual da ordem jurídica emergente lastreada na justiça ambiental e nos direitos humanos. Aliás, a interdependência entre proteção ambiental e direitos humanos é cada vez mais reconhecida tanto no direito internacional, quanto no direito interno (BOSSELMANN, 2008a). Os direitos humanos, em contrapartida, são diretamente ameaçados pela degradação ambiental que atinge com maior gravidade as sociedades política, social e economicamente mais vulneráveis. Todos os tratados internacionais, os princípios jurídicos e as leis estatais devem ser interpretados à luz do *princípio da sustentabilidade* que, em última análise, constitui guia interpretativo-modelador do ordenamento jurídico supra e infraestatal.

O desenvolvimento sustentável, como compromisso intergeracional, ao estabelecer um liame entre gerações presentes e futuras, que se sucedem, mas que não necessariamente têm conexão temporal direta, não constitui mero artifício de estética jurídica ou de retórica, "sem qualquer tradução jurídica", como lembra Miranda (2016). Para o autor, a sustentabilidade, como direito fundamental, possui consistência dogmática à medida que produz "[...] (pré)efeitos jurídicos delimitadores dos direitos atualmente titulados pela geração presente".[19] Essa delimitação modela e condiciona o exercício de todos os demais direitos que encontram igual sede constitucional.

Neste ponto, são pertinentes as observações de Canotilho e Machado (2008), para quem:

> [...] a proteção de direitos e interesses constitucionais e de políticas públicas exige, frequentemente, a realização de ponderações multidimensionais, irredutíveis a falsos ou simplistas dilemas de estrutura bipolar. Essa necessária proteção exige a realização de ponderações que tenham em conta, não apenas uma visão estática de interesses de curto prazo, mas também uma perspectiva dinâmica de consideração sustentada dos interesses de médio e de longo prazo, sendo que ao longo prazo não é alheia a própria proteção dos direitos das gerações futuras, hoje cada vez mais considerados essenciais a uma constitucionalmente adequada formulação de políticas públicas.

Nessa realidade, a casuística melhor dirá, na busca da chamada *concordância prática* dos direitos fundamentais tensionados, sobre qual dos direitos em colisão deverá prevalecer. Isso, não raro, poderá ditar a absoluta preponderância de um sobre o outro, sem que isso signifique debilitar o âmbito de incidência da respectiva norma afastada, mas, sim, no exercício de *ponderações multidimensionais* de bens e valores, reservar seu campo conformativo às hipóteses de reclamam, na exata proporção, sua inequívoca supremacia.

A Constituição Federal de 1988, no seu art. 225, consagrou o princípio da sustentabilidade ao tratar o meio ambiente ecologicamente equilibrado

---

[19] Houve registro de acidente em 16.3.2015, ocorrendo o vazamento de centenas de litros de óleo no mar de um tanque de lastro do navio Gothemburg, que transferia óleo cru para a embarcação Buena Suerte no Terminal Marítimo Maximiliano da Fonseca (Tebig), em Angra dos Reis, Rio de Janeiro. A mancha de óleo chegou até a Baía de Sepetiba, em Mangaratiba, poluindo o habitat marinho e atingindo espécies ameaçadas, como o boto cinza. Em razão do vazamento, a Petrobras e a Transpetro foram alvo de ação civil pública em que o Ministério Publico pleiteou indenização e multa no valor total de R$70.000.000,00 pelo dano ambiental. O acidente mais recente, também envolvendo a Transpetro, ocorreu logo depois, em 2.4.2015, resultando em outro derramamento de óleo no mesmo terminal.

como *bem de uso comum do povo* e *essencial* à *sadia qualidade de vida*, impondo a todos o dever de defendê-lo e preservá-lo para as presentes e futuras gerações. Conformou então o direito fundamental ao meio ambiente equilibrado – que ostenta essa qualidade por abranger elementos essenciais à manutenção da vida sadia, assim especificamente qualificada – ao conceito supraestatal de sustentabilidade. A Carta da República estabeleceu ainda o dever de o Poder Público exigir, na forma da lei, para atividade potencialmente causadora de significativa degradação ambiental, ou seja, de significativa poluição, estudo prévio de impacto ambiental, impondo às condutas e atividades lesivas ao meio ambiente a obrigação de reparar os danos causados (art. 225, §§1º, IV, e 3º). Portanto, todas as atividades que representem gravame à qualidade ambiental, como o transporte marítimo e a operação STS, especialmente quando envolverem carga e produtos com elevado potencial poluidor, estão abrangidas pelas condicionantes constitucionais ambientais e também infraconstitucionais à luz do princípio do desenvolvimento sustentável.

Riscos da operação STS e o princípio da prevenção

Os riscos ambientais são inerentes a todas a atividades empresariais humanas, sendo de maior ou menor grau a depender da modalidade de atividade, de como é realizada (metodologia, técnicas e equipamentos), de onde ocorre e do tipo de produto e materiais envolvidos. Aqui pretendemos cuidar dos riscos de grande monta e, portanto, de maior relevância em razão do nível elevado de degradação ambiental, ou seja, do resultado poluidor significativo que potencialmente pode causar. Essa é a hipótese das operações STS a considerar sua classificação como de alto risco poluidor, como visto anteriormente, e especialmente em razão da vulnerabilidade do meio marinho onde é realizada, em águas muitas vezes não abrigadas e sob fatores externos frequentemente incontroláveis, como são as forças da natureza, *e.g.*, as correntes marítimas, os ventos e as tempestades. Some-se a isso a atual realidade em que vivenciamos uma mudança climática global, que está diretamente relacionada a fenômenos que desencadeiam gradativas, mas profundas, alterações no ambiente, especialmente o mar.

Neste sentido, os chamados eventos da natureza, ou *acts of God*, são intensificados em virtude do aquecimento global e com mais frequência assumem proporções catastróficas, com profundos prejuízos materiais e perdas de vidas humanas (MARENGO, 2006; KAGEYAMA; GANDARA, 2008). Entre tantos, destacam-se chuvas mais intensas, afogamento de áreas litorâneas pela elevação do nível dos oceanos, ciclones e furações onde não eram antes observados, que passam a atingir em cheio a navegação como um todo. Embora houvesse inicialmente alguma dúvida sobre a verdadeira causa do problema, que poderia estar relacionado aos ciclos naturais do Planeta, as evidências científicas em todos os setores convergem ao indicar como causa direta a escala, sem precedentes, da atividade poluidora humana (OLIVEIRA; NOBRE, 2008; UNEP, 2009; IPCC, 2013), remetendo ao sepulcro o negacionismo ambiental.

Por isso a operação STS suscita especial interesse em razão dos riscos ao ambiente marinho decorrentes de potenciais acidentes envolvendo o transbordo de produtos altamente poluentes, como é o petróleo. Mesmo quando é realizada em áreas abrigadas, com um dos navios atracados e riscos mais facilmente controláveis, a operação não está livre de acidentes. Há registros recentes de dois acidentes[20] em águas de jurisdição brasileira

---

[20] "Por outras palavras, entre a dimensão intergeracional dos direitos fundamentais – que permite falar com propriedade jurídica de direitos das gerações futuras – e a teoria dos deveres estaduais de proteção existe uma ligação umbilical, uma vez que é esta que fornece o caminho dogmático que permite dar tradução prática àquela dimensão e àqueles direitos". No que tange à evolução dos direitos intergeracionais, observou-se que "Uma terceira fase dir-se-ia surgir com a Constituição brasileira de 1988, ao impor ao poder público e à coletividade o dever de preservar o meio ambiente para as presentes e futuras gerações (art. 225º). E ela seria

durante operações de STS com inegáveis repercussões jurídicas. Esses riscos são mais acentuados no decorrer das manobras de aproximação dos navios sob ação das resultantes de forças ambientais características das condições meteoceanográficas predominantes, uma vez que essas embarcações possuem grande deslocamento, o que as confere elevada energia cinética, estando sujeitas a ocorrências de falhas, *e.g.*, de sistema de máquinas e governo, a acarretar, portanto, riscos de abalroamentos com potencial significativo de danos à integridade das embarcações.

Entretanto, mesmo concluída a aproximação com segurança, verificam-se ainda riscos decorrentes das atividades de amarração e reboque, já que a ruptura de cabos utilizados em tais tarefas pode causar acidentes com danos severos ao pessoal envolvido. Além disso, o rompimento de mangotes, dutos ou tubulações que compõem os ramais de distribuição e de recebimento nos conveses das embarcações envolvidas na operação STS, bem como falhas em válvulas e conexões, entre outros aspectos, representam igualmente risco de vazamento de produto altamente tóxico para o ambiente marinho.

Diante desse universo fenomenológico, destaca-se a *prevenção* de danos ambientais decorrentes da operação STS como tarefa indissociável da defesa e preservação do meio ambiente, como direito fundamental que é, e indispensável à sua efetividade. Concretiza o direito-dever de defender e preservar o meio ambiente como bem jurídico constitucional indispensável à sadia qualidade de vida e, portanto, inerente à própria ideia de dignidade humana – princípio fundamental da República Federativa do Brasil (cf. art. 1º, III, da CF). Como lembra Canotilho (2007) – ao ressaltar a importância da prevenção –, concretizada a poluição e o dano ambiental,

---

seguida pela Constituição sul-africana (art. 24º), pela Constituição portuguesa após 1997 (art. 66º, n.º 2, alínea d), pela Constituição polaca de 1997 (art. 74º), pela Constituição alemã após 2002 (art. 20º-A), pela Constituição venezuelana (art. 127º), pela Constituição timorense (art. 61º, n.º 1), pela Carta Francesa do Meio Ambiente de 2008, pela Constituição angolana (art. 39º, n.º 2)" (MIRANDA, 2016).

torna-se difícil e complexo restituir o ambiente à situação anterior, ou seja, restaurar os ecossistemas envolvidos e eliminar os efeitos nocivos da poluição, especialmente em ambientes com grande biodiversidade, como é o marinho. Ainda quando possível a restauração, trazendo o retorno do ambiente ao equilíbrio dinâmico anterior, verifica-se que o processo é sempre acentuadamente oneroso. Daí exsurge a tarefa prioritária de evitar, prevenir e precaver a ocorrência do dano ambiental. Aliás, a intervenção do Poder Público em matéria ambiental fundamenta-se particularmente na prevenção do dano (MACHADO, 2015).

Dentro das obrigações inerentes ao dever de proteção ambiental imposto a todos, ao Estado e aos indivíduos, Aragão (2011) destaca três níveis de ação, quais sejam, o de promover ativamente a melhoria do Estado do ambiente, o de evitar a degradação progressiva e gradual dos ecossistemas, habitats e recursos naturais e "o dever de prevenir e precaver a ocorrência de acidentes ambientais graves com consequências irreversíveis e importantes (catástrofes ou calamidades), resultantes de riscos ambientais", refletindo o conteúdo mínimo do "Estado de direito ambiental". Ainda nas lições da consagrada jusambientalista da Universidade de Coimbra, a prevenção assume duas vertentes no Estado de direito ambiental, uma *reativa* e outra *proativa*.[21] Na vertente reativa, as medidas situam-se no campo da criação de sanções jurídicas efetivas e proporcionais ao descumprimento do dever de prevenção. Vale aqui lembrar a importância das medidas previstas no direito processual, especialmente

---

[21] Para Alexandra Aragão (2011), "as dimensões reativas traduzem-se na responsabilidade extracontratual do Estado por atos de poluição grave cometidos diretamente pelo Estado ou entidades públicas, na responsabilidade internacional por poluição transfronteiriça e no dever de criar sanções jurídicas eficazes para punir os comportamentos violadores, pelos particulares, dos deveres de prevenção impostos por lei. Em termos mais proactivos ou antecipatórios, o Estado, enquanto produtor de bens e prestador de serviços, tem o dever de adotar, ele mesmo, comportamentos evitatórios, tem o dever de criar as condições para que os cidadãos, na sua interação com os espaços e os componentes ambientais, adotem medidas preventivas, tem o dever de vigiar os cidadãos, os comportamentos dos cidadãos e de, subsidiariamente, atuar na prevenção da ocorrência dos danos e verificar que os particulares não estão em condições de o fazer, em tempo útil".

as que autorizam a antecipação da tutela jurisdicional escudadas no dever de prevenção, com o objetivo de evitar que danos ambientais ocorram ou sejam agravados (TESSLER, 2004; MIRRA, 2010; BACAL, 2011). No campo mais proativo, ou antecipatório, incumbe ao Estado criar condições, não só para si próprio, mas também para que todos os destinatários da norma, seja ela a que nível se situe, adotem comportamento e ações "evitatórias", sem descuidar do dever de fiscalização (ARAGÃO, 2011).

Transposto o dever de prevenção, acima apresentado em linhas gerais, para o universo marítimo internacional, merece atenção a Convemar (Convenção das Nações Unidas sobre o Direito do Mar), celebrada em 10.12.1982 e promulgada pelo Brasil em 12.3.1990. O art. 145 da Convemar[22] estabelece regras claras voltadas à proteção do meio marinho, devendo os Estados signatários adotar normas para "prevenir, reduzir e controlar a poluição e outros perigos para o meio marinho", além de "proteger e conservar os recursos naturais da Área[23] e prevenir danos à flora e à fauna do meio marinho", como deveres explícitos de *prevenção* e de *conservação*. Dedicou-se com realce ainda maior na "Parte XII" e suas seções, dos arts. 192 ao 233, à "proteção e preservação do meio marinho", remetendo reiteradamente o Estado subscritor, em reiterados dispositivos, ao dever de prevenção como um de seus destacados princípios, solidificando-o no âmbito do direito do mar.

Aliás, como indica Rolim (2014), o clássico direito do mar, caracterizado pelo princípio da liberdade de circulação nos oceanos, após os

---

[22] Convemar, art. 145: "Proteção do meio marinho. No que se refere às atividades na Área, devem ser tomadas as medidas necessárias, de conformidade com a presente Convenção, para assegurar a proteção eficaz do meio marinho contra os efeitos nocivos que possam resultar de tais atividades. Para tal fim, a Autoridade adotará normas, regulamentos e procedimentos apropriados para, inter alia: a) prevenir, reduzir e controlar a poluição e outros perigos para o meio marinho, incluindo o litoral, bem como a perturbação do equilíbrio ecológico do meio marinho, prestando especial atenção à necessidade de proteção contra os efeitos nocivos de atividades, tais como a perfuração, dragagem, escavações, lançamento de detritos, construção e funcionamento ou manutenção de instalações, dutos e outros dispositivos relacionados com tais atividades; b) proteger e conservar os recursos naturais da Área e prevenir danos à flora e à fauna do meio marinho".

[23] Convemar, art. 1º: "Termos utilizados e âmbito de aplicação. 1. Para efeitos da presente Convenção: 1) 'Área' significa o leito do mar, os fundos marinhos, e o seu subsolo além dos limites da jurisdição nacional; [...]".

acidentes com os petroleiros Torrey Canyon[24] em 1967 e Amoco Cadiz[25] em 1978, deu lugar ao um novo direito do mar, com normas mais favoráveis aos Estados costeiros e possibilitando a intervenção preventiva além do mar territorial e da zona econômica exclusiva visando à prevenção de danos e à proteção do meio ambiente marinho.

No campo normativo específico das operações STS, destaca-se no cenário internacional a Resolução MEPC nº 186 (59) do Comitê de Proteção do Meio Ambiente Marinho (*Marine Environmental Protection Committee* – MEPC) da *International Maritime Organization* (IMO),[26] adotada em 17.7.2009, que adicionou o capítulo VIII à Convenção Internacional para a Prevenção da Poluição Causada por Navios, a Marpol 78/73,[27] intitulado "Prevenção da Poluição Durante Transbordo de Carga de Óleo entre Petroleiros no Mar" (*Prevention of Pollution During Transfer of Oil Cargo Between Oil Tankers at Sea*), além de demais alterações em outros anexos. Essa regulação do capítulo VIII, que reforça o dever de prevenção no âmbito da operação STS, é aplicável a todos os petroleiros com tonelagem bruta (*gross tonnage*) superior a 150 envolvidos na transferência de carga de óleo entre navios *tankers* no mar, definindo as operações STS de maneira genérica, sem especificar os diferentes métodos de execução.

Semelhantemente à regulação positivada pela Normam-08/DPC, que incorporou no ordenamento jurídico interno os principais regulamentos internacionais, as regras da Marpol não incidem sobre a transferência de

---

[24] O navio-tanque S/T Torrey Canyon encalhou no recife de Seven Stones ao largo da costa da Inglaterra no dia 18.3.1966, causando o vazamento de 119.000 m3 de óleo bruto, representando a primeira grande catástrofe envolvendo navio-tanque.

[25] O petroleiro liberiano Amoco Cadiz era um VLCC (*very large crude carrier*) que, em 16.3.1978, encalhou e depois se partiu ao meio, derramando 246.000 toneladas de óleo bruto no canal da mancha, a 400 km da costa francesa.

[26] *The International Maritime Organization* – IMO é uma agência especializada das Nações Unidas com responsabilidade sobre a segurança e proteção da navegação e da prevenção da poluição marinha e atmosférica causada por navios.

[27] Marpol significa a abreviação para a Convenção Internacional para a Prevenção da Poluição Causada por Navios (abreviação de *maritime pollution*), assinada em 1973 e modificada pelo Protocolo de 1978, entrando em vigor em outubro de 1983. Constitui a mais importante convenção sobre o meio ambiente marinho, com especial ênfase na prevenção da poluição causada pelo óleo.

óleo associada a plataformas semissubmersíveis (produção e perfuração), FPSOs e FSUs, nem a atividades de abastecimento de combustível (*bunkering*).

A par da relevância inegável do princípio da prevenção, outros princípios próprios do direito ambiental, de igual *status* e relevância dogmática e prática, encontram igualmente incidência nos vários aspectos suscitados pela operação STS e suas potenciais consequências, cuja abordagem faria desbordar os limites estreitos do presente estudo. Não obstante, vale mencionar os princípios da precaução, do poluidor-pagador, da responsabilidade, entre outros, que encontram estreita pertinência temática.

A *precaução* foi adotada como um dos princípios da Declaração do Rio sobre Meio Ambiente e Desenvolvimento (*princípio 15*) aprovada na Conferência das Nações Unidas sobre o Meio Ambiente e o Desenvolvimento, realizada no Rio de Janeiro em junho de 1992 e consta de inúmeros outros instrumentos normativos internacionais e nacionais. Trata-se de mandamento derivado de genuína prudência ambiental, assentado na ideia de que, diante do perigo de dano grave ou irreversível, a falta de certeza científica absoluta não deverá ser utilizada como razão para que seja adiada a adoção de medidas eficazes em função dos custos para impedir a degradação ambiental. Observa Aragão (2008) que os princípios da precaução e da prevenção são manifestações modernas de uma ideia antiga, de defesa da *prudência ambiental* e da *sustentabilidade*, que se distinguem "tanto pelas condições de aplicação, como pela natureza das medidas evitatórias que promovem". A fim de evitar a degradação do ambiente, o princípio da precaução pode conduzir ao *dever de abstenção*, impondo que se deixe de realizar a atividade ou o empreendimento que possa causar malfeito ambiental.

Por sua vez, o *princípio do poluidor-pagador*, também explicitamente contemplado no *princípio 16* da Declaração do Rio de 1992, visa promover o fomento da internalização dos custos ambientais, tendo em conta o critério de que aquele que utiliza recursos naturais e causa degradação ambiental deve arcar com os custos integrais da reabilitação do ambiente, fazendo refletir esses custos em seus produtos e serviços. Visa evitar, em linha reversa, a "internalização de lucros e a externalização de custos", a utilização predatória e a privatização compulsória de bens e serviços ambientais, sem prejuízo do dever constitucional e legal de reparar e compensar os danos ao meio ambiente (*princípio da responsabilidade*; art. 225, parágrafo §3º, CF; arts. 4º, VII, da Lei nº 6.938/81). Todos esses princípios do direito ambiental condicionam a operação STS.

Regulamentação e licenciamento da operação STS

No contexto histórico, a escalada da produção de petróleo no âmbito do pré-sal trouxe à tona o desafio de garantir o escoamento do óleo produzido com vistas a mitigar prejuízos à capacidade produtiva das plataformas, situação essa solucionada por meio da larga utilização dos navios aliviadores que, apesar de "realizarem a transferência de petróleo como carga entre dois navios localizados em águas jurisdicionais brasileiras" (*definição de operação STS pela Normam-08/DPC*), não possuem natureza operacional de STS, visto a exclusão formal desse enquadramento pelas convenções e normas internacionais e nacionais, como anteriormente mencionado.

É bem verdade que a atividade de escoar o óleo acumulado em uma plataforma semissubmersível ou em um FPSO apresenta aparentemente menor risco de acidentes do que a operação STS convencional, uma vez que um dos atores se encontra ancorado, sendo considerado, portanto, um ponto fixo. Por outro lado, com o exponencial avanço da tecnologia denominada Sistema de Posicionamento Dinâmico (DP),[28]

---

[28] O Sistema de Posicionamento Dinâmico, ou Sistema PD, controla automaticamente a embarcação, mantendo sua posição e aproamento exclusivamente por acionamento dos propulsores. Controla por meio de tecnologia

muitas embarcações – como a maior parte dos próprios aliviadores – são capazes de se manter praticamente estacionários, em comportamento semelhante ao das unidades ancoradas. Nesse sentido, entende-se então que a opção por não classificar as atividades de alívio das plataformas semissubmersíveis ou FPSOs como operação STS, tanto no âmbito externo como no interno, ostenta outras componentes além da mera análise técnica da questão.

Não obstante o mencionado, é inegável que o avanço substancial na produção de óleo longe da costa revelou ao mercado de transporte de petróleo ao redor do mundo que se o escoamento da produção das plataformas e FPSOs em alto mar é técnica e economicamente viável, também seria igualmente viável o transbordo de carga de um navio para outro em águas desabrigadas, ou seja, por meio de uma operação STS. Diante deste cenário, os armadores passaram a vislumbrar a operação como uma oportunidade de negócio, um nicho de mercado com imenso potencial de crescimento em razão das vantagens anteriormente elencadas, o que não poderia passar ao largo do controle por parte do Poder Público, em razão das peculiaridades da própria operação, não apenas no campo da navegação, mas, também, e principalmente, da gestão ambiental.

Além da avaliação de impactos ambientais (ou "estudo prévio de impacto ambiental" nos termos do art. 225, §1º, inc. IV da CF), o prévio licenciamento de atividades efetiva e potencialmente poluidoras constitui um dos relevantes instrumentos da Política Nacional do Meio Ambiente (art. 9º, III e IV, da Lei nº 6.938/81). Trata-se de mecanismo administrativo à disposição do Poder Público no âmbito da gestão ambiental que objetiva assegurar, por meio de controle prévio, que os riscos da atividade ou

---

complexa a posição dinâmica da embarcação utilizando GPS, DGPS, anemômetros, giroscópios, bússolas magnéticas e possui uma série de sensores que, combinados, fornecem informações ao computador central relativas à magnitude e direção das forças atuantes na posição do navio, corrigindo-a.

do empreendimento sejam compatibilizados com as condicionantes do meio ambiente ecologicamente equilibrado como fator essencial à sadia qualidade de vida, à luz do primado do desenvolvimento sustentável. Em outras palavras, tenta compatibilizar, no plano do controle administrativo, com base na visão trifacetada de sustentabilidade, o princípio da livre iniciativa, da livre concorrência e da propriedade privada com o direito fundamental ao meio ambiente ecologicamente equilibrado.

No âmbito do Conselho Nacional do Meio Ambiente, a Resolução Conama nº 237 de 19.12.1997 (art. 1º, I) define *licenciamento ambiental*:

> procedimento administrativo pelo qual o órgão ambiental competente licencia a localização, instalação, ampliação e a operação de empreendimentos e atividades utilizadoras de recursos ambientais, consideradas efetiva ou potencialmente poluidoras ou daquelas que, sob qualquer forma, possam causar degradação ambiental [...].

Em seu Anexo I, relaciona as atividades ou empreendimento sujeitos ao licenciamento ambiental. No seu item 19, indica o transporte, terminais e depósitos de cargas perigosas, inclusive por dutos, bem como marinas e portos, terminais de minério, petróleo e derivados como atividades que dependem de licenciamento ambiental, seguindo a mesma linha do Anexo VIII da Lei nº 6.938/81 (*vide* nota 17).

É de especial relevância a Instrução Normativa Ibama nº 16, de 26.8.2013, que regulamentou os procedimentos técnicos e administrativos para a emissão de "Autorização Ambiental para a realização de Operações Ship-to-Ship em Águas Jurisdicionais Brasileiras". Além de conceituar a operação e estabelecer a obrigatoriedade de cadastramento do empreendedor, estabeleceu que a autorização terá validade de cinco anos (art. 6º) e deverá ser solicitada, nas áreas em que houver empreendimento objeto de licenciamento ambiental, no âmbito do processo de licenciamento (art. 7º). Estabeleceu com base nos princípios da prevenção e da precaução, pelo maior potencial de dano ambiental, "áreas de restrição" em que, em regra, não poderão ser realizadas a operação sem justificativa técnica específica (art. 8º, parágrafo único). Essas "áreas de restrição" situam-se a menos de 50 km do litoral e de unidades de conservação marinhas em todos os níveis da federação, bem como em áreas de montes submarinos em profundidades inferiores a 500 m de lâmina d'água (art. 8º, I-III). Por outro lado, proibiu a operação nas Bacias da Foz do Amazonas e de Pelotas e na área do complexo recifal de Abrolhos (art. 9º, I e II) e estabeleceu a obrigatoriedade de apresentação de "plano de ação de emergência", na hipótese de acidentes, e de autorização prévia da Marinha do Brasil para a realização de transbordo de petróleo e derivados entre embarcações, e do próprio Ibama quanto ao transporte marítimo de produtos perigosos (Instrução Normativa Ibama nº 5/2012). Por depender da manifestação de vontade de um único órgão (Ibama), que edita o ato principal, mas exigir a manifestação instrumental de outra autoridade administrativa (*i.e.*, Marinha do Brasil), que adita ato acessório, mas de igual relevância, a autorização em questão constitui ato administrativo composto.

Observe-se que, embora já se tenha constatado no campo normativo ambiental uma falta de rigor técnico-conceitual, ao confundir-se licença com autorização (SILVA, 2003), na hipótese da operação STS, tudo indica que a Administração Pública optou, no exercício de seu Poder de Polícia, por condicionar essa atividade à emissão de autorização, que constitui ato administrativo derivado de competência discricionária e caracterizado pela precariedade e revogabilidade, não gerando direito subjetivo à concessão. Amolda-se, por outro lado – e aqui parece residir a motivação –, a atividades com risco potencial de perigo ou dano para a coletividade, mas não sendo do interesse do Poder Público proibir em caráter absoluto, que, por isso, optou pelos atributos da discricionariedade e da precariedade ostentados pela autorização (MEDAUAR, 2018).

Ao invés, no caso da licença, que decorre de competência vinculada, a Administração Pública estaria obrigada a concedê-la ao particular, gerando direito subjetivo, uma vez preenchidos os requisitos legais, gozando de certa definitividade. Apesar de a operação STS, pelas suas características e classificação de elevado risco ambiental, dever estar condicionada ao licenciamento ambiental *stricto sensu*, ou seja, com emissão de licença precedida de todas as fases previstas em lei, o fato é que hoje o sistema calcado na emissão de autorização, apesar de mais célere e simplificado, representa certa incerteza para o investidor diante da elevada carga de discricionariedade e precariedade envolvidas.

Verifica-se de plano que o Brasil possui diretrizes, normas e instruções claras que viabilizam a operação STS de modo compatível com as condicionantes ambientais modernas. Entre os principais atores nacionais, além da Marinha do Brasil, por meio da Normam-08/DPC (cap. 6), e do Instituto Brasileiro do Meio Ambiente e dos Recursos Naturais – Ibama (Instrução Normativa Ibama nº 16), que também atuam conjuntamente no monitoramento e fiscalização da operação nas suas diversas fases técnicas, vale destacar ainda a atuação da Receita Federal do Brasil (Instrução Normativa RFB nº 1.381), Agência Nacional do Petróleo, Gás Natural e Biocombustíveis – ANP (normas regulatórias ainda em elaboração por meio de projeto modificativo da Portaria ANP nº 170/2002, em fase de consulta pública) e da Agência Nacional de Transportes Aquaviários – Antaq (Resolução nº 7.462/2019).

Vale ainda ressaltar, à luz da Normam-08/DPC, a relevância da Marinha no Brasil, por meio do Comandante da Marinha, que constitui a autoridade marítima brasileira. A Lei Complementar nº 97, de 9.6.1999, atribui à Marinha e, portanto, à autoridade marítima brasileira, entre outras atribuições subsidiárias, a de prover a segurança da navegação aquaviária, formular e conduzir as políticas nacionais relativas ao mar, fiscalizar o cumprimento das leis e regulamentos relativamente ao mar e águas interiores, e cooperar na repressão de delitos de repercussão nacional e internacional (art. 17, I-V). Além disso, a Lei nº 9.537, de 11.12.1997 atribui à autoridade marítima a função de velar pela salvaguarda da vida humana e a prevenção da poluição ambiental por parte de embarcações, plataformas ou suas instalações de apoio (art. 3º, parte final).

Na esfera internacional, ostentam grande relevância para a operação STS a *International Maritime Organization* – IMO (por meio da convenção Marpol 73/79 e subsidiariamente a convenção Solas);[29] *Oil Companies International Marine Forum* – OCIMF,[30] *International Chamber of Shipping* – ICS[31] e *Society of International Gas Tanker and Terminal Operators* – SIGTTO,[32] que atua por meio do Guia de Transferência STS para Petróleo, Químicos e Gases Liquefeitos (*Ship to Ship Transfer Guide*) e do Guia Internacional de Segurança para Navios Tanque e Terminais (*Internationl Safety Guide for Oil Tankers and Terminals* – ISGOTT), ambos mundialmente conhecidos e amplamente utilizados.

Considerações finais

Em 2018, 91% das operações STS em águas jurisdicionais brasileiras ocorreram nos portos ou terminais aquaviários. De acordo com a Diretoria de Portos e Costas (DPC), foram realizadas 844 operações STS, sendo

---

[29] A Convenção Internacional para a Salvaguarda da Vida Humana no Mar (*Safety of Life at Seas* – Solas) é um dos mais importantes instrumentos internacionais para a Marinha Mercante, sobre segurança no mar.

[30] O Fórum Internacional Marítimo das Empresas Petroleiras é uma associação que abrange todas as gigantes do petróleo, inclusive a Petrobras, que foi fundada em 1970 com foco principal no transporte marítimo e em terminal de petróleo e seus derivados, petroquímicos e gás natural, atuando principalmente na promoção de boas práticas para evitar poluição no ambiente marinho.

[31] Fundada em 1921, a Câmara Internacional de Navegação (*Internatioanl Chamber of Shipping* – ICS) é a principal associação de comércio internacional no ramo marítimo, representando armadores e operadores em todos os setores, com membros na Ásia, Europa e Américas, os quais somam mais de 80% de toda tonelagem comercializada no mundo.

[32] Sociedade constituída em 1979 e formada por membros da indústria de LNG, que tem por objetivo estabelecer melhores práticas e padrões. Em 1982 a IMO garantiu *status* de observador para a SIGTTO, que possui hoje em seu quadro de membros 97% de toda frota de navios e terminais de LNG e por volta de metade do mercado de LPG (gás liquefeito de petróleo).

766 em portos e terminais aquaviários nacionais (navios atracados ou fundeados em área próxima) e 78 operações STS em mar aberto, valores substancialmente maiores do que os do ano anterior, quando o número total de operações em mar aberto foi de 48, o que demonstra o notável aumento na escolha desse procedimento pelos armadores.

Já em 2019, o número de operações STS em mar aberto ultrapassou a casa das centenas (dados somente até setembro), com pelo menos 104 execuções, estatística que demonstra a escalada crescente da atividade. Outro dado relevante, também fornecido pela DPC, diz respeito à quantidade atual de empresas devidamente registradas e aptas a executar as atividades de STS em águas de jurisdição brasileira, sendo atualmente sete, configurando outra evidência do interesse elevado do mercado nas operações de transbordo de navio para navio.

Essa tendência de mercado passa a exigir, no campo do controle da qualidade ambiental, uma atuação a cada dia mais eficiente e preventiva por parte do Poder Público num Estado, como o brasileiro, conformado pela ideia de *Estado de direito ambiental*, ou *Estado constitucional ecológico*, ou ainda *Estado ecoconstitucional*, que adota como ingredientes inafastáveis a *sustentabilidade ambiental*, a *justiça ambiental* e os *direitos humanos ambientais* (BOSSELMANN, 2008b). Entretanto, conforme ressalta Canotilho (2001), a tarefa de defesa e proteção do ambiente do planeta Terra e das gerações futuras não pode nem deve ser atribuída apenas ao Estado ou a entidades públicas, constituindo, antes de tudo, uma responsabilidade comum de todos, pessoas físicas e jurídicas, fruto de uma responsabilidade comum e de um dever invencível de proteção e cooperação. Entre esses deveres, destacam-se o "dever de promover ativamente a melhoria do estado do ambiente", "de evitar a degradação progressiva e gradual dos ecossistemas, habitats e recursos naturais" e o "dever de prevenir e precaver as ocorrências de acidentes ambientais graves", numa dimensão *reativa* e principalmente proativa (ARAGÃO, 2011), lastreados nos *princípios-deveres* de *prevenção* e *precaução* que se assentam na ideia de *prudência ambiental* e de *sustentabilidade* (SADELEER, 2002;[33] ARAGÃO, 2008).

Embora não exista "[...] uma solução neutral para os conflitos mundividenciais que satisfaça todas as partes envolvidas" (MACHADO, 2008), é aqui bem apropriada a observação da *Earth Charter Initiative*,[34] que destaca:

> a vida frequentemente envolve a tensão entre importantes valores. Isso pode significar escolhas difíceis. Entretanto, temos que obrigatoriamente encontrar meios para harmonizar diversidade e unidade, o exercício das liberdades com o bem comum e os objetivos mais imediatos com as metas de longo prazo.

Portanto, qualquer que seja a fonte normativa evocada e o interesse em questão, o dever legal de prevenir danos ao ambiente marinho durante as operações STS, onde quer que se realizem e independentemente de sua modalidade, exige a adoção de procedimentos adequados, técnicas, instrumentos, equipamentos e pessoal qualificado e devidamente treinado, compatíveis com o elevado grau de risco de poluição representado. Exige igualmente do Poder Público, especialmente da autoridade marítima e dos órgãos ambientais, no campo da atividade licenciatória e de fiscalização, a observância estrita do ordenamento jurídico-constitucional e dos princípios voltados à conservação do meio ambiente, independentemente da oneração da equação custo-tempo, com o objetivo de eliminar ou mitigar riscos a níveis ambientalmente adequados de segurança.

---

[33] Sadeleer (2002) observa que "while prevention is based on the concept of certain risk, the new paradigm is distinguished by the intrusion of uncertainty. Precaution does not posit a perfect understanding of any given risk: it is sufficient that a risk be suspected, conjectured, or feared. The rational view, 'ascertain the facts, then act', must be reversed, to become 'act first, then ascertain the facts'".

[34] "The Way to Forward. Life often involves tensions between important values. This can mean difficult choices. However, we must find ways to harmonize diversity with unity, the exercise of freedom with the common good, short-term objectives with long-term goals" (Disponível http://earthcharter.org/discover/download-the-charter/. Acesso em: 7 maio 2020).

Referências

ARAGÃO, A. A prevenção de riscos em estados de direito ambiental. *Temas de Integração*, n. 31/32, p. 123-160, 2011.

ARAGÃO, A. Princípio da precaução: manual de instruções. *Revista CEDOUA*, n. 2, p. 9-57, 2008.

ARAUJO, R. B. B. A. *Aplicação da ferramenta análise preliminar de perigos (APP) em uma planta típica de processamento primário de petróleo*. Monografia (Pós-Graduação em Engenharia de Campo) – Universidade Federal do Espírito Santo, 2015.

BACAL, E. B. A efetividade jurisdicional do princípio da prevenção e da reposição dos danos ecológicos e ambientais: uma análise sob o prisma do direito brasileiro e do direito português. *Planeta Amazônia: Revista Internacional de Direito Ambiental e Políticas Públicas*, n. 3, p. 69-81, 2011.

BOSSELMANN, K. Direitos humanos, ambiente e sustentabilidade – Editorial. *Revista CEDOUA*, v. 11, n. 21, p. 9-38, 2008a.

BOSSELMANN, K. *The principal of sustainability*: transforming law and governance. England: Ashgate Publishing Limited, 2008b.

CANOTILHO, J. J. G. *Direito constitucional ambiental brasileiro*. São Paulo: Saraiva, 2007.

CANOTILHO, J. J. G. Estado constitucional ecológico e democracia sustentada. *Revista CEDOUA*, v. 2, p. 9-16, 2001.

CANOTILHO, J. J. G. O princípio da sustentabilidade como princípio estruturante do direito constitucional. *Revista de Estudos Politécnicos*, v. 8, n. 13, p. 7-18, 2010.

CANOTILHO, J. J. G.; MACHADO, J. E. M. *A questão da constitucionalidade das patentes "pipeline" à luz da Constituição Federal brasileira de 1988*. Colaboração de V. L. Raposo. Coimbra: Almedina, 2008.

IPCC – INTERGOVERNMENTAL PANEL ON CLIMATE CHANGE. Summary for Policymakers. *In*: STOKER, T. F.; QIN, D.; PLATTNER, G.-K.; TIGNOR, M.; ALLEN, S. K.; BOSCHUNG, J.; NAUELS, A.; XIA, Y.; BEX, V.; MIDGLEY, P. M. (Ed.). *Climate Change 2013*: The Physical Sciences Basis. Contribution of the Working Group I to the Fifth Assessment Report of the Intergovernmental Panel on Climate Chance. Cambridge; New York: Cambridge University Press, 2013.

KAGEYAMA, P. Y.; GANDARA, F. B. A biodiversidade e a questão das mudanças globais. *In*: TASSARA, E. T. O. (Coord.); RUTKOWSKI, E. W. (Org.). *Mudanças climáticas e mudanças socioambientais globais*: reflexões sobre alternativas de futuro. Brasília: Unesco-IBECC, 2008.

KIM, Y. Y.; CHOI, K.-J.; CHUNG, H.; HAN, S.; LEE, P.-S. A ship-to-ship automatic docking system for ocean cargo transfer. *Journal of Marine Science and Technology*, n. 19, p. 360-375, 2014.

MACHADO, P. A. L. *Direito ambiental brasileiro*. São Paulo: Malheiros, 2015.

MARENGO, J. A. Mudanças climáticas globais e seus efeitos sobre a biodiversidade – Caracterização do clima atual e definição das alterações climáticas para o território brasileiro ao longo do século XXI. *Biodiversidade*, n. 26, Brasília, 2006.

MARTINS, S. S. S.; SILVA, M. P.; AZEVEDO, M. O.; SILVA, V. P. Produção de petróleo e impactos ambientais: algumas considerações. *Holos*, v. 31, n. 6, p. 54-76. 2015.

MEDAUAR, O. *Direito administrativo moderno*. Belo Horizonte: Fórum, 2018.

MIRRA, A. L. V. *Participação, processo civil e defesa do meio ambiente no direito brasileiro*. Tese (Doutorado) – Faculdade de Direito, Universidade de São Paulo, São Paulo, 2010.

OLIVEIRA, G. S.; NOBRE, C. A. Mudanças climáticas. *In*: TASSARA, E. T. O. (Coord.); RUTKOWSKI, E. W. (Org.). *Mudanças climáticas e mudanças socioambientais globais*: reflexões sobre alternativas de futuro. Brasília: Unesco-IBECC, 2008.

PENA, P. D. L.; NORTHCROSS, A. L.; LIMA, M. A. G. de; RÊGO, R. de C. F. Derramamento de óleo bruto na costa brasileira em 2019: emergência em saúde pública em questão. *Caderno de Saúde Pública*, v. 36, n. 2, p. 1-6, 2020.

ROLIM, M. H. F. de S. A Convemar e a proteção do meio ambiente marinho: impacto na evolução e codificação do direito do mar – as ações implementadas pelo Brasil e seus reflexos no direito nacional. *In*: BEIRÃO, A. P.; PEREIRA, A. C. A. (Org.). *Reflexões sobre a convenção do direito do mar*. Brasília: Ministério das Relações Exteriores, Fundação Alexandre de Gusmão, 2014.

SADELEER, N. de. *Environmental principles*. From political slogans to legal rules. New York: Oxford University Press, 2002.

SILVA, J. A. da. *Direito ambiental constitucional*. São Paulo: Malheiros, 2003.

STAVROU, D. I.; VENTIKOS, N. P. Ship to Ship transfer of cargo operations: risks assessment applying a fuzzy inference system. *The Journal of Risk Analysis and Crisis Response*, v. 4, n. 4, p. 214-227, 2014.

TESSLER, L. G. Ação inibitória na proteção do direito ambiental. *In*: LEITE, J. R. M.; DANTAS, M. B. (Org.). *Aspectos processuais do direito ambiental*. Rio de Janeiro, Forense Universitária, 2004.

UNEP – UNITED NATIONS ENVIRONMENT PROGRAMME. *Climate Change Science Compendium*. [s.l.]: Unep, 2009.

Informação bibliográfica deste texto, conforme a NBR 6023:2018 da Associação Brasileira de Normas Técnicas (ABNT):

LEME, Elton M. C.; SALOMÃO FILHO, Luis Felipe. Aspectos ambientais da operação ship to ship. *In*: LEWANDOWSKI, Enrique Ricardo (Coord.). *Direito Marítimo*: estudos em homenagem aos 500 anos da circum-navegação de Fernão de Magalhães. Belo Horizonte: Fórum, 2021. p. 231-256. ISBN 978-65-5518-105-0.

A LIMITAÇÃO DE RESPONSABILIDADE NO DIREITO MARÍTIMO: A NECESSIDADE DE SUA MODERNIZAÇÃO

LUÍS FELIPE GALANTE

1 Introdução

Sabidamente, em matéria de responsabilidade civil, o princípio generalizado é o da *restitutio in integrum*, pelo qual há a ampla restituição da parte lesada ao estado em que se encontrava anteriormente ao dano.

Entretanto, como exceção a essa regra, por vezes a ordem jurídica estabelece a não indenizabilidade integral do dano, também por vezes admitindo sua presença por meio de cláusulas no âmbito dos contratos. Isso se dá por razões de interesse público, manifestadas por meio de uma clara política legislativa do Estado.

Varia bastante o tratamento dado à limitação de responsabilidade[1] conforme a formação social e o momento histórico de que se trate.[2] Assim,

---

[1] Não iremos aqui, diante do escopo mais restrito do presente estudo, adentrar às discussões teóricas que distinguem limitação da responsabilidade de limitação do valor indenizável. Ambas as expressões serão empregadas como sinônimas, embora comunguemos com a opinião de que o instituto efetivamente restrinja o *quantum* da indenização e não o dever de indenizar em si.

[2] Rastros de limitação de responsabilidade são antigos no direito. Encontramos referências a esta noção já no Velho Testamento: "Se um boi chifrar um homem ou uma mulher, causando-lhe a morte, o boi terá que ser

esse regime excepcional pode ser mais ou menos amplo dependendo das circunstâncias. Pode, ilustrativamente, estender-se a todo e qualquer dano que emergir de determinada atividade econômica, ou, ao contrário, apenas algumas modalidades de danos serem incluídas na disciplina de limitação (p. ex., pode a atividade ficar sujeita à limitação, sendo, todavia, excluídos do respectivo regime limitativo os danos ambientais, ou morais, ou indiretos). Ou ainda variar em intensidade de acordo com as escolhas do legislador acerca dos prazos ou outras condições para o exercício do direito à limitação; dos tetos de valor a serem praticados; ou das situações em que se dá a perda do direito de limitar.

2 Fundamento da limitação de valor indenizatório

Porém, seja lá qual for a conformação do direito à limitação do valor indenizável, o importante é apreender sua essência. Trata-se de expediente jurídico para a *repartição dos riscos* decorrentes de uma atividade econômica humana, ditado por interesse público. Ao invés de os riscos da responsabilidade civil incidirem, na sua integralidade, sobre a pessoa do responsável pelo dano, este arca com indenizações até certo limite estabelecido em lei (ou por meio de cláusula contratual, quando considerada lícita pela ordem jurídica), sendo o risco excedente absorvido, individualmente, pelos próprios terceiros reclamantes, ou mesmo pela sociedade como um todo.

A limitação, por exemplo, é amplamente disseminada no campo do direito societário, ao ponto de, na prática, ser a regra prevalente. As modalidades de sociedades empresárias efetivamente funcionais

---

apedrejado até a morte, e a sua carne não poderá ser comida. Mas o dono do boi será absolvido" (Êxodo, 21:28). O direito romano também contemplava a limitação de responsabilidade sob o instituto da *noxae deditio*, pelo qual era possível ao *pater familia* ou ao proprietário de escravos limitar sua responsabilidade por ilícitos praticados respectivamente pelos filhos ou escravos mediante a entrega destes ao ofendido.

são todas de responsabilidade limitada ao capital nelas investido pelos participantes: sociedades por quotas de responsabilidade limitada, sociedades anônimas e empresas individuais. As modalidades que adotam a responsabilidade ilimitada (conta de participação, sociedades em comum) de seus participantes têm baixa funcionalidade e caíram em desuso. A limitação, aí, é vista como propulsora do desenvolvimento econômico e social, mediante a preservação do patrimônio privado dos parceiros empreendedores, numa medida fundamental de estímulo ao comércio, da qual o mundo dos negócios nem longinquamente pode mais prescindir.

Outra situação de atividade reputada essencial ao ambiente social e considerada sob pressão econômica considerada indesejável é a dos auditores, especialmente perante terceiros, em países da Comunidade Europeia, a citar, Áustria, Alemanha, Bélgica, Grécia e Eslovênia.[3] A limitação foi aí estabelecida diante da constatação de que o princípio da ampla responsabilidade estava virtualmente inviabilizando a atividade das pequenas e médias empresas de auditoria e mesmo colocando em risco as de grande porte. Possíveis erros levariam, se observada a diretriz da *restitutio in integrum*, à virtual insolvência dessas empresas. Por cima disso, havia que se preservar a disponibilidade de serviços de auditoria, especializados por natureza, na medida em que exigências legais da Comunidade Europeia tornam a auditoria obrigatória em diversos segmentos

---

[3] Um estudo de Ingrid De Poorter sobre o tema destaca: "Due to the increased market capitalization of companies during the last decade, the risk of auditing such companies has increased similarly. At the same time, access to insurance for auditors has fallen sharply, especially for firms auditing international and listed companies, thus leaving partners in audit firms with an unattractive prospect of entirely supporting the liability risks themselves". E, à vista disso, acrescenta: "The extensive report of the London Economics on the economic impact of auditors' liability regimes of September 2006 indicated that the current amount of high value actual of potential claims arising from statutory audits may entail serious financial consequences for audits firms. Since the current level of commercial insurance is such that it would cover less than 5% of the larger claims some firms face nowadays in some EU Member States, the independence audit work could endangered. Within this debate, we may not forget the Enron-fraud already evolved in the elimination of one of the Big Audit Firm" (DE POORTER, Ingrid. Auditor's liability towards third parties within the EU: A comparative study between the United Kingdom, the Netherlands, Germany and Belgium. *Journal of International Commercial Law and Technology*, v. 3, n. 1, 2008. p. 68).

empresariais. Diante desse quadro, em 2008 o Secretariado da Comunidade Europeia emitiu recomendação aos demais Estados-Membros no sentido de que adotassem a limitação para auditores no âmbito do bloco.[4] E, na Inglaterra, pelas mesmas razões, legislação daquele mesmo ano validou a limitação por meio de cláusula contratual (*Liability Limitation Agreements*).[5]

Ao lado do caso dos auditores, nos EUA, a notória exposição dos médicos a indenizações ruinosas por situações reputadas como erros médicos levou também à limitação de responsabilidade por danos morais (*non-economic damages*) em nada menos do que dez Estados da federação (Califórnia, Texas, Colorado, Flórida, Kansas, Maryland, Massachusetts, Michigan, Carolina do Norte e Wiscosin).[6] Muitas outras situações poderiam ainda ser lembradas, como a limitação do operador de danos nucleares e as hipóteses limitativas do transporte aéreo, ferroviário e rodoviário.

No direito marítimo tem merecido assento constante e notável, certamente a partir do *Consolato del Mare* no século XIV, mas talvez mesmo antes, desde o século XI com as Tábuas de Amalfi.[7]

Com a expansão do comércio na Idade Média devido às Cruzadas, cresce a percepção de que os riscos dos proprietários de embarcações mercantes são maiores do que os riscos dos comerciantes no transporte

---

[4] O relatório (SEC (2008) 1975), bastante detalhado e interessante como estudo, encontra-se disponível em: http://ec.europa.eu/internal_market/auditing/docs/liability/impact_assessment_en.pdf.

[5] O *Companies Act 2006*, que entrou em vigor em 6.4.2008.

[6] Para maiores informações sobre os Estados que adotaram a limitação e seus regimes, consultar o boletim eletrônico *Legal Match* (Disponível em: http://www.legalmatch.com/law-library/article/state-limits-on-medical-malpractice-awards.html). Além disso, matéria publicada no jornal eletrônico da *American Medical Association*, em setembro de 2008 (Disponível em: http://www.amednews.com/article/20080908/profession/309089971/2/), dá conta que os custos com seguros de responsabilidade civil para médicos decresceram agudamente nesses Estados, com resultados econômico-sociais positivos.

[7] Para uma resenha histórica da limitação de responsabilidade no direito marítimo, ver, na literatura nacional, o nosso artigo A limitação de responsabilidade no direito marítimo e o Projeto de Lei do Senado 487 de 2013. *In*: COELHO, Fábio Ulhoa; NUNES, Marcelo Guedes; LIMA, Tiago Asfor Rocha (Coord.). *Novas reflexões sobre o Projeto de Código Comercial*. São Paulo: Saraiva, 2015. p. 564-573.

terrestre.⁸ Assim, a limitação assume o propósito de *incentivo* à *atividade da navegação*, ante o risco excepcional a ela inerente. Presenciamos, aqui, com nitidez, o surgimento do conceito jurídico da viagem por mar como uma *aventura marítima*. Grotius, por volta de 1625, já apontava este papel de encorajamento à indústria da navegação como uma questão de ordem pública e de "justiça natural".⁹

Embora a opção pela limitação de responsabilidade no campo do direito marítimo suscite na atualidade diversas controvérsias – como de resto sucede com a ideia de limitação em praticamente todos os campos de sua atuação, exceto, talvez, pela sua menor intensidade, no direito societário –, o fato é que os regimes limitativos preponderam, largamente, na navegação moderna. A prova de sua ubiquidade e persistência às críticas pode ser constatada pelo nível de adesão às quatro mais importantes convenções de limitação de responsabilidade de proprietários e armadores de embarcações, quais sejam, as Convenções de Bruxelas de 1924 e de 1957, a LLMC de 1976 e seu Protocolo de 1996. No total, 114 diferentes países assinaram essas convenções,¹⁰ inclusive o Brasil, a de 1924, sem falar nos demais países que, sem integrarem regimes convencionais, optaram por incorporar sistemas limitativos em suas legislações domésticas. Tal quadro permite uma clara noção de como o conceito de limitação se encontra enraizado na atividade da navegação.¹¹

---

⁸ DONOVAN, James J. The origins and development of limitation of shipowners' liability. *Tulane Law Review*, v. 53, n. 4, 1979. p. 1002.

⁹ TAHERI, Kourosh. *Limitation of liability for maritime claims*: multiple perspectives and legal implications. Dissertação (Mestrado) – Lund University, 2013. p. 13. Disponível em: http://lup.lub.lu.se/luur/download?fun c=downloadFile&recordOId=3858032&fileOId=3858041; DONOVAN, James J. The origins and development of limitation of shipowners' liability. *Tulane Law Review*, v. 53, n. 4, 1979. p. 1003.

¹⁰ Sobre ambas as Convenções de Bruxelas, os dados estão disponíveis no sítio do Comitê Marítimo Internacional – CMI (Disponível em: https://comitemaritime.org/wp-content/uploads/2018/05/Status-of-the-Ratifications-of-and-Accessions-to-the-Brussels-International-Maritime-Law-Conventions.pdf). Relativamente à LLMC 1976 e seu protocolo, as informações podem ser encontradas no sítio da IMO (Disponível em: http://www.imo.org/en/About/ Conventions/StatusOfConventions/Pages/Default.aspx).

¹¹ A propósito dos argumentos pró e contra a limitação de responsabilidade na atualidade do direito marítimo, uma análise detalhada com fartas referências bibliográficas pode ser encontrada, mais uma vez, no nosso artigo já citado na nota nº 7 acima, A limitação de responsabilidade no direito marítimo e o Projeto de Lei do Senado 487 de 2013. In: COELHO, Fábio Ulhoa; NUNES, Marcelo Guedes; LIMA, Tiago Asfor Rocha (Coord.). *Novas reflexões sobre o Projeto de Código Comercial*. São Paulo: Saraiva, 2015. p. 564-573. p. 579-599.

3 O direito à limitação de responsabilidade e suas modalidades

O direito à limitação decorre da lei. Porém, como antes ressaltado, pode também advir de contrato por meio de cláusulas limitativas de responsabilidade quando permitido o exercício da autonomia privada na matéria.

O titular do direito à limitação, em qualquer das situações, exerce um *direito potestativo*, na medida em que se lhe confere o poder de, mediante manifestação de vontade, interferir na esfera jurídica de outrem, a quem nada compete fazer a não ser sujeitar-se à vontade do sujeito ativo de limitar sua responsabilidade. Típico direito ao qual corresponde mera sujeição jurídica por parte do sujeito passivo.

Consequência disso é que se trata de direito que depende de provocação pelo titular para sua aplicação, não sendo aplicável *ex officio* pelo juiz ou árbitro. E, porque disponível, é, ademais, direito suscetível de renúncia (antes do seu exercício) ou desistência (após ser exercido).

Três são as modalidades de limitação de responsabilidade no direito marítimo, expostas a seguir.

3.1 A limitação individual

É limitação *legal* de responsabilidade, aplicável ao contrato de transporte marítimo. Tem, pois, o transportador como sujeito ativo, e, como sujeito passivo, o titular dos direitos sobre a carga transportada, vale dizer, o portador atual do conhecimento de transporte marítimo.[12] Exatamente porque essa modalidade se dá com relação a um só sujeito passivo por vez (à vista de cada conhecimento emitido), recebe a denominação de

---

[12] Para os efeitos do presente trabalho abstrairemos, daqui por diante, o transporte de passageiros, porque fora do escopo do novo Código Comercial tratado no PLS nº 487/13.

limitação "individual". Outros a ela referem-se como limitação do transportador marítimo. São exemplos de limitações individuais os sistemas de algumas convenções internacionais, como as Regras de Haia (*Hague Rules*), de Haia-Visby (*Hague-Visby Rules*), de Hamburgo (*Hamburg Rules*), de Rotterdam (*Rottterdam Rules*), além do Acordo de Alcance Parcial para a Facilitação do Transporte Multimodal de Mercadorias celebrado no âmbito de alguns estados sul-americanos, incluindo o Brasil. Seus valores, destinados a indenizar de forma limitada apenas os interesses das cargas, são, por essa mesma circunstância, relativamente baixos em comparação com os limites praticados nas limitações de caráter amplo e geral, vale dizer, aquelas que também alcançam terceiros.

3.2 As cláusulas limitativas de responsabilidade

A limitação *contratual* de responsabilidade pode se dar em diferentes tipos de ajustes.[13] Todavia, as cláusulas limitativas de responsabilidade mais frequentes aparecem no âmbito dos contratos de transporte ou então inseridas no instrumento por excelência das operações de transporte marítimo, o conhecimento de transporte marítimo (*bill of lading*).

Desempenham, funcionalmente, o mesmo papel das limitações legais individuais. Somente cabem, por isso mesmo, *onde a lei não prescreve a limitação individual*. Ou, nos casos em que ela existe, são aceitas apenas se destinadas a estabelecer *limites mais elevados* do que os contemplados na legislação, sob pena de ofensa à ordem pública. Para serem válidas devem traduzir real conteúdo negocial e sinalagmático. Esse conteúdo usualmente consiste na opção dada ao dono da carga de (i) declarar o valor da mercadoria e pagar frete integral (porque incluída no seu cálculo

---

[13] Por exemplo, é absolutamente padrão nos contratos de construção naval cláusula limitando a responsabilidade do construtor em hipótese de inadimplemento aos danos diretos apenas, excluídos quaisquer lucros cessantes. Conferir, por todos, CURTIS, Simon. *The law of shipbuilding contracts*. [s.l.]: LLP, 1996. p. 166.

a parcela *ad valorem*), fazendo assim jus à indenização também integral em situação de faltas ou avarias, ou, alternativamente, (ii) omitir o valor das mercadorias, pagando frete menor (sem a parcela *ad valorem*), neste caso recebendo uma indenização limitada a certo valor pré-tarifado.

3.3 A limitação geral

É limitação *legal* concedida a proprietários ou operadores de embarcações. Seus sujeitos passivos são tanto os titulares de cargas transportadas como eventuais terceiros escolhidos pela lei, afetados por incidentes da navegação. Porque depende apenas de uma única manifestação para alcançar, simultaneamente, se assim o desejar o sujeito ativo, todos esses sujeitos passivos, recebe a denominação de limitação "geral", por oposição à limitação "individual". Outros preferem denominá-la, a partir dos titulares mais corriqueiros do direito à limitação, de limitação dos proprietários ou armadores de embarcações. Seus valores limitativos, dado o amplo alcance a que se destinam, são relativamente elevados em comparação com as limitações individuais. Constituem manifestações de limitações gerais as convenções gerais de limitação de 1924 (Convenção Internacional para a Unificação de Certas Regras relativas à Limitação de Responsabilidade dos proprietários de Embarcações Marítimas, assinada em Bruxelas), de 1957 (*International Convention relating to the Limitation of the Liability of Owners of Sea-going Ships and Protocol of Signature*), a LLMC (*Convention on Limitation of Liability for Maritime Claims*) de 1976 e seu Protocolo de 1996, bem assim outras de escopo mais específico, por exemplo, voltadas a matérias ambientais.[14]

Por fim, importante atentar não caber *cumulação* dessas modalidades de limitação com relação a um mesmo sujeito passivo. Elas são, no tocante

---

[14] CLC 69, CLC 92, Fund 1971, Fund 92, 2003 *Protocol*, *HNS Convention* e seu Protocolo de 2010 e *Bunker Convention*.

ao sujeito passivo, *mutuamente excludentes*. O direito à limitação com relação a cada sujeito passivo é um só, variando, apenas, a modalidade a ser exercida, cuja escolha cabe ao sujeito ativo.

Assim, se for invocado um regime de limitação individual ou cláusula limitativa em face de titular de cargas cobertas por conhecimento de transporte, ele não estará sujeito, simultaneamente, à nova limitação com base em qualquer regime geral. Inversamente, se exercido o direito à limitação geral, não mais procede a aplicação de algum regime individual ou de cláusula limitativa. E se coexistentes uma limitação individual e cláusula limitativa (de valor mais elevado), o beneficiário da limitação somente poderá acionar uma delas.

4 A limitação no direito marítimo brasileiro atual
4.1 Direito material

São abundantes no direito marítimo brasileiro normas de limitação de responsabilidade aplicáveis ao direito marítimo. Há dois regimes gerais ou inespecíficos (no Código Civil e no Código Comercial) convivendo ao lado de diversos regimes jurídicos particulares.

Esse amplo quadro normativo pode ser assim resumido:[15]

(i) *Código Civil*: seu art. 750 limita a responsabilidade do transportador ao valor da carga e frete constante do conhecimento de transporte ("Art. 750. A responsabilidade do transportador, limitada ao valor constante do conhecimento, começa no momento em que ele, ou seus prepostos, recebem a coisa; termina quando é entregue ao destinatário, ou depositada em juízo, se aquele não for encontrado"). Trata-se de regime

---

[15] Ver resumo da posição da limitação de responsabilidade no direito marítimo brasileiro elaborada por Artur Carbone e Luís Felipe Galante, constante da obra de Patrick Griggs, Richard Williams e Jeremy Farr, *Limitation of liability for maritime claims* (4. ed. [s.l.]: LLP, 2005. p. 191-197).

inespecífico que institui típica hipótese de *limitação individual* de responsabilidade.

(ii) *Código Comercial*: o art. 494, penúltima parte, contém a nossa mais antiga, central, inespecífica e persistente norma limitativa, uma limitação de caráter *geral*. É denominada, no nosso direito, de *abandono liberatório* e provêm, diretamente, das velhas Ordenações francesas de 1681. Autoriza o abandono *in natura* do navio e frete a ganhar na viagem, nos seguintes termos:

> Art. 494. Todos os proprietários e compartes são solidariamente responsáveis pelas dívidas que o capitão contrair para consertar, habilitar e aprovisionar o navio; sem que esta responsabilidade possa ser ilidida, alegando-se que o capitão excedeu os limites das suas faculdades, ou instruções, se os credores provarem que a quantia pedida foi empregada a benefício do navio (artigo nº. 517). Os mesmos proprietários e compartes são solidariamente responsáveis pelos prejuízos que o capitão causar a terceiro por falta da diligência que é obrigado a empregar para boa guarda, acondicionamento e conservação dos efeitos recebidos a bordo (artigo nº. 519). *Esta responsabilidade cessa, fazendo aqueles abandono do navio e fretes vencidos e a vencer na respectiva viagem.* Não é permitido o abandono ao proprietário ou comparte que for ao mesmo tempo capitão do navio.

Este esquema limitativo não foi revogado pela adoção da Convenção de Bruxelas de 1924 (*vide* item V a seguir), coexistindo com ela.[16]

(iii) *Transporte multimodal em geral*: a Lei nº 9.611, de 19.2.1998 estabelece um regime particular de limitação de responsabilidade do operador de transporte multimodal, não só com relação às próprias faltas e avarias de cargas, mas também no tocante a outros prejuízos. Aqui estamos diante de outra situação de *limitação individual* de responsabilidade da lei brasileira.

---

[16] "Abandono marítimo. Indenização. Abandono liberatório. 'EX-VI-LEGIS'. O art. 494 do Código Comercial não está revogado pela Convenção de Bruxelas, promulgada pelo Decreto nº 350, de 1935" (RE nº 14.215/DF. Rel. Min. Edgard Costa, j. 30.4.1956).

Basicamente, a limitação por perdas ou danos causados às cargas é limitada ao valor declarado no conhecimento de transporte, acrescido do frete e seguro correspondentes.[17] Na ausência de valor declarado, a responsabilidade deve observar o limite de 666,67 direitos especiais de saque (DES) por volume ou unidade, ou de 2,00 DES por quilograma de peso bruto das mercadorias danificadas, avariadas ou extraviadas, prevalecendo a quantia que for maior.[18] Já a responsabilidade por prejuízos resultantes de atraso na entrega ou de qualquer perda ou dano indireto, distinto da perda ou dano das mercadorias, fica limitada a um valor que não pode exceder ao frete.[19] Além disso, a responsabilidade acumulada do operador de transporte multimodal não pode exceder os limites de responsabilidade pela perda total das mercadorias.[20]

(iv) *Transporte multimodal entre Brasil, Argentina, Paraguai e Uruguai*: o Acordo de Alcance Parcial para a Facilitação do Transporte Multimodal de Mercadorias promulgado pelo Decreto nº 1.563, de 19.7.1995 estabelece limitação de responsabilidade para o operador de transporte multimodal nos transportes entre os países signatários. Ainda aqui, uma vez mais, estamos diante de hipótese normativa de *limitação individual* de responsabilidade

---

[17] Lei nº 9.611/98: "Art. 17. A responsabilidade do Operador de Transporte Multimodal por prejuízos resultantes de perdas ou danos causados às mercadorias é limitada ao valor declarado pelo expedidor e consignado no Conhecimento de Transporte Multimodal, acrescido dos valores do frete e do seguro correspondentes. §1º O valor das mercadorias será o indicado na documentação fiscal oferecida".

[18] Decreto nº 3.411/00: "Art. 16. A responsabilidade do Operador de Transporte Multimodal por prejuízos resultantes de perdas ou danos causados às mercadorias, cujo valor não tenha sido declarado pelo expedidor, observará o limite de 666,67 DES (seiscentos e sessenta e seis Direitos Especiais de Saque e sessenta e sete centésimos) por volume ou unidade, ou de 2,00 DES (dois Direitos Especiais de Saque) por quilograma de peso bruto das mercadorias danificadas, avariadas ou extraviadas, prevalecendo a quantia que for maior".

[19] Decreto nº 3.411/00: "Art. 17 [...] §2º A responsabilidade por prejuízos resultantes de atraso na entrega ou de qualquer perda ou dano indireto, distinto da perda ou dano das mercadorias, é limitada a um valor que não excederá o equivalente ao frete que se deva pagar pelo transporte multimodal".

[20] Decreto nº 3.411/00: "Art. 19. A responsabilidade acumulada do Operador de Transporte Multimodal não excederá os limites de responsabilidade pela perda total das mercadorias".

na lei brasileira. A responsabilidade pelos prejuízos decorrentes do atraso na entrega da mercadoria ou de qualquer perda ou dano indireto, diverso da perda ou dano das mercadorias, será limitada a um valor que não deverá exceder o equivalente ao frete a ser pago pelo transporte multimodal, em razão do respectivo contrato.[21] Ademais, igualmente como prevê a lei doméstica, a responsabilidade acumulada não pode exceder os limites de responsabilidade pela perda total das mercadorias.[22]

(v) *Convenção Internacional de Limitação de Responsabilidade de Bruxelas, 1924*: trata-se da Convenção Internacional para a Unificação de Certas Regras relativas à Limitação de Responsabilidade dos Proprietários de Embarcações Marítimas, promulgada pelo Decreto nº 350, de 1º.10.1935. Pelo sistema desta convenção a responsabilidade do proprietário de embarcação marítima está adstrita ao valor do navio, frete e seus acessórios.[23] Alternativamente, à escolha do proprietário, a limitação pode se dar à base de £8,00 por tonelada de arqueação do navio, em alguns casos elencados na própria convenção.[24] É outra típica

---

[21] Acordo: "Artigo 16. Se o operador de Transporte Multimodal for responsável pelos prejuízos resultantes do atraso na entrega ou de qualquer perda ou dano indireto, distinto da perda ou dano das mercadorias, sua responsabilidade estará limitada a um valor que não excederá o equivalente ao frete a ser pago pelo transporte multimodal, em virtude do respectivo contrato".

[22] Acordo: "Artigo 17. A responsabilidade acumulada do Operador de Transporte Multimodal não excederá os limites de responsabilidade pela perda total das mercadorias".

[23] Convenção: "Artigo 1º O proprietário de um navio de mar só é responsável até a concorrência do valor do navio, do frete e dos acessórios do navio: 1º Pelas indenizações devidas a terceiros em virtude de prejuízos causados, em terra ou no mar, por fatos ou faltas do capitão, da tripulação, do piloto ou de qualquer outra pessoa ao serviço do navio; 2º Pelas indenizações devidas em virtude de prejuízos causados tanto á carga entregue ao capitão para ser transportada, como a todos os bens e objetos que se achem a bordo; 3º Pelas obrigações resultantes dos conhecimentos; 4º Pelas indenizações devidas em virtude de uma falta náutica cometida na execução de um contrato; 5º Pela obrigação de remover um navio afundado e pelas obrigações que com ela tenham relação; 6º Pelas remunerações de assistência e de salvamento; 7º Pela quota de contribuição que incumbe ao proprietário nas avarias comum; 8º Pelas obrigações resultantes dos contratos celebrados ou das operações efetuadas pelo capitão em virtude dos seus poderes legais, fora do porto de registro do navio, para as necessidades reais da conservação do navio ou da continuação da viagem, desde que essas necessidades não provenham nem de insuficiência nem de defeito do equipamento ou do aprovisionamento no começo da viagem".

[24] Convenção: "Todavia, em relação aos créditos referidos nos n. 1º, 2º, 3º, 4º e 5º, a responsabilidade determinada nas disposições precedentes não poderá ultrapassar a quantia total de L 8 por tonelada do arqueação do navio".

hipótese normativa de *limitação geral* de responsabilidade na lei brasileira.

(vi) *Convenção Internacional sobre Responsabilidade Civil em Danos Causados por Poluição por Óleo, de 1969*: esta convenção, melhor conhecida pela sigla CLC/69, foi promulgada pelo Decreto nº 79.437, de 28.3.1977. Aplica-se apenas à poluição provocada por óleo transportado em navios como *carga*. Dispõe que a compensação dos danos causados por poluição está limitada a valores determinados por tonelada do navio poluidor.[25] Estabelece ainda a obrigatoriedade da apresentação, pelo proprietário, de certificado de garantia financeira até os limites de responsabilidade fixados na convenção.[26] Traduz outra situação de *limitação geral* de responsabilidade no ordenamento nacional.

No mais, quanto às cláusulas limitativas de responsabilidade, a jurisprudência aceita-as,[27] contanto que seus valores não sejam irrisórios, quando então são consideradas cláusulas de não indenizar, vedadas por lei.[28] E mesmo no âmbito do Código de Defesa do Consumidor tais ajustes são reputados lícitos entre pessoas jurídicas e "em situações justificáveis"

---

[25] Convenção: "Artigo V. 1. O proprietário de um navio tem o direito de limitar sua responsabilidade, nos termos da presente convenção em relação a um acidente, a um montante total de 2.000 francos por tonelada da tonelagem do navio. Todavia esse montante total em nenhum caso poderá exceder a 210 milhões de francos".

[26] Convenção: "Artigo VII. 1. O proprietário de um navio registrado em um estado contratante e que transporte mais de 2.000 toneladas de óleo a granel como carga deverá fazer um seguro ou outra garantia financeira tal como caução bancária ou certificado emitido por um fundo internacional de indenização, num montante fixado pela aplicação dos limites de responsabilidade previstos no art. V, parágrafo 1, com o fim de cobrir sua responsabilidade por danos por poluição, conforme as disposições da presente convenção".

[27] O STJ já pacificou a matéria quando do julgamento do REsp nº 39.082/SP, Rel. Min. Nilson Naves: "Transporte marítimo. Responsabilidade. Admissão de cláusula limitante da responsabilidade do transportador. Recurso Especial conhecido, mas denegado". O entendimento desde então viu-se reiterado diversas outras vezes: "Na verdade, inexistem razões que justifiquem a alteração da robusta e hoje pacífica jurisprudência ao esposar o entendimento da validade da cláusula contratual restritiva da responsabilidade, que não se confunde com a cláusula excludente da responsabilidade. Naquele caso, existe para o embarcador uma alternativa, deixada à sua livre escolha: ou pagar o frete pelo valor declarado da mercadoria ou pagar o frete reduzido, sem menção ao valor da carga a ser transportada, sujeitando-se nesse caso, a receber, por perda, a indenização do importe não superior ao delimitado no contrato" (voto-vista do Min. Sálvio Figueiredo no REsp nº 39.082/SP).

[28] "Transporte marítimo. Cláusula limitativa da responsabilidade do transportador. Dissídio jurisprudencial. I – É sem valia, nos contratos de transporte, a cláusula limitativa da responsabilidade do transportador a valor apoucado. II – Precedentes do Superior Tribunal de Justiça. III – Recurso Especial a que, sem dissensão, se atendeu" (REsp nº 2.419/SP. Rel. Min. Fontes de Alencar, j. 24.4.1990).

(art. 51, inc. I),[29] assim entendida, precisamente, aquela opção à disposição do usuário de não declarar o valor da mercadoria como contrapartida para obtenção de um frete mais reduzido do que o normal.

4.2 Direito processual

As *limitações individuais* de responsabilidade não reclamam procedimento especial para seu exercício. Esta necessidade, todavia, se coloca sobretudo na hipótese do exercício da *limitação geral* como *ação* (e não como *exceção* nas ações que credores movam contra o titular do direito à limitação), em virtude da natureza peculiar da pretensão que é exercida nessas circunstâncias.

O procedimento especial de limitação geral de responsabilidade mais bem estruturado no direito brasileiro é aquele estabelecido na Convenção Internacional sobre Responsabilidade Civil em Danos Causados por Poluição por Óleo de 1969 (CLC/69), posta em vigor pelo Decreto nº 79.437/77. Aplica-se somente à poluição por óleo transportado em navios como carga a granel. Não se aplica, pois, à poluição provocada pelo combustível dessas embarcações.

Segundo os termos da convenção, somente proprietários das embarcações abrangidas pelo seu escopo detêm legitimidade para invocar o direito à limitação (art. III). E, para usufruírem desse benefício, devem constituir um fundo calculado de acordo com os critérios lá estabelecidos (art. V, item 3). O texto da CLC/69 traz ainda normas sobre a competência internacional para a constituição do fundo (art. V, item 3 e art. IX), sobre a distribuição dos valores do fundo (art. V, item 4), sobre a reserva de

---

[29] "Art. 51. São nulas de pleno direito, entre outras, as cláusulas contratuais relativas ao fornecimento de produtos e serviços que: I - impossibilitem, exonerem ou atenuem a responsabilidade do fornecedor por vícios de qualquer natureza dos produtos e serviços ou impliquem renúncia ou disposição de direitos. *Nas relações de consumo entre o fornecedor e o consumidor pessoa jurídica, a indenização poderá ser limitada, em situações justificáveis*; [...]".

quotas para credores a serem futuramente contemplados (idem, item 7) e sobre os efeitos da constituição do fundo (art. VI). Como procedimento concursal que é, se lhe aplicam, subsidiariamente, no caso de lacunas, via expediente analógico, as disposições do procedimento concursal empresarial mais próximo, que é o falimentar, naquilo que for cabível.

Outra hipótese de limitação geral de responsabilidade é aquela contemplada na Convenção Internacional para a Unificação de Certas Regras Relativas à Limitação de Responsabilidade dos Proprietários de Embarcações Marítimas, assinada em Bruxelas, no ano de 1924, e promulgada pelo Decreto nº 350/35.

Esse sistema limitativo aplica-se, em cada Estado contratante, a embarcações marítimas em geral que não estejam protegidas pela CLC/69, desde que o navio com relação ao qual foi invocado o limite de responsabilidade seja nacional de um Estado contratante (art. 12). O *quantum* da limitação resulta do somatório dos valores do navio, frete e acessórios (art. 1º). Assiste ao titular do direito à indenização, em certos casos, a prerrogativa de escolher, alternativamente, o limite de £8.00 por tonelada de arqueação (art. 1º, última alínea, combinada com art. 11), considerando-se, todavia, não o valor da libra esterlina como papel-moeda, mas sim o seu valor ouro original (art. 15). No caso de limitação por morte ou lesões corporais decorrentes de culpa do capitão, tripulação, prático ou outras pessoas a serviço da embarcação, somam-se os dois tetos limitativos.

Lamentavelmente, porém, a convenção contém pouquíssimos dispositivos de direito processual, dedicando-se mais às questões de direito material. Texto legal bem mais antigo do que a CLC/69, não regulou a Convenção de Bruxelas o procedimento de constituição de um fundo, com a consequente instituição de um juízo concursal. Precariamente, deixou às leis nacionais de cada Estado esta tarefa (art. 8º, última alínea), somente disciplinando a oferta dos tetos limitativos nas situações (i) de oferecimento de caução para a liberação de embargo que recaia sobre o navio (art. 8º, 1ª, 2ª e 3ª alíneas) e (ii) de sobrestamento da penhora de outros bens do proprietário que não o navio, frete e acessórios, até que se proceda à venda do navio e à repartição do respectivo produto pelos credores (art. 9º). Embora a convenção, portanto, apenas regule a invocação da limitação nela prevista como *exceção* a medidas de embargo do navio ou a ações de indenização, nos parece que não pode o Judiciário deixar de aceitá-la, a pedido do proprietário, também como *ação*, por imposição da garantia constitucional do direito de ação. Devem ser aplicadas, nesta hipótese, as normas análogas da CLC/69, e, subsidiariamente, no que for cabível, do procedimento falimentar.

Finalmente, temos o derradeiro expediente limitativo geral, qual seja, o *abandono liberatório* previsto no art. 494 do Código Comercial. Importante destacar que tal dispositivo continua em vigor, como, aliás, já afirmado pelo STF: "A Convenção de Bruxelas promulgada pelo Dec. Nº 350, de 1935, não revogou o art. 494 do Código Comercial, como resulta dos próprios termos dessa Convenção" (RE nº 14.215/DF. Rel. Min. Edgar Costa, j. 30.4.1956 – Arquivo Judiciário nº 120/266). A limitação do art. 494 tem aplicação onde não haja outro regime particular instituído por lei especial.

Trata-se de esquema limitativo diferente dos anteriores, os quais se materializam por meio do depósito de valores pecuniários em prol dos respectivos credores. No art. 494 do Código Comercial estamos diante do mais vetusto esquema de limitação existente, o do abandono físico, *in natura*, da própria embarcação instrumento do dano, mais o frete envolvido na viagem em questão.

Não ministram, nem o art. 494, nem a nossa lei processual, qualquer subsídio quanto ao procedimento a ser empregado para a realização do direito material a tal limitação. Na doutrina há menção à possibilidade de exercício do direito ao abandono mediante *ação* ou *exceção*,[30] com o que nos parece não poder existir desacordo. Em qualquer das duas situações, a partir da entrega física da embarcação e sua subsequente venda, há de formar-se procedimento concursal entre os credores porventura existentes. A partir daí deverá mais uma vez socorrer-se o juiz, por analogia, à falta de norma específica, das normas da CLC/69 porventura aplicáveis, e, em seguida, dos dispositivos do processo falimentar, a fim de empreender a chamada de todos os possíveis credores para participarem do rateio dos valores, e, finalmente, realizar este próprio rateio.

Naturalmente, como não poderia deixar de ser, grandes são as dúvidas em matéria procedimental na implementação do abandono liberatório do art. 494 do Código Comercial. Porém, só uma dúvida não pode haver: de que o desafio processual, qualquer que seja, tem que ser vencido, pois a todo o direito deve corresponder uma ação que o assegure, sob pena de denegação de justiça.

4.3 Análise crítica

Os dois tópicos anteriores evidenciam como, ao lado das normas que constituem *lex specialis* em matéria de limitação, o direito material brasileiro convive com um regime central para a limitação no direito marítimo absolutamente arcaico, constante do art. 494 do Código Comercial de 1850. Modernização nessa seara é item de primeira necessidade jurídica, portanto.

Já no campo do direito processual o problema mostra-se mais sério ainda. Simplesmente não há procedimento especial estabelecido em nossa lei apto a viabilizar o exercício do direito à limitação geral, especialmente

---

[30] Assim, SILVA COSTA. *Direito comercial marítimo, fluvial e aéreo*. 3. ed. Rio de Janeiro: Freitas Bastos, 1935. t. I. p. 277.

quando essa limitação é exercida como ação. Dispomos, apenas, de um mero punhado de disposições traçadas na CLC/69, que na realidade pressupõem o respaldo de outras normas procedimentais complementares, as quais inexistem. Logo, nem mesmo a aplicação analógica das regras da CLC/69 às demais hipóteses de limitação geral resolve inteiramente a situação. Beiramos, no particular, uma situação de anomia jurídica no campo processual.

5 A proposta de modernização

Diante da ubiquidade e permanência dos esquemas limitativos no mundo da navegação, uma muito bem-vinda proposta de modernização do direito à limitação no direito marítimo encontra-se desenhada no Substitutivo ao Projeto de Lei do Senado nº 487/13, que, aprovado na Comissão Especial daquela Casa acerca de um novo Código Comercial para o país, no momento apenas aguarda inclusão na pauta de votação do Plenário. O propósito da nova legislação limitativa é o de conferir à navegação brasileira condições de equivalência e competitividade na concorrência com empresas estrangeiras, de par com a conveniência de se alinhar o ordenamento nacional com o resto das regras globais em que a economia brasileira pretende crescentemente se inserir.

O referido substitutivo contempla, entre outros tópicos dignos de nota, a limitação de responsabilidade em matéria de direito marítimo, constante dos seus arts. 821 a 831.

As hipóteses de incidência de limitação geral de responsabilidade civil estão contempladas no art. 821,[31] com o seguinte teor:

---

[31] A limitação geral de responsabilidade prevista no referido projeto de lei poderá ser invocada pelo proprietário da embarcação, seu operador, fretador por viagem ou transportador, quando for pessoa natural ou jurídica diferente do armador, ou também pelos seus dependentes e, ainda, pelo capitão, membros da tripulação e práticos, em ações judiciais movidas contra eles, como reza o art. 830 do Substitutivo ao PLS nº 487/2013.

> Art. 821. Ressalvados os casos previstos em tratados ou em convenções internacionais vigentes no País, o armador pode limitar sua responsabilidade nos seguintes casos:
> I - danos a propriedades de terceiros causados em decorrência da operação da embarcação, incluídos aqueles causados às obras dos portos, docas, diques e vias navegáveis;
> II - perdas, avarias ou atraso na entrega das cargas transportadas;
> III - reclamações por prejuízos derivados de responsabilidade extracontratual que tenham vinculação direta com a exploração da embarcação;
> IV - reclamações promovidas por uma pessoa que não seja a responsável, relacionadas com medidas tomadas a fim de evitar ou minorar os prejuízos, a respeito das quais o armador tenha direito de limitar sua responsabilidade, bem assim outros prejuízos consequentes a tais medidas.

Como se extrai do *caput* do art. 821, a limitação de responsabilidade ali descrita é uma faculdade. Assim, cabe ao armador optar pela invocação ou não da limitação geral, ou preferir, se disponível, no caso de avarias às cargas transportadas, a limitação individual na condição de transportador marítimo.

Muito importante, o projeto prevê no seu art. 890 as hipóteses de exclusão da limitação de responsabilidade:

> Art. 823. As disposições relativas à limitação da responsabilidade não são aplicáveis:
> I - às reclamações derivadas de operações de salvamento da própria embarcação ou de contribuição por avaria grossa;
> II - às reclamações por dano ao meio ambiente;
> III - às despesas de remoção de destroços;
> IV - às reclamações por danos nucleares, quando proibida a limitação de responsabilidade;
> V - aos créditos trabalhistas do capitão e membros da tripulação ou de qualquer outro empregado do armador que se encontre a bordo da embarcação ou cujas funções se relacionem com a sua operação.

Portanto, constitui ponto saliente e extremamente relevante da disciplina limitativa constante do substitutivo a *exclusão* da limitação em matéria *ambiental*, *trabalhista* e de *remoção de destroços*, todas estas questões fora do escopo do código de regular apenas relações entre comerciantes, sem mencionar constituírem matérias de ordem pública expressas em lei ou com assento constitucional, como é o caso do dano ambiental. E, de outro lado, mesmo algumas relações privadas mais sensíveis foram preservadas da limitação. Um caso é o das *operações de salvamento da própria embarcação*, para não haver desincentivo a esta atividade tão custosa e arriscada, e, nada obstante, da sentida importância para a navegação por ser voltada à preservação do bem maior das empresas do setor: seus navios. Outro caso é a não limitação em matéria de *contribuição por avaria grossa*, o que contrariaria o espírito maior de solidariedade e igualdade que presidem este instituto.

Mas, para além da limitação *geral*, em outra parte do projeto, no capítulo referente ao transporte aquaviário de cargas, há a regulamentação da *limitação de responsabilidade individual* favorável ao transportador marítimo. Foram adotados aqui, para o transporte em geral, os mesmos tetos limitatórios atualmente em vigor no país no âmbito do transporte multimodal de mercadorias:

> Art. 795. A responsabilidade do transportador por falta ou avaria de carga limita-se ao valor declarado no conhecimento.
> Parágrafo único. Na falta de declaração, não excederá o limite de 666,67 DES (seiscentos e sessenta e seis Direitos Especiais de Saque e sessenta e sete centésimos) por volume ou unidade, ou de 2,5 DES (dois e meio Direitos Especiais de Saque) por quilograma de peso bruto das mercadorias danificadas, avariadas ou extraviadas, prevalecendo a quantia que for maior.
> Art. 796. A responsabilidade por prejuízos resultantes de atraso na entrega ou de qualquer perda ou dano indireto, distinto da perda ou dano das mercadorias, é limitada a um valor que não excederá o equivalente a duas vezes e meia o frete que se deva pagar pelo transporte.
> Parágrafo único. O valor da indenização não pode exceder o previsto no parágrafo único do artigo antecedente.

Last but not least, os arts. 912 a 932 do substitutivo buscam, pela primeira vez, dotar o direito processual marítimo nacional de um procedimento especial que finalmente confira plena efetividade ao direito de limitação geral contemplado no direito material desde 1850. Ao longo dessas duas dezenas de dispositivos, vêm coerentemente estruturados a figura do procedimento de limitação de responsabilidade em suas várias etapas, os incidentes processuais possíveis, os efeitos das sentenças acolhendo ou rejeitando o pedido, bem assim o regime recursal contra as decisões proferidas no curso do processo.

6 Conclusão

O mundo, com as características modernas e cômodas que conhecemos, move-se predominantemente de navio. As estatísticas referentes ao transporte de carga por via aquaviária são acachapantes nesse particular.[32] Embarcações exploram e transportam tudo o que torna a nossa vida cotidiana viável e confortável, tal como *commodities*, componentes eletrônicos, computadores, *smartphones*, peças de veículos, matérias-primas e insumos para o agronegócio e a indústria. E até serviços são afinal alavancados por esse abundante comércio globalizado. Sem frota numerosa e competitiva que dê vazão a este intenso tráfico comercial, problemas inevitavelmente assomarão no horizonte. Portanto, nunca foi tão verdadeira, como agora, a reinterpretação moderna daquela dramática expressão da história romana, uma vez tornada lírica pela inspiração do poeta: "navegar é preciso". Que o Substitutivo ao PLS nº 487/13 seja o arauto de um futuro que nos encha as velas do direito marítimo com os ventos da modernidade.

---

[32] Como se sabe, o comércio internacional é feito, esmagadoramente, por navios. A IMO registra que cerca de 90% do transporte internacional é realizado pela via marítima. No caso do Brasil, as cifras são mais altas ainda, situando-se as importações e exportações, historicamente, entre 90% a 95% (dados disponíveis no sítio da Antaq – Agência Nacional de Transporte Aquaviário). Na atividade de exploração de petróleo, dados da ANP dão conta de que mais de 90% da exploração ocorre nas nossas águas e não em terra.

Informação bibliográfica deste texto, conforme a NBR 6023:2018 da Associação Brasileira de Normas Técnicas (ABNT):

GALANTE, Luís Felipe. A limitação de responsabilidade no direito marítimo: a necessidade de sua modernização. *In*: LEWANDOWSKI, Enrique Ricardo (Coord.). *Direito Marítimo*: estudos em homenagem aos 500 anos da circum-navegação de Fernão de Magalhães. Belo Horizonte: Fórum, 2021. p. 257-278. ISBN 978-65-5518-105-0.

O PROCESSO DE REMOÇÃO DE DESTROÇOS DE NAVIOS NAUFRAGADOS OU ENCALHADOS, NO QUADRO DA SEGURANÇA MARÍTIMA E DO EXERCÍCIO DA AUTORIDADE MARÍTIMA

LUIS MANUEL DA COSTA DIOGO

> *Safer ships, cleaner seas.*
> (International Maritime Organization)
> *Prevention is only one way of dealing with risk; the other is insurance.*
> (Posner and Rosenfield)

1 Enquadramento. A Autoridade Marítima

Num Estado com a geomorfologia de Portugal,[1] em que a taxa de *maritimidade* é muito significativa, as questões relativas à segurança marítima são de extraordinária relevância, não apenas no sentido da regulação do tráfego, do assinalamento marítimo, do controle e vigilância dos espaços, da fiscalização das condições em que navios e embarcações

---

[1] Que tem a 20ª Zona Económica Exclusiva (ZZE) mais extensa do mundo (1.660.456 km2) – com um Mar Territorial de 50.960 km2 –, e uma significativa linha de costa de 2.447 km.

operam, da execução de atos de visita para acesso a águas territoriais e às áreas portuárias, da avaliação de arribadas forçadas e casos de força maior, e de um conjunto vasto de outros procedimentos, mas, sobretudo, na valoração efetiva que se faz – como Estado costeiro – do princípio da *proteção e preservação do meio marinho*.[2] Há, aliás, uma estatuição expressa – art. 192º – na Convenção das Nações Unidas sobre o Direito do Mar (CNUDM), o qual preceitua que "Os Estados têm a obrigação de proteger e preservar o meio marinho". Em Portugal, uma parte significativa dessa responsabilidade situa-se, funcionalmente, no âmbito da Autoridade Marítima.[3]

No quadro do exercício da autoridade pública exercida sobre os espaços marítimos jurisdicionais e soberanos nacionais, incluindo sobre as águas oceânicas interiores, e ainda nas áreas dominiais públicas, a Autoridade Marítima (AM) tem assumido particular responsabilidade jurídica, em especial desde o século XVI, altura em que se começaram a organizar – nos portos e nas costas – estruturas funcionais para exercer os poderes públicos que, sucessivamente, foram sendo entendidos como necessários perante a navegação e as atividades mercantis marítimo--portuárias, dela decorrentes.

O nosso ordenamento jurídico tem vindo a desenvolver, desde inícios do séc. XVII,[4] um conjunto de intervenções no âmbito da designada

---

[2] Tal como se encontra enquadrado e definido na Parte XII – arts. 192º a 237º – da CNUDM, assinada em Montego Bay, em 1982, parte que também tem sido entendida como sendo um dos pilares fundamentais do designado *direito ambiental marítimo*, também porque é neste convénio que se encontram enquadrados e regulados os mecanismos jurídicos e técnicos respeitantes, respectivamente, à execução dos procedimentos pelo Estado de bandeira (*flag state control*), pelo Estado costeiro (*coastal state control*) e pelo Estado do porto (*port state control*) em matéria de poluição marítima e como quadro regulatório dos processos inspetivos e técnicos, e atuação perante os riscos poluentes (sendo especialmente relevantes, entre outros, os seus arts. 210º, 211º, 217º a 221º e arts. 226º e 230º).

[3] Aliás, neste âmbito específico, a lei define competências à Autoridade Marítima há mais de dois séculos. A título de mero contexto exemplificativo, ver o Decreto Régio de 7.6.1811, que aprovou o *Regulamento para o Porto de Lisboa* (arts. VI, VII, VIII, XI e XIV), o *Regulamento para a Polícia dos Portos*, aprovado por Decreto da Rainha de 30.8.1839 (arts. 4º, 5º, 26º, 40º a 43º, 47º, 59º, todos do Capítulo I, e todo o Capítulo III – arts. 1º a 26º).

[4] Desde o *Regimento da Casa do Paço de Madeira*, de 23.2.1604, o *Regimento para o provimento de Saúde do Porto de Belém*, aprovado por Decreto do Rei, de 2.4.1694, passando pelo Decreto Régio de 16.8.1803, que aprovou a primeira institucionalização da polícia no Porto de Lisboa, os referidos *Regulamento do Porto de Lisboa* de 1811 e

maritime safety,[5] concedendo-lhe um poder público acrescido perante as comunidades locais, ribeirinhas, mormente, as piscatórias, pela necessidade de um acompanhamento *sistêmico* por parte de uma autoridade pública. No entanto, nos primórdios da institucionalização da AM, as funções concedidas ao *patrão-mor*[6] consistiam no processo de controle, verificação e vistoria de embarcações, e em medidas de segurança de navios nos portos, embora as decisões *sancionatórias* que lhe estavam cometidas compreendessem a proibição de prática de determinados atos, e bem assim os âmbitos do acesso e entrada no porto, a proibição de saída do porto, a apreensão de embarcações, ou seja, um conjunto de instrumentos precisos e objetivos que implicavam diretamente com a navegação, a atracação de navios e o movimento de carga e descarga de mercadorias.

Regulamento para a Polícia dos Portos (e dos Capitães dos Portos), o Decreto da Rainha de 19.8.1842, que aprovou medidas de controle de navios e de tráfico por mar, o *Acto de Navegação*, aprovado por Decreto Régio de 8.7.1863; o Decreto de 1º.12.1892, que aprovou a *Organização dos Serviços dos Departamentos Marítimos e das Capitanias dos Portos*, e, na continuidade de uma longa sequência de diplomas e legislação dispersa, o Decreto-Lei nº 265/72, de 31 de julho, que, aprovou o *Regulamento Geral das Capitanias* (RGC), ainda hoje parcialmente vigente. Ver mais desenvolvimentos que aduzimos em DIOGO, Luís da Costa. O Relatório da Organização dos Departamentos Marítimos e das Capitanias dos Portos, de 1.12.1892. *Crónica da Autoridade Marítima*, v. Anais do Clube Militar Naval, jan./jun. 2016.

[5] Designação internacionalmente institucionalizada, sobretudo entre a *comunidade marítimo-portuária*, e que configura o conjunto das questões inerentes à *segurança marítima* entendida como segurança dos navios e embarcações enquanto qualquer *plataforma* susceptível de navegar ou operar no mar, e toda a envolvente material e funcional de especialidades que contribui para que a navegação se efetue em condições técnicas e operacionais de segurança, no sentido de manter o navio e tripulações *seguros*, para o que é fundamental as *estruturas* e *perícias* públicas que asseguram tal objetivo, como sejam, entre outros, salvamento, socorro e assistência, assinalamento marítimo, regulação e monitorização do tráfego e estruturas técnicas de inspeção e vistoria. A este âmbito se tem complementado um outro, a *maritime security*, conceito direcionado para o âmbito da segurança de pessoas, navios, equipamentos e bens, também identificado, nalguns ordenamentos jurídicos, como sendo *protection*. O Decreto-Lei nº 226/2006, de 15 de novembro – que aprovou o regime legal interno de execução das premissas do Código Internacional para a Proteção dos Navios e das Instalações Portuárias –, estabeleceu mesmo, no seu preâmbulo, uma clarificação jurídica sobre esta questão; ver desenvolvimentos que aduzimos em DIOGO, Luís da Costa; GOUVEIA, Velho. A secutity em âmbito marítimo. O Código ISPS. *Cadernos Navais*, n. 15, dez. 2005.

[6] A sua origem remonta, de fato, aos finais do séc. XVI, fase histórica em que foi exponencial o aumento dos navios de transporte de cargas e, consequentemente, do tráfego intercontinental de mercadorias. Com efeito, o *Regimento do Paço de Madeira* validou a antiga criação do lugar de *Patrão D'El Rei*, ou *Patrão da Ribeira*, ainda no Reinado de D. João III – que reinou até junho, de 1557 – no Arsenal da Ribeira das Naus, cargo que, mais tarde, por Decreto publicado no Regimento da Armada a 17 de março, de 1674, viria a ser designado como *Patrão-Mor*, estruturado por Decreto de 12.8.1786 – e mais tarde pelo Decreto de 31.1.1803 – existindo, em portos de menores dimensões, o *Guarda-Mor de Lastro*; interessante, ainda, de entre outras dezenas de diplomas que se poderiam elencar, estudar o Alvará Real com força de Lei de 1º.2.1758, quanto a serviços prestados nos portos pelo *Patrão-Mor*, pelo *Escrivão da Provedoria* e pelo *Meirinho dos Armazéns*. O art. 64º do acima mencionado *Regulamento para a Polícia dos Portos*, de 1839, ao institucionalizar, estruturalmente e de forma *sistêmica*, um quadro rigoroso de competências para os capitães dos portos, viria a definir que "Os Patrões-Mores ficam sendo Autoridades subordinadas aos Capitães dos Portos; devendo continuar no exercício das funções, que lhes estejam marcadas por Lei, e pratica estabelecida; percebendo as mesmas gratificações, e emolumentos, que até legitimamente lhes competiam".

Já em finais do séc. XIX, na última fase de *maturação legislativa* da figura do capitão do porto, com a publicação do Decreto de 1.12.1892, e, oitenta anos mais tarde, em definitivo com o *Regulamento Geral das Capitanias* (RGC) de 1972, sistematizou-se o perfil de intervenções e respectivo poder *funcional* e *sancionatório*, sendo que, pelo menos, 12 das portarias regulamentadoras previstas no Regulamento de 1972 não chegaram ser publicadas, deixando o regime com alguns vazios de previsão normativa.

Com a evolução *administrativa* do exercício do poder da Autoridade Marítima Local (AML) ao longo do último século e meio, e a extrema utilidade de se assegurar uma intervenção pública adequada à prossecução do *interesse público*, bem como a necessidade de se solidificar um modelo de *autoridade local*, sedimentou-se, em definitivo, o capitão do porto como a figura que regula a segurança marítima nos portos, os acessos e operações locais, tendo-se apurado o objetivo de estatuir prescrições para garantir a segurança de pessoas, bens, navios, embarcações, apetrechos e equipamentos, e que, ainda hoje, já depois da reforma operada nos finais de 2018 com os quatro diplomas publicados, se mantém como a estrutura pública local (AML) que apoia, acompanha, monitoriza e regula as referidas atividades, numa lógica de *exercício público desconcentrado*. É esse o núcleo funcional definido pelo Decreto-Lei nº 44/2002, de 2 de março,[7] e restante legislação estruturante da AM.

2 A questão da remoção de navios encalhados ou afundados. Breve resenha de antecedentes

O princípio jurídico da responsabilização do proprietário de navio ou embarcação encalhada ou afundada estava já indiciado no ponto 9º do

---

[7] O qual deverá ser conjugado, sistemicamente, com o preceituado no Decreto-Lei nº 43/2002, e com o Decreto-Lei nº 45/2002, ambos de 2 de março, e, em razão da matéria e/ou do território, com um conjunto de mais de 40 diplomas legais (que, naturalmente, não é esta a sede para elencar e analisar).

art. 8º, do Decreto de 1.12.1892,[8] embora configurado numa forma ainda atenuada em termos da afetação direta dos custos envolvidos, uma vez que se previa uma responsabilização subsidiária da *fazenda nacional*.[9] Este regime aprovado há 128 anos já cometia, funcionalmente, ao capitão do porto, a competência própria para atuar neste âmbito.

Foi, contudo, com o estatuído no art. 168º do Regulamento de 1972, que o princípio ganhou um regime mais consistente,[10] prevendo-se especificamente as situações de encalhe que causem prejuízo à navegação, ao regime de portos, à pesca, à saúde pública ou ainda quando a AM o julgue conveniente, e expressando-se, de forma mais sustentada, o princípio da responsabilização do proprietário ou armador quanto à remoção.

O normativo regulador desta matéria no Regulamento de 1972 definia um quadro claro, mas, não obstante, algo insuficiente, ante a

---

[8] O qual regulava as *atribuições* dos capitães dos portos, estando inserido no Cap. IV, que, como acima referido, aprovou a *Organização dos serviços dos Departamentos Marítimos, Capitanias dos Portos e respectivas Delegações*.

[9] Definia aquele nº 9, que: "Incumbe ao capitão do Porto: [...] Prestar auxílio e socorro às embarcações em perigo, encalhadas ou naufragadas na área da sua jurisdição, empregando para isso os meios de que poder dispor, envidando todos os seus esforços, principalmente para a salvação de pessoas, para o que lhe será permitido empregar a gente marítima e as embarcações da respectiva localidade, bem como lançar mão de todos os recursos que lhe possam fornecer os navios de comercio, nacionaes, fundeados no porto. Na ausência de auctoridade fiscal e sanitaria, procurará, quando possível, evitar a transgressão dos respectivos regulamentos. A despeza com o pessoal e com o material que não pertença ao estado, e tiver sido empregado em acudir a náufragos ou embarcações em perigo, será, quando houver ajuste prévio ou tabela reguladora de serviços, estimada ou avaliada pelo capitão do porto, e paga pelos proprietarios, capitães ou consignatários das embarcações socorrida sou ainda, conforme as circunstancias e sob proposta do chefe de departamento, pela fazenda nacional. Se o material empregado pertencer ao estado, será somente paga a quantia equivalente ao damno ou deterioração que houver sofrido, sendo a respectiva importancia entregue, acompanhada da competente guia, no cofre da fazenda; isto quando for julgada devida, atento as cirumstancias que ocorreram; [...]."

[10] Dispõe o preceito, de epígrafe "Embarcações afundadas ou encalhadas na área de jurisdição marítima": "As embarcações afundadas ou encalhadas na área de jurisdição marítima, quando causem prejuízo à navegação, ao regime de portos, à pesca, à saúde pública ou ainda quando a Autoridade Marítima o julgue conveniente, devem ser removidos pelos seus proprietários ou responsáveis com a urgência que lhes seja imposta; tratando-se de embarcações estrangeiras, será dado conhecimento ao respetivo cônsul. No caso de a embarcação se encontrar abandonada ou o seu responsável não ter procedido à sua remoção no prazo fixado, a Autoridade Marítima levanta auto no qual conste: Identificação da embarcação; Nome do proprietário; Nacionalidade da embarcação, se for estrangeira; Caraterísticas principais; Natureza da carga; Local e situação em que se encontra; Circunstâncias em que se produziu o afundamento ou encalhe; Circunstâncias que impõem a remoção; Declaração do responsável pela embarcação sobre os motivos por que não procedeu à remoção. O auto referido no número anterior é remetido superiormente para resolução final, com o parecer do capitão do porto sobre os meios a empregar para a remoção e o orçamento das despesas respectivas. Dos factos referidos nos nºs 2 e 3 é dado conhecimento ao proprietário ou responsável pela embarcação e ainda ao cônsul respectivo se a embarcação for estrangeira; se o proprietário ou responsável pela embarcação não for encontrado ou não houver agente consular, é feita menção desse facto na nota de remessa do auto. Tratando-se de embarcações de tráfego local ou de pesca local ou costeira, é dispensada a remessa do auto referido no nº 3, procedendo a Autoridade Marítima à sua remoção; se esta remoção der lugar a encargos por conta do Estado, deve previamente ser solicitada autorização superior".

situação que resultaria para o Estado se o proprietário não cumprisse com a obrigação que lhe estava cometida pelo princípio estabelecido no nº 1 do preceito, bem como não se previam meios jurídicos dotados de *coercibilidade administrativa* suficiente para precaver a situação de não remoção, em especial a ausência da prestação de garantias e direito de regresso que a tutela das finanças poderia ativar. E verificou-se, em várias ocorrências – algumas delas com grande visibilidade pública, e um muito significativo impacto ecossistêmico e ambiental, como adiante confirmaremos –, a necessidade de se aprovar legislação complementar, mas circunstanciada a casos concretos, opção jurídica sempre a evitar, que enquadrasse a intervenção e a responsabilidade do Estado, e concedesse poderes especiais às entidades públicas a quem seria cometida a obrigação de remover os navios.

2.1 Características jurídicas do art. 168º do RGC. Particularidades de regime

Juridicamente, e sendo um normativo de 1972, o regime do art. 168º do RGC estava organicamente agregado às estruturas técnicas centrais da (então) Direção-Geral dos Serviços do Fomento Marítimo (DGSFM), tal como estabelecidas pelo Decreto-Lei nº 49078, de 25.6.1969, tendo, portanto, que se estabelecer uma *relação funcional* lógica entre aquele diploma e o que determinava o RGC. Assim, e sistematizando, importa reter o seguinte:

1. O nº 3, do art. 168º – no caso de o proprietário não ter procedido à remoção que lhe foi imposta pela Autoridade Marítima –,[11]

---

[11] Ou, simplesmente, a embarcação estar numa situação de abandono, o que impunha a conjugação deste regime com o estabelecido no art. 204º do RGC, o qual estatuía: "As embarcações encontradas abandonadas, a flutuar ou encalhadas em áreas de jurisdição marítima são entregues: a) Aos seus donos, ou a quem os represente, se forem nacionais, mediante pagamento das despesas que, porventura, tiverem sido feitas para o seu salvamento ou segurança; b) Às estâncias fiscais, quando não tenham dono conhecido ou sejam estrangeiras". Esta conjugação

preceituava que o auto seria remetido superiormente para resolução final, o que significa, nos termos do estabelecido no art. 2º do Decreto-Lei nº 49.078, que seria enviado para apreciação jurídica e técnica da Direção da Marinha Mercante (DMM) e do Gabinete de Estudos (GE)[12] bem como, no aplicável, para a própria Comissão Nacional Contra a Poluição do Mar (CNCPM),[13] se ao sinistro estivesse agregada uma situação de derrame poluente. Ora, do que foi possível retirar da análise de dossiês existentes no Arquivo Histórico da Direção-Geral da Autoridade Marítima (DGAM),[14] aquele passo incutia *carga burocrática* pelo facto de se ter que iniciar um percurso de avaliação ainda em sede da DGSFM (que era a tutela administrativa da DMM),[15] do Gabinete do Ministro da Marinha, e seguidamente da tutela das Finanças, em procedimentos que, como verificamos, eram muito morosos.

2. O preceito não previa, expressamente, nenhum tipo de *garantia* ou caução[16] nem a possibilidade de existir o *direito de regresso* para com o proprietário quanto às despesas efetuadas pelo erário público, fato que viria a ser ultrapassado em legislação posterior –

---

normativa determinava, em especial quando à alínea b) deste preceito, uma avaliação – nem sempre simples – com o determinado no Título V, do Livro VI, do *Regulamento Geral das Alfândegas*, aprovado pelo Decreto nº 31 730, de 15.12.1941, bem como a legislação de especialidade sobre achados no mar aprovada pelo Decreto-Lei nº 416/70, de 1º de setembro, com a redação que lhe foi dada pelo Decreto-Lei nº 577/75, de 21 de julho.

[12] Ambos serviços técnicos centrais integrados na DGSFM.

[13] Órgão igualmente dependente do diretor-geral dos Serviços de Fomento Marítimo – alínea s), do art. 2º, e art. 20º, ambos do Decreto-Lei nº 49.078 –, mas dotada de autonomia técnica de estudo, e era dirigida pelo diretor da DMM, incluindo representantes dos Ministérios do Ultramar, das Obras Públicas, da Economia, das Comunicações, da Saúde e Assistência, bem como representantes do Grêmio dos Armadores da Marinha Mercante, da Comissão de Direito Marítimo Internacional (CDMI), do Instituto Hidrográfico, da Direção de Pescas e do Domínio Marítimo – outra das direções técnicas da DGSFM – e da própria DMM.

[14] Que é a designação da atual direção-geral – hierarquicamente é o órgão central da estrutura da Autoridade Marítima – e que, na cronologia institucional da linha histórica dos últimos 50 anos, é a *herdeira funcional* da acima mencionada DGSFM e, a partir de 1983 – por via da aprovação e entrada em vigor do Decreto-Lei nº 300/84, de 7 de setembro –, da Direção-Geral de Marinha (DGM).

[15] Sempre com a contingência da matéria, consoante a factualidade do sinistro em causa, ter, ainda, que ser avaliada e estudada em sede do GE e da própria CNCPM.

[16] Como o legislador viria, mais tarde, a definir quer em sede do Decreto-Lei nº 235/2000, de 26 de setembro, quer em âmbito do Decreto-Lei nº 64/2005, de 15 de março, como adiante analisaremos.

como analisaremos adiante – através da determinação expressa desse mecanismo através de decreto-lei.

3. Caso o proprietário entendesse *abandonar* a embarcação, designadamente através do formato de *perda total*[17] do bem, o procedimento era, notoriamente, ainda mais complexo, porque envolvia a intervenção subsequente da Alfândega territorialmente competente, a qual, confrontada com a necessidade de proceder a uma venda em hasta pública, estaria sempre condicionada ao baixo retorno (se chegasse a existir) que ela daria quanto a um navio ou embarcação sinistrada (naufragada ou encalhada), fato que, pela situação em causa, ainda teria que ser aferido com a necessidade – que obviamente persistia – de se ter que remover o navio, ou destroço, do local com todas as despesas inerentes.

4. E isto, claro está, se em acréscimo os proprietários (das mercadorias carregadas) não decidissem *abandonar* juridicamente a carga transportada pelo navio, invocando – entre outros mecanismos – a falência da empresa detentora do bem ou impossibilidade de execução por deterioração desta,[18] sendo que, aplicando-se nos termos precisos o regime dos arts. 616º a 624º[19] do Código Comercial, tornava mais complexo o *evoluir* do

---

[17] A matéria do *abandono* de navios exigiria, só por si, um extenso artigo de análise jurídica, mas, neste âmbito preciso, é útil referir que o parágrafo único do art. 616º do Código Comercial (CC), aprovado por Carta de Lei de 28.6.1888, preceituava que "O navio não susceptível de ser reparado é equiparado ao navio totalmente perdido". Para aprofundamento desta matéria ver DIOGO, Luís da Costa; JANUÁRIO, Rui. *Direito internacional do mar e temas de direito marítimo*. Lisboa: Áreas, 2000.

[18] Lançando mão, designadamente, de clausulados específicos do direito marítimo como sejam, entre outros, aplicáveis à situação em concreto, o *One Ship One Company*. Sobre clausulado específico de contratos marítimos, e suas vertentes de aplicação, ver FORCE, Joshua S.; ZAPF, Robert J. *Benedict on Admiralty*. Carriage of goods by sea: charter parties-forms and clauses. 7. ed. [s.l.]: Mattew Bender, 1989.

[19] O art. 618º do CC estatuía, sob epígrafe "Abandono da carga no caso de perda total do navio" que "Verificada a perda total do navio, pode fazer-se abandono dos objetos segurados nele carregados, se, no prazo de três meses a contar do evento, não se encontrou outro navio para os carregar e conduzir ao seu destino. Parágrafo único. No caso previsto no presente artigo, se os objectos segurados se carregam em outro navio, o segurador responde pelos danos sofridos, despesas de carga e recarga, depósito e guarda dos armazéns aumento de frete e mais despesas de salvação, até à concorrência da quantia segurada, e enquanto esta se não achar esgotada continuará a correr os riscos pelo resto".

processo de remoção, sempre condicionado por prazos curtos e de exigência de atuação imediata.

5. O preceito remetia para um normativo juridicamente *aberto*, ou, se quisermos, caracterizado por uma larga discricionariedade de atuação por parte da Autoridade Marítima, uma vez que, aparte as 4 situações-tipo enquadradas,[20] a lei previa a hipótese de, além delas, o proprietário ter que remover "[...] quando a Autoridade Marítima o julgue conveniente"; ora, esta previsão legal não identificava qualquer tipo de critério para a exigência que o capitão do porto determinasse nenhum fundamento material – no quadro das suas competências técnicas – específico para a invocar.

6. No preceito não estava prevista uma intervenção – que, atenta ao princípio da *proteção do meio marinho* e considerando a própria natureza do interesse público a salvaguardar, será sempre urgente e prioritária – para acudir primeiramente, e no imediato, às situações de poluição marítima que, na maioria, estavam agregadas ao sinistro marítimo.[21] Este facto fragilizava de algum modo a atuação da capitania do porto, porque – sem ter um mecanismo legal que lhe assegurasse uma base jurídica para exigir uma *obrigação específica* ao proprietário – constituía-se como mais um elemento perturbador na condução do processo, porque era obviamente *premente* a necessidade imediata para

---

[20] E que eram a existência de prejuízo para a) a navegação; b) o regime do porto; c) a pesca; e d) a saúde pública.

[21] Neste âmbito, seria precisamente sete meses depois de publicado o RGC de 1972 que seria criado, pelo Despacho Ministerial nº 11 de 29.1.1973, e no âmbito do Ministério da Marinha, e da DGSFM, o Serviço de Combate à Poluição no Mar por Hidrocarbonetos (SCPMH), sendo-lhe cometidas, entre outras, as competências para: "[...] b) Organizar e manter actualizado um arquivo de documentação relativo aos casos de poluição por hidrocarbonetos, um ficheiro de agentes poluidores por hidrocarbonetos e um arquivo de dados referentes a instalações industriais que trabalhem com produtos petrolíferos, susceptíveis de poluírem as águas referidas na alínea a) do nº1 a obter junto das entidades licenciadoras de tais instalações; [...] h) Apoiar, do ponto de vista técnico, os Chefes das Repartições Marítimas e os comandantes das unidades navais nas acções de detecção e de combate à poluição por hidrocarbonetos, ou dirigir essas acções quando assim for acordado entre o Diretor-Geral dos Serviços de Fomento Marítimo e os Comandantes Territoriais".

que se direcionassem os recursos existentes prioritariamente para a contenção do derrame,[22] o que, ocorrendo paralelamente (por exemplo) a um processo de *abandono*, tornava a ação complexa, e não dava *garantia* alguma à Autoridade Marítima.[23]

7. Contudo, convém referir – atento a certas interpretações suscitadas no quadro de alguns sinistros, sobretudo quanto a derrames poluentes com matérias de tipo nafta, hidrocarbonetos em geral, produtos químicos ou outras substâncias perigosas – que a invocação no preceito do fator *saúde pública* não se limitava, apenas, a situações em que a carga transportada (e derramada) poderia ocasionar propagação de doença ou qualquer tipo de *contágio* em virtude da sua natureza e constituição específica, mas, também, ao fato de poder esta ofender ecossistemas particularmente sensíveis, criando danos irreversíveis na fauna e floras marinhas. Não era, contudo, claro, que fosse isso que o legislador pretendesse salvaguardar.

8. Finalmente, o nº 5 do preceito estatuía que, estando em causa embarcações de tráfego local, ou de pesca costeira ou local, era a própria AM que devia proceder à sua remoção, sendo dispensado o envio de auto para a DGSFM. Este normativo, na

---

[22] O que, há quase 50 anos, era tecnologicamente muito complexo e sujeito a significativas restrições, exigindo o empenho no terreno de recursos humanos (então, não especializados), sendo ainda de sublinhar que ainda se estava numa fase prévia à aprovação da *International Convention for the Prevention of Pollution from Ships* – vulgo Marpol – adoptada pela *International Maritime Organization* (IMO) a 2.11.1973; em 1978 foi aprovado o Protocolo à Convenção. Sobre o quadro de reação da comunidade internacional, e da própria Organização, à tragédia com o *tanker Amoco Cadiz*, ocorrido a 16.3.1978, ver LUCCHINI, Laurent. À propôs de l'Amoco Cadiz, la lutte contre la pollution des mers: évolution ou révolution du droit international. *Annuaire Français de Droit International*, Paris, 1978.

[23] Deve sublinhar-se que, num quadro de sinistro marítimo, a Capitania do Porto tem uma intervenção *multifuncional*, em matéria técnica, administrativa, de inquérito e operacional – e ainda de sancionamento dos ilícitos – tendo que cumprir prazos específicos e bem assim manter uma ação imediata de forma a poderem ser evitados danos maiores. Assim, é útil sublinhar que, em matéria de sancionamento do *ilícito poluente*, Portugal tinha aprovado, um ano antes da publicação do RGC, e pelo Decreto-Lei nº 90/71, de 22 de março, um regime inovador que definia o regime aplicável a ilícitos de poluição marítima. É especialmente útil atentar no definido nos seus arts. 1º, 3º, 4º e 7º, sendo que, já na altura – o diploma iniciou vigência há 49 anos – estatuía o nº 1, do art. 3º, que "1. A infracção ao disposto nos artigos anteriores será punida com multa até 1.000.000$00, aplicável ao respectivo armador ou proprietário", o que, manifestamente, eram já montantes sancionatórios muito elevados.

configuração que lhe foi dada, era, de fato, algo imperceptível, porquanto a imposição desta obrigação à capitania não estava devidamente conjugada com o princípio de remoção pelo proprietário definido no nº 1 do preceito – o que permitia variadas interpretações –,[24] bem como exigia que "[...] se a remoção der lugar a encargos por conta do Estado, deve previamente ser solicitada autorização superior". Ora, esta redação – algo infeliz, diga-se – parecia desconsiderar o que está em causa na remoção de uma embarcação encalhada ou naufragada que, atenta à sua classificação, pode inclusivamente chegar – comprimento fora a fora – até aos 33 metros, e ter mais de 250 toneladas de arqueação bruta (TAB),[25] podendo estar numa situação de encalhe ou naufrágio extraordinariamente complexa,[26] a exigir, mesmo nestes casos, avultados recursos humanos e materiais.[27]

Em complemento, é útil referir que o art. 168º se inseria no Capítulo VIII –[28] com epígrafe, *da segurança das embarcações e da navegação* –, estando, portanto, tratado numa parte mais especial do regulamento,

---

[24] Designadamente a de que, quanto a estas embarcações, o proprietário não tinha a obrigação jurídica de as remover, porque o estabelecido no nº 5 era *autónomo* ao preceituado no nº 1 do artigo, definindo uma outra obrigação para o caso daquelas três classificações de embarcações (por pesquisa que efetuamos, esta interpretação chegou a ser invocada em várias situações!). Ora, era evidente que não era isso que o legislador pretendeu ao redigir o nº 5, mas o certo é que a *desconfiguração* do preceito ante a obrigação principal estatuída no nº 1 dava, de fato, oportunidade a outras interpretações por parte de proprietários e armadores.

[25] As embarcações de *pesca do largo*, de maiores dimensões que as costeiras, têm uma autonomia para operar para lá da extensão do mar territorial, e a sua arqueação bruta pode ser superior a 100 GT (*gross tonnage*).

[26] Por exemplo, quase totalmente imersa, ou encalhada num banco arenoso, ou parcelarmente *destroçada* (portanto com peças/materiais soltos), ou alquebrada, ou de casco virado para cima, parcialmente agarrada a rochas no fundo por redes de pesca emaranhadas, ou o encalhe ter ocorrido a uma distância ainda assinalável da linha de costa. Tratando-se, como se disse, de uma embarcação de pesca costeira ou mesmo de tráfego local, qualquer daquelas situações, assim como algumas outras que poderíamos facilmente enumerar, além de exigir trabalhos de avaliação por mergulho, peritagens várias – ao nível da engenharia de construção naval e de máquinas –, deslocações de pessoal, retirada de baterias e de produtos poluentes e ainda significativos trabalhos através de gruas e batelões de apoio, induzem, obviamente, a necessidade de avultados gastos para a Autoridade Marítima, não sendo, sequer, entendível a parte final do nº 5.

[27] A título de exemplo, refira-se que, já pelo regime da Portaria nº 9/73, de 6.6.1973 (diploma de cronologia *contemporânea* do RGC de 1972), as embarcações de pesca artesanal costeira podiam operar com artes de pesca com cerca de 20 metros de comprimento, o que reflete bem da complicação que poderiam suscitar em caso de a rede emaranhar, em quadro de sinistro.

[28] Ainda parcialmente em vigor.

sendo que, em termos de competência própria do capitão do porto, estatuía a alínea dd), do nº 1, do seu art. 10º, que lhes está cometido:

> Participar, com a urgência que o caso reclamar, o aparecimento de cascos ou destroços de embarcações naufragadas, de materiais flutuantes ou submersos e, de uma maneira geral, todos os factos de que possa resultar prejuízo para a navegação, regime de portos, pesca ou saúde pública, propondo as medidas tendentes a resolver estes prejuízos e tomando as providências previstas no artigo 168º quanto à remoção dos casos ou destroços das embarcações afundadas ou encalhadas dentro dos portos, nos canais de acesso, em qualquer via navegável, nas águas e nas margens da área de jurisdição da capitania.[29]

2.2 Os casos-tipo que obrigaram à publicação posterior de legislação avulsa

Porque se constituíram como fatores determinantes para o aperfeiçoamento do regime jurídico nacional,[30] é de acrescida utilidade atentar nos sinistros marítimos do *Jacob Maersk*, do *Tollan* e do *Vianna*, respectivamente em 1975, 1980 e 1994, e dos quais se retiram lições jurídicas e ensinamentos muito úteis para o que viria a ser a construção do quadro legal atual.

2.2.1 *Jacob Maersk*

No dia 29.1.1975, pelas 12h30, o superpetroleiro dinamarquês *Jakob Maersk*, de 85.000 toneladas, embateu numa rocha quando tentava aceder ao porto de Leixões, ao que seguiu uma violentíssima explosão

---

[29] Esta indicação jurisdicional não era especialmente precisa, embora se conclua que a *intentio legis* era, prioritariamente, o fator *regime do porto* e *segurança da navegação*, sendo claro que o preceito estava mais direcionado para remoções dentro dos portos, nos canais de acesso, nas vias navegáveis (incluindo fluviais, desde que dentro da jurisdição estabelecida no Quadro anexo ao Regulamento) e *nas águas e nas margens* da área de jurisdição da capitania. Ora, se conjugarmos estes termos com a jurisdição estabelecida no nº 4, do art. 2º, do regulamento, é óbvio que embarcações encalhadas ou naufragadas a várias milhas da costa eram, ainda, objeto da competência do capitão do porto. Mas se valorarmos num contexto sistémico e lógico, da preocupação do legislador, as áreas mais próximas do acesso a portos, aos canais de navegação e em áreas ribeirinhas, então o conceito *margens da área de jurisdição* referido na alínea dd) pode ganhar outro relevo interpretativo. Mas essa não é matéria para se desenvolver no presente trabalho.

[30] Que viria a conhecer o quadro jurídico totalmente reformado em 2005, como estudaremos adiante.

na casa das máquinas, quebrando o navio em três, e deixando-o em chamas. O sinistro[31] envolveu, tragicamente, a morte de 7 tripulantes. As explosões *partiram* todos os tanques e reservatórios do petroleiro, tendo-se o crude derramado e espalhado ao longo de uma grande extensão de costa – estimada em mais de 50 km –, sendo que, durante dias, mais de 50 mil toneladas de crude estiveram a arder no mar.[32]

As operações de contenção do *derramamento* de crude começaram com a colocação de uma barreira flutuante logo à entrada do porto de Leixões e ainda de uma *barreira de palha* ao redor do local do naufrágio para uma *contenção* mais imediata, enquanto os rebocadores da administração portuária e os navios da Marinha espalhavam dispersantes. Todo o quadro cooperativo entre o ministro das pescas, a Marinha, o armador do navio – a *Shell Oil Company* – e mesmo parte da população local (não apenas da comunidade portuária e piscatória), permitiu que o derrame poluente não atingisse níveis ainda mais trágicos, sendo que, mesmo assim, deram à costa cerca de 15.000 toneladas de crude.[33]

Na avaliação mais tarde efetuada pela Organização para a Cooperação e Desenvolvimento Económico (OCDE), a catástrofe, que ocasionou

---

[31] No mesmo dia ocorreram outras explosões no convés e na casa das máquinas, tendo-se o navio partido em 2 (popa/zona central e proa) e, mais tarde, em 3 (popa e zona central, e depois a proa) que se afundaram no fundo arenoso (12 a 15 metros de profundidade), tendo a popa do navio sido mais tarde parcialmente removida para não haver perigo de colisão com outras embarcações; a proa do navio ainda ficou a flutuar, e deslocou-se lentamente para sul por força das correntes existentes, tendo encalhado, algumas semanas depois, nas rochas em frente ao Forte de S. Francisco Xavier, conhecido como *Castelo do Queijo*. Apenas em 1995 o que restava da proa seria desmantelado e removido do local.

[32] As explosões chegaram a atingir 100 metros de altura, tendo ocasionado violentos danos na saúde da população, com muitas centenas de incidentes relatados, e verificados, de intoxicação. Fizeram-se planos para evacuação de milhares de pessoas do local, ante a extrema exposição a gases tóxicos, bem como foram acudidas graves dificuldades respiratórias em muitos habitantes locais; um número significativo de estabelecimentos comerciais de Matosinhos teve que fechar.

[33] Ainda em 1996, este trágico sinistro poluente estava colocado em 12º lugar na lista dos maiores derrames de crude em nível mundial. A título de complemento, e quanto a incidentes de poluição nas áreas de jurisdição marítima nacionais em que existiu uma intervenção por parte da Marinha ou dos órgãos da Autoridade Marítima Nacional – através de recolha de amostras, ou um qualquer tipo de resposta em termos de ação de combate à poluição – refira-se que na década de 70 houve 26 incidentes, na década de 80 ocorreram 39, na década de 90 verificaram-se 141, na primeira década de 2000 houve 53 e, a partir de 2010, já estão registrados 53, num total de 273 incidentes, de vários graus de incidência poluente; claro que os incidentes reportados (comunicação, denúncia, simples informação, avistamento) são muito acima deste número, situando-se acima das 8 centenas naquele período de 5 décadas (fonte: Direção do Combate à Poluição do Mar (DCPM), uma das direções técnicas da DGAM).

gravíssimos danos ecossistêmicos e ambientais, envolveu custos de quase 3 milhões de dólares.

2.2.2 *Tollan*

O *Tollan* era um porta-contentores de bandeira britânica, afundado no Rio Tejo, bem em frente ao cenário arquitetônico do Terreiro do Paço, a 16.2.1980, após colisão com o cargueiro de bandeira sueca *Barranduna*. O *Tollan* tinha 16 tripulantes a bordo, dos quais 4 faleceram. O navio, que criava um perigo para a navegação, permaneceu 4 anos encalhado no local, numa visão a que os lisboetas se foram *habituando*,[34] tendo sido removido apenas em dezembro de 1983.

2.2.3 *Vianna*

O sinistro com o navio *Vianna* que arvorava Bandeira do Panamá, a 16.4.1994, envolveu um violento incêndio a bordo, tendo afundado no interior do porto da Horta, causando uma muito significativa restrição do uso do porto e, consequentemente, um determinante impacto em matéria de abastecimento da ilha. O assunto ficaria resolvido a 19 de novembro – apenas 6 meses depois do sinistro –, num processo técnico-administrativo complexo que envolveu um concurso internacional limitado (lançado pela Direção-Geral de Marinha), tendo-se instituído um formato de acompanhamento e fiscalização de todo o procedimento a cargo de uma comissão técnica eventual que incluía membros da Marinha e do Governo Regional dos Açores. O processo de remoção *importou* em 118.000 contos, e os trabalhos de reflutuação na posição invertida começaram a ser executados a

---

[34] Criando, mesmo, alusões humorísticas várias sobre a conotação do afundamento do *Tollan* com cenas da vida social e política.

28 de outubro, tendo o navio sido rebocado e posteriormente afundado ao largo da costa Sul da Ilha do Faial, a mais de 45 metros de profundidade. Desde então, é utilizado, pelo Departamento de Oceanografia e Pescas da Universidade dos Açores, sendo um rochedo artificial destinado a estudos técnico-científicos sobre fauna marítima.

2.2.4 Os decretos-leis que definiram os processos de remoção dos navios

A 22.6.1982, foram publicados os diplomas de especialidade que davam *autorização* e enquadravam os processos de remoção dos navios,[35] o Decreto-Lei nº 238/82 e o Decreto-Lei nº 239/82, e que visavam, além da criação de base financeira suficiente para as operações, ultrapassar alguma *fragilidade* jurídico-operativa que o regime do art. 168º do RGC envolvia, estabelecendo regras de atuação.

Estes diplomas estabeleciam, também – depois de criada uma *dotação especial* no orçamento da Marinha, através de transferência da *dotação provisional* do Ministério das Finanças –, a possibilidade de se exercer o direito de regresso (no caso do *Tollan* através da Direção-Geral das Alfândegas) numa configuração que poderia ser complexa de executar,[36] preceituando-se no art. 3º:

> Caberá ao Ministério das Finanças e do Plano, através da Direcção-Geral das Alfândegas, acionar o necessário, na conveniente oportunidade, para exercer o direito de regresso em relação aos encargos e prejuízos suportados pelo Estado na execução do presente diploma.[37]

---

[35] Bem como, no caso do Decreto-Lei nº 238/82, dos navios *Sea Shepherd* e *Windward Trader*.
[36] Atenta, entre outras cláusulas próprias do direito marítimo, a cláusula *One Ship One Company*, que tem sido invocada variadas vezes em quadros de sinistros marítimos (umas vezes com algum sucesso jurídico, outras nem tanto).
[37] O art. 4º estatuía que "As dúvidas que se suscitarem na execução deste diploma, bem como os casos omissos, serão resolvidos por despacho do Primeiro Ministro, ouvido o Chefe do Estado-Maior da Armada", entidade que era, então, a tutela departamental da Autoridade Marítima.

O regime dos dois diplomas era muito similar, seguindo o mesmo *padrão* de requisitos legais. No regime do Decreto-Lei nº 239/82, estabeleceu-se, contudo, uma ressalva expressa quanto ao navio *Jacob Maersk*, tendo-se preceituado, no seu art. 2º:

> Para cobertura parcial dos encargos decorrentes da execução dos destroços do Jacob Maersk no caso de a empreitada relativa a este navio ser autónoma das restantes, será utilizado o saldo de indemnização oportunamente recebida em relação àquele acidente e que se encontra escriturada em "Operações de tesouraria"; para tal efeito, o referido saldo será transferido para dotação especial a inscrever no orçamento do Departamento da Marinha para a execução deste diploma.

A novidade *procedimental* mais notória do Decreto-Lei nº 192/94, de 19 de julho,[38] em relação aos diplomas de 1982, foi a referida criação da Comissão Técnica Eventual,[39] à qual a lei cometia um conjunto alargado de competências do foro jurídico e técnico, designadamente, a formulação dos requisitos técnicos para a elaboração do programa de concurso e respectivo caderno de encargos, bem como a definição dos parâmetros de análise das propostas, a elaboração dos projetos de minutas contratuais, ainda, intervenção em todos os procedimentos técnicos de apoio ao conselho administrativo da DGM, bem assim, acompanhamento e fiscalização da empreitada e realização da recepção final da remoção.

Anos mais tarde, em 1986, por meio da publicação da Lei dos Tribunais Marítimos – Lei nº 35/86, de 4 de setembro –, estabelecer-se-ia que a remoção de destroços constituiria *competência cível* destes tribunais de especialidade.[40]

---

[38] Que enquadrou e regulou todo o processo de remoção do navio *Vianna*.

[39] Constituída por 5 elementos da DGM (um oficial superior da área funcional da segurança marítima, um engenheiro construtor naval, um engenheiro maquinista naval, o secretário tesoureiro do CA e um assessor jurídico do vice-almirante diretor-geral), 2 elementos da estrutura desconcentrada da Autoridade Marítima (o chefe do Departamento Marítimo dos Açores que presidia a comissão, e o capitão do Porto da Horta), um engenheiro hidrógrafo designado pelo diretor do IH, um oficial mergulhador-sapador designado pelo comandante naval, e um representante do Governo Regional dos Açores.

[40] Estatuíam as alíneas a), b) e n), do referido art. 4º, que: "Compete aos tribunais marítimos conhecer, em matéria cível, das questões relativas a: a) Indemnizações devidas por danos causados ou sofridos por navios,

3 A *Nairobi Wreck Removal Convention*

Na sessão da *International Maritime Organization* (IMO) que decorreu em Nairóbi, de 14 a 18.5.2007, foi aprovada a *International Convention on The Removal of Wrecks*,[41] finalizando, assim, os trabalhos de estudo e de projeto que foram debatidos, em especial, no *Legal Committee*[42] da Organização. Uma das premissas da convenção, e que está definida logo em sede do seu art. 1º, é que a respectiva área de aplicação é a Zona Econômica Exclusiva (ZEE), estabelecida nos termos enquadrados e preceituados na Convenção das Nações Unidas sobre o Direito Mar (CNUDM) de 1982, introduzindo apenas a salvaguarda de aplicação para aqueles Estados--Parte que, não tendo estabelecida uma ZEE naqueles termos, possam aplicar a convenção numa "area beyond and adjacent to the territorial sea of that State determined by that State in accordance with international law and extending not more than 200 nautical miles from the baselines from witch the breadth of its territorial sea is measured".

Portanto, a convenção não se aplica, por conceito *primário*, ao mar territorial dos Estados que a subscreveram e ratificaram, o que é por

---

embarcações e outros engenhos flutuantes, ou resultantes da sua utilização marítima, nos termos gerias de direito; b) Assistência e salvação marítimas; [...] n) Remoção de destroços; [...]".

[41] Em observância ao princípio da fiabilidade original dos textos em causa, ao analisar o regime da convenção, optamos, no presente âmbito, por nos referirmos aos normativos e citar o articulado original (portanto, sem tradução). Sendo um dos elementos especialistas que, por variadas vezes, ao longo dos anos, integrou (e integra) delegações portuguesas à *International Maritime Organization*, o autor do presente artigo defende – e já o defendeu na própria IMO, perante outras delegações – que a língua portuguesa, falada por cerca de 281 milhões de pessoas (incluindo o Brasil, neste âmbito, como o 6º país mais populoso do mundo, uma parte muito substancial), e sendo, atualmente, a 5ª língua mais falada do mundo, deverá obviamente ser considerada e definida como uma das línguas oficiais da organização, o que é, obviamente, uma *comodidade* técnica acrescida, sobre tudo na análise de textos de estudo e de projeto.

[42] Para aprofundamento da análise, ver o LEG/CONF.16/19, de 23.5.2007, sob epígrafe "Adoption of the Final Act and Any Instruments, Recommendations and Resolutions Resulting from the Work of the Conference", e no qual se explana o texto adoptado pela conferência. No mesmo dia, e através do LEG/CONF.16/20, foi igualmente adoptada, no âmbito das *Conference Resolutions*, a *Resolution on Compulsory Insurance Certificates Under Existing Maritime Liability Conventions, Including the Nairobi International Convention on the Removal al of Wrecks, 2007*. Assim, e declarando a IMO que a *Wreck Removal Convention* requer que os certificados de seguros que garantem a necessária segurança financeira terão que iniciar a sua validade e vigência nas mesmas bases jurídicas que foram estabelecidas para as convenções que regulamentam a responsabilidade e os regimes de compensações, e solicitando aos Estados a prioridade necessária para implementar a vigência daquelas convenções, a organização estatuiu que "Urges States to ensure, as a matter of priority, the entry into force of the International Convention on Liability and Compensation for Damage in connection with the Carriage of Hazardous and Noxious Substances by Sea, 1996, the International Convention on Civil Liability for Bunker Oil Pollution Damage, 2001,and the Protocol to the Athens Convention Relating to the Carriage of Passengers and their Luggage by Sea, 2002".

muitos considerado um fator limitativo do seu âmbito e propósito, uma vez que as grandes questões de segurança da navegação com navios e embarcações encalhados e afundados ocorrem, precisamente, nos espaços marítimos mais próximos da linha de costa. Ainda assim, é útil sublinhar que o articulado convencional introduziu, através do mecanismo jurídico *opt-in*,[43] um importante normativo de ressalva no §2º, do seu art. 3º, quanto à possibilidade de *extensão* do seu âmbito de aplicação territorial. Nesses termos, e quando os Estados-Parte façam a notificação prevista nos termos do §2º do art. 3º,[44] estatui a Convenção que "[...] the 'Convention area' of the Affected State shall include the territory, including the territorial sea, of that State Party".

A opção jurídica assumida pela convenção com esta construção algo *complexa* quanto à sua aplicação espacial prevê, ainda, a possibilidade de anular os efeitos da notificação – de *extensão* de aplicação ao mar territorial – e mesmo a sua retirada formal, por meio do mecanismo de notificação ao Secretário-Geral, tal como se prevê e estatui no §5º do mencionado art. 3º. Estatui este preceito:

> A State Party that has made a notification under paragraph 2 may withdraw it at any time by means of a notification of withdrawal to the Secretary-General. Such notification of withdrawal shall take effect six months after its receipt by the Secretary-General, unless the notification specifies a later date.

No respeitante às exclusões previstas, e tal como se estatui no seu art. 4º, a convenção não se aplica:

---

[43] Significa uma declaração – notificação – expressa dos Estados com o objetivo de estender o propósito de aplicação da *Wreck Removal Convention* ao Mar Territorial. Como veremos adiante, Portugal optou por acionar este mecanismo no decreto que aprovou a adesão e no instrumento de depósito.

[44] Preceitua este normativo que "A State Party may extend the application of this Convention to wrecks located within its territory, including the territorial sea, subject to article 4, paragraph 4. In this case, it shall notify the Secretary-General accordingly, at the time of expression its consent to be bound by this Convention or at any time thereafter. When a State Party has made a notification to apply this Convention to wrecks located within its territory, including the territorial sea, this is without prejudice to the rights and obligations of that State to take measures in relation to wrecks located in its territory, including the territorial sea, other locating, marking and removing them in accordance with this Convention. The provisions articles 10, 11 and 12 of this Convention shall not apply to any measures so taken other than those referred to in articles 7, 8, and 9 of this Convention".

a) às medidas tomadas sob o regime da *International Convention relating to Intervention on the High Seas in Cases of Oil Pollution Casualties, 1969*, ou do *Protocol relating to Intervention on the High Seas in Cases of Pollution by Substances other than Oil, 1973*;
b) a navios de guerra ou outros navios de Estado ou por ele operados ou usados em determinado período para fins não comerciais;
c) quando tenha sido apresentada a notificação regulada no §2º, do art. 3º, não são aplicáveis ao mar territorial o §4º, do art. 2º,[45] os §§1º, 5º, 8º, 9º e 10º, todos do art. 9º,[46] e o art. 15º.

Indo mais longe no seu regime de exceção em relação à *extensão* da convenção para o caso de ter existido uma notificação da sua aplicação ao mar territorial, a alínea b), do §4º, do art. 4º, estatui mesmo – como uma das exclusões previstas – que o §4º, do art. 9º, terá a seguinte redação:

> Subject to the national law of the Affected State, the registered owner may contract with any salvor or other person to remove the wreck determined to constitute a hazard on behalf of the owner. Before such removal commences, the Affected State may lay down conditions for such removal only to the extent necessary to ensure that the removal proceeds in a manner that is consistent with considerations of safety and protection of the marine environment.

Não sendo o presente artigo direcionado, em especial, para uma análise jurídica alongada da convenção, consideramos útil e necessário, ainda assim, em complemento à apreciação ao articulado já efetuada,

---

[45] Que estatui que "The application of this Convention within the Convention area shall not entitle a State Party to claim or exercise sovereignty or sovereign rights over any part of the high seas".

[46] Sob epígrafe "Measures to facilitate the removal of wrecks", sendo que os parágrafos em causa respeitam a procedimentos assaz importantes e relevantes no quadro normativo da convenção, fato que acentua as críticas que determinada doutrina elabora em relação ao fato de a convenção, primariamente e por conceito, não prever e estatuir a sua aplicação ao mar territorial dos Estados-Parte. Apenas a título de exemplo, veja-se que, mesmo quando o Estado-Parte tenha notificado que a convenção se aplica também ao seu mar territorial, não pode ainda assim aplicar os seguintes preceitos da convenção – §5º do art. 9º: "When the removal referred to in paragraphs 2 and 4 has commenced, the Affected State may intervene in the removal only to extent necessary to ensure that the removal proceeds effectively in a manner that is consistent with considerations of safety and protection of marine environment", e §7º: "If the registered owner does not remove the wreck within the deadline set in accordance with paragraph 6(a), or the registered owner cannot be contacted, the Affected State may remove the wreck by the most practical and expeditious means available, consistent with considerations of safety and protection of the marine environment".

atentar às definições que prevê e estipula no seu art. 1º. Assim, nos termos do §1º do preceito, *maritime casualty* é definida como "a collision of ships, stranding or other incident of navigation, or other occurrence on board a ship or external to it, resulting in material damage or imminent threat of material damage to a ship or its cargo". Nota-se, em especial, a consideração de que não é apenas uma *colisão* que pode ser a origem, mas também um qualquer outro incidente de navegação que possa criar prejuízo e dano a um navio ou sua carga.

Em termos da tipificação de navio, para efeitos da convenção, verifica-se um conceito mais alargado, incluindo

> a seagoing vessel of any type whatsoever and includes hydrofoil boats, air-cushion vehicles, submersibles, floating craft and floating platforms, except when such platforms are on location engaged in the exploration, exploitation or production of seabed mineral resources.

Ora, esta abordagem jurídica permite, no quadro da convenção, não se restringir a navios mercantes, petroleiros, cargueiros ou graneleiros, ou mesmo navios de comércio, de passageiros, mas estender a sua aplicabilidade a submersíveis e a plataformas flutuantes, como batelões ou estruturas similares, as quais são, por vezes, envolvidas em sinistros marítimos, sobretudo em áreas mais próximas da linha da costa onde operam.

Sendo um conceito nuclear no regime da convenção, *wreck* abrange situações de *sunken* ou *stranded*[47] *ship* (alínea a), do §4º, do art. 1º), "any part of a sunken or stranded ship, including any object that is or has been on board such a ship" (alínea b) do preceito), ou "any object that is lost at sea from ship and that is stranded, sunken or adrift at sea"[48] (alínea

---

[47] *Stranded shipwreck*, significa navio encalhado, podendo significar, em determinados contextos, navio naufragado ou mesmo abandonado (*abandoned*).

[48] É relativamente comum ocorrer essas situações em sinistros envolvendo sobretudo porta-contentores ou cargueiros que transportam contentores ou cargas estruturadas estivadas a bordo, e que tornam (muito) mais

c) do normativo), ou ainda "any ship that is about, or may reasonably be expected, to sink or to strand, where effective measures to assist the ship or any property in danger are not already being taken" (alínea d) do preceito).

Hazard significa "any condition or threat that: (a) poses a danger or impediment to navigation; or (b) may reasonably be expected to result in major harmful consequences to the marine environment, or damage to the coastline or related interests of one or more States". Esta abordagem da convenção confirma, de forma absolutamente clara, duas das grandes questões que estão permanentemente em causa com um encalhe ou um destroço afundado, e que são o fato de o sinistro contender com o *regime da navegação* e ofender, de alguma forma, o princípio da *proteção e preservação do meio marinho*. Já em sede do articulado do art. 168º do RGC de 1972, como acima estudamos, estava salvaguardado o fato de o sinistro contender e prejudicar o *regime do porto* e a *navegação*.

Finalmente, *removal* significa "any form of prevention, mitigation or elimination of the hazard created by a wreck". Assim, estatui o legislador no §7º, do art. 1º, as expressões *remove*, *removed* e *removing* devem ser entendidas, no articulado da convenção, de acordo com o conceito.

Relativamente às cláusulas sobre responsabilidade, estatuem os arts. 10º e 11º, sendo que neste normativo – sob epígrafe *Exceptions to liability* –, a convenção estatui que proprietário registrado não pode

---

complexo o processo de remoção porque, com a ação de deriva das águas, estes *objetos* são transportados para longe do navio encalhado ou naufragado, alargando a operação das gruas e dos batelões, e encarecendo, fortemente, os custos envolvidos nas ações de remoção. Tal sucedeu (ainda que numa medida mais reduzida) no sinistro marítimo ocorrido na Fajã da Praia do Norte, na Ilha do Faial, com o navio CP Valour, em dezembro de 2005, em que várias dezenas de contentores caíram para o mar, alguns dos quais não tendo ficado perto do navio (mas a quase totalidade dos 550 contentores foi retirada de bordo para alijar peso, preparando o navio para a remoção). E sucedeu, igualmente, com o navio Coral Bulker, encalhado junto ao Porto de Viana do Castelo, em dezembro de 1999, tendo estivadas a bordo cerca de 9000 toneladas de madeira. Aliás, a forma como o conceito dos "objetos a bordo" está previsto na convenção, nas referidas alíneas b) e c), já suscitou dúvidas de interpretação, no sentido de se aferir se o normativo abrange cargas de origem natural (como madeira estivada); evidentemente que tais dúvidas não têm razão de ser, porque a convenção definiu o conceito de forma abrangente o suficiente.

ser responsabilizado sob a *Wreck Removal Convention* quanto aos custos mencionados no §1º, do art. 10º se, e com tal limite, a responsabilidade por aqueles custos entre em conflito com o definido: a) na *International Convention on Civil Liability for Oil Pollution Damage*, de 1969 (com emendas); b) na *International Convention on Liability and Compensation for Damage in Connection with the Carriage of Hazardous and Noxious substances by Sea*, 1996 (com emendas); c) na *Convention on Third Party Liability in the Field of Nuclear Energy*, 1960 (com emendas), ou na *Vienna Convention on Civil Liability for Nuclear Damage*, 1963 (com emendas), ou ainda em legislação governamental interna de cada Estado-Parte que regule ou proíba limitação de responsabilidade por danos nucleares causados; ou d) na *International Convention on Civil Liability for Bunker Oil Pollution Damage*, 2001 (com emendas).

Foi, contudo, a matéria respeitante às garantias financeiras – *Compulsory insurance or other finantial security* – um dos assuntos que mais dividiu as delegações[49] aquando dos estudos que foram sendo efetuados em sede da IMO (e que se estenderam por uma década), e que conduziram ao articulado final aprovado.

A convenção requer que os proprietários dos navios com arqueação bruta igual ou superior a 300 GT, e que tenham como bandeira um dos Estados-Parte, façam um seguro ou apresentem uma garantia financeira suficiente para cobrir os custos da localização, marcação e remoção dos destroços, dando aos Estados-Parte o direito de ação direta contra as seguradoras. Este seguro ou garantia financeira exigidos têm que ser de montante suficiente para cobrir a responsabilidade nos termos da *Wreck Removal Convention*, equivalente aos limites de responsabilidade definidos

---

[49] Isso mesmo resultou muito claro na reunião técnico-jurídica ocorrida em Londres, em março de 2007, em âmbito da IMO – em que o autor do presente artigo esteve integrando a delegação portuguesA – que pretendia ser, através de um *working group* alargado, a discussão jurídica final antes da conferência diplomática que viria a aprovar, nesse mesmo ano, em Nairóbi, o texto da convenção.

pelo regime de limitação nacional ou internacional aplicáveis, sendo que, em caso algum, pode exceder o montante calculado em conformidade com a Convenção sobre Limite da Responsabilidade para os Créditos Marítimos, nos termos do seu protocolo de 1996.

A *Wreck Removal Convention* foi aprovada, para adesão, pelo Decreto n.º 28/2017,[50] sendo que o instrumento de ratificação foi depositado a 19.10.2017, tendo a convenção iniciado vigência para Portugal a 19.1.2018, cerca de 3 anos depois da data da sua vigência no ordenamento internacional, que ocorreu a 14.4.2015. Neste decreto, e quanto à questão da extensão de aplicabilidade, foi definido pelo Governo português:

> Atendendo à possibilidade conferida pelo n.º 2, do artigo 3.º, da Convenção, Portugal decide estender a aplicação da Convenção aos destroços localizados no seu território, incluindo o mar territorial, observado o n.º 4, do artigo 4.º, sem prejuízo dos direitos e deveres de Portugal em tomar medidas em relação a destroços localizados no seu território, incluindo o mar territorial, que seja localizá-los, marcá-los e removê-los de acordo com a própria Convenção.

4 O Decreto-Lei n.º 64/2005, de 15 de março. Enquadramento e justificação do regime

Ante o regime de 1972, que ainda subsistia, e bem assim atenta a premência de, nesta matéria, ter que se publicar legislação avulsa para promover, com eficácia, processos de remoção de destroços de navios, questionou-se, pois, o que seria necessário acrescer e alterar ao regime de 1972, de forma a reforçar a intervenção do Estado e da AM, evitando situações de alguma *fragilidade processual*, acima identificadas.

Por outro lado, e em termos sancionatórios, a regulação dos atos violadores das determinações do capitão do porto havia induzido,

---

[50] Publicado no *Diário da República*, n. 164, de 25.8.2017.

em 2002, à edificação do Decreto-Lei nº 45/2002, de 2 de março, numa estatuição que preencheu um longo vazio legal de 30 anos, e que veio a permitir uma mais apurada, e eficaz, atuação da AML.[51] Por outro lado, o caminho da percepção das necessidades sociais, dos sistemas locais de desenvolvimento econômico, e bem assim a tarefa de análise e construção legislativa impôs ao legislador, na melhor tradição da estruturação prática do direito marítimo nacional, a concepção de mecanismos reguladores que, com vista à prossecução do interesse público em âmbito marítimo-portuário, salvaguardasse propósitos de segurança e de proteção do meio marinho. A remoção de destroços, considerando os vários sinistros marítimos ocorridos durante décadas, era uma das matérias a atender especialmente.

Como já havia sucedido em 2000, com a aprovação de um regime sancionatório inovador – mesmo no quadro europeu – em matéria de poluição marítima,[52] e num âmbito que ganhou, igualmente, importância acrescida em termos de preservação ecossistêmica marinha, devido às dezenas de *acontecimentos de mar* ocorridos, foi aprovado, em 15.3.2005, em antecipação à própria aprovação e início de vigência internacional da Convenção de Nairóbi, o regime interno sobre remoção de destroços de navios naufragados e encalhados, que definiu, no mesmo contexto

---

[51] Assim, a alínea b), do nº 1, do art. 4º, de epígrafe "Contra-ordenações e coimas", preceitua que "Constitui contra-ordenação punível com coima de €2200 a €3700: [...] b) Abandonar destroços de navios, seja em resultado de sinistro seguido de abandono forçado ou em caso de encalhe, não observando as determinações do capitão do porto;", normativo que deve ser conjugado com o estatuído na alínea m), do nº 4, do art. 13º, do Decreto-Lei nº 44/2002, de 2 de Março, que define que, compete ao capitão do porto, no exercício de funções da Autoridade Marítima "Promover, sem prejuízo das competências específicas das autoridades portuárias e ambientais, as acções processuais e operacionais necessárias ao assinalamento e remoção de destroços de embarcações naufragadas ou encalhadas, quando exista perigo de poluição marítima, perigo para a segurança da navegação ou coloquem dificuldades à entrada e saída de navios dos portos". Era, assim, a primeira intervenção legislativa direta em relação ao estatuído no art. 168º.

[52] O Decreto-Lei nº 235/2000, de 26 de setembro, cujo art. 17º já se estatuiu, em sede de medidas cautelares, a exigência de um *depósito de caução* cujo limite poderá ascender ao máximo da coima abstratamente aplicável, bem como definiu, no art. 21º, além do o princípio de que "As despesas efectuadas com as medidas referidas no número anterior – *de combate à poluição* – são da total responsabilidade do infractor", que no caso de a Autoridade Marítima adotar todas as medidas indispensáveis de combate à poluição, "[...] e no caso de embarcações com registo comunitário ou de país terceiro, a Autoridade Marítima pode determinar a constituição de garantia idónea e de valor suficiente para assegurar o pagamento das despesas a efectuar".

normativo, um regime sancionatório de especialidade. Foi o Decreto-Lei nº 64/2005, de 15 de março.

Com efeito, a *Nairobi International Convention on the Removal of Wrecks*, como antes vimos, apenas viria a ser assinada em conferência diplomática naquela cidade africana a 18.5.2007, pelo que o regime nacional foi, em termos de atuação pública técnico-administrativa, um quadro regulador normativo que introduziu, entre outros, os seguintes pressupostos:

1. Estatuição da *obrigação* do proprietário, armador ou legal representante, em efetuar a remoção,[53] assumindo a totalidade das despesas da operação.
2. Definição, logo em sede do art. 2º, de um *procedimento prévio assegurando uma atuação imediata e prioritária em termos de poluição marítima*, determinando a existência de um plano específico, a apresentar ao capitão do porto que o aprova, e a conexão com as medidas estabelecidas em âmbito do Decreto-Lei nº 235/2000, designadamente sobre a constituição de garantias.[54] O diploma pressupõe, assim, e com rigor, uma *salvaguarda de regime* quanto às ações e operações de combate à poluição, as quais, logo após (se necessário forem, claro) a primeira atuação em sede de salvamento, socorro e assistência a pessoas em perigo – sempre prioritárias –, são de intervenção urgente e imediata.[55]

---

[53] Estando em causa a) o prejuízo à navegação; b) o regime e exploração do porto; c) danos no ambiente designadamente para os recursos aquícolas; ou d) para os recursos piscícolas.

[54] O nº 3, do art. 2º, do Decreto-Lei nº 64/2005, faz uma remissão direta para o art. 21º do Decreto-Lei nº 235/2000, de 26 de setembro, em particular fazendo aplicar neste âmbito o regime da constituição de uma *garantia*.

[55] E remetem, no aplicável, para o estabelecido no *Plano Mar Limpo* (PML), aprovado pela Resolução de Conselho de Ministros nº 25/93, de 15 de abril, sendo este um documento *estratégico* que enquadra toda a matéria do combate à poluição, desde a definição dos princípios enquadradores e das normas gerais de atuação, até a institucionalização de órgãos próprios (a Comissão Interministerial), e o cometimento de um conjunto vasto de competências aos órgãos da Autoridade Marítima nacional (então, entendidos como o *Sistema da Autoridade Marítima*, no conceito pré-2000), bem como áreas de responsabilidade – nacional, regional, local e portuária – e os *graus de prontidão* – tendo sido definidos quatro. Precisamente, em anexo à RCM nº 25/93, foi aprovado o quadro jurídico do *Plano de Emergência para o Combate à Poluição das Águas Marinhas, Portos, Estuários e Trechos Navegáveis dos Rios, por Hidrocarbonetos e Outras Substâncias Perigosas*, nome técnico do *Plano Mar Limpo*, que aprovou, designadamente, a metodologia dos Planos de Intervenção, e a definição das estruturas operacionais, sendo de relevar as cinco bases logísticas existentes na estrutura desconcentrada da Autoridade Marítima); no Anexo D ao PML, definem-se os pressupostos do programa estratégico.

3. Estatuição, minuciosa e sequencial, de *nove passos procedimentais sobre o percurso administrativo da remoção*, desde a apresentação do plano de remoção do navio ao capitão do porto até à prestação de uma *garantia* ou *caução*, considerando-se, ainda, os termos de intervenção perante mercadorias perecíveis e o regime legal da sua reivindicação pelos respectivos proprietários.

4. Definição sobre a competência específica do capitão do porto de *exarar comunicações* ao Estado de bandeira e à representação consular na sua função de *Autoridade Marítima* daquele país.

5. Introdução do mecanismo de *remoção compulsiva* no caso de risco de ocorrência de poluição (art. 7º), definindo-se legalmente, pela urgência da decisão pública, o procedimento de ajuste direto.

6. Definição sobre a *situação jurídica de abandono*,[56] salvaguardando-se que a sua verificação, em resultado de acontecimento de mar, não afasta a responsabilidade do proprietário, armador ou representante legal pelos danos ou prejuízos causados pelo sinistro.[57]

7. Estatuição, no art. 9º, do *regime de responsabilidade solidária do proprietário e do armador* pelas despesas resultantes do sinistro se estas

---

[56] Ainda que de forma indireta, não devemos excluir do estudo jurídico da complexa questão do *abandono* o regime dos *objetos sem dono conhecido achados no mar*, tal como se definiu através do Decreto-Lei nº 416/70, de 1 de setembro (com a redação que lhe foi dada pelo Decreto-Lei nº 577/76, de 21 de julho), e sua relação com o estatuído no *Regulamento Geral das Alfândegas*, até por envolver competências específicas da Autoridade Marítima. Este estudo conjugado deve atender, designadamente, ao fato de o Capítulo X do *Regulamento Geral das Capitanias* de 1972 regular esta matéria com alguma profundidade jurídica (arts. 185º a 204º), sendo que, como acima já referimos, o seu art. 204º tratava, em especial, da matéria de *embarcações abandonadas*.

[57] O regime de *abandono do navio* conheceu, com o preceituado no art. 8º do Decreto-Lei nº 64/2005, um novo quadro legal, não apenas pela revogação do nº 3, do art. 17º, do Decreto-Lei nº 202/98, de 10 de julho – que constituía um normativo algo *inacabado*, como já defendemos em trabalhos anteriores, porque deixava ao Estado um ónus desnecessário –, mas também pelo definido nos nºs 2 e 3 (do art. 8º), que preceituam: "2 – Quando a situação do navio à deriva não resulte de acontecimento de mar e não tendo sido reclamado num prazo de 30 dias ou conhecido o proprietário do navio ou qualquer representante legal, o prazo referido no número anterior conta-se a partir do momento da ocorrência, independentemente das acções das entidades públicas competentes que se destinem a assegurar as condições de segurança e ambientais com a relocalização temporária do navio; 3 – Se em resultado de acontecimento de mar, o proprietário, armador ou o respectivo representante legal pretender abandonar o navio ou declarar a sua perda total, deve exarar, no prazo máximo de cinco dias úteis contados da data do sinistro, declaração expressa nesse sentido dirigida à Autoridade Marítima". A falta desta declaração constitui, nos termos estabelecidos na alínea b), do nº 2, do art. 10º, deste diploma, uma contraordenação.

vierem a ser suportadas por entidade pública, responsabilidade essa que se estende, nos termos definidos no diploma, a todos os prejuízos causados, e a previsão do processo de *execução fiscal*.

8. Criação de um *regime sancionatório específico*, no qual ganham importância acrescida a contraordenação tipificada para a não apresentação da caução determinada pela alínea a), do nº 1, do art. 3º, a contraordenação aplicável à não apresentação no prazo determinado dos planos de remoção dos hidrocarbonetos, e do próprio navio (alínea b), do nº 2, do preceito). Contudo, como antes já referimos, este regime tem que ser com julgado com o estatuído na alínea b), do nº 1, do art. 4º, do Decreto-Lei nº 45/2002, de 2 de março, tendo constituído preocupação do legislador de 2005 não revogar aquele preceito (mais antigo), muito especialmente porque o quadro sancionatório instituído pelo diploma de 2002 está enquadrado numa lógica sistêmica diretamente *conexa* com o quadro de competências dos capitães dos portos definida pelo Decreto-Lei nº 44/2002.

Referências

CLARKE, Malcom A. (Ed.). *Shipbuilding contracts*. Londres: Comité Maritime International, 1982.

DANJON, Daniel. *Traité de droit maritime*. 2. ed. Paris: Recueil Sirey, 1929.

DIOGO, Luís da Costa. Ameaças difusas nos espaços marítimos sob jurisdição nacional. *Nação e Defesa*, n. 108, 2ª série, 2003.

DIOGO, Luís da Costa. O Relatório da Organização dos Departamentos Marítimos e das Capitanias dos Portos, de 1 de dezembro de 1892. *Crónica da Autoridade Marítima*, v. Anais do Clube Militar Naval, jan./jun. 2016.

DIOGO, Luís da Costa. Trabalhos preparatórios de projecto do Decreto-Lei nº 64/2005, de 15 de março. *Arquivo da Direção Jurídica da Direção-Geral da Autoridade Marítima*, Lisboa, 2005.

DIOGO, Luís da Costa; GOUVEIA, Velho. A secutity em âmbito marítimo. O Código ISPS. *Cadernos Navais*, n. 15, dez. 2005.

DIOGO, Luís da Costa; JANUÁRIO, Rui. A Convenção das Nações Unidas sobre o Direito do Mar e o novo regime legal do ilícito de poluição marítima. *Revista Jurídica da Associação Académica da Faculdade de Direito de Lisboa*, n. 24, abr. 2001. Separata.

DIOGO, Luís da Costa; JANUÁRIO, Rui. *Direito comercial marítimo*. Lisboa: QuidJuris, 2007.

DIOGO, Luís da Costa; JANUÁRIO, Rui. *Direito internacional do mar e temas de direito marítimo*. Lisboa: Áreas, 2000.

DIOGO, Luís da Costa; LIMA, Alexandra. Princípios de direito marítimo. Os case study dos navios Chem Daisy e Betanzos, Partes I e II. *Revista da Armada*, nov. 2019/abr. 2020.

DIOGO, Luís da Costa; SILVA, Andreia Caneira da. Princípios de direito marítimo. A multifuncionalidade da Autoridade Marítima local e os regimes sancionatórios do foro marítimo, Parte II. *Revista da Armada*, mar. 2019.

FERRARINI, Sergio; RIGHETTI, Giorgio. *Appunti di diritto della navigazione*. Parte Speciale. Torino: Giappichelli Editore, 1985.

FORCE, Joshua S.; ZAPF, Robert J. *Benedict on Admiralty*. Carriage of goods by sea: charter parties-forms and clauses. 7. ed. [s.l.]: Mattew Bender, 1989.

LUCCHINI, Laurent. À propôs de l'Amoco Cadiz, la lutte contre la pollution des mers: évolution ou révolution du droit international. *Annuaire Français de Droit International*, Paris, 1978.

RAPOSO, Mário. *Estudos sobre o novo Direito Marítimo*. Coimbra: Coimbra Editora, 1999.

SPRINGER, Allen L. *The International Law of Pollution*. Protecting the global environment in a world of sovereign states. Westport, Connecticut, London, England: Quorum Books, 1983.

Fontes institucionais e documentais

Arquivo histórico da Direção Jurídica da Direção-Geral da Autoridade Marítima.

Direção de Combate à Poluição do Mar, dados e estatísticas sobre incidentes de poluição.

Dossiês de remoção dos navios Jacob Maersk (1982-1984), Vianna (1994-1995), Coral Bulker (1999-2000), Courage (1999-2000), Kaaksburg (1999-2003), PRESTIGE (2002-2007), e CP Valour (2005-2006), Arquivo da Direção Jurídica da Direção-Geral da Autoridade Marítima, Edifício da Marinha, Terreiro do Paço, Lisboa.

Espólio documental da Biblioteca da Comissão de Direito Marítimo Internacional.

Informação bibliográfica deste texto, conforme a NBR 6023:2018 da Associação Brasileira de Normas Técnicas (ABNT):

DIOGO, Luis Manuel da Costa. O processo de remoção de destroços de navios naufragados ou encalhados, no quadro da segurança marítima e do exercício da Autoridade Marítima. *In*: LEWANDOWSKI, Enrique Ricardo (Coord.). *Direito Marítimo*: estudos em homenagem aos 500 anos da circum-navegação de Fernão de Magalhães. Belo Horizonte: Fórum, 2021. p. 279-306. ISBN 978-65-5518-105-0.

O TRANSPORTE MARÍTIMO NUM MUNDO GLOBALIZADO

MANUEL CARLOS LOPES PORTO
JOSE LUIS MOREIRA DA SILVA

Os progressos no transporte marítimo, com exigências em diferentes áreas, designadamente na área do direito, estão estreitamente ligados ao processo de globalização; com um arranque muito sensível cinco séculos atrás, num processo em que foi de grande importância o papel de Portugal e de navegadores portugueses.

Trata-se de processo que volta a suscitar polêmica nos nossos dias. Depois de os resultados verificados ao longo da história e contributos da ciência econômica, dados designadamente na segunda metade do século XX, terem mostrado muito claramente as vantagens da abertura das economias, temos tido recentemente medidas e sugestões de regresso ao protecionismo.

Assim acontece em especial com a constatação da evolução que está a verificar-se no mapa do mundo, com novas e renovadas economias emergentes a concorrer com países ocidentais que durante algum tempo tiveram uma posição dominante; numa linha de protecionismo que poderá acentuar-se agora com o afastamento entre os países provocado pelo Covid-19.

Estaria por isso em alguma medida em causa a dimensão do papel do transporte marítimo. Mas não nos parece que tal deva acontecer e vá acontecer, com a abertura das economias (num mundo com espaços regionais, mas desejavelmente espaços abertos) a ser uma via essencial de progresso no século XXI, com exigências acrescidas para o transporte marítimo, aproximando cada vez mais países de enorme relevo que estão muito afastados no espaço, em diferentes continentes.

Trata-se de exigências designadamente no domínio jurídico, em que tem vindo a ser também relevante o contributo dado por Portugal.

A evolução das realidades marítimas e portuárias obrigou os Estados a repensar o seu direito para se adaptar à realidade e para prever os desafios dos próximos tempos. Assim aconteceu com as transformações organizacionais e de gestão dos portos e com novos paradigmas de contratos para a operação portuária, como também com a implementação de novas tecnologias, digitais e mais verdes, como com a evolução da logística cada vez mais integrada em modos de transporte e atividades, além de mudanças necessárias nos navios, nos contratos de transporte e no seu direito. Tudo isso veremos em seguida.

1 O contributo de Portugal para o transporte marítimo e a globalização

Quando se comemoram 500 anos da viagem de circum-navegação de Fernão de Magalhães, devem sentir orgulho tanto portugueses como espanhóis.

Não tendo havido "acordo" com D. Manuel I,[1] a expedição foi da responsabilidade de Carlos V, saindo de Sevilha.

---

[1] Sendo sempre de recordar que já o genovês Cristóvão Colombo ofereceu os seus préstimos, não aceites, a um monarca português, neste caso a D. João II; independentemente de circunstâncias no relacionamento entre as pessoas em causa (ver por exemplo, Zweig [2007], assim aconteceu com os monarcas portugueses a saberem bem que os mercados importantes na época estavam a oriente...

Mas Portugal não pode deixar de estar muito estreitamente associado aos méritos deste feito.

Embora não sendo uma expedição portuguesa, é uma honra enorme que tenha sido uma expedição dirigida por um português, havendo apenas a dúvida sobre o local onde terá nascido, com várias localidades a reivindicá-lo: sete localidades, mas as indicações conhecidas apontando mais para que tenha nascido no Porto.

Para além disso, não pode deixar de recordar-se que Fernão de Magalhães assumiu o honroso encargo de dirigir a missão na sequência de uma riquíssima experiência adquirida sob a "coroa" e com portugueses, nos territórios asiáticos e africanos: além de outras missões, tendo estado na armada de D. Francisco de Almeida em 1505, na armada de Nuno Vaz Pereira em 1506, visitando Sofala, Quíloa e Melinde, tendo estado em Cananor e Cochim em 1507, tendo embarcado de novo com D. Francisco de Almeida em 1508 e tendo acompanhado Afonso de Albuquerque em 1511, ano em que participou na conquista de Malaca.

É ainda curioso recordar que, antecipando o que é fortemente recomendável agora e sempre, tratou-se de uma organização em que se congregaram, nas funções mais diversas, cidadãos de 9 países; sendo 34 portugueses, numa tripulação constituída por 240 homens.

E, sem estar de forma alguma em causa a importância mundialmente reconhecida da viagem de circum-navegação, num artigo sobre o transporte marítimo e a globalização, não se pode deixar de recordar o papel que Portugal teve em décadas anteriores; designadamente no século XV, tendo chegado navegadores portugueses aos dois lados da África, à Ásia, com Vasco da Gama a chegar à Índia em 1498, e ao Brasil, com a chegada de Pedro Alvares Cabral em 1500.[2]

---

[2] Havendo referência a alguma presença já em anos anteriores.

Assim aconteceu num mundo bem diferente do mundo do século XXI, sendo em 1500 as economias da Índia e da China de longe as maiores economias do mundo. Sendo tal conhecido, compreende-se o interesse primordial dos nossos monarcas no acesso ao oriente, a par do tão bem sublinhado sonho de se difundirem os nossos valores ("a fé e o império"); podendo explicar um interesse menor por viagens para ocidente.

E em relação ao papel de Portugal importa sublinhar, com um relevo mesmo essencial na temática que estamos a considerar neste artigo, que não se tratou apenas de chegar a pontos longínquos do mundo, honrando-nos por termos sido os primeiros ocidentais a chegar lá ou discutindo com nacionais de outros países esse primeiro lugar.

Bem mais do que isso, abriram-se assim rotas que de imediato passaram a ser percorridas com regularidade,[3] com o estabelecimento de entrepostos ou a criação de contatos que passaram a estar na base de relações econômicas correntes a partir de então.

Trata-se de circunstâncias essenciais para que possa se considerar que se está num quadro de globalização; não bastando, pois, uma mera passagem, sem que tenha ficado nenhuma base de apoio, sem que se tenha dado início a um processo regular de relações econômicas.

Ante a realidade do mundo que começou a desenhar-se nos séculos XV e XVI, é por seu turno decisivo o papel do transporte marítimo, com o contributo dado por Portugal.

Num espaço continental poderia ter e teve de fato um relevo importante já em períodos anteriores o transporte terrestre, ainda que com os meios de transporte modestos de que se dispunha então. Há além disso relatos de ligações terrestres da Europa à Ásia. Mas se tratou de

---

[3] Vale a pena sempre recordar, com emoção, que Vasco da Gama, depois de chegar à Índia, em 1498, regressou a Lisboa e voltou de novo à Índia, vindo a falecer lá e tendo estado sepultado em Cochim até há poucos anos.

ligações esporádicas, com os meios de transporte do tempo a não poder corresponder-se a um já então desejado incremento das relações econômicas entre os dois espaços.

O transporte marítimo, com os desenvolvimentos técnicos com ele verificados, e com a descoberta de novas rotas, foi, pois, decisivo para que só a partir de então houvesse verdadeiramente globalização. E trata-se de desenvolvimentos técnicos na navegação para os quais foi de enorme importância o contributo de Portugal.

O papel pioneiro dos portugueses é bem reconhecido por historiadores de diferentes países, podendo referir-se, apenas a título de exemplo, os livros com os títulos expressivos, refletindo naturalmente os seus conteúdos, de Charles Vindt, *Globalization, from Vasco da Gama to Bill Gates* (1999), de Martin Page, *The first global village. How Portugal changed the world* (2002) e de Devezas e Rodrigues, *Portugal. O pioneiro da globalização* (2007).

2 O juízo a fazer acerca da globalização

Quando se fala de globalização num artigo escrito nas primeiras décadas do século XXI, não se pode deixar de ter presente medidas de protecionismo tomadas ou defendidas recentemente, não se caminhando, pois, com elas no sentido da abertura das economias. Com grande significado, temos as medidas que têm vindo a ser tomadas pelo Presidente Trump em relação ao México, à União Europeia e à China; sendo de referir que apontava nesse sentido Marine le Pen, se fosse eleita presidente da França...

Ficaria ou ficará assim em alguma medida em causa o relevo do transporte marítimo, de importância primordial em relação a continentes mais afastados, com países em relação aos quais são mais notórias as sugestões de se seguirem vias protecionistas.

2.1 As lições das experiências e da ciência econômica, apontando no sentido do livre-cambismo

2.1.1 As experiências verificadas

Não recuando mais atrás, é de lembrar que o século XIX foi claramente um século de prevalência livre-cambista.

Assim aconteceu no plano dos fatos, num século de prevalência inglesa em nível mundial, com a sua economia a se beneficiar da abertura do comércio mundial.

E compreende-se que os primeiros contributos da ciência econômica como ciência própria (despida de considerações de outras naturezas), em grande medida proporcionados por autores britânicos, fossem de defesa da abertura dos mercados, no plano interno e no plano externo. Assim aconteceu com os contributos de Adam Smith (1776) e de David Ricardo (1812), autores da "escola clássica" inglesa.

Como é sabido, deve-se ao primeiro a formulação da *teoria da vantagem absoluta* e ao segundo a formulação da *teoria da vantagem comparativa no comércio internacional*. Sendo teorias que visavam mostrar como se verificaria a especialização, em que produtos teria vantagem absoluta ou comparativa cada um dos países, mostravam também que haveria um ganho geral com essas especializações: os países exportando o que fosse produzido a mais, dos produtos em que tinham vantagem, e importando o que outros fizessem em melhores condições.

Mas não deixou de haver no século XIX a defesa e a prática de restrições com base em argumentos ainda com alguma atualidade e que valem a pena ter em conta, o argumento dos *termos do comércio* e o argumento das *indústrias nascentes*.

No primeiro caso, tratando-se de um país com peso no comércio mundial, uma redução da procura leva a uma redução do preço internacional, passando a valer comparativamente mais os produtos exportados: melhorando-se desta forma os termos do comércio deste país.

Trata-se de algo apenas ao alcance, pois, de países grandes ou de uma união aduaneira (como a União Europeia), mas a experiência mostra claramente que na economia o mal dos outros é o nosso mal e o bem dos outros, o nosso bem, ficando-se designadamente prejudicado com medidas de represália ou com a diminuição de exportações com as reduções de rendimentos dos países para onde poderia exportar-se em maior medida.

O caso do argumento das indústrias nascentes deve ser avaliado de maneira diferente, tendo justificação e grande atualidade, embora com outras vias de intervenção, não com protecionismo.

Este argumento foi formulado no século XIX, sendo curioso recordar que tal aconteceu nos Estados Unidos, na Alemanha e na França, procurando-se justificar uma política protecionista para a implantação da indústria siderúrgica; ante a indústria siderúrgica já implantada na Inglaterra, o país então dominante. Compreende-se, pois, que os autores que então se distinguiram defendendo tal política tenham sido autores desses países, designadamente Hamilton (1791) e Carey (1837-40) nos Estados Unidos e List (1841) na Alemanha.

Tratou-se, todavia, de algo que se verificou num período longo de prevalência do livre cambismo.

Já no século XX a deflagração da Primeira Guerra Mundial veio a constituir o início de um período de limitações acentuadas ao comércio internacional, que viria a terminar só uns anos depois de concluída a Segunda Guerra, já no final da década de 40; acrescendo às naturais limitações resultantes dos conflitos armados, com dificuldades nos transportes e a destruição dos aparelhos produtivos, em particular as limitações que se seguiram ao desencadear da grande depressão de 1929-32, quando alguns dos principais países procuraram sair da crise através de políticas de restrições de importações em relação aos demais, numa estratégia malsucedida que haveria de ser, aliás, uma das causas da deflagração do segundo conflito.

Do recuo verificado, num período por ele designado como período de *conflict and autarky*, é bem esclarecedor um quadro de Maddison ([2006], em que se indicam também os valores em diferentes áreas do mundo; reproduzido por exemplo em Porto [2017(9), p. 31]): mostrando que o crescimento médio anual das exportações mundiais, que havia sido de 3,4% entre 1870 (o ano mais recuado referido no quadro) e 1913 (o ano antes do começo da guerra), foi de 0,9% entre 1913 e 1950, com o crescimento médio do PIB a descer nesse período de 2,11 para 1,85% e do PIB por habitante de 1,30 para 0,91%.

Foi em boa medida o reconhecimento desta evolução, sem dúvida a par do reconhecimento da necessidade de se evitar um terceiro conflito armado com origem na Europa,[4] que levou à criação, no espaço europeu e no espaço mundial, de organizações que vieram a promover o afastamento de barreiras alfandegárias (casos da OECE na Europa, antecedendo a OCDE, e do GATT em nível mundial, antecedendo a OMC), permitir a multilateralização dos pagamentos (casos da União Europeia de Pagamentos e do Acordo Monetário Europeu, neste espaço geográfico, e do Fundo Monetário Internacional, em nível mundial) e conceder as ajudas financeiras que são indispensáveis para que haja produções e comércio (casos do Plano Marshall, na Europa, e do Banco Mundial).

Os resultados conseguidos neste período, de 1950 a 1973, designado por Maddison (2001; 2003; 2006) de *Golden Age*,[5] são impressionantes,

---

[4] Nas palavras bem expressivas de Adriano Moreira (s.d.), "ambas as guerras, a de 1914-1918 e a de 1939-1945, foram qualificadas de mundiais, com o esquecimento comum de acrescentar que foram mundiais pelos efeitos, mas exclusivamente ocidentais pelas causas"; e são especialmente duras as palavras de Eduardo Lourenço (2001), com a afirmação de que "a utopia europeia em marcha foi, é, a resposta que se nos impôs às nações pilotos dessa mesma Europa para domesticar, e desta vez, de mútuo acordo, a sua intrínseca barbárie, a sua demoníaca inquietude que fez delas (e de nós) o Fausto da história mundial".

[5] Há por vezes quem distinga os anos sessenta, os *golden sixties*, sublinhando os resultados nesta década, uma década também muito rica a outros propósitos, que vão dos contributos da ciência económica nesta área a áreas

únicos ao longo do século, e ainda sem nada de próximo no primeiro quartel do século XXI; com as exportações mundiais a crescerem à média anual de 7,88%, o PIB a crescer 4,8% e o PIB *per capita* a crescer 2,93%.

Constituiu por isso uma surpresa e alguma desilusão o abrandamento verificado a partir de 1973, na sequência da primeira crise do petróleo: entrando-se num período com avanços e recuos, designado por isso por Maddison (2001; 2003; 2006) como período de "growth, deceleration and accelerated inflation".

Tratou-se de um período de ressurgimento protecionista, com o "novo protecionismo", com consequências nos dados econômicos: com o crescimento médio anual das exportações mundiais entre 1973 e 1998 (ainda assim elevado) a baixar para 5,05%, período em que o PIB teve um crescimento médio anual de 3,01% e, por seu turno, o PIB *per capita*, um crescimento médio anual de 1,33%.

O maior êxito das políticas de abertura tem sido claramente confirmado em estudos de reputados cientistas e organizações (casos de organizações como a OCDE, o *National Bureau of Economic Research*, NBER, e o Banco Mundial: ver as referências em Porto [2017(9), p. 35]).

E nas décadas mais recentes, quando se observam as taxas de crescimento dos dois países mais populosos do mundo, a China e a Índia, não se pode deixar de reconhecer que, a par de outras razões, específicas de cada um deles,[6] teve grande relevo, um relevo decisivo, a abertura das economias, no plano interno e no plano externo.

Tratando-se de países muito populosos, no caso, países com populações bem mais do que duplas das populações da União Europeia e

---

como o cinema, com o neorrealismo, ou a música, com canções que nunca deixarão de estar na memória, no ouvido, de quem viveu esse período...

[6] Entre uma literatura vastíssima podem referir-se por exemplo, em anos mais recentes, sobre a China Cheung e Háan (2013) e Kroeber (2016), sobre a Índia, Jacobsen (2016) e Nilekani e Shah (2016), e considerando os dois países (em alguma medida "juntando-os" no que já foi designado por "Cindia" ou "Chindia") Rampini (2005-7), Engardio (2007), Naidu, Chen e Narayanan (2015) e Ogden (2017) (com outras referências ver Porto [2019, p. 27]).

quatro vezes maiores do que a população dos Estados Unidos da América, pode haver a ilusão de que se trata de mercados mais do que suficientes para "alimentar" e dinamizar as suas economias. Assim, para que estar a importar produtos que podem ser produzidos internamente com a escala bastante para terem custos médios baixos, dando-se antes emprego a trabalhadores nacionais, não de outros países?

Os êxitos atuais da China e da Índia ficam a dever-se em boa medida a dois políticos, Deng Xiao Ping e Manhoban Singh, respetivamente, que tiveram a visão de constatar que o caminho tinha de ser mudado, no sentido da abertura das economias. E os resultados estão bem à vista, com os países a se recuperar da queda verificada ao longo dos séculos XIX e XX.

Ainda em 1820, portanto há menos de duzentos anos, a China e a Índia tinham 42,1% do PIB mundial (a China, 28,7% e a Índia, 13,4%), quando por exemplo o que é hoje a França ou recentemente a União Soviética tinham 5,5%, o Reino Unido, 5%, o Japão, 3,1%, a Alemanha, 2,4%, a Espanha, 1,9% e os Estados Unidos da América, 1,8%.

Foi depois enorme a queda verificada em perto de dois séculos, com esses países da Ásia a terem em 2004, apesar de estarem já a se "recuperar", 6% do PIB mundial (4%, a China e 2%, a Índia); quando a União Europeia tinha 34%, os Estados Unidos, 28% e o Japão, 12% desse valor.

Seguem-se agora anos de crescimento impressionante da China e da Índia, com previsões a apontarem para que tenham, em 2050, 45% do PIB mundial (28%, a China e 17%, a Índia), tendo então os Estados Unidos 26%, a União Europeia, 15% e o Japão, 4% de tal valor.

2.1.2 O contributo recente da ciência econômica

A este propósito assumiu um relevo especialmente importante o contributo da *teoria das divergências domésticas*, dando designadamente indicações que levaram a que o argumento das indústrias nascentes passasse a ser um argumento inquestionavelmente correto.

Em períodos anteriores o livre-cambismo era associado ao liberalismo interno, na linha da escola clássica, e o protecionismo, à intervenção também no plano interno.

O grande contributo da teoria das divergências domésticas consistiu em vir distinguir os dois planos (ver, por ex., Porto [2017(9), p. 136-139]), mais concretamente, em vir evidenciar a necessidade de intervenção pública, mas não com protecionismo, penalizando os consumidores e os setores econômicos transformadores de produtos importáveis, antes com o afastamento de falhas do mercado (por exemplo na formação profissional ou na investigação tecnológica) e a criação de economias externas indispensáveis (por exemplo, com a melhoria de acessibilidades).

Foi assim "completado" o argumento das indústrias nascentes, com o teste de Kemp (1964) a acrescer aos testes de Mill (1848) e Bastable (1921), mostrando como se deve intervir, no plano interno, em casos em que se constata que passado algum tempo as empresas apoiadas são capazes de competir, com um ganho ao longo dos anos que é maior do que o custo suportado no período de apoio.

E trata-se de intervenções que justificam atuações não só em nível nacional (*v.g.*, do Estado, de regiões ou de outras autarquias e entidades), também em alguns casos no nível de conjuntos de países, em espaços de integração, podendo um país não ter a dimensão bastante para o volume dos investimentos a fazer ou a segurança de conseguir "internalizar" os gastos feitos.[7]

---

[7] Um exemplo especialmente bem-sucedido é o do projeto Airbus, da responsabilidade de empresas de quatro países poderosos da Europa, mas não tendo querido uma só delas assumir o encargo e o risco da iniciativa. Trata-se de projeto que teve apoio orçamental da União Europeia, constituindo um exemplo claro em que a formação e a intervenção de um bloco regional não estão em contradição com a caminhada desejável para o comércio livre mundial. Pelo contrário, só com a repartição de encargos e de riscos a este nível se tinha dimensão para levar a cabo com êxito a iniciativa de projetar e construir um avião de grande porte capaz de concorrer com a Boeing, que

2.2 "Razões", designadamente políticas, que podem levar ao protecionismo

Ante este quadro, com consequências bem visíveis, é naturalmente de perguntar por que razões tem havido e há atualmente protecionismo, com a defesa e as práticas referidas no início deste texto; com implicações de enorme relevo no transporte marítimo.

Uma primeira razão para tal, sem dúvida mais justificada em décadas anteriores, está na facilidade da prática protecionista para se atingirem objetivos desejados. A mera determinação de se proibirem ou limitarem as importações de produtos importáveis, ou a elevação dos impostos alfandegários a aplicar, diminui ou impede mesmo a importação dos bens "promovidos", substituída pela produção desses bens no país. E assim acontece com um custo baixíssimo, com o cumprimento de tal determinação nas fronteiras dos países, fronteiras sempre num número reduzido, com o pessoal alfandegário que aí exerce funções a impedir ou a onerar os produtos. É este o único "custo", ficando só por isso "protegida" e promovida a produção nacional.

É bem diferente o custo de uma intervenção correta, no plano interno, com a formação profissional (exigindo instalações e pessoal qualificado), o apoio tecnológico (exigindo laboratórios e centros com os requisitos materiais e humanos indispensáveis) ou ainda por exemplo a promoção de vendas em mercados externos (exigindo delegações no estrangeiro ou

---

assim não ficou sozinha no mercado: o que constituiu por isso um benefício também enorme para as empresas transportadoras dos Estados Unidos, que sem esta iniciativa europeia teriam ficado na dependência de uma só empresa produtora de aviões de grande porte, na situação de monopólio (podendo haver consequentemente, como veio a acontecer, preços de deslocação mais baixos, com benefício para a atividade econômica em geral e para os cidadãos americanos; benefícios aliás para todo o mundo). E assim pôde acontecer na linha do que ensina a melhor teoria econômica, mais concretamente a teoria das divergências domésticas, com uma "indústria nascente" a aparecer e a consolidar-se, não com medidas protecionistas, que levariam a aumentos de preços que sacrificariam os consumidores e a atividade econômica em geral. Atuou-se, como era de desejar, com a promoção do mercado, no caso fundamentalmente financiando-se a caríssima investigação tecnológica requerida para o sucesso do projeto; o que acabou por levar a reduções de custos e preços a todos os títulos desejáveis. Trata-se de via naturalmente a seguir em tudo o que possa promover o transporte marítimo, com a importância que estamos a sublinhar neste artigo.

a participação em feiras). E tendo estas atividades custos elevados, há que ter em conta os custos acrescidos de lançamento, liquidação e cobrança dos impostos necessários para se cobrirem tais despesas, se não eram bastantes as receitas anteriores, e em qualquer caso os custos para a atividade econômica e para os cidadãos em geral que os impostos não podem deixar de ter (bem como eventualmente ainda o custo de deixarem de ser satisfeitas outras necessidades econômicas e sociais com a deslocação de recurso orçamental para a promoção dos setores a "proteger").

Trata-se de uma razão em alguma medida aceitável, mas que vai perdendo relevo à medida que os países, o que é especialmente o caso dos Estados Unidos (com o mau exemplo atual de propósitos e práticas protecionistas...), têm estruturas materiais e humanas capazes de, sem acréscimos de custos, proporcionar designadamente a formação de quadros e a investigação científica e tecnológica requeridas para se ser competitivo no quadro mundial; no caso deste país, a par de outros níveis de intervenção, de longe com a maior parte das universidades que ocupam os lugares cimeiros dos *rankings* mundiais.

Para além de razões de praticabilidade e custo de intervenção, com o relevo que ainda possam ter, acontece, todavia, que as decisões são em muitos casos tomadas por forças políticas, organizadas, que prevalecem na defesa dos seus interesses, sobrepondo-se a conjuntos de cidadãos em muito maior número, mas não organizados. Assim acontece de um modo geral com os consumidores, ante os setores de produção, em que, no que diz respeito à defesa do protecionismo, estão no mesmo "barco" os empresários e os trabalhadores.

Um caso especialmente significativo foi, ao longo de décadas (a situação está hoje muito melhorada), o caso da Política Agrícola Comum da União Europeia (em muito maior medida no tempo da CEE...), com "preços de garantia" dos produtos das "organizações comuns de mercado" a onerar os cereais, a carne de vaca e os produtos lácteos: sobrepondo-se às organizações dos participantes na sua produção, sindicatos e associações empresariais, ao interesse difuso de centenas de milhões de consumidores prejudicados, todavia não organizados (para além naturalmente do interesse dos empresários transformadores destes produtos).

Havendo estes custos para a generalidade da população, designadamente para pessoas com recursos mais modestos, será interessante que cientistas políticos e sociólogos se dediquem a ver por que razão, por exemplo, nos Estados Unidos, têm grande aceitação junto de grande parte da opinião pública as medidas que o Presidente Trump tem vindo a tomar, designadamente com a oneração de produtos vindos do México, da Europa e da China.

Será apenas um problema de informação, não sendo aceites se a imprensa passar a destacar nas primeiras páginas dos jornais ou na abertura dos telejornais e dos noticiários radiofônicos que um imposto de 20% sobre produtos vindos do México sacrifica nesta medida os cidadãos americanos?

Ou haverá outras razões, que será bom que sejam estudadas pelos cientistas políticos e pelos sociólogos, levando a que a opinião pública ache especialmente "simpático" que se "protejam" as produções nacionais, à custa dos cidadãos e de muitas atividades econômicas?

2.3 Uma ingenuidade, ante o novo quadro do mundo?

Os contributos da experiência conhecida e da teoria poderão, todavia, ser postos em causa, argumentando-se que não será possível concorrer com economias agora em expansão, como são os casos especialmente significativos de economias da Ásia: com salários mais baixos, sem um modelo político e social como o modelo do ocidente. Será uma ingenuidade julgar-se que se pode competir nestas circunstâncias.

Diante destas dúvidas, para além do que a experiência tem vindo a mostrar em relação à abertura das economias ao longo das décadas, é especialmente importante que se verifiquem situações de sucesso nos tempos que correm. E a tal propósito assume especial significado o êxito que continua a verificar-se na zona euro, com o contributo determinante de alguns dos países-membros.

Olhando para os números, vemos a zona euro, constituída por países vivendo em democracia política e com um modelo social marcante em nível mundial, a ter por exemplo em 2018 uma balança dos pagamentos correntes com um superávit de 438,7 milhares de milhões de dólares, muito mais do que o dobro do superávit da China, de 172,0 milhares de milhões, e tendo a Índia mesmo um défice, de 33,6 milhares de milhões.

Assim acontece em grande medida devido aos contributos dos superávits da Alemanha e da Holanda, de 291,4 e 98,5 milhares de milhões de dólares, respectivamente (no primeiro caso representando 7,4% e no segundo, 10,8% do PIB do país). Trata-se de resultado que é curioso comparar com os défices dos Estados Unidos da América e do Reino Unido (com as suas moedas próprias e a língua mais importante do mundo...), de –488,5 e de –108,4 milhares de milhões de dólares, respectivamente (no primeiro caso representando – 2,4 e no segundo –3,9 dos PIBs respectivos).

É, pois, especialmente significativo o bom exemplo que a zona euro está a dar ao mundo,[8] sendo bem clara a posição das instituições da União.

Mesmo já num período histórico em que poderia haver talvez dúvidas sobre a posição a tomar, ante os crescimentos impressionantes de algumas economias emergentes,[9] a posição da União Europeia, designadamente a posição da Comissão, sempre foi e continua a ser claramente

---

[8] Apesar de se falar por vezes (já bem menos nos dias que correm...) em crise do euro.
[9] Com os casos especialmente significativos, já em alguma medida referidos no texto, da China e da Índia, os dois países de longe mais populosos do mundo, a terem ao longo das últimas décadas em alguns anos crescimentos de dois dígitos; com a China a crescer, em 2018, 6,8% e a Índia a ter um crescimento mesmo maior, de 7,8% (ambos entre os maiores crescimentos do mundo).

uma posição de abertura, não uma posição de protecionismo ante o resto do mundo.

Assim aconteceu, com especial significado (naturalmente a par de outras claríssimas afirmações), com a *Estratégia Europa 20-20* (COMISSÃO EUROPEIA, 2010); documento em que, reconhecendo-se que "o mundo está a mudar", sublinha-se que se tornaram "mais prementes" três "desafios de longo prazo", sendo um deles o desafio da globalização (a par dos desafios da pressão sobre os recursos e do envelhecimento da população (PORTO, 2012).

Trata-se de desafios a que importa dar resposta, na sua perspectiva não com medidas restricionistas, mas, sim, com base em "três prioridades que se reforçam mutuamente": (1) crescimento inteligente, (2) crescimento sustentável e (3) crescimento inclusivo.

De um modo particular, em relação à primeira prioridade, além de se referir que não podemos estar mais à espera de outros motivos de vantagem, da localização geográfica à dotação de capital (para não falar do custo da mão de obra...), é bem sublinhado que se trata de "desenvolver uma economia baseada no conhecimento e na inovação".

Depois, além de se referir à necessidade de se reforçar "um mercado único para o século XXI" (de que tiram também naturalmente proveito terceiros países!), é bem significativo o número que se segue, com o título "Mobilizar os nossos instrumentos de política externa".

Afastando-se claramente a via protecionista, ante os novos desafios, o começo do número 3.3 da *Estratégia Europa 20-20* não poderia ser mais expressivo, sublinhando que "o crescimento global abrirá novas oportunidades para as empresas exportadoras e um acesso concorrencial às importações essenciais".[10]

---

[10] Já antes (p. 17 da *Estratégia Europa 20-20*), depois de se recordar que "a UE prosperou graças ao comércio, exportando para todo o mundo e importando tanto matérias-primas como produtos acabados", se havia

Sublinhando um aspecto particular, quando muitas vezes se vê o crescimento das economias emergentes basicamente como uma fonte de concorrência para as nossas empresas, tirando-nos oportunidades e empregos, o COM (2010) 2020 realça que essas economias:

> cujas classes médias se estão a desenvolver e a importar bens e serviços em que a Europa dispõe de uma vantagem comparativa, [...] serão a fonte de uma parte do crescimento que a Europa precisa de gerar na próxima década. Enquanto maior bloco comercial do mundo, a prosperidade da UE depende da sua abertura ao mundo e da sua capacidade para acompanhar de perto a evolução noutras economias desenvolvidas ou emergentes no sentido de antecipar e adaptar-se às futuras tendências.

Não se fala, pois, de forma alguma em fugir dos mercados internacionais, mas, sim, em participar deles;[11] naturalmente com a exigência de que se sigam regras corretas.

Trata-se de filosofia de atuação que foi reafirmada pela Comissão mais recentemente, em 10.5.2017, através do COM (2017) 240, "documento de reflexão" com o título em português *Controlar a globalização*; sendo o título do documento em inglês de *Harnessing globalization*, com a palavra *harness* a ter nos dicionários a tradução portuguesa de "aproveitar", "explorar" e "rentabilizar" ("dominar", num dos casos que vimos), palavras que exprimem melhor a mensagem transmitida.

Depois de se fazer o "ponto da situação sobre a globalização e os seus efeitos", sublinha-se, em títulos que se seguem, que se trata de um "fator positivo para a mudança, [...] mas também suscita alguns desafios".

---

sublinhado, na linha mais correta, que "confrontados com uma intensa pressão sobre os mercados de exportação e sobre um número crescente de matérias-primas, temos de melhorar a nossa competitividade em relação aos nossos principais parceiros comerciais através do aumento da produtividade".

[11] Com uma perspectiva crítica acerca da globalização, a par naturalmente de outros autores, tem-se distinguido o Prêmio Nobel da Economia Joseph Stiglitz, *v.g.* num livro com o título expressivo de *Globalization and its discontents* (2002), sendo ainda mais expressivo o título da edição portuguesa, *Globalização. A grande desilusão* (2004). Mas tem uma perspectiva já mais favorável num livro que se seguiu, com o título também significativo, a tal propósito, de *Making globalization work* (2008).

Considerando perspectivas futuras para a globalização, designadamente que "será muito diferente em 2025", sublinha-se mais uma vez neste documento que "será preciso resistir às tentações de isolamento ou de inação".

Continuando a ser pois bem clara neste documento a defesa da abertura das economias, a necessidade de uma intervenção correta aparece mesmo como condição para o aproveitamento pleno das virtualidades da abertura.[12]

3 Um papel crescente, sem alternativa, para o transporte marítimo, dada a localização das potências emergentes

Os mercados emergentes a ter em conta têm obviamente enormes exigências no transporte marítimo.

Já agora o mar tem um grande significado para a Europa, com as atividades marítimas a representarem cerca de 5% do PIB da União; com um relevo assinalável para o transporte marítimo, utilizado em 40% do seu comércio interno e em 90% do comércio externo (CORREIA, 2010, p. 272-273).

Sendo esta aproximadamente a situação atual, será naturalmente reforçada no novo quadro do mundo, não havendo alternativa de outros modos de transporte para o comércio de mercadorias com países muito distantes da Europa.

---

[12] E havendo uma responsabilidade e uma capacidade de intervenção muito grandes da União Europeia, como maior espaço económico e comercial do mundo, compreende-se bem que o documento em análise se debruce no número 3 sobre a "Resposta Externa da Europa", visando a uma "cooperação internacional para moldar a globalização, diplomacia económica e instrumentos para assegurar condições de concorrência equitativas". Sublinham-se aqui exigências e responsabilidades várias, designadamente no plano ambiental e no plano aboral, com respeito pelas regras estabelecidas; bem como, numa frase muito significativa, que "apesar de defender a abertura e a cooperação, a EU não pode ser ingénua na sua abordagem da globalização". E é de sublinhar também que quando um espaço como o europeu exige o respeito de regras básicas, no plano ambiental ou também por exemplo no plano social, não está só a defender-se, está também a defender as populações de países que são incentivados ou mesmo obrigados por isso a ter melhor qualidade de vida e padrões sociais mais elevados.

Nos termos do relatório anual do ITF – *International Transport Forum* (da OCDE),[13] vai assistir-se a um forte potencial de desenvolvimento do Brasil, da Rússia, da Índia, da China, da Coreia do Sul, da Turquia, da Indonésia e do México (o *BRICKTIM*) ante a previsão de crescimento do PIB *per capita* destes países nos próximos anos.

Diante desta perspectiva de crescimento das economias emergentes (cerca de 17% de média anual de crescimento esperada), estima-se que as rotas comerciais tradicionais serão alvo de uma mudança com o crescente aumento de intensidade de comércio no Oceano Índico, Mediterrâneo e Mar Cáspio, que refletem a alteração do centro de gravidade econômico para a Ásia. Estima-se que a China e a Coreia do Sul sejam os maiores exportadores de bens de elevado valor (componentes eletrônicos, telemóveis etc.).

Com efeito, segundo as previsões da OCDE, expressas também no relatório do ITF de 2019 citado, as exportações e importações crescem mais rapidamente nos países emergentes do que nos países desenvolvidos até 2050 (mais de 60% nas importações e 3/4 maior nas exportações), sendo a Ásia que cresce mais no comércio de mercadorias.

Neste aumento exponencial do tráfego de mercadorias, o transporte marítimo mantém-se claramente o dominante, com mais de 3/4 do total. Estima a OCDE que este modo de transporte cresça a uma taxa anual de 3,6% até 2050, o que corresponderá a uma quase triplicação do seu volume atual, sendo a maior parte nas rotas com destino ou origem na Ásia. Os maiores fatores com potencial de fixação destas tendências residem no futuro do *e-commerce* e na transição para fontes de energia mais verdes, como a cada vez maior utilização de LNG nas frotas mundiais.

---

[13] Cfr. *ITF Transport Outlook 2019*, que seguiremos de perto. Cfr. tb. a *Estratégia para o Aumento da Competitividade da Rede de Portos Comerciais do Continente — Horizonte 2026*, aprovada em anexo à Resolução do Conselho de Ministros nº 175/2017, de 16 de novembro, mas que ainda só considera números até 2016.

Esta tendência exige um repensar também das estruturas do direito e na necessidade de adaptação dos Estados, que veremos em seguida.

4 Grandes exigências, designadamente em algumas áreas do direito

4.1 A grande evolução do direito marítimo em Portugal

O direito dos transportes, em toda a sua transversalidade, entre o direito privado e comercial e o direito público e infraestrutural, tem de saber acompanhar toda esta evolução e as enormes necessidades que se fazem sentir. A evolução tecnológica, o pensar verde, a intermodalidade e a ligação integral ao setor logístico são uma realidade intransponível nos dias de hoje.

É impensável olhar o transporte marítimo sem pensar que se trata apenas de uma parte do ciclo da cadeia logística necessária ao comércio mundial, que começa à porta de uma fábrica do produtor do bem e acaba na porta do importador e distribuidor do mesmo bem (conceito *door to door*, que os *Incoterms* tão bem expressam),[14] passando por vários modos de transporte – rodovia, aquavia, ferrovia e marítimo – e por vários centros logísticos na cadeia de transporte – portos secos e molhados e terminais de armazenamento e de desalfandegamento.

Assim, não é surpresa que Portugal tenha vindo nas últimas décadas a fazer um enorme esforço de desenvolvimento e modernização de toda a cadeia logística que envolve o setor do transporte marítimo, potenciando a sua enorme capacidade marítima, fruto de uma localização geográfica privilegiada entre o Oriente e o Ocidente e entre o Norte e o Sul.[15]

---

[14] *Incoterms*® é um acrônimo para *international commercial terms*, sendo já uma marca da Câmara de Comércio Internacional (ICC), registada em vários países. As regras *Incoterms*® incluem abreviaturas para esses termos, como o FOB (*Free on Board*), DAP (*Delivered at Place*), EXW (*Ex Works*), CIP (*Carriage and Insurance Paid To*), tendo todas um sentido muito preciso para a compra e venda de mercadorias em todo o mundo (www.icc-portugal.org).

[15] Portugal encontra-se em primeiro lugar no *ranking* de países da UE com comércio de mercadorias transportados por via marítima com países terceiros, registando 81% do valor comercial (cfr. RCM nº 175/2017).

Tais esforços começaram no final dos anos 80 do século XX e têm visto nos últimos anos um desenvolvimento exponencial, com resultados bem visíveis já nas suas estatísticas do transporte marítimo.

Apesar da sua história marítima e da costa atlântica, Portugal estava a ficar atrasado ante os desenvolvimentos verificados no transporte marítimo. A sua frota mercante diminuía e os portos e a cadeia logística definhavam, longe das tendências mais modernas. A partir de meados dos anos 80 do século XX, foram dados os primeiros passos para inverter esta tendência: criou-se o Registo Internacional de Navios da Madeira (MAR) e modernizou-se a governação dos portos portugueses, atuando-se sobre vários dos seus entraves, como o trabalho portuário, a pilotagem, o reboque e o contrato de terminais portuários de carga.

Os portos portugueses viram-se transformados em sociedades anônimas, de tipo comercial, embora ainda detidas a 100% pelo Estado,[16] mas com um modelo de gestão moderno e comercial, assumindo o modelo *Land Lorde* como o paradigma. A maior parte dos terminais de carga foi especializada e concessionada à gestão privada. Hoje mais de 90% dos terminais portugueses são geridos por empresas privadas, a maior parte integradas em grandes grupos internacionais.[17]

Esta nova situação fez evoluir os contratos de concessão de serviço público de movimentação de carga para novos modelos de *project finance*, com prazos mais longos e transferência de risco maior para os privados, incluindo áreas infraestruturais que estavam ainda na mão das administrações dos portos, como os terraplenos, os cais e as dragagens.[18]

---

[16] Cfr. DDLL nºs 335/98, 336/98, 337/98, 338/98 e 339/98, de 3 de novembro. Cfr. Silva (2019).

[17] *Port of Singapore Authority* (Sines), *Yilport Group* (Lisboa, Leixões, Aveiro e Setúbal), *MSC* (Sines e Lisboa, além de detentor de um operador ferroviário de carga) etc.

[18] Este é o modelo dos novos contratos cujos concursos foram lançados pelo Governo para novos terminais de contentores em Sines, Lisboa e Leixões, todos envolvendo investimentos para o privado, na construção e exploração dos terminais, por cerca de 50 anos, em valores de muitas centenas de milhões de euros.

A especial situação geográfica de alguns dos portos portugueses tornava-os ideais para se poderem converter em grandes *hubs* portuários, especializados em *transhipment* de carga contentorizada, em rápido crescimento.[19] Isso pôs pressão sobre a governação dos portos.

Também exigiu mais evolução tecnológica, pois a carga e os navios não podiam sofrer paragens desnecessárias no porto, esperando pela logística de carga/descarga/desalfandegamento e transporte. A digitalização avançou rapidamente, primeiro numa janela única portuária, logo em 2008, juntando todos os serviços públicos intervenientes, mas rapidamente evoluindo para uma janela única logística, em 2018, juntando já toda a cadeia logística interveniente, no que Portugal foi pioneiro em toda a União Europeia.

Portugal investiu igualmente no aumento do seu *hinterland*, de forma a aproveitar as vantagens do interior espanhol e da ligação à Europa. Os enormes investimentos feitos não se poderiam bastar com um pequeno *hinterland* restrito ao território nacional, esquecendo toda a Espanha e os corredores viários e ferroviários para a Europa central. Os portos portugueses já estavam aptos para receber carga internacional vinda por meganavios da Ásia e América para distribuí-la por navios *feeders* para o norte da Europa e para o Mediterrâneo, mas poderiam ainda servir outras cidades europeias, desde logo espanholas, por melhores corredores ferroviários. É o que tem vindo a ser feito, com o melhoramento da ligação ferroviária à Espanha, direta dos portos de Sines, Setúbal e Lisboa, via Évora.

Não foi esquecido o desenvolvimento dos registos de navios, especialmente quando a União Europeia instou todos os Estados-Membros a retirarem os seus navios de registro de bandeira extra-Europa, como o

---

[19] Casos típicos de Sines (Terminal XXI, da PSA) e de Lisboa (Liscont, da Yilport).

Panamá ou a Libéria, e a transferi-los para registos europeus.[20] Obviamente que o MAR, criado em 1989, teve oportunidade de receber os maiores armadores internacionais europeus, tornando-se em anos recentes um dos maiores registos de navios europeus. Mas também Portugal aderiu, em 2018, ao sistema de *tonnage tax* de forma a que os seus registros se mantivessem competitivos internacionalmente.

Este incremento e potenciação do direito marítimo em Portugal pôs pressão sobre o direito marítimo e sobre os tribunais marítimos, mas também sobre os serviços púbicos conexos, não só os portos, mas as alfândegas e todo o sistema fiscal, e ainda as capitanias e autoridade marítima, imigração e saúde, e serviços de *compliance* dos navios e tripulações, tudo de forma a que Portugal possa manter o seu estatuto de *whyte listed country* em termos de *port state control* (Paris MoU).

Foi esta enorme evolução que Portugal fez nas últimas décadas e que transformaram por completo um país atrasado em termos marítimos para um dos mais dinâmicos de hoje, com números estatísticos muito significativos, que demonstram que a aposta feita no mar teve sucesso.

Vejamos mais em pormenor alguns destes desenvolvimentos.

4.2 A metamorfose do direito portuário: as novas concessões de terminais, a criação dos portos secos e os *green ports*

Em Portugal o Governo aprovou a *Estratégia para o Aumento da Competitividade da Rede de Portos Comerciais do Continente – Horizonte 2026*, pela Resolução do Conselho de Ministros nº 157/2017,[21] tendo como pano de fundo uma evolução muito positiva do movimento geral de atividade nos portos portugueses na década anterior.[22]

---

[20] Comunicação C(2004) 43, da Comissão – *Orientações comunitárias sobre auxílios estatais aos transportes marítimos* (JOCE nº C 13/03, de 17.1.2004).

[21] Publicada no *Diário da República*, n. 227/2017, Série I, de 24.11.2017.

[22] Como se refere na RCM 157/2017, "a última década (2005 -2015) marca um período próspero na atividade dos principais portos comerciais do continente, decorrida uma década de investimentos cruciais para o

Esta evolução muito positiva, principalmente na carga contentorizada (de 12%), permitiu estimativas otimistas para a década seguinte, o que aliás está de acordo com as estimativas da OCDE atrás referidas. Assim, a estimativa mais pessimista do Governo prevê crescimento de 39% no período, com uma taxa anual de 3%.[23]

Para permitir este incremento, o Governo prevê investimentos avultados em infraestruturas e em novas tecnologias. Assim, a aposta infraestrutural recai fundamentalmente no lançamento de concursos para novos terminais de contentores em Sines, Lisboa e Leixões, complementando os já existentes e potenciando uma sã concorrência e uma atratividade do mercado mundial.

Para esse objetivo muito contribuirá uma evolução significativa dos contratos de concessão de movimentação de mercadorias, que tem vindo a verificar-se nos últimos anos. Na verdade, ante limitações constitucionais, em Portugal apenas é permitida a exploração de portos pela iniciativa econômica privada por meio de contratos de concessão.[24] Este tipo de contratos foi durante muitos anos baseado no modelo tradicional de concessões de serviço público francesas (GONÇALVES, 1999, p. 151 e ss.), em que o concessionário assumia integralmente o risco de exploração, incluindo o risco de procura, assumindo o investimento nos equipamentos e tendo ainda de pagar taxas ao concedente pela utilização do domínio

---

desenvolvimento do setor, tendo registado um crescimento global de 42% no movimento total de mercadorias e uma taxa de crescimento média anual de 4%. No final deste período, o ano 2015 registou um valor histórico de 88,5 milhões de toneladas de movimentação global, tendo 2016 superado este recorde com o registo de 93,3 milhões de toneladas movimentadas naqueles portos".

[23] As perspectivas moderadas e otimistas elevam esta taxa de crescimento para 57% e 106%, respetivamente.

[24] No seguimento da Lei nº 1/93, o Governo aprovou o regime de concessão de movimentação de carga nos portos pelo Decreto-Lei nº 298/93, de 28 de agosto (arts. 3º e 26º e ss.) e as bases das concessões pelo Decreto-Lei nº 324/94, de 30 de dezembro, tudo deve ser lido em articulação com o Código dos Contratos Públicos, aprovado pelo DL nº 18/2008, de 29 de janeiro, que passou a reger os procedimentos para escolha dos cocontratantes e o regime do contrato de concessão (MELO, 2014, p. 233 e ss.). Noutros países da CPLP o regime é diverso, desde uma distinção entre portos organizados (públicos) e portos privados, no Brasil (CASTRO JUNIOR, 2015, p. 231 e ss.), até regimes de *joint ventures* entre a administração portuária e privados para gerir integralmente portos e não terminais (Moçambique), passando por modelos concessórios tradicionais ou administração direta (*tool port*).

público e em razão do volume de negócios realizado. Como decorre deste tipo de modelo clássico, o concedente assumia toda a responsabilidade infraestrutural, isto é, mantinha a responsabilidade pela construção e manutenção do cais, terrapleno e dragagens. Neste modelo, o prazo do contrato mantinha-se num máximo de 30 anos.

O novo paradigma do transporte marítimo tinha de mudar esta realidade jurídica e contratual (AZEVEDO, 2009, p. 447 e ss.). Assim é que os novos modelos contratuais, embora mantendo o figurino da concessão, por imperativo constitucional, transferem para o privado maiores responsabilidades, desde logo as relativas à própria infraestrutura, prevendo-se que os terminais passem a ser construídos de raiz pelo concessionário, mantendo-se apenas no concedente algumas obrigações de dragagem de fundos, de canais de acesso e de manobra. Esta mudança, obrigando a maiores investimentos, exige também maiores prazos. Assim, os novos contratos preveem em torno de 50 anos de duração para permitir uma amortização dos investimentos e também altera as regras de pagamento ao concedente, pois aligeira essas obrigações para permitir um incentivo à angariação de nova carga.

Podemos assim dizer que estes novos modelos de contratos de concessão estão aptos a enfrentar os novos tempos e as novas exigências de terminais portuários, maiores, mais modernos e mais tecnológicos. Algo que só a iniciativa privada está em condições de realizar, ante os constrangimentos orçamentais cada vez maiores que os Estados enfrentam.[25]

Mas os novos portos passam também a perceber que apenas são uma parte da cadeia logística, pelo que se devem ter de relacionar estreitamente com terminais secos *on shore*, facilitando a cadeia de intermodalidade

---

[25] Mantem-se, porém, o *modelo concessório*, não se adotando o *modelo de project finance*, muito criticado pelo Tribunal de Contas (Relatório de 2016) (CABRAL, 2009, p. 57 e ss.).

navio/rodovia/ferrovia e estabelecendo-se como uma parte do transporte porta a porta.

Com este conceito novo em mente, o Governo publicou o DL nº 53/2019, de 17 de abril, que veio estabelecer o conceito de *porto seco*[26] e definiu as regras, os procedimentos e a desmaterialização de procedimentos necessários para a sua implementação. Este conceito está intrinsecamente ligado a armazéns de depósito temporário para efeitos aduaneiros, permitindo que a mercadoria transite entre portos – secos e molhados – sem ser desalfandegada e sem pagar direitos aduaneiros, que só pagará uma vez saindo ou entrando no território nacional, ao abandonar esses locais. Como diz o diploma legal, trata-se de um "regime de circulação entre armazéns de depósito temporário autorizados, suportado por tecnologia de controlo da circulação das mercadorias entre os nós intermodais ao longo do trajeto de transferência e entre o terminal marítimo e o porto seco no *hinterland*, complementada com processos digitais" ou "ao abrigo do regime aduaneiro de trânsito, complementada com processos digitais" (art. 8º).

Este regime ficou totalmente operacional a partir de 1º.1.2020, complementado com o também novo regime de janela única logística, que veremos mais à frente.

Não podemos, no entanto, deixar de referir igualmente a necessária transformação *verde* dos portos ante a igual evolução do transporte marítimo.

A tentativa de todos os Estado de conterem as suas emissões de CO_2 levou inevitavelmente a uma necessidade de repensar os *bunkers* dos navios mercantes. A evolução da marinha mercante para a utilização

---

[26] Como refere o art. 3º, trata-se de "uma infraestrutura logística de concentração de carga situada no corredor de serviço de uma região comercial ou industrial conectada com um ou vários portos marítimos através de serviços de transporte ferroviário, rodoviário ou fluvial, oferecendo serviços especializados entre este e os destinos finais das mercadorias".

cada vez mais alargada de LNG (gás natural) veio a exigir que os portos se preparassem para essa mudança, criando capacidade para fornecer LNG aos navios. Essa mudança está em plena implantação em todos os portos portugueses, até pela capacidade de recepção de LNG diretamente em navios próprios em Sines, vindo do Norte da África, estando até já em funcionamento o apetrechamento em LNG da Região Autónoma da Madeira, também por via marítima.

Todos os portos portugueses estão hoje cada vez mais preparados para reduzir as suas emissões de CO_2 e para reciclar os seus resíduos e os provenientes de navios, assumindo uma postura de *green port*, condizente com os mais modernos da Europa.

4.3 As novas tecnologias a favor da cadeia logística: a janela única logística

Os portos portugueses já tinham desde há muito adotado uma visão digital e aglutinadora, através da *janela* única *portuária*, que ligava digitalmente os navios a todos os serviços públicos necessários para o despacho atempado do navio, portos, alfândegas, capitania, emigração, saúde etc.

Mas importava dar o passo lógico seguinte, de ligar digitalmente todos os serviços logísticos, também privados, de forma a tornar mais eficientes os portos e tornar realidade a sua plena integração na totalidade da cadeia logística do transporte da mercadoria.

A União Europeia publicou a Diretiva (UE) 2017/2109, do Parlamento Europeu e do Conselho de 15.11.2017, relativa às formalidades de declaração exigidas aos navios à chegada e/ou à partida dos portos dos Estados-Membros, prevendo a criação em todos os portos da União Europeia de uma janela única logística (JUL). Os Estados-Membros deveriam transpor esta diretiva o mais tardar até ao fim de 2019.

Portugal, no entanto, dada a sua experiência anterior de sucesso com a *janela* única *portuária*, desde 2008, antecipou-se a essa normativa europeia e abriu logo em 2018 os procedimentos necessários para a sua implantação, tendo publicado o Decreto-Lei nº 158/2019 de 22 de outubro, com a sua regulamentação jurídica. O sistema está já em funcionamento em vários portos portugueses, em fase experimental (Leixões, Sines e Madeira).

Como refere o art. 2º, a JUL é:

> o sistema especializado destinado a facilitar a transmissão eletrónica segura, entre as entidades envolvidas, das informações previstas em legislação internacional e da União Europeia, bem como na legislação nacional, que são fornecidas para os fins administrativos e operacionais necessários à movimentação dos meios de transporte, das mercadorias e das pessoas, através dos portos nacionais e das cadeias logísticas servidas, permitindo a gestão de diferentes fluxos de informação ao longo da cadeia de transporte, bem como a recolha unificada de atos declarativos.[27]

Temos, assim, uma ferramenta em que todos os parceiros, públicos e privados, envolvidos na cadeia logística efetuam, uma única vez, os seus atos declarativos, necessários à circulação de navios e mercadorias, permitindo que um navio com antecedência à sua chegada ao porto (normalmente mais de 48 horas) tenha já toda a sua documentação de

---

[27] Para se ter bem uma ideia das operações que passam a ser circuladas digitalmente na JUL, citemos o nº 2 do art. 7º (além das referidas no art. 3º): "a) Notificações ou declarações obrigatórias para a entrada e saída de navios nos portos nacionais; b) Emissão de autorização de entrada, livre prática, desembaraço e despacho de largada por parte das autoridades, relativamente à entrada e saída de navios nos portos nacionais; c) Controlos fronteiriços referentes à circulação de pessoas; d) Formalidades e controlos aduaneiros relativos à movimentação de mercadorias e movimentos de entrada e saída nos terminais portuários; e) Notificações de mercadorias perigosas ou poluentes; f) Notificações de resíduos e poluentes; g) Formalidades nos termos da Convenção sobre a Facilitação do Tráfego Marítimo Internacional da Organização Marítima Internacional, adotada pela Conferência Internacional sobre a Facilitação das Viagens e Transporte Marítimos em 9 de abril de 1965, na sua atual redação (Convenção FAL); h) Inspeção pelo Estado do porto; i) Pedidos de fornecimentos e requisição de serviços prestados ao navio; j) Planeamento e controlo de execução do transporte de mercadorias no *hinterland*; k) Requisitos de gestão e proteção das instalações portuárias; l) Informações sobre pessoas transportadas; m) Controlos fronteiriços e de acesso de pessoas a instalações; n) Controlos fitossanitários e veterinários das mercadorias; o) Emissão da Fatura Única Portuária; p) Cumprimento das formalidades relativas aos portos secos; q) Produção de informação para as estatísticas oficiais da atividade portuária e do transporte marítimo; r) Controlos relativos à exportação e importação de produtos da pesca e seus derivados; s) Certificação no âmbito dos resíduos e do Código Internacional para a proteção dos navios e das instalações portuárias; t) Pedidos de alteração de área de navegação e de navegação restrita".

despacho e relativa à mercadoria em ordem, poupando tempo e ganhando enorme eficiência.

4.4 O registro internacional de navios (MAR), o registro convencional e a *tonnage tax*

Outra das áreas mais dinâmicas em Portugal tem sido o registro de navios. Desde os finais da década de 80 do século XX esta matéria tem sido desenvolvida em Portugal,[28] mas apenas nos últimos anos sofreu um incremento decisivo, fruto da alteração da política europeia de crescimento do número de navios e de tonelagem registradas sob bandeira europeia, afastando as bandeiras de conveniência usadas até então.[29] [30]

Assim, assistiu-se recentemente a um crescimento exponencial do registro de navios no MAR, sendo que em maio de 2020 (últimos números disponíveis à data) encontravam-se registrados 576 navios,[31] com uma tonelagem bruta de mais de 16 milhões *dwt*, sendo a maioria navios porta-contentores de grandes armadores, como a MSC, CMA etc. Estes números correspondem a um incremento de mais de 800% desde o início da década, quando pouco mais de 150 navios se encontravam registrados. Esta enorme explosão de registos demonstra bem a política da União Europeia, mas também a atratividade do MAR ante outros registros europeus, em Malta, Chipre ou Ilha de Man.

O MAR caracteriza-se como um segundo registro de navios, a par do registro convencional, que veremos em seguida, com um regime específico que o distingue. A noção de segundo registro não deve ser confundida

---

[28] O MAR foi criado pelo DL nº 96/89, de 28 de março (última alteração pelo DL nº 234/2015, de 13 de outubro) e regulamentado pela Portaria nº 715/89, de 23 de agosto. Relativamente à inscrição de embarcações de recreio no MAR, regula também o DL nº 192/2003, de 22 de agosto.
[29] Sardinha (2013).
[30] Comunicação C (2004) 43, da Comissão – *Orientações comunitárias sobre auxílios estatais aos transportes marítimos* (JOCE nº C 13/03, de 17.1.2004).
[31] Números oficiais do Instituto da Mobilidade e Transportes (IMT), no seu *site* (www.imt-ip.pt).

com uma bandeira de conveniência, pois o MAR resulta da conciliação entre condições atrativas para os armadores, que passam por princípios de desburocratização e redução de custos, com os níveis elevados de segurança exigíveis pelas convenções internacionais aplicáveis.[32]

Conforme o próprio preâmbulo do DL nº 96/89 assinala, a criação do MAR integrou-se numa tendência europeia de criação de segundos registos, sendo que a causa comum foi precisamente a saída de embarcações de bandeiras de conveniência e o aumento de navios na frota europeia (Comunicação da Comissão C(2004) 43).

O MAR comunga do princípio do duplo registo. A solução resulta do nº 3 do art. 72º do DL nº 265/72, de 31 de julho (Regulamento Geral das Capitanias). O duplo registo significa que os navios estão sujeitos a um registo de natureza administrativa e técnica, designado "registo de propriedade" ou matrícula, bem como ao registo comercial. O primeiro desses registos corresponde a uma inscrição do direito de propriedade e o segundo, à inscrição dos fatos que constituem esse direito de propriedade, levado a cabo nas conservatórias do registo comercial.[33] Ainda nos termos do art. 88º do Regulamento de Navios, nenhum fato respeitante aos navios pode ser definitivamente registado sem que seja apresentado o título de propriedade do navio, pelo que o registo de natureza administrativa antecede forçosamente o registo comercial.

Os diplomas gerais sobre o registo comercial de navios aplicam--se igualmente no MAR, com as devidas adaptações, contudo o registo administrativo compete à entidade comumente designada MAR, nos

---

[32] Os segundos registos incluem, em primeiro lugar, os "registos *offshore*" pertencentes a territórios que possuem maior ou menor autonomia em relação ao Estado-Membro e, em segundo lugar, os "registos internacionais", diretamente ligados ao Estado que os criou, sendo este último o modelo do MAR.

[33] O registo comercial dos navios mercantes é ainda efetuado nos termos do antigo código de registo comercial e respetivo regulamento, constantes respetivamente do DL nº 42.644, de 14.11.1959 e do Decreto nº 42.645, também de 14.11.1959 (Regulamento de Navios), pois a revogação destes diplomas operada pelo DL nº 403/86, de 3 de dezembro, ressalvou expressamente, no seu nº 2 do art. 5º, que as disposições referentes a navios manter-se-iam em vigor até a publicação de nova legislação sobre a matéria, que ainda não ocorreu.

termos das diferentes alíneas do nº 1 do art. 3º do DL nº 96/89 e o registo comercial está exclusivamente a cargo da Conservatória de Registo Comercial Privativa da Zona Franca da Madeira (CRCZFM), criada pelo DL nº 234/88, de 13 de setembro, conforme disposto no nº 2 do art. 1º do DL nº 96/89.

Clarifica-se que, por força do registro no MAR, a embarcação passará a arvorar bandeira portuguesa, nos termos do nº 2 do art. 6º do DL nº 96/89 e o seu título de propriedade será emitido. O registro na CRCZFM, por seu lado, permitirá o registro dos fatos que consubstanciam direitos reais, como de propriedade ou hipoteca.

Por outro lado, assinala-se que, no âmbito do MAR, o sistema de duplo registro não está reservado aos navios mercantes, sendo também aplicável às embarcações de recreio, nos termos do DL nº 96/89 e do Regulamento respectivo.

O MAR tem uma comissão técnica com competência para se pronunciar sobre os atos relativos ao registo de navios e exercer todas as demais competências do MAR (art. 4º). A comissão técnica pode recusar o registro de um navio no MAR, tendo em consideração o tipo, a atividade comercial ou a idade do navio, com vista a garantir a qualidade e dignidade do registro (art. 2º do Regulamento), tudo de forma a que o MAR permaneça *whyte listed* e garanta a sua atratividade.[34]

O registro MAR oferece vantagens específicas, assim como um regime fiscal atrativo aplicável quer aos navios registrados, quer às sociedades licenciadas no registro.[35] Para os navios salienta-se:

a) pleno acesso à cabotagem continental e insular no âmbito da União Europeia decorrente do estatuto europeu do MAR;

---

[34] Nos termos definidos pelo Paris MoU (*Port State Control*) (www.parismou.org) Cfr. Faria (2018b, p. 687 e ss.).
[35] Cfr. página oficial na internet da Sociedade de Desenvolvimento da Madeira – Centro Internacional de Negócios da Madeira, gestora do MAR (www.ibc-madeira.com).

b) regime de segurança social aplicável aos membros da tripulação, sendo que os tripulantes não portugueses e respectivos empregadores não estão obrigados a efetuar descontos para o regime português de segurança social garantido que esteja um sistema de proteção alternativo, público ou privado, e, ainda, os tripulantes portugueses ficarão sujeitos a uma taxa reduzida de contribuição de 2,7%, dos quais 2,0% serão suportados pela entidade empregadora e 0,7% pelo tripulante;
c) os salários auferidos pelas tripulações dos navios registrados no MAR estão isentos de qualquer taxa ou contribuição fiscal;
d) regime de hipotecas competitivo, permitindo que ambas as partes possam escolher o sistema legal de determinado país para regular a criação da hipoteca, existindo uma conservatória dedicada no registro MAR para esses efeitos.

Já para as sociedades de *shipping*:
a) o regime fiscal do registro é plenamente aplicável às sociedades de transporte marítimo devidamente licenciadas, quer disponham ou não de navios registrados no MAR;
b) o MAR permite igualmente que os navios registrados na Madeira sejam detidos e geridos por sociedades estrangeiras, não sendo obrigatória a constituição de uma sociedade no registro para proceder ao registro de um navio, mas será necessário proceder à nomeação de um representante legal na Madeira.

Além das já referidas vantagens fiscais e em termos de segurança social, importa ainda enumerar algumas das mais relevantes características jurídicas do MAR:
a) a venda de navios pode ser feita por declaração de venda (*bill of sale*), com reconhecimento da assinatura do vendedor;
b) o ato de constituição, modificação ou extinção de hipoteca sobre navio tem de constar de documento assinado pelo titular

do navio, com reconhecimento da assinatura, com menção à qualidade e poderes para o ato, sendo que a redução voluntária de hipoteca ou extinção por renúncia do credor deve constar de declaração expressa do credor hipotecário, com reconhecimento da assinatura, com menção à qualidade e poderes para o ato (art. 14º);

c) é permitido um registro temporário dos navios afretados em casco nu, desde que devidamente autorizado pelos seus proprietários e pela autoridade competente do país no qual se encontra feito o registro de propriedade (arts. 15º e 18º);

d) os navios poderão mesmo ser provisoriamente registrados nos consulados de Portugal (art. 16º);

e) para o registro no MAR, um navio pode encontrar-se surto em qualquer porto nacional ou estrangeiro onde possa ser feita a vistoria inicial para o registro (art. 5º do Regulamento);

f) no caso de se pretender mudar o nome de um navio registrado no MAR que esteja hipotecado com preferência a credores, tal só poderá ser autorizado com a anuência expressa destes (art. 7º do Regulamento);

g) o armador, o seu legal representante ou o capitão de um navio registrado no MAR que pretenda efetuar qualquer alteração ou modificação no navio que possa afetar sua classificação, dimensões principais, arqueação ou bordo livre deverá obter prévia autorização do MAR (art. 22º do Regulamento);

h) para garantir a segurança dos navios, das pessoas e das cargas neles embarcadas, os navios registrados no MAR estão sujeitos a uma inspeção, sempre que possível anual, a ser realizada por membros da comissão técnica do MAR ou por peritos por si indicados (art. 28º do Regulamento).

Como vimos, além deste segundo registro, subsiste o registro convencional, que, diga-se, tem sido totalmente abandonado, estando hoje nele apenas inscritos 2 navios. Para ultrapassar esta situação e modernizar este registro, até ante a concorrência do MAR, o governo publicou o DL nº 92/2018 de 13 de novembro,[36] que veio, nos termos do seu preâmbulo, definir um novo enquadramento jurídico para a Marinha Mercante, instituindo um regime especial de determinação da matéria coletável com base na tonelagem de navios (*tonnage tax*) e um regime fiscal e contributivo específico para a atividade marítima, bem como um registro de navios e embarcações simplificado.

Ficou, assim, evidente que o Governo pretendeu com este novo diploma estancar a saída de navios deste registro e potenciar atratividade dele, a par da aprovação de regimes de *tonnage tax* semelhantes por toda a Europa.[37]

O regime de *tonnage tax*, que permite que as companhias de navegação optem por ser tributadas com base num lucro teórico ou na tonelagem da frota que exploram, em vez de serem tributadas ao abrigo do regime normal de imposto sobre o rendimento das pessoas coletivas, consiste na aplicação de valores diários a cada embarcação elegível (art. 5º do Anexo ao DL nº 92/2018).

Prevê-se uma redução de 50% e 25% na matéria coletável apurada nos dois primeiros anos de atividade, bem como uma redução de 10% a 20% no caso de embarcações com arqueação líquida superior a 50 mil toneladas líquidas que preencham alguns requisitos ambientais.

---

[36] O referido regime foi, também, previamente controlado e validado pela Comissão Europeia no contexto dos auxílios de Estado, mediante a decisão de 6.4.2018 (SA.48929), que considerou que o regime português estava em conformidade com as regras em matéria de auxílios estatais da UE, uma vez que irá incentivar a manutenção da atividade e dos empregos no setor marítimo na União, preservando, ao mesmo tempo, a concorrência no mercado único da EU, estando em linha com as *Orientações da Comissão sobre Auxílios Estatais aos Transportes Marítimos*, de 2004, que autorizam os Estados-Membros a adotarem medidas para tornar o ambiente fiscal mais favorável para as companhias de navegação.

[37] O imposto sobre a tonelagem está em vigor na Grécia (desde há muito), Países Baixos (1996), Noruega (1996), Alemanha (1999), Reino Unido (2000), Dinamarca, Espanha, Finlândia, Irlanda, Bélgica e a França (2002) e Itália, Suécia, Malta e Lituânia mais recentemente.

São previstas condições específicas para a dedução de gastos e perdas, reporte de prejuízos fiscais e cálculo do pagamento especial por conta, contudo a opção por este regime não prejudica a aplicação do disposto no regime geral em relação a outras matérias, nomeadamente quanto às regras gerais relativas a preços de transferência, tributações autônomas, regras de liquidação e pagamento, entre outras.

Este diploma também prevê a isenção de imposto sobre as pessoas singulares (IRS) e um regime contributivo especial para os tripulantes de navios ou embarcações registradas no registro convencional português ou num outro Estado-Membro da União Europeia ou EEE e que sejam utilizados por entidades que optem por este regime especial de determinação da matéria coletável.

Tais tripulantes ficam abrangidos pelo regime geral de segurança social, com direito à proteção nas eventualidades de parentalidade, desemprego, doença, doenças profissionais, invalidez, velhice e morte, estando sujeitos a uma taxa contributiva de 6% (4,1% a cargo do empregador e 1,9% a cargo do tripulante). Para poder se beneficiar da isenção em sede de IRS, o tripulante deverá permanecer a bordo pelo menos 90 dias em cada período de tributação.

Este diploma vem ainda simplificar o regime de registro convencional, no que respeita aos navios que pretendam arvorar bandeira portuguesa, desmaterializando a maioria dos respectivos atos e correndo toda a tramitação por via eletrônica.

A solução desmaterializada visa agilizar e melhorar o nível de resposta das entidades públicas, criando para o efeito um balcão virtual em que podem ser solicitados os serviços da Direção-Geral de Recursos Naturais, Segurança e Serviços Marítimos (DGRM) e receber, pela mesma via, as respectivas respostas.

No fundo estes regimes de registro de navios, o convencional simplificado e o internacional (MAR), tornam Portugal extremamente apelativo para os grandes armadores internacionais, estando de acordo com as mais modernas tendências mundiais.

4.5 A modernização do direito marítimo e os tribunais especializados

Infelizmente, contrariamente ao anteriormente referido, que nos coloca na mais moderna aplicação do direito marítimo, Portugal não se tem preocupado com a modernização do regime geral de direito marítimo! Depois de uma tendência modernizadora de 1986, muito devedora da iniciativa do então Ministro da Justiça, especialista em direito marítimo, Mário Raposo (cfr. por ex. 1999), nunca mais se atendeu devidamente a este ramo de direito, tirando os aspectos pontuais acima já referidos, sendo urgente uma revisão global do Código Comercial de 1888 e das leis avulsas de 1986.[38]

Ainda assim, Portugal tem ratificado as principais convenções IMO[39] e algumas convenções internacionais de direito marítimo em vigor,[40] além de internalizar todo o direito da União Europeia a ele referente.

Em 2009 ainda houve uma tentativa de codificação do direito portuário e do direito comercial marítimo, tendo sido presentes na Assembleia

---

[38] Gomes (2018, p. 661-662). Sobre o direito marítimo em Portugal são muito relevantes as Jornadas que se vêm realizando na Universidade de Lisboa, sob a orientação de Januário Costa Gomes, desde 2007 (GOMES; 2008; 2012; 2014; 2018).

[39] As convenções em vigor em Portugal podem consultar-se no *site* da Autoridade Marítima Nacional: https://www.amn.pt/DCPM/Paginas/convencoes.aspx. Cfr. Gomes (2018).

[40] Como as convenções de Bruxelas (Convenção Internacional para a Unificação de Certas Regras em Matéria de Conhecimentos, de 25.8.1924, aprovada por Portugal pelo DL nº 37.748 de 1.2.1950; Convenção Internacional sobre o Limite de Responsabilidade dos Proprietários dos Navios de Alto Mar, de 10.10.1957, aprovada por Portugal pelo DL nº 48.036 de 14.11.1967; Convenção sobre a Responsabilidade dos Armadores de Navios Nucleares, de 25.5.1962, aprovada em Portugal pelo Decreto-Lei nº 47.988, de 9.10.1967) e a Convenção de Londres (LLMC), sobre a Limitação da Responsabilidade em Matéria de Créditos Marítimos, de 19.11.1976, aprovada pelo Decreto nº 18/2017, de 16 de junho. Esta Convenção de 1924 foi posteriormente modificada pelo protocolo designado Regras de Visby, em 23.10.1968, passando a chamar-se Regras Haia-Visby, e depois pelo Protocolo SDR de 1979 em 21.3.1979, que veio a alterar o de 1968. No seio das Nações Unidas foi aprovada, em 31.3.1978, a Convenção das Nações Unidas sobre o Transporte de Mercadorias por Mar, assinada em Hamburgo, passando a designar-se Regras de Hamburgo. Posteriormente, em 11.12.2008, foram criadas as Regras de Roterdã no seio também das Nações Unidas. Em 24.5.1980 foi criada a Convenção de Genebra sobre Transporte Combinado ou Multimodal. Cfr. Gomes (2014) e Faria (2018).

da República, pelo Governo, as propostas de lei nºs 280/X e 281/X, respectivamente, mas ambas não foram aprovadas, tendo caducado com o fim da legislatura, em outubro desse ano (GOMES, 2018, p. 641).

Todos os autores clamam por essa codificação, que revogue a manta de retalhos que hoje ainda é o Código Comercial, na parte aí ainda regulada (arts. 103º, 488º e 574º a 675º). No restante regem agora os seguintes diplomas: DL nº 287/83, 22 de junho (permite, a título temporário, o registro, e uso da bandeira nacional, de embarcações de comércio estrangeiro tomadas de fretamento em casco nu, com opção de compra, por armadores nacionais inscritos); DL nº 349/86, de 17 de outubro (Regime Jurídico do Contrato de Transporte de Passageiros por Mar); DL nº 352/86, 21 de outubro (Regime Jurídico do Contrato de Transporte de Mercadorias por Mar); DL nº 191/87, 29 de abril (Regime Jurídico do Contrato de Fretamento); DL nº 150/88, de 28 de abril (estabelece o regime ordinário de aquisição e alienação de embarcações de comércio, rebocadores e embarcações auxiliares); DL nº 201/98, 10 de julho (Estatuto Legal do Navio); DL nº 202/98, 10 de julho (Responsabilidade do Proprietário do Navio); DL nº 203/98 de 10 de julho (Regime Jurídico da Salvação Marítima); DL nº 384/99 de 23 de setembro (Regime Jurídico Relativo à Tripulação do Navio); DL nº 92/2018 de 13 de novembro (registro convencional de navio); DL nº 43/2018 de 18 de junho (cria o Sistema Nacional de Embarcações e Marítimos); DL nº 166/2019 de 31 de outubro (estabelece o regime jurídico da atividade profissional do marítimo).

Com relevância, por Portugal ser o mais recente país a aprovar este tipo de disposições, muito importantes ante o ressurgimento da pirataria em vários pontos do mar[41] e ante a cada vez maior responsabilidade que

---

[41] O aumento da pirataria no mundo é um motivo de grande preocupação no *shipping*, e a zona alargada do Golfo da Guiné é uma das mais preocupantes na atualidade. No primeiro trimestre de 2020, período em que ocorreram dois incidentes com navios de bandeira portuguesa, existe registro de 48 incidentes desta natureza na área alargada do Golfo da Guiné, o que mostra bem a dimensão do problema que afeta aquela geografia. As áreas de

assume com o aumentar de navios registrados com a bandeira de Portugal, foi aprovada a Lei nº 54/2019 de 5 de agosto, que autorizou o Governo a aprovar o regime jurídico do exercício da atividade de segurança privada armada a bordo de navios que arvorem bandeira portuguesa e que atravessem áreas de alto risco de pirataria e, na sua sequência, o DL nº 159/2019 de 24 de outubro que aprovou o regime autorizado pela lei.

As companhias dos navios que arvoram a bandeira portuguesa podem solicitar à Direção-Geral de Recursos Naturais, Segurança e Serviços Marítimos (DGRM) a aprovação dos planos de contrapirataria aplicáveis às áreas de alto risco de pirataria. Com os planos aprovados, os navios poderão embarcar os guardas armados, que, necessariamente, terão de respeitar os requisitos e os formalismos previstos no DL nº 159/2019.[42][43]

Também em 1986, Portugal criou um tribunal especializado para lidar com todos os litígios referentes ao navio, os tribunais marítimos (Lei nº 35/86, de 4 de setembro). A sua competência é geral e ampla (cfr. arts. 4º e 5º):

a) indenizações devidas por danos causados ou sofridos por navios, embarcações e outros engenhos flutuantes, ou resultantes da sua utilização marítima, nos termos gerais de direito;

b) contratos de construção, reparação, compra e venda de navios, embarcações e outros engenhos flutuantes, desde que destinados ao uso marítimo;

---

risco de pirataria definidas pela IMO podem ser de dois tipos: as áreas de alto risco com reporte obrigatório e as de risco de pirataria com reporte voluntário. Do primeiro tipo existe por exemplo ao largo da Somália ou no mar da Indonésia, e do segundo tipo no Golfo da Guiné. Atendendo ao número crescente de incidentes de pirataria na zona do Golfo da Guiné, a IMO tem já em curso a transformação desta área geográfica em área de alto risco de pirataria (DGRM). Cfr. Sousa (2016, p. 65 e ss.).

[42] Portugal, segundo a DGRM, para agilizar este processo de classificar áreas de alto risco de pirataria para efeitos dos navios de bandeira portuguesa e, neste sentido, aprovar mais cedo os planos antipirataria para estas novas zonas de risco crescente, sem ter que ficar à espera do lento processo da IMO, tem já preparada uma nova portaria que regulamentará este processo de reclassificação de áreas.

[43] A IMO, por meio do seu *Maritime Safety Committee* (MSC), aprovou o mais recente guia nesta matéria: MSC.1/Circ.1601, de 8.12.2018, aprovando as *Revised Industry Counter Piracy Guidance*, as *Best Management Practices* (BMP5) e a *Protection Against Piracy and Armed Robbery in the Gulf of Guinea Region* (todas em www.imo.org).

c) contratos de transporte por via marítima ou contratos de transporte combinado ou multimodal;

d) contratos de transporte por via fluvial ou por canais, nos limites do quadro I anexo ao Regulamento Geral das Capitanias;

e) contratos de utilização marítima de navios, embarcações e outros engenhos flutuantes, designadamente os de fretamento e os de locação financeira;

f) contratos de seguro de navios, embarcações e outros engenhos flutuantes destinados ao uso marítimo e suas cargas;

g) hipotecas e privilégios sobre navios e embarcações, bem como quaisquer garantias reais sobre engenhos flutuantes e suas cargas;

h) processos especiais relativos a navios, embarcações, outros engenhos flutuantes e suas cargas;

i) decretamento de providências cautelares sobre navios, embarcações e outros engenhos flutuantes, respetiva carga e bancas e outros valores pertinentes aos navios, embarcações e outros engenhos flutuantes, bem como solicitação preliminar à capitania para suster a saída das coisas que constituam objeto de tais providências;

j) avarias comuns ou avarias particulares, incluindo as que digam respeito a outros engenhos flutuantes destinados ao uso marítimo;

k) assistência e salvação marítimas;

l) contratos de reboque e contratos de pilotagem;

m) remoção de destroços;

n) responsabilidade civil emergente de poluição do mar e outras águas sob a sua jurisdição;

o) utilização, perda, achado ou apropriação de aparelhos ou artes de pesca ou de apanhar mariscos, moluscos e plantas marinhas, ferros, aprestos, armas, provisões e mais objetos destinados à navegação ou à pesca, bem como danos produzidos ou sofridos pelo mesmo material;

p) danos causados nos bens do domínio público marítimo;

q) propriedade e posse de arrojos e de coisas provenientes ou resultantes das águas do mar ou nestas existentes, que jazem nos respetivos, solo ou subsolo, ou que provenham ou existam nas águas interiores, se concorrer interesse marítimo;

r) presas;

s) todas as questões em geral sobre matérias de direito comercial marítimo;

t) conhecimento dos recursos das decisões do capitão do porto proferidas em processo de contraordenação marítima.

Uma última palavra para o regime muito relevante das hipotecas sobre navios. Vimos que o regime do MAR tem um regime bastante flexível. Com efeito, o DL nº 96/89, por um lado, permite no nº 4 do art. 14º, que as partes designem a lei aplicável à hipoteca. Assim, a hipoteca poderá ficar sujeita à lei diferente da portuguesa, referência que deverá ser inscrita em conjunto com o registro da hipoteca. Caso as partes façam valer esta possibilidade, o pedido de registro deverá ser instruído com cópia da legislação aplicável traduzida e assinada pelas partes. Quanto à formalização, o nº 2 do art. 14º exige documento assinado pelo titular do navio, com reconhecimento da assinatura, com menção à qualidade e poderes para o ato.

Ainda no âmbito do MAR, as hipotecas sujeitas à lei portuguesa (pelo menos aquelas que ficam sujeitas à lei portuguesa por ausência da designação da lei aplicável) não ficam sujeitas à modalidade do direito de expurgação prevista na alínea b) do art. 721º do Código Civil, nos termos do nº 8 do art. 14º do DL nº 96/89, mas, por outro lado, assinala-se que, no que concerne ao registro das hipotecas, e por força da remissão do art. 585º do Código Comercial, aplicar-se-ão também as disposições relativas a hipotecas sobre prédios que não se revelem incompatíveis e, nos termos do art. 19º do Código do Registo Comercial de Navios, também o Código do Registro Predial.

No regime convencional, há que ter em atenção, designadamente, o art. 588º do Código Comercial que exige instrumento público, bem como o art. 10º do DL nº 201/98, que presumivelmente terá revogado de forma tácita a referida disposição do Código Comercial.

Ou seja, esta matéria das hipotecas sobre navios precisa de uma modernização urgente, sendo muito relevante em termos de dinâmica comercial da compra e venda de navios, pela necessária intervenção de bancos credores que exigem segurança na operação de financiamento e nas garantias prestadas, essenciais ante a mobilidade do bem em causa. A abertura do direito português aparece apenas no regime do MAR ao permitir que se escolha outra legislação mais flexível, mas aí a limitação da única conservatória existente tem de ser ultrapassada.

5 Conclusões

Os séculos anteriores mostraram claramente as vantagens da abertura das economias em relação ao protecionismo: assim tendo acontecido no plano dos fatos, com os resultados muito mais favoráveis, de todos os pontos de vista, nas situações de abertura, e a ciência econômica a justificar que assim deva acontecer.

Trata-se de abertura em nível mundial, exigindo uma enorme participação do transporte marítimo, sem alternativa para o transporte de mercadorias a grande distância: beneficiando e promovendo a globalização, numa linha em boa medida iniciada pelos portugueses já no século XV.

Apesar de algumas ameaças e mesmo práticas recentes, não é de desejar e não será de esperar que se regresse ao protecionismo, tal como está a acontecer com algumas intervenções recentes (designadamente do presidente Trump, presidente de um país com condições únicas para que sejam seguidas políticas corretas de promoção da sua economia); com os dados conhecidos, em especial da zona euro, demonstra-se que é possível competir num quadro de abertura em nível mundial.

Trata-se de quadro que justificará a criação e o aprofundamento de blocos regionais, como é o caso da União Europeia, devendo ser blocos não fechados, mas sim abertos em relação ao exterior.

Na exploração das oportunidades crescentes de que se pode dispor em nível mundial, com uma desejável globalização, é fundamental o serviço proporcionado pelo transporte marítimo: com exigências crescentes no apoio dos *hubs* logísticos portuários, nos equipamentos de transporte e no domínio jurídico.

E aqui será de sublinhar a cada vez maior tendência de integração integral na cadeia logística do transporte marítimo e dos portos, na sua digitalização e evolução para um transporte mais sustentável e *verde*, com o advento do LNG, com tudo o que isso vai provocar em termos de necessária evolução do direito marítimo.

Portugal acordou de alguma letargia que nesse aspeto sofreu até aos finais do século passado, estando hoje a preparar-se para os novos desafios do século XXI, com um recrudescimento da digitalização, com a plena implantação da janela única logística, com um registro de navios mais simplificado e desburocratizado e com instrumentos capazes de garantir a segurança dos navios sob sua bandeira, capazes de atrair os grandes armadores internacionais e uma governança e contratualização do transporte marítimo e dos portos mais adaptadas às necessidades do futuro.

Referências

AZEVEDO, Maria Eduarda. *As parcerias público-privadas*: instrumento de uma nova governação pública. Coimbra: Almedina, 2009.

BASTABLE, C. F. *The commerce of nations*. 10. ed. Londres: Macmillan, 1921.

CABRAL, Nazaré da Costa. As parcerias público-privadas. *Cadernos IDEEF*, Coimbra, n. 9, 2009.

CAREY, C. *Principles of political economy*. Filadélfia: [s.n.], 1837-40.

CASTRO JUNIOR, Osvaldo Agripino de. *Direito portuário e a nova regulação*. São Paulo: Aduaneiras, 2015.

CHEUNG, Yin-Wong; HAAN, Jacob de (Ed.). *The evolving role of China in the global economy*. Cambridge; Londres: The MIT Press, 2013.

COMISSÃO EUROPEIA. *Comunicação C (2004) 43, da Comissão* – Orientações comunitárias sobre auxílios estatais aos transportes marítimos (JOCE nº C 13/03, de 17.01.2004).

COMISSÃO EUROPEIA. *Documento de Reflexão Controlar a Globalização (COM (2017) 240, de 10 de maio)*. 2017.

COMISSÃO EUROPEIA. *Estratégia para um Crescimento Inteligente, Sustentável e Inclusivo ("Estratégia Europa 2020" (COM (2010) 2020, de 3 de março)*. 2010.

CORREIA, Armando José Dias. *O mar no século XXI*. Contributo para uma análise estratégica aos desafios marítimos nacionais. Aveiro: Fedrave, 2010.

DEVEZAS, Tessaleno; RODRIGUES, Jorge Nascimento. *Portugal*. O pioneiro da globalização. [s.l.]: [s.n.], 2007.

ENGARDIO, Pete (Ed.). *Chindia*. How China and India are revolutionizing global business. Nova York: McGraw-Hill, 2007.

FARIA, Duarte Lynce. *O contrato de volume e o transporte marítimo de mercadorias* – Dos granéis aos contentores, do tramping às linhas regulares. Coimbra: Almedina, 2018a.

FARIA, Duarte Lynce. O Memorando de Paris e a inspeção pelo Estado do Porto (Port State Control). *In*: GOMES, M. Januário da Costa (Coord.). *IV Jornadas de Lisboa de Direito Marítimo, 15 e 16 de outubro de 2015 – O Porto*. Coimbra: Almedina, 2018b.

GOMES, M. Januário da Costa (Coord.). Das regras da Haia às regras de Roterdão: as perspectivas para o transporte marítimo e para o transporte multimodal no século XXI. *In*: JORNADAS DE LISBOA DE DIREITO MARÍTIMO, III. Coimbra: Almedina, 2014.

GOMES, M. Januário da Costa (Coord.). Direito marítimo e dos transportes. *In*: JORNADAS DE LISBOA DE DIREITO MARÍTIMO, II. Coimbra: Almedina, 2012.

GOMES, M. Januário da Costa (Coord.). *IV Jornadas de Lisboa de Direito Marítimo, 15 e 16 de outubro de 2015 – O Porto*. Coimbra: Almedina, 2018.

GOMES, M. Januário da Costa (Coord.). O contrato de transporte marítimo de mercadorias. *In*: JORNADAS DE LISBOA DE DIREITO MARÍTIMO, I. Coimbra: Almedina, 2008.

GONÇALVES, Pedro. *A concessão de serviços públicos*. Coimbra: Almedina, 1999.

HAMILTON, Alexander. Report on manufactures. *Communicated to the House of Representatives*, 1791.

INSTITUTO DA MOBILIDADE E DOS TRANSPORTES. *Estatística portuária* – Dezembro de 2017. Lisboa: Instituto da Mobilidade e dos Transportes, 2018.

JACOBSEN, Knut A. (Ed.). *Routledge handbook of contemporary India*. Abington; Nova York: Routledge, 2016.

KEMP, Murray C. *The pure theory of international trade*. Englewood Cliffs: Prentice Hall, 1964.

KROEBER, Arthur R. *China's economy*. What everyone needs to know. Oxford: Oxford University Press, 2016.

LIST, Frederic. *Système national d'économie politique*. Paris: [s.n.], 1841.

LOURENÇO, Eduardo. *A Europa desencantada*: para uma metodologia europeia. Lisboa: Gradiva, 2001.

MADDISON, Angus. The world economy. *A Millenial Perspective*, v. 1, 2001; *Historical Statistics*, v. 2, 2003; 2006.

MELO, Pedro. As concessões portuárias. *In*: FONSECA, Rui Guerra da; RAIMUNDO, Miguel Assis (Coord.). *Direito administrativo do mar*. Coimbra: Almedina, 2014.

MILL, John Stuart. *Principles of political economy*. Edição de W. J. Ashley. Londres: Longmans Green and Co., 1929.

MOREIRA, Adriano. *A lei da complexidade crescente na vida internacional*. [s.l.]: [s.n.], [s.d.].

NAIDU, G. V. C.; CHEN, Mumin; NARAYANAN (Ed.). *India and China in the emerging dynamics of East Asia*. Nova Delhi: Springer India, 2015.

NILEKANI, Nandan; SHAH, Viral. *Rebooting India*. Londres: Allen Lane – Penguin Books, 2015.

OGDEN, Chris. China and India. Asia's Emergent Great Powers. *Polity*, Cambridge (RU), 2017.

PAGE, Martin. The first global village. How Portugal changed the world. *Notícias*, Lisboa, 2002.

PORTO, Manuel Carlos Lopes. A estratégia 2020: visando um crescimento inteligente, sustentável e inclusivo. *In*: ALVES, Fernando Correia; MACHADO, Jónatas E. M.; LOUREIRO, João Carlos (Org.). *Estudos em homenagem ao Prof. Doutor José Joaquim Gomes Canotilho*. Coimbra: Coimbra Editora, 2012. v. IV.

PORTO, Manuel Carlos Lopes. O regresso do protecionismo: novos argumentos a seu favor. *Boletim de Ciências Económicas da Faculdade de Direito da Universidade de Coimbra*, v. LXII-A, p. 21-44, 2019.

PORTO, Manuel Carlos Lopes. *Teoria da integração e políticas da União Europeia*: face aos desafios da globalização. 5. ed. Coimbra: Almedina, 2017.

RAMPINI, Federico. *China e Índia*. As duas grandes potências emergentes. Lisboa: Presença, 2007.

RAPOSO, Mário. *Estudos sobre o novo direito marítimo*. Realidades internacionais e situação portuguesa. Coimbra: Coimbra Editora, 1999.

RICARDO, David. *The principles of political economy and taxation*. Lisboa: Fundação Calouste Gulbenkian, 1965.

SARDINHA, Alvaro. *Registo de navios estado de bandeira*. Lisboa: [s.n.], 2013.

SILVA, José Luis Moreira da. Ports & Terminals – Portugal. *Law Business Research*, Londres, 2019.

SMITH, Adam. *An inquiry into the nature and causes of the wealth of nations*. Londres: T. Nelson and Sons, 1901.

SOUSA, Bruno Reynaud. Cooperação internacional em matéria de segurança marítima na zona sul do Mediterrâneo central: o golfo de Áden como modelo. *In*: GARCIA, Maria da Glória; CORTÊS, António; ROCHA, Armando (Coord.). *Direito do mar* – Novas perspectivas. Lisboa: Universidade Católica Portuguesa, 2016.

STIGLITZ, Joseph E. *Globalização*. A grande desilusão. Lisboa: Terramar, 2004.

STIGLITZ, Joseph E. *Globalization and its discontents*. Nova York: W.W. Norton & Company, 2002.

STIGLITZ, Joseph E. *Making globalization work*. Londres: Penguin, 2008.

TRIBUNAL DE CONTAS. *Gestão, monitorização e fiscalização dos contratos de concessão de serviço público das administrações portuárias*. Relatório nº 07/2016, 2ª Secção, Lisboa, 2016.

VINDT, Charles. *Globalization, from Vasco da Gama to Bill Gates*. [s.l.]: [s.n.], 1999.

ZWEIG, Stephen. *Magalhães, o homem e o seu feito*. Lisboa: Assírio & Alvim, 2007.

Informação bibliográfica deste texto, conforme a NBR 6023:2018 da Associação Brasileira de Normas Técnicas (ABNT):

PORTO, Manuel Carlos Lopes; SILVA, Jose Luis Moreira da. O transporte marítimo num mundo globalizado. *In*: LEWANDOWSKI, Enrique Ricardo (Coord.). *Direito Marítimo*: estudos em homenagem aos 500 anos da circum-navegação de Fernão de Magalhães. Belo Horizonte: Fórum, 2021. p. 307-351. ISBN 978-65-5518-105-0.

O TRIBUNAL MARÍTIMO
E A EFICÁCIA DOS SEUS ACÓRDÃOS

MARCELO DAVID GONÇALVES

1   Do Tribunal Marítimo

A criação do Tribunal Marítimo está vinculada ao caso do vapor alemão *Baden*, que, no ano de 1930, deixou irregularmente o porto do Rio de Janeiro e foi metralhado por militares brasileiros; com feridos a bordo. O Tribunal Marítimo da Alemanha, julgando o caso, considerou que houve precipitação do comandante do navio, bem como negligência das fortalezas brasileiras que o bombardearam. No Brasil, houve apenas um inquérito administrativo, o que alertou as autoridades nacionais para a necessidade da criação de um Tribunal Marítimo que julgasse especificamente essas questões.

Assim, a partir de uma ideia incorporada ao Decreto nº 20.829, de 1931, que reorganizou a Marinha Mercante, criou-se o Tribunal Marítimo, mas foi o Decreto nº 24.585, de 5.7.1934, que criou o Tribunal Marítimo Administrativo, que, posteriormente, passou a obedecer aos termos da Lei nº 2.180/1954.

O Tribunal Marítimo, com jurisdição em todo o território nacional, é um órgão autônomo da Administração direta da União, auxiliar do Poder Judiciário, vinculado ao Ministério da Defesa apenas para o provimento de pessoal e material. Entre suas atribuições podemos citar: julgar os acidentes e fatos da navegação marítima, fluvial e lacustre, em todo território nacional (não importando a nacionalidade da embarcação envolvida) ou no exterior para os navios de bandeira brasileira, bem como manter o registro da propriedade marítima e demais ônus reais sobre embarcações, além do registro dos armadores brasileiros e registro especial brasileiro (REB).

Em cada uma de suas decisões, afirma a natureza e extensão dos acidentes ou fatos da navegação, suas causas determinantes, responsáveis, aplicando-lhes penalidades. As penas têm sempre caráter administrativo, variando sua intensidade entre simples repreensões ou penas educativas, até aquelas de natureza pecuniária ou as graves de proibição ou suspensão do tráfego de qualquer embarcação jurisdicionada, a suspensão ou a interdição (por até 5 anos) para o exercício profissional dos marítimos, como também o cancelamento do registro da matrícula profissional e da carteira de armador e o cancelamento do registro de armador.

Por fim, os acórdãos podem trazer medida preventiva e de segurança, momento em que a realidade concreta em julgamento serve como profilaxia no intuito de evitar novos acidentes e corrigir, no âmbito da Administração Pública, possíveis "gargalos" que possam comprometer a navegação comercial brasileira e sua segurança.

O Tribunal Marítimo, quando assim escolhido e nomeado pelas partes em litígio, pode agir como Juízo Arbitral nos conflitos patrimoniais originados pelos fatos e acidentes da navegação.

Em matéria cartorial, a Lei nº 2.180/54 conferiu ao Tribunal Marítimo a manutenção do registro da propriedade naval para todas as embarcações que excedam 100 toneladas de arqueação bruta, bem como das hipotecas e outros ônus sobre embarcações que arvorem a bandeira brasileira, além do registro dos armadores brasileiros.

2 Composição do Tribunal Marítimo

O Tribunal Marítimo, conforme determina o art. 2º da Lei nº 2.180/1954, modificado pela Lei nº 5.056, de 29.6.1966, é composto de sete juízes na seguinte ordem: um presidente, que é obrigatoriamente um oficial general da armada; dois juízes militares, oficiais superiores da Marinha, sendo um do corpo da armada e outro do corpo de engenheiros e técnicos navais subespecializados em máquinas ou casco; dois juízes bacharéis em direito, especializados, um deles em direito marítimo e o outro em direito internacional público; um juiz especialista em armação de navios e navegação comercial; e um juiz capitão de longo curso, da marinha mercante.

Nesse contexto, o Tribunal Marítimo julga os fatos e acidentes da navegação, em processo contencioso, com aplicação de normas técnicas e jurídicas compatíveis à solução do conflito e aplicabilidade subsidiária dos códigos de processo, e adota o mesmo procedimento de qualquer outro tribunal. Contudo, poderá, também, aplicar, subsidiariamente, os usos e costumes, analogia ou equidade, o direito comparado, e os princípios gerais do direito, consubstanciados pela prática internacional referente ao tráfego marítimo em geral.

3 Da competência do Tribunal Marítimo

Segundo a lição de José Haroldo dos Anjos e Carlos Rubens Caminha Gomes,[1] a competência do Tribunal Marítimo é estabelecida da seguinte forma:

---

[1] ANJOS, José Haroldo dos; GOMES, Carlos Rubens Caminha. *Curso de direito marítimo*. Rio de Janeiro: Renovar, 1992. p. 111.

- Competência administrativa exclusiva – ocorre quando são verificados fatos ligados exclusivamente à navegação, sem qualquer repercussão na esfera do direito administrativo, civil, comercial, criminal, trabalhista, entre outros ramos do direito.
- Competência concorrente – quando verificadas situações de natureza civil, comercial, criminal, trabalhista, ou outros interesses conexos. Nesse caso, o Tribunal Marítimo fica restrito à matéria de sua competência e atribuição, concorrendo, no mais, com órgão do Judiciário.

Importante observar que o Tribunal Marítimo não pode exceder os limites de suas atribuições, sob pena de incorrer em arbítrio e ilegalidade, sendo certo que os órgãos do Poder Judiciário também não podem intervir nos processos em curso perante o Tribunal Marítimo, com exceção à regra prevista no art. 5º, XXXV, da Constituição Federal, sob pena de contrariar o princípio da independência entre os poderes, previsto na Carta Magna.

Segundo a Lei nº 2.180/1954, o Tribunal Marítimo exerce a jurisdição contenciosa e a voluntária ou graciosa, sendo os processos divididos da seguinte forma: jurisdição contenciosa – processo administrativo punitivo ou processo administrativo disciplinar; jurisdição voluntária ou graciosa – processo administrativo de expediente ou processo de controle administrativo.

No que se refere à jurisdição contenciosa, que abrange processos administrativos punitivos e/ou disciplinares, o Tribunal Marítimo atua como órgão judicante dos acidentes e fatos da navegação, definindo-lhes a natureza, as causas, as circunstâncias e a extensão do ilícito administrativo, além de processar e julgar os responsáveis nos limites das suas atribuições, podendo, inclusive, propor medidas de segurança e preventivas, visando a resguardar as peculiaridades da navegação e do acidente ou fato ocorrido, evitando com isso que aconteçam fatos correlatos.

Nesse particular, é importante observar que, a fim de se evitar eventual prescrição em desfavor de alguma parte, não correrá prescrição até a prolação de decisão definitiva pelo Tribunal Marítimo.[2]

Já com relação à jurisdição voluntária, que envolve os processos administrativos de expediente, o Tribunal Marítimo se restringe à expedição de certidões, autuações, despachos de mero expediente etc. No que tange aos processos de controle administrativo, suas atribuições são mais extensivas, abrangendo as diversas atividades que dispõem sobre o registro da propriedade naval, os direitos reais que incidem sobre as embarcações, as atividades relacionadas à armação nacional e os registros marítimos, previstos na Lei nº 9.432/1997, regulamentada pelo Decreto nº 2.256, de junho de 1997. O assunto que desperta maior atenção, objeto específico deste modesto arrazoado, diz respeito à importância das decisões do Tribunal Marítimo, tema controvertido para alguns e desconhecido para a maioria.

4 Eficácia das decisões do Tribunal Marítimo

Didaticamente, o valor dos julgados pode ser repartido, de acordo com o âmbito em que produzirá maiores efeitos, em três grandes áreas:

a) no seio da Administração Pública brasileira, indicando as medidas executivas que precisarão ser tomadas e punindo responsáveis como medida pedagógica;

b) no setor privado, dentro das apólices de seguros de cascos marítimos, influindo diretamente na liquidação dos sinistros; e

---

[2] Lei nº 2.180/1954: "Art. 20. Não corre a prescrição contra qualquer dos interessados na apuração e nas consequências dos acidentes e fatos da navegação por água enquanto não houver decisão definitiva do Tribunal Marítimo".

c) auxiliando o Poder Judiciário, fornecendo-lhe indispensável prova técnica para o deslinde dos processos com competência concorrente.

Agora passo a examiná-las de *per si*.

a) Navegação comercial: atividade estratégica do Estado brasileiro

O Brasil possui cerca de 8.500 km de litoral e tem 80% da população residindo a menos de 200 km da costa. Mais de 95% das trocas comerciais – cerca de US$500 bilhões/ano – são feitas pela via marítima. Quase 90% da produção de petróleo e gás natural são retiradas do mar. Temos 34 portos marítimos, 89 terminais privativos de uso misto e 38 em estudo e em construção, inclusive o maior do mundo.

Apenas na Bacia Amazônica desfruta de mais de 40 mil km de vias navegáveis. Na Amazônia Ocidental, a frota atual ultrapassa 35 mil embarcações.

Em pleno uso, conta-se com as hidrovias Paraguai-Paraná e Tietê-Paraná, e em implantação, Madeira, Teles Pires-Tapajós, Araguaia-Tocantins e "Dos Pampas" (Porto Alegre-Uruguai).

Os números e informações acima demonstram cabalmente como o Brasil é dependente de uma navegação comercial, que precisa fluir sem solução de continuidade, com segurança, permitindo o escoamento da absoluta maioria das riquezas nacionais, em prol de um desenvolvimento social e econômico do país.

Dentro deste prisma, o Estado brasileiro sentiu a necessidade, há exatos 85 anos, de criar uma Corte, imparcial e tecnicamente preparada, que fosse responsável por essa atividade fundamental específica: o controle da navegação comercial no Brasil.

Assim, o Tribunal Marítimo foi instituído para ser um dos pilares desta atividade estratégica, julgando, com efeito imediato no âmbito interno da Administração, a natureza e extensão dos acidentes e fatos da navegação, suas causas determinantes, seus responsáveis e apresentando medidas preventivas e de segurança para a navegação.

Utilizando os acórdãos do Tribunal Marítimo, como fonte de conhecimento técnico e aprofundado das questões que lhe são afetas, o Poder Executivo institui políticas públicas, por meio de seus órgãos superiores de gestão – ministérios do Planejamento, da Fazenda, dos Transportes, da Pesca, das Cidades, dos Portos, da Integração Nacional e da Defesa, Marinha do Brasil, Ibama e Antaq – com o intuito de aprimorar toda a atividade da Marinha Mercante nacional.

Suas decisões são extremamente importantes para que o Estado possa fazer um diagnóstico da Marinha Mercante, dos portos e terminais, do ensino profissional marítimo, do controle da poluição nos mares e rios, da atividade da praticagem, dos mergulhadores e marítimos em geral, dos armadores, das classificadoras, das plataformas, do transporte de travessia, do serviço de sinalização náutica e balizamento, da construção naval, dos serviços concessionários de transporte marítimo e fluvial, da necessidade de dragagens, entre outros.

Com os dados técnicos fornecidos por esse indispensável conhecimento, caberá à Administração Pública tomar as medidas necessárias para solucionar as pendências e permitir que a navegação possa operar-se com eficiência e segurança.

Assim, quando o Tribunal Marítimo julga o encalhe ou a colisão de um navio, estabelecerá o sucedâneo para medidas essenciais e muitas vezes terapêuticas a serem adotadas, como: a redefinição do calado do porto, dragagens para corrigir o assoreamento, alterações na sinalização náutica e no balizamento dos canais, utilização de rebocadores para a efetivação da manobra, substituição de pontos de fundeio, manutenção de defensas, alterações no projeto de construção e equipamentos portuários etc.

Invariavelmente, a solução para os problemas apontados provocará intervenção econômica de monta aos cofres públicos ou à iniciativa privada, fazendo com que haja uma tendência natural de evitá-los. Logo, para que o Poder Público se convença da premente necessidade de fazê-lo e tenha instrumentos técnicos para cobrá-los do setor empresarial, faz-se fundamental sua explicação científica e fundamentada, como acontece nos acórdãos do Tribunal Marítimo.

As penalidades administrativas aplicadas pelo Tribunal Marítimo, mais que simples punições, são verdadeiras "aulas de conduta", tendo como principal objetivo evitar novos acidentes e fatos da navegação, utilizando o ensinamento do caso concreto como ferramenta profilática, para que novos não aconteçam.

Atualmente autoridades nacionais e internacionais prestigiam intensamente a Corte Marítima brasileira, sua estrutura, natureza jurídica, composição, jurisdição e competências, com eco na sociedade brasileira como um todo.

Paradoxalmente, a valorização e admiração instantâneas que o Tribunal Marítimo passou a merecer nos mais variados setores da sociedade decorreram das tragédias da aviação nacional: a primeira, em setembro de 2006, com o Boeing da Gol, que fazia o voo 1907 de Manaus (AM) para o Rio e chocou-se, quando sobrevoava a região Norte do Mato Grosso, com a aeronave Legacy, provocando a sua queda e a morte dos 154 ocupantes; e a segunda, em julho de 2007, quando um avião da TAM – Airbus A320, voo JJ 3054 – explodiu ao colidir contra um prédio ao lado do Aeroporto de Congonhas, na Zona Sul de São Paulo, causando a morte das 187 pessoas a bordo e de outras que estavam no solo.

Tais episódios provocaram uma crise sem precedentes na aviação civil nacional que, infelizmente, gera reflexos negativos até os dias de hoje, conhecida como "apagão aéreo". Seus desdobramentos provocaram o colapso na aviação comercial brasileira, insubordinações militares, greves brancas, comissões parlamentares de inquérito, queda e "bate-boca" entre ministros de Estado, agressões, prisões e morte em aeroportos, além de danos irreparáveis à imagem do Brasil no exterior, com efeitos no turismo e na economia nacionais.

Os referidos acidentes aéreos ainda ocasionaram conflitos de competência entre órgãos do Poder Judiciário e, o mais importante, diversas ações promovidas pelas associações das famílias das vítimas contra a União, questionando a condução, a falta de transparência, a parcialidade, o método e o sistema de investigação utilizado para se buscar as causas dos acidentes aéreos.

No plano da gestão da crise, dezenas de propostas foram analisadas e ainda estão nas mesas de negociação, contudo, algumas foram convergentes, até pela sua repetição nos diversos foros e divulgação insistente pela mídia: porque não há um órgão técnico especializado para o julgamento dos acidentes aéreos nos moldes do Tribunal Marítimo? Isso evitaria as ferrenhas críticas sofridas pela comissão de investigação, acusada de desrespeitar os princípios jurídicos mais elementares do direito, como o juiz natural, o devido processo legal, a publicidade, entre tantos outros.

Ao contrário da navegação aérea, são relativamente comuns os acidentes envolvendo a navegação marítima e fluvial comercial no Brasil. E suas tragédias, do ponto de vista econômico, traz repercussões ainda mais assustadoras, dentro de um contexto de que flui pelo mar cerca de 96% do comércio internacional brasileiro.

Contudo, embora sejam, em comparação com os acidentes aéreos, até corriqueiras, as tragédias marítimas jamais provocaram crises (apagão marítimo), ou qualquer tipo de repercussão próxima à do setor aéreo. E seus motivos são conhecidos: a gestão séria e eficiente da Marinha do Brasil em relação à Marinha Mercante, o alto grau de qualificação e conhecimento de nossos marítimos, que possuem um dos melhores ensinos profissionais do mundo e, sem dúvida alguma, a existência do Tribunal Marítimo.

O modelo criado pela legislação pátria para a Corte Marítima é de uma felicidade ímpar, de uma modernidade espantosa e reconhecido internacionalmente como exemplo a ser alcançado, haja vista que vários países procuram informações para adoção de modelos semelhantes.

O brilhantismo do legislador começa ao definir o Tribunal Marítimo como um órgão autônomo, dando assim absoluta confiabilidade às suas decisões, já que não subordinado à Marinha (como ocorre em alguns países) ou com ingerência política a qualquer outro órgão ou poder, como deve ser qualquer instituição de natureza judicante, isento de pressões e identificado com a imparcialidade.

Continuou o legislador definindo o Tribunal como auxiliar do Poder Judiciário, uma vez que seus acórdãos orientarão como alicerce técnico e científico as demandas judiciais.

A esta inteligente definição jurídica soma-se a especial composição do Tribunal Marítimo, com juízes de origens diferentes: especialista em direito marítimo, em armação comercial, em engenharia naval e em direito internacional público, almirante do Corpo da Armada (presidente), capitão-de-longo-curso da Marinha Mercante brasileira e oficial do Corpo da Armada, compondo um colegiado altamente especializado, experiente e preparado, como nenhum outro, para em conjunto decidir os fatos e acidentes da navegação.

Não há dúvida de que esse é um dos segredos do sucesso do Tribunal Marítimo: ter uma composição que permite, para cada caso que lhe seja apresentado para julgamento, pelo menos um juiz com profundo conhecimento técnico naquela matéria. Logo, o somatório das diversas especialidades (frise-se, todo julgamento é colegiado no órgão pleno) atribui às decisões proferidas pela corte solidez técnica e suporte necessário.

Por isso a apuração dos acidentes marítimos e seus julgamentos, tão trágicos como dos acidentes aéreos, nunca tiveram repercussões negativas. Ao contrário, no âmbito do Tribunal Marítimo são realizados em um clima de absoluta legalidade e transparência e com absoluto respeito a todos os princípios modernos do devido processo legal.

Todo o país sabe que qualquer acidente envolvendo nossa Marinha Mercante será julgado pelo Tribunal Marítimo com absoluta correção ética, imparcialidade e riqueza de conhecimentos técnicos. Sabem, os acusados e parentes de vítimas, que o inquérito será conduzido por uma das capitanias, delegacias e agências com presteza e rigor técnico e orientado por minuciosos instrumentos normativos da Autoridade Naval.

E, mais importante do que isso, a titularidade da ação pública e a defesa da legalidade estarão nas especializadas e competentes mãos de um dos integrantes da Procuradoria Especial da Marinha, como também todos os acusados serão defendidos por advogado inscrito na OAB ou por defensor público da União. Por último, que os processos serão conduzidos por um juiz relator dentro de absoluto respeito aos princípios constitucionais do processo, permitindo intensa produção de provas e com enorme comprometimento com a distribuição da justiça.

Desta forma, podemos concluir que as decisões do Tribunal Marítimo, no âmbito do Poder Executivo, estabelecem "coisa julgada administrativa", atuam na esfera profilática para a segurança da navegação, punindo os responsáveis e determinando medidas preventivas e de segurança, como também norteiam a atuação da Administração Pública na gestão política das matérias de sua competência.

b) Meio securitário: reflexo de natureza privada dos julgados do Tribunal Marítimo

A navegação comercial tem como um de seus pilares a proteção securitária, diante de suas peculiaridades, mormente o alto risco de sinistros e dos valores extraordinariamente vultosos dos bens em jogo.

O Conselho Nacional de Seguros Privados – CNSP – é o órgão máximo, que estabelece as grandes diretrizes do setor de seguros, tendo por obrigação fixar as diretrizes e normas da política de seguros privados, regular a constituição, organização, funcionamento e fiscalização dos que exercem atividades subordinadas ao Sistema Nacional de Seguros Privados, bem como a aplicação das penalidades previstas, fixar as características gerias das operações de resseguro, prescrever critérios de constituição das sociedades seguradoras, como a fixação dos limites legais e técnicos das respectivas operações, disciplinar a corretagem do mercado e a profissão de corretor de seguros.

A Superintendência de Seguros Privados – Susep – é o órgão que executa e fiscaliza o cumprimento da política traçada pelo CNSP, por parte das sociedades seguradoras, corretoras de seguros e segurados. A Susep é uma entidade autárquica, jurisdicionada ao Ministério da Fazenda.

Compete à Susep aprovar instruções circulares e pareceres de orientação em matérias de sua competência, atuando no sentido de proteger a captação de poupança popular que se efetua por meio das operações de seguro, previdência privada aberta, de capitalização e resseguro.

Dentro desta atribuição a Susep expediu Portaria Circular nº 001, de janeiro de 1985, regulando as normas para os seguros de cascos marítimos, prescrevendo como regra cogente inserta nas apólices, na parte que envolve a regulação e liquidação dos sinistros, a necessidade de se aguardar a decisão do Tribunal Marítimo, para a liquidação e regulação dos sinistros – *regulação e liquidação*: "em caso de dúvida suscitada pela

Seguradora, terá esta a opção de aguardar o pronunciamento do Tribunal Marítimo sobre as causas e natureza do sinistro".

Assim, a decisão do Tribunal Marítimo é essencial para o meio securitário, definindo responsabilidades e pagamentos, muitas vezes milionários, como demonstra a decisão do Ministério da Fazenda – CRSNSP – Conselho de Recursos do Sistema Nacional de Seguros Privados, de Previdência Privada Aberta e de Capitalização:

> RECURSO nº 0006. Processo SUSEP nº 001-4764/96. RECURSO ADMINISTRATIVO. RECORRENTE: IEDA MARIA MENDES M. SILVA. RECORRIDA: SUPERINTENDÊNCIA DE SEGUROS PRIVADOS – SUSEP
> EMENTA: RECURSO ADMINISTRATIVO. Não pagamento de indenização. Alegação de imperícia. Não comprovação. Prova emprestada. Tribunal Marítimo. Recurso conhecido e improvido. *ACÓRDÃO/CRSNSP Nº 0002/99*: Vistos, relatados e discutidos os presentes autos, decidem os membros do Conselho de Recursos do Sistema Nacional de Seguros Privados, de Previdência Privada Aberta e de Capitalização, por maioria, negar provimento ao recurso, mantida a decisão do Órgão de primeira instância, no sentido de que a Sra. IEDA MARIA MENDES M. SILVA recorra ao Tribunal Marítimo, por entender que somente aquele Tribunal poderá decidir a questão.

c) Valor dos acórdãos do Tribunal Marítimo perante o Poder Judiciário

Quando há uma explosão em uma plataforma, com sérios danos materiais, a perda total da embarcação e vítimas fatais, ocorrerá uma competência concorrente entre o Tribunal Marítimo, no deslinde técnico do acidente da navegação, com a justiça civil (indenização às famílias das vítimas, por exemplo) e criminal (morte dos tripulantes).

Nesta situação o Tribunal Marítimo julgará o acidente da navegação, definindo-lhe natureza e consequências, suas causas determinantes, seus responsáveis, além de propor medidas preventivas e de segurança, enviando de imediato seu acórdão àquele que deve auxiliar: o Poder Judiciário.

No excelente modelo criado pelo legislador pátrio, a decisão técnica da Corte Marítima – auxiliar do Judiciário – é enviada ao Poder Judiciário, que não domina as peculiaridades da matéria, para que sirva como alicerce técnico e científico nas suas sentenças.

A análise sobre os reflexos dos julgados do Tribunal Marítimo no Poder Judiciário pode ser dividida em dois aspectos: a necessidade dos órgãos do Poder Judiciário aguardarem o acórdão do Tribunal; e o valor, dentro da ciência jurídica, dos julgados.

c.1) Deve ou não o Poder Judiciário esperar o julgamento do Tribunal Marítimo?

A presente questão encontra-se positivada no art. 19 da Lei nº 2.180/54:

> Sempre que se discutir em juízo uma questão decorrente de matéria da competência do Tribunal Marítimo, cuja parte técnica ou técnico-administrativa couber nas suas atribuições, deverá ser juntada aos autos a sua decisão definitiva.

Na jurisprudência, identificam-se três posições distintas para o problema:

a) o acórdão do Tribunal Marítimo é uma condição da ação no Poder Judiciário, não sendo possível iniciar-se o processo ou seu prosseguimento até que seja juntada a decisão definitiva do Tribunal auxiliar do Poder Judiciário (RE nº 7.446-BA do STF);

b) o Poder Judiciário não está obrigado a esperar a decisão do Tribunal Marítimo, estando desobrigado de aguardar o julgamento, podendo instruir e julgar suas lides independentemente da juntada do acórdão do Tribunal Marítimo (AC nº 46.271-RJ do TRF);

c) o acórdão do Tribunal Marítimo é imprescindível para o julgamento do Poder Judiciário, contudo como o art. 19 da Lei nº 2.180/54 não define o momento da juntada da decisão, o juiz não interrompe a ação, senão antes do julgamento (AC nº 29.682-GB, TRF).

Debruçando-se sobre o tema o renomado e experiente advogado maritimista Pedro Calmon Filho, em artigo especialmente dedicado ao tema e publicado na revista do Tribunal Marítimo comemorativa de seus 50 anos, com maestria apontou a posição intermediária (letra "c") como a ideal:

> [...] diante do mandamento contido no art. 19 da Lei 2.180, não pode o juiz considerar desnecessária a referida decisão. Poderá reexaminá-la, e mesmo rejeitá-la, mas não prescindir dela para o seu julgamento. E como a lei, de fato, não menciona à época em que tal decisão deverá ser produzida, é de se aceitar que o juiz poderá aceitar a ação proposta, e prosseguir na instrução, até o ponto em que terá de suspender o curso do processo, para antes da decisão, aguardar a juntada da aludida decisão do TM. O que, sem dúvida, é claro indicativo do valor das decisões do TM perante o Judiciário.[3]

Sem dúvida, essa posição intermediária é a mais coerente e que melhor se adapta à necessidade do Poder Judiciário, desconhecedor dos complexos meandros da navegação e do direito marítimo, suas regras internacionais e códigos consuetudinários. Agindo por economia processual, inicia o processo e preenche a instrução, contudo, interrompe seu andamento antes da sentença.

Desta forma, o Judiciário poderá apoiar-se na decisão profundamente técnica do Tribunal Marítimo (por isso auxiliar do Poder Judiciário) no momento de definir responsabilidades cíveis ou criminais em processos de competência concorrente. Como também, evitar-se-á natural ação rescisória caso decida sem levar em conta prova fundamental (decisão da Corte especializada) para o deslinde do litígio.

---

[3] CALMON FILHO, Pedro. Valor de suas decisões perante o Judiciário e o mundo securitário. *Revista do Tribunal Marítimo - Tribunal Marítimo*: 50 anos, 1985.

Com a entrada em vigor do Novo Código Comercial, essa divergência jurisprudencial está superada, visto a literal redação:

> Art. 313. Suspende-se o processo: [...]
> VII - quando se discutir em juízo questão decorrente de acidentes e fatos da navegação de competência do Tribunal Marítimo; [...].

Assim, com o advento do NCPC, a matéria encontra-se superada visto que o legislador deixou expressa a necessidade de suspensão do processo judicial, na mesma toada do art. 19 da LOTM, o que mantém absoluta coerência com a natureza jurídica do Tribunal Marítimo, definido por lei como auxiliar do Judiciário.

c.2) Decisões do Tribunal Marítimo: competência quase-jurisdicional – Provas de maior valia. Necessidade de fundamentação das decisões judiciais

O Decreto nº 20.829, de 21.12.1931, no seu art. 7º estabeleceu que somente as decisões do Tribunal Marítimo que impusessem pena de inaptidão para a profissão ou contrariassem a jurisprudência interpretativa da Constituição ou das leis federais seriam passíveis de recurso ao Supremo Tribunal Federal. Às demais decisões só caberiam recurso ao próprio tribunal e em única vez.

Assim, sua legislação inicial atribuía um caráter de irrevogabilidade às decisões da Corte do Mar, à exceção do recurso extraordinário ao STF naquelas situações especiais de interpretação da Carta Magna e das leis federais.

Em 1945, quando já em vigor a Constituição Federal de 1937, se editou o Decreto-Lei nº 7.675, de 26 de junho, que no seu art. 5º previu:

> nas causas relativas aos acidentes da navegação definidos nesta lei, as perícias de natureza técnica são privativas do Tribunal Marítimo, cujas decisões em matéria

de fato se presumem verdadeiras e somente quando incidirem em erro manifesto poderão ser revistas pelos órgãos do Poder Judiciário.

Deste modo, consagrando repetido posicionamento do STF, veio a edição do Decreto-Lei nº 7.675, de 1945, de sorte que as decisões do Tribunal Marítimo, em relação à questão de fato, *não deveriam ser repelidas pelo Poder Judiciário*, mas poderiam ser revistas quando incidissem em erro manifesto ou contrariassem disposição da Constituição Federal e de lei federal.

De acordo com a Lei nº 2.180, de 5.2.1954, os limites das decisões do Tribunal Marítimo passaram a ser normatizadas pelo art. 18,[4] permitindo a possibilidade de revisão pelo Judiciário quando os acórdãos do Tribunal Marítimo fossem contrários a texto expresso da lei, prova evidente dos autos, ou lesassem direito individuais.

Na nova redação dada à Lei nº 5.056,[5] de 29.6.1966, o citado art. 18 sofreu alterações e as decisões do Tribunal Marítimo passaram a merecer a natureza de presunção de certeza, aceitando-se seu reexame pelo Judiciário, por meio do STF, somente quando: (a) a decisão fosse contrária a dispositivo da Constituição ou à letra de tratado ou lei federal; (b) se questionasse sobre a validade de lei federal em face desta Constituição, e a decisão recorrida negasse aplicação à lei impugnada; (c) se contestasse a validade de lei ou ato de governo local em face desta Constituição ou de lei federal, e a decisão recorrida julgasse válida a lei ou o ato; (d) na decisão recorrida a interpretação da lei federal invocada fosse diversa da que lhe haja dado qualquer dos outros tribunais ou o próprio Supremo

---

[4] "Art. 18. As decisões do Tribunal Marítimo quanto à matéria técnica referente aos acidentes e fatos da navegação têm valor probatório e se presumem certas, sendo suscetíveis de reexame pelo Poder Judiciário somente quando forem contrárias a texto expresso da lei, prova evidente dos autos, ou lesarem direito individual".

[5] "Art. 18. As decisões do Tribunal Marítimo, nas matérias de sua competência, têm valor probatório e se presumem certas, sendo suscetíveis de reexame pelo Poder Judiciário somente nos casos previstos na alínea a do inciso III do art. 101 da Constituição".

Tribunal Federal, já que fazia referência expressa aos casos previstos na alínea "a" do art. 101 da Constituição.

Com as novidades trazidas pela Constituição Federal de 1988, como a criação do Superior Tribunal de Justiça – STJ, aquela competência do STF tratada na parte final da alínea "a", do inc. III, do art. 101, da CF/88, passou a ser de competência da nova corte, por força do art. 105, inc. III, alínea "a", permanecendo na competência do STF apenas a parte primeira daquele artigo, art. 102, inc. III, alínea "a".

Em 1995 foi enviado ao Congresso Nacional pela Presidência o Projeto de Lei nº 1.086/95, mantendo a redação conferida pela Lei nº 5.056/66 quanto à possibilidade de limitação da revisão das decisões do Tribunal Marítimo. Conduto, o legislador, tentando simplificar o texto do projeto de lei, retirou a referência expressa aos artigos que tratavam de violação à Constituição, a tratados e à lei federal, vindo a Lei nº 9.578, de 19.12.1997, com a seguinte redação:

> Art. 18. As decisões do Tribunal Marítimo quanto à matéria técnica referente aos acidentes e fatos da navegação têm valor probatório e se presumem certas, sendo porém suscetíveis de reexame pelo Poder Judiciário.

Diante da possível exegese da parte final no artigo – *suscetíveis de reexame pelo Poder Judiciário* – houve para uns poucos a interpretação de que todas as decisões proferidas pelo Tribunal Marítimo, desde então, pudessem ser devolvidas ao Poder Judiciário para sua reanálise, ou seja, as decisões vinculavam-se ao reexame do Poder Judiciário em qualquer hipótese.

O Supremo Tribunal Federal já pacificou em sentido contrário:

> se o ato impugnado em mandado de segurança decorre de fatos apurados em processo administrativo, a competência do Poder Judiciário circunscreve-se ao exame da legalidade do ato coator, dos possíveis vícios de caráter formal ou

dos que atentem contra os postulados constitucionais da ampla defesa e do due process of law.[6]

Desta forma, o possível reexame dos acórdãos do Tribunal Marítimo limita-se àqueles artigos da Constituição Federal que foram suprimidos da redação do projeto de lei que resultou na Lei nº 9.578/97, ou seja, *nos arts. 102, III, "a", e 105, III, "a", da Constituição*. Vê-se como demonstrado que não houve mudança, mas adaptação do texto original da Lei nº 2.180/54 ao texto da Constituição de 1988.

Neste exato sentido caminha a jurisprudência, como se vê no posicionamento do TRF2:

> RESPONSABILIDADE CIVIL - DANO MORAL - TRIBUNAL MARÍTIMO - 1- No caso vertente, pretende o apelante a condenação da União a excluir seu nome dos Sistemas de Pessoal da Capitania dos Portos e do Tribunal Marítimo, onde consta como condenado, bem como a ressarcir os danos morais por ele sofridos em razão da condenação. 2- Apesar de ser possível o reexame, pelo Poder Judiciário, das decisões proferidas pelo Tribunal Marítimo, o apelante não logrou êxito em afastar a presunção de legitimidade de que gozam as referidas decisões (cf. *art. 18 da Lei nº 2.180/54*), pelo que não há como afastar sua condenação proferida no âmbito daquele Tribunal. 3- Não havendo provas de que o trâmite do processo junto ao Tribunal Marítimo se deu de forma irregular, impõe-se a improcedência do pedido de danos morais. 4- Apelação desprovida. (TRF-2ª R. AC nº 2003.51.01.009255-8 - (347466), 5ª T. Esp. Rel. Juiz Fed. Conv. Luiz Paulo da Silva Araujo Filho. *DJe*, 21 dez. 2009. p. 54)

Logo, podemos concluir que as decisões do proferidas nos acórdãos do Tribunal Marítimo somente são passíveis de reanálise pelo Poder Judiciário se desrespeitados os postulados do devido processo legal, como no caso de desrespeito ao direito à ampla defesa e ao contraditório pleno da parte punida.

---

[6] RMS nº 24.803 (Rel. Min. Joaquim Barbosa. *DJ*, 5 jun. 2009) que cita os seguintes precedentes: o RMS nº 24.347 (Rel. Min. Maurício Correa. *DJ*, 4 abr. 2003); o RMS nº 24.533 (Rel. Min. Sepúlveda Pertence. *DJ*, 15 abr. 2005), o RMS nº 24.901 (Rel. Min. Carlos Britto. *DJ*, 11 fev. 2005), o RMS nº 24.256-AgR (Rel. Min. Ilmar Galvão. *DJ*, 13 set. 2002), o RMS nº 23.988 (Rel. Min. Ellen Gracie. *DJ*, 1º fev. 2002) e o MS nº 21.294 (Rel. Min. Sepúlveda Pertence. *DJ*, 21 set. 2001).

O valor probatório e a presunção de certeza que têm os acórdãos do Tribunal Marítimo na instrução de processos movidos perante os juízos cível, criminal ou trabalhista em razão dos mesmos fatos e acidentes da navegação só não subsistirão se no processo judicial, na livre apreciação da prova, o juiz entender e fundamentar que há prova cabal que ilida a decisão da Corte especializada.

Com o NCPC e a obstinada exigência de que toda decisão judicial seja fundamentada, não pode o juiz simplesmente desprezar ou desconsiderar a decisão do Tribunal Marítimo, uma vez que seus acórdãos gozam de presunção de certeza. Terá o magistrado a hercúlea missão de enfrentar a decisão e fundamentar em sentido contrário.

Da simples leitura da lei, vê-se que os acórdãos do Tribunal Marítimo não vinculam as decisões do Poder Judiciário, até porque, do contrário, estaria sendo invertida a definição de órgão auxiliar e órgão auxiliado e desrespeitada a Constituição Federal em seu art. 5º, XXXV (princípio da inafastabilidade de apreciação do Poder Judiciário).

As decisões do Tribunal Marítimo, como já dito, são definitivas para o Poder Executivo – "coisa julgada administrativa" – e valem como prova técnica altamente especializada, com presunção de certeza, para o Poder Judiciário.

Assim, o Poder Judiciário só pode revê-las em arguição de ilegalidade no processo marítimo, jamais no mérito. E deverá replicá-las, a não ser que, no âmbito do processo judicial, exista prova cabal capaz de refutá-la.

Já se tornou comum, embora eticamente questionável, a conduta de determinados advogados (diga-se de passagem: minoritariamente) que qualificam os acórdãos do Tribunal Marítimo, juntados em processos no Judiciário, como verdadeiros "manjar dos deuses", quando sua tese foi sufragada no processo que correu no Tribunal Marítimo. Nessa situação elogiam a Corte Marítima, sua composição, o conhecimento dos juízes, e valoram seu acórdão como uma obra-prima irretocável, que deve merecer esse reconhecimento pelo Poder Judiciário. Ao contrário, quando o Tribunal Marítimo julga desfavoravelmente ao interesse de seus clientes, chegam enfurecidos no Judiciário, menosprezam a decisão, tentam desqualificá-la, criticam a existência da Corte marinheira e procuram argumentos (na maioria das vezes os mais esdrúxulos possíveis) para negar qualquer valor ao julgado.

Neste diapasão, o advogado maritimista Matusalém Gonçalves Pimenta, em brilhante obra – *Processo marítimo* –,[7] com maestria analisou a questão da validade e da eficácia das decisões do Tribunal Marítimo:

> Haveria total desnecessidade de se abordar este tópico não fosse o fato de ser ele mal compreendido por parte de alguns poucos profissionais do direito. Os que militam no especializado ramo do direito marítimo, muitas vezes, vêem suas lides sobrestatas, aguardando decisão do Tribunal Marítimo, no sentido de robustecer o convencimento do magistrado. Para alguns advogados da área, tal fato ganha status de irritabilidade. Exemplificando, destaca-se extrato do texto de coautoria do Dr. Paulo Henrique Cremoneze (http://jus2.uol.com.br/doutrina/texto.asp?id=6856):
> Na verdade, os "julgados" do Tribunal Marítimo são pareceres técnicos, ora de maior, ora de menor importância, mas sempre e tão-só, pareceres técnicos, donde se infere que as decisões do aludido órgão são extremamente limitadas[...]
> A decisão do Tribunal Marítimo não pode, salvo casos específicos influenciar diretamente e exclusivamente o convencimento do Estado-juiz sob pena de, conforme o caso concreto, ferir os princípios básicos da responsabilidade civil que regem o ordenamento jurídico.
> Com todo respeito ao ilustre professor, as decisões finais do Tribunal Marítimo não têm natureza jurídica de pareceres técnicos, mas de *coisa julgada administrativa*, sendo, portanto decisões definitivas no âmbito administrativo, com força para apontar responsáveis, aplicando-lhes penalidades cominadas em lei. Parecer técnico não tem força para julgar, muito menos para punir, conforme se depreende da dedução lógica extraída pelo simples conhecimento etimológico dos vocábulos usados pelos articulistas.

---

[7] PIMENTA, Matusalém Gonçalves. *Processo marítimo*. Rio de Janeiro: Lumen Juris, 2010.

[...] quanto à afirmação de que a decisão do Tribunal Marítimo não pode influenciar o convencimento do Estado-juiz, é completamente descabida e não guarda relação de pertinência com o próprio texto da Lei Orgânica do Tribunal [...]

Ora, como não influenciar a decisão do Poder Judiciário se o Tribunal Marítimo é órgão auxiliar deste Poder; se suas decisões têm valor de prova técnica, produzida em tribunal especializado e, mais, presumem-se corretas? Assim, o magistrado, usando o princípio do livre convencimento, apreciará a decisão do Tribunal Marítimo, consoante seu estimado valor de prova expresso em lei.

Resumindo, as decisões do TM fazem coisa julgada administrativa, podendo ser, por força de sua própria lei orgânica, reexaminadas pelo Poder Judiciário. Este reexame não diminui, tampouco torna apoucada, a decisão do Colegiado do Mar, eis que é garantia constitucional, no âmbito intangível da Carta Política. Entretanto, aquele que quiser modificar uma decisão do Tribunal Marítimo, na esfera do Judiciário, terá a herculana tarefa de ilidir prova robusta, vez que produzida perante tribunal especializado que goza de respeito tanto na comunidade marítima brasileira, quando na internacional.

Em consonância com este pensamento, encontra-se o caudal da jurisprudência:
Resp 38082 / PR, Relator Ministro Ari Pargendler, terceira turma – 20/05/1999.
Ementa: CIVIL. RESPONSABILIDADE CIVIL. TRIBUNAL MARÍTIMO. As decisões do Tribunal Marítimo podem ser revistas pelo Poder Judiciário; quando fundadas em perícia técnica, todavia, elas só não subsistirão se esta for cabalmente contrariada pela prova judicial. Recurso especial conhecido e provido.

Dentro da jurisprudência, foi exatamente a principal corte do país – Supremo Tribunal Federal – que mais se aprofundou na análise da posição e valor dos julgados do Tribunal Marítimo, colocando assim uma "pá de cal" sobre o assunto. Em suma, o processo original foi movido pelos armadores do navio *Navisul*, que naufragou quando rebocado entre Manaus e Belém, contra os seguradores-casco e o IRB. À época, a decisão do Tribunal Marítimo deu como causa do acidente fortuna do mar, contudo, os seguradores se recusaram a pagar, alegando que o naufrágio teria sido fraudulento. Apesar do enorme esforço dos advogados dos seguradores em tentar provar que a decisão do Tribunal Marítimo não deveria prevalecer, por ter sido incompatível com a prova dos autos, o STF rejeitou o recurso, valorando sobremaneira a decisão do Tribunal Marítimo.

Diante de sua importância para o atual estudo, faz-se necessária a transcrição dos seus pontos principais:

AI 62811-RJ, Ministro Bilac Pinto.

Ementa: SEGURO MARÍTIMO. NAUFRÁGIO DE NAVIO. Ação de cobrança da indenização correspondente a sua perda total. *Legitimidade da utilização da prova, das conclusões técnicas e da decisão do Tribunal Marítimo Administrativo no julgamento da ação no TRF. Tendência do Estado Moderno de atribuir o exercício de funções quase-jurisdicionais a* órgãos *da administração, aliviando os* órgãos *do Poder Judiciário do exame de matérias puramente técnicas.* Inviabilidade do extraordinário para o reexame das provas. Agravo de Instrumento desprovido.

[...] a questão subjudice é de natureza eminentemente técnica e *o pronunciamento do Tribunal Marítimo vale como a melhor das perícias.*[...] *quando se trata de caso eminentemente técnico, a conclusão deve ser a de fato declarado e logicamente deduzido pela maioria dos que, imparcialmente, tem conhecimento especializados sobre o objeto de seu pronunciamento.*

A primeira argüição do recorrente é a de que o acórdão recorrido teria se apoiado, quanto à prova do sinistro, da decisão do Tribunal Marítimo, órgão administrativo que exerce funções jurisdicionais na matéria específica sobre que versa a demanda. Essa alegação da recorrente está fundada numa velha concepção da separação dos poderes, sobretudo no que diz respeito ao exercício da função jurisdicional.

A Constituição brasileira mantém, sem dúvida, o princípio da unidade de jurisdição, que corresponde a supremacia do Judiciário. A interpretação dessa regra fundamental, entretanto, deve ser feita a luz das transformações sofridas pelo Estado em razão de sua crescente intervenção no domínio econômico e na ordem social.

A palavra oracular de um juiz inglês, Lord Campbell, entretanto, já nos antecipava o advento das modernas agências administrativas com funções jurisdicionais, quando proclamou, perante a House of Lordes, por ocasião da discussão do Railway and Canal Traffic Act, que aquele projeto continha um Código que os juízes não poderiam interpretar e que, afinal, procurava transformá-los em diretores de ferrovias. [...] Os juízes, entre os quais se incluía, sentiam-se incompetentes para decidir a respeito de tais assuntos. Ele havia devotado grande parte de sua vida ao estudo do direito, mas confessava-se inteiramente desfamiliarizado com a administração da ferroviária.

[...] O século XX presenciou notável desenvolvimento nas atividades legislativas e jurisdicionais da Administração. Com freqüência cada vez maior, tendo-se permitido, ou mesmo exigido, que as autoridades administrativas expeçam normas gerais ou regulamentares. Essa atitude constitui legislação administrativa.

[...] Mais freqüentemente ainda, têm essas autoridades de resolver questões concernentes a certos direitos. Quando a atividade administrativa, em tal caso, dá margem a controvérsia dirimível por autoridade administrativa, com competência jurisdicional, essa decisão é realmente judicial por natureza. [...] Os mais ortodoxos autores foram forçados a reconhecer a existência de funções que denominam de quase-legislativas ou quase-judiciais, desenhadas como parte da atividade administrativa. Atualmente, nos EUA, as regulamentações e as decisões emanadas de autoridades administrativas são tão numerosas, tão importantes e de tão largo alcance, que a vida particular de cada cidadão está sob a sua influência. A legislação e a jurisdição administrativas tornaram-se características significativas da função governamental.

[...] Essa ampliação da atividade estatal provocou efeitos profundos na Administração. Em primeiro lugar, resultou em confirmar-se um ramo administrativo do governo grande variedade de funções nem sequer imaginadas há bem poucos anos. Esses novos encargos exigiram a criação de novos serviços, redistribuição do trabalho, a alteração das relações entre os diferentes órgãos, a seleção de pessoal mais numeroso e melhor aparelhado, o estabelecimento de novos métodos para o controle do pessoal e a idealização de novas normas, métodos ou processos para a melhor execução do trabalho. Mas, não é tudo. O grande aumento da atividade do Governo, especialmente reguladora e controladora, obriga a Administração a proferir decisões muito semelhantes as jurisdicionais, quanto à natureza. Tão grande é o seu número, tão técnicos são os conhecimentos exigidos para proferi-las, tão misturadas podem elas estar com o processo administrativo, tão importante é que elas sejam proferidas com rapidez, que os tribunais judiciais não são obviamente as autoridades ideais para elaborá-las. *A tarefa de pronunciar tais decisões deve caber a certas autoridades administrativas, sejam elas da própria administração ativa ou tribunais administrativos.*

[...] *A criação do Tribunal Marítimo, órgão administrativo integrado por técnicos, a que se atribui competência quase-jurisdicional para o deslinde de questões de direito marítimo se insere na tendência do Estado Moderno de aliviar as instituições judiciais de encargos puramente técnicos, para os quais não estão elas preparadas.*

[...] *As conclusões de natureza técnica, do Tribunal Marítimo inscrevem-se, entretanto no particular, entre as provas de maior valia, devendo merecer a mais destacada consideração, de juízes e tribunais, por tratar-se de* órgão *oficial e especializado. Sem prova mais convincente em contrário, nada autoriza se desprezarem as conclusões técnicas do Tribunal Marítimo.*

Informação bibliográfica deste texto, conforme a NBR 6023:2018 da Associação Brasileira de Normas Técnicas (ABNT):

GONÇALVES, Marcelo David. O Tribunal Marítimo e a eficácia dos seus acórdãos. *In*: LEWANDOWSKI, Enrique Ricardo (Coord.). *Direito Marítimo*: estudos em homenagem aos 500 anos da circum-navegação de Fernão de Magalhães. Belo Horizonte: Fórum, 2021. p. 353-376. ISBN 978-65-5518-105-0.

SEGURANÇA JURÍDICA E LIVRE INICIATIVA NO ÂMBITO DO DIREITO MARÍTIMO

MARCO AURÉLIO MELLO

> *O homem necessita de segurança para conduzir, planificar e conformar autônoma e responsavelmente a sua vida. Por isso, desde cedo se consideram os princípios da segurança jurídica e da proteção da confiança como elementos constitutivos do Estado de Direito.*
>
> (José Joaquim Gomes Canotilho)

Introdução

A globalização não é fenômeno novo. É construção histórica de mais de cinco séculos. Vivenciamos fase inaugurada com as viagens ultramarinas dos séculos XV e XVI, extraordinária aventura humana reveladora de profunda e abrangente ação cultural, de expansão do conhecimento, de reforma religiosa, de renascimento da atividade comercial e urbana, de progressiva afirmação dos Estados nacionais. Da ocidental praia lusitana e adentrando mares nunca navegados, armadas encarregaram-se de desenvolver contatos com civilizações fadadas ao isolamento imposto pelo oceano, repleto de medos, tormentas e mistérios.

Desde então, o mundo nunca mais foi o mesmo. As assim denominadas "grandes navegações" tornaram-se alvo de interesse da humanidade, notadamente quanto às conquistas de novos e desconhecidos territórios, considerado o rentável comércio marítimo entre localidades longínquas.

O mar, não por acaso, surge como patrimônio da humanidade. É dizer, "espaço coletivo, supranacional, que deve ser administrado em benefício de todos os povos do mundo".[1] As normas do todo que é o direito marítimo mostraram-se instrumentos fundamentais de promoção do comércio mundial, o qual não se limita a possibilitar trocas de mercadorias e valores. Antes, implica o encurtamento da distância entre os povos, considerado o movimento de globalização, a pressupor tolerância, convivência pacífica de povos cultural, religiosa e linguisticamente diferentes. Já dizia o ilustre geógrafo brasileiro Milton Santos: "Quem se globaliza mesmo são as pessoas".[2]

Conforme clássica definição de Georges Ripert, "o direito marítimo é, em termos gerais, o conjunto de normas jurídicas relativas à navegação que é realizada sobre o mar".[3] Por trás desse conceito, há emaranhado de fontes jurídicas as mais diversas – leis, tratados, acordos, convenções internacionais, decretos, regulamentos etc. –, a exigirem capacidade de interpretação, sobretudo considerado o sempre latente e potencial conflito de normas de direito internacional público e interno.

Não por outra razão, na esteira da lição do Professor Godofredo Mendes Vianna:

> diante da infinidade de normas e temas que interferem no Direito Marítimo, surgem sempre conflitos acerca de hierarquia, especialidade e temporalidade, o que, por via de consequência, gera um enorme desafio para os militantes na área exercerem aconselhamento jurídico aos seus clientes e para o Judiciário aplicar o melhor direito à espécie nos casos concretos.[4]

---

[1] MENEZES, Wagner. *O direito do mar*. Brasília: Fundação Alexandre de Gusmão, 2015. p. 46.
[2] SANTOS, Milton. *O novo mapa do mundo*. São Paulo: Hucitec, 1993. p. 16.
[3] RIPERT, Georges. *Précis de droit maritime*. Paris: Dalloz, 1949. p. 9.
[4] VIANNA, Godofredo Mendes. *Direito marítimo*. Rio de Janeiro: Fundação Getúlio Vargas, [s.d.]. p. 9.

Levando em conta apenas o ordenamento jurídico nacional, a par da legislação de regência veiculada em diplomas específicos,[5] diversas disposições da Constituição Federal, do Código Civil, do Código Penal, da Consolidação das Leis do Trabalho e do Código de Defesa do Consumidor são aplicáveis visando ao deslinde de controvérsias decorrentes das relações alcançadas pelo direito marítimo, alusivas, em especial, ao meio ambiente, à responsabilidade civil, às sanções administrativas, trabalhistas e criminais.

A atividade do intérprete, no que se volta, em última instância, à promoção do desenvolvimento econômico mediante a utilização pacífica dos mares como espaço de conexão entre povos e Estados, surge como ato de vontade e alcança a aplicação das normas no plano real e concreto. Como ensina Riccardo Guastini, "a interpretação dos textos normativos não é uma operação cognitiva de normas (pré-existentes), mas produtiva de normas (novas)": o significado de disposição normativa não seria pré-constituído à interpretação, mas "variável dependente desta", de forma que o direito nasce "da colaboração entre legislador e intérpretes".[6]

Cumpre lançar mão dos princípios, em especial aqueles contidos na lei das leis, a Constituição Federal, os quais têm tríplice função: informativa, ao indicarem ao legislador o que precisa ser observado na discussão de todo e qualquer projeto de lei; interpretativa, no que norteiam a atividade dos artífices do direito; e normativa, ao regerem relações jurídicas.

---

[5] A título exemplificativo, vale citar, entre outras, a Lei nº 2.180/1954, a reger o Tribunal Marítimo, órgão administrativo responsável por apreciar e julgar os acidentes e fatos da navegação, apurando responsabilidades e aplicando sanções pecuniárias, advertências ou suspensões; a Lei nº 8.617/1993, a dispor sobre o mar territorial, a zona contígua, a zona econômica exclusiva e a plataforma continental brasileira; a Lei nº 9.537/1997, que dispõe sobre a segurança do tráfego aquaviário em águas nacionais; a Lei nº 9.432/1997, mediante a qual são definidas as modalidades de navegação (cabotagem, longo curso, interior, apoio marítimo, apoio portuário), bem assim as espécies de afretamento de embarcações; e as leis nºs 9.605/1998 e 9.966/2000, a versarem questões de controle, fiscalização, prevenção e sanções relacionadas às atividades lesivas ao meio ambiente, notadamente nestas incluídas o vazamento de óleo ou substâncias nocivas ao mar por embarcações.

[6] GUASTINI, Riccardo. Giurisdizione e interpretazione. In: BESSONE, Mario (Org.). Diritto giurisprudenziale. Torino: Giappichelli, 1996. p. 32.

Os princípios sobrepõem-se às regras jurídicas, conduzindo, no campo da hermenêutica, da aplicação do direito, à definição destas últimas, não cabendo a inversão. A ordem natural é partir-se da Constituição, dos princípios explícitos e implícitos dela constantes, para estabelecer-se o conteúdo de determinada norma, conforme a seguir exposto.

Os princípios da livre iniciativa e da segurança jurídica

O direito há de minimizar os riscos das incertezas, prestigiando valores caros aos cidadãos, em especial a segurança e a liberdade no âmbito das economias submetidas, em maior ou menor extensão, ao livre mercado.

Em época de crise – e vivenciamos uma excepcional, refiro-me à política e econômico-financeira, sangrando o Brasil, que precisa deixar de sangrar –, hão de ser guardados, até mesmo de maneira ortodoxa, rigorosa, princípios e valores, sob pena de vingar a Babel, de eleger-se o critério de plantão que regerá a relação jurídica.

O Brasil tem grandeza suficiente para suplantar os percalços hoje constatados. De dimensão continental, em termos de território, é possuidor de população criativa, conta com parque industrial desenvolvido e figura entre as maiores economias do mundo. Deve-se recuperar o tempo perdido, ser inventivo, buscar a correção de rumos, com o fim de ter-se, ainda que para gerações futuras, a Nação sonhada.

É preciso concretizar intenções, e para isso há uma lei, a lei das leis, situada no ápice da pirâmide das normas jurídicas, a Constituição Federal, que a todos, indistintamente, submete: a iniciativa privada, o setor público, o Legislativo, o Executivo, e, também – porque a atuação é vinculada ao direito positivo –, o Judiciário.

O que vem da Carta Federal como fundamento do país, da República, formada pela união indissolúvel de estados e municípios? Vem a livre iniciativa, sendo objetivo da República – está em bom português, em bom vernáculo – garantir o desenvolvimento nacional, no que pressupõe a livre iniciativa, força motriz da vida democrática, observado o princípio da legalidade: ninguém é obrigado a fazer ou deixar de fazer algo senão em virtude de lei. É o que dá segurança quanto ao que poderá ou não acontecer.

Qual é a regra em se tratando de atividade econômica? O Estado não é um bom administrador. O desejável é ter-se a iniciativa privada. Há exceção: a atividade do Estado voltada à preservação da segurança nacional, a partir de relevante interesse coletivo, grassando o subjetivismo – e toda regra a versar exceção há de ser interpretada de forma estrita: é o que nela se contém, e nada mais.

A relação jurídica Estado-iniciativa privada faz-se calcada em princípios, valores. O Estado deve ter presente o mercado, a intervenção mínima, no que se mostre indispensável à coordenação: intervenção mínima normativa, considerada a edição de diplomas legais; intervenção mínima regulatória, não cabendo adotar postura de intimidação da iniciativa privada. Em última análise, a atuação deve ser de planejamento.

O legislador de 1988 foi cuidadoso quando estabeleceu obrigatório o planejamento, não para a iniciativa privada, mas para o Estado, no que direcionado à atuação da máquina administrativa.

Não se ignora a importância, na esfera administrativa e fiscalizatória, da atuação de órgãos como a Agência Nacional de Transportes Aquaviários – Antaq, especialmente, no que estabelece série de móveis regulatórios, as denominadas Normas de Autoridade Marítima, a disciplinarem aspectos relacionados à segurança da navegação no Brasil, a Diretoria de Portos e Costas – DPC.

Há de ter-se a prevalência da política de mercado. A maior regulação das relações jurídicas está na política de mercado, ante oferta e procura.

Abandonou-se, de há muito, a óptica do Estado onipresente, como meio único de alcançar-se o bem-estar social.

Nesse contexto, surge a garantia constitucional alusiva à segurança jurídica, pressuposto do regime democrático, incompatível com o afastamento de atos jurídicos perfeitos e acabados revelados por instrumentos contratuais. Os diversos contratos comuns ao direito marítimo – de transporte, afretamento, tonelagem, entre outros – hão de ser respeitados.

A paz social baseia-se na confiança mútua e, mais do que isso – em proveito de todos, em prol do bem comum –, no respeito a direitos e obrigações estabelecidos. Tampouco condiz com a democracia a modificação das regras norteadoras das relações jurídicas mediante o enviesado ardil de aplicar-se lei, conferindo-lhe eficácia capaz de suplantar garantias constitucionais, isso a partir de simples interpretação. Em assim não sendo, ter-se-á o caos, a unilateralidade das definições, deixando de prevalecer os compromissos assumidos, como se a lei vigente fosse a da selva, e não a de um mundo desenvolvido.

Conforme fiz ver em diversas oportunidades ao longo de mais de 40 anos de judicatura, impõe-se, sobretudo em tempos de crise, o dever de guardar princípios e regras, garantir o respeito à Constituição Federal. Paga-se um preço por se viver em uma democracia, o qual não chega a ser exorbitante, importando no respeito irrestrito ao que previsto no arcabouço normativo e validamente pactuado pelas partes. Urge o restabelecimento da confiança dos brasileiros na força da Constituição, reafirmado o pleno funcionamento das instituições. A Lei das leis não há de ser tida como documento lírico, passível de metamorfose em função dos acontecimentos e da vontade das maiorias reinantes.

A segurança jurídica e as normas constitucionais que a veiculam a partir da cabeça do art. 5º, a exemplo das alusivas à irretroatividade e à anterioridade, das que protegem o direito adquirido, o ato jurídico perfeito e a coisa julgada, bem como os princípios da proteção da confiança legítima e da boa-fé objetiva, exigem do legislador previsibilidade, clareza, e da Administração Pública conduta honesta, leal e coerente com a atuação anterior.

Entendimento diverso implica desrespeito à Lei Fundamental, resultando, alfim, em insegurança jurídica, no que traz à balha a ideia segundo a qual de nada vale renunciar a direitos para se ter vida harmoniosa, propiciadora do bem-estar social e, do lado empresarial, rotina de duradoura prosperidade, considerados os meios de produção.

A segurança jurídica é a espinha dorsal da sociedade. Sem ela, tem-se sobressaltos, solavancos, intranquilidade. O regime democrático a pressupõe. A paz social respalda-se na confiança mútua e, mais do que isso, no respeito a direitos e obrigações estabelecidos. De bem-intencionados, de salvadores da pátria, o mundo está cheio.

A advertência justifica-se ante a crescente tendência do abandono do previsto em lei, substituindo, pela vontade do intérprete, a do legislador – fenômeno que o Ministro Eros Grau retratou com precisão em ensaio publicado na edição de 12.5.2018 do jornal *O Estado de São Paulo*, no qual Sua Excelência produziu importante libelo "em defesa do positivismo jurídico", do qual se extraem os seguintes trechos:

> Não é necessário frequentarmos Faculdades de Direito para nos darmos conta de que quem faz as leis é o Legislativo e quem as aplica são os juízes. Em nosso tempo – hoje, aqui e agora – o legal e o justo (Direito e justiça) não se superpõem. Fazer e aplicar as leis (*lex*) e fazer justiça (*jus*) não se confundem. O Direito é um instrumento de harmonização/dominação social e a justiça não existe por aqui, só floresce no Paraíso! [...]
>
> As leis produzidas pelo Estado prestam-se a assegurar ordem, segurança e paz, especialmente segurança em que os interesses dos mais fortes sejam assegurados... Não obstante devesse ser assim, cá entre nós, nos dias de hoje – como na canção de Roberto Carlos –, juízes sem preconceitos, sem saberem o que é o Direito, volta e meia fazem suas próprias leis. [...]

Os juízes aplicam o Direito, não fazem justiça! Vamos à Faculdade de Direito aprender Direito, não a justiça. Esta, repito, é lá em cima. Apenas na afirmação da legalidade e do Direito positivo a sociedade encontrará segurança e os humildes, proteção e garantia de seus direitos de defesa.

A independência judicial é vinculada à obediência dos juízes à lei. Os juízes, todos eles, são servos da lei. A justiça absoluta – aprendi esta lição em Kelsen – é um ideal irracional; a justiça absoluta só pode emanar de uma autoridade transcendente, só pode emanar de Deus.[7]

O Brasil não precisa de mais leis. O país precisa, na verdade, fomentar cultura de respeito às existentes, aos pactos firmados, considerados os princípios da livre iniciativa e da segurança jurídica. Eis o farol a guiar a atuação dos intérpretes do direito marítimo.

Conclusão

O direito deve proporcionar segurança jurídica, pilar do Estado Democrático. No Brasil, o Constituinte de 1988 preocupou-se em fazer valer a inteligibilidade do direito, exigida a clareza na formulação das regras jurídicas, no que devem ser estáveis. Os institutos da irretroatividade, do direito adquirido e do ato jurídico perfeito hão de prevalecer, norteando a retomada do desenvolvimento social.

Brasília/DF, novembro de 2019.

Informação bibliográfica deste texto, conforme a NBR 6023:2018 da Associação Brasileira de Normas Técnicas (ABNT):

MELLO, Marco Aurélio. Segurança jurídica e livre iniciativa no âmbito do direito marítimo. *In*: LEWANDOWSKI, Enrique Ricardo (Coord.). *Direito Marítimo*: estudos em homenagem aos 500 anos da circum-navegação de Fernão de Magalhães. Belo Horizonte: Fórum, 2021. p. 377-384. ISBN 978-65-5518-105-0.

---

[7] GRAU, Eros. Em defesa do positivismo jurídico. *O Estado de São Paulo*, 12 maio 2018. Disponível em: https://opiniao.estadao.com.br/noticias/geral,em-defesa-do-positivismo-juridico,70002305339.

LEI NACIONAL DE PRATICAGEM: UMA PROPOSTA DE AJUSTE AOS PARADIGMAS DA ORGANIZAÇÃO MARÍTIMA INTERNACIONAL

MATUSALÉM GONÇALVES PIMENTA

Introdução

Segundo a Organização Marítima Internacional (IMO), sistemas seguros e eficientes de praticagem contribuem para segurança da navegação e auxiliam na proteção do meio ambiente marinho. Ao revés, um defeito na prestação desse serviço, ou a sua não utilização, pode conduzir a acidentes com poluição hídrica de grandes proporções.

Com essas preocupações em mente, a IMO adotou a Resolução A.960 (23), em dezembro de 2003, para que os Estados-Membros passassem a colocá-la em prática, no sentido de cumprir uma padronização mínima para certificação e manutenção da expertise dos práticos (IMO, 2004).

A maioria dos países de tradição marítima ajustaram suas normas internas, dando primazia aos princípios elencados na resolução mencionada. O Brasil ainda carece desse ajuste, razão, portanto, da proposta desta pesquisa.

O problema está consubstanciado em saber se a internalização da resolução e sua efetiva observância traz benefícios à segurança da navegação em águas restritas, sobretudo reduzindo os índices de sinistralidade.

A hipótese a ser testada pressupõe que os índices de sinistralidade em águas restritas são menores em países que adotaram a resolução se comparados com aqueles que ainda relutam para observá-la.

O método de abordagem escolhido foi o indutivo, portanto, admite-se que as premissas levantadas, ainda que verdadeiras, levarão a conclusões prováveis (MARCONI; LAKATOS, 2010, p. 68). Os métodos de procedimento adotados foram o comparativo e o estatístico (LAMY, 2011, p. 48). A comparação está posta no direito comparado, envolvendo a análise das legislações dos países europeus e a estatística nos índices de sinistralidades encontrados em pesquisa de terceiro.

O trabalho tem como referencial teórico a tese de doutorado deste próprio autor e parte do ordenamento jurídico europeu, que culminou na internalização da Resolução A.960 (23) da IMO.

O texto está dividido em quatro seções. A primeira trata da história da praticagem brasileira e propõe uma mudança na atual nomenclatura que identifica o profissional estudado. A segunda aborda os princípios fundamentais do serviço de praticagem, emoldurados na resolução analisada, e que devem servir de parâmetros para os ajustes legais nos diversos países.

O terceiro ponto analisa algumas legislações europeias e uma pesquisa dos clubes de P&I sobre índices de sinistralidades em países de várias partes do mundo. Por fim, na última seção, conclui-se pela necessidade de uma Lei Nacional de Praticagem para o Brasil, propondo-se para tanto um anteprojeto de lei.

1   A praticagem no Brasil

> *Se um homem não sabe a que porto se dirige, nenhum vento lhe será favorável.*
>
> (Sêneca)

A atividade dos práticos, como assessores dos comandantes de navios para entrada e saída dos portos, é muito antiga e confunde-se com o surgimento do comércio marítimo. Dela se tem registro no Código de Hamurabi, nos Rolos de Rhodes e Oléron e em algumas passagens bíblicas. Assim, estima-se que o atuar desses profissionais exista há mais de quatro mil anos.

É consenso internacional que a navegação marítima se torna mais delicada e perigosa, quando em águas restritas, necessitando o comandante de um especialista, com conhecimento das particularidades locais para assessorá-lo. Desse modo, o capitão, responsável pela condução de seu navio, cruza com acurada competência os oceanos, muitas vezes durante meses, mas, a cada porto que chega, toma dali um *expert* – o prático – que lhe empresta seus conhecimentos técnicos e específicos daquela região.

Por essa razão, a presença do prático a bordo deve obedecer à política de Estado e nunca à de Governo, tendo por objetivo: garantir a segurança da navegação, proteger as vidas de bordo, a carga transportada, os patrimônios público e privado e, ainda, não menos importante, preservar o meio ambiente marinho.

No Brasil, esse serviço teve sua origem em 1808, coincidindo com a abertura dos portos às nações amigas, quando foi criada a Praticagem do Rio de Janeiro, por decreto do Príncipe Regente (D. João VI). O decreto foi baixado em conjunto com um regimento que regulamentava a profissão, assinado pelo Visconde d'Anadia, Ministro e Secretário de Estado dos Negócios da Marinha e Domínios Ultramarinos (PIMENTA, 2007, p. 58-59; 65-67):

> Por quanto pela Carta Régia de vinte e oito de janeiro próximo passado fui servido permitir aos navios das potências aliadas, e amigas da Minha Coroa a livre entrada nos portos deste Continente; sendo necessário, para que aqueles dos referidos navios, que demandarem o porto desta capital, não encontrem risco algum na sua entrada ou sahida, que haja *Pilotos Práticos* desta Barra [...] Palácio do Rio de Janeiro, em doze de junho de mil oitocentos e oito. Com a rubrica do PRÍNCIPE REGENTE N. S. (Grifos nossos)

Observa-se que os vocábulos para designar o profissional que se analisa, usado por Sua Majestade, foi "Piloto Prático" e não tão só "Prático" como registrado na atual legislação brasileira. Àquela época, não havia no Brasil pilotos marítimos brasileiros, havendo necessidade de profissionais estrangeiros fazerem esse trabalho.

Quiseram, então, as autoridades brasileiras, por medida de segurança nacional, que esses profissionais fossem brasileiros. Como não havia escola especializada para formá-los, tomou-se, do meio dos marítimos nacionais, homens que pudessem aprender "na prática", sendo treinados pelos profissionais estrangeiros existentes. Daí nasceu a expressão "Piloto Prático".

Ora, pelo texto do decreto mencionado, percebe-se que "prático" era adjetivo do substantivo "piloto", e que a adjetivação indicava a forma de aquisição dos conhecimentos necessários à profissão.

Assim, o profissional estrangeiro era o piloto e os brasileiros, que não tinham conhecimento náutico teórico e aprendiam com a prática, eram chamados de pilotos práticos. Tempos mais tarde (1863), por ordem de D. Pedro II, o então Capitão do Porto da Corte baixou um decreto, regulamentando a Praticagem de São João da Barra, província do Rio de Janeiro, do qual se destaca o art. 2º (PIMENTA, 2007, p. 62):

> Art. 2º Para o desempenho de tal serviço haverá dois práticos, dos quais um servirá de prático-mor e outro de seu ajudante; um atalayador, doze remadores e um escrevente, que será o mesmo da delegacia.

O referido capitão dos portos suprimiu a expressão "piloto", substantivando o adjetivo. Propositalmente ou não, parece ter havido equívoco filológico e morfológico. Explica-se.

Qualquer falante de língua portuguesa ao ouvir a palavra "prático" espera um substantivo que lhe dê sentido: médicos práticos, como os dos pés descalços na China, por exemplo; advogados práticos, como os rábulas do passado recente; dentistas práticos, como os "tiradentes" da Inconfidência Mineira ou um piloto prático, como no Decreto de D. João VI. Ao revés, denominar um profissional por adjetivo (prático) é cair em um vazio de significado, consubstanciando-se em teratologia linguística, por erro filológico, ao não se observar a história do vocábulo e por erro morfológico, na formação substantivada de um adjetivo.

Por essas razões, a primeira proposta, na hipótese de aprovação de uma Lei Nacional de Praticagem, seria a modificação do vocábulo que indica a profissão (prático), para a expressão "piloto marítimo", harmonizando-se com os demais países. Esses profissionais são conhecidos por pilotos em Portugal; por *pilots* nos países de língua inglesa; por *pilote* da França; por *pilota*, na Itália e assim por diante.

Maritime pilot é a expressão consagrada na comunidade marítima internacional, razão por que do seu uso na resolução específica da IMO que trata da profissão (IMO, 2004, p. 1). Também é assim que se identificam os práticos em todo o mundo, por meio de sua representação internacional – *International Maritime Pilots Association* (ABOUT..., [s.d.]).

De volta ao tema deste item, após essa necessária digressão, percebe-se que o serviço de praticagem no território brasileiro, desde os tempos de D. João VI, sempre foi regulamentado pela Marinha do Brasil, e vale ressaltar, de forma irreprochável.

Atualmente, a regulamentação é feita por força da Lei nº 9.537/1997, que trata da segurança do tráfego aquaviário em águas sob jurisdição nacional. Essa lei é genérica, abarcando vários aspectos da segurança da navegação, havendo tão só quatro artigos sobre a praticagem, sendo, portanto, insuficiente, no aviso deste pesquisador, para regulamentar essa importante profissão.

Ora, se há uma resolução aprovada pela IMO, que trata especificamente sobre o assunto, com recomendação para que seja colocada em prática pelos países-membros com a maior brevidade possível, verifica-se certa tibieza legislativa por parte do Brasil. *Verbis*: "URGES Governments to give effect to these Recommendations as soon as possible"[1] (IMO, 2004, p. 2).

Considerando que o Brasil ostenta o *status* de país-membro da IMO, desde 1963, tem compromissos com os propósitos dessa organização, não só na divulgação como também, e máxime, no cumprimento de suas diretrizes, convenções e resoluções (BRASIL, [s.d.]).

Mesmo que houvesse dúvida, ainda assim, a resolução seria obrigatória no Brasil, em razão de esse diploma internacional tratar de segurança da navegação e controle da poluição ambiental causada por embarcações, nos termos do art. 36 da Lei nº 9.537/97.

O objetivo da IMO foi criar um padrão mínimo de formação e manutenção de conhecimento específico dos práticos, visando a minimizar os índices de sinistralidades nos portos, sobretudo em relação àqueles acidentes que causam poluição marinha. Nessa linha, a resolução estabeleceu alguns princípios fundamentais que devem constar das legislações dos Estados-Membros, conforme se analisará no capítulo seguinte.

---

[1] "EXORTA os Governos a aplicarem essas recomendações o mais rápido possível" (tradução livre do autor).

2 Princípios fundamentais da praticagem

> *Tanto regras quanto princípios são normas, porque ambos dizem o que deve ser.*
> (ALEXY, 2015)

A partir da consciência do dever de proteção de direitos difusos, envolvendo o tráfego marítimo, a maioria dos países passou a adotar medidas de regulação técnica do serviço de praticagem, no desejo de cooperação internacional, aderindo ao trabalho liderado pela Organização Marítima Internacional (IMO).

Nessa cadência, os princípios a seguir elencados possuem caráter ontológico, na medida em que se confundem com o próprio sentido de existência da profissão do prático. Por essa razão, a ofensa a qualquer deles representa sério risco aos bens protegidos pelo sistema.

Nos próximos tópicos serão analisados os princípios fundamentais estabelecidos pela Assembleia da Organização Marítima Internacional, quando da adoção da Resolução A.960 (23). Entre outros, são princípios fundamentais da praticagem os explicitados a seguir.

2.1 Princípio da sinistralidade mínima

O princípio da sinistralidade mínima é sem dúvida o mais relevante da atividade de praticagem. Todos os demais princípios a esse se posicionam em condição de dependência. Mitigar a possibilidade de acidentes é a razão de ser do prático. Se de um lado o princípio reconhece a impossibilidade de eliminação total dos sinistros, de outro, aponta para a realidade possível de se alcançar índices mínimos de acidentes, por meio de trabalho eficiente e eficaz.

O atuar do prático, remunerado tão só pelo serviço prestado, já que não participa dos lucros do negócio marítimo, gera uma série de externalidades positivas, beneficiando o conjunto da sociedade, embora tal fato não seja percebido pela maioria da população. Quando o dia amanhece e as praias estão limpas, quando os pescadores vão normalmente às suas lides, quando o tráfego do porto não sofre solução de continuidade e quando os jornais não noticiam nenhuma tragédia ecológica nas vias navegáveis, é porque, na noite anterior, os práticos atuaram eficientemente em seu labor.

De outra mão, se a prestação do serviço for inadequada, as externalidades, desta feita, negativas, far-se-ão presentes nos danos causados a vários setores da economia. Um único acidente marítimo pode trazer prejuízos de difícil reparação ao meio ambiente, à colônia de pescadores, ao abastecimento de cidades, à segurança da navegação, ao patrimônio público e privado e máxime às vidas que militam no setor marítimo.

Por conseguinte, a possibilidade de essas externalidades negativas ocorrerem é a principal razão para que os serviços de praticagem sejam regulados tecnicamente, na busca de índices mínimos de sinistralidade.

A IMO reconheceu a importância dos práticos na promoção da segurança da navegação e na proteção do meio ambiente marinho, recomendando aos governos dos Estados-Membros a adoção de sistemas de praticagem seguros e eficientes, obviamente, no desejo de se elidir ou mitigar as externalidades negativas (IMO, 2004, p. 1-3). *Verbis*:

> Recognizing that maritime pilots play an important role in promoting maritime safety and protecting the marine environment [...]. Governments should encourage the establishment or maintenance of competent pilotage authorities to administer safe and efficient pilotage systems.[2]

---

[2] "Reconhecendo que os práticos desempenham um papel importante na promoção da segurança da navegação e do meio ambiente marinho [...]. Os governos devem encorajar a criação ou manutenção de autoridades de praticagem competentes para administrar sistemas seguros e eficientes" (tradução livre do autor).

Insta sublinhar que o princípio da sinistralidade mínima aponta para dois vetores distintos: a obrigatoriedade do serviço e a formação do prático. Não haverá sistema seguro e eficiente se os práticos não possuírem expertise adequada. Tampouco, de nada adianta um serviço altamente especializado, seguro e eficiente, se ele não for usado pelos armadores e pelos comandantes.

Em cumprimento às recomendações da IMO, os países-membros positivaram ou mantiveram em suas legislações o serviço de praticagem compulsório e adequaram seus requisitos de formação de práticos aos paradigmas da organização.

Concluindo este tópico, percebe-se que um sistema seguro e eficiente de praticagem, que vise a índices mínimos de sinistralidade, passa pela obrigatoriedade do serviço como regra e pela formação de excelência do profissional de praticagem como meta constante.

2.2 Princípio da independência funcional

Há determinadas funções em que a decisão tomada pelo profissional à frente do caso deve ser respeitada pelas autoridades a ele vinculadas, sob pena de violação do princípio da independência funcional. Exemplo desse princípio colhe-se no direito processual penal. É como se demonstra.

Consoante o art. 28 do Código de Processo Penal, na hipótese de o promotor requerer o arquivamento do inquérito policial, e de o juiz considerar improcedentes suas razões, o magistrado fará remessa da peça ao procurador-geral e ele oferecerá a denúncia, designará outro órgão para oferecê-la ou insistirá no pedido de arquivamento. Nessa última hipótese, estará o juiz obrigado a arquivar o processo.

Percebe-se que o procurador-geral, em respeito ao princípio da independência funcional, não obriga o promotor que requereu o arquivamento à retratação para não ferir sua consciência jurídica (TOURINHO FILHO, 2004, p. 399).

Percebendo a importância do princípio da independência funcional, a IMO, por meio da resolução que se analisa, emitiu a seguinte recomendação aos países-membros (IMO, 2004, preâmbulo e anexo 2, 8):

> The ASSEMBLY, RECALLING Article 15 (j) of the Convention on the International Maritime Organization concerning the functions of the assembly in relation to regulations and guidelines concerning maritime safety and prevention and control of marine pollution from ships, [...] ADOPTS the following recommendations: [...] The pilot should have the right to refuse pilotage when the ship to be piloted poses a danger to the safety of navigation or to the environment.[3]

Tomando emprestado a afirmação de Tourinho Filho, mencionada anteriormente, tem-se que obrigar o prático a executar uma manobra que ele julgue de risco inaceitável seria violentar a "consciência náutica" do profissional. Daí, parece acertada a decisão da IMO em garantir o direito de o prático recusar navegação ou manobra que sua consciência profissional reprovar.

2.3 Princípio da experiência recente

As atualizações profissionais são exigências de qualquer atividade. Médicos, engenheiros, advogados, sociólogos, cientistas políticos e tantos outros necessitam de estudo e participações em congressos constantes, a fim de manterem-se informados das novas tendências, das novas descobertas. No entanto, na atividade de praticagem, tais exigências ganham contorno especial, estando positivadas em diversos ordenamentos jurídicos.

---

[3] "A Assembleia, relembrando o art. 15 (j) da Convenção da Organização Marítima Internacional, relativo às atribuições da assembleia em relação aos regulamentos e orientações em matéria de segurança da navegação, de prevenção e controle da poluição marinha causada por navios, [...] APROVA as seguintes recomendações: [...] o prático deve ter o direito de recusar manobra quando o navio a ser praticado representar risco à segurança da navegação ou ao meio ambiente marinho" (tradução livre do autor).

O prático deve manter-se familiarizado com as peculiaridades de sua zona de praticagem. Não se trata de simples atualizações ou participações em congressos, mas da intimidade que, se faltante, pode ser fator determinante para acidentes marítimos.

Os termos "familiaridade" e "experiência recente" foram os escolhidos pela IMO para explicar a necessidade de manutenção da expertise do prático. Eis o imperativo da resolução (IMO, 2004, anexo I, 6.3): "Where a pilot in cases of absence from duty, for whatever reason, is lacking recent experience in the pilotage area, the competent pilotage authority should satisfy itself that the pilot regains familiarity with the area on his or her return to duty".[4]

Nesses termos, quis a Organização Internacional definir que a expertise exigida de um prático vai além daquelas esperadas dos demais profissionais. A familiaridade com a navegação em águas restritas depende de "experiência recente". Na hipótese de afastamento, normalmente para tratamento de saúde, o prático deve passar por *professional updating*, antes do seu retorno à escala de serviço.

Não basta ao prático, ou ao comandante na hipótese de isenção da obrigatoriedade de uso do serviço, ser experiente. Importa, além do tempo em que exerce a profissão, a manutenção da experiência recente. Ou seja, a experiência deve unir-se à familiaridade do dia a dia.

O princípio da experiência recente aponta, adicionalmente, para uma precaução que devem ter as autoridades competentes, quando da certificação de comandantes, no que tange à isenção de praticagem. Deve-se exigir do comandante, além da comprovada experiência, a manutenção da experiência recente, como dito anteriormente.

---

[4] "Quando da hipótese de ausência do serviço, não importando qual seja o motivo, estiver faltando a determinado prático experiência recente na sua zona de praticagem, a autoridade competente deve certificar-se de que esse prático readquiriu sua familiaridade com a área, antes de seu retorno às atividades" (tradução livre do autor).

2.4 Princípio do número limitado

Ressalva-se que, tanto este quanto o próximo princípio a ser comentado, estão intimamente ligados ao princípio da experiência recente. Não há como se manter a familiaridade com as particularidades locais se não houver número limitado de práticos para cada região e escala de serviços que faça a divisão equânime do trabalho.

Nessa sonoridade, o princípio do número limitado obedece à mesma lógica da importância da familiaridade, como condição para manutenção da expertise. Acrescenta-se, ainda, a possibilidade de o trabalho ocorrer sob fadiga, quando o número de práticos para determinada região estiver aquém da necessidade.

O princípio, que ora se expõe, aponta para o respeito ao binômio: fadiga *versus* expertise. Vale dizer que um número elevado de práticos em determinada zona de praticagem diminui, não só a expertise, como também, e máxime, a experiência recente. De outra mão, número reduzido de profissionais traria excesso de trabalho, podendo comprometer o repouso necessário, expondo o prático à fadiga.

Se a resolução sob comento trata da expertise (IMO, 2004, anexo 2, 9), como já indicado, também se preocupa com a possibilidade de fadiga, recomendando repouso que permita um atuar sob condições de descanso e alerta adequados: "Pilots should be adequately rested and mentally alert in order to provide undivided attention to pilotage duties for the duration of the passage".[5]

Se tanto a falta da experiência recente quanto o trabalho sob fadiga são fatores determinantes de acidentes marítimos, cabe à autoridade responsável determinar o número ideal e necessário que evite este e mantenha aquela.

---

[5] "Os práticos devem estar devidamente descansados física e mentalmente, a fim de prestar atenção individualizada durante todo o serviço de praticagem" (tradução livre do autor).

Por conseguinte, ainda que a resolução não trate de forma explícita de número limitado de profissionais por zona de praticagem, percebe-se, por hermenêutica teleológica, que o princípio sob comento é consectário lógico do princípio da experiência recente, vez que não se consegue obedecer a este se não existir o respeito àquele.

2.5 Princípio da divisão equânime

Como dito anteriormente, esse princípio prevê a divisão equilibrada do serviço, para que todos os práticos da mesma área possam manter suas habilitações e, em conformidade com os parâmetros da IMO, manter a experiência recente.

De pouco adiantaria o estabelecimento de número determinado de práticos se as manobras fossem direcionadas de forma a privilegiar alguns em detrimento de outros. Em pouco tempo, alguns práticos perderiam suas habilitações, pela falta da experiência recente.

Esse princípio aponta para a necessidade de escala única para cada zona de praticagem, não podendo o tomador de serviço escolher o profissional que manobrará seu navio. Essa mitigação na liberdade do armador justifica-se pela necessidade de atender-se ao princípio da primazia do interesse público. De forma sinalagmática, não pode o prático se recusar a prestar o serviço, quando a ele distribuído pela divisão equânime da escala.

De toda sorte, a obediência a esse princípio só será eficaz se houver também aplicação do princípio do número limitado. Por mais que se faça divisão equânime, se o número de práticos for excessivo, todos manobrarão em número insuficiente para a manutenção da familiaridade recomendada pela IMO.

Concluindo esse item, percebe-se que os princípios fundamentais da praticagem, estabelecidos pela IMO, não se harmonizam com um sistema de livre concorrência. Essa prática, que na maioria dos setores da economia é saudável, para a praticagem representa severa violação aos princípios fundamentais da profissão e coloca em risco a segurança da navegação.

Não é por acaso que não existe concorrência no setor de praticagem na Europa, nos Estados Unidos, no Canadá, na China, no Japão, na Austrália, tampouco em nenhum país desenvolvido do mundo. Tem-se notícia de que, de quando em vez, em países onde o *lobby* se une à corrupção, o desejo de concorrência aparece, mas não há notícia de que a concorrência tenha se estabelecido com sucesso.

3   A praticagem nos países europeus

> *Quando as normas [internacionais] são desobedecidas, não é com base no argumento de que não são vinculantes; pelo contrário, envidam-se esforços para esconder os fatos.*
> (HART, 2012)

No caso específico da Resolução A.960 (23) da Organização Marítima Internacional (IMO), a preocupação extrapola a esfera dos Estados, sendo alvo da atenção de blocos econômicos e entidades que agregam interesses comuns.

É consabido que as relações entre os países da União Europeia (UE) são tratadas por meio de política externa e de segurança comum, decidida pelo Parlamento e Conselho europeus.

Nesse contexto, a mencionada resolução da IMO foi considerada pela UE medida de segurança comum, a proteger o meio ambiente marinho. É como se demonstra no próximo subitem.

3.1 A posição da União Europeia

Tendo o Parlamento Europeu e o seu Conselho poder e atribuição para estabelecer normas que se tornam de aplicação compulsória para todos os Estados-Membros, decidiram, Parlamento e Conselho, adotar um regulamento sobre o regime de prestação de serviços portuários.

O Regulamento 2017/352 foi adotado em 15.2.2017 (UNIÃO EUROPEIA, 2017), visando à otimização dos portos europeus no sentido da eficiência do serviço prestado.

Restou claro no texto do regulamento o desejo do legislador de um aperfeiçoamento de todo o pessoal envolvido na prestação dos serviços portuários, incluindo a certificação e a manutenção da expertise dos práticos, nos termos da Resolução A.960 (23) da IMO (UNIÃO EUROPEIA, 2017/352, (39) e art. 14).

Ao citar a Resolução A.960 (23) da IMO nas considerações preliminares desse regulamento, Parlamento e Conselho europeus apontaram no sentido de que essa resolução deve servir de base para os Estados-Membros estabelecerem suas normas internas.

Portanto, a formação e a manutenção da expertise dos práticos europeus devem estar fincadas nas recomendações da IMO, conforme se depreende do art. 14 desse regulamento, mencionado anteriormente.

Como os dirigentes da União Europeia chegaram a essa conclusão? Como sabiam que essa resolução, tão específica, era de importância máxima para a proteção do meio ambiente, para segurança da navegação e para a eficiência dos seus portos?

Sabe-se que o convencimento do legislador, quando há obviamente seriedade na prestação do múnus público, ocorre por meio de exaustivo e sério trabalho técnico e político. Provavelmente, essa tarefa foi muito bem executada pela respeitada entidade não governamental que reúne interesses dos práticos europeus (*European Maritime Pilots' Association*). É o que inferiu a pesquisa e o que se explica no item seguinte.

3.2 A posição da Associação Europeia de Práticos

Criada em Antuérpia (Bélgica – 1963), a *European Maritime Pilots' Association* (EMPA) é uma organização sem fins lucrativos que visa a facilitar a comunicação e implementação de diretrizes relacionadas com a segurança da navegação entre seus associados.

Atualmente, representa cerca de 5.000 práticos de 25 países da União Europeia, além da Noruega, da Rússia, da Croácia, da Turquia e da Ucrânia, aglutinando as associações de práticos dos países do Mar Báltico, do Mar do Norte, do Oceano Atlântico, do Mediterrâneo e do Mar Negro (ABOUT, 2017).[6]

A EMPA goza do mais alto respeito da comunidade internacional e suas diretrizes são recebidas e implementadas pelas associações de práticos que a ela se agregam.

Propondo um desafio duplo para o serviço de praticagem – manutenção da segurança e competitividade do tráfego marítimo – a Associação dos Práticos Europeus adotou uma carta, com caráter de pacto, na cidade de Amsterdam, em maio de 2011 (EMPA..., 2011).

Entre muitos compromissos importantes assumidos nessa carta, estão os relacionados com o treinamento e certificação dos práticos que devem ser implementados com base na resolução que se analisa e no próprio código da EMPA:

> 1.7 PILOT'S SKILL AND TRAINING REQUIREMENTS. The training and certification of pilots should be in accordance with IMO Res. A.960 Annex 1 and the Guidelines of the EMPA Education, Training and Certification Standard (ETCS).[7]

---

[6] Ao tempo da escrita desta pesquisa, o Reino Unido, embora em processo de saída, pertencia à União Europeia.
[7] "1.7 EXPERTISE E REQUISITOS DE TREINAMENTO DO PRÁTICO. A certificação e o treinamento dos práticos devem estar de acordo com a Resolução A.960, Anexo 1 e com as diretrizes específicas da EMPA (ETCS)".

Mais relacionado com este trabalho está o fato de a EMPA ter adotado um código para padronizar a educação, o treinamento e a certificação dos práticos europeus (EMPA, 2004). Ainda que não tenha caráter mandatório, sua implementação não é discutida, tampouco enfrentada, pelas associações europeias de práticos.

Ademais, esse código não deixa qualquer dúvida de que a Resolução A.960 (23), juntamente com outras resoluções da IMO, é instrumento essencial na formação e manutenção da expertise dos práticos e, portanto, deve ser adotada pelas associações de praticagem da Europa (EMPA, 2004, 3.5.1).

Por essas razões, esta pesquisa pôde inferir que o trabalho de excelência desenvolvido pela EMPA, provavelmente, influenciou o Parlamento e o Conselho europeus a positivarem no ordenamento jurídico da União Europeia um regulamento portuário que impusesse às autoridades a formação dos práticos europeus, nos moldes da Resolução A.960 (23) da IMO.

3.3 O posicionamento dos Estados europeus

A consciência ambiental de alguns países faz com que a prevenção e a precaução, princípios basilares do direito ambiental, estejam presentes em vários dispositivos de leis e regulamentos de seus ordenamentos jurídicos. Assim, é comum que resoluções de linha *soft* apareçam nessas regras internas para que haja uma consciência da necessidade de suas observâncias.

Nesse diapasão, a Resolução A.960 (23) da IMO está presente em regulamentos, diretrizes e códigos de diversos Estados da Europa. Nos próximos subitens serão analisadas algumas dessas normas, separadas por países.

3.3.1 No Reino Unido

Embora não houvesse para o Reino Unido (UK) qualquer necessidade de norma interna, concernente à resolução analisada, vez que ela se encontra nas recomendações da IMO, no Regulamento da União Europeia e nas diretrizes da EMPA, o UK decidiu positivar a resolução no seu Código Portuário de Segurança Marítima (DFT; MCA, 2016b).

Esse código, produzido pelo esforço conjunto do Ministério dos Transportes e da Guarda Costeira, é direcionado a todas as autoridades portuárias do Reino Unido, com severas recomendações quanto ao nível de segurança esperado.

O prefácio ao código é escrito pelo próprio Ministro dos Transportes que o justifica, na medida em que os portos são responsáveis pela quase totalidade de movimentação de cargas no UK, devendo ser alvo das preocupações com a segurança e a eficiência (DFT; MCA, 2016b, p. 1).

No ponto em que trata do serviço de praticagem, o código imprime a exigência para altos padrões de segurança e eficiência, apontando para necessidade de treinamento e certificação dos práticos nos padrões da resolução da IMO (DFT; MCA, 2016b, 4.14).

Além do Código Portuário de Segurança Marítima, o Reino Unido produziu um guia de boas práticas para as operações nos portos marítimos (DFT; MCA, 2016a).

Conforme sua introdução, esse guia tem caráter suplementar ao Código Portuário, oferecendo mais detalhes e interpretações necessárias à perfeita compreensão daquele código.

Com relação ao serviço de praticagem, reforça a necessidade de as autoridades portuárias aplicarem a lei de praticagem, harmonizada com as recomendações da IMO constantes na Resolução A.960 (DFT; MCA, 2016a, 9.2.2).

Conclui-se que para o Reino Unido a aplicação da resolução da IMO é de extrema importância, não havendo questionamento quanto à sua obrigatoriedade. Se não pela força jurídica, a sua aplicação ocorre pela consciência de sua necessidade e pelas várias exortações contidas no ordenamento interno.

3.3.2 Na Alemanha

No mesmo passo do Reino Unido, a Alemanha positivou em seu ordenamento jurídico a Resolução A.960 (23) da IMO. A portaria específica, publicada em 2014, trata da formação e da necessidade de manutenção da expertise dos práticos alemães, tendo como base as recomendações da IMO (BUNDESMINISTERIUMS DER JUSTIZ UND FÜR VERBRAUCHERSCHUTZ SOWIE DES BUNDESAMTS FÜR JUSTIZ, 2014).

Esse regulamento nacional ocorreu para uniformizar o que as autoridades portuárias já praticavam, cada uma a seu modo, em seus portos de jurisdição. Exemplifica-se a seguir com o regulamento aprovado em 2012, para o porto de Hamburgo (THE HAMBURG..., 2012).

Percebe-se, nesse regulamento de Hamburgo, que essa preocupação com a prestação do serviço de praticagem em níveis de excelência está harmonizada não só com a expectativa do mercado de bons serviços, mas, também, com a demanda do mercado com navios cada vez maiores e manobras cada vez mais complexas.

Verifica-se, por conseguinte, que a aplicação na Alemanha da resolução sob estudo ocorre por força do ordenamento jurídico, servindo como base para formação e manutenção da expertise dos práticos.

3.3.3 Na Espanha

No território espanhol não foi diferente dos demais países já analisados. A positivação legal da resolução que se estuda ocorreu por meio de uma resolução interna da Direção-Geral da Marinha Mercante, publicada no *Diário Oficial do Estado*, em 19.3.2013 (ESPANHA, 2013).

As autoridades espanholas perceberam a necessidade de garantir que seus práticos tivessem suas expertises e atualizações de conhecimentos, nos moldes do recomendado na Resolução A.960 (23) da IMO.

A resolução espanhola serviu para adaptar os cursos de formação e manutenção de conhecimento dos práticos aos paradigmas esposados pela IMO.

Do conteúdo dessa resolução interna, depreende-se que as autoridades espanholas decidiram acatar não só as recomendações da IMO, como também as recomendações e o trabalho de convencimento da Associação Europeia de Práticos.

3.3.4 Em Portugal

A pesquisa não encontrou no ordenamento jurídico português qualquer norma que adotasse ou recomendasse a resolução que se analisa. Na busca por informações mais apuradas, decidiu-se por uma pesquisa de campo.

Em entrevista com um prático português, obteve-se o esclarecimento de que as recomendações da IMO eram o bastante para Portugal adotá-la, sem a necessidade de regulação interna.

Foi dito ainda pelo entrevistado que com o atual Regulamento Especial da União Europeia, de 2017, não há mais qualquer dúvida sobre a necessidade de as autoridades de praticagem europeias cumprirem a resolução da IMO.

Ademais, acrescentou o entrevistado que o decreto-lei português que regula a praticagem já traz uma série de princípios que reflete os parâmetros daquela resolução (Decreto-Lei nº 48/2002). É como se demonstra pelo texto da resolução da IMO seguido do correspondente no decreto-lei português:

> Resolution IMO A.960 (23). ANNEX 2 – 8. Refusal of pilotage services. The pilot should have the right to refuse pilotage when the ship to be piloted poses a danger to the safety of navigation or to the environment. Any such refusal, together with the reason, should be immediately reported to the appropriate authority for action as appropriate.

> Decreto-Lei 48/2002. ANEXO I. REGULAMENTO GERAL DO SERVIÇO DE PILOTAGEM. Artigo 4º [...] 2 – Assiste ao piloto o direito de recusar a pilotagem quando a embarcação a pilotar constitua perigo para a segurança da navegação ou para o ambiente marinho [...] Qualquer recusa de pilotagem, no âmbito do previsto no número anterior, deve ser imediatamente comunicada superiormente, por via hierárquica, de forma verbal e, posteriormente, por escrito, acompanhada da respectiva fundamentação.

De fácil percepção, o autor legislativo português desejou atualizar seu regulamento de praticagem à luz da Resolução A.960 (23) da IMO. Interessante notar que o decreto-lei é de março de 2002 e a resolução da IMO só foi adotada em dezembro de 2003.

Pela similitude do texto e da observância dos mesmos princípios, deduz-se que o legislador, mesmo antes da adoção oficial pela IMO da resolução, entendeu por bem atualizar sua regulamentação interna nos moldes daquilo que já se sabia que seria aprovado na Assembleia-Geral da IMO.

3.4 Relatório do Subcomitê de Praticagem do Grupo de Seguradores Marítimos

Proteção e indenização é a abreviatura de P&I – *protection and indemnity*. Os clubes de P&I surgiram no século XIX, tendo como objetivo complementar as apólices comerciais marítimas.

Trata-se de um seguro que tem como fundamento a mutualidade. Seus associados fazem, no início de cada ano, uma chamada antecipada – *advance call*, criando um fundo para cobrir seus sinistros.

Se ao longo do ano os sinistros ocorrerem em maiores proporções do que o esperado, e os clubes tiverem de pagar mais do que o arrecadado, os armadores contribuirão com uma chamada extra – *supplementary call*.

Há vários clubes desse tipo e alguns se unem por meio de entidades que concentram interesses comuns. Como exemplo, tem-se o *International Group of P&I Clubs*. Esse grupo possui um subcomitê exclusivo para estudar os acidentes oriundos de erro dos práticos.

O objetivo é propor, aos seus associados, medidas profiláticas que possam reduzir os índices de sinistralidades em águas restritas, quando os navios são orientados por práticos locais. A lógica é: quanto menos acidentes, menores serão as chamadas anuais e menos frequentes serão as chamadas complementares.

O Subcomitê de Praticagem do *International Group* apresentou aos seus associados um relatório sobre demandas de indenização acima de US$100.000,00 (cem mil dólares) por erro de prático (INTERNATIONAL GROUP OF P&I CLUBS, 2004). A pesquisa foi realizada entre 1999 e 2004.

O relatório comenta os vários tipos de acidentes e faz recomendações aos seus associados. Uma das recomendações é estabelecer entendimento da importância da Resolução A.960 (23) da IMO e fazer com que seus comandantes, ao receberem os práticos locais, cumpram as normas pertinentes à equipe de passadiço, contidas naquela resolução.

Um dos pontos mais interessantes do relatório é a apresentação de um gráfico que mostra os índices de sinistralidades de diversos países. Verifica-se facilmente que entre os 11 (onze) países que ostentam os menores índices, 8 (oito) são europeus. De outra mão, entre os 11 (onze) que apresentam os maiores índices de sinistralidade, apenas 2 (dois) são países da Europa (INTERNATIONAL GROUP OF P&I CLUBS, 2004, p. 13).

Nos subitens anteriores, verificou-se que a União Europeia adotou em seus regulamentos a Resolução A.960 (23) da IMO. Verificou-se, ainda, que há uma entidade que congrega as associações de praticagem da Europa (Empa) que recomenda a implementação da resolução. Por último, foram analisadas algumas legislações de países europeus onde a resolução faz parte de seus ordenamentos jurídicos.

Conclui-se, com a ajuda do relatório dos clubes de P&I, que nos países onde a resolução analisada é de observância obrigatória (países europeus), os índices de sinistralidades em águas restritas são muito menores, se comparados com os demais países.

4 Proposta para uma lei nacional de praticagem

> *Um mesmo homem não pode pisar por duas vezes um mesmo rio, porque muda o rio e muda o homem.*
> (Heráclito)

Os países de tradição marítima têm seus sistemas de praticagem regulados por lei. É assim na maioria dos países europeus, nos Estados Unidos, no Canadá, no Japão e tantos outros. Essa prática tem como objetivo trazer segurança jurídica ao setor e evitar o desejo de armadores que, preocupados tão só com seus lucros, onde encontram facilidade, exercem forte *lobby* para que possíveis mudanças na regulação lhe tragam benefícios econômicos, ainda que comprometam a segurança da navegação.

No Brasil, como exemplo, está a quantidade excessiva de projetos de lei propostos pelos mais variados partidos políticos, na tentativa de modificar a Lei de Segurança do Tráfego Aquaviário (Lesta), sempre nos artigos que tocam à praticagem. A maioria desses projetos objetiva preços irrisórios ou uma concorrência predatória que atinja o primeiro objetivo.

Desse modo, essa insegurança seria mitigada se a sociedade, juntamente com o Congresso Nacional, discutisse e aprovasse uma lei que estabelecesse a regulação do serviço de praticagem no Brasil, seguindo os parâmetros técnicos adotados na Resolução A.960 (23) da IMO. Eis a contribuição deste pesquisador.

Conforme mencionado no primeiro item, o termo "prático" não guarda relação com a nomenclatura internacional. Por essa razão, na proposta a seguir, adotou-se a expressão "piloto marítimo" (*maritime pilot*), na tentativa de harmonizar o texto legal brasileiro ao internacionalmente utilizado.

ANTEPROJETO DE LEI

Lei N⁰ _____. Dispõe sobre o serviço de pilotagem marítima, exercido nas respectivas zonas estabelecidas pela autoridade marítima e dá outras providências.

Capítulo I
Disposições Gerais

Art. 1º O serviço de pilotagem marítima será exercido nas respectivas zonas estabelecidas por portaria da autoridade marítima e regido por esta Lei.

§1º O serviço será obrigatório para embarcações nacionais e estrangeiras, sujeitando-se os infratores às penalidades estabelecidas nesta Lei;

§2º A autoridade marítima estabelecerá as zonas de pilotagem obrigatória, podendo emitir certificados de isenção a embarcações e a comandantes que cumprirem os requisitos por ela estabelecidos em norma.

Art. 2º Para os efeitos desta Lei, ficam estabelecidos os seguintes conceitos:

I - Piloto marítimo – Aquaviário que presta serviço eventual de assessoria técnica aos comandantes ou responsáveis técnicos de embarcações no interior da zona de pilotagem para qual estiver certificado pela autoridade marítima;

II - Aquaviário – Profissional certificado pela autoridade marítima para exercer funções específicas a bordo de embarcações;

III - Comandante – Profissional responsável pela operação náutica e pela segurança da embarcação, da carga, da tripulação, dos passageiros e demais pessoas que prestam serviços eventuais a bordo;

IV - Embarcação – Toda e qualquer construção naval capaz de transportar carga ou pessoas, com ou sem propulsão própria, incluindo as plataformas, quando em movimento, que possua comandante ou responsável técnico;

V - Zona de pilotagem – Área definida pela autoridade marítima onde haja necessidade de os comandantes ou responsáveis técnicos de embarcações serem assessorados por pilotos marítimos;

VI - Aquaviário habilitado – Profissional certificado pela autoridade marítima que cumpre as exigências estabelecidas em norma para o exercício de sua função;

VII - Atalaia – Estrutura complexa de apoio ao serviço de pilotagem que se comunica com as embarcações colhendo e fornecendo informações importantes para o embarque e desembarque dos pilotos marítimos;

VIII - Lancha de pilotagem – Lancha destinada ao transporte do piloto marítimo que possui características especiais aprovadas pela autoridade marítima.

Capítulo II
Do Serviço de Pilotagem Marítima

Art. 3º O serviço de pilotagem consubstancia-se na necessária assessoria técnica aos comandantes ou responsáveis técnicos de embarcações, nas zonas de pilotagem estabelecidas, em razão de particularidades locais que podem comprometer a segurança da navegação ou a proteção do meio ambiente marinho.

Parágrafo único. A pilotagem marítima é considerada serviço essencial, devendo a autoridade marítima garantir a sua prestação de forma ininterrupta.

Art. 4º O serviço de pilotagem será exercido, em caráter privado, por pilotos marítimos certificados e habilitados pela autoridade marítima. O serviço poderá ser prestado individualmente ou por meio de sociedades, mediante acordo, livremente negociado entre os pilotos e os armadores, podendo as partes fazerem-se representar por mandatários ou seus respectivos sindicatos.

§1º Na hipótese de inexistência de acordo ou de desejo de não renovação do contrato existente, a questão poderá ser resolvida pelo Poder Judiciário ou por Arbitragem, se houver previsão contratual;

§2º Enquanto durar a lide, sem estabelecimento de novos preços, o serviço não poderá ser interrompido pelos pilotos, tampouco poderá o pagamento ser negado pelos tomadores, devendo provisoriamente ser cobrado o valor do último contrato, corrigido anualmente, ou o valor de tabela prévia e publicamente divulgada;

§3º A responsabilidade pelo pagamento do serviço prestado, na hipótese de armador estrangeiro, será do seu representante ou mandatário que requisitar o serviço.

§4º O exercício ilegal da profissão estará sujeito às penas desta Lei e será constatado quando o serviço de pilotagem for executado por profissional não habilitado nos termos do *caput* deste artigo.

Art. 5º A autoridade marítima exercerá controle e fiscalização, no que diz respeito aos parâmetros técnicos da pilotagem.

Parágrafo único. No exercício de sua função de controle e fiscalização a autoridade marítima deverá:

I - estabelecer o número de pilotos marítimos necessário para cada zona de pilotagem, de tal ordem que não haja insuficiência de profissionais que leve à fadiga daqueles que estiverem em atividade, tampouco excesso que diminua a experiência recente destes, em cumprimento da Resolução

A.960 (23) da Organização Marítima Internacional (IMO) ou de outra norma internacional que vier substituí-la;

II - homologar escala única, elaborada pela entidade local, que contemple todos os pilotos marítimos da zona de pilotagem e que distribua o serviço de forma mais equânime possível, visando à manutenção da experiência recente dos profissionais, nos moldes da resolução mencionada no inciso anterior;

III - requisitar o serviço de pilotagem, em caráter excepcional, quando em situações emergenciais, de risco ou de interesse nacional;

IV - requisitar piloto experiente para compor banca examinadora nos processos seletivos para aspirantes e pilotos marítimos, devendo as requisições ser feitas nas diversas zonas de pilotagem e, na medida do possível, sem prejudicar a escala de trabalho.

Art. 6º O piloto marítimo tem o direito de recusar a navegação ou a manobra de embarcação quando convencido de que o serviço coloca em risco a segurança da navegação ou a proteção do meio ambiente marinho, nos termos da Resolução da IMO. Poderá a autoridade marítima requisitar os fundamentos que levaram o piloto a recusar o serviço.

§1º Na hipótese de recusa, nos termos do *caput*, a autoridade marítima poderá, após analisar os fundamentos apresentados pelo piloto: concordar com a recusa autorizando a manobra em outra ocasião mais favorável ou estabelecendo condicionantes. Se não concordar, deverá consultar o representante único do serviço de pilotagem (RUSP). Este indicará outro piloto para a manobra ou insistirá na recusa. Havendo insistência na recusa pelo RUSP, a autoridade marítima deverá cancelar a manobra, podendo autorizá-la, sob condicionantes;

§2º Se os fundamentos do piloto estiverem relacionados à segurança da navegação ou à proteção do meio ambiente marinho, ainda que haja divergência de outro piloto ou da autoridade marítima, não poderá o piloto que recusou a manobra ser punido, assegurando-lhe o direito de recusa estabelecido na Resolução da IMO;

§3º Se os fundamentos apresentados pelo piloto não estiverem jungidos à segurança da navegação ou à proteção do meio ambiente, e forem considerados desprovidos de razoabilidade, poderá a autoridade marítima, após julgamento do respectivo processo administrativo, aplicar-lhe as penalidades definidas nesta Lei;

§4º A agência marítima ou armador, que tiver sua inadimplência notificada por qualquer meio escrito, deverá, a critério da sociedade de pilotagem, depositar antecipadamente o valor da nova manobra requisitada. Nessa hipótese, o não atendimento do serviço não será considerado "recusa".

Capítulo III
Da Certificação do Aspirante e do Piloto Marítimo

Art. 7º Serão certificados como aspirantes a piloto marítimo os profissionais legitimados e classificados, após processo seletivo de provas e títulos que terá suas fases e conteúdo divulgados em edital, sob a responsabilidade da autoridade marítima. A banca examinadora, nomeada pela autoridade marítima, deverá constar de, pelo menos, um piloto marítimo experiente.

Parágrafo único. São legitimados ao processo seletivo de que trata o *caput* os candidatos brasileiros que demonstrarem possuir maioridade civil, curso superior e que sejam oficiais da Marinha Mercante, da Marinha de Guerra ou capitão amador.

Art. 8º Serão certificados como pilotos marítimos os aspirantes classificados no processo seletivo de que trata o artigo 7º, após estágio de qualificação, de no mínimo dois anos, e aprovação em prova prática, efetuada por banca examinadora assim composta: Capitão dos Portos (presidente) e três componentes nomeados pela autoridade marítima, sendo um piloto marítimo experiente, um capitão de longo curso e um oficial superior da Marinha de Guerra.

Parágrafo único. O aspirante que não for aprovado na prova prática de que trata o *caput* deverá estagiar por mais seis meses e requerer novo exame. A autoridade marítima deverá nomear banca com novos componentes, com exceção do Capitão dos Portos. Não sendo aprovado em segunda oportunidade, terá seu certificado de aspirante a piloto marítimo cancelado definitivamente, caracterizando a inaptidão para a prática profissional específica.

Capítulo IV
Da Habilitação do Piloto Marítimo

Art. 9º O piloto marítimo, nos termos da Resolução da IMO, deverá manter sua habilitação, consubstanciada na expertise e na experiência recente, sob pena de ser retirado da escala de serviço até que regularize sua situação.

§1º A expertise deverá ser mantida por meio de curso de atualização, aprovado pela autoridade marítima, a intervalos não superiores a cinco anos;

§2º A manutenção da experiência recente dependerá da execução semestral de número mínimo de manobras determinado pela autoridade marítima para cada zona de pilotagem.

§3º O piloto marítimo que não comprovar o número mínimo de manobras durante o semestre deixará de compor a escala de serviço por portaria da autoridade marítima até que cumpra as manobras faltantes. Sendo o número de manobras faltantes irrisório, poderá a autoridade marítima autorizar que o piloto permaneça na escala no semestre seguinte, devendo cumprir neste o número mínimo acrescido das manobras faltantes.

Capítulo V
Das Responsabilidades do Piloto Marítimo

Art. 10. O piloto marítimo, no exercício de sua atividade profissional, responde nas esferas administrativa, civil e penal, na medida de sua culpabilidade.

Art. 11. A responsabilidade administrativa, por infrações às normas da autoridade marítima, será apurada pelo Capitão dos Portos. Da pena aplicada caberá recurso com efeito suspensivo ao Diretor de Portos e Costas.

Art. 12. Na hipótese de acidente ou fato da navegação a responsabilidade administrativa será apurada pelo Tribunal Marítimo, nos termos da Lei nº 2.180/54.

Art. 13. A responsabilidade civil estará limitada ao valor correspondente a três vezes o preço cobrado pelo serviço que deu origem ao dano. O piloto marítimo não será responsável perante terceiros. O valor limitado poderá ser requerido pelo armador em ação de regresso quando restar provado que a culpa do piloto foi caracterizada por erro específico de navegação ou manobra.

§1º Erro específico de navegação ou manobra é aquele que se relaciona com as particularidades locais e que fogem ao conhecimento náutico do comandante da embarcação.

§2º Erro genérico de navegação ou manobra é aquele que se encontra na esfera dos conhecimentos náuticos do comandante da embarcação, devendo este dispensar a assessoria do piloto e assumir o controle da embarcação para evitar o acidente, sob pena de responsabilizar-se civilmente por sua inércia.

Art. 14. A responsabilidade penal no exercício da pilotagem será apurada nos termos da legislação pertinente.

Capítulo VI
Das Penalidades

Art. 15. São infrações imputáveis ao piloto marítimo:

I - Deixar de cumprir normas da autoridade marítima relacionadas ao serviço de pilotagem.

Penalidade: Repreensão ou, em caso de reincidência, suspensão do certificado de habilitação até 30 dias.

II - Recusar manobra requerida por motivos não relacionados à segurança da navegação ou à proteção do meio ambiente marinho, nos moldes do §3º do artigo 5º.

Penalidade: Suspensão do certificado de habilitação até 30 dias, ou em caso de reincidência, suspensão do certificado de habilitação até 120 dias.

Art. 16. Na hipótese de acidente ou fato da navegação as penalidades aplicadas ao piloto marítimo serão aquelas definidas na Lei nº 2.180/54.

Art. 17. Aquele que exercer o serviço de pilotagem sem a devida certificação da autoridade marítima, independentemente das responsabilidades penais por exercício irregular da profissão, deverá indenizar o piloto a quem caberia o trabalho por força da escala, no valor do serviço executado, sem prejuízo da indenização por perdas e danos.

Considerações finais

Esta pesquisa teve como objetivo demonstrar que o não cumprimento da Resolução A.960 (23) da Organização Marítima Internacional (IMO) é fator contribuinte para acidentes em águas restritas, onde, na maioria das vezes, os navios são conduzidos por práticos locais.

Observou-se no direito comparado, sobretudo no direito europeu, que a internalização da resolução analisada é prática considerada essencial para segurança da navegação.

Infelizmente, o Brasil ainda não despertou para essa necessidade, suportando o *lobby* de armadores que, ofuscados pelo desejo exacerbado de lucros a qualquer custo, não têm a mesma consciência ecológica que o mundo moderno adotou e exige.

Como solução para o problema levantado, a proposta deste autor está consubstanciada em trabalho transparente a ser discutido pela sociedade para que esta, por meio do Congresso Nacional, aprove uma Lei Nacional de Praticagem, que dê primazia aos princípios paradigmáticos da Organização Marítima Internacional e coloque o Brasil no mesmo patamar das nações desenvolvidas.

Referências

ABOUT IMPA. *International Maritime Pilots' Association*, [s.d.]. Disponível em: http://www.impahq.org/. Acesso em: 20 jan. 2020.

ABOUT. *EMPA – European Maritime Pilots' Association*, 2017. Disponível em: http://www.empa-pilots.eu/about/. Acesso em: 17 set. 2017.

ALEXY, Robert. *Teoria dos direitos fundamentais*. 2. ed. São Paulo: Malheiros, 2015.

BRASIL. Diretoria de Portos e Costas. *NORMAM-12*. Versão 2011, item 0250. 2011. Disponível em: www.dpc.mar.mil.br. Acesso em: 10 abr. 2016.

BRASIL. *Lei de Segurança do Tráfego Aquaviário/1997 (LESTA)*. 1997. Disponível em: http://www.planalto.gov.br/Ccivil_03/LEIS/L9537.HTM. Acesso em: 21 mar. 2016.

BRASIL. Marinha do Brasil. Diretoria de Hidrografia e Navegação. *OMI*. [s.d.]. Disponível em: https://www1.mar.mil.br/dhn/omi. Acesso em: 20 jul. 2016.

BUNDESMINISTERIUMS DER JUSTIZ UND FÜR VERBRAUCHERSCHUTZ SOWIE DES BUNDESAMTS FÜR JUSTIZ. *Seelaufv*, 2014. Disponível em: https://www.gesetze-im-internet.de/seelaufv/SeeLAuFV.pdf. Acesso em: 10 out. 2017.

DFT; MCA. *A guide to good practice on port marine operations*. 2016a. Disponível em: https://www.peelports.com/media/2378/pmsc2-pmsc-guide-to-good-practice.pdf. Acesso em: 10 out. 2017.

DFT; MCA. *Port Marine Safety Code*, 2016b. Disponível em: https://www.gov.uk/government/uploads/system/uploads/attachment_data/file/564723/port-marine-safety-code.pdf. Acesso em: 10 out. 2017.

EMPA – EUROPEAN MARITIME PILOTS' ASSOCIATION. *Education Training and Certification Standard – ETCS*. Bruxelas: EMPA, 2004.

EMPA Charter. *EMPA – European Maritime Pilots' Association*, 2011. Disponível em: http://www.empa-pilots.eu/empa-charter/. Acesso em: 17 set. 2017.

ESPANHA. Resolução 3040. *Diário Oficial do Estado*, 19 mar. 2013. Disponível em: http://www.practicosdepuerto.es/webfm_send/72. Acesso em: 10 out. 2017.

HART, H. L. A. *O conceito do direito*. São Paulo: Martins Fontes, 2012.

HISTORY of IMO, 1983 to 2013. *IMO*, [s.d.]. Disponível em: http://www.imo.org/en/About/HistoryOfIMO/Pages/Default.aspx. Acesso em: 10 mar. 2016.

IMO. *Resolution A.960 (23)*. 2004. Disponível em: http://www.imo.org/blast/blastDataHelper.asp?data_id=27137&filename=A960(23).pd f. Acesso em: 20 jul. 2016.

INTERNATIONAL GROUP OF P&I CLUBS. *P&I Report*. Londres: International Group of P&I Clubs, 2004. Disponível em: http://www.simsl.com/PilotError.pdf. Acesso em: 10 out. 2017.

LAKATOS, Eva Maria; MARCONI, Marina de Andrade. *Fundamentos de metodologia científica*. 7. ed. São Paulo: Atlas, 2008.

LAMY, Marcelo. *Metodologia da pesquisa jurídica*. Rio de Janeiro: Elsevier, 211.

MEMBER States. *IMO*, [s.d.]. Disponível em: http://www.imo.org/en/About/Membership/Pages/MemberStates.aspx. Acesso em: 20 jul. 2016.

PIMENTA, Matusalém Gonçalves. *Praticagem, meio ambiente e sinistralidade*. Rio de Janeiro: Lumen Juris, 2017.

PIMENTA, Matusalém Gonçalves. *Responsabilidade civil do prático*. Rio de Janeiro: Lumen Juris, 2007.

THE HAMBURG Harbour Pilots' Association – highly skilled, dedicated, professional and reliable... *Hamburg Pilot*, 2012. Disponível em: http://www.hamburg-pilot.de/Hauptseite/Home/home.html. Acesso em: 10 out. 2017.

TOURINHO FILHO, Fernando da Costa. *Manual de processo penal*. 6. ed. São Paulo: Saraiva, 2004.

UNIÃO EUROPEIA. *Regulamento (UE) 2017/352 do Parlamento Europeu e do Conselho, de 15 de fevereiro de 2017, que estabelece o regime da prestação de serviços portuários e regras comuns relativas à transparência financeira dos portos*. 2017. Disponível em: http://eur-lex.europa.eu/legal-content/PT/TXT/ELI/?eliuri=eli:reg:2017:352:oj. Acesso em: 10 out. 2017.

Informação bibliográfica deste texto, conforme a NBR 6023:2018 da Associação Brasileira de Normas Técnicas (ABNT):

PIMENTA, Matusalém Gonçalves. Lei Nacional de Praticagem: uma proposta de ajuste aos paradigmas da Organização Marítima Internacional. *In*: LEWANDOWSKI, Enrique Ricardo (Coord.). *Direito Marítimo*: estudos em homenagem aos 500 anos da circum-navegação de Fernão de Magalhães. Belo Horizonte: Fórum, 2021. p. 385-417. ISBN 978-65-5518-105-0.

A RESOLUÇÃO DE CONFLITOS NO ÂMBITO DA CONVENÇÃO DAS NAÇÕES UNIDAS PARA O DIREITO DO MAR

MIGUEL XAVIER DA CUNHA O. JÚDICE PARGANA

1   Introdução

Na geopolítica dos dias de hoje, as fronteiras terrestres estão estabelecidas e estáveis, com exceção de poucos conflitos que ainda perduram no mundo,[1] pelo que a resolução de conflitos nos tribunais internacionais sobre estas fronteiras espera-se que seja esporádica.

Já relativamente às fronteiras marítimas, muitos espaços ainda estão por ser estabelecidos ou aceites pela comunidade internacional, pelo que existe uma maior probabilidade de existirem conflitos nesta matéria, alguns a serem mesmo resolvidos por recurso aos tribunais internacionais.

Estamos numa época em que os Estados estão a reclamar, junto da Comissão de Limites da Plataforma Continental, a delimitação da sua plataforma continental, o que constitui no dia de hoje uma das questões de maior relevância em termos de direito do mar.

Assim, sendo previsível a existência de conflitos entre Estados, o direito internacional em geral, e o direito do mar, em particular, possuem

---

[1] Será o exemplo da situação da disputa de península da Crimeia entre a Ucrânia e a Rússia.

mecanismos específicos para a solução de controvérsias. Neste âmbito podemos falar de negociação, de mediação, de conciliação e de decisões judiciais.

No presente artigo pretende-se apresentar os meios de resolução de conflitos existentes, quer os jurisdicionais quer os não jurisdicionais para a resolução de conflitos entre Estados no âmbito do direito do mar.

2 Princípios atinentes à resolução de conflitos

Entre as tarefas a desenvolver para prevenir conflitos e manter a paz entre os Estados, exige-se que as partes em diferendo alcancem um acordo por meios pacíficos. Hoje, a utilização da força encontra-se proscrita na ordem jurídica internacional. De acordo com o disposto no nº 1 do art. 1º e no nº 3 do art. 2º,[2] ambos da Carta das Nações Unidas, os Estados-Membros comprometem-se a recorrer a meios pacíficos de solução de diferendos, de modo a que não resultem ameaças para a paz, a segurança e a justiça internacionais.

Nas relações internacionais o desejável é que exista uma negociação diplomática entre as partes, não existindo nenhuma regra que obrigue os Estados a solucionar as suas controvérsias recorrendo a um terceiro. Contudo, por diversas razões, nem sempre essas negociações são possíveis de serem efetuadas ou, noutros casos, chegam ao resultado pretendido.

Numerosas convenções internacionais têm se debruçado sobre a resolução de controvérsias: a Convenção de Haia para a Solução Pacífica dos Conflitos Internacionais (1899 e 1907), o Pacto da Sociedade das Nações (1919) e a Carta das Nações Unidas (1945).[3]

---

[2] O nº 3 do art. 2º da Carta das Nações Unidas impõe que "os membros da Organização deverão resolver as suas controvérsias internacionais por meios pacíficos, de modo a que a paz e a segurança internacionais, bem como a justiça, não sejam ameaçadas".

[3] Cfr. QUEIROZ, C. *Direito Internacional e Relações Internacionais*. Coimbra: Coimbra Editora, 2009.

Nesta sequência, o Capítulo VI da Carta das Nações Unidas, cuja epígrafe é "solução pacífica de controvérsias", desde logo apresenta uma lista dos meios de resolução pacífica de conflitos. Para tal, o próprio art. 33º da Carta das Nações Unidas estabelece que as partes numa controvérsia, que possa constituir uma ameaça à paz e à segurança internacionais, procurarão, antes de tudo, chegar a uma solução por negociação, inquérito, mediação,[4] conciliação, arbitragem, via judicial, recurso a organizações ou acordos regionais, ou qualquer outro meio pacífico à sua escolha.

Assim, existem meios não jurisdicionais e jurisdicionais destinados à resolução de conflitos. Os primeiros são: a negociação, o inquérito, os bons ofícios, a mediação e a conciliação. Já os meios jurisdicionais são a arbitragem (via arbitral) e a jurisdição negocial[5] (via jurisdicional), bem como o recurso aos tribunais.

O caráter voluntário do recurso aos diferentes métodos de solução pacífica dos conflitos pode levar a que, em muitos casos, os Estados os rejeitem sempre que lhes pareça politicamente conveniente.

A negociação, a mediação, o inquérito e a conciliação constituem-se como métodos diplomáticos de solução de conflitos. Já a solução arbitral e o recurso aos tribunais constituem-se, ao invés, em métodos jurídicos, que implicam uma tomada de decisão por terceiros.

A negociação direta entre as partes constitui o método mais frequente e usual de solução pacífica de conflitos internacionais. Nos bons ofícios, existe já a intervenção de um terceiro – um Estado, uma organização internacional ou uma personalidade de prestígio internacional – com o objetivo de incentivar as partes a negociar diretamente.[6]

---

[4] A mediação e a negociação podem ser empreendidas por uma pessoa designada pelo Conselho de segurança, pela assembleia-geral ou pelo próprio secretário-geral.
[5] Veja-se o disposto no art. 33º da Carta das Nações Unidas.
[6] Normalmente recorre-se aos bons ofícios quando as negociações falharam.

Na mediação existe já a intervenção de uma entidade estranha ao conflito com intervenção ativa na resolução do litígio. Será o caso, por exemplo, do secretário-geral da Organização das Nações Unidas.

Outra forma de resolução é o recurso a comissões de inquérito, as quais terão como tarefa averiguar os fatos que estão na base do conflito e elaborar um relatório, sem, no entanto, emitir qualquer conclusão. Caberá às partes dar-lhe o destino que lhes aprouver.

A conciliação tem por suporte a criação de uma comissão de conciliação encarregada de determinar uma solução jurídica para o conflito. É o caso, por exemplo, do mecanismo previsto no art. 284º da CNUDM.

Já a arbitragem envolve a intervenção de um tribunal arbitral, o qual pode ser *ad-hoc*, ou seja, criado propositadamente para a resolução de um litígio específico, ou um tribunal permanente, predefinido, aos quais as partes podem recorrer para resolver um conflito. Os tribunais arbitrais decidem em instância única, não podendo haver recurso. As decisões são obrigatórias, mas os tribunais arbitrais não possuem mecanismos de coercibilidade para impor as soluções por si decretadas. O que se espera é que as partes, atuando de boa-fé, acatem as decisões dos tribunais arbitrais, sejam elas favoráveis ou não, uma vez que a adesão a esse tribunal arbitral foi de livre vontade do Estado.[7]

Para a resolução de conflitos específicos do âmbito do direito do mar, a CNUDM dedica a sua Parte XV, denominada "Solução de Controvérsias".[8] No que se refere à área, a CNUDM dedica a Seção 5 da Parte XI especificamente à solução de controvérsias neste espaço marítimo.[9]

---

[7] Aliás, esta é uma das fragilidades da justiça internacional, uma vez que não existe uma instância que possa impor as suas decisões, quer se trata de tribunais arbitrais quer sejam tribunais judiciais. Pese embora o art. 94º da Carta das Nações Unidas prever algum mecanismo de coercibilidade.

[8] Na vigência das anteriores convenções de 1958, existia um protocolo, de adesão facultativa, sobre a resolução de controvérsias que mandava recorrer-se ao Tribunal Internacional de Justiça (TIJ) para a resolução destas. Contudo, este recurso ao TIJ podia ser afastado pelas partes para o Tribunal Arbitral.

[9] Como defende a Profª Maria de Assunção do Vale Pereira, este regime dualista se deve ao fato de que os dois tipos de diferendos mais frequentes que surgem da aplicação da CNUDM são os relativos (1) aos direitos dos

Como princípio geral de solução das controvérsias, a CNUDM obriga os Estados-Parte da convenção a solucionar os seus diferendos relativos à interpretação ou aplicação da própria convenção, por recurso a meios pacíficos,[10] tal como já era imposto pelo nº 3 do art. 2º da Carta das Nações Unidas.

Assim, a que princípios fica sujeita a resolução de conflitos no âmbito da CNUDM?

Desde logo, o princípio da resolução de conflitos, pelo qual o art. 279º da CNUDM obriga a solucionar as controvérsias através de meios pacíficos. Logo, a CNUDM não legitima a intervenção de força militar, tal como já o impõe o nº 4 do art. 2º da Carta das Nações Unidas. A CNUDM impõe mesmo que os Estados, no exercício dos seus direitos e no cumprimento das suas obrigações, se abstenham de fazer qualquer ameaça ou de usar a força contra a integridade territorial ou a independência política de qualquer outro Estado.[11] Esta proibição do uso da força justifica-se pela preocupação pela eventual utilização militar e estratégica do mar.

Deste modo, as partes não podem recorrer à violência ou acionar meios militares como forma de resolução de lígios, e em alternativa devem escolher qual o meio pacífico que desejam para dirimir as questões que as dividem.

Assim, o art. 280º da CNUDM estabelece-nos o princípio da liberdade de escolha de meios e procedimentos, segundo o qual nenhuma disposição da Parte XIV da CNUDM prejudica o direito que os Estado têm de, em qualquer momento, acordarem na solução de uma controvérsia entre eles por quaisquer meios pacíficos de sua própria escolha. Contudo, o nº 1

Estados nos respectivos espaços marítimos, nomeadamente entre os direitos do Estado costeiro e as liberdades e os direitos de navegação e sobrevoo do mar por terceiros, e os (2) existentes entre a Autoridade Internacional dos Fundos Marinhos e os Estados quanto ao exercício dos poderes de regulação e supervisão pelas autoridades das atividades de exploração dos recursos da área.

[10] Cfr. o art. 279º da CNUDM.
[11] Cfr. o art. 301º da CNUDM.

do art. 287º da CNUDM desde logo prevê que um Estado possa escolher, no momento da ratificação da convenção, a forma que pretende para a resolução de litígios. Portugal também o fez. Assim, o nº 10, do art. 2º da Resolução da Assembleia da República nº 60-B/97, de 14 de outubro, diploma que procedeu à ratificação da CNUDM, estabelece que Portugal declara, para os efeitos do art. 287º da Convenção, que na ausência de meios não contenciosos para a resolução de controvérsias resultantes da aplicação da CNUDM escolherá um dos seguintes meios para a solução de controvérsias:[12] a) o Tribunal Internacional de Direito do Mar (TIDM), nos termos do Anexo VI da CNUDM; b) o Tribunal Internacional de Justiça (TIJ); c) tribunal arbitral, constituído nos termos do Anexo VII da CNUDM; d) tribunal arbitral especial, constituído nos termos do Anexo VIII da CNUDM.

Da mesma forma, Portugal declarou que escolherá, na ausência de outros meios pacíficos de resolução de controvérsias, de acordo com o Anexo VIII da convenção, o recurso a um tribunal arbitral especial quando se trate da aplicação ou interpretação das disposições da CNUDM às matérias de pesca, proteção e preservação dos recursos marinhos vivos e do ambiente marinho, investigação científica, navegação e poluição marinha.[13]

Um Estado pode escolher, a qualquer momento, por meio de declaração escrita, o recurso a um dos seguintes meios para a solução das controvérsias relativas à interpretação ou aplicação da CNUDM:[14] do TIDM; do TIJ;[15] do tribunal arbitral; e do tribunal arbitral especial.

---

[12] De acordo com o nº 1 e nº 2, ambos do art. 288º da CNUDM, os presentes tribunais têm jurisdição sobre qualquer controvérsia relativa à interpretação ou aplicação da CNUDM, bem como sobre qualquer controvérsia relativa à interpretação ou aplicação de um acordo internacional relacionado com os objetivos da CNUDM.

[13] Cfr. o parágrafo 11) do art. 2º da RAR nº 60-B/97, de 14 de outubro.

[14] Cfr. o nº 1 do art. 287º da CNUDM.

[15] Muitos Estados que fazem parte das Nações Unidas, optaram por não aceitar a jurisdição do TIJ. É o caso, por exemplo, dos Estados Unidos da América, que não aceitaram ser parte do TIJ. Na página oficial do TIJ consta a lista dos países que fazem parte do Tribunal, bem como as datas a partir das quais esses mesmos países passaram a fazer parte (Disponível em: https://www.icj-cij.org/en/states-entitled-to-appear).

Ou seja, surgem-nos como decisões obrigatórias ou vinculativas as decisões das mencionadas quatro instâncias jurisdicionais.

Importa nesta sede ainda referir que, mesmo que nenhum dos Estados em conflito tenha aceitado a competência do tribunal arbitral, este é competente nos casos previstos nos nºs 3 e 5 do art. 287º da CNUDM. Contudo, se as partes numa controvérsia não tiverem aceitado o mesmo procedimento para solução da controvérsia, esta só poderá ser submetida à arbitragem, salvo acordo em contrário das partes.

Se as partes não chegarem a acordo quanto à solução da controvérsia ou quanto ao mecanismo de solução pacífica a adotar ou, ainda, se no final do mecanismo adotado não se tiver alcançado o acordo pretendido, com vista a que o impasse seja ultrapassado, estabelece o art. 286º da CNUDM a possibilidade de uma qualquer das partes submeter o diferendo ao Tribunal que tenha jurisdição no caso. Contudo, esta possibilidade fica prejudicada nas seguintes situações: (1) quando se trata de controvérsias que se integrem nas exceções previstas no art. 297º da CNUDM; (2) quando uma das partes afastar, através de declaração escrita a depositar junto do secretário-geral das Nações Unidas, um ou mais mecanismos na CNUDM, nas situações previstas no art. 298º;[16] (3) quando envolvam atividades militares e relativas a atividades dirigidas ao cumprimento de normas que visem ao exercício de direitos soberanos ou de jurisdição que estejam excluídos da jurisdição de um tribunal internacional;[17] (4) e, finalmente, os diferendos sobre os quais o Conselho de Segurança esteja a exercer as suas funções, salvo se ele os retirar da ordem do dia ou convidar as partes a solucioná-lo segundo os meios consagrados na CNUDM.[18]

---

[16] E que se reportam fundamentalmente a delimitações marítimas, baías ou títulos históricos.
[17] Cfr. a alínea b) do nº 1 do art. 298º da CNUDM.
[18] Cfr. a alínea b) do nº 1 do art. 298º da CNUDM.

Neste ponto cumpre referir que, apesar de a CNUDM conferir às partes a possibilidade de afastarem o recurso aos tribunais, sejam eles judiciais ou arbitrais, uma vez que o que se procura é a solução das controvérsias, a convenção não proíbe a submissão aos mecanismos compulsórios de decisão, apenas a condicionando a que o recurso se passe a fazer por acordo entre as partes nesse sentido.[19]

Deste modo, existe uma grande liberdade de escolha por parte dos Estados, existindo, no entanto, alguns limites impostos pela convenção.

Em resumo, para a escolha de um procedimento importa ter em consideração: (1) se as partes tiverem aceitado o mesmo procedimento, então será esse o procedimento aplicável à solução da controvérsia, a não ser que todas as partes acordem em contrário;[20] (2) caso as partes tenham escolhido procedimentos diferentes, vai-se recorrer exclusivamente ao procedimento arbitral, salvo se as partes chegarem a acordo em contrário.[21]

Outro princípio aplicável à resolução dos conflitos é o princípio da igualdade. Com efeito, os Estados estão todos em pé de igualdade no acesso aos vários procedimentos. Veja-se o disposto no art. 291º, segundo o qual os Estados têm acesso a todos os procedimentos de solução de controvérsias previstos na Parte XV da CNUDM.

Finalmente, os Estados devem cumprir de boa-fé as obrigações contraídas nos termos da CNUDM.[22]

3 Mecanismos de resolução de conflitos

Os mecanismos previstos na CNUDM para se alcançar a solução pacífica de controvérsias podem ser classificados entre os de decisão

---

[19] Cfr. o art. 299º da CNUDM.
[20] Cfr. o nº 4 do art. 287º da CNUDM.
[21] Cfr. o nº 5 do art. 287º da CNUDM.
[22] Cfr. o art. 300º da CNUDM.

não vinculativa e aqueles que revestem o caráter de decisão vinculativa. No que concerne aos primeiros, o processo é desencadeado por acordo entre as partes e termina com uma proposta de solução que as partes podem ou não aceitar. Já nos mecanismos vinculativos, o processo por ser iniciado apenas por uma das partes em conflito, culminará numa decisão vinculativa para ambas as partes.

Os mecanismos não vinculativos têm o grande problema de poderem não conduzir ao objetivo final para os quais foram acionados, ou seja, a solução do conflito, uma vez que deixa à disponibilidade das partes a faculdade de aceitarem ou recusarem a solução proposta. São exemplos de mecanismos não vinculativos a troca de opiniões e a conciliação.

A CNUDM veio estabelecer a necessidade de as partes procederem, sem demora, a uma troca de opiniões sempre que surja uma controvérsia relativa à interpretação ou aplicação da convenção, tendo em vista a respectiva resolução por meio de negociação ou de outros meios pacíficos. É perfeitamente compreensível a presente obrigatoriedade, uma vez que por esta via se pode, desde logo, inviabilizar que os conflitos se agravem com recurso a mecanismos diplomáticos. Mas não nos podemos esquecer que esta troca de opiniões tem por propósito final a solução da controvérsia, pelo que as negociações devem ser conduzidas para esse fim.[23] Ao exigir que a troca de opiniões se faça "sem demora", a CNUDM não obriga, no entanto, à fixação de um prazo para tal. Contudo, deve sempre considerar-se a adoção de um prazo razoável, compatível com o princípio da boa-fé, que obvie a um agravamento do conflito entre as partes.

Já a conciliação é um mecanismo levado a cabo por uma comissão de conciliação para tal constituída.[24] Esta comissão tem como missão

---

[23] Não se trata de uma mera troca de pontos de vista sem a procura da solução da controvérsia.
[24] Os honorários e despesas da comissão ficam a cargo das partes na controvérsia (cfr. o art. 9º do Anexo V da CNUDM).

principal definir os fatos que estão na origem do conflito, examinar os aspectos jurídicos que lhe são aplicáveis e propor uma solução aceitável.

Nos mecanismos facultativos se a outra parte recusar, o processo de resolução termina imediatamente. Mas se, pelo contrário, existir aceitação quanto ao mecanismo a utilizar, haverá lugar à constituição de uma comissão de conciliação, a qual será integrada por um conjunto de pessoas escolhidas a partir de uma lista elaborada pelo secretário-geral das Nações Unidas.[25] O número de membros da comissão de conciliação será, em regra, de cinco, designando cada parte dois elementos.[26] Posteriormente, estes quatro designarão o quinto membro da comissão de conciliação, dentro dos elementos constantes da lista, o qual exercerá o cargo de presidente da comissão.[27]

Existem dois tipos de conciliação: a facultativa, por opção das partes na controvérsia; e a obrigatória, tendo em vista resolver as controvérsias relativas à investigação (alínea b) do nº 2 do art. 297º da CNUDM) ou à manutenção dos recursos vivos da ZEE (alínea b) do nº 3 do art. 297º da CNUDM). Além destas situações, podem os Estados, em qualquer momento, afastar os meios de solução de controvérsias conducentes à decisão vinculativa quanto às matérias elencadas no art. 298º da CNUDM, pelo que, caso o façam, no caso específico das matérias relativas à delimitação das zonas marítimas, a baías e títulos históricos, ficam sujeitos à

---

[25] Para a elaboração da lista cada Estado-Parte da CNUDM deverá indicar o nome de quatro pessoas, as quais devem obedecer a padrões de imparcialidade, competência e integridade. O nome de um conciliador permanecerá na lista até ser retirado pelo respectivo Estado (cfr. o art. 2º do Anexo V da CNUDM).

[26] O primeiro Estado a nomear deverá ser aquele que teve a iniciativa de iniciar o mecanismo de conciliação. Apenas um dos elementos propostos pode ser uma pessoa pertencente ao respectivo país, salvo acordo em contrário entre as partes. A outra parte na controvérsia designará outros dois conciliadores nos 21 dias seguintes ao recebimento da notificação de início do mecanismo. Se as designações não se efetuarem dentro do prazo previsto, a parte que tenha iniciado o procedimento pode pôr termo à conciliação mediante notificação dirigida à outra parte ou, em alternativa, solicitar ao secretário-geral das Nações Unidas que proceda às nomeações de conciliadores entre personalidades constantes na lista (cfr. a alínea c) do art. 3º do Anexo V da CNUDM).

[27] Se a designação do presidente não acontecer no prazo de 30 dias a contar da designação do último dos conciliadores efetuada pelas partes, qualquer das partes pode pedir a nomeação ao secretário-geral das Nações Unidas (cfr. a alínea d) do art. 3º do Anexo V da CNUDM). Nos 30 dias seguintes ao recebimento de um pedido de designação de um conciliador, o secretário-geral das Nações Unidas fará, em consulta com as partes na controvérsia, as designações necessárias (cfr. a alínea e) do art. 3º do Anexo V da CNUDM).

conciliação obrigatória. Assim, por regra, o recurso à conciliação só pode ocorrer mediante acordo entre as partes, iniciando-se com o convite de uma das partes na controvérsia à outra ou outras partes para que o conflito seja sujeito a este mecanismo de solução.[28] Nos processos de natureza obrigatória, o procedimento poderá ser despoletado por qualquer das partes, independentemente da anuência da outra.[29]

Em termos procedimentais, a CNUDM deixa às partes na controvérsia e à comissão de conciliação a mais completa liberdade para a determinação das regras aplicáveis ao presente mecanismo. Assim, salvo acordo em contrário das partes, cabe à comissão de conciliação a determinação do seu próprio procedimento. As decisões relativas a questões de procedimento, as recomendações e o relatório da própria comissão têm que ser adotados por maioria de votos dos seus membros.[30] A comissão de conciliação deverá ouvir as partes, examinar as suas pretensões e objeções, e apresentar propostas para que se chegue a uma solução amigável.[31]

A comissão deverá apresentar um relatório nos 12 meses seguintes à sua constituição, contendo todos os acordos concluídos e, se estes não tiverem ainda sido alcançados, as conclusões sobre todas as questões de direito ou de facto relacionadas com a matéria em controvérsia, bem como as recomendações que julgue apropriados com o propósito de ser alcançada uma solução amigável.[32] O presente relatório depois de redigido torna-se definitivo, não tendo a comissão de conciliação competência para o reapreciar.

---

[28] Cfr. o art. 284º da CNUDM e o art. 1º do Anexo V da CNUDM.
[29] Cfr. o art. 11º do Anexo V da CNUDM.
[30] A Comissão de Conciliação pode, com o consentimento das partes na controvérsia, convidar qualquer outro Estado parte na CNUDM a apresentar as suas opiniões verbalmente ou por escrito (cfr. o art. 4º do Anexo V da CNUDM).
[31] Cfr. o art. 6º do Anexo V da CNUDM.
[32] O relatório será depositado junto do secretário-geral das Nações Unidas, que o transmitirá às partes na controvérsia (cfr. o nº 1 do art. 7º do Anexo V da CNUDM).

Como já referido anteriormente, o relatório da comissão de conciliação e as respetivas conclusões ou recomendações não possuem força obrigatória para as partes, não tendo, assim, caráter vinculativo.³³ Contudo, não se pode ignorar que as conclusões da comissão de conciliação resultam de um "julgamento" imparcial, não podendo ser facilmente ignoradas e descartadas.

O mecanismo da conciliação extingue-se quando: (1) a controvérsia tiver sido solucionada; (2) as partes tenham aceitado ou uma delas tenha rejeitado as recomendações do relatório, através de notificação escrita dirigida ao secretário-geral das Nações Unidas; (3) tenha decorrido um prazo de 3 meses a contar da data em que o relatório tenha sido transmitido às partes, pelo secretário-geral das Nações Unidas.³⁴

4 Mecanismos compulsórios

Como vimos, são decisões não obrigatórias ou vinculativas a troca de opiniões, prevista no art. 283º, e a conciliação, prevista no art. 284º. Já relativamente aos mecanismos compulsórios, na Seção 2 da Parte XV da CNUDM estão previstos 4 mecanismos, a saber: (1) a submissão ao Tribunal Internacional do Direito do Mar; (2) ao Tribunal Internacional de Justiça; (3) a um tribunal arbitral; (4) ou a um tribunal arbitral especial. Qualquer Estado-Parte na CNUDM pode submeter uma controvérsia a um destes tribunais desde que o tribunal em causa tenha jurisdição sobre ela.³⁵

O Tribunal que tiver jurisdição sobre determinada controvérsia deverá aplicar a CNUDM e outras normas de direito internacional que não sejam com ela incompatível.³⁶

---

[33] Cfr. o nº 2 do art. 7º do Anexo V da CNUDM.
[34] Cfr. o art. 8º do Anexo V da CNUDM.
[35] Cfr. o art. 286º da CNUDM.
[36] Cfr. o nº 1 do art. 293º da CNUDM.

O art. 290º da CNUDM trata das medidas provisórias que um tribunal poderá concretizar. Desde logo, podem ser decretadas, até ser tomada a respetiva decisão definitiva, quaisquer medidas provisórias que o Tribunal considere apropriadas às circunstâncias, por forma a preservar os direitos respetivos das partes na controvérsia ou para impedir danos graves ao meio marinho. Mas estas medidas provisórias podem ser sempre modificadas ou revogadas, desde que as circunstâncias que as justificaram se tenham igualmente modificado ou deixado de existir.[37]

O art. 309º dispõe que a CNUDM não admite reservas, exceto aquelas que a própria convenção permitir.

5   O Tribunal Internacional do Direito do Mar

O TIDM foi criado pela própria CNUDM, contando o respetivo estatuto do Anexo VI à convenção.

Em matéria de organização, o TIDM tem sede em Hamburgo, na Alemanha,[38] e é composto por 21 membros independentes, eleitos entre pessoas que gozem da mais alta reputação pela sua imparcialidade e integridade e sejam de reconhecida competência em matéria de direito do mar.[39] Estabelece-se que o TIDM não pode ter como membros mais de um nacional do mesmo Estado.[40] Para que exista uma distribuição geográfica equitativa, exigida pelo estatuto,[41] não deve haver menos de três membros de cada um dos grupos geográficos estabelecidos pela Assembleia-Geral das Nações Unidas.[42]

---

[37] Cfr. o nº 2 do art. 290º da CNUDM.
[38] Cfr. o nº 2 do art. 1º do Estatuto do TIDM.
[39] Cfr. o nº 1 do art. 2º do Estatuto do TIDM.
[40] Cfr. o nº 1 do art. 3º do Estatuto do TIDM, 1ª parte.
[41] Cfr. o nº 2 do art. 2º do Estatuto do TIDM.
[42] Cfr. o nº 2 do art. 3º do Estatuto do TIDM. Atualmente esses grupos geográficos são: países africanos, países asiáticos, países do leste da Europa, países latino-americanos e das caraíbas, bem como países do oeste da Europa e outros países.

Atualmente são membros do TIDM representantes dos seguintes países: Coreia do Sul (que preside, desde 2.10.2017), Malta (que possui a vice-presidência), Senegal, Cabo Verde, França, Trinidad e Tobago, Polônia, Japão, Tanzânia, África do Sul, China, Argélia, Argentina, Ucrânia, México, Islândia, Paraguai, Índia, Tailândia, Rússia e Holanda.[43] Assim, cumpre realçar que apenas existe um representante da língua portuguesa (Cabo Verde), e que a União Europeia possui 4 países representados (Malta, França, Polônia e Holanda).

Os membros do TIDM são eleitos para um mandato de nove anos e podem ser reeleitos.[44] Para que a alteração de membros eleitos não se processe dos 21 elementos em simultâneo, de 3 em 3 anos procede-se à eleição de 7 membros.[45] Para o efeito, cada Estado-Parte da CNUDM pode designar, no máximo, duas pessoas que reúnam as condições para ser elegíveis.[46] A eleição processa-se por escrutínio secreto, em reunião convocada para o efeito, devendo o quórum ser constituído por dois terços dos Estados-Partes. São eleitos para o tribunal os candidatos que obtenham o maior número de votos e a maioria de dois terços dos votos dos Estados-Partes presentes e votantes, desde que essa maioria compreenda a maioria dos Estados-Partes.[47]

O tribunal elegerá, por três anos, o seu presidente e vice-presidente, que podem ser reeleitos.[48]

Em termos de incompatibilidades, o Estatuto do TIDM impõe que nenhum membro do tribunal pode exercer qualquer função política ou

---

[43] Cfr. a página oficial do TIDM consultada em 20.4.2020 (Disponível em: https://www.itlos.org/the-tribunal/members/).
[44] Cfr. o nº 1 do art. 5º do Estatuto do TIDM, 1ª parte.
[45] De salientar que, em conformidade com o nº 2 do art. 6º do Estatuto do TIDM, o membro do Tribunal eleito em substituição de um membro cujo mandato não tenha expirado deve exercer o cargo até o termo do mandato do seu predecessor.
[46] Cfr. o nº 1 do art. 4º do Estatuto do TIDM.
[47] Cfr. o nº 4 do art. 4º do Estatuto do TIDM.
[48] Cfr. o nº 1 do art. 12º do Estatuto do TIDM.

administrativa ou estar associado ativamente ou interessado financeiramente em qualquer das operações de uma empresa envolvida na exploração ou aproveitamento dos recursos do mar ou dos fundos marinhos ou noutra utilização comercial do mar ou dos fundos marinhos, bem como que nenhum membro do tribunal pode exercer funções de agente, consultor ou advogado em qualquer questão.[49] Por outro lado, nenhum membro do tribunal pode participar na decisão de qualquer questão em que tenha intervindo anteriormente como agente, consultor ou advogado de qualquer das partes, ou como membro de uma corte ou tribunal nacional ou internacional, ou em qualquer outra qualidade. Para o efeito, se, por alguma razão especial, um membro do tribunal considera que não deve participar na decisão de determinada questão, deve isso informar o presidente do tribunal, e este, se considerar, por sua vez, que, por alguma razão especial, um dos membros do tribunal não deve conhecer uma questão determinada, deve dar-lhe disso conhecimento.[50] Havendo dúvida sobre qualquer das formas de incompatibilidade, o tribunal deve resolvê-la por maioria dos demais membros presentes.

Em termos de funcionamento, o tribunal delibera sobre todas as controvérsias e pedidos que lhe sejam submetidos a menos que a matéria em causa seja da competência da Câmara de Controvérsias dos Fundos Marinhos ou que as partes tenham solicitado a criação de uma câmara específica para o efeito nos termos do art. 15º do Estatuto do TIDM.[51] Em termos de quórum para a deliberação, o Estatuto do TIDM impõe que todos os membros do tribunal que estejam disponíveis devem estar presentes, sendo exigido um quórum mínimo de 11 membros eleitos para que o tribunal possa deliberar.[52] Assim, as sentenças são adotadas

---

[49] Cfr. o art. 7º do Estatuto do TIDM.
[50] Cfr. o art. 8º do Estatuto do TIDM.
[51] Cfr. o nº 3 do art. 13º do Estatuto do TIDM.
[52] Cfr. o nº 1 do art. 13º do Estatuto do TIDM.

por maioria simples, funcionando o voto de qualidade do presidente em caso de empate.[53]

Efetivamente, encontra-se consagrada a possibilidade de o tribunal constituir câmaras especiais para a decisão de diferendos. Estas câmaras podem ser de 3 tipos diferentes: (1) as câmaras especializadas para conhecerem determinadas categorias de controvérsias, como será o caso da Câmara de Controvérsias dos Fundos Marinhos prevista no art. 14º do Estatuto do TIDM; (2) as câmaras *ad-hoc*, constituídas a pedido das partes;[54] e, finalmente, as câmaras para deliberação em processo sumário,[55] tendo por objetivo facilitar o andamento rápido dos processos. As sentenças proferidas por qualquer das câmaras devem ser consideradas proferidas pelo tribunal.[56]

Para além da respectiva competência jurisdicional, pela qual compete ao tribunal proferir sentenças obrigatórias e definitivas para as partes,[57] este possui igualmente competência consultiva, nos termos do disposto no art. 21º do Estatuto do TIDM em conjugação com o art. 138º do Regulamento do TIDM. Ou seja, a jurisdição do tribunal compreende todos os conflitos e os pedidos que lhe sejam submetidos em conformidade com a CNUDM, bem como todas as questões previstas em qualquer acordo que confira jurisdição ao tribunal. Em termos consultivos, o tribunal pode emitir um parecer sobre uma questão jurídica na medida em que um acordo internacional relacionado com os objetivos da CNUDM o preveja expressamente. O procedimento aplicável para o efeito é o que consta dos arts. 130º a 137º do Regulamento do TIDM.[58]

---

[53] Cfr. o art. 29º do Estatuto do TIDM.
[54] A composição da câmara *ad-hoc* é fixada pelo Tribunal, com a aprovação das partes. Cfr. o nº 2 do art. 15º do Estatuto do TIDM.
[55] Cfr. o nº 3 do art. 15º do Estatuto do TIDM.
[56] Cfr. o nº 5 do art. 15º do Estatuto do TIDM.
[57] Cfr. o art. 33º do Estatuto do TIDM.
[58] Cfr. o nº 3 do art. 138º do Regulamento do TIDM.

Relativamente a esta competência consultiva o Tribunal já foi confrontado com um conjunto de questões relacionadas com a exploração de recursos vivos marinhos no âmbito da atividade da pesca, a saber: obrigações e responsabilidade do Estado de bandeira no contexto do exercício de pesca ilegal na ZEE de Estados terceiros; responsabilidade de um Estado pela pesca ilegal por navios arvorando a sua bandeira; responsabilidade de um Estado ou de uma organização internacional pela violação de legislação em matéria de pesca de um estado costeiro por um navio detentor de uma licença para operar no quadro de um acordo internacional com esse Estado de bandeira ou com essa organização internacional, e, ainda, direitos e obrigações do Estado costeiro no âmbito da gestão sustentada de *stocks* partilhados e de interesse comum.[59]

Uma diferença do TIJ para o TIDM situa-se no fato de o primeiro apenas conhecer diferendos entre Estados (cfr. o nº 1 do art. 34º do seu estatuto), ao passo que o segundo permite que o respectivo acesso se faça, para além dos Estados (cfr. o nº 1 do art. 20º do Estatuto do TIDM), também a entidades diversas destes, como sejam, empresas comerciais, organizações internacionais ou mesmo organizações não governamentais (cfr. o nº 2 do art. 20º do Estatuto do TIDM).

Em termos materiais, a jurisdição do TIDM abrange as questões relativas à interpretação e aplicação da CNUDM, bem como outras questões especialmente previstas em convenções que lhe reconheçam jurisdição e dos diferendos relativos à interpretação de convenções que tratam de matérias cobertas pela CNUDM, desde que haja acordo entre as partes em litígio nesse sentido.[60] Cumpre aqui realçar que a jurisdição do TIDM é meramente facultativa, uma vez que um Estado pode, no momento em que

---

[59] Cfr. CARDOSO, F. J. C. Reflexões sobre a competência consultiva do Tribunal Internacional do Direito do Mar. *Revista de Marinha*, n. 1014, mar./abr. 2020.
[60] Cfr. o art. 21º do Estatuto do TIDM em conjugação com o art. 288º da CNUDM.

assina ou se vincula à CNUDM, escolher, de entre os meios de solução de diferendos enunciados no nº 1 do art. 287º da CNUDM, aquele ou aqueles que aceita. Logo, se pode ficar de fora a aceitação da possibilidade de o TIDM decidir as controvérsias de que um Estado seja parte, isso significa que a jurisdição do tribunal não é obrigatória.

No que concerne às fontes de direito a aplicar pelo tribunal, elas são a própria CNUDM, bem como as demais normas de direito internacional que forem com ela compatível.[61] Deste modo, existe uma supremacia das normas da CNUDM sobre quaisquer outras normas, quer sejam convencionais, consuetudinárias, ou de outra natureza, podendo o tribunal a elas recorrer apenas se existir uma lacuna na CNUDM.

Em sede processual, os diferendos são apresentados ao Tribunal por notificação de um acordo especial ou por pedido escrito dirigido ao escrivão, indicando o objeto da controvérsia e as partes.[62] Assim, o ato inicial revestirá a forma de notificação sempre que a competência do Tribunal não resulte diretamente das declarações de escolha depositadas junto do secretário-geral da ONU por todos os Estados envolvidos no conflito. Nos restantes casos o ato inicial assumirá a forma de simples pedido escrito. Recebida a notificação ou o pedido, o escrivão notifica de imediato todos os Estados-Parte, bem como todos os interessados do acordo ou do pedido em causa.[63]

Em termos de medidas provisórias, as partes podem requerer ao tribunal, em qualquer fase do processo, a adoção de medidas provisórias.[64]

As audiências serão dirigidas pelo presidente ou, na sua ausência, pelo vice-presidente, devendo ser públicas, salvo decisão em contrário

---

[61] Cfr. o art. 293º da CNUDM.
[62] Cfr. o nº 1 do art. 24º do Estatuto do TIDM.
[63] Cfr. o nº 2 e 3 do art. 24º do Estatuto do TIDM.
[64] Cfr. o art. 25º do Estatuto do TIDM e o art. 89º do Regulamento do TIDM.

do tribunal ou se as partes solicitarem que as audiências se realizem à porta fechada.⁶⁵

O procedimento é constituído por duas partes: uma escrita, que consiste numa comunicação junto do tribunal através de memorandos com as alegações, bem como, se o tribunal o autorizar, das respostas, das réplicas e demais documentos de suporte ao pedido; outra oral, que consiste na audição pelo tribunal de agentes, conselheiros, advogados, testemunhas e peritos.⁶⁶

Quando uma das partes não comparecer perante o tribunal ou não apresentar a sua defesa, a outra parte poderá pedir ao tribunal que continue os procedimentos e profira a sua decisão. A ausência de uma parte ou a não apresentação da defesa da sua causa não deve constituir impedimento aos procedimentos. Antes de proferir a sua decisão, o tribunal deve assegurar-se de que não só tem jurisdição sobre a controvérsia, mas também de que a pretensão está de direito e de fato bem fundamentada.⁶⁷

A sentença deve ser fundamentada, deve mencionar os nomes dos membros do tribunal que tomaram parte na decisão e ser assinada pelo presidente e pelo escrivão. Deve ser lida em sessão pública do tribunal, depois de devidamente notificadas as partes na controvérsia.⁶⁸ Torna-se vinculativa para as partes a partir do dia da respectiva leitura pelo tribunal.⁶⁹ Não existe a possibilidade de recurso sobre as sentenças, embora exista a possibilidade se ser efetuado um pedido de revisão destas caso sejam proferidas previamente à descoberta de fatos decisivos desconhecidos pelo tribunal e pela parte que requere a revisão. O respectivo pedido

---

⁶⁵ Cfr. o art. 26º do Estatuto do TIDM.
⁶⁶ Cfr. o art. 44º do Regulamento do TIDM.
⁶⁷ Cfr. o art. 28º do Estatuto do TIDM.
⁶⁸ Cfr. o art. 30º do Estatuto do TIDM.
⁶⁹ Cfr. o nº 2 do art. 124º do Regulamento do TIDM.

deve ser feito no prazo de 6 meses a contar da data da descoberta dos novos fatos e no prazo máximo de 10 anos desde a data da sentença.[70]

Até ao momento foram submetidos 29 processos ao tribunal, dos quais se destacam: o litígio sobre a delimitação da fronteira marítima entre Maurícias e Maldivas no Oceano Índico; o caso relativo à detenção de três navios ucranianos, opondo a Ucrânia e a Rússia; o litígio sobre a delimitação da fronteira marítima entre o Gana e a Costa do Marfim no Oceano Atlântico; responsabilidades e obrigações dos Estados no apoio de pessoas e entidades no que diz respeito às atividades na área (pedido de parecer consultivo apresentado à Câmara de Controvérsias dos Fundos Marinhos).[71]

6 O Tribunal Internacional de Justiça

A atuação do TIJ ou Corte Internacional de Justiça como forma de dirimir controvérsias suscitadas no âmbito da CNUDM não se encontra regulada pela própria CNUDM, mas, sim, pela Carta das Nações Unidas.

O TIJ é o principal órgão jurisdicional da Organização das Nações Unidas (ONU). Tem sede em Haia, na Holanda, no designado Palácio da Paz e, por isso, também costuma ser denominado Tribunal de Haia.

O Estatuto do TIJ é parte integrante da Carta das Nações Unidas, a que Portugal está vinculado desde 21.12.1956.

A principal função do TIJ é resolver conflitos jurídicos a ele submetidos por Estados e emitir pareceres sobre questões jurídicas apresentadas ordinariamente pela Assembleia-Geral das Nações Unidas ou pelo Conselho de Segurança das Nações Unidas. Extraordinariamente, poderão solicitar parecer consultivo ao TIJ órgãos e agências especializadas

---

[70] Cfr. o nº 1 do art. 127º do Regulamento do TIDM.
[71] A lista dos casos submetidos ao TIDM pode ser consultada em: https://www.itlos.org/en/cases/list-of-cases/.

autorizados pela Assembleia-Geral da ONU, desde que as questões submetidas estejam dentro de sua esfera de atividade. O TIJ não exerce uma jurisdição obrigatória automática sobre os Estados-Membros das Nações Unidas. Os Estados podem voluntariamente aceitar uma tal jurisdição obrigatória, como fez Portugal após a sua adesão à ONU, por via de declaração proferida em 19.12.1955.

Por outro lado, o TIJ não deve ser confundido com o Tribunal Penal Internacional, este último com competência para julgar indivíduos e não Estados.

Ao contrário do TIDM, que possui 21 membros, o TIJ é composto por apenas 15 membros.

O art. 94º da Carta das Nações Unidas trata da dificuldade na execução das sentenças. Cada membro das Nações Unidas compromete-se a conformar-se com a decisão do TIJ em qualquer caso em que for parte.[72] Na situação de uma das partes de determinado caso deixar de cumprir com as obrigações que lhe incumbem, fruto da sentença proferida pelo TIJ, a outra parte tem o direito de recorrer ao Conselho de Segurança, o qual poderá decidir sobre medidas a serem tomadas para o cumprimento da sentença.

O TIJ, bem como o seu antecessor, o Tribunal Permanente de Justiça Internacional, ao longo do tempo tem sido chamado a pronunciar-se sobre diversas matérias que integram a CNUDM. Salientam-se os seguintes casos:[73] Estreito de Corfu (Reino Unido *vs.* Albânia, 1947-1949); pescas (Reino Unido *vs.* Noruega, 1949-1951); plataforma continental do Mar do Norte (Alemanha *vs.* Dinamarca e Alemanha *vs.* Holanda, 1967-1969); plataforma continental (Líbia *vs.* Malta, 1982-1985); Timor-Leste (Portugal

---

[72] Cfr. o nº 1 do art. 94º da Carta das Nações Unidas.
[73] Para análise dos referidos acórdãos ver RIBEIRO, M. de A.; COUTINHO, F. P. *Jurisprudência resumida do Tribunal Internacional de Justiça (1947-2015)*. Porto Alegre: Dom Quixote, 2016.

vs. Austrália, 1991-1995); delimitação marítima entre a Nicarágua e as Honduras no Mar das Caraíbas (1999-2007); delimitação marítima no Mar Negro (Roménia *vs.* Ucrânia, 2004-2009); disputa marítima (Peru *vs.* Chile, 2008-2014); caça à baleia na Antártida (Austrália *vs.* Japão, 2010-2014).

7 Tribunais arbitrais

O processo de arbitragem constante da CNUDM está regulado nos respectivos Anexos VII – Arbitragem e VIII – Arbitragem especial.

Qualquer parte pode submeter a respetiva controvérsia ao procedimento de arbitragem, mediante a notificação escrita dirigida à outra parte ou partes na controvérsia. A notificação deve ser acompanhada de uma exposição da pretensão e dos motivos em que aquela se fundamenta.[74]

A designação dos membros do Tribunal arbitral acontece a partir de uma lista de árbitros elaborada e mantida pelo secretário-geral das Nações Unidas. Para o efeito, cada Estado-Parte da CNUDM tem o direito de designar quatro árbitros para serem incluídos na referida lista, os quais devem ser pessoas com experiência em assuntos marítimos e que gozem da mais elevada reputação pela sua imparcialidade, competência e integridade.[75]

Assim, a constituição do tribunal arbitral deve obedecer, entre outras, às seguintes normas:[76] em regra o tribunal arbitral é composto por cinco membros; a parte que inicia o procedimento deve designar e, desde logo, indicar na notificação inicial um membro, escolhido de preferência da lista de árbitros, que pode ser seu nacional; a outra parte na controvérsia deve, nos 30 dias seguintes à data de recebimento da notificação, designar um

---

[74] Cfr. o art. 1º do Anexo XII da CNUDM.
[75] O nome de um árbitro deve permanecer na lista até ser retirado pelo Estado-Parte que o tiver designado. Cfr. o art. 2º do Anexo XII da CNUDM.
[76] Cfr. o art. 3º do Anexo XII da CNUDM.

membro, a ser igualmente escolhido de preferência da lista, o qual também pode ser seu nacional;[77] os outros três membros devem ser designados por acordo entre as partes, de preferência de pessoas incluídas na lista de árbitros e de nacionalidade distinta das partes, devendo um destes membros ser designado presidente; qualquer vaga que ocorra deve ser preenchida da mesma maneira estabelecida para a designação inicial; as partes com interesses comuns devem designar conjuntamente e por acordo um membro do tribunal.

Para o respetivo funcionamento o tribunal arbitral deve adotar o seu próprio procedimento interno, garantido que todas as partes tenham a plena oportunidade de ser ouvidas e de apresentar as respectivas causas.[78] Já a decisão deve ser tomada por maioria dos árbitros, sendo admitida a abstenção. A ausência ou abstenção de menos de metade dos árbitros não constitui impedimento à tomada de decisão pelo tribunal.[79]

Quando uma das partes na controvérsia não comparecer perante o tribunal arbitral ou não apresentar a sua defesa, a outra parte poderá pedir ao tribunal que continue os procedimentos e profira o seu laudo.[80] O laudo do tribunal arbitral deve limitar-se ao objeto da controvérsia e ser fundamentado, devendo ser definitivo e inapelável, a não ser que as partes na controvérsia tenham previamente acordado um procedimento de apelação. Assim, deve ser acatado pelas partes na controvérsia.[81]

Já o recurso à arbitragem especial está restrito a um conjunto de matérias específicas: 1) pescas; 2) proteção e preservação do meio marinho; 3) investigação científica marinha; ou 4) navegação, incluindo

---

[77] No art. 3º do Anexo VII da CNUDM são definidos mecanismos para se ultrapassar o impasse resultante de as partes não respeitarem os prazos de designação dos árbitros ou de não chegarem a acordo, quando este for exigido.
[78] Cfr. o art. 5º do Anexo VII da CNUDM.
[79] Em caso de empate na votação, decidirá o voto do presidente. Cfr. o art. 8º do Anexo XII da CNUDM.
[80] Cfr. o art. 9º do Anexo VII da CNUDM.
[81] Cfr. o art. 10º e 11º do Anexo VII da CNUDM.

a poluição proveniente de embarcações e por alijamento.[82] Como no anterior processo de arbitragem, também aqui o processo se inicia com uma notificação especificando o propósito de se recorrer à arbitragem e o respectivo fundamento, bem como a designação de dois árbitros. Só que nestas matérias específicas da arbitragem especial não existe apenas uma lista, mas, sim, quatro, uma para cada uma das quatro matérias sobre as quais o tribunal pode ter competência para decidir.[83]

8 Conclusão

Quando existirem conflitos no âmbito da CNUDM, as partes são obrigadas a recorrer a um dos diversos mecanismos de resolução pacífica de conflitos. Para o efeito, os mecanismos previstos para se alcançar a solução pacífica de controvérsias podem ser divididos entre os de decisão não vinculativa e aqueles que revestem o caráter de decisão vinculativa.

No âmbito dos mecanismos jurisdicionais, a CNUDM criou o TIDM, ao qual as partes podem recorrer a par do TIJ. Por outro lado, está igualmente prevista a existência de tribunais arbitrais para a resolução das controvérsias.

Nesta matéria existe o princípio da liberdade de escolha de meios e procedimentos, segundo o qual nenhuma disposição prejudica o direito que os Estados têm de, em qualquer momento, acordarem a solução de uma controvérsia por quaisquer meios pacíficos da sua própria escolha.

Contudo, caso o conflito seja resolvido por recurso a um dos tribunais, TIDM, TIJ ou tribunais arbitrais, a decisão é vinculativa, ficando as partes obrigadas ao respeito das respectivas decisões.

---

[82] Cfr. o art. 1º do Anexo VIII da CNUDM.
[83] A elaboração e a gestão da lista não são feitas pelo secretário-geral da ONU, mas, sim, por um organismo especializado nessa matéria. Cfr. o art. 2º do Anexo VIII da CNUDM.

Referências

CARDOSO, F. J. C. Reflexões sobre a competência consultiva do Tribunal Internacional do Direito do Mar. *Revista de Marinha*, n. 1014, mar./abr. 2020.

ITLOS. *8 – Rules of the Tribunal, de 28 de outubro de 1997, com as alterações de 15 de março de 2001, 21 de setembro de 2001, 17 de março de 2009 e 25 de setembro de 2018*. Disponível em: https://www.itlos.org/fileadmin/itlos/documents/basic_texts/Itlos_8_E_25.09.18.pdf.

LA CORTE Internacional de Justicia – Preguntas y respuestas acerca del principal órgano judicial de las Naciones Unidas. *Nações Unidas*, 2000. Disponível em: https://www.icj-cij.org/files/questions-and-answers-about-the-court/questions-and-answers-about-the-court-es.pdf.

PEREIRA, M. de A. do V. As vias de resolução de conflitos na Convenção das Nações Unidas sobre o direito do mar. *Revista Jurídica*, n. 7, 2001. Separata.

QUEIROZ, C. *Direito Internacional e Relações Internacionais*. Coimbra: Coimbra Editora, 2009.

RIBEIRO, M. de A.; COUTINHO, F. P. *Jurisprudência resumida do Tribunal Internacional de Justiça (1947-2015)*. Porto Alegre: Dom Quixote, 2016.

ROTHWELL, D. R.; ELFERINK, A. G. O.; SCOTT, K. N.; STEPHENS, T. *The Oxford Handbook of the Law of the Sea*. Oxford: Oxford University Press, 2015.

UN. *Convenção das Nações Unidas para o Direito do Mar*. Disponível em: https://www.un.org/Depts/los/convention_agreements/convention_overview_convention.htm.

Informação bibliográfica deste texto, conforme a NBR 6023:2018 da Associação Brasileira de Normas Técnicas (ABNT):

PARGANA, Miguel Xavier da Cunha O. Júdice. A resolução de conflitos no âmbito da Convenção das Nações Unidas para o Direito do Mar. *In*: LEWANDOWSKI, Enrique Ricardo (Coord.). *Direito Marítimo*: estudos em homenagem aos 500 anos da circum-navegação de Fernão de Magalhães. Belo Horizonte: Fórum, 2021. p. 419-443. ISBN 978-65-5518-105-0.

BLUE GROWTH Y ENERGÍA EN LA UE: BALANCE Y PERSPECTIVAS

MONTSERRAT ABAD CASTELOS

I   Introducción: el marco jurídico-político para la búsqueda de crecimiento y energía azul

1   Más allá de la UE

Parece oportuno comenzar aludiendo aquí al marco existente más allá de la UE derivado de los parámetros fijados por los ODS incluidos en la Agenda 2030 para el Desarrollo Sostenible, aprobada por la AGNU en septiembre de 2015,[1] en cuanto además la Comisión Europea expuso su enfoque estratégico, en noviembre de 2016, para su aplicación.[2] Si bien todos los (17) objetivos están interrelacionados, varios de ellos tienen una especial conexión entre sí, y entre ellos, destacan a su vez, a efectos de objeto del presente trabajo los objetivos 7, 8, 9, 13, 14 y 17, es decir, los que proclaman la necesidad de garantizar el acceso a una "energía asequible, segura, sostenible y moderna para todos"; promover "el crecimiento económico sostenido, inclusivo y sostenible, el

---

[1]   Resolución AGNU 70/1, *Transformar nuestro mundo: la Agenda 2030 para el Desarrollo Sostenible*, A/RES/70/1.
[2]   COM (2016) 739 final, 22-11-2016.

empleo pleno y productivo y el trabajo decente para todos"; construir "infraestructuras resilientes, promover la industrialización inclusiva y sostenible y" fomentar la innovación"; adoptar "medidas urgentes para combatir el cambio climático y sus efectos"; "conservar y utilizar en forma sostenible los océanos, los mares y los recursos marinos para el desarrollo sostenible"; y, por último, "fortalecer los medios de implementación y revitalizar la Alianza Mundial para el Desarrollo Sostenible".[3]

El marco de la Agenda 2030 se asienta a su vez sobre otros desarrollos anteriores que ya se habían iniciado en materia de energía en igual marco, las Naciones Unidas, desde pocos años atrás. En ellos, el desarrollo sostenible es considerado como un pilar. En este sentido, debe citarse la iniciativa "Energía Sostenible para todos", lanzada por el Secretario General en 2012,[4] así como alguno de sus Informes más significativos, como el relativo a las *energías renovables marinas*, de 2012.[5] Debe entresacarse igualmente a su vez el Informe sobre energías renovables del Grupo de expertos sobre cambio climático, de igual año.[6] Junto a ello, debe indicarse que los procesos abiertos de consultas oficiosas sobre el Derecho del Mar establecidos por la AGNU (UNICPOLOS), cuyo mandato es precisamente tratar las cuestiones relativas a los océanos en el contexto del desarrollo sostenible, dedicó su 13ª reunión, en 2012, a tratar primordialmente el tema de las energías renovables marinas, con un enfoque netamente positivo.[7]

---

[3] Resolución AGNU 7.0/1

[4] Tiene como objetivos: movilizar a todos los sectores de la sociedad a fin de conseguir para 2030 tres objetivos que están interconectados: la universalización de los servicios de energía modernos, duplicar la tasa de eficiencia energética y doblar el consumo de energía renovable; *Sustainable Energy For All, Srategic Framework for Results 2016-21*, June 2016.

[5] NU Doc. A/67/79.

[6] IPCC (2011), *Special Report on Renewable Energy Sources and Climate Change Mitigation*.

[7] Véase http://www.un.org/Depts/los/consultative_process/consultative_process.htm.

2   En la UE: *Blue growth* y energía

En la Comunicación de 2012 sobre *Crecimiento azul. Oportunidades para un crecimiento marino y marítimo sostenible* ya se reconoce la energía (energía azul) como uno de los ámbitos prioritarios de la economía azul. La Comisión Europea reconoce en ella su importancia en relación con varios ámbitos clave para el futuro de la Unión: garantizar la seguridad energética; ayudar a la creación de empleo, fundamentalmente en las zonas costeras; estimular la innovación tecnológica, la actividad comercial y la competitividad; así como su capacidad para contribuir a reducir las emisiones de carbono.[8] A partir de ahí, nuevos documentos han venido a reconocer la importancia que tienen las energías marinas, y en particular las oceánicas. Así, la Comunicación sobre *tecnologías e innovación energéticas*, de 2013[9] y, fundamentalmente, la Comunicación referida a *la Energía azul. Medidas necesarias para aprovechar el potencial de la energía oceánica de los mares y océanos hasta 2020 y en adelante*, adoptada en 2014. En esta última, además de incluirse un balance de la situación y de las principales oportunidades y retos pendientes, se incorpora un "plan de acción de la energía oceánica", que prevé dos fases: una primera (2014-16), en la que se ha de crear un Foro de la Energía Oceánica que reúna a las partes interesada a fin de hacer un diagnóstico común de los principales problemas y encontrar soluciones factibles y la elaboración de una hoja de ruta estratégica de la energía oceánica; y una segunda fase (2017-2020), en la que se prevé el posible desarrollo de una iniciativa industrial europea basada en los resultados obtenidos previamente.[10] En el documento sobre la valoración de impacto correspondiente a esta Comunicación, la Comisión identifica y valora las principales opciones que la Unión tiene

---

[8]   COM (2012) 494 final, de 13-9-2012, p. 10.
[9]   COM (2013) 253 final, de 2-5-2013.
[10] COM (2014) 8 final, de 20-1-2014, especialmente, pp. 7-11.

ante sí para apoyar el impulso de la energía oceánica.[11] Poco después, en la Comunicación titulada *Innovación en la economía azul: aprovechar el potencial de crecimiento y de creación de empleo que encierran nuestros mares y océanos*, también en 2014, la Comisión destaca, entre otros aspectos, la necesidad de conseguir un mayor conocimiento de nuestros mares para impulsar el crecimiento de la economía azul, y eliminar así los obstáculos supuestos por la actual falta de información que frenan la innovación en este ámbito".[12] En 2016, la UE publica la *Declaration of Intent on Strategic Targets in the context of an Initiative for Global Leadership in Ocean Energy*,[13] la cual, si bien carece de fuerza jurídica vinculante, sin duda supone un refuerzo del compromiso en la misma línea, al recoger el acuerdo alcanzado con otras partes interesadas.[14] En 2017 se crea un Grupo de Trabajo sobre energía oceánica compuesto por diez Estados miembros y socios de la industria a fin de elaborar un plan de implementación que incorpore previsiones relativas a posibles vías para obtener financiación. Por último, en 2018 la Comisión publica el *Estudio de Mercado sobre energía oceánica*.[15] Aspectos relevantes derivados de todos estos documentos, como se verá, emergerán en las páginas que siguen.

II Tipos de energías renovables marinas, inclusive la energía oceánica

Las energías renovables marinas constituyen un tipo de energía renovable que se origina en distintos procesos naturales que tienen lugar en el medio marino. Las clases de este tipo de energía renovable son cuatro,

---

[11] SWD (2014) 13 final, *Commission Staff Working Document Impact Asessment Ocean Energy. Action needed to deliver on the potential of ocean energy by 2020 and beyond*, p. 10.
[12] COM (2014) 254 final.
[13] Puede verse en https://setis.ec.europa.eu/system/files/integrated_set-plan/declaration_of_intent_ocean_0.pdf.
[14] Al respecto puede verse *JRC Ocean Energy Status Report2016 Edition*, especialmente pp. 29 y ss.
[15] European Commission, *Market Study on Ocean Energy. Final Report (May 2018)*.

a saber, la energía oceánica; la energía eólica que se obtiene mediante turbinas emplazadas en el mar; la energía geotérmica, generada a partir de los recursos geotérmicos submarinos; y la bioenergía, la cual se extrae de la biomasa marina, en especial de las algas de los océanos.[16] A su vez, la energía renovable oceánica proviene de seis fuentes diferentes, con orígenes y tecnologías también distintas para su conversión, pero que tienen en común que todas ellas se obtienen a partir de la energía potencial, cinética, térmica y química de las aguas marinas. Las seis fuentes distintas son: las olas; la amplitud de las mareas; las corrientes de las mareas; las corrientes oceánicas; la conversión de energía térmica oceánica; y, por último, los gradientes de salinidad. En efecto, las olas, generadas a través de la acción del viento sobre el agua, producen energía susceptible de ser aprovechada. A su vez, la amplitud de las mareas genera energía a través de la subida y bajada cíclicas de las mareas. Lo mismo ocurre con las corrientes de marea, que tienen lugar debido al movimiento horizontal del agua que se origina por la subida y bajada de la marea. Otra fuente de energía son las corrientes oceánicas que se producen en mar abierto. Por lo que se refiere a la conversión de energía térmica oceánica, ésta es una tecnología que obtiene rendimiento de la energía solar que absorben los océanos, basándose en la diferencia de temperatura que existe entre las capas más superficiales y las capas más profundas, mucho más frías. Pero es preciso que medie una diferencia de temperatura de al menos 20º entre unas capas y otras. Por ello, esta fuente de energía no puede producirse en cualquier lugar, sino que sólo tiene un gran potencial en ciertas áreas, como las regiones ecuatoriales y tropicales. Pero no hay que olvidar en este sentido el potencial de territorios de ultramar de Estados Miembros de la UE, como Martinica (FR) o Curaçao (Países Bajos). Por

---

[16] IPCC (2011), *Special Report on Renewable Energy Sources... loc. cit.*, p. 164.

último, los gradientes de salinidad tienen lugar con la mezcla de agua dulce y salada, la cual libera energía en forma de calor, y se produce en las desembocaduras de los ríos. Esta energía se aprovecha mediante el proceso de electrodiálisis inversa, que se basa en la diferencia de potencial químico entre el agua dulce y el agua salada, o bien mediante el proceso de potencia osmótica, basado en la tendencia natural de ambos tipos de agua a mezclarse.[17]

Hay que tener en cuenta que la energía renovable *marina* cuyo desarrollo está más avanzado, en fase comercial ya desde hace tiempo, es la eólica marina, la cual no se considera oceánica, al no proceder del mar, sino del viento.[18] Por tanto, queda excluida de la estrategia específica *blue growth*, al igual que sucede con la geotermal y la bioenergía, por la misma razón, puesto que si bien se generan en el medio marino tampoco se derivan de las propiedades del agua del mar.[19] No obstante, todo el desarrollo de la energía oceánica por supuesto enlaza con la eólica *offshore* y también con el resto de las energías renovables, en la medida en que la UE ha desplegado distintas iniciativas en materia de energía renovable, que se anclan en sus competencias previstas en el TFUE sobre energía (art. 194), mercado interior (art. 114) y medio ambiente (art. 192). En particular, deben destacarse el Plan Estratégico en Tecnologías Energéticas para un futuro con baja emisión de carbono (SET PLAN),[20] la Directiva de 2009 sobre Energías renovables (la llamada directiva 20-20-20, ahora en revisión tras el Acuerdo de París); o la Hoja de Ruta de la Energía para 2050.[21]

---

[17] Ibíd., pp. 503 y ss.
[18] Si bien en países como Francia se considera hasta ahora que la energía oceánica incluye los dispositivos de energía eólica flotantes, este no es el enfoque utilizado por la UE; véase European Commission, *EU Study on Lessons for Ocean Energy Devolopment. Final Report* (April 2017), p. 5.
[19] OES, *Annual Report 2017. An Overview of Ocean Energy activities in 2017*, p. 19.
[20] COM (2007) 723 final, 22-11-2007.
[21] COM (2011) 885 final, 15-11-2011.

III Estado actual y potencial de la energía oceánica en la UE

Se viene avanzando que es improbable que pueda haber una utilización significativa de las tecnologías de energía oceánica antes de 2030 y que el despliegue comercial continuará expandiéndose más allá de 2050.[22] Está aún por ver, por tanto, cuándo estas tecnologías podrán aportar una contribución significativa al suministro de energía mundial. Por ahora, sólo la energía eólica marina podría estar relativamente cerca de comenzar a ser competitiva con combustibles fósiles o la energía nuclear, si bien permanece marginal por ahora, al alcanzar solo el 0,2 de la generación eléctrica global[23], aunque está claramente en ascenso.[24] No obstante, como se ha visto, constituye un tipo de energía marina, pero no oceánica.[25] Pero es de señalar a la vez que, pese al estado aún joven y emergente de todas las energías renovables marinas, aun después de que la UE lleve ya tres décadas haciendo inversiones,[26] las estimaciones con respecto a su potencial son en general claramente optimistas. Ciertamente, aunque el grado de desarrollo de estas tecnologías es en su mayoría todavía muy embrionario y con disparidades, oscilando entre la fase conceptual hasta la de prototipo, pasando por la etapa de investigación y desarrollo,[27] su potencial es enorme. El IPCC destacaba en su informe de 2011 que la tecnología para extraer energía a partir de la amplitud de las mareas es

---

[22] IPCC (2011), *Special Report on Renewable Energy Sources... loc. cit.*, p. 527.
[23] IEA (2017), *Offshore Energy Outlook*, p. 9.
[24] Debido a la utilización de dispositivos cada vez más grandes y alejados de las costas, capaces de aprovechar vientos también cada vez más fuertes; IEA (2017), *Offshore Energy Outlook...loc. cit.*, p. 3. Pueden verse las previsiones relativas a su incremento también en IEA, *ibíd.*, pp. 9 y 11.
[25] Para un análisis exhaustivo de la energía eólica en Europa, véase DE CASTRO, M.; COSTOYA, X.; SALVADOR, S.; CARVALHO, D.; GÓMEZ-GESTEIRA; SANZ LARRUGA, J.; GIMENO, L.; "An overview of offshore wind energy resources in Europe under present and future climate", *Annals of the New York Academy of Sciences*, July 2018.
[26] EC (2017), *EU Study on Lessons for Ocean Energy Devolopment... loc. cit.*, p. 71.
[27] IPCC (2011), *Special Report on Renewable Energy Sources... loc. cit.*, Cap. 6.3.1. En la madurez de la energía eólica marina ha influido el hecho de que la utilización de esta fuente de energía es la más antigua en el tiempo, al remontarse al uso de los molinos de marea, con precedentes en el Reino Unido desde el siglo XI; véase *Plan de Energías Renovables 2011-20*, IDAE, Madrid, p. 193 (documento localizable en http://www.idae.es/index.php/mod.documentos/mem.descarga?file=/documentos_11227_PER_2011-2020_def_93c624ab.pdf).

la más madura y avanzada entre las oceánicas (sin contar, por tanto, la eólica marina, que ya podía estimarse "madura" entonces).[28] Junto a ella, también destaca la tecnología para aprovechar la energía de las mareas. Sin embargo, pese a que inicialmente la tecnología para extraer energía undimotriz parecía madurar más rápido que la de las mareas, la falta de convergencia en la tecnología generada ha retrasado ese desarrollo.[29]

En todos los instrumentos y documentos de trabajo, dentro de la UE y más allá, se reconoce que la contribución actual de la energía oceánica es aún insignificante,[30] pero se reconoce su fabuloso potencial. La estimación que el IPCC hacía al principio de esta década, según la cual el potencial de las energías renovables marinas técnicamente explotables, excluyendo la energía eólica marina, sería de unos 7.400 exajulios (EJ) por año[31], sigue manteniéndose en documentos más actuales de diversas procedencias.[32] Esta es, sin duda, una cantidad estimada más que suficiente para cubrir las necesidades energéticas humanas del presente y del futuro.[33] En el *road map* elaborado en noviembre de 2016 por la UE se enfatiza que, contando un marco regulador favorable y con condiciones económicas adecuadas, la energía oceánica podría satisfacer el 10% de la demanda de energía de la Unión en 2050.[34] Es de tener en cuenta además que estos recursos no solo pueden destinarse a la generación de electricidad, sino también para otros usos, como la desalinización.[35]

Las presas de marea suponen hoy por hoy el 99% de generación de la energía oceánica en el ámbito global,[36] copada hasta ahora por dos

---

[28] IPCC (2011), *Special Report on Renewable Energy Sources... loc. cit.*, Cap. 6.3.1.
[29] EC (2017), *EU Study on Lessons for Ocean Energy Devolopment... loc. cit.*, p. 7.
[30] IEA (2017), *Offshore Energy Outlook... loc. cit.*, p. 19.
[31] IPCC (2011), *Special Report on Renewable Energy Sources..., loc. cit.*, p. 501.
[32] SWD (2014) 13 final, p. 11.
[33] *Ibíd.* y NU Doc. A/67/79, pp. 6 y 7.
[34] Ocean Energy Forum (2016), Ocean Energy Strategic Roadmap 2016. *Building Ocean Energy for Euorpe*, p. 7.
[35] OES, *Annual Report 2017. An Overview of Ocean Energy activities in 2017*, p. 19.
[36] IEA (2017), *Offshore Energy Outlook... loc. cit.*, p. 19.

países con el 90% de esta capacidad, uno dentro de la UE (Francia, con la estación de La Rance, en Bretaña, 240 MW, operando desde 1966) y otro fuera (Corea del Sur, con Sihwa Lake Tidal Power Station, and the 254 MW, en funcionamiento desde 2011). En general, los progresos mayores en la UE se han producido en proyectos de energía undimotriz y de mareas. Cabe destacar recientes avances en corrientes de marea en Escocia o los proyectos del RU en Swansea, en Gales,[37] así como la planta de energía undimotriz implantada en España, en el País Vasco.[38]

En todo caso, más allá de calcular el potencial de energía generable, es muy difícil avanzar predicciones. El propio estudio de mercado publicado por la Comisión en mayo de 2018 reconoce esto explícitamente, avanzando que hay "too many unkown variables to take into account that may prove a forecast spectacularly wrong" (y se acumulan además las proyecciones de futuro procedentes de diversas entidades).[39] Sin perjuicio de ello, lo que resulta claro es que es un sector prometedor, y en el caso de la Unión cabe destacar también el papel que pueden tener hacia el futuro las islas y las regiones ultraperiféricas.[40]

IV Actores implicados y algunos desafíos presentes

Hasta muy recientemente en el sector de la energía oceánica venían concurriendo un gran número de PYMEs y consorcios con presencia de Universidades y centros de investigación, pero, como ponía de relieve la Comisión en la valoración de impacto correspondiente a la Comunicación sobre la energía azul de 2014, recientemente compañías de gran tamaño han comenzado a implicarse también de manera creciente.[41] Firmas como

---

[37] Véase IEA (2017), *Offshore Energy Outlook... loc. cit.*, p. 19 y OES (2017), *Annual Report. An Overview of Ocean Energy activities... loc. cit.*, p. 4.
[38] OES (2017), *Annual Report. An Overview of Ocean Energy activities... loc. cit.*, p. 13.
[39] EC (2018), *Market Study on Ocean Energy... loc. cit.*, p. 29.
[40] EC (2017), *EU Study on Lessons for Ocean Energy Development... loc. cit.*, p. 71.
[41] SWD (2014) 13 final, *Commission Staff Working Document Impact Asessment Ocean Energy... loc. cit.*, p. 10.

Siemens, EDF, Iberdrola, Scottish Power, Vattenfal, RWE, Alstom, DCNS, entre muchas otras, se han sumado al sector.[42]

Han ido emergiendo además distintas iniciativas para promocionar la energía oceánica y servir de plataformas de coordinación, algunas más allá del ámbito de la UE. Deben citarse aquí las siguientes: *Ocean Energy systems*, *Ocean Energy Europe* y *European Technology and Innovation Platform on Ocean Energy* (ETIP Ocean). La primera fue puesta en marcha por la Agencia Internacional de la Energía en 2011, como un programa de colaboración intergubernamental que agrupa a 25 miembros, entre los que se encuentran, además de varios Estados de la Unión (Alemania, Bélgica, Dinamarca, España, Francia, Irlanda, Italia, Países, Bajos, Portugal, Reino Unido y Suecia), la propia Comisión Europea.[43] La *Ocean Energy Europe* cuenta con más de 120 organizaciones, agrupando industria, administraciones y centros de investigación. Supone la red más extensa de profesionales de la energía en el mundo, a fin de representar los intereses europeos en el sector de la energía oceánica.[44] Por último, ETIP Ocean es un órgano consultivo de la Comisión Europea, que se incardina en el SET-Plan, y que agrupa alrededor de 250 expertos de 150 organizaciones que cubren el sector de energía oceánica europeo.[45]

Sin perjuicio de los avances producidos, la energía oceánica se enfrenta aún con numerosos desafíos, que son además de diverso signo; a saber, en relación con cuestiones de infraestructura (conexión a la red; necesidad de barcos especializados; instalaciones portuarias adecuadas, etc.); tecnología (sus costes, pero también la fala de convergencia); dificultades jurídicas y administrativas en relación con los procedimientos de autorización y licencias (se ha hablado gráficamente de la "blue tape"

---

[42] Ibíd.
[43] Véase el sitio web: https://www.ocean-energy-systems.org/about-us/members/contracting-parties/.
[44] Puede verse también su sitio web: https://www.oceanenergy-europe.eu/about-oee/.
[45] Puede verse en https://www.etipocean.eu/about/etipocean/.

producida por la falta de coordinación,⁴⁶ que algunos Estados parecen haber superado con éxito);⁴⁷ posibles problemas medioambientales;⁴⁸ rechazo o reticencias ciudadanas; y los problemas relativos a la financiación. No se pretende incluir aquí todos los desafíos que deben superarse, porque además los hay de muy diverso signo (por ejemplo, alguno del que no se suele hablar, como la propia oposición de la industria energética convencional),⁴⁹ y ello desbordaría con mucho el alcance propuesto por este texto. Pero entre los muchos desafíos existentes, interesa destacar aquí las dificultades existentes para superar las fases pre-comerciales, el llamado "valley of death", para lo cual se precisa financiación innovadora en cobertura de seguros y apoyo a la inversión, que resultan en estos momentos insuficientes.⁵⁰

---

[46] OES-IEA, *Annual Report Ocean Energy Systems 2016* (disponible en file:///C:/Users/Montse/Downloads/OES-Annual-Report-2016.pdf).

[47] Para un estudio pormenorizado al respecto, véase SALVADOR, S.; GIMENO, L.; y SANZ LARRUGA, J., "Streamlining the consent process for the implementation of offshore wind farms in Spain, considering existing regulations in leading European countries", *Ocean & Coastal Management*, Vol. 157, May 2018, pp. 68-85.

[48] Tomando como referencia los parámetros del desarrollo sostenible, y por consiguiente, las tres dimensiones que lo conforman, esto es, económica, social y medioambiental, precisamente cabe indicar que las energías renovables oceánicas arrojan un saldo muy positivo. El SGNU lo dejó claro en su Informe sobre energías renovables marinas arriba citado, de 2012 (UN Doc. A/67/79, pp. 7 y ss.). También se asumió igual postulado en la reunión de UNICPOLOS dedicada a igual tema (puede verse 25 *Earth Negotiations Bulletin*, Number 88, 4 June 2012, p. 5; y *Report on the work of the United Nations Open-ended Informal Consultative Process on Oceans and the Law of the Sea at its thirteenth meeting*, Doc. A/67/120, 2-7-2012). Los problemas que en general se advierten tienen que ver con la alteración de los hábitats de los fondos marinos y el transporte o la deposición de sedimentos debido a la construcción y presencia permanente de los dispositivos y estructuras; la muerte de peces y mamíferos o alteraciones en su conducta debido a los ruidos y los campos electromagnéticos; la interferencia en el desplazamiento, alimentación, desove y rutas migratorias de peces, mamíferos y aves; liberación de productos químicos tóxicos a resultas de vertidos y fugas accidentales o de la acumulación de metales o compuestos orgánicos; y la reducción de la velocidad de las corrientes marinas y la disminución de la altura de las olas debido a la obtención de la energía de las olas o de las mareas; NU Doc. A/67/79, p. 24. A su vez, de entre todos los tipos de energía oceánica, las presas de marea concitan la mayor controversia, por sus posibles efectos negativos en el entorno. Es cierto que siempre pueden apuntarse ciertos problemas o desafíos que superar, que se sitúan sobre todo en el plano económico y en el medioambiental, pero la balanza se inclina con claridad a su favor, ya que los beneficios desde todos los ángulos del desarrollo sostenible son obvios (más puestos de trabajo; dinamización de la economía; mayor acceso a la energía y seguridad energética; reducción de emisiones y mitigación del cambio climático; riesgo nulo de vertidos de hidrocarburos y menor riesgo de accidentes con peligro para la integridad física de las personas y de los espacios, etc.). En cualquier caso, en relación con la protección medioambiental, debe tenerse en cuenta que las directivas de Aves y Hábitats, pues constituyen las piezas claves de la legislación en el ámbito de la UE, como posible límite a las actividades relacionadas con la exploración y explotación comercial de los diversos tipos de energía oceánica, así como en relación con la eólica marina.

[49] Puede verse esta y otras barreras en REN21 (2017), *Renewables Global Futures Report. Great debates towards 100% Renewable Energy*, p. 19.

[50] Ocean Energy Forum (2016), Ocean Energy Strategic Roadmap 2016. *Building Ocean Energy for Euorpe*, p. 9.

V Nuevas tendencias, necesidad de partenariados y algunos problemas a tener en cuenta

A la hora de avizorar tendencias es preciso tener en cuenta que el escenario de la energía es muy volátil, y pese a que el de las energías renovables no esté tan determinado por los acontecimientos geopolíticos como sí lo está el de las energías fósiles, sigue habiendo una serie significativa de variables a tener en cuenta, unas están siempre ahí y otras son nuevas. Ha de tenerse en cuenta en esta línea que la revolución habida en el entorno de los hidrocarburos no convencionales, el *shale oil* y el *shale gas*, el apoyo político dado en general a las energías renovables, y en particular a la energía eólica marina, así como el descenso del coste de la tecnología en materia de renovables terrestres, son, entre otros, factores que condicionan en general la dinámica de la energía *offshore*.[51] Elementos a los que todavía pueden sumarse otros, inclusive el hipotético acaecimiento de un nuevo accidente de gravedad en el sector de los hidrocarburos (como, por ejemplo, el vertido causado por la plataforma *Deepwater horizon* en el Golfo de México, en 2010), que sin duda tendría repercusiones más allá de las energías fósiles. Además, los pronósticos varían dependiendo de quién efectúe las valoraciones hacia el futuro. La AIE proyecta posibles escenarios diferentes. Se refiere así al "new policies scenario" y también al "sustainable development scenario".[52] Sobra decir que el lugar que la energía *offshore* juega en esos escenarios es muy distinto (ha de tenerse en cuenta además que en esas previsiones no solo entra la energía oceánica, sino asimismo la eólica marina, e igualmente los hidrocarburos).

Sin duda existen grandes oportunidades para crear un nuevo sector industrial, que traerá empleos y los demás beneficios consabidos

---

[51] IEA (2017), *Offshore Energy Outlook...loc. cit.*, p. 80.
[52] IEA (2017), *Offshore Energy Outlook...loc. cit.*, p. 14.

en materia de crecimiento económico, protección del clima, seguridad energética, etc. La energía oceánica debería convertirse, en ese sentido, en un ejemplo de éxito *industrial*",[53] pero para ello se necesita apostar más fuerte por ella en y por la UE. Precisa más apoyo, a fin de que la Unión pueda seguir liderando el mercado global del sector. Han de aprovecharse todas las posibilidades...

En la Comunicación de la Comisión de 2012 sobre crecimiento azul se ofrecía alguna pista relevante hacia el futuro, como la posibilidad de "buscar sinergias con el sector energético marino convencional", por ejemplo, en lo que concierne a las infraestructuras y a la seguridad.[54] En distintos documentos de trabajo de la Unión y de otras entidades se llama la atención sobre la necesidad de que Gobiernos e industria estén constantemente atentos para innovar,[55] la oportunidad de las soluciones híbridas y de la necesidad de aprovechar la experiencia y posibles sinergias con el sector de hidrocarburos *offshore* (por ejemplo, aprovechando infraestructuras existentes, *electrificando* las operaciones petrolíferas o gasísticas cuando hay parques eólicos marinos cerca), que ya se están llevando a cabo en entornos como el Mar del Norte.[56] Se llama la atención sobre la necesidad de interconectar sectores, puesto que hasta ahora existen "separate silos" que necesitan entrar en relación.[57] No obstante, todas esas medidas no son suficientes porque se precisa una mayor coordinación entre el sector público y el privado y la financiación sigue siendo además el gran reto.

En el documento sobre la valoración de impacto que acompaña la Comunicación sobre la energía azul de 2014, la Comisión distingue tres

---

[53] OEF (2016), Ocean Energy Strategic Roadmap... *loc. cit.*, p. 7.
[54] COM (2012) 494 final, de 13-9-2012, p. 10.
[55] IEA (2017), *Offshore Energy Outlook*...*loc. cit.*, p. 3.
[56] IEA (2017), *Offshore Energy Outlook*...*loc. cit.*, p. 12.
[57] REN21 (2017), *Renewables Global Futures Report. Great debates*... *loc. cit.*, p. 61.

opciones posibles: 1) el marco actual, *business as usual*; 2) la mejora de la coordinación política e industrial y 3) acciones estructurales destinadas a su promoción. Como la propia Comisión precisa, las opciones 2) y 3) no son excluyentes, ya que más que decidir entre una y otra opción se recomienda que se adopten medidas propias de una y otra.[58] Mientras la segunda opción se asienta sobre todo sobre la creación de redes y mecanismos de intercambio de información sobre una base de naturaleza totalmente voluntaria, la tercera opción prevé herramientas específicas para potenciar el perfil de la industria, incrementar la inversión en I+D y la cooperación entre las partes interesadas, así como aliviar en lo posible algunas de las barreras administrativas existentes, dando lugar a un robusto marco de apoyo institucional.[59] La creación de una Iniciativa Industrial Europea para la energía oceánica parece la opción más "eficiente", y se incardinaría en la opción c), que implica un compromiso firme por parte de todas las partes interesadas.[60]

En otro estudio encargado recientemente por la Comisión sobre las *lecciones aprendidas* hasta la fecha en el desarrollo de la energía oceánica, se insiste en la necesidad de una alianza, un "covenant", entre la industria y el sector público con el objetivo de mantener el liderazgo global de la UE en el sector de la energía oceánica para 2030. Esa alianza tendrá una serie de tareas muy precisas a las que hacer frente de manera conjunta, para apoyar de modo más eficiente, en particular la energía procedente de las olas y de las mareas.[61] En la misma línea, en el reciente estudio de

---

[58] SWD (2014) 13 final.
[59] SWD (2014) 13 final, pp. 19 y ss.
[60] Ya existen otras Iniciativas Industriales Europeas (IIE) para impulsar el desarrollo de tecnologías energéticas limpias y eficientes en Europa, lanzadas bajo la cobertura del Plan Estratégico en Tecnologías Energéticas, que tienen por objeto las redes eléctricas, la energía solar, la energía eólica o la captura, transporte y almacenamiento de CO_2.
[61] En concreto: 1) coordinar el desarrollo de tecnología; 2) promover la normalización, homologación y garantía de funcionamiento; 3) alinear las condiciones generales y las actividades estratégicas; 4) apoyar el desarrollo de la tecnología de base en un enfoque por etapas; y 5) emplear un marco de supervisión que utilice criterios de funcionamiento que tenga en cuenta la disponibilidad tecnológica y no tecnológica; EC (2017), *EU Study*

mercado sobre la energía oceánica publicado por la Comisión en 2018 se pone de relieve la necesidad de superar las vías de financiación utilizadas hasta la fecha, por insuficientes, y porque no guardan proporción con la escala de los objetivos perseguidos.[62] Se plantea por tanto la posibilidad de desarrollar nuevas estrategias de financiación,[63] así como la importancia de lograr "a correct balance between public and private interest to the greater benefit of the sector".[64] En este sentido, al captar la financiación privada, "it is fundamental to draft the terms of reference for the fund manager so as to limit their capacity to a point where there still is an incentive for them to participate in the market, but the public interest is also preserved".[65]

La Comisión ya había financiado actividades I+D en relación con la energía oceánica en el marco de los 6º y 7º PM, del Programa *Energía inteligente* o del Programa NER-300,[66] y ha continuado haciéndolo a través de diversas vías, en particular a través del marco de H2020.[67] Hay que tener en cuenta aquí que hay dos tipos de asociación público-privada (APP) en el marco de la UE: las "iniciativas tecnológicas conjuntas" (ITC), previstas en el artículo 187 del TFUE, que se establecen mediante un reglamento de empresa común, y las asociaciones público-privadas contractuales (APPC), previstas en Horizonte 2020, que se establecen por un memorando de entendimiento.

---

    on Lessons for Ocean Energy Devolopment... loc. cit., pp. 5 y vi y ss. Se reconoce por ejemplo que las condiciones realmente favorables (aunando un marco general con actividades de apoyo adecuadas) se dan lugar solo en un pequeño número de Estados miembros; en realidad, se mencionan explícitamente a la vez Estados y regiones, los casos de Escocia, Irlanda, Francia y el País Vasco. A su vez, en el estudio de mercado encargado por la Comisión, publicado en mayo de 2018, se muestran tres posibles escenarios: 1) optimista (todos los proyectos se han desplegado en la fecha inicialmente propuesta); 2) medio (todos los proyectos se ponen en marcha, si bien con retraso); c) pesimista (con proyectos retrasados y cancelados)

[62] EC (2018), *Market Study on Ocean Energy... loc. cit.*, p. 46.
[63] *Ibíd.*
[64] *Ibíd.*, p. 70.
[65] En lo que respecta al establecimiento de Fondo específico para la energía oceánica de las olas y las mareas se plantean como opciones, además de utilizar algún instrumento existente, la creación de un nuevo fondo que podría ser gestionado por el BEI o por la propia Comisión; *ibíd.*
[66] SWD (2014) 13 final, p. 39.
[67] OES (2017), *Annual Report. An Overview of Ocean Energy activities... loc. cit.*, p. 66.

Es obvio que se precisa una coordinación permanente, articulada a través de alianzas entre el sector público y el privado. El papel del sector público es crucial, y asegurará, entre otros muchos aspectos, la colaboración entre empresas, que de otro modo competirían entre sí, así como el intercambio de información y el conocimiento que beneficiará a todo el sector, acelerando así el ritmo de su implantación industrial.[68] Los partenariados tienen la virtud de captar inversión privada y compartir riesgos. Junto a ello, la intervención del tercero en este caso, el sector privado, puede garantizar la viabilidad de un proyecto o materializar una idea, que de otro modo podría ser sencillamente inimaginable, en el primer caso, o irrealizable, en el segundo.

No obstante, sin perjuicio de lo dicho, tampoco se puede ignorar que estas alianzas también conllevan ciertos riesgos que, a la postre, pueden desembocar en efectos negativos. Pueden llevar aparejados ciertos problemas, como pervertir la naturaleza de ciertos servicios básicamente públicos, a los que pueden sumarse todavía más peligros, como el riesgo de corrupción, el oportunismo político, la falta de la debida diligencia o los problemas derivados de la privatización de las ganancias y la socialización de los riesgos, entre otros.[69] En este sentido, los partenariados público-privados han recibido muchos merecidos reproches por ciertos fracasos de articulación y gestión habidos en el ámbito interno de varios países con respecto a distintos tipos de infraestructuras, entre ellos, el Reino Unido o España.[70]

Debe señalarse junto a ello que los partenariados público-privados tampoco se han escapado de ciertas críticas en el ámbito de la UE. Aunque

---

[68] OEF (2016), Ocean Energy Strategic Roadmap... *loc. cit.* p. 7.
[69] Véase REYNAERS, A.-M., "Public values in Public-Private Partnerships", *Public Administration Review*, Vol. 74, Issue 1, 2013, pp. 41-50; especialmente, pp. 42 y ss. y p. 49.
[70] Puede verse Véase HALL, D., *Why Public-Private Partnerships don't work. The many advantages of Public Administration Review*, Public Services International (PSI), University of Greenwich, UK, 2015, en especial, p. 7.

estas no se hayan dirigido específicamente contra las alianzas generadas en el sector de la energía oceánica, parece preciso tenerlas en cuenta. Así, el Comité Económico y Social Europeo, pese a reconocer que las asociaciones público-privadas en materia de investigación e innovación en sus diversos tipos constituyen una "fórmula de excelencia", un "poderoso instrumento" para afrontar los principales retos socio-económicos, también ha puesto de relieve como "la plena integración de las dimensiones tecnológicas, ambientales y sociales" exige un nuevo planteamiento basado en una mayor transparencia en cuanto a los resultados alcanzados y a su impacto socioeconómico.[71] También el PE ha vertido algunas críticas en su valoración provisional de la implementación de H2020.[72] Si bien reconoce que la participación de la industria en general es significativamente más alta que en el 7º PM),[73] pide a la Comisión que calibre el valor añadido y la relevancia europea que tiene la financiación pública de algunas iniciativas industriales a través de las Iniciativas Tecnológicas conjuntas, así como la coherencia, apertura y transparencia de todas las iniciativas conjuntas;[74] subraya que el programa H2020 no está lo suficientemente centrado en superar el "valle de la muerte", lo cual constituye una de las principales barreras para superar la fase de prototipo;[75] y llama a su vez a la Comisión a mejorar la transparencia y claridad de las reglas para la cooperación público-privada en el futuro, así como a revisar los instrumentos existentes para los partenariados público-privados.[76]

---

[71] Comité Económico y Social Europeo, CCMI/142, 19-1-2016, *El papel y la incidencia de las ITC y APP en la ejecución del programa Horizonte 2020 para una transformación industrial sostenible.*
[72] P8_TA(2017)0253, *Assessment of Horizon 2020 implementation European Parliament resolution of 13 June 2017 on the assessment of Horizon 2020 implementation in view of its interim evaluation and the Framework Programme 9 proposal* (2016/2147(INI)).
[73] *Ibíd.*, pár. 6.
[74] *Ibíd.*
[75] *Ibíd.*, pár. 32.
[76] *Ibíd.*, pár. p. 60.

VI Conclusión

Las energías oceánicas, al igual que el resto de las renovables en general, pueden contribuir a enfrentar enormes retos, desde el punto de vista climático-medioambiental, social y económico. La UE ha tomado conciencia de que cuenta con los recursos potenciales inmensos de mares y océanos, también en términos energéticos. Ha habido avances principalmente en el ámbito de las tecnologías para aprovechar la energía procedente de las mareas y de las olas en distintos Estados Miembros de la Unión en los últimos años, aunque se ha observado que el avance de la energía undimotriz se ha resentido por la fragmentación existente en el sector. Muchas de estas dificultades se derivan de la ausencia de suficientes medidas de coordinación. Aunque se han establecido nuevas iniciativas de carácter intergubernamental, dentro y fuera de la UE, con el fin de asegurar el intercambio de información y conocimiento necesarios, así como para favorecer medidas de coordinación, estas resultan insuficientes para superar el estancamiento habido en algunos ámbitos y mantener la posición de liderazgo de la UE en el futuro, así como impulsar la investigación, desarrollo y comercialización de la energía oceánica en la medida en que se ambiciona.

Existen importantes retos que superar a fin de asegurar la viabilidad de la apuesta comenzada. Si bien existen dificultades en las tres dimensiones del desarrollo sostenible anteriormente citadas, medioambiental, social y económica, y todas ellas están interrelacionadas, algunos de los problemas principales que la UE debe contribuir a superar se concentran en la vertiente económica y tecnológica.

Partiendo de que se precisan partenariados público-privados para alinear las prioridades y optimizar recursos en el sector de la energía oceánica, deben articularse las medidas jurídicas adecuadas para que todas las alianzas en el sector se rodeen de garantías que prevengan riesgos y efectos negativos y aseguren su sostenibilidad, inclusive la transparencia y la apertura a todas las partes interesadas.

Informação bibliográfica deste texto, conforme a NBR 6023:2018 da Associação Brasileira de Normas Técnicas (ABNT):

ABAD CASTELOS, Montserrat. Blue growth y energía en la UE: balance y perspectivas. *In*: LEWANDOWSKI, Enrique Ricardo (Coord.). *Direito Marítimo:* estudos em homenagem aos 500 anos da circum-navegação de Fernão de Magalhães. Belo Horizonte: Fórum, 2021. p. 445-463. ISBN 978-65-5518-105-0.

EMBARGO DE EMBARCAÇÃO OU ARRESTO DE NAVIO?

NELSON CAVALCANTE E SILVA FILHO

1 Introdução

O título do texto é, na verdade, somente uma provocação, uma vez que a resposta já não tem mais a menor importância. Essa discussão em torno do nome que se deveria dar ao procedimento tinha algum interesse quando a medida cautelar que visava impedir a saída de um navio do porto, normalmente denominada "arresto de navio", era confundida com a ação cautelar típica de "arresto" que constava entre os arts. 813 e 821 do Código de Processo Civil de 1973. Com o fim das ações cautelares típicas a partir da entrada em vigor do novo Código de Processo Civil em 2015 essa confusão se desfez e atualmente pode-se denominar a medida de embargo de embarcação, embargo à viagem, arresto de navio, detenção, apreensão temporária, impedimento do navio de deixar o porto ou qualquer outro nome que o criativo advogado quiser dar, desde que o julgador consiga encontrar entre os pedidos a pretensão de impedir cautelarmente a saída de um navio específico do porto por meio de uma ordem judicial. Na inicial deve conter ainda o pedido de que a medida concedida liminarmente seja mantida até que o proprietário ou o afretador do navio apresente uma garantia, que deve ser considerada idônea, para uma dívida a ser cobrada ou com ação de cobrança em curso e somente assim o juízo permita o prosseguimento da viagem.

Nesse texto o procedimento será tratado por arresto de navios, por ser a "expressão usada pelos juristas internacionais" como afirmou Simas (1962, p. 89), e também por ser essa a forma usual do dia a dia das operações marítimas. É assim e não de outra forma que os clientes pedem a seus advogados: "Doutor, quero que o Senhor arreste aquele navio!".

Iniciaremos este texto discorrendo sobre os princípios de direito marítimo que dão base ao procedimento. Buscaremos apresentar neste primeiro capítulo as razões pelas quais o sistema do Código Comercial, promulgado em 1850 e ainda em vigor, bastante restritivo para a concessão do arresto de navios, foi pouco a pouco se transformando pelos juízes singulares num sistema tão extensivo quanto liberal, cujas decisões concessivas de arrestos de navios ao serem mantidas pelos tribunais formaram uma jurisprudência francamente favorável a quem pretende que um navio não deixe o porto.

E uma vez arrestado o navio, que medidas devem ser tomadas por quem pretenda dar prosseguimento à viagem? Esse assunto será tratado no capítulo seguinte, no qual também traçaremos algumas linhas acerca dos efeitos de um arresto considerado impróprio.

Na última partição do texto trataremos da Convenção Internacional Sobre Arresto de Navios de 1999[1] e seu elenco exaustivo de ações que permitem o embargo de uma viagem, para apresentarmos as razões pelas quais entendemos que o Brasil deveria aderir a essa convenção. Nesse

---

[1] Ao longo deste texto a Convenção Internacional sobre Arresto de Navios de 1999 será chamada simplesmente de Convenção de 1999, assim como a Convenção Internacional para Unificação de Certas Regras sobre o Arresto de Navios de 1952 será simplesmente a Convenção de 1952.

sentido buscaremos demonstrar que o arresto de navio é uma técnica cautelar importante, utilizada na busca da efetividade de processos de cobrança movidos contra armadores e proprietários de navios, mas que não deve ser concedida de maneira desmedida, uma vez que seus efeitos atingem tanto aqueles que estão envolvidos diretamente na demanda, como também terceiros, muitas vezes domiciliados em países distantes e sem condições de defender seus interesses, provocando danos a uma extensa cadeia de negócios. Por este motivo a lei pátria impôs limites rígidos para sua concessão, limites que foram sendo alargados ao longo do tempo por meio da jurisprudência, o que nos leva à convicção de que uma atualização legislativa se faz urgente e que a adesão à Convenção de 1999 preencherá plenamente essa lacuna.

2   O arresto de navios no Brasil

Impedir a saída de um navio de um porto brasileiro por meio de medida judicial é simples. Mas não deveria.

O navio não é, em si, um bem móvel que interessa a quem promove seu arresto, importando, na verdade, a garantia que seu proprietário ou seu operador apresentará com vistas em liberá-lo para seguir viagem. A ação de arresto de navio consiste na "imobilização temporária do navio, medida que não prejudica a propriedade, mas obriga o proprietário a conservá-lo como prenda eventual de seus credores" (RIPERT, 1954, p. 153) e "visa garantir o crédito e o pagamento de eventual dívida e, assim, não se pretende deter ou possuir a própria embarcação arrestada" (VIANNA, 2016, p. 93). Essa regra está contida expressamente no item 2, do art. 1º da Convenção de 1999,[2] que afirma em sua parte final que não

---

[2]   Essa mesma diretriz consta também da Convenção de 1952.

inclui entre seus propósitos a apreensão de um navio para execução ou para a satisfação de outra qualquer decisão judicial, medidas essas que seguem o ordenamento de cada país.

A liberdade para navegar interessa tanto a quem opera o navio e a quem tem carga a bordo (ou que por esta aguarda no porto de destino), como também a quem o arrestou e às Autoridades Portuária e Marítima, que preferem ver os berços dos portos fazendo comércio livremente e não servindo de "estacionamento" para navios arrestados. Navios têm um custo de manutenção elevadíssimo mesmo quando parados, que somente se amortiza quando estão em viagem fazendo fretes.

Ademais disso, o navio não é um bem móvel como outro qualquer e, por ser um bem especial, possui um regime de arresto diferenciado. Navios, ainda que sejam bens móveis, guardam características de bens de raiz por sua transmissão ser feita através de escritura pública que, sob a bandeira brasileira, deve ser registrada no Tribunal Marítimo. Assemelha-se também a um armazém flutuante, que guarda em seu interior bens pertencentes a várias pessoas, que podem ser transmitidos por mero endosso ainda durante a viagem.[3]

Há autores, inclusive, que consideram o navio não apenas uma coisa, mas uma "espécie de pessoa, e, como tal, tem sua nacionalidade simbolizada no pavilhão e estado civil constituído pelo nome e domicílio" (SIMAS, 1962, p. 95). Desta "personalidade" resulta uma característica importante para este estudo, que é a capacidade que navios têm para "contrair obrigações", obrigações essas que os acompanham mesmo quando sua propriedade é transmitida.[4]

---

[3] Código Comercial, art. 587.
[4] O Código Comercial evidenciou tal característica ao impor no art. 476 que "o vendedor da embarcação é obrigado a dar ao comprador uma nota por ele assinada de todos os créditos privilegiados que *a mesma embarcação possa achar-se obrigada*", referindo-se ao rol de privilégios marítimos constantes dos arts. 470, 471 e 474.

Partindo das premissas acima, de que um navio parado por uma ordem judicial pode vir a custar mais que o próprio crédito que se procura ver garantido e, assim, não é do interesse de nenhuma das partes que permaneça nessa situação e que o navio é um bem especial com "capacidade de obrigar-se" como se pessoa fosse, encontramos justificativa para que o regime de arresto de navios no Brasil seja em sua origem muito rígido, até mais do que o regime da Convenção de 1999. Nesse sentido, Costa (1935, p. 189) afirma que "o legislador dificultou o arresto do navio em atenção aos muitos interesses que atuam sobre ele". Essa era a *mens legis* de nosso Código Comercial de 1850, que foi sendo superada aos poucos ao longo do século XX.

A dificuldade imposta para o embargo de uma viagem de navio mercante tem base no princípio da continuidade da viagem (BENGOLEA ZAPATA, 1976),[5] também chamado princípio do cumprimento da expedição marítima (GALANTE, 2015), que estabelece basicamente que a expedição deve cumprir seu objetivo, um princípio norteador do transporte marítimo desde tempos imemoriais e que consta dos termos dos contratos de afretamento e de transporte de mercadorias, das apólices de seguro marítimo e de quase todas as legislações marítimas. Com base nesse princípio, doutrinadores como Santos (1964, p. 132) afirmam que o legislador andou bem ao proibir o arresto salvo em condições especiais, uma vez que "tal medida carrearia a desorganização da expedição marítima, com prejuízos, ao mesmo tempo, para armador, a equipagem, os carregadores e os destinatários".

Diversos artigos do Código Comercial têm por fundamento esse mesmo princípio, ora cominando pena a quem dificulta o cumprimento

---

[5] Em suas palavras: "Este principio surge de laentrañamisma de laexpedición marítima, como exteriorización material, ecnonómica y jurídica de laactividad própria de la empresa armatorial" (BENGOLEA ZAPATA, 1976. p. 71).

da expedição marítima, inclusive, quando for o caso, ao próprio capitão do navio,[6] ora dando solução para problemas na continuidade da viagem antes mesmo de se tornarem um litígio judicial, como no caso dos arts. 613 e 614. O art. 864 do Código de Processo Civil baseia-se também nesse princípio de direito marítimo.

Em contraposição ao princípio da continuidade da viagem há o princípio da garantia, que impõe aos armadores o dever de apresentarem garantias idôneas sempre que um débito seu esteja apto a ser cobrado. Tal decorre do fato reconhecido pelo direito marítimo de que a atividade da navegação é naturalmente arriscada e impõe o patrimônio dos armadores a perigos extremos e ao desgaste excessivo causado pela atividade de transporte de mercadorias pelo mar (GALANTE, 2015, p. 458). Soma-se ainda o fato de que a mobilidade é da natureza dos navios, uma vez que o que se espera deles é que transportem cargas de um porto a outro e partam sem demora tão logo encerrada sua operação de carga e descarga.

Galante (2015, p. 459) nos lembra que "modernamente o princípio da garantia ganhou corpo, a partir da mudança do eixo valorativo do Direito Marítimo em prol dos credores do navio, ainda que em sacrifício dos interessados na conclusão da viagem" e que "essa noção de proteção deslocou-se no século seguinte à edição do Código Comercial para uma perspectiva favorável aos terceiros credores, alterando, pois, o valor jurídico a ser tutelado" (GALANTE, 2015, p. 473).

O arresto de navios se faz através de uma técnica cautelar em caráter antecedente, cujo procedimento consta entre os arts. 305 e 310 do Código de Processo Civil, e tem por propósito proteger os créditos elencados como privilégios marítimos nos arts. 470, 471 e 474 do Código Comercial e no art. 2º do Decreto nº 351/1935, em razão e nos limites do que dispõem

---

[6] Como exemplo, os arts. 500, 601 e 629, que curiosamente utilizam a expressão "fazer à vela" com o significado de zarpar, deixar o porto.

os arts. 479 a 483, também do Código Comercial. O privilégio marítimo, chamado também por crédito marítimo ou por crédito naval é, segundo Santos (1964, p. 109):

> [...] uma dívida do navio, atribuindo ao credor o direito de ser pago sobre o valor do navio preferencialmente a qualquer outro credor, inclusive ao adquirente do navio e aos demais credores do mesmo devedor em concurso de credores ou na falência. É tão intimamente ligado ao bem que o credor tem o direito de chamá-lo em garantia onde quer que esteja enquanto durar o privilégio: é o chamado direito de sequela.

Os privilégios marítimos constituem um dos fundamentos da especialidade do direito marítimo (ARROYO MARTINÉZ, 2005, p. 396), ao lado do regime das avarias e de outros institutos muito específicos não encontrados em outros ramos do direito. Enquanto no direito civil o devedor responde com todos seus bens pelo inadimplemento da obrigação sem que o credor tenha um bem específico para satisfação de seu crédito,[7] salvo exceções,[8] no direito marítimo a exceção é que figura como regra, ou seja, guardam privilégio sobre um bem específico do proprietário do navio e têm preferência sobre aquelas obrigações elencadas na lei como privilegiadas, seguindo os demais credores o regime do crédito civil e mercantil em geral.

Há uma ordem de preferência entre os privilégios marítimos que seguem o rol dos arts. 470, 471 e 474 do Código Comercial[9] e do art. 2º do Decreto nº 351/1935[10] (SANTOS, 1964, p. 112).

---

[7] Código Civil, arts. 389 e 391.
[8] Código Civil, arts. 1467 a 1472 e 1489 a 1491.
[9] O contrato de dinheiro a risco ou câmbio marítimo, constante do art. 470, incs. 6º, 7º, e 8º do Código Comercial e do art. 2º, inc. 5º, do Dec. nº 351/35, era empréstimo feito ao armador e se caracterizava pela devolução do valor recebido mais um prêmio se o navio e as mercadorias chegassem ao destino. Era um "seguro às avessas", conforme Santos (1964, p. 113), que caiu em desuso com o surgimento das apólices de seguro e da mutualidade dos clubes de P&I.
[10] Decreto nº 351/1935 (redação conforme a original): "Artigo 2º. São Privilegiados sobre o navio, sobre o frete da viagem durante a qual se origine o credito privilegiado e sobre os accessorios do navio e frete adquirido desde o início da viagem: 1 – As custas judiciaes devidas ao Estado e despesas feitas no interesse commum dos credores, para a conservação do navio ou para conseguir sua venda e bem assim a distribuição do respectivo

Existem convenções internacionais que buscaram unificar as regras relativas aos privilégios e à hipoteca marítima, sendo o Brasil signatário da Convenção de Bruxelas de 1926, incorporada em nosso sistema pelo Decreto nº 351/1935. As convenções de arresto de 1952 e de 1999 não tratam de créditos privilegiados, mas de reclamações marítimas que, assim como os créditos privilegiados, permitem o arresto de um navio. O art. 9º da Convenção de 1999 afirma expressamente que não se deve interpretar nenhum de seus artigos como um novo privilégio marítimo.

A permissão contida em lei para o arresto de navios no Brasil seria mais restritiva que o regime de lista fechada de reclamações marítimas da Convenção de 1999, não fosse o abrandamento feito pelos juízes singulares que passaram a deferir liminares em ações cautelares com base na "fumaça de direitos" que ultrapassam os limites dos arts. 470, 471 e 474 do Código Comercial e do art. 2º do Decreto nº 351/1935.

Não são numerosos os julgados nos tribunais que versam sobre arresto de navios, dada a eficiência da medida quando concedida liminarmente, que acaba por forçar a apresentação de uma garantia pelo armador ainda no juízo singular para ver seu navio livre para seguir viagem e resulta por se encerrar a demanda judicial precocemente (GALANTE, 2015, p. 465). Pela mesma razão, quando a liminar não é concedida e o navio segue viagem, inócua se torna a medida judicial, resultando na não apresentação de um recurso e, por consequência óbvia, na não criação

---

preço; os direitos de tonelagem, de pharol ou de porto e outras taxas e impostos publicos da mesma espécie; os gastos de pilotagem; as despesas de guarda e conservação desde a entrada do navio no ultimo porto; 2 – Os creditos resultantes do contracto de engajamento do capitão, da tripulação e de outras pessoas engajadas a bordo; 3 – As remunerações devidas pelo socorro e assistência e a contribuição do navio ás avarias comuns; 4 – As indemnizações pela abordagem ou outros accidentes de navegação, assim como pelos dannos causados as obras de arte dos portos, docas e vias navegáveis; as indemnizações por lesões corporaes aos passageiros e aos tripulantes; as indemnizações por perdas ou avarias carregamento e bagagens; 5 – Os creditos provenientes de contractos lavrados ou de operações realizadas pelo capitão fóra do porto de registro, em virtude de seus poderes legaes, para as necessidades reaes da conservação do navio ou do proseguimento da viagem, sem levar em conta si o capitão é ou não, ao mesmo tempo, proprietario do navio e si o credito é seu ou dos fornecedores, dos reparadores, àos prestamistas ou de outros contractantes".

de uma jurisprudência a respeito. Porém, ainda que poucos os acórdãos, esses são capazes de demonstrar que o Poder Judiciário brasileiro passou a deferir liminarmente arrestos de navios com base na demonstração simples do *periculum in mora* e do *fumus boni iuris*, tivesse a ação fundamento ou não em um privilégio marítimo.

Na vigência do Código de Processo Civil anterior, para se impedir que um navio seguisse viagem pedia-se uma liminar baseada simplesmente no poder geral de cautela do juiz constante do art. 798,[11] demonstrando-se por meio de documentos o *fumus boni iuris* e traçando argumentos acerca do *periculum in mora*. A medida cautelar de arresto contida nos arts. 813 a 821 do Código de Processo Civil de 1973 não era apropriada para se arrestar um navio, uma vez que deveria ser proposta no curso ou preparatoriamente a uma execução por quantia certa, em que o pagamento se faria através da expropriação de bens do devedor e pagamento ao exequente. No entanto, quem busca o arresto de um navio não pretende expropriá-lo, tampouco mantê-lo no porto até que se encerre a ação principal.

Aquela medida cautelar típica era um arresto executivo que "se puede solicitar cuando existe un título ejecutivo y es elprocedimientoprevio a la venta del buque" (RAY, 1991, p. 492) e não propriamente um arresto preventivo que "es uma medida precautoria que se decreta judicialmente a pedido de um acreedorengarantía de su crédito. La distinción entre ambos embargos es importante enrelación a los requisitos para laconcesión de uno y otro, aunquelosefectossean similares" (RAY, 1991, p. 492).

O arresto do Código de Processo Civil de 1973 foi um falso cognato ao arresto de navios, o que levou a se preferir denominar esse procedimento

---

[11] "Art. 798. Além dos procedimentos cautelares específicos, que este Código regula no Capítulo II deste Livro, poderá o juiz determinar as medidas provisórias que julgar adequadas, quando houver fundado receio de que uma parte, antes do julgamento da lide, cause ao direito da outra lesão grave e de difícil reparação".

de embargo de embarcação na redação do novo Código Comercial em trâmite no Senado (PLS nº 487/2013).¹²

Pontes de Miranda (1999, p. 74), analisando a medida cautelar típica de arresto do Código de Processo Civil de 1973, afirmou:

> [...] é medida mandamental, que a sentença, em ação de mandamento, decreta. Essa sentença mandamental não expropria; apenas *retira a eficácia do poder de dispor*, de modo que o dono do bem não pode praticar atos de disposição que apaguem a medida de segurança que foi concedida. (Grifos nossos)

Entretanto, o arresto de navio "no priva de ningúnderecho al proprietário. Conserva elderecho de enajenar, y tambiénelderecho de hipotecar" (RIPERT, 1954, p. 155), ou seja, a medida não retira o poder do proprietário de dispor do bem, apenas impede temporariamente a movimentação do navio como forma de obrigá-lo a apresentar uma garantia para que possa seguir viagem.¹³ Aquela medida cautelar típica do CPC/1973 não era a medida adequada para se impedir a continuidade de uma viagem de navio mercante, portanto.

Pela sistemática do Código de Processo Civil atual, a parte não terá mais que pedir tal ou qual providência cautelar específica segundo um elenco preestabelecido de procedimentos, devendo demonstrar apenas o *fumus boni iuris* e o *periculum in mora*, cabendo ao Juiz o dever de impor a medida que melhor se adequar à situação concreta e ao objeto pretendido,

---

¹² Luiz Felipe Galante (2015, p. 461), um dos redatores da emenda ao projeto de lei que, ao ser aprovada ao longo do processo legislativo, passou a fazer parte da redação do PLS nº 487/2013, sobre o termo "embargo de embarcações" num tópico de sua monografia sobre processo empresarial Marítimo, esclarece: "Possivelmente em razão da terminologia da língua inglesa '*arrestofvessels*' é comum referirem-se, tanto público especializado como profano, ao tópico de que ora nos ocupamos sob a denominação no vernáculo 'arresto de embarcações'. Essa referência prestou-se a muito equívocos sob o CPC/73, pois induziu ao incorreto raciocínio de que a busca dessa tutela cautelar haveria de fazer-se unicamente mediante o emprego do procedimento especial de arresto regulado nos artigos 813 a 821 do CPC/73, com o objetivo a apreensão judicial da embarcação para a satisfação de uma dívida, sujeitando-se assim aos pressupostos e efeitos lá estabelecidos. Daí optamos pela denominação mais ampla e adequada de *embargo de embarcação*, aliás também em linha com códigos de língua espanhola".

¹³ O proprietário pode até dispor do navio enquanto estiver arrestado, mas o adquirente o receberá com o dever de honrar os privilégios marítimos, que são "aquelas (dívidas) pela qual responde o navio em razão da sua quase personalidade e por isso são cobráveis ainda que o dono do navio não as haja assumido e, até mesmo, quando assumidas contra sua vontade expressa" (SIMAS, 1962, p. 97) e que se agregam ao navio, conforme arts. 476 e 477, segunda parte, do Código Comercial.

conforme estabelece o art. 301. Dessa forma não existe mais o risco de se confundir o arresto de navio com aquela cautelar típica de arresto e seu elenco de requisitos de cumprimento quase impossível. Não há mais um elenco de medidas cautelares com denominação própria e requisitos específicos para sua concessão, substituindo o livro do processo cautelar pelo livro da tutela provisória, fixando o procedimento entre os arts. 294 e 311 e, assim, "impedir que o tempo de duração do processo possa comprometer sua efetividade na eterna luta do sistema processual contra o tempo" (BEDAQUE, 2017, p. 917).

Quando pedido antecipadamente, como via de regra são feitos os arrestos de navios, a parte autora segue com o dever de demonstrar ao juiz que possui um direito legalmente garantido e que há verossimilhança na sua pretensão (*fumus boni iuris*). Nesse sentido deve o autor demonstrar que seu direito se encontra entre os privilégios marítimos constantes dos arts. 470, 471 e 474 do Código Comercial ou do art. 2º do Decreto nº 351, de 1935. Aparentam o bom direito, ademais, pretensões relativas a reparações oriundas de atos ilícitos atribuíveis ao navio e à sua operação, ainda que não estejam elencadas entre créditos privilegiados, conforme vem sendo decidido por nossos tribunais.[14]

O autor deve demonstrar, ademais, que existem motivos para crer que a tutela desse direito corre grave risco de não se tornar efetiva depois de encerrado o processo. O *periculum in mora* é demonstrável por meio da característica mais elementar do navio que é "se fazer a vela no

---

[14] "DIREITO COMERCIAL E PROCESSUAL CIVIL. MEDIDA CAUTELAR EQUIVALENTE AO ARRESTO. NAVIO ESTRANGEIRO QUE COLIDE COM TERMINAL PORTUÁRIO. AÇÃO CAUTELAR QUE BUSCA OBTER GARANTIA DO RESSARCIMENTO. SAÍDA IMINENTE DO NAVIO DO TERRITÓRIO NACIONAL. EFEITOS. Cabível a concessão de medida liminar para compelir o armador e o operador de navio estrangeiro a caucionarem o Juízo para garantia de eventuais prejuízos causados por colisão do navio no terminal portuário, independentemente da existência de título executivo que autorize o arresto. Princípio fundamental da garantia ao resultado prático da ação. Provimento parcial do recurso para deferir a medida, impedindo a concessão de passe de saída do navio do porto enquanto não prestada caução idônea" (TJRJ, 13ª Cam. Cível. Agr. Instr. nº 0007762-24.2007.8.19.0000. Rel. Des. Arthur Eduardo Ferreira, j. 2.4.2008).

primeiro vento favorável",[15] ou seja, os navios seguem viagem tão logo se encerram as operações de carga e descarga e sendo este, via de regra, o único bem conhecido de seu proprietário, réu na ação, sua manutenção no porto se torna necessária até que outra garantia seja apresentada. O perigo da ineficácia do processo, nesse caso, "se configura de forma objetiva" e, assim, "não constitui pressuposto da cautelar, mas o próprio fundamento" (MORA CAPITÁN, 2000, p. 209), o que eximiria o postulante até de justificá-la.

Obtém-se o arresto de um navio, portanto, por meio de um pedido cautelar simples, dirigido ao juiz de direito da comarca onde o navio se encontrar, demonstrando por meio de uma prova ou indício que há um direito legalmente garantido e que é verossímil que seja protegido enquanto corre o processo, de forma que ao cabo deste o direito não tenha perecido. Não se tem discutido mais se o direito que dá base à ação está elencado entre os privilégios marítimos, como se o Código Comercial estivesse revogado. Tem-se, na verdade, ignorado seus preceitos.

O *fumus boni iuris* somente deveria ser demonstrado por documentos que comprovassem que o direito a ser perseguido em ação própria tem fundamento em um dos privilégios marítimos elencados nos arts. 470, 471 e 474 do Código Comercial de 1850 ou no art. 2º do Decreto nº 351/1935. Nesse sentido Martins Filho (2018, p. 390) afirma:

> [...] não tendo o Brasil ratificado as Convenções sobre Arresto de Navio e como o CPC/15 somente regulou a tutela de urgência de maneira genérica, atípica ou inominada, o Código Comercial permanece sendo o único sistema normativo destinado à regulamentação das hipóteses normativas desta medida cautelar típica e nominada: o embargo de navio.

---

[15] Termo que aparenta uma figura de linguagem e consta dos arts. 500, 581, 589, 601, 614, 629 e 767 do Código Comercial, mas que era um termo literal quando da promulgação de nosso Código Comercial em 1850.

Na prática, porém, deve o autor simplesmente demonstrar por qualquer meio haver verossimilhança do direito a ser buscado em ação própria, seja este baseado ou não em um privilégio marítimo.[16] [17]

Convencido o juiz da presença do *fumus boi iuris* e do *periculum in mora*, irá determinar liminarmente que o navio não deixe o porto,[18] fazendo cumprir sua ordem através de um ofício dirigido ao agente da Autoridade Marítima para que não forneça o passe de saída do navio ou, caso já o tenha fornecido, que o retire.

Esse tem sido o rito para se obter o arresto de um navio no Brasil, em que se tem impedido a continuidade da viagem por meio da simples demonstração dos requisitos de uma ação cautelar qualquer. Como dito anteriormente, o princípio da garantia tem sido mais valorizado que o princípio da continuidade da viagem, apesar de nosso Código Comercial impor que somente se fará o arresto de navios em qualquer porto nacional para se obter uma garantia para uma dívida privilegiada (art. 479) ou, caso o fundamento do pedido seja uma dívida não privilegiada, somente se arrestará um navio no porto de sua matricula (art. 480) e no curso de um processo de cobrança já iniciado, nunca por meio de medida antecedente.

---

[16] "Decisão detendo navio estrangeiro no porto até que preste caução para garantia de ressarcimento de danos que teria causado em instalações portuárias. Despacho insuscetível de reparo, prolatado com prudência e equilíbrio, eis que, havendo fundadas razões indicativas da responsabilidade do navio pelos danos, vindo a zarpar do porto e tomando rumo de águas internacionais, e sem que seus responsáveis possuam aqui bens sobre os quais possa recair execução, é muito provável que não mais retorne ao país, com sérios riscos ao crédito do prejudicado" (TJSC, 2ª Cam. Dir. Comercial. Ag. Instr. nº 8.944. Rel. Des. João José Schaefer, j. 11.8.1994).

[17] "AGRAVO DE INSTRUMENTO – Medida Cautelar Inominada – Acidente envolvendo navio no Porto de Santos – Danos causados a dois equipamentos (shiploaders nº. 12 e 13), responsáveis pelo carregamento de carga em navios – Responsabilidade da proprietária do navio envolvido no acidente que deverá ser apurada em momento oportuno, garantido o exercício do contraditório e da ampla defesa – Fixação de caução para que o navio possa deixar o Porto de Santos – Proprietária do navio que não tem sede no país, não possui outras embarcações e não tem rota regular para o Brasil – Possibilidade – Caução inicialmente fixada em R$72.912.504,00 e posteriormente reduzida para R$18.000.000,00 – Valor que, ao menos em princípio, mostra-se razoável, tendo em vista (a) o valor atribuído aos equipamentos danificados e (b) o fato de que os danos emergentes e lucros cessantes que a agravante Louis Dreyfus Commodities Brasil S/A alega sofrer dependem de melhor aferição na origem – Pedido de substituição da caução em dinheiro ou em fiança bancária pela hipoteca do navio – Pedido que deverá ser formulado na origem – Decisão mantida – Recurso não provido" (TJSC, 3ª Cam. Dir. Privado. Ag. Instr. nº 0232562-64.2012.8.26.0000. Rel. Des. Egidio Giacoia, j. 15.1.2013).

[18] Entendendo-se como porto também a área ao largo da costa designada pela Autoridade Portuária e homologada pela Autoridade Marítima como apta a manter navios fundeados.

O Código Comercial brasileiro faz, ademais, distinção entre navios nacionais e estrangeiros quanto aos requisitos para que possam ser arrestados, elencando nos arts. 479, 480, 481 e 483 as regras para os navios de bandeira brasileira, ficando os navios estrangeiros regrados pelo art. 482. Segundo esse artigo, os navios de bandeira estrangeira não seriam arrestáveis no Brasil ainda que se encontrassem com os porões vazios, salvo por dívida contraída no Brasil em utilidade do mesmo navio ou de sua carga. Justificou-se essa inarrestabilidade pela conveniência de se atrair navios estrangeiros para nossos portos e desenvolver nossas relações marítimas (COSTA, 1935, p. 189), regra que teria sido incluída em nosso Código Comercial por influência dos códigos de Portugal e da Espanha, que buscavam à época atrair navios mercantes para sua costa em razão de terem sua frota mercante arrasada pelas Guerras Napoleônicas. Por ocasião da promulgação de seus novos códigos, em 1888 e 1886, respectivamente, tal preceito foi proscrito, uma vez que havia se tornado desnecessário (LACERDA, 1984, p. 350).

As regras mais rígidas para o arresto de navios estrangeiros foram consideradas um "privilégio exorbitante" (SIMAS, 1962, p. 122) e o art. 482 foi declarado inconstitucional já em 1908 (SANTOS, 1964, p. 134),[19] quando o Supremo Tribunal Federal consentiu que o navio de bandeira

---

[19] Theóphilo Azeredo Santos (1964, p. 135) afirma que em 1908 o Supremo Tribunal Federal decidiu que o art. 482 do Código Comercial não deveria prevalecer no Regime da Constituição de 1891. O autor transcreve trecho de um acórdão do Tribunal de Justiça do Rio Grande do Sul que é enfático: "Esse artigo, que nunca foi bem visto pelos doutrinadores, destaca uma disparidade de tratamento, oriunda do princípio dominante na legislação mercantil da península ibérica, trasladado para lei brasileira, mas que, atualmente, não se concilia mais com as necessidades do tráfego marítimo. Realmente, a exclusão dos navios mercantes estrangeiros das medidas preventivas e assecuratórias dos direitos dos credores, incidentes sobre os nacionais, é anacronismo banido da legislação posterior ao Código. O Dec. nº 15.788, de 08 de novembro de 1922, regulador da hipoteca marítima, diz o artigo 6º, que para regular os efeitos jurídicos da hipoteca marítima e os direitos e as responsabilidades das partes contratantes, nacionais ou estrangeiras, atender-se-á, quando possível, à lei do pavilhão. O inciso legal citado quebrou o dogmatismo do Código, tornando extensivo aos navios com pavilhão estrangeiro o mesmo regime que se impunha aos nacionais. *A execução hipotecária poderá ser promovida perante a justiça brasileira mesmo que se trate de hipoteca constituída no estrangeiro*. E a Convenção Internacional de Bruxelas, de 10 de abril de 1926, de cujo protocolo foram signatários o Brasil e os países do domicílio e nacionalidade das partes, e se tornando obrigatório por força do Dec. 351, de 01 de outubro de 1935, extinguiu a regalias que desfrutavam barcos estrangeiros nos portos do país (Ap. Civ. 1376 do Rio Grande. TJRS – Segunda Câmara Cível. Rel. Des. Erasto Correia. in RT 134/279)" (grifos nossos).

argentina *San Lorenzo* fosse arrestado por ordem do Juízo de Paranaguá para garantir a indenização à embarcação brasileira *Guasca*, a qual havia abalroado ao largo da costa brasileira.[20]

Desde aquele julgamento de 1908 navios estrangeiros têm sido arrestados no Brasil nos mesmos moldes dos navios de bandeira brasileira, respaldando as decisões na isonomia entre embarcações brasileiras e estrangeiras,[21] argumento que tem sido aceito por parcela importante da doutrina.[22] Vê-se, pois, que já há mais de um século não se faz distinção entre navios brasileiros e estrangeiros quanto à possibilidade de serem arrestados em portos brasileiros, não obstante o texto do art. 482 do Código Comercial.

Também já caíram em desuso em razão da adaptação da jurisprudência aos moldes atuais do comércio marítimo os impeditivos ao arresto contidos nos arts. 479 e 481 do Código Comercial quando os navios contiverem a bordo mais que um quarto de sua capacidade e/ou que já tenham sido despachados para a viagem. Tais medidas protetivas se justificavam no século XIX levando-se em consideração que os navios

---

[20] Consta do referido acórdão do Supremo Tribunal Federal (VIANNA, 2016, p. 85): "o nosso direito comercial codificado data de 1850, quando o commercio marítimo era feito por navios à vela e as abalroações eram raríssimas. De então para cá tudo mudou e outras necessidades surgiram, e, como diz o ilustre escriptor, quando as leis não mais servem de instrumento para as necessidades dos homens e não lhes dão garantias que elles reclamam, cahem em desuso; mas, se não são desde logo revogadas pela vontade do legislador, o Juiz liberta-se das mesmas, sahe fora de seus limites asphyxiantes e busca fundamentos racionaes do direito o que lhe é negado pelo texto absoluto da lei".

[21] Galante (2015, p. 464) cita nominalmente vários navios alemães e italianos arrestados por ocasião da Segunda Guerra Mundial em nossas águas, bom refúgio para aqueles navios enquanto permanecemos neutros, e destaca o arresto do navio *Montevideo*, confirmado pelo TJRS e posteriormente pelo STF, que ao julgar o recurso extraordinário assim teria decidido: "Não decide contra a letra de lei federal o acórdão que reconhece a competência da Justiça brasileira para julgar conflitos de estrangeiros não domiciliados no Brasil, estando sob jurisdição brasileira o navio estrangeiro surto no porto nacional". Na fundamentação do *decisum* teria o ministro relator consignado acerca do art. 482 do Código Comercial que "parecem-me ociosas considerações doutrinárias sobre o aspecto de desigualdade de tratamento entre nacionais e estrangeiros estatuída nesse artigo, obsoleto e aberrante dos princípios dominantes da matéria, tanto essa desigualdade ressalta em toda a sua evidência (RE 4.629, rel. Min. Aníbal Freire)".

[22] Galante (2015) afirma que a doutrina foi se posicionando contra a aplicação do art. 482 numa crescente "a despeito de opiniões respeitáveis contrárias, porém cada vez mais isoladas", citando Ovídio Batista (1986) como quem ainda invocaria o "dispositivo de longa data proscrito". Cita, por outro turno, autores que se posicionam contrários à permanência em vigor do art. 482, conforme a jurisprudência do STF: Carvalho de Mendonça (1961), Sabóia de Medeiros (1961), Azeredo Santos (1968), Haroldo Valadão (1978), Galeno Lacerda (1988), Caminha Gomes e Haroldo dos Anjos (1992), Sérgio Shimura (1993), André Bettega (2007) e Nelson Cavalcante e Werner Rizk (2013).

se moviam pela força do vento e as cargas eram embarcadas pela força do homem, volume por volume, um a um, saco por saco, do cais para bordo através da prancha e vice-versa, passando dias atracados nessa operação. Na atualidade navios permanecem nos portos em períodos que se contam em horas e devido às características do carregamento, tanto de mercadoria a granel como as embarcadas em contêineres, dificilmente se conseguirá "flagrar" um navio com menos que a quarta parte da carga correspondente à sua lotação, fazendo com que se tornasse impossível arrestar um navio se observada aquela norma de 1850.

Pelas mesmas razões "padece de anacronismo" (GALANTE, 2015, p. 475) o preceito que indica como impeditivo do arresto de navios os despachos necessários para que siga viagem (art. 479, *in fine*). Na atualidade, quando se obtém uma liminar para impedir que um navio saia do porto, a ordem emanada pelo juízo que concede a medida é dirigida por meio de ofício ao agente da Autoridade Marítima determinando que o passe de saída do navio não seja entregue ou, caso já o tenha sido, que seja revogado até nova ordem. Ou seja, se o agente ou o comandante do navio já estiver de posse dos despachos necessários para seguir viagem, esses deverão ser retirados. Justifica-se pela pouca burocracia e pela rapidez com que documentos eletrônicos circulam hoje no comércio marítimo, sendo possível que os despachos do navio tenham sido enviados para bordo antes mesmo de os porões terem sido completamente fechados após o encerramento da carga ou da descarga.

Com relação ao permissivo de arrestar navios com base nos privilégios marítimos constantes do rol dos arts. 470, 471 e 474 do Código Comercial e do rol do art. 2º, do Decreto nº 351/1935, a vantagem que tinham seus detentores foi sendo estendida também a quem não possui um crédito privilegiado. Se fosse respeitado o pequeno rol de doze privilégios marítimos do Código Comercial e dos cinco privilégios do

Decreto nº 351/1935, quatro dos quais já sem nenhuma serventia por terem "desaparecido do comércio marítimo" (SIMAS, 1962, p. 100), o arresto de navios seria uma tarefa impossível, o que forçou os juízes a acatarem pedidos de arresto de navios com base apenas na demonstração do *fumus boni iuris* e do *periculum in mora*.

A obrigação de o autor demonstrar por meio de títulos legais[23] a certeza da obrigação também foi abrandada, sendo aceita hoje como prova suficiente a simples troca de correspondência eletrônica.

Assim, cada um dos muitos obstáculos ao arresto de navios constantes do Código Comercial foram caindo por força de decisões judiciais e de todos aqueles obstáculos, apenas a prescrição da obrigação e a exigência de o crédito objeto da ação principal ser exigível no Brasil são ainda capazes de evitar a concessão de um arresto ou, se concedidos, são passíveis de cassação pela Corte subsequente.

Portanto, o arresto de navios no Brasil teria um deferimento praticamente impossível se o julgador se apoiasse apenas no que dispõe o Código Comercial. Mas as exigências legais foram sendo abrandadas e atualmente se veem navios sendo arrestados com base na simples demonstração do *periculum in mora* e do *fumus boni iuris*, dispensada a exigência de que tal direito aparente tenha base em um privilégio marítimo.

3   Como liberar um navio arrestado para seguir viagem?

Como já mencionado anteriormente, o arresto de um navio não é um fim em si, mas um meio de obrigar a apresentação de uma garantia para uma dívida que está sendo ou que será cobrada judicialmente. Normalmente o arresto de um navio não se convola em penhora desse mesmo

---

[23] Cód. Comercial, art. 479: "Enquanto durar a responsabilidade da embarcação por obrigações privilegiadas, pode ser embargada e detida, a requerimento de credores *que apresentarem títulos legais* [...]".

bem, que é substituído por uma carta de garantia ou por uma fiança bancária oferecida pelo réu. Como bem pontua Martins Filho (2017, p. 393):

> [...] no CPC/2015 não existe regra expressa autorizando a substituição do bem sobre o qual recaiu o embargo, entretanto, não parece haver dúvida de que uma vez demonstrado pelo réu que outra garantia lhe será menos gravosa e, tão bem quanto o próprio navio, possa garantir futura e eventual execução por expropriação, a substituição deverá ser autorizada.

O limite mínimo da garantia a ser apresentada pelo proprietário do navio com vistas em vê-lo livre para seguir viagem depois de arrestado deverá ser, segundo o art. 848, parágrafo único, do Código de Processo Civil, o valor equivalente à dívida que está sendo objeto da cobrança acrescida de trinta por cento.[24]

O valor máximo que se pode impor para uma garantia em substituição ao navio arrestado, porém, diferentemente do que diz o parágrafo único, do art. 848, do Código de Processo Civil, é o montante que se alcançaria com a venda do próprio navio arrestado, ainda que o valor seja inferior ao montante da dívida cobrada (SIMAS, 1962, p. 130). O motivo é óbvio, pois se o navio arrestado se presta a garantir o valor de futura execução, não se pode exigir uma garantia financeira substitutiva com valor superior ao do navio arrestado, pois se o arresto vier a se convolar em penhora esse será o montante que se alcançará com sua venda judicial (BERLINGIERI, 2017, p. 114) e com a venda extingue-se a obrigação do navio, conforme expressamente dispõe o art. 477, do Código Comercial.[25]

---

[24] "Art. 848. As partes poderão requerer a substituição da penhora se: [...] Parágrafo único. A penhora pode ser substituída por fiança bancária ou por seguro garantia judicial, em valor não inferior ao do débito constante da inicial, acrescido de trinta por cento".

[25] "Art. 477. Nas vendas judiciais extingue-se toda a responsabilidade da embarcação para com todos e quaisquer credores, desde a data do termo da arrematação, e fica subsistindo somente sobre o preço, enquanto este se não levanta. Todavia, se do registro do navio constar que este está obrigado por algum crédito privilegiado, o preço da arrematação será conservado em depósito, em tanto quanto baste para solução dos créditos privilegiados constantes do registro; e não poderá levantar-se antes de expirar o prazo da prescrição dos créditos privilegiados, ou se mostrar que estão todos pagos, ainda mesmo que o exeqüente seja credor privilegiado, salvo prestando fiança idônea; pena de nulidade do levantamento do depósito; competindo ao credor prejudicado ação para haver de quem indevidamente houver recebido, e de perdas e danos solidariamente contra o juiz e escrivão que

O navio não pode ser tratado como um refém para a obtenção de valor maior que sua própria venda alcançaria. "Não se pode pretender melhor situação forçando para isso a imobilização do navio" (SIMAS, 1962), lembrando que a imobilização do navio no porto não interessa nem às partes litigantes e muito menos aos terceiros que acabam envolvidos por força das circunstâncias, como exemplo, importadores, exportadores, tripulantes, autoridades portuária e marítima etc.

Destaca-se novamente que navios não são bens móveis comuns e mais se assemelham a uma unidade industrial ou a um armazém flutuante gigante. Sua movimentação faz a economia girar. Não se cogita parar as máquinas de uma indústria como forma de forçar a apresentação de uma caução por uma dívida da sociedade empresária que opera a indústria, pois tal medida contrariaria a lógica e os interesses do próprio credor. Da mesma forma não se pode manter um navio embargado no porto com a finalidade de se obter uma caução com valor superior ao do próprio navio se ao final somente se alcançará com sua venda o valor deste, no estado em que se encontrar. Ressalta-se que o navio parado passa a valer cada dia menos e sua manutenção no porto com a finalidade de se obter de seu armador uma garantia que extrapole seu valor causará, na verdade, a frustração do direito buscado na ação principal pelo credor.

Uma vez arrestado o navio esse deve ser liberado para seguir viagem tão logo sejam apresentadas garantias calculadas pelo valor do crédito que dá fundamento à demanda, mais custas e honorários ou pelo valor de avaliação do navio arrestado, o que for menor. A forma de apresentação dessa garantia é de livre negociação entre as partes, sendo plenamente aceitas cartas de garantia fornecidas pelos clubes de P&I, as tradicionais fianças bancárias e, obviamente, na falta de um desses, um depósito judicial.

---

tiverem passado e assinado a ordem ou mandado".

4 O arresto impróprio e seus efeitos

O art. 300, §1º, do CPC/2015 permite que o juiz exija a prestação de uma caução por parte do autor antes de conceder uma medida de urgência, tendo por finalidade o ressarcimento de danos que o réu possa vir a sofrer. Trata-se de uma "contracautela em favor do réu, visando assegurar-lhe o resultado útil de eventual responsabilização do autor pelos danos causados pela execução da tutela de urgência" (WAMBIER *et al.*, 2015, p. 500). É uma faculdade e não uma obrigação e não deve constituir um óbice para a concessão da medida.

Nesse sentido, uma vez que a medida liminar que impedirá a saída do navio será concedida antes de a parte contrária ser ouvida e o arresto permanecerá vigorando até que uma garantida em substituição ao navio seja apresentada, danos decorrentes da demora na retomada da viagem são uma consequência esperada. Logo, é perfeitamente cabível que se exija a apresentação de uma caução para que se conceda o pedido de arresto liminarmente, desde que esta não se afigure um óbice intransponível para o autor do pedido, tendo em vista que o art. 302 do Código de Processo Civil já prevê que o autor da medida de urgência deverá reparar os danos causados ao réu se a sentença ao final lhe for desfavorável.[26]

5 A Convenção Internacional sobre Arresto de Navios de 1999

A Convenção Internacional sobre Arresto de Navios de 1999 está sob análise para possível incorporação ao nosso ordenamento legal desde o ano 2000. Em setembro daquele ano um grupo de trabalho formado por

---

[26] A doutrina diverge apenas se a reparação dependerá da apuração de culpa ou dolo do autor (MITIDIERO, 2015, p. 785) ou se independe de tal apuração (BEDAQUE, 2017, p. 940), mas converge ao dizer que o arresto considerado abusivo é indenizável com liquidação nos mesmos autos em que a tutela cautelar tiver sido concedida (BUENO, 2015, p. 222).

representantes dos Ministérios da Justiça, das Minas e Energia, das Relações Exteriores, do Trabalho, além da Marinha do Brasil e da Associação Brasileira de Direito Marítimo – ABDM se debruçou sobre o texto com a finalidade de analisar-lhes os diversos aspectos para ao fim dos trabalhos recomendar ou não sua ratificação. Entre os diversos juristas e especialistas em relações internacionais que faziam parte desse seleto grupo estava o Dr. Walter de Sá Leitão, que foi o redator-geral da convenção durante a conferência diplomática realizada em Genebra, no Palácio das Nações da Organização Marítima Internacional, entre os dias 1 e 12.3.1999, tendo, portanto, participado ativamente da elaboração do seu texto.

No parecer final o grupo interministerial recomendou que o Governo brasileiro não fizesse reservas à aplicação da Convenção de 1999, uma vez que esta atendia aos interesses brasileiros e, ademais, por ter como propósito a uniformização das regras sobre arresto de navios, contribuía para a harmonização do direito marítimo internacional. O grupo ressaltou também que os princípios que norteiam a Convenção de 1999 criam um balanço equilibrado entre os interesses dos reclamantes e entidades envolvidas no transporte marítimo visando assegurar a liberdade do comércio mundial, e que seu texto teria inovado ao permitir o arresto de navios por danos ambientais e que teria melhor redação que a Convenção de 1952, por um lado aumentando o número de casos em que se permitiria o arresto de um navio e, por outro lado, deixando claro de que forma o navio poderá ser liberado do arresto.

O grupo de trabalho ressaltou também que a Convenção de 1999 teria sido aprovada sem abstenções ou votos contrários, fato raro em conferências diplomáticas, demonstrando a boa qualidade daquele instrumento internacional, tendo, por isso, recomendado sua ratificação. Porém, passados 20 anos de sua aprovação na conferência diplomática, ainda não a internalizamos e seguimos nessa curiosa situação em que nossa legislação especializada, em vigor desde a metade do século XIX, restringe severamente o uso do instrumento, mas nossos julgadores, em sentido diametralmente oposto, concedem arrestos praticamente sem nenhuma restrição. Esse pode ser o mais importante motivo para aderirmos à Convenção de 1999 como sugeriu o Grupo de Trabalho Interministerial, pois atualmente não há nenhuma segurança jurídica no fato de termos uma lei em vigor que obriga traçarmos um caminho, mas os julgadores seguem por outro caminho já bem marcado.

O arresto tutelado pela Convenção de 1999 é essa medida efêmera que visa exclusivamente à obtenção de uma garantia representada pelo navio, facultando expressamente a substituição do navio por outra garantia idônea e, assim, que se dê continuidade na viagem, equilibrando os princípios da continuidade da viagem e da garantia, uma vez que caso o proprietário por qualquer razão resolva não oferecer uma garantia substitutiva, o navio permanecerá preso no porto até que haja uma sentença condenatória e este possa ser vendido durante o cumprimento da sentença.

A medida não se confunde nem com o arresto promovido pelo oficial de justiça por força do art. 830 do CPC/2015, nem com o sequestro ou a penhora do navio quando é aprendido como um bem do executado, e muito menos ainda com aquela medida cautelar típica de arresto que constava entre os arts. 813 e 821 do Código de Processo Civil de 1973. A Convenção de 1999 afirma textualmente sua vocação de apenas servir para a obtenção de uma garantia para uma reclamação marítima. Leiamos o artigo da convenção que define o arresto:

Article 1 *Definitions* *For the propose of this Convention:* *1. [...]* *2. "Arrest" means any detention or restriction on removal of a ship by a order of a Court to secure a maritime claim, but does not include the seizure of a ship in execution or satisfaction of a judgement or other enforceable instrument.*	Artigo 1 Definições Para os efeitos dessa Convenção: 1. [...] 2. "Arresto" significa qualquer detenção ou restrição quanto à remoção de um navio, por ordem judicial, para garantir uma reclamação marítima, mas não inclui a apreensão de um navio para a execução ou satisfação de uma decisão judicial ou de outro instrumento executório.

Se a convenção fosse escrita conforme nossa técnica de redação legislativa, o artigo seria divido da seguinte maneira:

Art. 1º Para os efeitos dessa Convenção:
I - [...]
II - Arresto significa qualquer detenção ou restrição quanto à remoção de um navio, por ordem judicial para garantir uma reclamação marítima.
Parágrafo único. O Arresto não se propõe para a apreensão de um navio para a execução ou satisfação de uma decisão judicial ou de outro instrumento executório.

Quando lido assim, dividindo-se o artigo entre a assertiva contida em um *caput* e a exceção inserta no parágrafo, o artigo não causa nenhuma dúvida interpretativa. O arresto tutelado pela Convenção de 1999 não se confunde, portanto, com a apreensão de um navio em razão de sua penhora para posterior venda em leilão ou seu sequestro ou com nenhuma outra forma de apreensão que vise assegurar uma execução, procedimentos que seguem tutelados de acordo com a legislação de cada país signatário da convenção.

Somente se impedirá a saída do navio de um porto com base nos preceitos da Convenção de 1999 para, repita-se, se obter uma garantia para uma daquelas reclamações marítimas constantes do art. 1º,[27] cujo rol exaustivo traz o elenco de todos (ou quase todos) os créditos possíveis e imagináveis contra um navio, ainda que alguns deles não sejam privilegiados.

Nesse sentido vale ressaltar que nosso Código Comercial de 1850 elenca apenas doze privilégios marítimos que permitiriam o arresto de um navio, três dos quais já em desuso há bastante tempo. A Convenção de 1999 não elenca privilégios marítimos, mas vinte e duas espécies de reclamação que podem dar ensejo ao arresto de um navio. As *maritime claim* no texto em inglês da convenção, traduzidas como "reclamações marítimas", incluem todos os nove privilégios ainda protegidos por nosso Código de 1850 e acrescentam outros motivos que não eram sequer imaginados como passíveis de se atribuir privilégio no século XIX, como exemplo, danos ao meio ambiente causados por um navio. Portanto, toda

---

[27] "Artigo 1 – Definições. Para os efeitos desta Convenção: 1. "Reclamação Marítima" significa uma reclamação decorrente de uma ou mais das seguintes causas: (a) perdas ou danos causados pela operação do navio; (b) morte ou lesões corporais ocorridas, em terra ou na água, em relação direta com a operação do navio; (c) operações de salvamento, ou qualquer contrato de salvamento, inclusive, se for o caso, compensação especial relacionada às operações de salvamento referentes a um navio que, por si só ou devido à sua carga, ameace causar danos ao meio ambiente; (d) danos ou ameaça de danos causados pelo navio ao meio ambiente, ao litoral ou aos interesses a eles relacionados; medidas tomadas para evitar, minimizar ou eliminar esses danos; compensação por esses danos; custos relativos a medidas razoáveis efetivamente realizadas ou a serem realizadas para a restauração do meio ambiente; prejuízo sofrido, ou com probabilidade de vir a ser sofrido por terceiros, com relação a tais danos; e danos, custos ou prejuízos de natureza semelhante aos identificados nesta alínea (d); (e) custos ou despesas relativos à reflutuação, remoção, recuperação, destruição ou destinadas a tornar incapaz de causar danos um navio que estiver afundado, naufragado, encalhado ou abandonado, incluindo qualquer coisa que esteja ou que tenha estado a bordo desse navio, e os custos ou despesas relativos à conservação de um navio abandonado e à manutenção da sua tripulação; (f) qualquer contrato relacionado à utilização ou locação do navio, esteja ele contido numa carta-partida, ou outro instrumento; (g) qualquer contrato relacionado ao transporte de carga ou de passageiros a bordo do navio, esteja ele contido numa carta-partida, ou outro instrumento; (h) perdas ou danos às mercadorias (inclusive bagagem), ou com relação a elas, transportadas a bordo do navio; (i) avarias grossas; (j) reboque; (k) praticagem; (l) mercadorias, materiais, suprimentos, combustível, equipamentos (inclusive "containers") fornecidos, ou serviços prestados ao navio para a sua operação, administração, conservação ou manutenção; (m) construção, reconstrução, reparos, conversão ou aparelhamento do navio; (n) direitos e despesas de portos, canais, cais, fundeadouros e outras vias navegáveis; (o) salários e outras quantias devidas ao Comandante, oficiais e outros membros da tripulação do navio, relativos ao seu emprego no navio, inclusive os custos de repatriação e as contribuições para o seguro social pagáveis a seu favor; (p) desembolsos realizados no interesse do navio ou dos seus proprietários; (q) prêmios de seguros (inclusive de seguros mútuos) com relação ao navio, devidos pelo proprietário ou pelo afretador a casco nu, ou por sua conta; (r) quaisquer comissões, corretagens ou honorários de agenciamento relativas ao navio, pagáveis pelo proprietário ou pelo afretador a casco nu, ou por sua conta; (s) qualquer disputa quanto à propriedade ou à posse do navio; (t) qualquer disputa entre co-proprietários do navio quanto ao seu emprego ou aos ganhos obtidos pelo navio; (u) uma hipoteca marítima ou 'mortgage' ou um ônus da mesma natureza que incida sobre o navio; (v) qualquer disputa decorrente de um contrato para a venda do navio".

reclamação marítima (*maritime claim*) permite que se pleiteie o arresto de um navio, mas nem toda reclamação marítima é um privilégio marítimo (*maritime lien*).

Assim como a lista de privilégios marítimos que dão direito a se pleitear o arresto de um navio no Brasil, também é fechada a lista de reclamações marítimas da Convenção de 1999, ou seja, sob a convenção não se admite o arresto de navio em nenhuma outra hipótese que não aquelas listadas no artigo primeiro. É salutar que assim seja em razão dos efeitos do arresto na esfera de interesses de terceiros, mas também é salutar que a lista seja tão ampla quanto exige o comércio marítimo na atualidade. Nem mais, nem menos.

Berlingieri (2017, p. 30 e seguintes) conta que durante as discussões na Conferência de Lisboa do *Comité Maritime International* – CMI, que resultou não na revisão da Convenção de 1952, mas no nascimento de uma Convenção de Arresto totalmente nova, foram propostas três vias possíveis: (1) uma lista fechada de reclamações marítimas com a revisão do rol da Convenção de 1952; (2) a substituição daquela lista por uma definição geral do que seriam reclamações marítimas que permitiriam o arresto de um navio ou (3) uma alternativa mista, que traria uma definição geral das reclamações marítimas acompanhada de uma lista não exaustiva de reclamações encabeçada pela expressão inglesa *such as*, tendo essa última opção sido a escolhida na Conferência de Lisboa.

No entanto, na conferência diplomática que se seguiu em Genebra a maioria das delegações decidiu por manter uma lista fechada de reclamações a partir da revisão do rol da Convenção de 1952, ao entendimento de que uma lista aberta contrariaria o propósito de uniformização da convenção, exceção feita apenas aos danos causados ao meio ambiente (alínea "d"), cuja redação finaliza com a expressão generalizante "e danos, custos e prejuízos de natureza semelhante aos identificados nessa alínea". Esse é o espírito da norma internacional e reflete a vontade das delegações dos países que se reuniram em Genebra e compuseram a Convenção de 1999: que os motivos que levam à grave medida de se deter um navio no porto e impedir a continuidade da viagem sejam contidos em um rol restritivo.

Desse modo, somente podem pleitear o embargo à saída de um navio do porto quem demonstrar ser detentor do direito a uma daquelas ações enumeradas na lista "exaustiva e de interpretação restrita" (RAPOSO, 1999, p. 167) do art. 1º, chamadas "reclamações marítimas", dispensado da necessidade, até mesmo, de demonstrar o receio da perda da garantia patrimonial (RAPOSO, 1999).[28]

Além de constar da Convenção de 1999 uma lista de reclamações marítimas mais ampla e atualizada do que a lista de privilégios marítimos que permitem o arresto de navios no Brasil, uma série de outras razões motiva a adesão.

Destaca-se, para começar, o caráter efetivamente internacional das demandas baseadas na convenção, uma vez que há previsão expressa de que o arresto seja determinado pela autoridade judiciária de onde se encontra o navio, mas que a ação principal possa ser proposta e depois julgada por uma autoridade judiciária ou arbitral sediada em país diverso, de acordo com a vontade das partes.

Aqui no Brasil, desde o Decreto nº 737, de 1850,[29] entende-se que o caráter acessório do processo cautelar e sua distinção do processo de

---

[28] O Professor Mário Raposo (1999, p. 167-168), citando dois acórdãos de 1997 e de 1998 do Supremo Tribunal de Justiça de Portugal que faziam referência à Convenção de 1952, afirma que "há apenas que alegar e que provar o correspondente crédito marítimo. Não é muito claro que seja necessário mais do que a mera alegação. Assim tem sido entendido em França: basta que o crédito faça parte da lista do art. 1º. 'Si lacréance figure surla liste, lejuge n'as pas d'autresquestions à se poser. Il n'a notemmentpas à vérifier que lacréance est certaine et sérieuse'. Depois de algumas hesitações, e por influência da doutrina (F. Berlingieri e A. Mordiglia, por exemplo), os tribunais italianos propendem hoje para a desnecessidade do periculum in mora".

[29] Os arts. 331 e 332 do Decreto nº 737/1850 impunham prazo de 15 dias para propositura da "acção competente" e que fosse proposta perante o mesmo juízo que conheceu da medida cautelar ou em juízo diverso daquele, da seguinte forma: "Artigo 332. A acção principal deve ser proposta no mesmo Juizo em que se fizer o embargo, salvo se for outro o foro do domicilio ou do contracto: neste caso o Juiz que procede ao embargo não tomará conhecimento de qualquer opposição, mas feito o embargo remetterá os autos respectivos ao Juizo da causa principal. Fica entendido que ao Juiz do embargo he que compete mandar levanta-lo nos casos do Artigo 331".

conhecimento são características determinantes, com "interferências recíprocas que se explicam pela íntima vinculação entre ambos" (MOREIRA, 2002, p. 312). Nesse sentido, o art. 308 do CPC/2015 obriga à parte que propuser o arresto do navio ingressar em até trinta dias de sua efetivação, nos mesmos autos, com o pedido principal que deu motivo ao arresto, sob pena de perda da eficácia e demais consequências daí advindas.

Os limites da jurisdição nacional constam dos arts. 21 a 25 do Código de Processo Civil, sendo especialmente relevante para ações de arresto de navios o disposto nos arts. 21 e 25: o art. 21 impõe limites à competência da autoridade judiciária brasileira para processar e julgar ações (1) aos réus cujo domicílio seja o Brasil, não importando sua nacionalidade, considerando como domiciliada no Brasil a pessoa jurídica que mantiver agência, filial ou sucursal (parágrafo único do artigo); (2) quando a obrigação que dá motivo à ação deva ser cumprida no Brasil e (3) se a ação for fundada em fato ocorrido ou em ato praticado no Brasil.

O art. 25, por sua vez, exclui da jurisdição nacional o processamento e julgamento das ações quando houver entre as partes litigantes documento escrito com eleição de foro estrangeiro para solução de controvérsias, mesmo se eventualmente preenchidos os requisitos do art. 21. A existência de tal cláusula em contrato deve ser arguida pelo réu na contestação sob pena de preclusão.

Fazendo-se uma leitura sistemática do Código de Processo, em que há impedimento para o processamento e julgamento de ações quando o foro do contrato se situar em país estrangeiro e que a ação principal deverá ser julgada pelo mesmo juízo que conceder a tutela cautelar, deduz-se que uma vez concedido o arresto a ação principal obrigatoriamente deverá ser

---

Os arts. 677 e 682 do CPC/1939 (Decreto-Lei nº 1.608 de 1939) e os arts. 800 e 806, do CPC/1973, dilataram para 30 dias o prazo para a propositura da ação principal, mas não permitem qualquer flexibilização quanto à competência do mesmo juízo que conheceu da ação cautelar para julgar a ação principal. Curiosamente nossa legislação do século XIX é a que mais se amolda ao texto da Convenção de 1999.

ajuizada no Brasil, perante o mesmo juízo que concedeu a medida, sob pena de o arresto cair, o navio ser liberado para seguir viagem e quem ajuizou o pedido cautelar ser obrigado a reparar os danos causados, na forma do art. 302 do CPC/2015.

A Convenção de 1999 oferece uma alternativa para essa rígida imposição de competência, permitindo, inclusive, que o arresto seja concedido em um país e a ação principal seja ajuizada em outro ou que a demanda seja resolvida perante uma Corte Arbitral. Veja-se a respeito os termos do art. 2º, inc. 3º e do art. 7º, inc. 1º:

> Artigo 2 – Poder para Arrestar [...]
> 3. Um navio poderá ser arrestado com a finalidade de se obter uma garantia, apesar de, em virtude de uma cláusula de jurisdição ou cláusula arbitral existente em qualquer contrato pertinente, ou de outra forma, a reclamação marítima a respeito da qual o embargo tenha sido efetivado, deva ser julgada num Estado diferente daquele onde o embargo foi efetivado, ou deva ser arbitrado, ou ainda quando o caso deva ser julgado sob a lei de um outro Estado. [...]
> Artigo 7 – Jurisdição sobre o Mérito da Demanda [...]
> 1. As Cortes do Estado em que o embargo tiver sido realizado, ou em que tiverem sido fornecidas as garantias para obter a liberação do navio, terão jurisdição para decidir quanto ao mérito da demanda, a menos que as partes concordem de maneira válida, ou tenham concordado de maneira válida, em submeter a questão a uma Corte de um outro Estado que aceite a jurisdição ou a arbitragem.

Se o Brasil optar por aderir à Convenção de 1999 terá que alargar os preceitos da Cooperação Internacional constantes dos arts. 26 a 41 do CPC/2015 e permitir que seja concedido e mantido o arresto de um navio em nosso litoral mesmo quando o crédito que deu motivo ao arresto for oponível em outro país.

Há outras muitas razões para aderirmos à Convenção de 1999, das quais destacamos que esta contém uma definição clara do valor-limite da garantia a ser imposta para que o navio esteja livre para seguir viagem, o que evita uma série de discussões em torno desse tema, conforme já discorremos anteriormente. Há, ainda, o procedimento a ser tomado com relação aos chamados *sisters ships*, ou seja, navios de um mesmo armador mas que não sejam aqueles a que "se obrigou"; regras acerca do chamado reembargo, quando um navio é autorizado a seguir viagem depois de apresentar garantias e um novo pedido de embargo à viagem é apresentado; a previsão da proteção dos proprietários e dos afretadores a casco nu por arresto impróprio; há o estabelecimento dos exatos limites de sua aplicação com relação à natureza da propriedade do navio, entre outras regras específicas que ou não têm paralelo em nenhuma de nossas leis, ou, quando existem, constam de forma dispersa e dependem da interpretação e adequação de quem irá aplicá-las na prática.

6 Conclusões

Ao cabo dessa análise do procedimento cautelar de arresto de navios concluímos que devemos sem demora, e até com certa urgência, aderir à Convenção Internacional sobre Arresto de Navios de 1999.

A Convenção de 1999 visa à uniformização do procedimento nos países signatários, definindo-se com clareza as razões que podem levar ao arresto de um navio, quem tem legitimidade para ser autor e réu nessas ações, que autoridades estão aptas a impor a medida e a jurisdição a que as partes devem se submeter, de que modo se obtém a libertação do navio, entre outras questões. A compilação de todas essas questões em um só instrumento legal, cuja redação seja compreensível por partes de nacionalidades diversas e, ainda, que seja igualmente aplicável em nossas águas e no exterior, incentiva sua adesão.

Conforme mencionado, a Convenção de 1999 estabelece expressamente que somente as reclamações marítimas contidas na lista fechada do art. 1º poderão dar motivo ao arresto de um navio. Tal restrição tem por finalidade precípua criar obstáculos ao arresto por reclamações não relacionadas diretamente com a operação do navio, do mesmo modo que nosso Código Comercial, e como é a regra no direito marítimo. Como afirmou Berlingieri (2017, p. 31), a lista taxativa foi adotada pela conferência diplomática que elaborou e adotou a convenção, pois "uma lista aberta retiraria o propósito da uniformidade, uma vez que permitiria às cortes dos Estados membros uma discricionariedade muito grande no estabelecimento de matérias não listadas como uma reclamação marítima". É propósito da convenção a livre circulação dos bens embarcados e, para esse fim, protege os interesses dos proprietários e operadores de navios, de importadores e exportadores. E sua lista extensa de reclamações que dão direito ao arresto demonstra, ademais, que a convenção não se propõe a proteger devedores em detrimento ao direito dos credores.

Esse era também o pensamento do legislador brasileiro do século XIX, mas a falta de atualização de nosso Código Comercial, não obstante as louváveis tentativas ocorridas ao longo do século XX e desta última ainda em curso no Senado, levou à distorção atual, em que temos regras tão rígidas para a concessão do arresto de um navio que o Poder Judiciário foi aos poucos liberalizando o procedimento, limitando-se atualmente à simples análise do *fumus boni iuris*, este baseado em qualquer direito, gravado ou não como privilegiado, e do *periculum in mora*, este facilmente demonstrável pela óbvia razão de que o navio tem que seguir viagem e, sem uma garantia que o substitua, o direito pode se frustrar.

A autonomia do direito marítimo caracterizada pela universalidade, uniformidade, imutabilidade e origem costumeira de seu regramento (LACERDA, 1984, p. 36) impulsiona-nos no caminho da adesão à Convenção Internacional de arresto de navios de 1999. O Brasil é um grande país marítimo, em cuja costa circulam milhares de navios de diversas nacionalidades e, assim, não deve seguir julgando esse que é um dos mais importantes procedimentos baseados no direito marítimo somente segundo a ótica de nosso direito processual civil. A anomalia provocada pela não aplicação do Código Comercial aos casos concretos por todas as razões elencadas neste trabalho deve ser desfeita, motivo pelo qual devemos aderir à Convenção de 1999.

Referências

ARROYO MARTINEZ, Ignacio. *Curso de derecho maritimo*. 2. ed. Barcelona: Thomson Civitas, 2005.

BARROOILHET ACEVEDO, Claudio. *Jurisicción marítima*. 2. ed. Santiago: Librotecnia, 2012.

BEDAQUE, José Roberto dos Santos. Livro V – Da tutela provisória. *In*: BUENO, Cássio Scarpinela (Coord.). *Comentários ao Código de Processo Civil*. São Paulo: Saraiva, 2017.

BENGOLEA ZAPATA, Jorge. *Teoria general del derecho de la navegacion*. Buenos Aires: Plus Ultra, 1976.

BERLINGIERI, Francesco. *Berlingieri on arrest of ships* – A comentary on the 1999 Arrest Convention. 6. ed. London: Comite Maritime International – Informa Law, 2017. v. II.

BUENO, Cassio Scarpinella. *Novo Código de Processo Civil anotado*. São Paulo: Saraiva, 2015.

COSTA, José da Silva. *Direito commercial marítimo, fuvial e aéreo*. 3. ed. Rio de Janeiro: Freitas Bastos, 1935.

GALANTE, Luiz Felipe. Processo empresarial marítimo. *In*: COELHO, Fabio Ulhoa (Org.). *Tratado de direito comercial*. São Paulo: Saraiva, 2015. v. 8.

LACERDA, J. C. Sampaio de. *Curso de direito privado de navegação*: direito marítimo. 3. ed. Rio de Janeiro: Freitas Bastos, 1984.

MARTINS FILHO, Marcos Simões. Embargo de navio: valor da garantia financeira substitutiva. *Revista de Processo*, v. 276, ano 43, p. 383-398, fev. 2018.

MIRANDA, Pontes. *História e prática do arresto ou embargo*. Campinas: Bookseller, 1999.

MITIDIERO, Daniel. Livro V – Da tutela provisória (artigos 300 a 311). *In*: WAMBIER, Teresa Arruda Alvim *et al*. (Coord.). *Breves comentários ao Novo Código de Processo Civil*. São Paulo: Revista dos Tribunais, 2015.

MORA CAPITÁN, Belén. *El embargo preventivo de buques*. Barcelona: J. M. Bosch, 2000.

MOREIRA, José Carlos Barbosa. *O Novo Processo Civil brasileiro*: exposição sistemática do procedimento. 22. ed. Rio de Janeiro: Forense, 2002.

RAPOSO, Mario. *Estudos sobre o novo direito marítimo*: realidade internacional e situação portuguesa. Coimbra: Coimbra Editora, 1999.

RAY, José Domingo. *Derecho de la navegación*. Buenos Aires: Abeledo Perrot, 1991. t. I.

RIPERT, Georges. *Compendio de derecho marítimo*. Buenos Aires: Argentina, 1954.

SANTOS, Theophilo de Azeredo. *Direito de navegação (marítima e aérea)*. Doutrina, jurisprudência, legislação. Rio de Janeiro: Forense, 1964.

SIMAS, Hugo. *Comentários ao Código de Processo Civil*. 2. ed. Rio de Janeiro: Forense, 1962.

VIANNA, Godofredo Mendes *et al*. O arresto de embarcações no Brasil. *Revista da EMERJ*, Rio de Janeiro, v. 19, n. 74, p. 77-97, 2016.

WAMBIER, Tereza Arruda Alvim *et al*. *Primeiros comentários ao Novo Código de Processo Civil*: artigo por artigo. São Paulo: Revista dos Tribunais, 2015.

Informação bibliográfica deste texto, conforme a NBR 6023:2018 da Associação Brasileira de Normas Técnicas (ABNT):

SILVA FILHO, Nelson Cavalcante e. Embargo de embarcação ou arresto de navio?. *In*: LEWANDOWSKI, Enrique Ricardo (Coord.). *Direito Marítimo*: estudos em homenagem aos 500 anos da circum-navegação de Fernão de Magalhães. Belo Horizonte: Fórum, 2021. p. 465-496. ISBN 978-65-5518-105-0.

AVARIA GROSSA

PAULO DIAS DE MOURA RIBEIRO

1   Apresentação

A escolha do tema se deve ao meu período como advogado em direito marítimo na minha cidade (e comarca) de Santos – SP.

Foi um tempo feliz e bastante promissor (R$) que me permitiu desenvolver melhor meus estudos para poder passar no concurso da Magistratura paulista.

E eu advogava para o IRB – Instituto de Resseguros do Brasil, que segurava, ou ressegurava, o casco do navio. Ou seja, aquilo que mais importava ao armador (aquele que por sua conta e risco promove a equipagem e exploração de um navio comercial, independentemente de ser ou não ser proprietário dele, sempre com expectativa de lucro, que é inerente à sua atividade comercial).

Anoto, no mais, minha alegria de ter sido convidado, por nímia deferência do e. organizador desta obra, o caro Ministro do Supremo Tribunal Federal, Ricardo Lewandowski, que muito abrilhantou o Egrégio Tribunal de Justiça do Estado de São Paulo, do qual sou originário, ao tempo que ali ocupou o elevado cargo de desembargador.

2 Síntese histórica do direito marítimo

A liberdade sempre foi o grande postulado do direito marítimo: porque, do mar, ninguém pode se assenhorear, embora o seu uso se submeta a certas normas desde tempos imemoriais.

Vale lembrar que nos séculos XVI e XVII, Portugal pretendeu ter o uso exclusivo dos mares de Guiné e das Índias Orientais, tanto que as Ordenações estabeleceram proibição e severas penas contra os que, nacionais ou estrangeiros, fossem àquelas paragens, de sua conquista, "para tratar, resgatar, fazer guerra sem a competente licença e autoridade, sob pena de morte e confisco".[1]

O mesmo autor destacou que também a Inglaterra aspirou a propriedade das águas que banhavam as suas costas; a Espanha pretendeu vedar às nações do mundo o uso do Mar Pacífico; a Holanda quis proibir a passagem pelo Cabo da Boa Esperança.[2]

Para terminar, cabe lembrar Hugo Grotius, considerado um dos fundadores do direito internacional, jurista holandês, ardoroso defensor do direito natural, que para combater o poder marítimo de Portugal e Espanha fez publicar o *Mare Liberum* (*o mare est nostrum*), contestando a política do *mare clausum*, defendida por aquelas potências marítimas da época.

3 Leis de Rodes

Seguramente o monumento legislativo marítimo mais antigo do mundo jurídico, data de antes de Cristo, contendo preceitos penais e outras disposições. Os romanos faziam julgar os seus processos marítimos em Rodes, para ser-lhes aplicada a famosa legislação.[3]

---

[1] COSTA, José da Silva. *Direito commercial maritimo*. Paris: Société Générale D'Impression, 1912. p. 13.
[2] COSTA, José da Silva. *Direito commercial maritimo*. Paris: Société Générale D'Impression, 1912. p. 13.
[3] COSTA, José da Silva. *Direito commercial maritimo*. Paris: Société Générale D'Impression, 1912. p. 28.

Há, é verdade, o *Consolato del Mar*, documento da Idade Média que, segundo alguns, dever ser atribuído ao Rei de Aragão. A denominação *consolato* deriva dos cônsules, certos magistrados aos quais cabia conhecer e julgar processos comerciais e marítimos.[4]

4 Liberdade marítima

Ninguém duvida que foi o comércio marítimo a antessala do convívio e da solidariedade entre as nações, privilegiando a civilização moderna, o benefício da paz, a sedimentação das obrigações e a livre movimentação dos créditos.

Mas, na liberdade dos negócios jurídicos permitida pelo comércio marítimo, de há muito se experimentaram prejuízos com as respectivas empreitadas.

A terminologia "seguro" é muito antiga, preservada desde 1347, quando o primeiro contrato de tal espécie foi celebrado em Gênova, Itália.

Mas, não é só. Liga-se à palavra "seguro", o termo "prêmio", que já era utilizado em Roma, em 58 a.C., época em que o Imperador Cláudio oferecia cobertura de seguro aos navegadores e cobrava deles um prêmio para aceitar o risco coberto.

E, se se segurava as empreitadas marítimas, não se pode esquecer entre elas a avaria, estrago, dano, prejuízo causado à carga durante a sua viagem, em razão da sobrevivência da que ficou intacta no navio, em significância e permanência.

Importante, então, se pensar nas avarias a que estão sujeitos a carga e o próprio navio durante a viagem.

O novo Código de Processo Civil regulou a matéria nos seus arts. 707 a 711.

---

[4] COSTA, José da Silva. *Direito commercial maritimo*. Paris: Société Générale D'Impression, 1912. p. 29.

Entretanto, vale ressaltar que muitos destes dispositivos são transcrições dos arts. 765 a 768 do antigo CPC/73, que também regulava a matéria.

Também calha anotar que o NCC, em seu art. 2.045, revogou apenas a primeira parte do CCom (a que cuidava do comércio em geral), mantendo íntegra a sua segunda parte, a que ainda continua a cuidar do comércio marítimo (arts. 457 a 796 do CCom).

Além disso, também o Código Civil de 2002 cuida do tema transporte e também tem aplicação ao caso porque ele, regulado a partir do seu art. 730, revela um "contrato pelo qual alguém (o transportador) se obriga, mediante uma determinada remuneração, a transportar de um local para outro pessoas ou coisas, por meio terrestre (rodoviário e ferroviário), aquático (marítimo, fluvial e lacustre), ou aéreo".[5]

E no transporte de passageiros também será necessário se ter em linha de consideração a incidência do CDC, em especial as regras dos incs. VI e VIII, do seu art. 6º, que consagram o princípio da reparação integral do dano.

Deixando de lado os tratados internacionais, dos quais aqui basta menção, sem maiores investidas, há que se fazer referência expressa a importantes obras do passado que positivaram o direito marítimo desde antigas eras. Veja-se.

O Código de Hamurabi (séc. XXIII a.C.), rei da 1ª dinastia da Babilônia, já estipulava normas sobre responsabilidade do fretador, abalroação e construção naval, enquanto o Código de Manu (séc. XIII a.C.), elaborado por hindus, continha normas sobre câmbio marítimo. Cite-se, outrossim, as leis de Rodes, as quais já abordavam questões relacionadas a naufrágios, espécies de fretamento, entre outras, e exerceram grande

---

[5] TARTUCE, Flávio. *Direito civil* – Teoria geral dos contratos e contratos em espécie. 11. ed. Rio de Janeiro: GEN/Forense, [s.d.]. v. 3. p. 631.

influência na Antiguidade, inclusive sobrepondo-se eventualmente às "leis" de imperadores arbitrários.[6]

5 Das avarias

Avaria em amplo sentido há de ser entendida como qualquer dano suportado pelo bem que foi confiado para transporte marítimo, vale dizer, o prejuízo material decorrente do transporte contratado.

O nosso CCom não define avaria, mas a rotula:

> Art. 761. Todas as despesas extraordinárias feitas a bem do navio ou da sua carga, conjunta ou separadamente, e todos os danos acontecidos àquele ou a esta, desde o embarque e partida até a sua volta e desembarque, são reputadas avarias.

A propósito de tal dispositivo legal, ensina Pontes de Miranda:

> avaria, em terminologia de direito marítimo, é (a) toda despesa extraordinária, feita a bem do navio ou da carga, conjunta ou separadamente (avaria-despesa); ou (b) todo dano acontecido ao navio, ou à carga (avaria-dano). Entenda-se, desse o embarque e partida até a sua volta e desembarque (Código Comercial, art. 761).[7]

Porém, é possível se chegar à conclusão do que quis o legislador dizer sobre avaria grossa a partir da leitura dos artigos do CCom que constam do título das avarias.

Com efeito, dispõe o art. 763 do CCom que as avarias são de duas espécies: avarias grossas ou comuns e avarias simples ou particulares. A importância das primeiras é repartida proporcionalmente entre o navio, seu frete e a carga; e a das segundas é suportada, ou só pelo navio, ou só pela coisa que sofreu o dano ou deu causa à despesa.

---

[6] VIANNA, Godofredo Mendes; MARQUES, Lucas Leite. *Direito marítimo*. São Paulo: FGV, [s.d.]. v. 1. p. 5.
[7] PONTES DE MIRANDA, Francisco Cavalcanti. *Tratado de direito privado*. São Paulo: Revista dos Tribunais, [s.d.]. t. XLV. p. 580.

Por isso mesmo, o CCom deixou fixado que há diferença entre avaria grossa e particular.

E, para enfeixar a questão, vem a lume o art. 765, do CCom, que esclarece o que não deve ser entendido por avaria grossa ao assentar o seguinte:

> não serão reputadas avarias grossas, posto que feitas voluntariamente e por deliberações motivadas para o bem do navio e carga, as despesas causadas por vício interno do navio, ou por falta ou negligência do capitão ou da gente da tripulação. Todas estas despesas são a cargo do capitão ou do navio (art. 565).

No particular, pondera Pontes de Miranda que são

> avarias particulares ou simples as que resultam de caso fortuito ou fortuna do mar, segundo o critério casuístico, e não exaustivo, do art. 766 do Código Comercial. Avarias comuns ou grossas supõem ato volitivo posterior ao acontecimento que o sugere como de interesse comum (cf. Código Comercial, art. 764, que não é exaustivo): em geral, os danos causados deliberadamente, em caso de perigo ou desastre imprevisto, bem como as despesas em iguais circunstâncias. Cp. Regras de Iorque e Antuérpia (1890) revistas em Estocolmo (1924).[8]

Colhe, ainda, acrescentar que o rol do art. 764 do CCom elenca 21 fatos que são considerados como de avaria grossa que, numa expressão mais simples, pode ser entendida como qualquer dano causado deliberadamente em caso de perigo ou desastres imprevistos, mediante deliberação motivada (art. 509 do CCom), sempre praticado em estado de necessidade diante do fortuito, na esteira da doutrina antes destacada.

Em resumo, é possível dizer que "todas as despesas extraordinárias, ou danos causados ao navio, ou à sua carga, feitas voluntariamente em benefício de ambos, são uma avaria grossa".[9]

---

[8] PONTES DE MIRANDA, Francisco Cavalcanti. *Tratado de direito privado*. São Paulo: Revista dos Tribunais, [s.d.]. t. XLV. p. 580-581.

[9] CORRÊA FILHO, Olavo Caetano. *Avaria grossa de navio*. São Paulo: Esplanada, 2001. p. 18.

Para Paulo Henrique Cremoneze, "avaria grossa é aquela voluntariamente causada pelo capitão do navio com o propósito de evitar o mal maior, desde que o perigo arrostado não tenha sido causado pelo próprio comandante, tripulação ou equiparados".[10]

Curiosidade histórica a ser anotada condiz com o surgimento do termo *general average*, utilizado pela primeira vez, na *common law*, no julgamento do caso *The Copenhagen*, perante a *High Court of Admiralty* (1799), por Sir Willian Scott (Lord Stowed), conforme as anotações de Eliane M. Octaviano Martins.[11]

Resumidamente, pode-se dizer que dois são os requisitos da avaria grossa: a voluntariedade (danos praticados em virtude de um fortuito externo – interno não é possível porque vício da carga é imputada a uma negligência ou imprudência do comandante no seu embarque), e salvação (objetivo de salvar tanto a carga como o navio).

Mas, no caso de avaria grossa:

> o capitão faz protesto por avaria comum. O protesto não é a forma da sua manifestação de vontade de ressarcir o dano ou a despesa, por conta da restrita comunidade do navio (navio e carga). *A fortiori*, não é declaração de vontade. É comunicação de conhecimento, do "ocorrido". O que ele comunica (afirmação) pode ser contestado – a *causa periculi evitandi*.[12]

6 Requisitos para a regulação da avaria grossa

Todas as pessoas envolvidas no transporte, armador, fretador, afretador, transportadores, consignatários, embarcadores, seguradores de carga, devem dar andamento ao processo de regulação da avaria grossa, a

---

[10] CREMONEZE, Paulo Henrique. *Prática de direito marítimo*. 3. ed. atual. e ampl. São Paulo: Aduaneiras, 2015. p. 237.
[11] MARTINS, Eliane M. Octaviano. *Curso de direito marítimo*. São Paulo: Manole, [s.d.]. v. III. p. 698.
[12] PONTES DE MIRANDA, Francisco Cavalcanti. *Tratado de direito privado*. São Paulo: Revista dos Tribunais, [s.d.]. t. XLV. p. 581.

partir do momento em que o navio aportar no primeiro porto de destino e ali ratificar o protesto que o comandante lavrou a bordo.

A leitura do art. 707 do NCPC põe em relevo que se está diante de um MASC (método alternativo de solução de conflitos), porque só não havendo concordância acerca de um regulador pelos envolvidos é que sobrevirá a interferência do juiz de direito que nomeará um de sua confiança e, necessariamente, qualificado para a tarefa.

Sobre a questão do prazo prescricional para as ações entre os contribuintes de uma avaria grossa, vale destacar que é de um ano, com base no disposto no Decreto-Lei nº 116/67 que, aliás, era o prazo previsto pelo art. 449 do CCom, nesta parte revogado. Mas, o mesmo prazo de um ano persiste porque, com a revogação do CCom pelo NCC, repristinada ficou a regra do art. 8º, do Decreto-Lei nº 116/67, que assim dispõe:

> Prescrevem ao fim de 1 (um) ano, contado da data do término da descargo do navio transportador, as ações por extravio de carga, bem como as ações por falta de conteúdo, diminuição, perdas e avarias ou danos à carga.
> Parágrafo único – O prazo prescricional de que trata este artigo somente poderá ser interrompido na forma prevista no art. 720 do Código de Processo Civil, observado o que dispõe o §2º do art. 166 daquele Código.

Uma anotação final, antes de se passar ao exame da jurisprudência que envolve o tema aqui em destaque, é imperiosa: a referência do dispositivo acima diz respeito ao CPC/39; no NCPC o dispositivo correspondente é o art. 219, §§1º a 5º.

7 Jurisprudência

> DIREITO ADUANEIRO. TRANSPORTE DE MERCADORIAS. AVARIAS EM CONTAINER. FALTA DE IMEDIATA LAVRATURA DO TERMO DE AVARIA, PELA ENTIDADE PORTUÁRIA. MATÉRIA REGULADA PELO REVOGADO RESPONSABILIDADE DA ENTIDADE PORTUÁRIA, NA QUALIDADE DE

DEPOSITÁRIA DOS BENS. ARTS. 470 E 479 DO ANTIGO REGULAMENTO ADUANEIRO (DECRETO 91.030/85). RECURSO IMPROVIDO.

- Conforme entendimento pacificado pela Corte Especial, o termo "lei federal' abrange também os decretos, de modo que é possível conhecer de recurso especial interposto com base em sua violação (EREsp 663.562/RJ, Rel. Min. Ari Pargendler, DJ de 18/2/2008).

- Os arts. 470 e 479 do antigo Regulamento Aduaneiro (Decreto 91.030/85), ao falarem da necessidade de imediata lavratura de termo de vistoria nas hipóteses de descarga de "volume avariado', referem-se aos danos verificados nos contêineres, não nas mercadorias nele contidas. Assim, o momento de lavratura do referido termo é o do desembarque de tais containeres do navio, e não da respectiva abertura, no porto.

- Não tendo, a entidade portuária, feito qualquer ressalva quanto ao desembarque de container avariado, ela responde pelos danos verificados nas mercadorias importadas, nos termos do art. 2º do Decreto-lei 116/1967.

Recurso especial improvido. (REsp nº 958.956/ES. Rel. Min. Nancy Andrighi, Terceira Turma, j. 5.11.2009. *DJe*, 18 nov. 2009)

RECURSO ESPECIAL. TRANSPORTE MARÍTIMO. ARMAZENAGEM DE MERCADORIA. AÇÃO REGRESSIVA DE COBRANÇA DE SEGURADO CONTRA SEGURADORA. PRESCRIÇÃO. TERMO INICIAL. SUB-ROGAÇÃO. LIMITES.

1. Ao efetuar o pagamento da indenização ao segurado em decorrência de danos causados por terceiro, a seguradora sub-roga-se nos direitos daquele, mas nos limites desses direitos, ou seja, a "sub-rogação não transfere à seguradora mais direitos do que aqueles que a segurada detinha no momento do pagamento da indenização" (REsp n. 1.385.142). Portanto, dentro do prazo prescricional aplicável à relação jurídica originária, a seguradora sub-rogada pode buscar o ressarcimento do que despendeu com a indenização securitária.

2. Recurso especial conhecido e provido. (REsp nº 1.505.256/SP. Rel. Min. João Otávio de Noronha, Terceira Turma, j. 5.5.2016. *DJe*, 17 maio 2016)

RECURSO ESPECIAL. JUÍZO DE RETRATAÇÃO. RECURSO. NÃO CABIMENTO. TRANSPORTE MARÍTIMO DE MERCADORIA. PERDA TOTAL DO BEM SEGURADO. CULPA DO TRANSPORTADOR. AÇÃO DE REGRESSO. SEGURADORA. PRAZO PRESCRICIONAL ANUAL. SÚMULA Nº 151/STF. AUSÊNCIA DE RELAÇÃO DE CONSUMO. TERMO INICIAL. PAGAMENTO DA INDENIZAÇÃO.

1. Apresenta-se desprovido de conteúdo decisório e, assim, insusceptível de causar gravame às partes, o ato que, em juízo de retratação, reconsidera anterior

pronunciamento e determina inclusão do feito em pauta, não autorizando, por conseguinte, a interposição de nenhum recurso.

2. Discute-se nos autos, em essência, o termo inicial do prazo prescricional para que a seguradora, em ação regressiva, pleiteie o ressarcimento do valor pago ao segurado por danos causados à mercadoria no decorrer do transporte marítimo.

3. Ao efetuar o pagamento da indenização ao segurado em razão de danos causados por terceiros, a seguradora sub-roga-se nos direitos daquele, podendo, dentro do prazo prescricional aplicável à relação jurídica originária, buscar o ressarcimento do que despendeu, nos mesmos termos e limites que assistiam ao segurado.

4. No caso de não se averiguar a relação de consumo, observa-se o prazo prescricional de 1 (um) ano para propositura de ação de segurador sub-rogado requerer do transportador marítimo o ressarcimento por danos causados à carga, nos termos da Súmula nº 151/STF e do art. 8º, caput, do Decreto-Lei nº 116/1967.

5. O termo inicial do prazo prescricional para seguradora sub-rogada propor ação de regresso é a data do pagamento integral da indenização ao segurado. Precedentes.

6. Embargos de declaração de fls. 731/736 não conhecidos. Recurso especial conhecido e não provido. (REsp nº 1.297.362/SP. Rel. Min. Ricardo Villas Bôas Cueva, Terceira Turma, j. 10.11.2016. *DJe*, 2 fev. 2017)

EMBARGOS DE DECLARAÇÃO. EMBARGOS DE DIVERGÊNCIA. ERRO MATERIAL. ACOLHIMENTO.

Acolhidos embargos de declaração para corrigir erro material de referência legislativa constante da ementa do julgado, que passa a ter a seguinte redação: "PROCESSUAL CIVIL. EMBARGOS DE DIVERGÊNCIA. AÇÃO REGRESSIVA. CONTRATO DE SEGURO. TRANSPORTE MARÍTIMO INTERNACIONAL DE EQUIPAMENTO. PAGAMENTO. INDENIZAÇÃO. SUB-ROGAÇÃO. NORMAS DO CDC. NÃO APLICAÇÃO. SINISTRO OCORRIDO ANTES DA VIGÊNCIA DO CÓDIGO CIVIL DE 2002. DECRETO-LEI 116/1967 e CÓDIGO COMERCIAL. INCIDÊNCIA. PRESCRIÇÃO ANUAL.

1. O Código de Defesa do Consumidor não se aplica ao contrato de transporte de cargas, no caso, equipamento importado para uso pela empresa importadora no processo industrial de produção de medicamentos.

2. Fatos ocorridos na vigência do Código Civil de 1916. Incidência da prescrição anual (Código Comercial, art. 449 e Decreto-lei 116/1967, art. 8º) à relação entre a segurada e a transportadora, que se aplica também à ação de regresso ajuizada pela seguradora na condição de sub-rogada.

3. Embargos de divergência acolhidos para prover o recurso especial. (EDcl nos EREsp nº 1.202.756/RJ. Rel. Min. Maria Isabel Gallotti, Segunda Seção, j. 14.3.2018. *DJe*, 20 mar. 2018)

RESPONSABILIDADE CIVIL - RECURSO ESPECIAL - INDENIZAÇÃO - VIOLAÇÃO AOS ARTS. 499 E 500 DO CÓDIGO COMERCIAL, AOS ARTS. 159 e 1056 DO CC/16 E AO ART. 12, VIII, DO CPC - FALTA DE PRE-QUESTIONAMENTO - SÚMULA 356/STF - ARTS. 494, 519 E 529 DO CÓDIGO COMERCIAL, ART. 1521, III, DO CC/16 E ART. 215, §1º, DO CPC - DEFICIÊNCIA NA FUNDAMENTAÇÃO - SÚMULA 284/STF - TRANSPORTE MARÍTIMO INTERNACIONAL - DETERIORAÇÃO DA MERCADORIA - AÇÃO DE INDENIZAÇÃO - LEGITIMIDADE PASSIVA AD CAUSAM DO AGENTE MARÍTIMO DA TRANSPORTADORA ESTRANGEIRA - MANDATÁRIO E ÚNICO REPRESENTANTE LEGAL DESTA NO BRASIL - DISSÍDIO PRETORIANO NÃO COMPROVADO. [...]

4 - O agente marítimo, na condição de mandatário e único representante legal no Brasil de transportadora estrangeira, assume, juntamente com esta, a obrigação de transportar a mercadoria, devendo ambos responder pelo cumprimento do contrato do transporte internacional celebrado. Com efeito, tendo o agente o direito de receber todas as quantias devidas ao armador do navio, além do dever de liquidar e de se responsabilizar por todos os encargos referentes ao navio ou à carga, quando não exista ninguém no porto mais credenciado, é justo manter-se na qualidade de representante do transportador estrangeiro face às ações havidas por avaria ou outras consequências, pelas quais pode ser citado em juízo como mandatário. Legitimidade passiva ad causam reconhecida. [...]

6 - Primeiro recurso conhecido, nos termos acima expostos, e, neste aspecto, provido para, reformando o v. acórdão recorrido, determinar o retorno dos autos ao Tribunal de origem, para julgamento do mérito. Segundo recurso não conhecido. (REsp nº 404.745/SP. Rel. Min. Jorge Scartezzini, Quarta Turma, j. 4.11.2004. *DJ*, 6 dez. 2004. p. 316)

RECURSOS ESPECIAIS REPETITIVOS. NEGATIVA DE PRESTAÇÃO JURISDICIONAL. NÃO OCORRÊNCIA. RESPONSABILIDADE CIVIL AMBIENTAL. AÇÃO INDENIZATÓRIA. DANOS EXTRAPATRIMONIAIS. ACIDENTE AMBIENTAL. EXPLOSÃO DO NAVIO VICUÑA. PORTO DE PARANAGUÁ. PESCADORES PROFISSIONAIS. PROIBIÇÃO TEMPORÁRIA DE PESCA. EMPRESAS ADQUIRENTES DA CARGA TRANSPORTADA. AUSÊNCIA DE RESPONSABILIDADE. NEXO DE CAUSALIDADE NÃO CONFIGURADO.

1. Ação indenizatória ajuizada por pescadora em desfavor apenas das empresas adquirentes (destinatárias) da carga que era transportada pelo navio tanque Vicuña no momento de sua explosão, em 15/11/2004, no Porto de Paranaguá. Pretensão da autora de se ver compensada por danos morais decorrentes da proibição temporária da pesca (2 meses) determinada em virtude da contaminação ambiental provocada pelo acidente.

2. Acórdão recorrido que concluiu pela procedência do pedido ao fundamento de se tratar de hipótese de responsabilidade objetiva, com aplicação da teoria do risco integral, na qual o simples risco da atividade desenvolvida pelas demandadas configuraria o nexo de causalidade ensejador do dever de indenizar. Indenização fixada no valor de R$ 5.000,00 (cinco mil reais).

3. Consoante a jurisprudência pacífica desta Corte, sedimentada inclusive no julgamento de recursos submetidos à sistemática dos processos representativos de controvérsia (arts. 543-C do CPC/1973 e 1.036 e 1.037 do CPC/2015), "a responsabilidade por dano ambiental é objetiva, informada pela teoria do risco integral, sendo o nexo de causalidade o fator aglutinante que permite que o risco se integre na unidade do ato" (REsp nº 1.374.284/MG).

4. Em que pese a responsabilidade por dano ambiental seja objetiva (e lastreada pela teoria do risco integral), faz-se imprescindível, para a configuração do dever de indenizar, a demonstração da existência de nexo de causalidade apto a vincular o resultado lesivo efetivamente verificado ao comportamento (comissivo ou omissivo) daquele a quem se repute a condição de agente causador.

5. No caso, inexiste nexo de causalidade entre os danos ambientais (e morais a eles correlatos) resultantes da explosão do navio Vicuña e a conduta das empresas adquirentes da carga transportada pela referida embarcação.

6. Não sendo as adquirentes da carga responsáveis diretas pelo acidente ocorrido, só haveria falar em sua responsabilização – na condição de poluidora indireta – acaso fosse demonstrado: (i) o comportamento omissivo de sua parte; (ii) que o risco de explosão na realização do transporte marítimo de produtos químicos adquiridos fosse ínsito às atividades por elas desempenhadas ou (iii) que estava ao encargo delas, e não da empresa vendedora, a contratação do transporte da carga que lhes seria destinada.

7. Para os fins do art. 1.040 do CPC/2015, fixa-se a seguinte TESE: As empresas adquirentes da carga transportada pelo navio Vicuñã no momento de sua explosão, no Porto de Paranaguá/PR, em 15/11/2004, não respondem pela reparação dos danos alegadamente suportados por pescadores da região atingida, haja vista a ausência de nexo causal a ligar tais prejuízos (decorrentes da proibição temporária da pesca) à conduta por elas perpetrada (mera aquisição pretérita do metanol transportado).

8. Recursos especiais providos. (REsp nº 1.602.106/PR. Rel. Min. Ricardo Villas Bôas Cueva, Segunda Seção, j. 25.10.2017. *DJe*, 22 nov. 2017)

8 Jurisprudência selecionada do STJ sobre atividade de praticagem

Interessante caso trazido ao STJ em que litigavam Aliança Navegação e Logística Ltda. e Proa Praticagem dos Rios Ocidentais da Amazônia Ltda.

O caso foi originalmente da relatoria do Ministro João Otávio de Noronha (AgRg no Agravo em Recurso Especial nº 480.977/AM). Ali a Aliança esclarecia que mantinha relacionamento com a Proa, cujos serviços de praticagem eram utilizados de forma compulsória e que havia, por isso mesmo, entre as partes notório desentendimento sobre o valor da contraprestação a ser paga.

Em suma, a Aliança acusava a Proa de pretender montantes astronômicos pelos serviços prestados e defendia que cabia ao Judiciário o arbitramento de preço justo pela praticagem.

A sentença julgou improcedente a ação e o Tribunal de Justiça do Estado do Amazonas acolheu agravo da Aliança que trazia preliminar de cerceamento de defesa para determinar a realização de perícia contábil.

Após o voto do Ministro João Otávio de Noronha entendendo que a hipótese se solvia na Súmula nº 7 do STJ, pedi vista e lancei voto divergente que se tornou vencedor, nos seguintes termos:

> Penso que o agravo merece provimento, para que o recurso especial seja admitido de modo que a matéria possa ser melhor avaliada.
> Isso porque a perícia contábil não é apenas desnecessária. Ela é incabível.
> O caso tem a seguinte moldura:
> ALIANÇA NAVEGAÇÃO E LOGÍSTICA LTDA. promoveu contra a PROA, aqui agravante, duas demandas de conteúdos idênticos, embora relacionadas a lapsos temporais não idênticos: 0335773-04.2007.8.04.0001 e 0211234-29.2008.8.04.0001. Ambas tramitaram perante a 17ª Vara Cível e de Acidentes do Trabalho da comarca de Manaus e o recurso que chegou a esta Instância extraordinária se originou do segundo dos processos.
> Em ambos a ALIANÇA esclarecia que mantém relacionamento com a empresa PROA, cujos serviços de praticagem são de utilização compulsória, e que havia

entre elas desentendimento quanto ao valor da contraprestação a ser paga. Acusava a PROA de pretender montantes astronômicos pelos serviços prestados. Defendia que caberia ao Judiciário o arbitramento do preço justo pela praticagem.

Na inicial destes autos, a ALIANÇA buscava a declaração judicial quanto aos valores devidos entre 2008 e 2009 (e-STJ, fls. 4-13).

Instadas as partes a especificar as provas que queriam produzir, a ALIANÇA pleiteou:

Perícia contábil para:

a) Determinar os custos reais da praticagem, na prestação de serviços executados pela Proa, ou seja, no trecho Itacoatiara/Manaus e vice-versa no período de 01/04/06 a 31/03/07 e 01/04/07 a 31/03/08;

b) Verificar a diferença de valores cobrados pela PROA com o reajuste por ela aplicado entre 01/04/07 até 31/03/2008 e os valores depositados pela Aliança para as fainas executadas no mesmo período, bem como o valor correto que deveria ser depositado após aplicação do reajuste proposto pela Aliança, considerando todos os serviços prestados pela PROA à Aliança no mesmo período;

c) Comprovação da quantidade de manobras efetivamente executadas pela PROA ano a ano, por armador e por faixa de tonelagem aos armadores nacionais e estrangeiros, no período entre 01/03/1998 até 31/03/2008;

d) Comprovação do número de manobras executadas pela PROA no período de 01/04/07 até 31/03/08 por Armador e por faixa de Tonelagem de Arqueação Bruta (TAB);

e) Comprovação do número de manobras mensais executadas pela PROA no período de 01/04/07 até 31/10/08, identificadas por armador;

f) Apurar a receita auferida pela Proa durante no período de 01/04/07 a 31/03/08, com e sem a adição dos valores apurados no item 4b acima;

g) Apurar as despesas da Proa no mesmo período acima;

h) Qual a renda mensal auferida pelos práticos associados a PROA, com base nas receitas e despesas da Proa no período de 01/04/07 a 31/03/08 (e-STJ, fls. 434-435, com destaque do original).

PROA, por sua vez, trouxe aos autos documento reservado da Marinha do Brasil, consistente em ofício encaminhado ao processo nº 0335773-04.2007.8.04.0001 (o primeiro promovido pela ALIANÇA contra a PROA) com o seguinte conteúdo: apresenta o preço considerado como "de equilíbrio" para o trecho Itacoatira-Manaus e vice-versa, atualizado monetariamente para o mês de março de 2008, consoante a tabela abaixo, a qual contempla os valores para cada faixa de arqueação bruta (Faixa AB) (e-STJ, fls. 473-474).

A juntada aos autos desse documento, na condição de prova emprestada, jamais foi impugnada pela ALIANÇA.

A perícia contábil pleiteada pela ALIANÇA foi indeferida pelo Juízo de piso em decisão assim lavrada:

Como já decidido em outro processo [Processo nº 0335773-04.2007.8.04.0001, o primeiro promovido pela Aliança contra a Proa], em que são partes as aqui constantes, tenho que a perícia contábil pretendida é prova desnecessária ao deslinde do feito, já que o preço justo e definitivo a ser arbitrado não tem seu parâmetro na contabilidade das empresas envolvidas, mas na análise de parâmetros técnicos da prestação do serviço. Indefiro (e-STJ, fls. 891-892).

Contra essa decisão, a ALIANÇA interpôs agravo de instrumento que jamais foi conhecido ante a prolação da sentença.

A lide foi julgada antecipadamente (art. 330, I, do CPC). Consta do corpo da sentença:

O Relatório, constante nas fls. 467/473 [aquele referido no ofício da Marinha], deixa claro que a requerida firmou, em 01 de março de 1998, um Acordo com o SINDICATO NACIONAL DAS EMPRESAS DE NAVEGAÇÃO MARÍTIMA – SYNDARMA e a ABAC – ASSOCIAÇÃO BRASILERIA DE ARMADORES DE CABOTAGEM, representantes das empresas de navegação nacionais que utilizavam o serviço de praticagem na ZP-2 (Itacoatiara/Manaus).

Segundo o Relatório da Marinha do Brasil, o Acordo expressava que o serviço era realizado segundo disposições do PROTOCOLO DE INTENÇÕES firmado em 12 de Fevereiro de 1998, que o cálculo do valor das fainas de praticagem seriam feitos por critérios homogêneos e transparentes e que seria concedido um tratamento diferenciado para todas as classes de navegação de embarcações de bandeira brasileira, quando empregadas na navegação de cabotagem, como incentivo ao seu soerguimento.

Informa ainda, o Relatório da Marinha do Brasil que de 01 de março de 1998 a 31 de março de 2007, vigoraram os princípios estabelecidos no Protocolo de Intenções nos acordos subsequentes e que no dia 31 de março de 2007, expirou o Contrato entre SYNDARMA – representante da autora – e PROA, baseado no Protocolo de Intenções que se tornou ineficaz.

Diz o relatório que a navegação de cabotagem cresceu mais de 612% (seiscentos e doze por cento) no período compreendido entre 1997 e 2007 e que o propósito no soerguimento da navegação de cabotagem pode ser considerado alcançado.

Ao final, aponta valores de equilíbrio e aduz – com o suposto intento de reduzir os custos e manter os lucros empresariais justos (grifei) – que os valores dos serviços de praticagem sejam aqueles previstos no contrato firmado com o CNNT, os quais estariam abaixo do valor reivindicado pela PROA, mas superior ao que pretende a ALIANÇA. [...]

Sob outro enfoque, é de se notar a interdependência entre as funções desempenhadas pelas partes, já que a execução de uma requer a atuação da outra e vice-versa.

Ou seja, a atuação da autora depende dos Práticos da requerida para acontecer nesta região, ao passo que a atuação desta depende da requisição daquela para que sejam prestados serviços aos navios desta, gerando-lhe receita. [...]

Novamente, invocando o relatório da DPC [Diretoria de Portos e Costas, órgão da Marinha do Brasil que expediu o relatório juntado aos autos como prova emprestada], vislumbro que, por ocasião da celebração do Protocolo de intenções, os práticos brasileiros, representados pelo CONAPRA, colaboraram com o "soerguimento" da cabotagem brasileira.

Entretanto, por imperativo não só lógico, como ético, a depreciação do preço do serviço essencial de praticagem se revela inconciliável com as cláusulas gerais de boa fé e de probidade constantes no art. 422 do Código Civil, dada sua imprescindibilidade para a segurança do tráfego aquaviário, para a salvaguarda da vida humana e para a prevenção de danos ao meio ambiente, tudo em razão da habilitação extremamente específica de seus práticos, consoante deriva do art. 3º da Lei 9.537/97.

Acrescente-se a isso a necessidade de aplicação dos princípios basilares do Direito Civil, quais sejam, eticidade, sociabilidade e função social do contrato, isto porque a retribuição injusta do preço de praticagem em patamar aquém do devido se consubstancia como 'afronta a interesses difusos', considerando-se a possibilidade de incremento do risco inerente à atividade de praticagem, em função da desarrazoada remuneração pretendida pela requerente, situação esta que infringe o disposto nos arts. 421 e 2.035, parágrafo único, ambos do Diploma Civil. [...]

Em paralelo a isto, não se olvide, ainda, que foram solicitados subsídios da Marinha do Brasil unicamente em função de parâmetros técnicos que se encontram, por força de lei e de atribuições regulamentares. [...]

A par disso, em decisão proferida nos autos do Processo nº 00107334773-2 [o primeiro dos processos promovido pela Aliança contra a Proa], já decidi acerca do valor que entendo como 'preço justo' a ser aplicado até que as partes celebrem contrato. Textualmente:

"Fixo, desde já, os valores constantes de fls. 669, Coluna 5 da Tabela, previsto para o período de 01 de Fevereiro de 2008 a 31 de Janeiro de 2009, corrigido pelo IGP-M, como o preço justo a ser aplicado às relações entre as partes, a contar da data de ajuizamento desta ação, seja em navegação de cabotagem, seja em navegação de longo curso, até o trânsito em julgado ou até a celebração de avença em termos diversos."

A requerida pretende a aplicação de um preço justo a período anterior, mas incluindo o período tratado na ação acima referida, qual seja, 01/04/2007 a 31/03/2007 e de 01/04/2008 a 31/03/2009, através de uma Tabela de Preços que reflita apenas os índices inflacionários de cada um dos períodos, o que seria estabelecer um preço irreal, dado que não apenas parâmetros inflacionários são utilizados na configuração do preço dos serviços de praticagem cobrados, como bem aclarou o Estudo encaminhado pelo DPC.

Estabelecer um valor como 'preço justo' mediante uma Tabela de Preços, e determinar que seja aplicado 'ad eternum', seria uma afronta ao 'princípio da iniciativa privada', do qual decorre, a 'liberdade de contratar' e a 'liberdade contratual'. A primeira diz respeito à liberdade de estipular contratos e a segunda, sobre a liberdade de determinar o conteúdo deste.

Destarte, JULGO TOTALMENTE IMPROCEDENTE o pedido da requerente, para declarar como preço a ser aplicado aos serviços de praticagem prestados por PROA – Praticagem dos Rios Ocidentais da Amazônia à ALIANÇA NAVEGAÇÃO E LOGÍSTICA LTDA., no período de 01/04/2007 a 31/03/2008 e de 01/04/2008 a 31/03/2009, o constante da Coluna 5 da Tabela de fls. 472, como anteriormente decidido nos autos da ação ordinária nº 00107335773-2.

Determino ainda, seja aplicado o IGP-M para fins de reajuste do valor do serviço de praticagem, conforme apontado no encimado Relatório Técnico, posto que esse índice é o que mais se aproxima da realidade econômica das atividades exercidas por ambas as empresas litigantes (e-STJ, fls. 978-983 – destaques do original e correção de erro material via embargos de declaração de fl. 1.008).

A ALIANÇA apelou suscitando, preliminarmente, cerceamento de defesa (e-STJ, fls. 991-1.004). Insistiu na necessidade de produção da prova pericial conforme pleiteado:

No presente caso, há que se observar que o cerne da questão versa sobre o preço justo a ser aplicado nas relações negociais relativos a prestação de um serviço obrigatório onde o contratante só pode contratar uma única empresa. Em observação ao art. 333, II do Código de Processo Civil, caberá à Requerente, ora Apelante, comprovar que o preço, que se pretende impor é de fato abusivo. Por tratar-se de área técnica, cujos conhecimentos escapam da seara jurídica, faz-se necessária a prova pericial, uma vez que apenas o perito contábil poderá asseverar qual o preço justo ou de equilíbrio (e-STJ, fl. 1.002).

A apelação foi provida pelo Tribunal de Justiça do Amazonas, que considerou prematura a conclusão da demanda (e-STJ, fls. 1.077-1.079). O acórdão recebeu a seguinte ementa:

EMENTA: DIREITO PROCESSUAL CIVIL – APELAÇÃO CÍVEL – AÇÃO ORDINÁRIA COM PEDIDO DE TUTELA ANTECIPADA – REQUERIMENTO DE PROVA PERICIAL NEGADO – JULGAMENTO ANTECIPADO DA LIDE – PEDIDO JULGADO IMPROCEDENTE – CERCEAMENTO DE DEFESA CONFIGURADO – OFENSA AO PRINCÍPIO DO CONTRADITÓRIO; DA AMPLA DEFESA E DEVIDO PROCESSO LEGAL – ANULAÇÃO DA SENTENÇA – RECURSO CONHECIDO E PROVIDO.

Desse julgamento se originou o recurso especial que, não admitido na origem, ensejou a interposição do agravo em recurso especial objeto deste regimental.

Inicialmente, cumpre consignar que não desconheço, nem divirjo da farta jurisprudência desta casa que embasou o entendimento do Ministro relator de que a análise da necessidade ou não da produção probatória é matéria que deve ser dirimida pelo juízo da causa. Ocorre que, como já consignado, na relação jurídica dos autos, a perícia contábil não é necessária, nem cabível.

No Brasil, a praticagem é um serviço público exercido pela iniciativa privada em regime de monopólio regulado (CASTRO JR, Osvaldo Agripino de. Direito Marítimo, Regulação e Desenvolvimento. Belo Horizonte: Editora Fórum, 2011. p. 403). A regulação se dá conforme a Lei nº 9.537/1997, que dispõe sobre a segurança do tráfego aquaviário em águas sob jurisdição nacional e dá outras providências, conhecida como LESTA - Lei de Segurança do Tráfego Aquaviário, e pelo Decreto nº 2.596/1998, que é seu regulamento, comumente referido como RLESTA.

A partir da LESTA, a autoridade marítima ganhou status equivalente ao de uma agência reguladora dos serviços de praticagem.

Dispõe a LESTA:

Art. 14. O serviço de praticagem, considerado atividade essencial, deve estar permanentemente disponível nas zonas de praticagem estabelecidas.

Parágrafo único. Para assegurar o disposto no 'caput' deste artigo, a autoridade marítima poderá: [...]

II – fixar o preço do serviço em cada zona de praticagem (sem destaques no original).

A seu turno, o RLESTA estabelece:

Art. 6º. A aplicação do previsto no inciso II do parágrafo único do art. 14 da Lei nº 9.537, de 11 de dezembro de 1997, observará o seguinte:

I – o serviço de praticagem é constituído de prático, lancha de prático e atalaia;

II – a remuneração do serviço de praticagem abrange o conjunto dos elementos apresentados no inciso I, devendo o preço ser livremente negociado entre as partes interessadas, seja pelo conjunto dos elementos ou para cada elemento separadamente;

III – nos casos excepcionais, em que não haja acordo, a autoridade marítima determinará a fixação do preço, garantida a obrigatoriedade da prestação do serviço (sem destaques no original).

Como se afere da mera leitura dos dispositivos legais transcritos, a regra é que a remuneração devida pela praticagem seja livremente pactuada entre as partes, havendo apenas um parâmetro legal, de que a remuneração do serviço abranja o conjunto de prático, lancha de prático e atalaia (espécie de torre de vigia e apoio aos práticos).

Em não havendo acordo entre as partes, caberá à autoridade marítima a fixação do preço.

No caso concreto, as negociações entre a ALIANÇA e a PROA foram infrutíferas, não havendo consenso a respeito do valor devido pela praticagem. Daí a Aliança ter promovido duas ações buscando o arbitramento judicial de tal serviço.

Segundo narram as partes e as peças processuais, na primeira das demandas, o arbitramento do preço justo pelo serviço de praticagem não se deu por perícia contábil, como se pretende agora, mas mediante a adoção de relatório técnico expedido pela Diretoria de Portos e Costas da Marinha do Brasil (juntado no atual processo como prova emprestada). Em outras palavras, o valor do serviço de praticagem, ainda que determinado judicialmente, foi fixado nos termos da legislação em vigor, pela autoridade marítima que, como mencionado anteriormente, tem status equivalente ao de uma agência reguladora do serviço de praticagem (LESTA e RLESTA, conforme dispositivos acima transcritos).

Não poderia ser diferente. A perícia contábil pretendida é, de fato, inútil. O preço da praticagem deve abranger o trabalho do prático, a lancha de prático e a atalaia. Ainda que os custos da lancha de prático e da atalaia possam ser aferidos objetivamente, o que tornaria a perícia em tese cabível, força convir que a remuneração do prático foge a qualquer elemento passível de ser aferido pelo estudo da contabilidade da empresa de praticagem. Daí a determinação legal de que esse preço seja arbitrado pela autoridade marítima.

E foi justamente o arbitramento feito pela autoridade marítima que embasou as duas sentenças proferidas entre as partes.

Vale salientar, ante a sua enorme relevância, que a sentença reconheceu expressamente que o período pleiteado no processo de que se origina este recurso abrange o período a que se refere a primeira das demandas promovidas pela ALIANÇA contra a PROA. Deve, portanto, ser mantido o mesmo critério adotado no primeiro dos processos.

Resumindo as considerações aqui tecidas, tem-se que a legislação pertinente determina que, quando as partes dissentirem a respeito do preço da praticagem, caberá o seu arbitramento pela autoridade marítima. E no caso concreto, esse arbitramento já consta dos autos e embasou a sentença.

A perícia contábil, nesse contexto, não é apenas inútil do ponto de vista prático, mas é também incabível, porque dissonante do espírito da norma regulamentadora da praticagem.

A sentença prolatada, assim, não é viciada por cerceamento de defesa, devendo ser mantida.

Essa conclusão não demanda nenhuma incursão no contexto fático probatório dos autos, razão pela qual entendo que a insurgência recursal deve ser acolhida para que o especial seja conhecido.

Nessas condições, pelo meu voto, rendendo minhas homenagens ao Ministro Relator, ouso dele divergir e DOU PROVIMENTO AO AGRAVO REGIMENTAL, para que o recurso especial seja admitido e a matéria seja melhor avaliada.

Posteriormente, a Terceira Turma admitiu a conexão do feito com outro que já tramitava na Primeira Seção do STJ porque a Proa assim pleiteava:

> Na PET 00248616/2018 (e-STJ fls. 1291/1293), PROA PRATICAGEM DOS RIOS OCIDENTAIS DA AMAZÔNIA LTDA. requer a manutenção da minha relatoria para o julgamento deste recurso especial, uma vez que há apenas discussão incidental sobre "o preço para o exercício da praticagem, fixado pela autoridade marítima, vinculado ao Ministério da Marinha do Brasil" (e-STJ 1289).
>
> Assevera que "a discussão processual sobre o preço (valor dos serviços da praticagem) propriamente dito, será debatido no Recurso Especial número 1.643.493-AM, em que contendem as mesmas partes e que Vossa Excelência, repetimos, de modo acertado, declinou a competência para uma das Turmas de Direito Público dessa Egrégia Corte" (e-STJ fl. 1292).
>
> Dessa forma, a própria recorrente reconhece a conexão entre as causas de pedir deste recurso especial e do REsp 1.643.493/AM, este último já encaminhado para a 1ª Seção do STJ.
>
> Forte nessas razões, com fundamento nos arts. 9º, §1º, XIV e 71 do RISTJ, determino o cumprimento da determinação de e-STJ fl. 1289 referente à redistribuição dos autos a uma das Turmas da 1ª Seção deste Tribunal.

Importa realçar que, em caso por tudo semelhante ao acima delineado, houve pronunciamento em sentido contrário no REsp nº 1.662.196/RJ, de relatoria do Ministro Og Fernandes que merece transcrição:

> RECURSO ESPECIAL. ADMINISTRATIVO. ATIVIDADE DE PRATICAGEM. LIMITES DA INTERVENÇÃO DO ESTADO NA ORDEM ECONÔMICA. FIXAÇÃO DE PREÇOS MÁXIMOS PELA AUTORIDADE MARÍTIMA. VIOLAÇÃO DO PRINCÍPIO DA RESERVA LEGAL. ALEGAÇÃO DE OFENSA AO ART. 535 DO CPC/1973. NÃO OCORRÊNCIA.
>
> 1. Não procede a suscitada contrariedade ao art. 535, II, do CPC/1973, tendo em vista que o Tribunal de origem decidiu, fundamentadamente, as questões essenciais à solução da controvérsia, concluindo de forma contrária à defendida pela parte recorrente, o que não configura omissão ou qualquer outra causa passível de exame mediante a oposição de embargos de declaração.
>
> 2. Cinge-se a questão à possibilidade de intervenção da autoridade pública na atividade de praticagem, para promover, de forma ordinária e permanente, a fixação dos preços máximos a serem pagos na contratação dos serviços em cada zona portuária.

3. Tomando de empréstimo a precisa definição entabulada pela eminente Ministra Eliana Calmon no julgamento do REsp 752.175/RJ, observa-se que o exercício do trabalho de praticagem é regulamentado pela Lei n. 9.537/1997, que, em seu art. 3º, outorga à autoridade marítima a sua implantação e execução, com vista a assegurar a salvaguarda da vida humana e a segurança da navegação, no mar aberto e nas hidrovias, justificando, dessa forma, a intervenção estatal em todas as atividades que digam respeito à navegação.

4. Denota-se, da própria letra dos arts. 12, 13, 14, e 15 da Lei n. 9.537/1997, que se trata de serviço de natureza privada, confiada a particular que preencher os requisitos estabelecidos pela autoridade pública para sua seleção e habilitação, e entregue à livre iniciativa e concorrência.

5. A partir do advento da Lei n. 9.537/1997, foi editado o Decreto n. 2.596/1998, que dispõe sobre a segurança do tráfego aquaviário em águas sob jurisdição nacional e regulamenta a questão dos preços dos serviços de praticagem, salientando a livre concorrência para a sua formação, bem como o caráter excepcional da intervenção da autoridade marítima para os casos em que ameaçada a continuidade do serviço.

6. Posteriormente, editou-se o Decreto n. 7.860/2012, que criou nova hipótese de intervenção da autoridade pública na formação dos preços dos serviços, agora de forma permanente e ordinária.

7. A interpretação sistemática dos dispositivos da Lei n. 9.537/1997, consoante entendimento desta relatoria, só pode conduzir à conclusão de que, apenas na excepcionalidade, é dada à autoridade marítima a interferência na fixação dos preços dos serviços de praticagem, para que não se cesse ou interrompa o regular andamento das atividades, como bem definiu a lei.

8. A doutrina e a jurisprudência são uníssonas no sentido de que a interferência do Estado na formação do preço somente pode ser admitida em situações excepcionais de total desordem de um setor de mercado e por prazo limitado, sob o risco de macular o modelo concebido pela CF/1988, com exceção dos casos em que a própria Carta Constitucional instituiu o regime de exploração por monopólio público.

9. É inconcebível, no modelo constitucional brasileiro, a intervenção do Estado no controle de preços de forma permanente, como política pública ordinária, em atividade manifestamente entregue à livre iniciativa e concorrência, ainda que definida como essencial.

10. O limite de um decreto regulamentar é dar efetividade ou aplicabilidade a uma norma já existente, não lhe sendo possível a ampliação ou restrição de conteúdo, sob pena de ofensa à ordem constitucional.

11. Recurso especial a que se dá provimento, para restabelecer a ordem concedida na sentença de piso, a fim de determinar que a autoridade impetrada se abstenha de impor limites máximos aos preços do serviço de praticagem prestado por seus associados, ressalvada a hipótese legalmente estabelecida no parágrafo único do art. 14 da Lei n. 9.537/1997. (REsp nº 1.662.196/RJ. Rel. Min. Og Fernandes, Segunda Turma, j. 19.9.2017. *DJe*, 25 set. 2017)

Referências

CORRÊA FILHO, Olavo Caetano. *Avaria grossa de navio*. São Paulo: Esplanada, 2001.

COSTA, José da Silva. *Direito commercial maritimo*. Paris: Société Générale D'Impression, 1912.

CREMONEZE, Paulo Henrique. *Prática de direito marítimo*. 3. ed. atual. e ampl. São Paulo: Aduaneiras, 2015.

MARTINS, Eliane M. Octaviano. *Curso de direito marítimo*. São Paulo: Manole, [s.d.]. v. III.

PONTES DE MIRANDA, Francisco Cavalcanti. *Tratado de direito privado*. São Paulo: Revista dos Tribunais, [s.d.]. t. XLV.

TARTUCE, Flávio. *Direito civil* – Teoria geral dos contratos e contratos em espécie. 11. ed. Rio de Janeiro: GEN/Forense, [s.d.]. v. 3.

VIANNA, Godofredo Mendes; MARQUES, Lucas Leite. *Direito marítimo*. São Paulo: FGV, [s.d.]. v. 1.

Informação bibliográfica deste texto, conforme a NBR 6023:2018 da Associação Brasileira de Normas Técnicas (ABNT):

RIBEIRO, Paulo Dias de Moura. Avaria grossa. *In*: LEWANDOWSKI, Enrique Ricardo (Coord.). *Direito Marítimo*: estudos em homenagem aos 500 anos da circum-navegação de Fernão de Magalhães. Belo Horizonte: Fórum, 2021. p. 497-518. ISBN 978-65-5518-105-0.

ARBITRAGEM NO TRANSPORTE MARÍTIMO DE MERCADORIAS: PROSPECTIVAS PARA O BRASIL

RAPHAEL MAGNO VIANNA GONÇALVES

Introdução

Após a promulgação da Lei nº 9.307 de 1996 (Lei de Arbitragem), a arbitragem se tornou um método altamente utilizado para a resolução de conflitos no Brasil. Mas essa inovação na forma de prestação jurisdicional[1] não aconteceu do dia para a noite.

Havia muita desconfiança em relação ao instituto arbitral no Brasil e, após a promulgação da Lei de Arbitragem, foi necessário, como bem argumentou a Professora Selma Lemes, três fases: a primeira fase de catequese e difusão em relação às mudanças realizadas pelo "novo" dispositivo legal, sua viabilidade e "adequação aos conflitos decorrentes de

---

[1] Até mesmo a ideia de prestação jurisdicional demorou a se consolidar, tendo em vista as discussões a respeito da natureza da arbitragem. "[...] [A]pesar das respeitáveis correntes doutrinárias contrárias, o Código de Processo Civil de 2015 trouxe um artigo que possibilita afirmar que, no sistema jurídico brasileiro, a natureza jurídica da arbitragem pode ser classificada como jurisdicional. Nos termos do artigo 3º, §1º do Código de Processo Civil de 2015, 'Não se excluirá da apreciação jurisdicional ameaça ou lesão a direito. §1º. É permitida a arbitragem na forma da lei'" (GONÇALVES, Raphael Magno Vianna. *Arbitragem*. Teoria e prática. Rio de Janeiro: Lumen Juris, 2018. p. 25).

contratos cíveis, comerciais e financeiros", além da sua relação direta "com a redução de custos de transação"; a segunda fase de desenvolvimento, "que traçou o caminho da segurança jurídica para trilhar a arbitragem"; e a terceira fase, "denominada de desafio" que "representa o compromisso e responsabilidade de todos em manter este quadro favorável à arbitragem, que indubitavelmente contribui para o desenvolvimento econômico brasileiro".[2]

Grande parte das arbitragens institucionais realizadas no Brasil se refere a matérias societárias, construção civil e energia, e contratos empresariais em geral. No âmbito do direito marítimo, todavia, são poucas as contendas dirimidas através da arbitragem no Brasil.

Todavia, essa quase ausência de utilização da arbitragem em matéria marítima no Brasil não traduz a realidade em outros cantos do mundo. Marco Gregori esclarece que o instituto da arbitragem marítima tem sido um método de resolução de disputas praticado desde tempos remotos, particularmente na Grécia Antiga. Segundo ele:

> durante a Idade Média, a aplicação da *lex maritima* entre os comerciantes marítimos resultou num amplo uso da arbitragem, como demonstrado pelas disposições contidas nos estatutos de algumas comunas italianas. Nos séculos seguintes, a arbitragem permaneceu bastante popular até sua conquista definitiva em paralelo com a ascensão do direito internacional uniforme.[3]

Atualmente, as resoluções de conflitos marítimos por meio da arbitragem, tradicionalmente, concentram-se em Londres, Nova York, Cingapura, Tóquio, Paris,[4] Hong Kong, Pequim etc., notadamente nas

---

[2] LEMES, Selma Ferreira. Os 18 anos da Lei de Arbitragem. *Valor Econômico*, 13 out. 2014. Disponível em: https://www.valor.com.br/legislacao/3732168/os-18-anos-da-lei-de-arbitragem#ixzz3G2McOBGo.

[3] GREGORI, Marco. Maritime arbitration among past, present and future. *New Challenges in Maritime Law: De Lege Lata et De Lege Ferenda*, p. 329-349, jan. 2015.

[4] A França perdeu muito espaço em arbitragens marítimas para países que adotam o sistema da *common law*. Todavia, Paris ainda está entre os grandes centros de arbitragem, principalmente por conta da CCI, que tem sua sede nessa cidade.

instituições arbitrais *London Maritime Arbitrators Association, Society of Maritime Arbitrators of New York, Singapore Chamber of Maritime Arbitration, Chambre Maritime Arbitrale de Paris, Tokyo Maritime Arbitration Commission, Hong Kong International Arbitration Centre, China Maritime Arbitration Commission.*

Pode-se afirmar que, de forma geral, a arbitragem é o método de resolução de conflitos por excelência nas questões marítimas. O comércio internacional depende da via marítima como passagem obrigatória. Por estarem sujeitas a diferentes jurisdições, muitas atividades desenvolvidas no mar, principalmente o transporte marítimo de mercadorias, submetem seus litígios aos juízos arbitrais. Cláusulas arbitrais são frequentemente inseridas nas mais variadas formas e modelos de contratos marítimos, desde contratos de transporte marítimo e contratos de afretamentos de navios até contratos de acordos operacionais, *joint ventures*, alianças, e outros acordos envolvendo empresas do setor marítimo.

No âmbito das atividades de transporte marítimo de mercadorias é necessário evidenciar as diferenças entre os contratos de transporte e os contratos de afretamento, assim como as suas peculiaridades sob a ótica brasileira (*I Transporte marítimo de mercadorias*). Num segundo momento, trataremos da utilização da arbitragem para resolução dos conflitos decorrentes ou em conexão com esses contratos (*II Utilização da arbitragem no transporte marítimo*).

I Transporte marítimo de mercadorias

Como pilar do comércio internacional, o transporte marítimo é um dos principais impulsionadores da globalização. A importância estratégica do transporte marítimo e o seu papel no aumento da competitividade do comércio é evidente, contribuindo, incontestavelmente, ao desenvolvimento econômico, tanto no âmbito nacional como no âmbito internacional.

No contexto internacional, a previsão da cláusula compromissória nos contratos marítimos é uma prática corrente, principalmente nos contratos de afretamento. Todavia, a liberdade contratual para a escolha da arbitragem como método de solução de conflitos encontra fatores dissonantes dependendo do tipo de contrato em que a cláusula estiver inserida.

Conforme ensinamentos de Christian Scapel, na sua obra *Traité de Droit Maritime*, em coautoria com Pierre Bonassies, "Os contratos de afretamento e os contratos de transporte são contratos cujo objeto material são os mesmos, *c'est-à-dire*, o encaminhamento de mercadorias de um porto a outro. Todavia, o regime jurídico aplicável a esses contratos é diferente".[5] Claramente, o Professor Christian Scapel se referia ao transporte marítimo de mercadorias ao fazer tal afirmação, tendo em vista que o contrato de afretamento, fora do âmbito dos transportes de mercadorias, pode incidir sobre embarcações para pesquisa ou operações marítimas, como exemplo, salvatagem, dragagem e içamentos (cábreas flutuantes).

Para os interessados em transportar determinada mercadoria pelo modal marítimo, a opção entre concluir um contrato de transporte ou um contrato de afretamento depende, normalmente, da mercadoria a ser transportada.

O exportador que deseja transportar sacas de arroz do Brasil para os Estados Unidos, por exemplo, pode submeter essa operação ao regime do contrato de transporte marítimo (*liner*)[6] ou ao regime do contrato de afretamento por viagem (*tramp*).[7]

---

[5] BONASSIES, Pierre; SCAPEL, Christian. *Traité de droit maritime*. 3. ed. Paris: LGDJ, 2016. p. 685.

[6] *Liner* é uma palavra utilizada para designar uma navegação marítima de linha regular, ou seja, uma rota fixa realizada pelo navio, normalmente, de forma programada, nas mesmas datas e horários.

[7] *Tramp* é uma palavra utilizada para designar uma navegação não regular, ou seja, sem horários ou rotas predefinidas.

Caso esse exportador tenha uma quantidade suficiente de mercadoria para preencher a totalidade da capacidade de transporte de um navio, ele poderá optar pelo contrato de afretamento por viagem, pois os custos, geralmente, serão menores. Todavia, também é possível a opção pela conclusão de um ou alguns contratos de transporte, embarcando essa mercadoria (sacas de arroz) em contêineres.

Em contrapartida, certamente, não seria viável concluir um contrato de afretamento por viagem apenas para o transporte de uma motocicleta, pois as dimensões desse objeto, que ocuparia um local extremamente módico do navio, não justificam os custos que o exportador ou o importador teria. Nesse caso, seguramente, a opção seria pela conclusão de um contrato de transporte.

Isto posto, é imprescindível discutir a heterogeneidade dos contratos de afretamento e dos contratos de transporte para a correta aplicação do princípio da força vinculante dos contratos (*pacta sunt servanda*)[8] e a consequente validade das cláusulas compromissórias, com foco no ordenamento jurídico brasileiro.

Nos contratos de afretamento, que se enquadram como contratos paritários, em princípio, as partes têm total liberdade para discutir os termos do ato negocial e a inserção das cláusulas que melhor atendem a seus interesses.

No entanto, no contrato de transporte, contrato de adesão (*take it or leave it agreement*), a liberdade contratual de uma das partes (interessados na mercadoria) é limitada em aceitar ou não aceitar os termos

---

[8] A expressão *pacta sunt servanda* significa, de maneira simplista, que os pactos devem ser respeitados. Analisando esta expressão latina, parece que o substantivo *pacta*, plural de *pactum*, designa um acordo, um pacto ou até mesmo um contrato. A palavra *sunt* é o verbo ser na terceira pessoa do plural. Finalmente, a palavra *servanda*, gerúndio do verbo *servo*, significa "prestar atenção", "observar", "considerar". Essa expressão afirma o princípio segundo o qual as partes devem respeitar os acordos, tratados e contratos que concluíram. Um adágio do século XVII, frequentemente atribuído a Loysel, afirma que "os bois são amarrados por chifres e os homens por palavras". Cf. LOYSEL, Antoine. *Institutes coutumières*. Paris: Videcoq, 1846. n. 357.

preestabelecidos de forma unilateral pela outra parte (transportador), não havendo, em regra, possibilidade de discussão.

A liberdade contratual é um dos princípios norteadores do comércio internacional. Todavia, nos termos do art. 421 do Código Civil brasileiro, "a liberdade de contratar será exercida em razão e nos limites da função social do contrato". Dessa forma, não obstante o contrato tenha força de lei entre as partes, estas não podem exercer a liberdade de contratar além dos limites previstos nas normativas ou em afronta às normas imperativas.

A lei suprime, em alguns casos, o direito de contratar ou de não contratar e, também, a liberdade de determinar o conteúdo do contrato com o intuito de proteger um dos cocontratantes em situação de vulnerabilidade, que pode ser econômica, técnica e jurídica. Destarte, é possível afirmar que, na contemporaneidade, nos deparamos com o declínio do princípio da autonomia da vontade e uma maior interferência estatal nas relações contratuais.

a) Contratos de afretamento

Existem, basicamente, três tipos de contratos de afretamento (*charter party*): o contrato de afretamento por tempo, o contrato de afretamento por viagem e o contrato de afretamento a casco nu. Nos termos da Lei nº 9.432/1997, art. 2º:

> Para os efeitos desta Lei, são estabelecidas as seguintes definições:
> I - afretamento a casco nu: contrato em virtude do qual o afretador tem a posse, o uso e o controle da embarcação, por tempo determinado, incluindo o direito de designar o comandante e a tripulação;
> II - afretamento por tempo: contrato em virtude do qual o afretador recebe a embarcação armada e tripulada, ou parte dela, para operá-la por tempo determinado;
> III - afretamento por viagem: contrato em virtude do qual o fretador se obriga a colocar o todo ou parte de uma embarcação, com tripulação, à disposição do afretador para efetuar transporte em uma ou mais viagens.

O afretamento a casco nu (*bareboat charter party* – BCP)[9] é o contrato pelo qual o fretador se compromete, em contrapartida ao pagamento de um aluguel, a colocar um navio específico à disposição de um afretador, sem armamento ou equipamento ou com armamento e equipamento incompleto por um tempo definido. Este contrato é normalmente concluído no contexto de um financiamento de construção naval. Nesse caso, o credor, geralmente um banco, retém a propriedade da embarcação enquanto o afretador (devedor do financiamento) detém a qualidade de armador não proprietário, dispondo da gestão náutica e comercial[10] da embarcação.[11]

O afretamento por tempo (*time charter party* – TCP) é o contrato pelo qual o fretador se compromete a colocar à disposição do afretador um navio armado por um período definido. O fretador, todavia, mantém a gestão náutica da embarcação enquanto o afretador se torna o responsável pela gestão comercial. Este contrato pode ter como objeto vários tipos de navios, como exemplo, navios graneleiros, navios-tanque, navios gaseiros e navios porta-contêiner (ou navio porta-contentor). Normalmente, nos contratos de afretamento por tempo, o fretador é o armador do navio, mas não realiza a exploração comercial deste, que será exercida pelo afretador.

O afretamento por viagem (*voyage charter party* – VCP) é o contrato pelo qual o fretador disponibiliza ao afretador, no todo ou em parte, um

---

[9] Os termos *bareboat charter party* e *demise charter party*, muitas vezes, são utilizados como sinônimos. Todavia, existe uma distinção técnica entre esses dois termos. Segundo Robert Force, o verdadeiro *bareboat charter* permite que o afretador selecione seu próprio capitão e sua tripulação. Se o proprietário do navio fornece também o capitão e a tripulação, o contrato é enquadrado como *demise charter*. Cf. FORCE, Robert. *Admiralty and maritime law*. Ann Arbor: University of Michigan Library, 2004. p. 43.

[10] A fim de determinar as prerrogativas e obrigações respectivas do fretador e do afretador, normalmente, faz-se uma distinção entre a gestão náutica e a gestão comercial do navio afretado. A gestão náutica se refere, principalmente, a questões relativas à condução do navio e à sua aptidão marítima, como exemplo, os custos com armamento e manutenção do navio, salários da tripulação e seguros. A gestão comercial, por sua vez, refere-se mais especificamente à mercadoria transportada e aos custos relativos ao seu deslocamento, como exemplo, custos com praticagem, gestão de *bunker*, custos de escala, assim como a determinação do emprego do navio, atribuindo-lhe uma linha regular ou optando por viagens que ele deverá efetuar. Cf. MONTAS, Arnaud. *Droit maritime*. 2. ed. Paris: Vuibert, 2015. p. 174.

[11] A transferência do *status* de armador também pode ser feita por outros tipos de contratos, como exemplo, o contrato de gestão e o contrato de *leasing*.

navio para a realização de uma ou mais viagens. Muitas vezes, esse tipo de contrato é celebrado entre um fretador-armador e um afretador que negocia o transporte de mercadorias a granel. Imperioso ressaltar que, nesse tipo de contrato, a gestão náutica e a gestão comercial do navio ficam a cargo do fretador.

O princípio da liberdade contratual desempenha um papel muito importante nos contratos de afretamento, que possuem fases de negociação. Por se tratar de um contrato paritário, as partes são livres para determinar o seu conteúdo, tendo a lei apenas um atributo residual nas relações contratuais entre o fretador e o afretador.

Silvio de Salvo Venosa esclarece que "no contrato paritário a autonomia da vontade tem lugar verdadeiramente destacado, pois quem vende ou compra, aluga ou toma alugado, empresta ou toma emprestado, está em igualdade de condições para impor sua vontade nesta ou naquela cláusula".[12]

Assim, em razão da força vinculante dos contratos, normalmente, os juízes ou os árbitros não podem alterar o conteúdo do contrato, ou seja, não podem rever o que fora estabelecido contratualmente pelas partes.

Todavia, o professor francês Philippe Delebecque leciona que "a liberdade dos contratantes não é ilimitada". Ele considera, por exemplo, que

> as partes não podem reduzir suas obrigações a ponto de não estarem mais na presença de um contrato de afretamento, supondo que elas tenham concordado em firmar tal contrato; assim, não seria concebível que o fretador se desobrigue de colocar uma embarcação navegável à disposição do afretador; tal cláusula, que esvaziaria a obrigação fundamental do contrato de todo o seu conteúdo, seria nula.[13]

---

[12] VENOSA, Silvio de Salvo. *Direito civil*. Teoria geral das obrigações e teoria geral dos contratos. 3. ed. São Paulo: Atlas, 2003. v. II. p. 366.
[13] DELEBECQUE, Philippe. *Droit maritime*. 13. ed. Paris: Dalloz, 2014. p. 411.

Nos termos do art. 421 do Código Civil, "A liberdade de contratar será exercida em razão e nos limites da função social do contrato, observado o disposto na Declaração de Direitos de Liberdade Econômica". O parágrafo único do mesmo artigo dispõe que "Nas relações contratuais privadas, prevalecerá o princípio da intervenção mínima do Estado, por qualquer dos seus poderes, e a revisão contratual determinada de forma externa às partes será excepcional".[14]

O princípio da liberdade contratual, que deriva do princípio da autonomia da vontade das partes, desempenha papel fundamental nesses tipos de contratos. Apesar de existirem contratos-modelo[15] disponibilizados, principalmente, por instituições internacionais, à exemplo da *Baltic and International Maritime Council* – Bimco, os fretadores e afretadores dispõem de total liberdade para discutir as cláusulas dispostas nos contratos, sendo bastante comum verificar cláusulas cujos textos padrões são riscados pelas partes, que inserem novas redações de acordo com seus interesses.

Marco Antônio Moyses Filho ilustra:

> por mais que existam os contratos-padrão, a necessidade de cada afretador e as possibilidades de cada fretador em relação ao mercado tornam cada contrato único. Em linhas gerais, temos a negociação dividida nas seguintes partes: convite (*invitation*), proposta ou oferta (*offer* ou *firm offer*), contraproposta (*conte-offer*), *recapitulation* (ou simplesmente *recap*) e fechamento dos termos (*fixture*).[16]

Na maioria dos casos, não se verifica a vulnerabilidade de uma das partes em relação à outra, como ocorre, não raras vezes, nos contratos de transporte. As partes nos contratos de afretamento têm bastante experiência nesses tipos de operações. O afretador, normalmente, dispõe de

---

[14] Cf. Lei nº 9.611, de 19.2.1998, que dispõe sobre o transporte multimodal de cargas e dá outras providências.
[15] Nomeado por Caio Mário de contrato-tipo ou formulário, este tipo de contrato, nas palavras do eminente jurista, "não resulta de cláusulas impostas, mas simplesmente pré-redigidas, às quais a outra parte não se limita a aderir, mas que efetivamente aceita, conhecendo-as, as quais, por isso mesmo, são suscetíveis de alteração ou cancelamento, por via de outras cláusulas substitutivas, que venham manuscritas, datilografadas ou carimbadas".
[16] MOYSÉS FILHO, Marco Antonio. *Contratos de afretamento de navios*. Curitiba: Juruá, 2017. p. 239-240.

capacidade financeira para contratar um navio inteiro ou parte substancial de um navio para o transporte de grandes quantidades de mercadorias, além de conhecer as particularidades dessa atividade. Por outro lado, o fretador também dispõe de capacidade financeira e técnica para operar um navio e assegurar a realização do transporte das mercadorias recebidas.

b)   Contratos de transporte

Diferentemente dos contratos de afretamento (contratos paritários), os contratos de transporte marítimo de mercadorias são verdadeiros contratos de adesão, cujas cláusulas são predefinidas pelo transportador. O embarcador da mercadoria, em princípio, não tem o poder de negociação a respeito das cláusulas contratuais definidas no contrato, daí a necessidade de se criar normas legais que governem as relações entre as partes.

Christian Scapel ensina:

> o transporte marítimo de mercadorias é frequentemente chamado de transporte sob conhecimento, como referência ao conhecimento de embarque, documento de transporte mais comumente emitido neste modo de transporte. Esse transporte faz parte de um contexto estritamente delimitado por numerosos textos que apresentam um caráter imperativo.[17]

O conhecimento de embarque (*bill of lading*) é um documento emitido pelo transportador que evidencia o contrato de transporte, reproduz as suas condições e as obrigações a que as partes contratantes estão submetidas. Ademais, ele serve também de prova da recepção das mercadorias pelo transportador e de título representativo das mercadorias.

Esse documento, na maioria dos casos, se apresenta no mesmo formato, pré-imprimido, frente e verso. Na frente do documento, figuram

---

[17] BONASSIES, Pierre; SCAPEL, Christian. *Traité de droit maritime*. 3. ed. Paris: LGDJ, 2016. p. 685.

as condições do contrato, frequentemente exaradas em letras minúsculas. No verso do documento, figuram o nome e a logomarca do transportador, o nome do embarcador, o nome do destinatário e do *notify*, o nome do navio, o porto de embarque e o porto de desembarque, a descrição das mercadorias etc.

Trata-se, assim, como bem observou William Tetley, de "uma das formas mais antigas de contrato de adesão".[18] Caio Mário da Silva Pereira leciona que contratos de adesão "são aqueles que não resultam do livre debate entre as partes, mas provêm do fato de uma delas aceitar tacitamente cláusulas e condições previamente estabelecidas pela outra". Ainda conforme ensinamentos de Caio Mário:

> normalmente, ocorre este contrato nos casos de estado de oferta permanente, por parte de grandes empresas concessionárias de serviços públicos ou outras, ou que estendam seus serviços a um público numeroso, quando já têm pronto, e oferecido a quem deles se utiliza, seu contrato-padrão, previamente elaborado e às vezes aprovado pela Administração. Quando o usuário do serviço se prevalece dele, ou quando o homem do povo entra em relações com a empresa, não se discute condições nem debate cláusulas. A sua participação no ato limita-se a dar sua adesão ao paradigma contratual já estabelecido, presumindo-se a sua aceitação da conduta que adota. [...] Da circunstância de formar-se o contrato pela adesão de uma parte à declaração de vontade estereotipada da outra, advém-lhe o nome com que habitualmente é conhecido – contrato de adesão atendendo a que se constitui pela adesão da vontade de um oblato indeterminado à proposta permanente do policitante ostensivo.[19]

Parafraseando Caio Mário, não pode o jurista (ou, no caso, o transportador) fechar os olhos à realidade. Deve admitir que o contrato de transporte marítimo é, sem sombra de dúvidas, um contrato de adesão.

Em alguns casos, o exercício da livre manifestação da vontade das partes é extremamente importante para a eficácia dos contratos. Todavia,

---

[18] TETLEY, William. *Marine cargo claims*. 3. ed. [s.l.]: International Shipping Publications, 1988. p. 215.
[19] PEREIRA, Caio Mário da Silva. *Instituições de direito civil*. 10. ed. Rio de Janeiro: Forense, 1999. v. III. p. 43.

essa liberdade de contratar, particularmente nos contratos de transporte marítimo, encontra limitações legais que devem ser respeitadas pelas partes no momento da elaboração do contrato.

No âmbito internacional, foram criadas normas para frear a introdução frequente de cláusulas de negligência (*negligence clauses*) nos contratos, que exoneravam os transportadores de qualquer responsabilidade que pudessem ter em relação às mercadorias transportadas.

A primeira reação partiu dos Estados Unidos, através da edição do *Harter Act* em 1893, que proibia as cláusulas de negligência. Porém, considerando que o *Harter Act* de 1893 se aplicava apenas ao transporte tendo como origem ou destino os portos estadunidenses, foi necessário estabelecer um regime internacional para regular as obrigações das partes no contrato de transporte marítimo.

A tentativa inicial limitou-se à elaboração de um contrato-tipo, chamado de Regras de Haia de 1921. Não obstante, essas regras não dispunham de caráter imperativo, por não se tratar de uma convenção internacional. O preâmbulo das Regras de Haia de 1921 apenas sugeria às associações nacionais que participaram da conferência para sua edição que apoiassem nos seus próprios ordenamentos jurídicos a adoção de tais regras como lei nacional. Porém, diante de um posicionamento contrário dos países a essas regras, foi necessário recorrer a um texto internacional imperativo.

Foi estabelecida, então, a Convenção Internacional para Unificação de Certas Regras em Matéria de Conhecimento de Embarque, de 25.8.1924.[20] Essa convenção sofreu algumas mudanças em 23.2.1968 e

---

[20] Na mesma conferência diplomática, fora instituída a Convenção Internacional para a Unificação de Certas Regras Relativas à Limitação da Responsabilidade dos Proprietários de Embarcações Marítimas. É importante ressaltar que não é raro encontrar artigos científicos que confundem essas convenções, tendo em vista terem sido instituídas na mesma dada e mesma conferência diplomática. Todavia, elas tratam de assuntos distintos e devem ser diferenciadas. O Brasil somente ratificou a Convenção relativa à Limitação da Responsabilidade dos Proprietários de Embarcações Marítimas (Decreto nº 350, de 1º.10.1935), todavia não ratificou a convenção que trata das regras em matéria de conhecimento de embarque, objeto de análise no presente artigo.

em 21.12.1979. O primeiro protocolo modificativo (chamado de Regras de Visby), de 1968, decorreu da necessidade de revisão das bases de referência dos valores de limitação de responsabilidade e da aparição dos contêineres. O segundo protocolo, de 1979, resultou da reforma do sistema monetário internacional ocorrido em 1º.4.1978. Em razão dessa reforma, não era mais possível aos países-membros do Fundo Monetário Internacional ter como referência o ouro. As unidades de conta adotadas pela Convenção de 1924 (libra esterlina e ouro) e pelo protocolo de 1968 (Franco-ouro Poincaré) ocasionavam sérias dificuldades de conversão em moedas nacionais. O protocolo de 1979 substituiu essas unidades de conta pelo direito especial de saque – DES.[21]

A terceira tentativa para a unificação das regras aplicáveis aos contratos de transporte marítimo ficou conhecida como Regras de Hamburgo de 1978,[22] vislumbradas por países em desenvolvimento, na maioria dos casos, países de embarcadores que consideravam o regime jurídico estabelecido pela Convenção de Bruxelas de 1924 muito favorável aos transportadores marítimos. O projeto das Regras de Hamburgo foi preparado pela Comissão das Nações Unidas para o Direito Comercial Internacional – Uncitral, e o texto finalizado foi adotado por uma conferência diplomática em 30.3.1978.[23]

Apesar de as Regras de Hamburgo de 1978 terem trazido mais equidade para a relação contratual estabelecida entre os transportadores e embarcadores, estas regras não tiveram muitos adeptos. Nenhuma grande

---

[21] Esse regime internacional é conhecido no Brasil e, principalmente, nos países anglófonos, como *Hague Visby Rules*. Trata-se, porém, de uma nomenclatura duplamente equivocada, tendo em vista se tratar de uma convenção internacional e não de um contrato-tipo e ter sido adotada, primeiramente, em Bruxelas e não em Haia. Esse equívoco deve-se ao fato de o texto da convenção de 1924 ter sido uma cópia das Regras de Haia de 1921. Tecnicamente, a Convenção de 1924 é uma convenção internacional clássica de direito material, dotada de um caráter imperativo. Nesse sentido, conferir BONASSIES, Pierre; SCAPEL, Christian. *Traité de droit maritime*. 3. ed. Paris: LGDJ, 2016. p. 689.

[22] Convenção das Nações Unidas sobre Transporte Marítimo de Mercadorias, de 30.3.1978.

[23] As Regras de 1978, ao contrário da Convenção de Bruxelas de 1924, deram maior destaque ao instituto da arbitragem. Cf. art. 22.

potência marítima optou por fazer parte do regime jurídico internacional estabelecido pelas Regras de 1978. Apenas 34 países (18 países africanos) a ratificaram, representando apenas 0,5% da tonelagem da frota mundial.

Novas regras internacionais foram então vislumbradas para, não somente tentar conquistar a tão sonhada unificação e reequilibrar a relação contratual entre os transportadores e os embarcadores, mas também proporcionar uma atualização e complementação das normas jurídicas internacionais aplicáveis ao transporte marítimo, diante do surgimento de novas tecnologias e do desenvolvimento econômico e social dos países.

Assim, em 23.9.2009, houve em Roterdã, na Holanda, a cerimônia de abertura da assinatura da Convenção das Nações Unidas sobre contrato de transporte internacional de mercadorias efetuado inteiramente ou parcialmente pelo mar, conhecida como Regras de Roterdã de 2009. Porém, essa convenção internacional ainda não entrou em vigor.

Embora tenha havido o estabelecimento das regras de 1978 e 2009, o regime internacional estabelecido pela Convenção de Bruxelas de 1924 e seus protocolos (*Hague Visby Rules*) é aplicável na maior parte dos países.

O Brasil, todavia, não ratificou quaisquer das convenções internacionais citadas. Atualmente, sem pormenorizar, o Código Civil regula os contatos de transporte. Nos termos do art. 732 do Código Civil:

> Aos contratos de transporte, em geral, são aplicáveis, quando couber, desde que não contrariem as disposições deste Código, os preceitos constantes da legislação especial e de tratados e convenções internacionais.

Esse fato afasta o Brasil do cenário internacional em relação à uniformização das regras aplicáveis aos contratos de transporte marítimo, tendo como consequência, entre outras, a tentativa de fuga das empresas estrangeiras dos tribunais brasileiros, por meio da eleição de foro estrangeiro ou da escolha de instituições arbitrais sediadas em outros países.

II Utilização da arbitragem no transporte marítimo

Considerando que os litígios do comércio marítimo são, majoritariamente, de natureza internacional, o recurso à arbitragem para resolução de conflitos é uma realidade generalizada. A previsão de cláusulas arbitrais nos contratos de afretamento de embarcações é uma prática altamente difundida no mundo, principalmente em razão da tecnicidade e universalidade que permeiam essa atividade. A profissionalização dos árbitros nesta matéria, além do conhecimento das especificidades da arbitragem em diferentes ordenamentos jurídicos, é essencial.

A arbitragem marítima conseguiu se desenvolver de forma tão uniforme que foi possível o estabelecimento de princípios gerais que governam o assunto em âmbito internacional. A jurisprudência arbitral, independentemente de onde for desenvolvida, normalmente, dispõe de uma harmonização singular, quase que sistematizada. Assim, o mesmo caso será, em princípio, julgado de maneira muito semelhante, independentemente do centro de arbitragem que venha a organizar o procedimento.

Todavia, em relação aos contratos de transporte marítimo ou mesmo nos conhecimentos de embarque emitidos em decorrência de um contrato de afretamento, em alguns casos, a previsão de cláusulas compromissórias pode gerar discussões a respeito da validade dessas cláusulas.

Muitas disputas sobre a validade da convenção de arbitragem estão relacionadas à execução de uma cláusula compromissória inserida em um contrato de afretamento (*charterparty*) contra o titular de um conhecimento de embarque.

No tocante à relação decorrente de contratos de transporte, embora a previsão de cláusulas compromissórias nesses tipos de contratos não seja tão frequente quanto em contratos de afretamento, por se enquadrar na definição de contratos de adesão e, em algumas situações, evidenciar uma relação de consumo, a validade dessas cláusulas é frequentemente contestada.

a) Relação contratual entre fretadores e afretadores

Conforme verificado, nos contratos de afretamento, as partes têm condições de discutir as cláusulas contratuais, evidenciando, por conseguinte, um contrato paritário.

Existem situações em que um conhecimento de embarque é emitido em decorrência de um contrato de afretamento. Trata-se, praticamente, de uma regra no transporte graneleiro *tramps*, em que há a emissão de um conhecimento de embarque de forma simplificada, com informações muito sucintas sobre as condições específicas do transporte e a quantidade da mercadoria embarcada, porém não há a transcrição, no conhecimento de embarque, das cláusulas contratuais dispostas no contrato de afretamento.

Não é raro encontrar conhecimentos de embarque que apenas fazem referência às cláusulas insertas no contrato de afretamento *all other terms and conditions as per charter party*. Ou seja, a cláusula por referência em documento apartado indicando a aplicação das condições mencionadas no contrato de afretamento, a princípio, também abrangeria a obrigatoriedade de utilização da arbitragem para resolução dos conflitos decorrentes ou em conexão com este contrato.

Philippe Delebecque esclarece:

> para que a dificuldade exista, é necessário que o conhecimento seja emitido em nome do fretador. Este não é o caso no afretamento por tempo onde o capitão é o agente comercial do afretador. O conhecimento emitido pelo capitão ao afretador não envolve, portanto, o fretador. Este último permanece vinculado pelas únicas obrigações do contrato de afretamento. É, *a fortiori*, o mesmo na locação casco nu, onde o capitão não é de forma alguma o agente do fretador. A dificuldade se limita ao caso de afretamento por viagem.[24]

---

[24] DELEBECQUE, Philippe. *Droit maritime*. 13. ed. Paris: Dalloz, 2014. p. 465.

Portanto, a previsão de uma cláusula compromissória pode gerar algumas dúvidas, principalmente quando existe a emissão de um conhecimento de embarque decorrente de um contrato de afretamento por viagem.

Nos casos em que o detentor do conhecimento de embarque e o afretador do navio são a mesma pessoa, a cláusula por referência não causa maiores problemas, pois o afretador foi quem concluiu o contrato de afretamento com o fretador e está ciente das cláusulas ali previstas.

O problema surge quando o destinatário das mercadorias, detentor do conhecimento de embarque, é uma pessoa distinta do afretador do navio. Não tendo participado da conclusão do contrato de afretamento por viagem, caso a cláusula compromissória não esteja transcrita no conhecimento de embarque, em alguns casos, ele poderá não ter ciência da escolha pela arbitragem realizada entre o afretador e o fretador.

No Brasil, a regra é que a cláusula compromissória esteja estipulada por escrito, "podendo estar inserta no próprio contrato ou em documento apartado que a ele se refira".[25] Por conseguinte, a princípio, no sistema jurídico brasileiro, é válida a cláusula por referência, porém esta deve estar transcrita no documento apartado, na sua totalidade ou, pelo menos, que haja uma indicação suficientemente clara, por escrito, da existência do consentimento das partes em relação à arbitragem.

Em um pedido de homologação de sentença arbitral estrangeira formulado por Biglift Shipping BV em face de Transdata Transportes Ltda., o Superior Tribunal de Justiça considerou o seguinte:

> não havendo as partes estipulado validamente cláusula compromissória, por não terem observado a forma escrita e subscrita por ambas, não há como se reconhecer executoriedade no Brasil à decisão arbitral homologanda, nos termos do art. 15, "a", da Lei de Introdução às Normas do Direito Brasileiro (Decreto-lei 4.657/42).[26]

---

[25] Cf. Lei nº 9.307/1996, art. 4º, §1º.
[26] STJ. Sentença Estrangeira Contestada nº 11.593 – EX (2014/0148674-1). Rel. Min. Benedito Gonçalves, j. 16.12.2015.

No caso em comento, a requerente firmou com a requerida um contrato de afretamento por viagem da embarcação *Happy Dynamic*, pelo período de 15.12.2011 a 25.12.2011, para realização de transporte de 4 transformadores de energia, tendo como origem o Porto de Santos – SP e como destino o Porto de Pecém – CE. Por meio de correspondência eletrônica, foi estabelecida a utilização do contrato padrão Bimco[27] (cláusula 27 e cláusula 41 (a)), prevendo que eventuais disputas seriam solucionadas em processo arbitral em Londres e de acordo com a lei inglesa.

O contrato previa que, em caso de atraso na viagem, estando nesta hipótese incluído o atraso em razão de congestionamento nos portos de origem e destino (cláusula 12ª do contrato de afretamento por viagem), caberia à requerida efetuar o pagamento de USD 24.000,00 (vinte e quatro mil dólares norte-americanos) por dia de atraso. Diante do atraso no porto de origem (*sobrestadia/detention*), a requerente emitiu, em 30.12.2011, nota de débito no valor de US$98.916,67. Tendo em vista a negativa em efetuar tal pagamento, foi dado início ao procedimento arbitral em Londres.

A sentença arbitral foi proferida por árbitro único, pois a parte requerida não indicou um coárbitro, mesmo instada a fazê-lo. O árbitro do litígio considerou válido o contrato, tendo afirmado que na lei inglesa não há exigência de que um contrato de afretamento seja assinado. Segundo ele, "de acordo com a seção 30 da Lei de Arbitragem de 1996, há um acordo de arbitragem válido entre as partes".

A colenda Corte Especial do Superior Tribunal de Justiça não agiu com o costumeiro acerto ao indeferir a homologação pleiteada. O art. 107 do Código Civil dispõe que "A validade da declaração de vontade não dependerá de forma especial, senão quando a lei expressamente a exigir".[28]

---

[27] O formulário Bimco escolhido pelas partes (*heavy lift voyage charter party*) contempla 3 opções de lei e foro: (1) lei inglesa e arbitragem londrina; (2) lei dos Estados Unidos e tribunais de Nova York; (3) lei e foro definidos pelas partes no campo 27, parte I, do formulário.
[28] Cf. art. 104 do Código Civil.

Ao julgar pela invalidade da cláusula compromissória "por não terem observado a forma escrita e subscrita por ambas", o STJ foi além da exigência legal, pois considerou não somente a necessidade da sua estipulação por escrito, mas também a necessidade de assinatura por ambas as partes.

Conforme a Lei nº 9.307/1996, art. 4º, §1º, exige-se apenas que a cláusula compromissória esteja estipulada por escrito, "podendo estar inserta no próprio contrato ou em documento apartado que a ele se refira".

Não se pode confundir os ditames do art. 4º, §2º, que trata dos contratos de adesão, em que se exige assinatura ou visto especialmente para a cláusula compromissória, com os ditames do §1º do mesmo artigo. Consoante alhures observado, um contrato de adesão é distinto de um contrato de cláusulas padronizadas, como é o caso do formulário Bimco. Trata-se, no presente caso, de um contrato de afretamento (paritário) e não de um contrato de transporte (adesão).

A ausência de assinatura, a princípio, não obsta a validade da cláusula compromissória nos contratos paritários. Francisco José Cahali ensina que a aceitação da cláusula compromissória "pode ser verbal, tácita ou presumida, em situações peculiares, pois mantendo as características contratuais, sua confirmação, em regra, será igualmente expressa, e rotineiramente no próprio instrumento representativo do negócio jurídico realizado".[29]

Conforme decisão do Tribunal de Justiça de São Paulo:

> não havendo qualquer vício material que macule cláusula compromissória na sua essência, sendo evidente a anuência tácita das partes quanto à integralidade dos termos do contrato não assinado, e tendo em vista que a questão foi suscitada como preliminar de contestação (conforme art. 301, IX e §4º do Código de Processo Civil), nada há que justifique a sua inobservância, sob pena de afronta ao disposto no art. 267, VII do Código de Processo Civil, que trata de regra de competência absoluta.[30]

---

[29] CAHALI, Francisco José. *Curso de arbitragem*. Mediação, conciliação e Resolução CNJ 124/2010. 6. ed. São Paulo: Revista dos Tribunais, 2017. p. 159.

[30] TJSP, 1ª Cam. Res. Dir. Emp., Apelação nº 4022778-88.2013.8.26.0405, j. 20.5.2015.

A Lei-Modelo Uncitral, em seu art. 7º, dispõe que a "convenção de arbitragem" deve ser feita por escrito. Esta lei-modelo vai mais além ao definir a amplitude da expressão "por escrito". Nos termos do §3º do art. 7º, "A convenção de arbitragem tem forma escrita quando o seu conteúdo estiver registrado sob qualquer forma, independentemente de a convenção de arbitragem ou o contrato terem sido concluídos oralmente, por conduta ou por qualquer outro meio". O §4º do mesmo artigo prevê:

> O requisito de que a convenção de arbitragem seja celebrada por escrito é preenchido por uma comunicação eletrônica se a informação contida em referida comunicação é acessível de forma a possibilitar sua utilização para referência futura; 'comunicação eletrônica' significa toda e qualquer comunicação utilizada pelas partes por meio de mensagens de dados; 'mensagem de dados' significa a informação gerada, enviada, recebida ou armazenada por meios eletrônicos, magnéticos, ópticos ou similares, incluindo também, mas não apenas, o intercâmbio eletrônico de dados (eletronic data interchange – EDI), o correio eletrônico, o telegrama, o telex ou a telecópia.

A Convenção de Nova York de 1958, em seu art. 2º, prevê:

> 1. Cada Estado signatário deverá reconhecer o acordo escrito pelo qual as partes se comprometem a submeter à arbitragem todas as divergências que tenham surgido ou que possam vir a surgir entre si no que diz respeito a um relacionamento jurídico definido, seja ele contratual ou não, com relação a uma matéria passível de solução mediante arbitragem.

O §2º do mesmo artigo prescreve que "Entender-se-á por 'acordo escrito' uma cláusula arbitral inserida em contrato ou acordo de arbitragem, firmado pelas partes ou contido em troca de cartas ou telegramas". É importante ressaltar que esta convenção internacional foi celebrada em 1958, e, por conseguinte, tendo em vista a evolução tecnológica, o §2º deve ser interpretado de maneira extensiva, ou seja, englobando também outros métodos de formalização da convenção de arbitragem.[31]

---

[31] Cf. GONÇALVES, Raphael Magno Vianna. *Arbitragem*. Teoria e prática. Rio de Janeiro: Lumen Juris, 2018. p. 91.

Nos contratos de afretamento, geralmente, as partes estão habituadas com os modelos dos contratos utilizados. A opção pelo contrato padronizado da Bimco não impede que seja realizada a negociação dos termos e das particularidades do transporte.

A embarcação *Happy Dynamic*, de propriedade da empresa Biglift Shipping, com sede em Amsterdã, no período estipulado pelas partes no contrato, prestou-se somente à realização do deslocamento dos transformadores de energia, conforme previsão contratual.

Insta observar, ainda, que a empresa afretadora era, também, a destinatária da mercadoria, não havendo que se cogitar desconhecimento das cláusulas pactuadas no contrato de afretamento por viagem.

Em respeito aos princípios da probidade e da boa-fé insculpidos no art. 422[32] do Código Civil brasileiro, não é razoável legitimar o posicionamento de uma empresa que se queda silente diante dos termos de um contrato proposto por uma das partes por meio de um *e-mail*, prossegue com a relação contratual para o transporte de suas mercadorias, e, ao final, depois de prestado o serviço e tendo pago o preço do frete, insurge-se contra as cláusulas insertas no contrato proposto, recorrendo às barras do Poder Judiciário.

Caso não estivesse de acordo com os termos do contrato proposto, deveria ter se manifestado antes da realização do transporte e tentado negociar outros termos que julgasse mais aceitáveis. Opção diversa seria a contratação de outra empresa para a realização do transporte das mercadorias, caso não chegasse a um denominador comum com a empresa inicialmente escolhida.

---

[32] "Art. 422. Os contratantes são obrigados a guardar, assim na conclusão do contrato, como em sua execução, os princípios de probidade e boa-fé".

b) Relação contratual entre interessados na mercadoria e transportadores

Um dos óbices à utilização da arbitragem nesses tipos de contrato diz respeito à redação do art. 4º, §2º, da Lei nº 9.307/1996 e do art. 51, VII da Lei nº 8.078/1990 (Código de Defesa do Consumidor).

Por se tratar de contrato de adesão, o art. 4º, §2º da Lei nº 9.307/1996 exige que a cláusula compromissória, para ter eficácia, seja estipulada por escrito em documento anexo ou em negrito, e que conste assinatura ou visto especial para essa cláusula. Todavia, muitos conhecimentos de embarque não trazem essa cláusula destacada, nem exigem assinatura especial para ela.

Esse fato pode obstaculizar que o transportador, diante do ajuizamento de uma ação indenizatória no âmbito do Poder Judiciário, faça valer os efeitos da cláusula compromissória para discutir a questão na arbitragem.

Conforme entendimento do Superior Tribunal de Justiça, "Todos os contratos de adesão, mesmo aqueles que não consubstanciam relações de consumo, como os contratos de franquia, devem observar o disposto no art. 4º, §2º, da Lei 9.307/96".[33]

A questão se complica ainda mais quando o destinatário da mercadoria é uma pessoa distinta do embarcador da mercadoria. O destinatário é aquele a quem as mercadorias são endereçadas pelo remetente, é o credor da obrigação de entrega das mercadorias subscritas pelo transportador. Para que uma pessoa possa ser qualificada como destinatária, ela deve manifestar sua vontade, expressando seu consentimento, ou seja, aderindo ao contrato de transporte. Portanto, pode-se qualificar o contrato de transporte como um contrato tripartite[34] ou, como dizia o Professor René

---

[33] STJ. Recurso Especial nº 1.602.076/SP. Rel. Min. Nancy Andrighi, j. 15.9.2016.
[34] Caso o embarcador seja a mesma pessoa que o destinatário da mercadoria, não há que se falar em contrato tripartite.

Rodière, "o contrato de transporte é um contrato com três personagens", afetando diretamente a figura do destinatário, que possui direitos e deveres sobre a mercadoria transportada. É a própria natureza do contrato de transporte e sua função econômica que permite a afirmação da existência de uma associação ao contrato entre o remetente e o transportador, e uma terceira pessoa que é o destinatário.

Portanto, nos contratos de transporte, para que a cláusula compromissória seja oponível, é necessário que ela seja estipulada em sintonia com os ditames do art. 4º, §2º da Lei nº 9.307/1996.

Outra questão que pode suscitar uma discussão a respeito da validade da cláusula compromissória nos contratos de transporte diz respeito à noção de consumidor. Conforme art. 51 do Código de Defesa do Consumidor, "São nulas de pleno direito, entre outras, as cláusulas contratuais relativas ao fornecimento de produtos e serviços que: VII - determinem a utilização compulsória de arbitragem". Destarte, o Código de Defesa do Consumidor apenas veda a utilização compulsória da arbitragem, o que não obsta que o consumidor escolha a arbitragem como método adequado para resolução de eventuais conflitos surgidos ante o fornecedor.

O Código de Defesa do Consumidor, Lei nº 8.078, de 11.9.1990, trouxe o conceito de consumidor e fornecedor em seus arts. 2º e 3º. Nos termos do art. 2º, "Consumidor é toda pessoa física ou jurídica que adquire ou utiliza produto ou serviço como destinatário final". O art. 3º dispõe:

> Fornecedor é toda pessoa física ou jurídica, pública ou privada, nacional ou estrangeira, bem como os entes despersonalizados, que desenvolvem atividade de produção, montagem, criação, construção, transformação, importação, exportação, distribuição ou comercialização de produtos ou prestação de serviços.

Durante algum tempo, vigorou um entendimento errôneo pela aplicação do Código de Defesa do Consumidor nas relações advindas dos contratos de transporte marítimo, "não importando para a definição do destinatário final do serviço de transporte o que é feito com o produto transportado".[35]

Todavia, esse posicionamento foi modificado. O Superior Tribunal de Justiça, em diversas ocasiões, tem adotado o conceito finalista de consumidor. Conforme decisão proferida em agosto de 2014:

> O que qualifica uma pessoa jurídica como consumidora é aquisição ou utilização de produtos ou serviços em benefício próprio; isto é, para satisfação de suas necessidades pessoais, sem ter o interesse de repassá-los a terceiros, nem empregá-los na geração de outros bens ou serviços. Desse modo, não sendo a empresa destinatária final dos bens adquiridos ou serviços prestados, não está caracterizada a relação de consumo.

No mesmo sentido, tratando de transporte, a Ministra Nancy Andrighi julgou que "segundo a jurisprudência deste Superior Tribunal de Justiça, não há que se falar em incidência do CDC em contratos de transporte marítimo, quando celebrado entre pessoas jurídicas e não houver vulnerabilidade de uma das partes em relação à outra".[36]

Assim, é necessário, para configuração de uma relação de consumo, que seja demonstrada a vulnerabilidade do destinatário da mercadoria ou que esteja caracterizado o consumo final em benefício próprio do produto transportado. Nesses casos, o Superior Tribunal de Justiça entende:

> a mera propositura da presente ação pelo consumidor é apta a demonstrar o seu desinteresse na adoção da arbitragem [...], sendo que o recorrido/fornecedor não aventou em sua defesa qualquer das exceções que afastariam a jurisdição estatal, isto é: que o recorrente/consumidor detinha, no momento da pactuação, condições de equilíbrio com o fornecedor – não haveria vulnerabilidade da parte a justificar sua proteção; ou ainda, que haveria iniciativa da instauração de arbitragem pelo consumidor ou, em sendo a iniciativa do fornecedor, que o consumidor teria concordado com ela.[37]

---

[35] Cf. STJ. Recurso Especial nº 286.441/RS. Rel. Min. Antônio de Pádua Ribeiro, j. 7.11.2002.
[36] STJ. Recurso Especial nº 1.391.650/SP. Rel. Min. Nancy Andrighi, j. 18.10.2016. No mesmo sentido, conferir REsp nº 1.417.293/PR (Terceira Turma, j. 19.8.2014. DJe, 2.9.2014); AgRg no REsp nº 1.481.134/RS (Terceira Turma, j. 12.2.2015. DJe, 27.2.2015); e REsp nº 1.076.465/SP (Quarta Turma, j. 8.10.2013. DJe, 25.11.2013).
[37] STJ. Recurso Especial nº 1.189.050/SP (2010/0062200-4). Rel. Min. Luis Felipe Salomão, j. 1º.3.2016.

Somado a todos esses fatores elencados acima, a ausência de ratificação de uma das convenções internacionais citadas, principalmente a Convenção Internacional de 1924 e seus protocolos, também enfraquece a possibilidade de o Brasil se tornar um protagonista em arbitragens marítimas, pelo menos em relação aos litígios decorrentes dos contratos de transporte marítimo.

Conclusão

Os tribunais brasileiros, não raras vezes, não se preocupam em diferenciar os contratos de transporte dos contratos de afretamento, aplicando as mesmas regras para ambos. Esta incompreensão das normas atinentes aos contratos marítimos por parte dos julgadores provoca extrema insegurança jurídica em relação ao Judiciário brasileiro, motivo pelo qual, entre outros, muitos contratos dispõem de cláusulas compromissórias elegendo instituições arbitrais estrangeiras para solução dos conflitos.

A arbitragem é um método adequado para a solução desses tipos de conflitos e o Brasil dispõe de todos os aparatos necessários para se consolidar como um centro de arbitragem marítima, mesmo com os obstáculos elencados no presente artigo, tendo em vista as vantagens da arbitragem, principalmente a tecnicidade e celeridade, para a resolução dos conflitos a que os *players* do transporte marítimo de mercadorias estão expostos.

Muitas instituições arbitrais brasileiras já se consolidaram como entidades sérias e dotadas de regulamentos de arbitragem de altíssima excelência. No mesmo diapasão, existem muitos profissionais brasileiros, incluindo arbitralistas maritimistas, com notório conhecimento não somente a respeito do processo, mas principalmente do direito material, essencial para as soluções com tecnicidade e expertise das questões marítimas.

Informação bibliográfica deste texto, conforme a NBR 6023:2018 da Associação Brasileira de Normas Técnicas (ABNT):

GONÇALVES, Raphael Magno Vianna. Arbitragem no transporte marítimo de mercadorias: prospectivas para o Brasil. *In*: LEWANDOWSKI, Enrique Ricardo (Coord.). *Direito Marítimo:* estudos em homenagem aos 500 anos da circum-navegação de Fernão de Magalhães. Belo Horizonte: Fórum, 2021. p. 519-544. ISBN 978-65-5518-105-0.

PRESCRIÇÃO DA COBRANÇA DA SOBRE-ESTADIA DE CONTÊINERES (*DEMURRAGE*)

RICARDO VILLAS BÔAS CUEVA

1 Introdução

Procura-se retratar neste artigo o debate travado nas duas turmas julgadoras de direito privado que compõem a Segunda Seção do Superior Tribunal de Justiça quanto à prescrição das ações de cobrança da sobre-estadia ou *demurrage* de contêineres, a qual foi substancialmente alterada pelo Código Civil de 2002, ao revogar grande parte do Código Comercial. Cuida-se de questão de grande relevância para o transporte marítimo, especialmente para o comércio internacional, que suscitou justificadas dúvidas que somente vieram a ser pacificadas, em prol da segurança jurídica, em precedente qualificado da Segunda Seção, em 2015.

Começa-se por examinar o conceito de sobre-estadia e a jurisprudência formada ainda sob a plena vigência do Código Comercial. Em seguida, passa-se à análise dos julgados que consolidaram o entendimento de que se devem aplicar à prescrição da cobrança da *demurrage* de unidades de carga não mais o prazo ânuo previsto na legislação comercial revogada, mas dois prazos distintos previstos no Código Civil, que resultam em prazos prescricionais de 5 e 10 anos, conforme se trate de dívida líquida e certa ou não. Não obstante, como a Lei nº 9.611/1998, que disciplina o transporte multimodal, prevê prescrição ânua, em linha com o então vigente regramento do Código Comercial, ensaiou-se na Terceira Turma, em dois julgados, aplicar a aludida lei, com o intuito de manter a prescrição ânua para a cobrança de sobre-estadia de contêiner. Por fim, discute-se o acórdão da Segunda Seção que voltou a uniformizar a jurisprudência no sentido de se aplicar o Código Civil de 2002.

2   Conceito de sobre-estadia

A Agência Nacional de Transportes Aquaviários (Antaq) define sobre-estadia de contêiner como o "valor devido ao transportador marítimo, ao proprietário do contêiner ou ao agente transitário pelos dias que ultrapassarem o prazo acordado de livre estadia do contêiner para o embarque ou para a sua devolução". A livre estadia ou *free time* do contêiner, a seu turno, é definida como o "prazo acordado, livre de cobrança, para o uso do contêiner, conforme o contrato de transporte, conhecimento de carga ou BL, confirmação da reserva de praça (booking confirmation), ou qualquer outro meio disponibilizado pelo transportador marítimo".[1]

Segundo os dispositivos ainda em vigor do Código Comercial, o contrato de fretamento, que se materializa na carta-partida ou carta de fretamento, deve estipular "o tempo da carga e descarga, portos de escala quando a haja, as estadias e sobre estadias ou demoras, e a forma por que estas se hão de vencer e contar", assim como "o preço do frete, quanto há de pagar-se de primagem ou gratificação, e de estadias e sobreestadias, e a forma, tempo e lugar do pagamento" (art. 567, incs. 5º e 6º). Se o tempo

---

[1] Art. 2º, incs. XX e XIX, respectivamente, da Resolução Normativa nº 18/2017. Sobre o conceito de sobre-estadia, v. CREMONEZE, Paulo Henrique. *Prática de direito marítimo*: o contrato de transporte marítimo e a responsabilidade civil do transportador. 3. ed. São Paulo: Aduaneiras, 2015. p. 241 ss.; RAPHAEL, Leandro. *Direito marítimo*. São Paulo: Aduaneiras, 2003. p. 62.

que deve durar a carga e a descarga não estiver fixado na carta de fretamento, "ou quanto se há de pagar de primagem e estadias e sobreestadias, e o tempo e modo do pagamento, será tudo regulado pelo uso do porto onde uma ou outra deva efetuar-se" (art. 591).

Embora a questão não seja diretamente relevante para a análise da prescrição, é importante notar que há viva controvérsia em doutrina quanto à natureza jurídica da sobre-estadia ou *demurrage* (palavra derivada do verbo inglês *demur*), que pode ser compreendida seja como indenização, seja como cláusula penal, ou, ainda, como suplemento do frete. A relevância prática desse debate consiste na tentativa de impor limites à cobrança abusiva da sobre-estadia, mediante sua qualificação como cláusula penal.[2] Seja como for, é dupla a função da sobre-estadia de contêineres; de um lado, cria um incentivo econômico para que os usuários não permaneçam por muito tempo com as unidades de carga, o que comprometeria o bom funcionamento do sistema de transportes; de outro, indeniza o transportador pelos prejuízos decorrentes da indisponibilidade de seus equipamentos.[3]

3 O Código Comercial como lei de regência

Como se sabe, a revogação de parte do Código Comercial pelo Código Civil de 2002, inclusive a regra de prescrição contida no art. 449, inc. 3º,[4] acabou por reduzir o prazo de prescrição das ações de cobrança

---

[2] V. ROSSI, Catiani; CASTRO JÚNIOR, Osvaldo Agripino. A natureza jurídica da sobre-estadia (demurrage) de contêiner. *In*: CASTRO JÚNIOR, Osvaldo Agripino (Org.). *Teoria e prática da demurrage de contêiner*. São Paulo: Aduaneiras, 2018; GLITZ, Frederico E. Z.; GONDIM, Glenda Gonçalves. O direito obrigacional brasileiro e a natureza jurídica da demurrage em contratos de agenciamento de carga. *In*: CASTRO JÚNIOR, Osvaldo Agripino (Org.). *Teoria e prática da demurrage de contêiner*. São Paulo: Aduaneiras, 2018; ALVES, Fernando Augusto Frank de Almeida. A natureza jurídica e a prescrição da demurrage à luz da jurisprudência. *Revista Direito Aduaneiro, Marítimo e Portuário*, São Paulo, v. 4, n. 24, p. 87-106, jan./fev. 2015.

[3] Cf. VIANNA, Bernardo Lúcio Mendes; CARDOSO, Camila Mendes Vianna. Sobre-estadia de contêineres: da legalidade da cobrança e questões controvertidas. *Revista Direito Aduaneiro, Marítimo e Portuário*, São Paulo, ano I, n. 2, maio/jun. 2011. p. 36.

[4] O revogado art. 449, inc. 3º, do Código Comercial previa prescrição de um ano para "as ações de frete e primagem, estadias e sobreestadias, e as de avaria simples, a contar do dia da entrega da carga".

da sobre-estadia ou demora (*demurrage*). Até então tais ações prescreviam em um ano, estivessem ou não as sobre-estadias previstas no contrato de fretamento. Com a revogação de grande parte do Código Comercial, a prescrição das ações de cobrança de sobre-estadias passou a reger-se pelo Código Civil, que prevê prazos prescricionais diversos, conforme a natureza da obrigação.

Já se viu que a sobre-estadia ou demora (*demurrage*) é, na sistemática do Código Comercial, o valor devido pelo atraso na carga ou descarga do navio. A partir da introdução dos contêineres, na década de 1950, passou-se entender que tais unidades móveis de carga integram o navio.

No Superior Tribunal de Justiça, consolidou-se o entendimento de que a sobre-estadia do navio se equipara à devolução tardia da unidade móvel de carga, ou contêiner.

Veja-se o REsp nº 176.903/PR, rel. Min. Ari Pargendler, publicado no *DJ* de 9.4.2001:

> Na sobreestadia do navio, a carga ou a descarga excedem o prazo contratado; na sobreestadia do "container", a devolução deste se dá após o prazo usual no porto de destino. Num caso e noutro, as ações que perseguem a indenização pelos prejuízos estão sujeitas à regra do artigo 449, inciso 3º, do Código Comercial. Nem se compreenderia que, sendo o "container", legalmente, um equipamento do navio, os danos resultantes de sua retenção pudessem ser perseguidos por vinte anos, contra toda a tendência do direito comercial, e que aqueles decorrentes da permanência do navio no porto, além do prazo contratual, só pudessem ser reclamados no prazo de um ano. Ubi eadem ratio, ibi idem causa.

O recurso, que não foi conhecido, centrava-se em três argumentos. Em primeiro lugar, sustentava-se que ao tempo em que aprovado o Código Comercial não existiam contêineres, e que tal modalidade de acondicionamento da carga somente veio a ser disciplinada pelo legislador brasileiro em 1965, mediante a Lei nº 4.907, alterada pela Lei nº 6.288/1975, a qual foi regulamentada pelo Decreto nº 80.145/1977. Em segundo, alegava-se que a sobre-estadia de contêiner e a sobre-estadia de navio não se confundem e recebem tratamento diverso. Por fim, a linguagem utilizada pelo legislador, especialmente a referência a acessórios ou equipamentos, não permitiria estender aos contêineres a regra prescricional da sobre-estadia dos navios, pois a unidade móvel de carga é deixada em um porto e pode ser usada em vários meios de transporte.

No voto-condutor, demonstrou-se que o intérprete deve adequar as normas antigas às novas realidades. Além disso, as diferenças existentes entre as sobre-estadias não permitem elucidar a questão de saber se a sobre-estadia do contêiner se assimila àquela do navio para efeitos da prescrição. Por fim, ainda que, em princípio, não se admita interpretação analógica em se tratando de prescrição, é possível, na hipótese, utilizar a analogia por compreensão. Assim, "o artigo 1º da Lei nº 4.907, de 1965, e, depois, o artigo 3º da Lei nº 6.288, de 1975, definindo o 'container' como um equipamento ou acessório do veículo transportador, assimilou a demora na respectiva devolução à sobreestadia do navio".

Esse entendimento persistiu mesmo após a entrada em vigor do Código Civil de 2002, pois o reconhecimento de que a revogação de parte do Código Comercial afetava a prescrição da ação de cobrança da *demurrage* só ocorreu tardiamente, como se vê do seguinte julgado, de 2005:

RECURSO ESPECIAL. SOBREESTADIA DE "CONTAINERS" (DEMURRAGES). DECRETO 80.145/77. PRESCRIÇÃO. ARTIGO 449, INCISO III, DO CÓDIGO COMERCIAL.
I - O artigo 5º do Decreto 80.145/77 dispõe que "container" não constitui embalagem das mercadorias e sim parte ou acessório do veículo transportador.
II - Por analogia, é de se aplicar aos "containers" a legislação pertinente a sobreestadia do navio. Num caso e noutro, as ações que buscam a indenização pelos respectivos prejuízos estão sujeitas à regra do artigo 449, inciso III, do Código Comercial.
Recurso especial provido. (REsp nº 678.100/SP. Rel. Min. Castro Filho, Terceira Turma, j. 4.8.2005. *DJ*, 5 set. 2005. p. 404)

4 Aplicação do Código Civil de 2002: dois prazos prescricionais

Reconhecida a revogação do art. 449 do Código Comercial, adotou-se o entendimento de que a cobrança da sobre-estadia, quando decorrente de contrato, resulta em dívida líquida e certa e atrai a prescrição quinquenal prevista no art. 206, §5º, I, do Código Civil. Na ausência de expressa previsão da *demurrage* no contrato de fretamento, sua cobrança sujeita-se à prescrição decenal:

> DIREITO COMERCIAL. RECURSO ESPECIAL. PRESCRIÇÃO. SOBRE-ESTADIA DE CONTÊINERES (DEMURRAGE). REVOGAÇÃO DO ART. 449 DO CÓDIGO COMERCIAL PELO CÓDIGO CIVIL DE 2002. APLICAÇÃO DO ART. 206, §5º, I, DO CC.
> 1. Esta Corte Superior, por ocasião do julgamento do REsp 176.903/PR (publicado no DJ de 9/4/2001), entendeu que há equiparação entre a devolução tardia da unidade de carga (contêiner) à sobre-estadia do navio, aplicando-lhe o mesmo prazo prescricional de 1 ano previsto no art. 449, 3, do Código Comercial, que regulava especificamente o tema, mas que foi revogado pelo Código Civil de 2002.
> *2. A taxa de sobre-estadia, quando oriunda de disposição contratual - que estabelece os dados e critérios necessários ao cálculo dos valores devidos, os quais deverão ser aferidos após a devolução do contêiner, pela multiplicação dos dias de atraso em relação aos valores das diárias -, gera dívida líquida e certa, fazendo incidir o prazo prescricional quinquenal previsto no art. 206, §5º, I, do Código Civil.*
> *3. Urge, não obstante, registrar uma importante diferenciação, pois, caso não conste no contrato de afretamento nenhuma previsão acerca da devolução serôdia da unidade de carga, eventual demanda que vise à cobrança dos valores de sobre-estadia obedecerá ao prazo prescricional decenal, haja vista a ausência de disposição legal prevendo prazo menor (art. 205 do Código Civil, ante o seu caráter eminentemente residual).*
> 4. No caso, ressoa inequívoca a não ocorrência da prescrição, uma vez que: (i) as datas de devolução dos contêineres, segundo quadro demonstrativo formulado pela credora à fl. 13, vão de 19/8/2008 a 25/11/2008; e (ii) a ação de cobrança foi ajuizada em 13/5/2010 (fls. 3-11), anteriormente ao decurso do prazo de 5 anos.
> 5. Recurso especial não provido. (REsp nº 1.355.173/SP. Rel. Min. Luis Felipe Salomão, Quarta Turma, j. 15.10.2013. *DJe*, 17 fev. 2014)

Em seu voto, o Ministro Salomão observou que a Lei nº 9.611/1998, mesmo tendo revogado a legislação anterior, reiterou, em seu art. 24, o conceito de que a unidade de carga, seus acessórios e equipamentos não constituem embalagem, sendo partes do todo. Lembrou também que a aludida lei, ao dispor, em seu art. 22, sobre a prescrição ânua das ações fundadas no descumprimento de obrigações derivadas do transporte multimodal, pode haver induzido à extensão dessa regra, por analogia, ao transporte marítimo, o que, entretanto, não é possível, já que o transporte multimodal, como definido no art. 2º dessa lei, é aquele que "regido por um único contrato, utiliza duas ou mais modalidades de transporte, desde a origem até o destino, e é executado sob a responsabilidade um Operador de Transporte Multimodal".

Além disso, acentuou que não se admite a aplicação do Decreto-Lei nº 116/1967, pois seu alcance é limitado à responsabilidade por extravio de carga, faltas e avarias das mercadorias transportadas: "o objeto da regulação é a carga em si e não a unidade em que esta é armazenada para transporte, recaindo, portanto, na mesma situação da Lei nº 9.611/1998, que é direcionada ao transporte multimodal".

Por outro lado, no que diz respeito à natureza jurídica da sobre-estadia, no já lembrado REsp nº 176.903/PR, o STJ firmou o entendimento de que se trata de indenização, e não de cláusula penal A natureza indenizatória da *demurrage* foi reafirmada em normas editadas pelo Banco Central, nomeadamente a Circular nº 2.393/1993, depois revogada pela Circular nº 3.280/2005. A obrigação de indenizar pelo atraso na entrega da unidade de carga nasce no próprio contrato de fretamento, cujo instrumento é a carta-partida ou carta de fretamento, bem como no conhecimento de transporte ou, ainda, no termo de responsabilização de unidade de carga. A pretensão de cobrança surge, nessas hipóteses, do contrato, que estabelece os critérios necessários aos cálculos dos valores devidos, atraindo a prescrição quinquenal prevista no §5º do art. 206 do Código Civil. Já nas situações em que não haja previsão contratual, incide o art. 205 do mesmo diploma, que tem caráter residual e impõe prescrição decenal. É certo, por fim, que a prescrição se conta a partir da devolução do contêiner.

A Terceira Turma perfilhou o mesmo entendimento:

> DIREITO COMERCIAL. RECURSO ESPECIAL. PRESCRIÇÃO. SOBRE-ESTADIA DE CONTÊINERES (DEMURRAGE). REVOGAÇÃO DO ART. 449 DO CÓDIGO COMERCIAL. TAXA PREVISTA NO CONTRATO. OBRIGAÇÃO LÍQUIDA. PRAZO PRESCRICIONAL QUINQUENAL. ARTIGO 206, §5º, I, DO CÓDIGO CIVIL.
>
> 1. *"A taxa de sobre-estadia, quando oriunda de disposição contratual – que estabelece os dados e critérios necessários ao cálculo dos valores devidos, os quais deverão ser aferidos após a devolução do contêiner, pela multiplicação dos dias de atraso em relação aos valores das diárias –, gera dívida líquida e certa, fazendo incidir o prazo prescricional quinquenal previsto no art. 206, §5º, I, do Código Civil"* (REsp nº 1.335.173/SP, Rel. Ministro Luis Felipe Salomão, Quarta Turma, DJe 17/02/2014).
>
> 2. Recurso especial provido. (REsp nº 1.192.847/SP. Rel. Min. Ricardo Villas Bôas Cueva, Terceira Turma, j. 22.5.2014. DJe, 1º ago. 2014)

A Segunda Seção consolidou, em seguida, idêntica orientação:

> AGRAVO REGIMENTAL NOS EMBARGOS DE DIVERGÊNCIA EM RECURSO ESPECIAL. AÇÃO DE COBRANÇA. SOBREESTADIA DE CONTÊINERES. PRESCRIÇÃO. PRAZO QUINQUENAL APLICÁVEL. POSIÇÃO PACIFICADA. SÚMULA Nº 168/STJ.
>
> 1. Esta Corte Superior já firmou entendimento no sentido de serem incabíveis embargos de divergência quando a jurisprudência do Tribunal se firmou no mesmo sentido do acórdão embargado (Súmula nº 168/STJ).
>
> 2. *As Turmas integrantes da Segunda Seção desta Corte Superior pacificaram o entendimento de que a taxa de sobre-estadia, quando oriunda de disposição contratual - que estabelece os dados e critérios necessários ao cálculo dos valores devidos, os quais deverão ser aferidos após a devolução do contêiner, pela multiplicação dos dias de atraso em relação aos valores das diárias -, gera dívida líquida e certa, fazendo incidir o prazo prescricional quinquenal previsto no art. 206, §5º, I, do Código Civil.*
>
> 3. Agravo regimental não provido. (AgRg nos EREsp nº 1.355.173/SP. Rel. Min. Ricardo Villas Bôas Cueva, Segunda Seção, j. 13.8.2014. DJe, 20 ago. 2014)

5 Divergência: aplicação analógica das regras de transporte multimodal

Poucos meses depois da pacificação do tema na Segunda Seção, em março de 2015, a Terceira Turma, em dois julgados, passa a destoar da orientação consolidada, adotando, ao revés, a tese de que por analogia seria possível aplicar o prazo específico da Lei nº 9.611/98, aplicável ao transporte multimodal, às hipóteses referentes à sobre-estadia em transporte unimodal:

> AGRAVO NO RECURSO ESPECIAL. CIVIL E PROCESSO CIVIL. PRESCRIÇÃO. *TRANSPORTE MARÍTIMO. "DEMURRAGE". SOBRE-ESTADIA DE CONTÊINER. PRESCRIÇÃO ANUAL. APLICAÇÃO DO ART. 22 DA LEI 9.611/98. INVIABILIDADE DE SE ESTABELECER PRAZOS PRESCRICIONAIS DISTINTOS PARA O TRANSPORTE MULTIMODAL E PARA O UNIMODAL.* PRECEDENTE DA 3.ª TURMA DO STJ. SÚMULA 83/STJ. AGRAVO DESPROVIDO. (AgRg no REsp nº 1.351.027/SP. Rel. Min. Paulo de Tarso Sanseverino, Terceira Turma, j. 5.3.2015. DJe, 12 mar. 2015)
>
> RECURSO ESPECIAL. TRANSPORTE MARÍTIMO. "DEMURRAGE". SOBRE-ESTADIA DE CONTÊINER. PRESCRIÇÃO ANUAL. APLICAÇÃO DO ART. 22 DA LEI 9.611/98. INVIABILIDADE DE SE ESTABELECER PRAZOS PRESCRICIONAIS DISTINTOS PARA O TRANSPORTE MULTIMODAL E PARA O UNIMODAL.
> 1. Controvérsia acerca da prescrição da pretensão de cobrança de despesas de sobre-estadia de contêiner ("demurrage").
> *2. Revogação pelo Código Civil de 2002 do dispositivo legal do Código Comercial de 1850 que regulava especificamente o tema.*
> *3. Prescrição anual prevista de maneira geral para as ações judiciais oriundas do transporte multimodal (art. 22 da Lei 9611/98).*
> *4. Impossibilidade de se estabelecer prazos prescricionais distintos para o transporte multimodal e para o unimodal, sob pena de se criarem soluções contraditórias para situações semelhantes.*
> *5. Aplicação da prescrição anual à pretensão de cobrança de despesas de sobre-estadia de contêiner, quer se trate de transporte multimodal, quer se trate de unimodal.*
> 6. Prazo prescricional ânuo que melhor se coaduna com a dinâmica do comércio marítimo e a segurança jurídica legitimamente esperada nas relações econômicas dele surgidas.
> 7. Revisão da jurisprudência da Corte acerca do tema.

8. RECURSO ESPECIAL DESPROVIDO. (REsp nº 1.355.095/SP. Rel. Min. Paulo de Tarso Sanseverino, Terceira Turma, j. 9.12.2014. *DJe*, 12 mar. 2015)

Vale lembrar que os dois acórdãos dissidentes acima referidos já foram reformados no julgamento de embargos de divergência opostos subsequentemente, adequando-se ao posicionamento que acabou sendo reafirmado no julgamento do REsp nº 1.340.041/SP (Rel. Min. Cueva, Segunda Seção, julgado em 24.6.2015, *DJe* de 4.9.2015), que é mencionado a seguir.

6 Reuniformização da jurisprudência

Para uniformizar, em definitivo, a questão, afastando, assim, a tese de estabelecimento de prazo prescricional por analogia, foi afetado o seguinte recurso à Segunda Seção:

RECURSO ESPECIAL. DIREITO CIVIL E PROCESSUAL CIVIL. AÇÃO DE COBRANÇA POR SOBRE-ESTADIA DE CONTÊINERES. TRANSPORTE MARÍTIMO. UNIMODAL. "TAXA" DE SOBRE-ESTADIA PREVISTA CONTRATUALMENTE. PRAZO PRESCRICIONAL. ART. 206, §5º, INCISO I, DO CÓDIGO CIVIL. APLICAÇÃO ANALÓGICA DO PRAZO PREVISTO NOS ARTS. 8º DO DECRETO-LEI Nº 116/1967 E 22 DA LEI Nº 9.611/1998. IMPOSSIBILIDADE.

1. Ação de cobrança de valores relativos a despesas de sobre-estadia de contêineres (demurrage) previamente estabelecidos em contrato de transporte marítimo (unimodal). Acórdão recorrido que afastou tese defensiva de prescrição ânua da pretensão autoral.

2. Recurso especial que reitera pretensão da demandada (afretadora) de que se reconheça prescrita a pretensão da autora (armadora) a partir da aplicação ao caso, por analogia, do prazo prescricional de 1 (um) ano de que tratam os arts. 8º do Decreto-Lei nº 116/1967 e 22 da Lei nº 9.611/1998.

3. Para as ações fundadas no não cumprimento das responsabilidades decorrentes do transporte multimodal, o prazo prescricional, apesar da revogação do Código Comercial, permanece sendo de 1 (um) ano, haja vista a existência de expressa previsão legal nesse sentido (art. 22 da Lei nº 9.611/1998).

4. A diferença existente entre as atividades desempenhadas pelo transportador marítimo (unimodal) e aquelas legalmente exigidas do Operador de Transporte Multimodal revela a manifesta impossibilidade de se estender à pretensão de cobrança de despesas decorrentes da sobre-estadia de contêineres (pretensão do transportador unimodal contra o contratante do serviço) a regra prevista do art. 22 da Lei nº 9.611/1998 (que diz respeito ao prazo prescricional ânuo aplicável às pretensões dos contratantes do serviço contra o Operador de Transporte Multimodal).

5. Além disso, as regras jurídicas sobre a prescrição devem ser interpretadas estritamente, repelindo-se a interpretação extensiva ou analógica. Daí porque afigura-se absolutamente incabível a fixação de prazo prescricional por analogia, medida que não se coaduna com os princípios gerais que regem o Direito Civil brasileiro, além de constituir verdadeiro atentado à segurança jurídica, cuja preservação se espera desta Corte Superior.

6. Por isso, em se tratando de transporte unimodal de cargas, quando a taxa de sobre-estadia objeto da cobrança for oriunda de disposição contratual que estabeleça os dados e os critérios necessários ao cálculo dos valores devidos a título de ressarcimento pelos prejuízos causados em virtude do retorno tardio do contêiner, será quinquenal o prazo prescricional (art. 206, §5º, inciso I, do Código Civil). Caso contrário, ou seja, nas hipóteses em que inexistente prévia estipulação contratual, aplica-se a regra geral do art. 205 do Código Civil, ocorrendo a prescrição em 10 (dez) anos.

7. No caso, revela-se inequívoco o acerto da Corte local ao concluir pela não ocorrência da prescrição, haja vista que (i) a devolução dos contêineres deu-se entre os dias 10/9/2008 e 16/10/2008 e (ii) a ação de cobrança foi ajuizada em 5/5/2010, muito antes, portanto, do decurso do prazo de 5 (cinco) anos.

8. Recurso especial não provido. (REsp nº 1.340.041/SP. Rel. Min. Ricardo Villas Bôas Cueva, Segunda Seção, j. 24.6.2015. *DJe*, 4 set. 2015)

Do mesmo modo como acentuado no REsp nº 1.355.173/SP, entendeu a Segunda Seção não se aplicar ao transporte unimodal a Lei nº 9.611/1998 ou o Decreto-Lei nº 116/1967. Como destacado no voto-condutor:

> é justamente a diferença existente entre as atividades desempenhadas pelo transportador marítimo e aquelas legalmente exigidas do Operador de Transporte Multimodal que revela por si só a manifesta impossibilidade de se estender à pretensão de cobrança de despesas decorrentes da sobre-estadia de contêineres (pretensão do transportador unimodal contra o contratante do serviço) a regra que estabelece o prazo prescricional ânuo para as ações fundadas no não cumprimento das responsabilidades decorrentes do transporte multimodal (pretensões dos contratantes do serviço contra o Operador de Transporte Multimodal.

É que, em se tratando de transporte unimodal marítimo, a responsabilidade do transportador limita-se ao percurso marítimo, que começa assim que recebida a carga a bordo do navio, no porto de origem, e cessa quando a carga é desembarcada, no porto de destino. Outros serviços e procedimentos, como o desembaraço aduaneiro, o transporte e a desunitização dos contêineres, entre outros, são de responsabilidade exclusiva do afretador, de modo que a demora além do período pactuado para concluir quaisquer desses procedimentos pode levar a atraso na devolução ao transportador dos contêineres. Isso não ocorre no transporte multimodal de cargas, pois este compreende, como previsto no art. 3º da Lei nº 9.611/1998:

> além do transporte em si, os serviços de coleta, unitização desunitização, movimentação, armazenagem e entrega de carga ao destinatário, bem como a realização dos serviços correlatos que forem contratados entre a origem e o destino, inclusive os de consolidação e desconsolidação documental de cargas.

Isto é, as unidades de cargas permanecem sempre sob a posse do operador de transporte multimodal, não cabendo, assim, atribuir ao contratante qualquer responsabilidade por eventual sobre-estadia de contêineres.

Vê-se claramente que a sistemática operacional do transporte multimodal é radicalmente diversa daquela do transporte unimodal, sendo também diversos os deveres, responsabilidades e pretensões de seus respectivos atores, sendo incabível a transposição do regramento de uma modalidade de transporte para outra.

Não obstante, em seu voto vencido, o Ministro Sanseverino ponderou que o art. 22 da Lei nº 9.611 tem redação abrangente, que abarca todas as ações judiciais oriundas do transporte multimodal, alcançando não apenas a relação jurídica do contratante com o operador, mas também as que envolvem estes e os subcontratados. Assim:

> se a demurrage, no transporte multimodal, está sujeita ao prazo prescricional de um ano, a necessidade de coerência entre as normas de um mesmo sistema jurídica recomenda que a prescrição no transporte unimodal também deva ocorrer no

mesmo prazo. Isso porque, do ponto de vista do armador, titular da pretensão, a demurrage é sempre o mesmo fato, seja o transporte marítimo o único meio de transporte (unimodal), seja ele apenas uma parte do transporte multimodal. É possível, em tese, inclusive, que, em um mesmo contêiner, existam mercadorias sujeitas a um contrato de transporte multimodal e outras a um unimodal. Efetivamente, nada obsta que um operador de transporte multimodal também celebre contratos de transporte unimodal.

A questão encontra-se atualmente pacificada, com distinção entre a prescrição de cobrança por sobre-estadia de contêineres no transporte multimodal (1 ano – no art. 22 da Lei nº 9.611/1998) e unimodal (5 ou 10 anos, conforme o caso):

AGRAVO INTERNO NO AGRAVO EM RECURSO ESPECIAL. AÇÃO DE COBRANÇA. TRANSPORTE MARÍTIMO INTERNACIONAL. SOBRE-ESTADIA DE CONTÊINERES. DEMURRAGE. 1. ILEGITIMIDADE ATIVA E IRREGULARIDADE NA REPRESENTAÇÃO AFASTADAS. SÚMULAS 5, 7 E 83 DESTA CORTE. 2. CERCEAMENTO DO DIREITO DE DEFESA. NÃO OCORRÊNCIA. 3. TRANSPORTE UNIMODAL. PRAZO PRESCRICIONAL QUINQUENAL. ART. 206, §5º, I, DO CÓDIGO CIVIL. TEMA PACIFICADO PELA SEGUNDA SEÇÃO DO STJ. INCIDÊNCIA DA SÚMULA 83/STJ. 4. AGRAVO INTERNO IMPROVIDO.
1. O acórdão encontra-se em perfeita harmonia com a jurisprudência desta Corte no sentido de que "o agente marítimo de armadora estrangeira pode constituir procurador no Brasil para ajuizar demandas em nome da armadora" (REsp n. 1.562.534/SP, Relator Ministro Paulo de Tarso Sanseverino, Dje 19/12/2017)
2. O Tribunal de origem, soberano no exame dos fatos e provas, considerou dispensável a produção da prova requerida (juntada de documentos para comprovar a demora no desembaraço alfandegário). Rever tal conclusão esbarra no óbice da Súmula 7 desta Corte. 3. *No tocante* à *alegada prescrição arguida pela agravante, o Colegiado estadual afastou a sua ocorrência, por se tratar de transporte unimodal. Portanto, aplicável o prazo quinquenal, à hipótese, e não escoado tal interregno à data da propositura da presente demanda. Precedentes. Incide, na espécie, a Súmula 83/ STJ.* 4. Agravo interno a que se nega provimento. (AgInt no AREsp nº 918.525/SP. Rel. Min. Marco Aurélio Bellizze, Terceira Turma, j. 15.10.2018. *DJe*, 19 out. 2018)

PROCESSUAL CIVIL. AGRAVO INTERNO NO RECURSO ESPECIAL. AÇÃO DE COBRANÇA. SOBRE-ESTADIA DE CONTÊINERES. INEXISTÊNCIA DE OFENSA AO ART. 1.022 DO CPC/2015. MODALIDADE CONTRATUAL.

REEXAME DO CONJUNTO FÁTICO-PROBATÓRIO. SÚMULAS N. 5 E 7 DO STJ. JUNTADA DE DOCUMENTOS NOVOS E TRADUÇÃO. SÚMULA N. 83/STJ. DECISÃO MANTIDA.

1. Inexiste afronta ao art. 1.022 do CPC/2015 quando o acórdão recorrido pronuncia-se, de forma clara e suficiente, acerca das questões suscitadas nos autos, manifestando-se sobre todos os argumentos que, em tese, poderiam infirmar a conclusão adotada pelo Juízo.

2. O recurso especial não comporta exame de questões que impliquem revolvimento do contexto fático-probatório dos autos ou interpretação de cláusula contratual, a teor do que dispõem as Súmulas n. 5 e 7 do STJ.

3. *No caso, o Tribunal de origem consignou expressamente que a relação jurídica estabelecida entre os contratantes versava apenas sobre transporte marítimo, não sendo transporte multimodal de cargas, motivo por que não deveria incidir o prazo de prescrição previsto no art. 22 da Lei n. 9.611/1998.*

4. "É admitida a juntada de documentos novos após a petição inicial e a contestação desde que: (i) não se trate de documento indispensável à propositura da ação; (ii) não haja má fé na ocultação do documento; (iii) seja ouvida a parte contrária (art. 398 do CPC)" (AgRg no AREsp n. 435.093/SP, Relator Ministro LUIS FELIPE SALOMÃO, QUARTA TURMA, DJe 1º/8/2014). Incidência da Súmula 83/STJ.

5. Agravo interno a que se nega provimento. (AgInt no REsp nº 1.657.018/SP. Rel. Min. Antonio Carlos Ferreira, Quarta Turma, j. 19.4.2018. *DJe*, 26 abr. 2018)

Há inúmeros outros precedentes (tanto acórdãos quanto decisões monocráticas), de ambas as Turmas julgadoras da Segunda Seção, que reafirmam a mesma orientação que prevaleceu no julgamento do REsp nº 1.340.041/SP.[5]

---

[5] Vale mencionar, a título de exemplo: AgInt no AREsp nº 1.344.602/SP. Rel. Min. Moura Ribeiro, Terceira Turma, j. 25.2.2019. *DJe*, 27 fev. 2019; AgInt no AREsp nº 1.367.405/SP. Rel. Min. Maria Isabel Gallotti, Quarta Turma, j. 21.5.2019. *DJe*, 28 maio 2019; AgInt no AREsp nº 1243376/SP. Rel. Min. Maria Isabel Gallotti, Quarta Turma, j. 26.3.2019. *DJe*, 29 mar. 2019; AgInt no REsp nº 1.732.420/SP. Rel. Min. Nancy Andrighi, Terceira Turma, j. 25.3.2019. *DJe*, 27 mar. 2019; AgInt no REsp nº 1.598.887/SP. Rel. Min. Marco Aurélio Bellizze, Terceira Turma, j. 3.12.2018. *DJe*, 6 dez. 2018; AgInt no REsp nº 1.672.975/SP. Rel. Min. Maria Isabel Gallotti, Quarta Turma, j. 7.12.2017. *DJe*, 14 dez. 2017; REsp nº 1.554.480/SP. Rel. Min. Nancy Andrighi, Terceira Turma, j. 17.10.2017. *DJe*, 20 out. 2017; REsp nº 1.626.550/SP. Rel. Min. Nancy Andrighi, Terceira Turma, j. 17.10.2017. *DJe*, 20 out. 2017; AgInt no AREsp nº 317.538/SP. Rel. Min. Antonio Carlos Ferreira, Quarta Turma, j. 22.8.2017. *DJe*, 31 ago. 2017; AgInt no AREsp nº 925.119/SC. Rel. Min. Luis Felipe Salomão, Quarta Turma, j. 1.8.2016. *DJe*, 23 ago. 2016.

7 Considerações finais

Como se viu, o novo Código Civil, ao revogar vários dispositivos do Código Comercial, particularmente o art. 449, cujo inc. 3º previa a prescrição ânua para a cobrança de sobre-estadias, acabou por atrair para si a definição desse prazo prescricional, que se encontrava estabilizado por mais de 150 anos. Com isso, houve ampliação considerável e desarrazoada da prescrição da cobrança da *demurrage* de contêineres, que passou a ser de 5 e 10 anos, conforme se cuide ou não de obrigação líquida e certa.

Baldadas as bem-intencionadas tentativas de aplicar por analogia ao transporte unimodal as regras aplicáveis ao transporte multimodal – seja porque não se admite a interpretação analógica em se tratando de prescrição, seja porque a sistemática operacional do transporte multimodal não se coaduna com a do transporte unimodal –, a jurisprudência do STJ tem se mantido estável desde 2015, quando a Segunda Seção do Tribunal, por meio de precedente qualificado, pacificou a aplicabilidade à espécie do Código Civil.

De lege ferenda, contudo, conviria elaborar proposta de alteração legislativa que contivesse previsão expressa de prescrição ânua para a cobrança da sobre-estadia de contêineres, em prol da segurança jurídica em suas dimensões de previsibilidade e calculabilidade.

Informação bibliográfica deste texto, conforme a NBR 6023:2018 da Associação Brasileira de Normas Técnicas (ABNT):

CUEVA, Ricardo Villas Bôas. Prescrição da cobrança da sobre-estadia de contêineres (demurrage). *In*: LEWANDOWSKI, Enrique Ricardo (Coord.). *Direito Marítimo*: estudos em homenagem aos 500 anos da circum-navegação de Fernão de Magalhães. Belo Horizonte: Fórum, 2021. p. 545-559. ISBN 978-65-5518-105-0.

A NATUREZA JURÍDICA DA REMUNERAÇÃO DA PRATICAGEM E A POSSIBILIDADE DE ATRIBUIÇÃO DE PREÇO MÁXIMO PELA AUTORIDADE MARÍTIMA BRASILEIRA

THEOPHILO ANTONIO MIGUEL FILHO

1   Introdução

O presente artigo tem por escopo a análise da intervenção estatal na fixação dos preços dos serviços de praticagem no Brasil, atividade de grande relevância nas relações comerciais internas, assim como nas de exportação e de importação, nos portos do Brasil.

Em um país continental como o Brasil, seja em razão da dimensão de seu litoral, com 7.367 km, banhado a leste pelo oceano Atlântico, seja em razão das suas principais hidrovias (Bacia do Tocantins, Rio São Francisco, Rio da Madeira, Hidrovia do Tietê-Paraná e Hidrovia Taguari-Guaíba), o serviço marítimo mostra-se de grande relevância pelo impacto econômico que o traduz e, nesse contexto, indubitavelmente, a fixação do preço da praticagem pode representar conflitos de interesses, o que justifica, muitas vezes, a intervenção estatal.

O desenvolvimento do serviço marítimo traz em seu bojo a relevância da praticagem, diante da necessidade de assessoria aos comandantes dos navios para navegação em águas restritas, vale dizer, onde existam condições que dificultem a livre e segura navegação como, *verbi gratia*, em portos, estuários e hidrovias. As vultosas quantias envolvidas na atividade econômica marítima, os riscos ao próprio meio ambiente e a essencialidade do serviço de praticagem resultam na necessidade de regulação e intervenção estatal, especialmente na fixação do preço da praticagem.

É preciso compreender, portanto, quais são os limites e contornos da legítima atuação estatal, não apenas na regulação e fiscalização, mas também na própria atuação administrativa na estipulação dos preços dos serviços de praticagem no Brasil, diante da frequente judicialização da questão.

A sobredita análise ganha relevo acadêmico, sobretudo, pela necessidade da compreensão de conceitos de direito constitucional e direito administrativo relacionados à intervenção estatal na fixação do preço da praticagem, o que mostra o marcante caráter interdisciplinar deste estudo.

2 Breve histórico sobre a praticagem no Brasil e sua evolução legislativa

Conforme alguns pesquisadores, a praticagem é tão antiga quanto a própria atividade comercial marítima, havendo apontamentos no sentido que "Dela tem-se registro no Código de Hamurabi, nos famosos Rolos de Rhodes e Oleron e em algumas passagens bíblicas, já sendo largamente utilizada na antiguidade pelos Gregos e Fenícios".[1]

Com o incremento da atividade comercial marítima, ao longo dos séculos, passa a surgir maior preocupação e necessidade de fiscalização da atividade portuária, sendo certo, nesse contexto, que a assessoria aos

---

[1] PIMENTA, Matusalém G. *Responsabilidade civil do prático*. Rio de Janeiro: Lumen Juris, 2007. p. 57.

comandantes das embarcações, para navegação em águas restritas, na entrada e saída dos portos, passa a ter enorme importância e, com isso, surge a necessidade de profissionais capacitados e habilitados para o desempenho de tal mister.

As atividades de praticagem no Brasil surgem com a noção de controle da navegação marítima e ganham relevo histórico com a abertura dos portos do Brasil pelo decreto de D. João VI, datado de 28.1.1808.

No Brasil, a profissão de prático inicia-se, propriamente, em 1808 com a chegada da Família Real ao país, quando D. João VI decretou o "Regimento para os Pilotos Práticos da Barra do porto desta cidade do Rio de Janeiro".[2]

A partir da expressão "piloto prático", derivou-se a terminologia consagrada hodiernamente no Brasil como prático, sendo internacionalmente concebida como *pilot*.

Oportuno, nesse aspecto, transcrever o primeiro documento histórico que regulariza o serviço de praticagem, o decreto de 12.6.808, assinado por D. João VI:[3]

> Porquanto pela Carta Régin de 28 de Janeiro proximo passado, fui servido permittir aos navios das Potencias alliadas e amigas da minha Corôa, a livre entrada nos Portos deste Continente; e sendo necessario, para que aquelles dos referidos navios que demandarem o Porto desta Capital não encontrem risco algum na sua entrada ou sahida, que haja Pilotos Práticos desta Barra, capazes e com os sufficientes conhecimentos, que possam merecer a confiança dos Comandantes ou Mestres das embarcações que entrarem ou sahirem deste Porto: hei por bem crear o lagar de Piloto Pratico da Barra deste Porto do Rio de Janeiro, e ordenar que sejam admittidos a servir nesta qualidade os indivíduos que tiverem as circunstancias prescriptas no Regimento que baixa com este, assignado pelo Visconde de Anadía, do meu Conselho de Estado Ministro e Secretario de Estado dos Negocios da Marinha e Doininios Ultramarinos, e que possam perceber pelo

---

[2] PIMENTA, Matusalém G. *Responsabilidade civil do prático*. Rio de Janeiro: Lumen Juris, 2007. p. 73.
[3] BRASIL. *Decreto de 12 de junho de 1808*. Disponível em: http://www.planalto.gov.br/ccivil_03/decreto/historicos/dim/DIM-12-6-1808.htm.

seu trabalho os emolumentos ahí declarados. O Infante D. Pedro Carlos, meu muito amado e prezado sobrinho, Almirante General da Marinha, o tenha assim entendído e o faça executar.

O avanço da atividade portuária no Brasil deu ensejo à necessidade de edição de regulamentos disciplinando o tráfego aquaviário, inserindo-se, em tal perspectiva, os serviços de praticagem.

A propósito, sucederam-se vários decretos que aprovaram os Regulamentos Gerais dos Serviços de Praticagem, tornando obrigatório o serviço para todas as embarcações que demandavam portos ou ancoradouros de acesso difícil ou perigoso, seja para a navegação costeira, proveniente do alto mar, ou do interior, revelando uma forte intervenção estatal, não somente na fiscalização dos portos, uma vez que, em determinadas circunstâncias, os regulamentos permitiam, ainda que de forma supletiva, a própria atuação da Administração Pública na realização dos serviços de praticagem, sendo marcantes, outrossim, a subordinação ao Estado e o próprio interesse público na atividade.

Inicialmente, restou editado o Decreto nº 79, de 23.12.1889, o primeiro estabelecendo que o serviço de praticagem devia ser exercido por associação, salvo se impossível organizá-la, caso em que caberia ao Governo Federal auxiliar ou realizar o serviço de praticagem por administração, sob a exclusiva direção de um oficial reformado da Armada, sob nomeação federal (art. 3º).

Os práticos encontravam-se subordinados aos capitães dos portos. A definição do número de práticos, de praticantes de prático e de outros profissionais da área era prevista nos regulamentos de cada localidade (art. 6º).

Os lugares de prático do quadro deviam ser preenchidos, em princípio, pelos praticantes que fossem aprovados no exame de habilitação profissional (art. 9º). Surgindo vaga de prático, o diretor de praticagem convocava interessados para inscrição em processo de seleção de praticante de prático (art. 84).

A forte intervenção estatal nos serviços de praticagem prosseguiu com os decretos seguintes, vale citar: Decreto nº 6.846, de 6.2.1908, Decreto nº 17.616, de 31.12.1928 e Decreto nº 40.704, de 31.12.1956.

A partir da edição do Decreto nº 119, de 1961, passa a livre iniciativa a ganhar maior força no desempenho dos serviços de praticagem, resultado da modificação substancial na matéria, transferindo aos práticos a total responsabilidade pela gestão dos serviços, conferindo-lhes autonomia para decidir sobre aspectos administrativos e comerciais, não mais subordinando os serviços de praticagem aos capitães dos portos, como ocorria nos regulamentos anteriores.

Em razão dessas mudanças, o serviço de praticagem passou a ser exercido em caráter privado, em convívio, contudo, com uma intervenção estatal indireta em muitos aspectos, o que revela o perene interesse público sobre a matéria.

Os decretos seguintes, vale dizer, Decreto nº 93.475, de 24.10.1986 e o Decreto nº 97.026, de 1º.11.1988, mantiveram o exercício da atividade de praticagem em caráter privado, continuando, registre-se, robusta intervenção estatal na regulação e fiscalização dos aspectos técnicos e profissionais na atividade da praticagem.

Com o advento da Constituição Cidadã brasileira, de 1988, e os respectivos valores consagrados na Lei Maior do país, surge a preocupação da edição de lei, em sentido formal, que viesse a disciplinar a segurança do tráfego aquaviário.

Em 1997, surge, então, a Lei de Segurança do Tráfego Aquaviário – Lei nº 9.537/97, representando nítido avanço na disciplina do serviço de praticagem no Brasil, reservando-lhe, inclusive, capítulo específico.

O diploma legal, diga-se, reforça o desempenho da praticagem como de atividade privada de assessoria, balizando nitidamente o relacionamento prático-comandante do navio, resguardando ao último suas prerrogativas indissociáveis, sua autoridade e responsabilidades; impõe requisitos para formação dos práticos, mediante exame e estágio de qualificação, limitando a sua inscrição em apenas uma zona de praticagem – ZP; condiciona a manutenção da habilitação do prático à execução de um número mínimo de manobras e assegura a todo prático o livre exercício do serviço, entre outros aspectos.

Em seu art. 12, a Lei nº 9.537/97 define o serviço de praticagem como: "o conjunto de atividades profissionais de assessoria ao comandante, requerido por força de peculiaridades locais, que dificultam a livre e segura movimentação de embarcação".

Prevê, ainda, o art. 14 da legislação de regência que "o serviço de praticagem, considerado atividade essencial, deve estar permanentemente disponível nas zonas de praticagem estabelecidas" e que, para assegurar o serviço, a autoridade marítima poderá: "I - estabelecer o número de práticos necessário para cada zona de praticagem; II - fixar o preço do serviço em cada zona de praticagem; e III - requisitar o serviço de práticos".

Com o escopo de regulamentar a Lei nº 9.537/97, restou editado o Decreto nº 2.596/1998 que, em seu art. 6º, acabou por estabelecer parâmetros de intervenção para autoridade marítima no serviço de praticagem, regulamentando, especificamente, o art. 14 do diploma legal em epígrafe, no que diz respeito à remuneração.

Em 2012, restou editado o Decreto nº 7.860, que acabou por modificar o art. 6º, Decreto nº 2.596/1998, acentuando a intervenção estatal na fixação do preço de serviço de praticagem, com a criação da Comissão Nacional para Assuntos de Praticagem, autorizando-a a propor preços, estipulando, ainda, a submissão da proposta à Autoridade Marítima para homologação.

O Decreto nº 7.860/2012 acabou sendo revogado, contudo, pelo Decreto nº 9.676/2019, extraindo-se, atualmente, a disciplina da fixação dos preços do serviço de praticagem diretamente das disposições da Lei nº 9.537/97.

Apesar de a legislação atual (Lei nº 9.537/97) assegurar certa dose de liberdade no desempenho da atividade de praticagem, também é nítida a presença da forte intervenção estatal na regulação e fiscalização, por intermédio da autoridade marítima, diante do evidente interesse público que envolve os serviços aquaviários no Brasil.

No presente artigo, passa a ser analisada a legitimidade da atuação regulatória da autoridade marítima, especificamente no que diz respeito à fixação do preço do serviço da praticagem no Brasil

3 Controvérsia e natureza jurídica: a possibilidade de fixação de preço máximo ao serviço de praticagem pela Comissão Nacional para Assuntos de Praticagem

Conforme explicitado alhures, ao longo da evolução da legislação de regência e regulamentação da atividade de praticagem, restou editado o Decreto nº 7.860, em 6.12.2012. O referido decreto criou a Comissão Nacional para Assuntos de Praticagem e lhe atribuiu, entre outras competências e objetivos, a de estipular preços máximos do serviço para cada zona de praticagem, conforme seu art. 1º, II.[4]

Ao alterar o Decreto nº 2.596/1998, o Decreto nº 7.860/2012 estabeleceu a fixação prévia e incondicional de preço máximo ao serviço de praticagem por figuras da Administração Pública com a homologação da Autoridade Marítima. A composição da Comissão Nacional para Assuntos

---

[4] "Art. 1º Fica criada a Comissão Nacional para Assuntos de Praticagem, com o objetivo de propor: I - metodologia de regulação de preços do serviço de praticagem; II - preços máximos do serviço de praticagem em cada Zona de Praticagem; III - medidas para o aperfeiçoamento da regulação do serviço de praticagem em cada Zona de Praticagem; e IV - abrangência de cada Zona de Praticagem. Parágrafo único. As propostas serão submetidas à Autoridade Marítima para homologação" (Decreto nº 7.860, de 6.12.2012).

de Praticagem (art. 2º) conta com a presidência da Autoridade Marítima, com a secretaria executiva da Secretaria de Portos da Presidência da República e quórum dos ministérios da Fazenda, Transportes, Portos e Aviação Civil, bem como da Agência Nacional de Transportes Aquaviários.[5]

Comparando-se a norma constante do art. 1º do Decreto nº 7.860/2012, com aquela prevista no art. 6º do Decreto nº 2.596/1998, vê-se que o diploma infralegal mais recente inovou na ordem jurídica ao dispor de maneira diversa a respeito da hipótese de fixação de preço máximo à atividade de praticagem. Observe:[6]

> Art. 1º Fica criada a Comissão Nacional para Assuntos de Praticagem, com o objetivo de propor: [...]
> II - preços máximos do serviço de praticagem em cada Zona de Praticagem; [...]
> Art. 6º A Aplicação do previsto no inciso II do parágrafo único do art. 14 da Lei nº 9.537, de 11 de dezembro de 1997, observará o seguinte:
> I - o serviço de praticagem é constituído de prático, lancha de prático e atalaia;
> II - a remuneração do serviço de praticagem abrange o conjunto dos elementos apresentados no inciso I, devendo o preço ser livremente negociado entre as partes interessadas, seja pelo conjunto dos elementos ou para cada elemento separadamente;
> III - nos casos excepcionais em que não haja acordo, a autoridade marítima determinará a fixação do preço, garantida a obrigatoriedade da prestação do serviço.

Dessa forma, o que antes assumia nítido caráter excepcional, em função da obrigatoriedade e da disponibilidade perene da prestação do serviço de praticagem, tornou-se a regra, de modo que seria o valor máximo do serviço de praticagem previamente estipulado para toda e qualquer situação, dissociando-se, pois, da razão de intervenção excepcional

---

[5] "Art. 2º A Comissão Nacional para Assuntos de Praticagem será composta por cinco membros titulares e respectivos suplentes, que representarão os seguintes órgãos e entidade: I - Ministério da Defesa, representado pela Autoridade Marítima, que a presidirá; II - Secretaria de Portos da Presidência da República, que exercerá a função de secretaria-executiva; III - Ministério da Fazenda; IV - Ministério dos Transportes, Portos e Aviação Civil; e V - Agência Nacional de Transportes Aquaviários" (Decreto nº 7.860, de 6.12.2012).

[6] Decretos nºs 27.860/2012 e 596/1998, respectivamente.

do Estado em função da natureza de essencialidade de disponibilidade ininterrupta da atividade.

A referida mudança de postura do Estado – personificado na Autoridade Marítima e nos demais membros da Comissão Nacional para Assuntos de Praticagem –, acompanhada da inovação no sistema jurídico, instaurou um cenário de insegurança jurídica a respeito da (im)possibilidade de ser o preço máximo do serviço de praticagem previamente estabelecido. Dessa forma, diversas relações jurídico-processuais foram inauguradas tendo como objeto o ponto controvertido em comento.

Passa-se, então, a discorrer a respeito da compatibilidade do Decreto nº 7.860/2012 com os subsistemas jurídico-constitucional, jurídico-econômico e com a própria moldura estabelecida pela Lei nº 9.537/1997 à regulamentação da atividade de praticagem.

Evidentemente que o ponto de partida do exame enunciado há de coincidir com a investigação da natureza jurídica do serviço de praticagem e de seu preço, o que se passa a fazer.

Conforme outrora esposado, a definição da atividade de praticagem é-nos apresentada pelo art. 12 da Lei nº 9.537/1997,[7] que a imprime como o "conjunto de atividades profissionais de assessoria ao Comandante requeridas por força de peculiaridades locais que dificultem a livre e segura movimentação da embarcação". Atendo-se à definição legal do serviço de praticagem, observa-se que um de seus elementos é *conjunto de atividades profissionais*.

Ora, se a prestação do serviço corresponde ao desempenho de atividade profissional, logo, está a se falar de um serviço relacionado à prática de um ofício, à execução de um trabalho (ainda que inexistente

---

[7] "Art. 12. O serviço de praticagem consiste no conjunto de atividades profissionais de assessoria ao Comandante requeridas por força de peculiaridades locais que dificultem a livre e segura movimentação da embarcação" (Lei nº 9.537/1997).

seja o vínculo empregatício) e, portanto, à prática ou realização de uma atividade *remunerada*, passível de expressão em termos econômicos.

A conclusão é confirmada pelo teor do art. 13, da mesma Lei nº 9.537/1997, que preleciona ser o serviço de praticagem *executado por práticos devidamente habilitados, individualmente, organizados em associações ou contratados por empresas*.[8] Dessa feita, entende-se que a execução do ofício de praticagem dar-se-á seja por *profissionais* autônomos, seja por *profissionais* associados ou, ainda, por aqueles contratados por pessoas jurídicas. Portanto, ratificando-se o que há pouco se constatou, a natureza do serviço de praticagem é *privada*, independentemente da forma de contratação do serviço ou da inexistência de vínculo empregatício.

Havida por determinada a natureza jurídica da atividade de praticagem como de âmbito privado, incabível a sua classificação como de prestação de serviço público. Isso porque é a prestação de serviço público regida pelo regime jurídico de direito público e, ainda que delegado o seu exercício a particular, a referida delegação é somente cabível sob os regimes de permissão ou de concessão de serviço público, com prévia e necessária realização de licitação, conforme art. 175 da Constituição da República.[9]

Assim, resta claro que a atividade de praticagem não partilha da natureza de prestação de serviço público, não portando os profissionais práticos permissão ou concessão da execução do serviço que realizam, muito menos sujeitando-se a prévio procedimento licitatório da Administração ou, ainda, subordinados à modificação das condições de

---

[8] "Art. 13. O serviço de praticagem será executado por práticos devidamente habilitados, individualmente, organizados em associações ou contratados por empresas" (Lei nº 9.537/1997).
[9] "Art. 175. Incumbe ao Poder Público, na forma da lei, diretamente ou sob regime de concessão ou permissão, sempre através de licitação, a prestação de serviços públicos. Parágrafo único. A lei disporá sobre: I - o regime das empresas concessionárias e permissionárias de serviços públicos, o caráter especial de seu contrato e de sua prorrogação, bem como as condições de caducidade, fiscalização e rescisão da concessão ou permissão; II - os direitos dos usuários; III - política tarifária; IV - a obrigação de manter serviço adequado" (Constituição da República Federativa do Brasil).

prestação do serviço (cláusulas contratuais) de forma unilateral pela Administração Pública, como estão as permissionárias e concessionárias de serviço público.

Nesse sentido, vale ressalvar que, por ser prestação de serviço privado, mas de relevância pública, os práticos já sofriam a intervenção do Estado em sua esfera privada por meio do exercício do poder de polícia, perfeito na exigência da expedição de habilitação para a execução do trabalho e na fiscalização das atividades, conforme art. 13, §§1º e 2º, da Lei nº 9.537/1997.[10]

Portanto, resta sedimentada a natureza jurídica da atividade de praticagem como privada, assim como será igualmente particular o preço atribuído ao serviço prestado. Encontra-se, pois, a prestação de serviço de praticagem inserta no âmbito privado, sujeita a regime jurídico privado e, logo, regida pelos princípios de mercado, entre eles, os da liberdade econômica (liberdade da iniciativa privada) e da livre concorrência, sobre os quais se debaterá no tomo seguinte.

Feitos os esclarecimentos a respeito da natureza jurídica da atividade de praticagem, bem como a do preço decorrente da prestação de seu serviço, prossegue-se a digressão com base nos princípios envoltos na presente controvérsia jurídica, quais sejam, (i) o princípio da essencialidade da atividade, (ii) o princípio da legalidade, (iii) o princípio da liberdade econômica (livre inciativa e livre concorrência) e suas respectivas implicações quanto ao exame de compatibilidade do Decreto nº 7.860/2012 para com o ordenamento jurídico.

---

[10] "Art. 13. O serviço de praticagem será executado por práticos devidamente habilitados, individualmente, organizados em associações ou contratados por empresas. §1º A inscrição de aquaviários como práticos obedecerá aos requisitos estabelecidos pela autoridade marítima, sendo concedida especificamente para cada zona de praticagem, após a aprovação em exame e estágio de qualificação. §2º A manutenção da habilitação do prático depende do cumprimento da freqüência mínima de manobras estabelecida pela autoridade marítima" (Lei nº 9.537/1997).

4 Princípios inerentes à controvérsia jurídica de fixação prévia de preço máximo à atividade de praticagem

4.1 Princípio da essencialidade da atividade (prestação de serviço)

Apesar de ser atividade inserida no âmbito da iniciativa privada, a Lei nº 9.537/1997 caracterizou como *essencial* o serviço de praticagem. Convém esclarecer não ser a praticagem a única atividade privada (de regime jurídico privado e prestada por particular) a ser considerada essencial. Nesse sentido, prevê o art. 9º, §1º, da Constituição da República[11] o veículo introdutor de lei ordinária para a fixação das atividades essenciais e o atendimento das necessidades inadiáveis da coletividade, ainda que com a finalidade da regulamentação do exercício de greve.

O veículo normativo primário a que se refere o art. 9º, §1º, CR, é a Lei nº 7.783/89, sem prejuízo, evidentemente, de que haja reconhecimento da essencialidade de outras atividades em legislação extravagante, ou no próprio altiplano constitucional, como é o caso dos transportes coletivos (art. 30, V, CR).[12] Como exemplo de atividades privadas, listou a Lei nº 7.783/89 como essenciais os serviços funerários e os de distribuição e comercialização de alimentos e medicamentos (art. 10, III e IV).[13] Dessa feita, elencou também a Lei nº 9.537/1997 outro serviço privado de natureza essencial.

Ao dispor sobre a segurança da navegação, nas águas sob jurisdição nacional, a Lei nº 9.537/1997 considerou por essencial a atividade relacionada à assessoria ao comandante das embarcações a respeito das

---

[11] "Art. 9º É assegurado o direito de greve, competindo aos trabalhadores decidir sobre a oportunidade de exercê-lo e sobre os interesses que devam por meio dele defender. §1º A lei definirá os serviços ou atividades essenciais e disporá sobre o atendimento das necessidades inadiáveis da comunidade. §2º Os abusos cometidos sujeitam os responsáveis às penas da lei" (Constituição da República Federativa do Brasil).

[12] "Art. 30. Compete aos Municípios: [...] V - organizar e prestar, diretamente ou sob regime de concessão ou permissão, os serviços públicos de interesse local, incluído o de transporte coletivo, que tem caráter essencial; [...]" (Constituição da República Federativa do Brasil).

[13] "Art. 10. São considerados serviços ou atividades essenciais: [...] III - distribuição e comercialização de medicamentos e alimentos; IV - funerários; [...]" (Lei nº 7.783/89).

especificidades dos locais de atracamento, garantindo-se a segura movimentação das embarcações nas imediações dos portos.

Em virtude da natureza de essencial do serviço de praticagem e da necessidade de ter sua disponibilidade permanentemente, poderá a atividade submeter-se à intervenção estatal, com o estrito fim de salvaguardá-las. Para tanto, o legislador estabeleceu outros três modos de intervenção da Autoridade Marítima (leia-se "Estado") no exercício privado da atividade de praticagem (para além da expedição e fiscalização da habilitação), quais sejam, (i) o estabelecimento do número de práticos necessário para cada zona de praticagem; (ii) a fixação de preço máximo ao serviço; (iii) a requisição do serviço, todos previstos no rol de incisos do art. 14, parágrafo único. Observe:

> Art. 14. O serviço de praticagem, considerado atividade essencial, deve estar permanentemente disponível nas zonas de praticagem estabelecidas.
> Parágrafo único. Para assegurar o disposto no *caput* deste artigo, a autoridade marítima poderá:
> I - estabelecer o número de práticos necessário para cada zona de praticagem;
> II - fixar o preço do serviço em cada zona de praticagem;
> III - requisitar o serviço de práticos.

A intervenção da esfera pública no âmbito privado da atividade de praticagem, é, portanto, excepcional, admitida somente nas hipóteses em que haveria indisponibilidade do serviço de praticagem, seja para qualquer das hipóteses dos incisos de I a III do art. 14.

Além das discorridas hipóteses, não se pode olvidar que a Lei nº 9.537/1997 caracterizou a prestação do serviço de praticagem como "obrigatória", com previsão de sanção pelo descumprimento de seu consequente, ou seja, pela recusa à prestação do serviço. A norma prevista no art. 15[14] é justamente a norma sancionatória decorrente da recusa do prático na prestação de serviço.

---

[14] "Art. 15. O prático não pode recusar-se à prestação do serviço de praticagem, sob pena de suspensão do certificado de habilitação ou, em caso de reincidência, cancelamento deste" (Lei nº 9.537/1997).

Em observância ao disposto na Lei nº 9.537/1997, estabeleceu o Decreto nº 2.596/1998 em seu art. 6º, III, ser excepcional a fixação de preço máximo ao serviço de praticagem pela Autoridade Marítima, somente admitida em virtude da obrigatoriedade da execução da atividade.[15]

A norma inserida no art. 14 da Lei nº 9.537/1997 é norma geral e abstrata, de cunho administrativo, que autoriza a edição pela Autoridade Marítima de norma individual e concreta com eficácia limitada à situação de iminência de indisponibilidade da prestação do serviço de praticagem. Portanto, resta claro que, sendo a excepcional e eventual fixação de preço máximo à atividade de praticagem veiculada por uma norma individual e concreta, não previu a Lei nº 9.537/1997, assim como sua regulamentação pelo Decreto nº 2.596/1998, a possibilidade de estipulação *a priori* de preços ao serviço em questão.

A justificativa à fixação de preço máximo à praticagem reside única e exclusivamente na essencialidade, disponibilidade permanente e obrigatoriedade de execução do serviço. Se não há situação de iminente indisponibilidade, não há a subsunção do fato à norma prevista no art. 14, II, da Lei nº 9.537/1997, assim que inexistente a hipótese da norma individual e concreta a ser expedida pela Autoridade Marítima. Portanto, tem-se que o Decreto nº 7.860/2012 ao disciplinar prévia e geral fixação de preços, desvirtuou a exceção legalmente prevista e violou o princípio da essencialidade do serviço.

4.2 Princípio da legalidade

A atual Constituição Cidadã prevê em seu art. 1º, *caput*, que o Estado brasileiro é um "Estado democrático de direito", sendo o princípio

---

[15] "Art. 6º A Aplicação do previsto no inciso II do parágrafo único do art. 14 da Lei nº 9.537, de 11 de dezembro de 1997, observará o seguinte: [...] III - nos casos excepcionais em que não haja acordo, a autoridade marítima determinará a fixação do preço, garantida a obrigatoriedade da prestação do serviço" (Decreto nº 2.596/1998).

da legalidade, indubitavelmente, a sua base, pois assegura que todos os conflitos sejam resolvidos a partir da lei – em tal expressão, cabe salientar, inserem-se não somente as leis ordinárias, mas também as leis complementares, as medidas provisórias, as leis delegadas e, enfim, as próprias normas constitucionais, uma vez que a Constituição representa a Lei Maior do país.

A lei, diga-se, deve sempre expressar, em última análise, a vontade do povo, ainda que editada por um mandatário, o Poder Legislativo, sendo certo dizer que a não observância do princípio da legalidade no ordenamento jurídico pátrio consiste em esvaziar o próprio Estado democrático de direito, consagrado, de forma expressa, na atual Constituição Cidadã.

A propósito, na mesma esteira de que o princípio da legalidade serve como base do Estado de direito, convém trazer à baila o ensinamento de Celso Antonio Bandeira de Mello:[16] "[...] o princípio da Legalidade é específico do Estado de Direito, é justamente aquele que o qualifica e dá identidade própria, por isso considerado é basilar para o Regime Jurídico-administrativo".

O princípio da legalidade, à luz do ordenamento jurídico brasileiro, é encarado sob dois enfoques diferentes.

Sob um primeiro prisma, tem-se a legalidade para o direito privado, de modo a permitir ao particular a realização de tudo aquilo que a lei não proibir, o que decorre do princípio cunhado, expressamente, no art. 5º, inc. II, da Constituição Cidadã:

> Art. 5º Todos são iguais perante a lei, sem distinção de qualquer natureza, garantindo-se aos brasileiros e aos estrangeiros residentes no País a inviolabilidade do direito à vida, à liberdade, à igualdade, à segurança e à propriedade, nos termos seguintes: [...]

---

[16] BANDEIRA DE MELLO, Celso Antonio. *Curso de direito administrativo*. 26. ed. São Paulo: Malheiros, 2009. p. 99-100.

II - ninguém será obrigado a fazer ou deixar de fazer alguma coisa senão em virtude de lei; [...].

Sob essa primeira perspectiva da legalidade, por prestigiar a autonomia da vontade, estabelece-se uma *relação de não contradição à lei*. Ao particular, para fins de observância do princípio em comento, toda conduta que não contrariar a lei – e, frise-se, o seu próprio espírito, também denominado *mens legis* – será permitida.

Como um segundo enfoque do princípio da legalidade, há que se considerar, ainda, a atuação da Administração Pública sob um prisma diferente, tendo em vista, especialmente, o interesse da coletividade que se representa, ou seja, o interesse público pelo qual se deve pautar e ao qual deve buscar atender.

A perspectiva da legalidade administrativa tem a sua observância assegurada pela Constituição Federal Cidadã, de forma expressa, no art. 37, *caput*:

> Art. 37. A administração pública direta e indireta de qualquer dos Poderes da União, dos Estados, do Distrito Federal e dos Municípios obedecerá aos princípios de legalidade, impessoalidade, moralidade, publicidade e eficiência e, também, ao seguinte: [...].

O princípio da legalidade sob o enfoque da atuação administrativa significa dizer que a Administração só pode fazer aquilo que a lei autoriza ou determina, instituindo-se um *critério de subordinação à lei*.

A Administração, em sua atuação, justamente em razão do princípio da legalidade que lhe serve de vetor, deve desempenhar a atividade administrativa não apenas sem contraste com a lei, mas, sobretudo, exercê-la nos termos da autorização contida no sistema legal, também denominada regra da reserva legal em sentido amplo ou do "nada sem lei".

Na célebre lição de Hely Lopes Meirelles,[17] apoiado em Guido Zanobini: "Enquanto na administração particular é lícito fazer tudo o que a lei não proíbe, na Administração Pública só é permitido fazer o que a lei autoriza".

Assim, a legitimidade da atuação administrativa e, portanto, a própria validade dos atos praticados pela Administração perpassam, inexoravelmente, a necessária observância do princípio da legalidade, haja vista que o agente público está, em toda a sua atividade funcional, sujeito aos mandamentos da lei e às exigências do bem comum, e deles não se pode afastar ou desviar, sob pena de praticar ato inválido.

Veja-se, a propósito, a lição de Hely Lopes:[18]

> A legalidade, como princípio de administração (CF, art. 37, caput), significa que o administrador público está, em toda a sua atividade funcional, sujeito aos mandamentos da lei e às exigências do bem comum, e deles não se pode afastar ou desviar, sob pena de praticar ato inválido e expor-se a responsabilidade disciplinar, civil e criminal, conforme o caso.

Ressalte-se que, não obstante a prevalência na doutrina clássica da ideia da vinculação positiva da Administração à lei, a sua aplicação depende de um processo interpretativo, havendo a possibilidade, inclusive, de certo grau de liberdade conferido pela norma jurídica ao agente público, o que se pode extrair da própria norma, ou seja, pode haver certo grau de discricionariedade na atuação da Administração, o que também deve decorrer de expressa autorização legal.

Oportuno destacar, ainda, que a legalidade se encontra inserida no denominado princípio da juridicidade, que exige a submissão da atuação administrativa à lei e ao direito (art. 2º, parágrafo único, I, da Lei nº 9.784/1999). Em vez de simples adequação da atuação administrativa

---

[17] MEIRELLES, Hely Lopes. *Direito administrativo brasileiro*. 22. ed. São Paulo: Malheiros, 1997. p. 82.
[18] MEIRELLES, Hely Lopes. *Direito administrativo brasileiro*. 42. ed. São Paulo: Malheiros, 2016. p. 93.

a uma lei específica, exige-se a compatibilidade dessa atuação com o chamado "bloco de legalidade".

O princípio da juridicidade confere maior importância ao direito como um todo, daí derivando a obrigação de se respeitar, inclusive, a noção de legitimidade do direito. A atuação da Administração Pública deve nortear-se pela efetividade da Constituição e pautar-se pelos parâmetros da legalidade e da legitimidade, intrínsecos ao Estado democrático de direito, de forma a sempre atender ao interesse público.[19]

Feitas as considerações acerca da necessidade de observância da legalidade administrativa, cabe, nesse momento, analisar as limitações da atuação da autoridade administrativa na fixação do preço dos serviços da praticagem.

O exercício profissional do trabalho de praticagem é regulamentado pela Lei nº 9.537/1997 que, em seu art. 3º, outorga à autoridade marítima a sua implantação e execução, com vista a assegurar a salvaguarda da vida humana e a segurança da navegação, no mar aberto e nas hidrovias, justificando, dessa forma, a intervenção estatal em todas as atividades que digam respeito à navegação.

Dentro dessa ótica, segurança da vida e da navegação, o art. 4º da Lei de Segurança do Tráfego Aquaviário atribui à autoridade marítima a tarefa de regulamentar o serviço de praticagem de utilização obrigatória nas hipóteses por ele estabelecidas, delimitando, inclusive, as zonas de praticagem.

A praticagem é atividade privada de interesse público e consiste, por força da Lei nº 9.537/97 (art. 12), no serviço de assessoria ao comandante

---

[19] Sobre o princípio da juridicidade, *vide*: OTERO, Paulo. *Legalidade e administração pública*: o sentido da vinculação administrativa à juridicidade. Coimbra: Almedina, 2003; ZAGREBELSKY, Gustavo. *El derecho dúctil*. Ley, derechos, justicia, Madrid: Trotta, 2003. p. 39-40; MERKL, Adolfo. *Teoria general del derecho administrativo*. Granada: Comares, 2004. p. 206; OLIVEIRA, Rafael Carvalho Rezende. *A constitucionalização do direito administrativo*: o princípio da juridicidade, a releitura da legalidade administrativa e a legitimidade das agências reguladoras. 2. ed. Rio de Janeiro: Lumen Juris, 2010; MOREIRA NETO, Diogo de Figueiredo. *Curso de direito administrativo*. 15. ed. Rio de Janeiro: Forense, 2009. p. 87.

do navio, requerido por força de peculiaridades locais que dificultam a livre e segura movimentação de embarcação.

A Lei nº 9.537/97, em seu art. 13, dispõe que o serviço de praticagem será executado por práticos devidamente habilitados, individualmente, organizados em associações ou contratados por empresas.

No Brasil, a praticagem é comumente executada mediante acordo de prestação de serviços entre as associações de praticagem e as empresas de navegação, que negociam, *a priori*, livremente, o preço do serviço, com base na autonomia da vontade, respeitando-se a livre iniciativa e a livre concorrência.

Há que se considerar, contudo, que o art. 14, inc. III, da Lei nº 9.537/97 autoriza a autoridade marítima a fixar o preço do serviço de praticagem, em cada zona de praticagem. Nesse ponto, alguns aspectos mostram-se relevantes: i) existiria limitação no poder de interferência da autoridade marítima na fixação dos preços dos serviços de praticagem; ii) qual o grau de liberdade conferido pela norma jurídica à autoridade marítima; e iii) como conciliar a autonomia da vontade, a livre concorrência – que marcam o campo de interesse dos particulares – e a intervenção na fixação do preço da praticagem pela Administração, que atua em outro polo, buscando atender ao interesse público.

Um primeiro aspecto a ser observado, frise-se, recai no fato de a norma contida no art. 14, III, da Lei nº 9.537/97, não poder ser interpretada de forma isolada das demais normas que integram a legislação de regência. Ao revés, a sua leitura deve ser feita em conjunto com o que também preceituam o art. 13, o art. 14, *caput*, c/c o parágrafo único e o art. 15, todos do diploma legal em comento:

> Art. 13. O serviço de praticagem será executado por práticos devidamente habilitados, individualmente, organizados em associações ou contratados por empresas.

§1º A inscrição de aquaviários como práticos obedecerá aos requisitos estabelecidos pela autoridade marítima, sendo concedida especificamente para cada zona de praticagem, após a aprovação em exame e estágio de qualificação.

§2º A manutenção da habilitação do prático depende do cumprimento da freqüência mínima de manobras estabelecida pela autoridade marítima.

§3º É assegurado a todo prático, na forma prevista no *caput* deste artigo, o livre exercício do serviço de praticagem.

§4º A autoridade marítima pode habilitar Comandantes de navios de bandeira brasileira a conduzir a embarcação sob seu comando no interior de zona de praticagem específica ou em parte dela, os quais serão considerados como práticos nesta situação exclusiva.

Art. 14. O serviço de praticagem, considerado atividade essencial, deve estar permanentemente disponível nas zonas de praticagem estabelecidas.

Parágrafo único. Para assegurar o disposto no *caput* deste artigo, a autoridade marítima poderá:

I - estabelecer o número de práticos necessário para cada zona de praticagem;

II - fixar o preço do serviço em cada zona de praticagem;

III - requisitar o serviço de práticos.

Art. 15. O prático não pode recusar-se à prestação do serviço de praticagem, sob pena de suspensão do certificado de habilitação ou, em caso de reincidência, cancelamento deste.

Com efeito, o legislador, ao autorizar a autoridade marítima a fixar preços nos serviços de praticagem, assim o fez para assegurar o próprio desempenho da atividade que é essencial, de modo a não criar impasses nos portos, afastando, assim, a possibilidade de interrupção da continuidade do serviço de praticagem, o que confere, indubitavelmente, legitimidade à intervenção da Administração Pública, em tal circunstância.

Pela *mens legis* (art. 14, III, da Lei nº 9.537/97), apenas, e tão somente, no caso de não se chegar à solução do preço, o que resultaria na descontinuidade do serviço de praticagem, é que a autoridade marítima poderá intervir.

Sob tal perspectiva, insta destacar, a própria lei de regência (art. 14, *caput*) dispôs que o serviço de praticagem é considerado atividade essencial, devendo estar permanentemente disponível nas zonas de praticagem estabelecidas.

A fixação do preço pela autoridade marítima, portanto, dar-se-á, sempre, de forma supletiva, nos termos do art. 14, parágrafo único, da Lei nº 9.537/97, e busca assegurar a continuidade da atividade de praticagem nos portos do Brasil, diante da sua essencialidade.

Pontue-se, a propósito, que a essencialidade do serviço de praticagem é reforçada pelo art. 15 da legislação em comento, ao dispor que o prático não pode recusar-se à prestação do serviço de praticagem, sob pena de suspensão do certificado de habilitação ou, em caso de reincidência, cancelamento deste, o que revela autêntico múnus público para aquele que desempenha a atividade profissional de prático.

Para fins de regulamentação da segurança do tráfego aquaviário disciplinado pela Lei nº 9.537/97, restou editado, pela Presidência da República Federativa do Brasil, o Decreto nº 2.596, de 18.5.1998, que, no art. 6º de seu regulamento, acabou por estabelecer parâmetros de intervenção para autoridade marítima, no serviço de praticagem, no que tange à fixação do preço:

> Art. 6º A Aplicação do previsto no *inciso II do parágrafo único do art. 14 da Lei nº 9.537, de 11 de dezembro de 1997*, observará o seguinte:
> I - o serviço de praticagem é constituído de prático, lancha de prático e atalaia;
> II - a remuneração do serviço de praticagem abrange o conjunto dos elementos apresentados no inciso I, devendo o preço ser livremente negociado entre as partes interessadas, seja pelo conjunto dos elementos ou para cada elemento separadamente;
> III - nos casos excepcionais em que não haja acordo, a autoridade marítima determinará a fixação do preço, garantida a obrigatoriedade da prestação do serviço.

Como se pode extrair do art. 6º, inc. III, do regulamento do Decreto nº 2.596/98, a atuação da autoridade marítima, na fixação do preço, dar-se-á de forma supletiva, em caráter excepcional, quando não houver um consenso no ajuste do preço entre o prático (de forma individual, por associação ou empresa que o represente) e a empresa de navegação, o que obsta a atuação da Administração além desse contorno. A regra, portanto, é que o preço do serviço de praticagem seja livremente negociado entre as partes interessadas.

A edição do Decreto nº 2.596/98 e a respectiva disposição do art. 6º, inc. III, revela-se salutar, de modo a explicitar a efetiva *mens legis* do art. 14, III, da Lei nº 9.537/97, alinhando-se, na verdade, com o próprio diploma legal, o que não poderia, aliás, ser diferente.

Não se pode olvidar, como mencionado acima, que a atuação supletiva e condicionada da autoridade marítima na fixação dos preços dos serviços de praticagem decorre, sobretudo, da interpretação sistemática dos arts. 13, 14 e 15 da própria Lei nº 9.537/97, cujo objetivo é assegurar a continuidade do serviço de praticagem que é, diga-se, uma vez mais, essencial nos portos do Brasil.

O enfrentamento da questão atinente à limitação da fixação de preços pela Administração Pública, nos serviços de praticagem, acabou sendo submetido ao Judiciário, após a edição, pela Presidência da República, do Decreto nº 7.860/2012, que, nos termos do art. 7º de seu regulamento, acabou por alterar o que estabelecia o art. 6º do regulamento do Decreto nº 2.596/98, cuja redação passou a constar nos seguintes termos:

> Art. 6º O serviço de praticagem é constituído de prático, lancha de prático e atalaia.

O art. 1º do regulamento do Decreto nº 7.860/2012 criou a Comissão Nacional para Assuntos de Praticagem, autorizando-a, a partir de então, a propor preços máximos do serviço de praticagem, em cada zona de praticagem, devendo a proposta ser submetida à Autoridade Marítima para homologação:

Art. 1º Fica criada a Comissão Nacional para Assuntos de Praticagem, com o objetivo de propor:
I - metodologia de regulação de preços do serviço de praticagem;
II - preços máximos do serviço de praticagem em cada Zona de Praticagem;
III - medidas para o aperfeiçoamento da regulação do serviço de praticagem em cada Zona de Praticagem; e
IV - abrangência de cada Zona de Praticagem.
Parágrafo único. As propostas serão submetidas à Autoridade Marítima para homologação.

Pela leitura da redação art. 1º do regulamento do Decreto nº 7.860/2012 verifica-se que este acabou por desbordar dos limites traçados pelo legislador no art. 14, *caput* c/c o parágrafo único, e inc. III, da Lei nº 9.537/97, haja vista que a intervenção na fixação de preços deixou de ser supletiva para, ao revés, tornar-se permanente, afrontando, inexoravelmente, a legalidade administrativa e a própria reserva legal, pois o preço a ser negociado entre as partes interessadas na praticagem irá sempre esbarrar em limite previamente definido pela Administração Pública, sem que exista autorização no diploma legal de regência para tanto.

A anterior regulamentação, Decreto nº 2.596/98, traduzia o exato alcance e sentido do que estabelecia a Lei nº 9.537/1997, reverenciando a livre concorrência para a formação dos preços dos serviços de praticagem, bem como o caráter excepcional da intervenção da autoridade marítima para os casos em que ameaçada a continuidade do serviço.

O Decreto nº 7.860/2012, ao revés, acabou por criar nova hipótese de intervenção da autoridade pública na formação dos preços dos serviços de praticagem de forma perene, esvaziando a autonomia da vontade, a livre iniciativa e a concorrência, reitere-se, sem que houvesse qualquer autorização legal nesse sentido.

Com a edição do Decreto nº 7.860/2012, abriu-se para a autoridade marítima a possibilidade de regular o preço do serviço de praticagem em qualquer hipótese, tanto assim que se criou a Comissão Nacional para Assuntos de Praticagem, cujos trabalhos iniciais culminaram na publicação de estudos submetidos à consulta pública com o fim de fixar uma tabela de preços máximos para o serviço.

Não bastasse a impropriedade do pretensioso objeto do Decreto nº 7.860/2012, é amplamente sabido que o limite de um decreto regulamentar é dar efetividade ou aplicabilidade a uma norma já existente, não lhe sendo possível a ampliação ou restrição de conteúdo, sob pena de ofensa à ordem constitucional.

No caso que se apresenta, sobressai a antinomia entre os dois decretos regulamentares da Lei nº 9.537/1997, que disciplinaram de maneira diametralmente oposta a norma legal.

Enquanto o Decreto nº 2.596/1998 alinhava-se ao texto da Lei nº 9.537/1997, no que diz respeito à excepcional fixação de preços dos serviços de praticagem pela autoridade marítima, o Decreto nº 7.860/2012 imprimiu tratamento colidente, com flagrante ofensa ao princípio da legalidade e da reserva legal.

O Judiciário, diga-se, ao apreciar a questão, quando submetida à Corte Superior de Justiça, tem se pronunciado no sentido de que a interpretação sistemática dos dispositivos da Lei nº 9.537/1997 só pode conduzir à conclusão de que, apenas na excepcionalidade, é dada à autoridade marítima a interferência na fixação dos preços dos serviços de praticagem, para que não se cesse ou interrompa o regular andamento das atividades, como bem definiu o seu diploma de regência.

Vejam-se, a propósito, os julgados a seguir, que bem expressam essa compreensão:

> ADMINISTRATIVO. PROCESSUAL CIVIL. RECURSO ESPECIAL. ENUNCIADO ADMINISTRATIVO 3/STJ. INTERVENÇÃO DO ESTADO NO DOMÍNIO ECONÔMICO. REGULAÇÃO DE PREÇOS. SERVIÇO DE PRATICAGEM. FIXAÇÃO DE PREÇOS PELA AUTORIDADE MARÍTIMA. POSSIBILIDADE EXCEPCIONAL. HIPÓTESE DE INTERRUPÇÃO NA PRESTAÇÃO DO

SERVIÇO. 1. Os arts. 13, §3.º, e 14, parágrafo único, inciso II, da Lei 9.537/1997, conferem à autoridade marítima a prerrogativa de excepcionalmente fixar o preço do serviço de praticagem quando houver a possibilidade de interrupção na prestação do serviço, sendo, pois, ilegal a intervenção do estado nessa esfera do domínio econômico fora dessa hipótese. Precedente. 2. Recurso especial provido. (REsp nº 1.696.081/RJ; Rel. Min. Mauro Campbell Marques, Segunda Turma, j. 25.6.2019. *DJe*, 28 jun. 2019)

RECURSO ESPECIAL. ADMINISTRATIVO. ATIVIDADE DE PRATICAGEM. LIMITES DA INTERVENÇÃO DO ESTADO NA ORDEM ECONÔMICA. FIXAÇÃO DE PREÇOS MÁXIMOS PELA AUTORIDADE MARÍTIMA. VIOLAÇÃO DO PRINCÍPIO DA RESERVA LEGAL. ALEGAÇÃO DE OFENSA AO ART. 535 DO CPC/1973. NÃO OCORRÊNCIA. 1. Não procede a suscitada contrariedade ao art. 535, II, do CPC/1973, tendo em vista que o Tribunal de origem decidiu, fundamentadamente, as questões essenciais à solução da controvérsia, concluindo de forma contrária à defendida pela parte recorrente, o que não configura omissão ou qualquer outra causa passível de exame mediante a oposição de embargos de declaração. 2. Cinge-se a questão à possibilidade de intervenção da autoridade pública na atividade de praticagem, para promover, de forma ordinária e permanente, a fixação dos preços máximos a serem pagos na contratação dos serviços em cada zona portuária. 3. Tomando de empréstimo a precisa definição entabulada pela eminente Ministra Eliana Calmon no julgamento do REsp 752.175/RJ, observa-se que o exercício do trabalho de praticagem é regulamentado pela Lei n. 9.537/1997, que, em seu art. 3º, outorga à autoridade marítima a sua implantação e execução, com vista a assegurar a salvaguarda da vida humana e a segurança da navegação, no mar aberto e nas hidrovias, justificando, dessa forma, a intervenção estatal em todas as atividades que digam respeito à navegação. 4. Denota-se, da própria letra dos arts. 12, 13, 14, e 15 da Lei n. 9.537/1997, que se trata de serviço de natureza privada, confiada a particular que preencher os requisitos estabelecidos pela autoridade pública para sua seleção e habilitação, e entregue à livre iniciativa e concorrência. 5. A partir do advento da Lei n. 9.537/1997, foi editado o Decreto n. 2.596/1998, que dispõe sobre a segurança do tráfego aquaviário em águas sob jurisdição nacional e regulamenta a questão dos preços dos serviços de praticagem, salientando a livre concorrência para a sua formação, bem como o caráter excepcional da intervenção da autoridade marítima para os casos em que ameaçada a continuidade do serviço. 6. Posteriormente, editou-se o Decreto n. 7.860/2012, que criou nova hipótese de intervenção da autoridade pública na formação dos preços dos serviços, agora de forma permanente e ordinária. 7. A interpretação sistemática dos dispositivos da Lei n. 9.537/1997, consoante entendimento desta relatoria, só pode conduzir à conclusão de que, apenas na excepcionalidade, é dada à autoridade marítima a interferência na fixação dos preços dos serviços de praticagem, para que não se cesse ou interrompa o regular andamento das atividades, como bem definiu a lei. 8. A doutrina e a jurisprudência são uníssonas no sentido de que a interferência do Estado na formação do preço somente pode ser admitida em situações excepcionais de total desordem de um setor de mercado e por prazo limitado, sob o risco de macular o modelo concebido pela CF/1988, com exceção dos casos em que a própria Carta Constitucional instituiu o regime de exploração por monopólio público. 9. É inconcebível, no modelo constitucional brasileiro, a intervenção do Estado no controle de preços de forma permanente, como política pública ordinária, em atividade manifestamente entregue à livre iniciativa e concorrência, ainda que definida como essencial. 10. O limite de um decreto regulamentar é dar efetividade ou aplicabilidade a uma norma já existente, não lhe sendo possível a ampliação ou restrição de conteúdo, sob pena de ofensa à ordem constitucional. 11. Recurso especial a que se dá provimento, para restabelecer a ordem concedida na sentença de piso, a fim de determinar que a autoridade impetrada se abstenha de impor limites máximos aos preços do serviço de praticagem prestado por seus associados, ressalvada a hipótese legalmente estabelecida no parágrafo único do art. 14 da Lei n. 9.537/1997. (REsp nº 1.662.196/RJ. Rel. Min. Og Fernandes, Segunda Turma, j. 19.9.2017. *DJe*, 25 set. 2017)

Registre-se, enfim, que o Decreto nº 7.860/2012 restou revogado pelo Decreto nº 9.676/2019, retomando-se, assim, a fixação do preço dos serviços de praticagem, pela autoridade marítima, apenas de forma supletiva e excepcionalmente, quando as partes interessadas não chegarem a um acordo, de modo que não se cesse ou interrompa o regular andamento das atividades, nos termos do diploma legal de regência, Lei nº 9.537/97.

4.3 Princípio da liberdade econômica (livre concorrência e livre iniciativa)

A Constituição da República de 1988 consolidou direitos individuais de primeira dimensão, como o direito à propriedade privada, à liberdade e ao livre exercício do trabalho, ofício ou profissões, mas também, por ouro lado, estatuiu direitos coletivos de segunda dimensão, como o da função social da propriedade e, ainda, a derrogação do regime de direito privado por meio da desapropriação por necessidade, utilidade pública ou por interesse social.[20]

Da mesma forma, adotou a Carta Régia de 1988 o modelo econômico de mercado, embasado na livre iniciativa e na livre concorrência, contudo, previu a atuação ("intervenção") estatal de maneira indireta – por meio das funções reguladoras e normativas de fiscalização, incentivo e planejamento –, de maneira direta na prestação de serviços públicos por si executados, ou delegados a particulares sob o regime de permissão ou concessão e, excepcionalmente, por meio da criação de empresas estatais (empresas públicas e sociedades de economia mista), nos termos de seu art. 173, em que se sujeitarão ao regime jurídico privado das regras de mercado e, ainda, a possibilidade de exploração econômica sob a constituição de monopólio da União (art. 177).[21]

---

[20] "Art. 5º Todos são iguais perante a lei, sem distinção de qualquer natureza, garantindo-se aos brasileiros e aos estrangeiros residentes no País a inviolabilidade do direito à vida, à liberdade, à igualdade, à segurança e à propriedade, nos termos seguintes: [...] XIII - é livre o exercício de qualquer trabalho, ofício ou profissão, atendidas as qualificações profissionais que a lei estabelecer; [...] XXII - é garantido o direito de propriedade; XXIII - a propriedade atenderá a sua função social; XXIV - a lei estabelecerá o procedimento para desapropriação por necessidade ou utilidade pública, ou por interesse social, mediante justa e prévia indenização em dinheiro, ressalvados os casos previstos nesta Constituição; [...]" (Constituição Federal de 1988).

[21] "Art. 170. A ordem econômica, fundada na valorização do trabalho humano e na livre iniciativa, tem por fim assegurar a todos existência digna, conforme os ditames da justiça social, observados os seguintes princípios: I - soberania nacional; II - propriedade privada; III - função social da propriedade; IV - livre concorrência; V - defesa do consumidor; VI - defesa do meio ambiente; [...] Parágrafo único. É assegurado a todos o livre exercício de qualquer atividade econômica, independentemente de autorização de órgãos públicos, salvo nos casos previstos em lei. (Vide Lei nº 13.874, de 2019) [...] Art. 172. A lei disciplinará, com base no interesse nacional, os investimentos de capital estrangeiro, incentivará os reinvestimentos e regulará a remessa de lucros. Art. 173. Ressalvados os casos previstos nesta Constituição, a exploração direta de atividade econômica pelo Estado só será permitida quando necessária aos imperativos da segurança nacional ou a relevante interesse coletivo, conforme definidos em lei. [...] Art. 174. Como agente normativo e regulador da atividade econômica, o Estado exercerá, na forma da lei, as funções de fiscalização, incentivo e planejamento, sendo este determinante para o setor público e indicativo para o setor privado. [...] Art. 175. Incumbe ao Poder Público, na forma da lei, diretamente ou sob regime de concessão ou permissão, sempre através de licitação, a prestação de serviços públicos. Parágrafo único. A lei disporá sobre: I - o regime das empresas concessionárias e permissionárias de serviços públicos, o caráter especial de seu contrato e de sua prorrogação, bem como as condições de caducidade, fiscalização e rescisão da concessão ou permissão; II - os direitos dos usuários; III - política tarifária; IV - a obrigação de manter serviço adequado. Art. 176. As jazidas, em lavra ou não, e demais recursos minerais e os potenciais de energia hidráulica constituem propriedade distinta da do solo, para efeito de exploração ou aproveitamento, e pertencem à União, garantida ao concessionário a propriedade do produto da lavra. [...] Art. 177. Constituem monopólio da União: I - a pesquisa e a lavra das jazidas de petróleo e gás natural e outros hidrocarbonetos fluidos; (Vide Emenda Constitucional nº 9, de 1995) II - a refinação do petróleo nacional ou estrangeiro; III - a importação e exportação dos produtos e derivados básicos resultantes das atividades previstas nos incisos anteriores; IV - o transporte marítimo do petróleo bruto de origem nacional ou de derivados básicos de petróleo produzidos no País, bem assim o transporte, por meio de conduto, de petróleo bruto, seus derivados e gás natural de qualquer origem; V - a pesquisa, a lavra, o enriquecimento, o reprocessamento, a industrialização e o comércio de minérios e minerais nucleares e seus derivados, com exceção dos radioisótopos cuja produção, comercialização e utilização

A propósito, colaciona-se o escólio de Lucas Rocha Furtado[22] a respeito da atuação estatal na economia de acordo com os preceitos constitucionais:

> As atividades privadas, conforme definido pelo modelo constitucional adotado pelo texto de 1988, observam as regras do mercado, a partir dos princípios da livre iniciativa e da livre concorrência. Não obstante a liberdade de iniciativa e de exploração outorgadas pelo texto constitucional ao mercado, são administras duas modalidades básicas de interferência estatal: 1. direta; e 2. indireta. [...]
>
> Relativamente à prestação dos serviços públicos, o tema é tratado pelo art. 175: "Incumbe ao Poder Público, na forma da lei, diretamente ou sob regime de concessão ou permissão, sempre através de licitação, a prestação de serviços públicos". [...]
>
> A *intervenção indireta* do Estado na ordem econômica compreende, conforme definido pelo art. 174, "as funções de fiscalização, incentivo e planejamento".
>
> O *planejamento da ordem econômica* não pode ser considerado, em si, uma função estatal. Ou seja, não é por meio do planejamento que o Estado intervém na ordem econômica. O planejamento é inerente ao exercício de outra atividade, no sentido de que não é possível ao Estado utilizar qualquer instrumento de intervenção indireta ou exercer qualquer atividade sem que tenha havido o necessário planejamento.
>
> Os instrumentos de *intervenção indireta* do Estado na ordem econômica dividem-se basicamente em duas atividades:
>
> 1. De *ordenação* ou *de polícia*, definida pelo texto constitucional como a *função de fiscalização*; e
>
> 2. De *fomento*, referida pela Constituição como a função de *incentivo*.
>
> Por meio da atividade de ordenação, o Estado limita, condiciona, impõe vedações ao exercício de atividade privada, conforme estudamos no capítulo anterior (Capítulo 10).
>
> A atividade de fomento, por meio da qual o Estado incentiva iniciativas privadas na ordem econômica será examinada no próximo capítulo.

Como visto, a atividade de praticagem cinge-se ao âmbito privado, assim que, ainda que legalmente considerada como essencial, são-lhe asseguradas a livre iniciativa e a livre concorrência. A respeito da liberdade

---

poderão ser autorizadas sob regime de permissão, conforme as alíneas b e c do inciso XXIII do caput do art. 21 desta Constituição Federal. [...]" (Constituição Federal de 1988).

[22] FURTADO, Lucas Rocha. *Curso de direito administrativo*. 5. ed. Belo Horizonte: Fórum, 2016. p. 611-613.

da prática econômica do serviço de praticagem, dispõe expressamente a Lei nº 9.537/1997, em seu art. 13, §3º,[23] ser "assegurado a todo prático, na forma prevista no caput deste artigo, o livre exercício do serviço de praticagem".

Em decorrência do disposto no art. 13, §3º, da Lei nº 9.537/1997, estabelecia o Decreto nº 2.596/1998 – em sua função de pormenorização e fiel cumprimento do veículo introdutor primário mencionado – abranger a remuneração do serviço de praticagem o conjunto de prático, lancha de prático e atalaia, "devendo o preço ser livremente negociado entre as partes interessadas, seja pelo conjunto dos elementos ou para cada elemento separadamente". Observe o disposto no art. 6º, I e II, do Decreto nº 2.596/1998:

> Art. 6º A Aplicação do previsto no inciso II do parágrafo único do art. 14 da Lei nº 9.537, de 11 de dezembro de 1997, observará o seguinte:
> I - o serviço de praticagem é constituído de prático, lancha de prático e atalaia;
> II - a remuneração do serviço de praticagem abrange o conjunto dos elementos apresentados no inciso I, *devendo o preço ser livremente negociado entre as partes interessadas, seja pelo conjunto dos elementos ou para cada elemento separadamente*; [...].

No tomo afeto ao princípio da essencialidade, foi comentada a previsão da Lei nº 9.537/1997 a respeito de três únicas hipóteses excepcionais de intervenção estatal da Autoridade Marítima no domínio econômico da atividade de praticagem, quais sejam (i) o estabelecimento do número de práticos necessário para cada zona de praticagem; (ii) a fixação de preço máximo ao serviço; (iii) a requisição do serviço.

Igualmente explicitado que a referida intervenção estatal indireta no domínio econômico ocorre tão somente em virtude da essencialidade do serviço de praticagem, da necessidade de sua disponibilidade permanente

---

[23] "Art. 13. O serviço de praticagem será executado por práticos devidamente habilitados, individualmente, organizados em associações ou contratados por empresas. [...] §3º É assegurado a todo prático, na forma prevista no caput deste artigo, o livre exercício do serviço de praticagem".

e da obrigatoriedade de sua prestação. Dessa feita, se constitucionalmente e legalmente concebida a atividade de praticagem como de livre iniciativa e de livre concorrência, não pode uma entidade sê-lo e não o ser concomitantemente, sob pena de afrontar a lógica jurídica e prenunciar o desmantelamento do sistema (necessariamente harmônico) que o é o ordenamento jurídico.

Dessa feita, é igualmente livre a pactuação de preços à atividade privada de praticagem, de modo que a legitimidade da atuação indireta estatal reside, justamente, na observância de sua excepcionalidade criada a partir da essencialidade e da necessidade de sua disponibilidade perene. Do contrário, de todo resta maculada a interferência do Estado.

Nesse sentido, desponta que se a atuação do Estado no domínio econômico é, *per si*, subsidiária, a atuação indireta da Autoridade Marítima da fixação de preço máximo ao serviço de praticagem é, além de subsidiária, em verdade, fragmentária e supletiva, ou seja, agindo de forma excludente à capacidade de o mercado chegar a um consenso quanto ao preço do serviço e somente na iminência da indisponibilidade da prestação do serviço, por sê-lo essencial.

A respeito da classificação da atuação estatal no domínio econômico como sempre subsidiária, faz-se mister colacionar o excerto exegético da obra de Lucas Rocha Furtado:[24]

> Independentemente da técnica utilizada para intervir na ordem econômica, dois aspectos chamam a atenção no que diz respeito à postura a ser adotada pelo Estado no processo de intervenção:
> 1. A subsidiariedade da intervenção estatal em relação aos agentes privados; e
> 2. A necessidade de cooperação entre os diversos agentes, públicos e privados, que atuam na ordem econômica.

---

[24] FURTADO, Lucas Rocha. *Curso de direito administrativo*. 5. ed. Belo Horizonte: Fórum, 2016. p. 613-614.

O conceito de *Estado subsidiário* desenvolvido ao longo deste trabalho impõe como requisitos constitucionais à legitimidade da intervenção estatal a observância dos seguintes parâmetros:

1. Que seja justificada a *necessidade* da intervenção; e
2. Que haja *proporcionalidade* na utilização dos instrumentos de intervenção.

Antes de intervir na sociedade, seja direta seja indiretamente, deve o Estado preliminarmente justificar a necessidade da intervenção. Não há dúvida de que toda e qualquer atividade desenvolvida pelo Estado importa em algum tipo de ônus para a sociedade – ainda que se trata do ônus exclusivamente orçamentário de ter de manter a estrutura estatal. Nesse sentido, se os agentes privados forem capazes de se organizar e de desenvolver adequadamente suas atividades sem qualquer interferência estatal direta ou indireta, a regra deve ser a não intervenção estatal.

A dúvida residual consistiria em saber quando as atividades privadas se desenvolveriam adequadamente, ou, regularmente. Que parâmetros devem ser utilizados para aferir essa regularidade?

A resposta deve ser buscada na realização dos princípios da ordem econômica. Se o mercado for capaz de se organizar e de tornar efetivos os princípios definidos pelo art. 170 da Constituição Federal, não se faz necessária a intervenção estatal.

Assim, conforme anteriormente visto, não se trata da autorização de criação de norma geral e concreta, como a de tabelamento de preços, ou seja, de sua estipulação anterior e permanente, mas de autorização para a expedição de norma concreta e *individual*, com eficácia somente à situação em que, caso não houvesse intervindo a Autoridade Marítima, não haveria ocorrido a prestação do serviço. Caso haja novamente a hipótese de atuação estatal, será, então, expedida *uma nova norma*, cada uma adequando-se ao caso concreto excepcionalíssimo.

Veja que, embora não tenham os decretos regulamentares disposto a respeito da *requisição* da prestação do serviço de praticagem pela Autoridade Marítima, não se questiona que tenha a medida prevista no art. 14, III, da Lei nº 9.537/1997 o mesmo caráter subsidiário, fragmentário e excepcional.

Por fim, convém salientar que a autorização constitucional da atuação estatal na execução de política tarifária (art. 175, parágrafo único, III, CR) direciona-se exclusivamente à *prestação de serviços públicos*, justamente por ser a prestação de serviço público já uma forma de interferência do Estado no domínio econômico. Contudo, conforme exaustivamente explicitado, não partilha o serviço de praticagem a mesma natureza jurídica dos serviços públicos, assim que se tem por presente mais um fundamento à vedação de tabelamento de preço a tal atividade. Observe:

> Art. 175. Incumbe ao Poder Público, na forma da lei, diretamente ou sob regime de concessão ou permissão, sempre através de licitação, *a prestação de serviços públicos*.
> Parágrafo único. A lei disporá sobre:
> I - o regime das empresas concessionárias e permissionárias de serviços públicos, o caráter especial de seu contrato e de sua prorrogação, bem como as condições de caducidade, fiscalização e rescisão da concessão ou permissão;
> II - os direitos dos usuários;
> *III - política tarifária*; [...].

Vê-se, portanto, que é ilegítima e violadora dos princípios inerentes à ordem econômica a prévia imposição de preço máximo ao serviço de praticagem pela Autoridade Marítima ou órgão que faça as vezes desta.

5 A evolução do posicionamento dos órgãos jurisdicionais

Após a edição do Decreto nº 7.860/2012, houve oscilação da manifestação dos órgãos jurisdicionais de primeira instância e tribunais a respeito da possibilidade ou não de fixação prévia de preço máximo pela Autoridade Marítima. A título de ilustração, encontram-se os entendimentos proferidos nas sentenças afetas ao Mandado de Segurança nº 0015065-41.2015.4.025101, distribuído à 24ª Vara Federal do Rio de Janeiro, de minha lavra,[25] e ao Mandado de Segurança nº 0012094-20.2014.4.02.5101,

---

[25] "[...] Insurge-se a autora contra os dispositivos do Decreto nº 7.860/2012, argumentando que a intenção do legislador, expressa no art. 14, parágrafo único, II, da Lei nº 9.537/97, fora a de conferir à autoridade marítima atribuição para fixar preços dos serviços de praticagem apenas em caráter excepcional e temporário, com vistas a assegurar a regularidade e continuidade do serviço de praticagem nas zonas de praticagem estabelecidas. Deste modo, o Regulamento aprovado pelo Decreto nº 2.596/98 teria sido editado em perfeita consonância com

distribuído à 5ª Vara Federal do Rio de Janeiro, de cunho do Exmo. Juiz Federal Firly Nascimento Filho.[26]

Já em segunda instância, havia o E. Tribunal Regional Federal da 2ª Região consolidado seu posicionamento no sentido da legalidade do Decreto nº 7.860/2012, admitindo-se a estipulação de preço máximo *a priori*

---

os ditames da lei – diploma legal a que estava hierarquicamente subordinado. Aduz a autora que o Decreto nº 7.860/2012, ao alterar o Regulamento anterior e reformular os contornos para a atuação da autoridade marítima na fixação dos preços dos serviços de praticagem, teria extrapolado os limites previamente definidos na lei. Entretanto, o que se observa de todo o exposto acima é que, como já dito, a lei não traz nenhum condicionante para o exercício, pela autoridade marítima, das atribuições de que trata o seu art. 14. Sendo assim, não há que se cogitar de ofensa ao princípio da hierarquia entre as espécies normativas, pois a norma revogada pelo Decreto nº 7.860/2012 estava prevista em outro diploma legal de mesma hierarquia – qual seja, o Decreto nº 2.596/98. A regra aplicável, no caso, é aquela consagrada no art. 2º, §1º, da Lei de Introdução às Normas do Direito Brasileiro (Decreto-lei nº 4.657/42): a lei posterior revoga a anterior quando expressamente o declare. Ainda que o Decreto nº 7.860/2012 tenha alterado a orientação até então consagrada pelo Decreto nº 2.596/98, isto não significa dizer que padeça de ilegalidade. Ao contrário, a atribuição de poder regulamentar ao Estado-Administração decorre justamente de uma opção do Estado-Legislador. Uma vez definidas, na lei, as bases e as orientações gerais para este atuar, é esperado que a autoridade administrativa, ao editar os regulamentos que lhe competem, busque continuamente adequá-los à realidade. Mais uma vez recorrendo à doutrina, cumpre ressaltar que a *natureza contínua e permanente da regulação estatal compreende uma função de planejamento. O Estado tem o dever jurídico de avaliar a situação contemporânea, identificar os problemas previsíveis do futuro e estimar as providências cabíveis e adequadas a serem adotadas. [...] É possível (mais, é necessário) atualizar o planejamento desenvolvido no passado, mas com a cautela apropriada para evitar o desperdício de recursos públicos e a tomada de decisões impensadas e defeituosas*. Como sabido, a realidade é dinâmica e não estática, de modo que a alteração na orientação até então adotada para a fixação dos preços do serviço de praticagem não se deu de forma arbitrária, porém busca atender, da melhor forma, ao interesse público, diante da necessidade de se assegurar a prestação permanente dos serviços de praticagem. É o que se pode inferir dos esclarecimentos prestados pela ré, quando afirma que, mesmo na vigência da redação anterior do art. 6º do Regulamento de Segurança do Tráfego Aquaviário, vinha sendo frequente a necessidade de intervenção da autoridade marítima, diante dos constantes desacordos surgidos entre armadores e práticos sobre os preços a serem ajustados. Esta afirmação tem respaldo não somente nas diversas portarias editadas no âmbito administrativo, como também nas várias demandas judiciais envolvendo discussão sobre preços. Finalmente, merecem destaque os seguintes julgados sobre a matéria: [...] 3. Dispositivo. Posto isso, e nos termos do art. 269, I, do CPC, *denego o mandado de segurança*. [...]" (Mandado de Segurança nº 0015065-41.2015.4.025101. Rel. Juiz Federal Theophilo Antonio Miguel Filho, 24ª Vara Federal do Rio de Janeiro, 25.2.2016).

[26] "[...] Objetiva o impetrante a prerrogativa de continuar a poder negociar livremente o valor das remunerações pagas aos práticos sem a interferência da Administração, que passou a fixar os preços para os serviços de praticagem por intermédio da Comissão Nacional para Assuntos de Praticagem, criada através do Decreto nº 7.860/2012. O serviço de praticagem consiste no conjunto de atividades profissionais que tem como característica prestar assessoramento à autoridade marítima. São serviços diretamente relacionados à economia do país, já que intimamente ligados ao transporte marítimo nacional e internacional. Os práticos são profissionais que auxiliam na manobragem de navios, garantindo sua condução segura aos portos marítimos e estuários de rios brasileiros, evitando acidentes ou atrasos. Verifica-se, assim, ser um trabalho complexo. A categoria dos Práticos é regulada pela Lei nº 9.537/97, que assim dispõe em seu art. 14: [...] O Decreto nº 7.860/2012 criou a Comissão Nacional para Assuntos de Praticagem, que tem como objetivo propor limite de preços para o serviço de praticagem em cada área, que deverão ser homologados pela autoridade marítima, *verbis*: [...] A nova norma ameaça a quebra de acordos privados já firmados e em atividade, o que gera instabilidade e insegurança para as entidades regionais do setor de praticagem. Além do mais, significa afronta ao princípio da liberdade e livre iniciativa que deve nortear as relações privadas, principalmente no setor econômico. Assim, o Decreto nº 7.860/2012 fere frontalmente a lei 9.537/1997, com clara ofensa ao princípio da legalidade, pois naquela não existe lacuna que possibilite a intervenção estatal na fixação de preços pela prestação do serviço de praticagem. Assim, por qualquer ângulo que se analise a questão sub judice, merece ser reconhecido o pleito autoral. Do exposto, *JULGO PROCEDENTE O PEDIDO E CONCEDO A SEGURANÇA* para determinar à autoridade coatora de se abster da prática de qualquer ato que culmine na fixação ou imposição de preços para os serviços de praticagem prestados pelos associados do impetrante. [...]" (Mandado de Segurança nº 0012094-20.2014.4.02.5101. Rel. Juiz Federal Firly Nascimento Filho, 5ª Vara Federal do Rio de Janeiro, 7.5.2015).

aos serviços de praticagem, conforme se observa do acórdão prolatado na Apelação Cível/Reexame Necessário nº 0003971-33.2014.4.02.5101,[27] de relatoria do Exmo. Desembargador Federal José Antônio Lisbôa Neiva.

Uma vez levada a questão às instâncias de sobreposição, afirmou a Segunda Turma do Superior Tribunal de Justiça, na oportunidade de julgamento do Recurso Especial nº 1.662.196/RJ, de relatoria do Exmo. Ministro Og Fernandes, a ilegalidade do Decreto nº 7.860/2012 e do tabelamento de preços máximos à atividade de praticagem.

A Corte Cidadã ainda consignou ser "inconcebível, no modelo constitucional brasileiro, a intervenção do Estado no controle de preços de forma permanente, como política pública ordinária, em atividade manifestamente entregue à livre iniciativa e concorrência, ainda que definida como essencial" e que o "limite de um decreto regulamentar é dar efetividade ou aplicabilidade a uma norma já existente, não lhe sendo possível a ampliação ou restrição de conteúdo, sob pena de ofensa à ordem constitucional".[28]

---

[27] "ADMINISTRATIVO. REMESSA NECESSÁRIA E APELAÇÃO CÍVEL. SERVIÇO DE PRATICAGEM. LEI Nº 9.537/1997. DECRETO Nº 7.860/2012. FIXAÇÃO DE PREÇOS MÁXIMOS PELA AUTORIDADE MARÍTIMA. 1. Remessa necessária e apelação interposta contra sentença que julgou procedente o pedido, 'para condenar a ré a se abster da prática de ato que importe na fixação de preço máximo para os serviços de praticagem prestados pela autora, com exceção da possibilidade de intervenção da Autoridade Marítima para a garantia da disponibilidade permanente do serviço, na forma do disposto no art. 14, parágrafo único, II, da Lei 9.537/97'. 2. A regra da livre negociação, com a possibilidade apenas excepcional de fixação dos preços do serviço de praticagem pela Autoridade Marítima, estava prevista na redação original do art. 6º do Regulamento de Segurança do Tráfego Aquaviário em Águas sob Jurisdição Nacional, anexo do Decreto nº 2.596/98, que foi posteriormente modificado pelo Decreto nº 7.680/2012. 3. A possibilidade de fixação de preço do serviço de praticagem pela Autoridade Marítima encontra amparo legal (art. 14, II, da Lei nº 9.537/1997), razão pela qual não há que se falar em ofensa ao princípio da legalidade. 4. Ainda que a livre iniciativa seja a regra no sistema constitucional brasileiro, é inegável que a intervenção do Estado no domínio econômico igualmente encontra amparo na Carta Magna (arts. 173, §4º e 174), especialmente para a correção das chamadas 'falhas de mercado'. No caso em exame, verificada a essencialidade do serviço em questão, bem como a configuração da chamada 'concorrência imperfeita', com a obrigatoriedade de contratação do serviço e oferta restrita de práticos em cada ZP (Zona de Praticagem), justifica-se a intervenção estatal na fixação de preços. 5. Não se pode confundir a livre iniciativa com a liberdade ilimitada dos agentes econômicos em sua atuação no mercado e, no caso concreto, observa-se que a fixação de preços máximos protege o interesse público ante a essencialidade do serviço de praticagem, de forma a coibir a cobrança de valores exorbitantes que encareceriam o comércio e o turismo pela via marítima, prejudicando a economia do país. Precedentes deste Tribunal. 6. Remessa necessária e apelação conhecidas e providas" (TRF2, Sétima Turma Especializada. Apelação Cível/Reexame Necessário nº 0003971-33.2014.4.02.5101. Rel. Des. Fed. José Antônio Lisbôa Neiva, j. 29.3.2017).

[28] REsp nº 1.662.196/RJ. Rel. Min. Og Fernandes, Segunda Turma, j. 19.9.2017. *DJe*, 25 set. 2017.

A seguir translada-se excerto da ementa do acórdão que deu provimento ao Recurso Especial nº 1.662.196/RJ:

> RECURSO ESPECIAL. ADMINISTRATIVO. ATIVIDADE DE PRATICAGEM. LIMITES DA INTERVENÇÃO DO ESTADO NA ORDEM ECONÔMICA. FIXAÇÃO DE PREÇOS MÁXIMOS PELA AUTORIDADE MARÍTIMA. VIOLAÇÃO DO PRINCÍPIO DA RESERVA LEGAL. ALEGAÇÃO DE OFENSA AO ART. 535 DO CPC/1973. NÃO OCORRÊNCIA. [...]
>
> 2. Cinge-se a questão à possibilidade de intervenção da autoridade pública na atividade de praticagem, para promover, de forma ordinária e permanente, a fixação dos preços máximos a serem pagos na contratação dos serviços em cada zona portuária.
>
> 3. Tomando de empréstimo a precisa definição entabulada pela eminente Ministra Eliana Calmon no julgamento do REsp 752.175/RJ, observa-se que o exercício do trabalho de praticagem é regulamentado pela Lei n. 9.537/1997, que, em seu art. 3º, outorga à autoridade marítima a sua implantação e execução, com vista a assegurar a salvaguarda da vida humana e a segurança da navegação, no mar aberto e nas hidrovias, justificando, dessa forma, a intervenção estatal em todas as atividades que digam respeito à navegação.
>
> 4. Denota-se, da própria letra dos arts. 12, 13, 14, e 15 da Lei n. 9.537/1997, que se trata de serviço de natureza privada, confiada a particular que preencher os requisitos estabelecidos pela autoridade pública para sua seleção e habilitação, e entregue à livre iniciativa e concorrência.
>
> 5. A partir do advento da Lei n. 9.537/1997, foi editado o Decreto n. 2.596/1998, que dispõe sobre a segurança do tráfego aquaviário em águas sob jurisdição nacional e regulamenta a questão dos preços dos serviços de praticagem, salientando a livre concorrência para a sua formação, bem como o caráter excepcional da intervenção da autoridade marítima para os casos em que ameaçada a continuidade do serviço.
>
> 6. Posteriormente, editou-se o Decreto n. 7.860/2012, que criou nova hipótese de intervenção da autoridade pública na formação dos preços dos serviços, agora de forma permanente e ordinária.
>
> 7. A interpretação sistemática dos dispositivos da Lei n. 9.537/1997, consoante entendimento desta relatoria, só pode conduzir à conclusão de que, apenas na excepcionalidade, é dada à autoridade marítima a interferência na fixação dos preços dos serviços de praticagem, para que não se cesse ou interrompa o regular andamento das atividades, como bem definiu a lei.
>
> 8. A doutrina e a jurisprudência são uníssonas no sentido de que a interferência do Estado na formação do preço somente pode ser admitida em situações excepcionais de total desordem de um setor de mercado e por prazo limitado, sob o risco de macular o modelo concebido pela CF/1988, com exceção dos casos em que a própria Carta Constitucional instituiu o regime de exploração por monopólio público.

9. É inconcebível, no modelo constitucional brasileiro, a intervenção do Estado no controle de preços de forma permanente, como política pública ordinária, em atividade manifestamente entregue à livre iniciativa e concorrência, ainda que definida como essencial.

10. O limite de um decreto regulamentar é dar efetividade ou aplicabilidade a uma norma já existente, não lhe sendo possível a ampliação ou restrição de conteúdo, sob pena de ofensa à ordem constitucional.

11. Recurso especial a que se dá provimento, para restabelecer a ordem concedida na sentença de piso, a fim de determinar que a autoridade impetrada se abstenha de impor limites máximos aos preços do serviço de praticagem prestado por seus associados, ressalvada a hipótese legalmente estabelecida no parágrafo único do art. 14 da Lei n. 9.537/1997. (REsp nº 1.662.196/RJ. Rel. Min. Og Fernandes, Segunda Turma, j. 19.9.2017. *DJe*, 25 set. 2017)

À sua ordem, o Supremo Tribunal Federal, em juízo de admissibilidade dos recursos extraordinários nº 1.180.758/RJ e nº 1.239.386/RJ, ambos de relatoria do Exmo. Ministro Edson Fachin, entendeu por indissociável o "incursionamento no conjunto fático-probatório constante dos autos e o exame da legislação infraconstitucional aplicável à espécie (Lei Federal 9.537/1997 e Decreto 7.860/2012)",[29] embora os tenha reconhecido por prejudicados, em face da superveniente revogação do Decreto nº 7.860/2012.

Referências

BANDEIRA DE MELLO, Celso Antonio. *Curso de direito administrativo*. 26. ed. São Paulo: Malheiros, 2009.

FURTADO, Lucas Rocha. *Curso de direito administrativo*. 5. ed. Belo Horizonte: Fórum, 2016.

MEIRELLES, Hely Lopes. *Direito administrativo brasileiro*. 22. ed. São Paulo: Malheiros, 1997.

MEIRELLES, Hely Lopes. *Direito administrativo brasileiro*. 42. ed. São Paulo: Malheiros, 2016.

MEIRELLES, Hely Lopes; BURLE FILHO, José Emanuel. *Direito administrativo brasileiro*. 43. ed. São Paulo: Malheiros, 2018.

MERKL, Adolfo. *Teoria general del derecho administrativo*. Granada: Comares, 2004.

---

[29] RE nº 1.239.386/RJ. Rel. Min. Edson Fachin, j. 30.10.2019. *DJe*, 5 nov. 2019.

MOREIRA NETO, Diogo de Figueiredo. *Curso de direito administrativo*. 15. ed. Rio de Janeiro: Forense, 2009.

OLIVEIRA, Rafael Carvalho Rezende. *A constitucionalização do direito administrativo*: o princípio da juridicidade, a releitura da legalidade administrativa e a legitimidade das agências reguladoras. 2. ed. Rio de Janeiro: Lumen Juris, 2010.

OTERO, Paulo. *Legalidade e administração pública*: o sentido da vinculação administrativa à juridicidade. Coimbra: Almedina, 2003.

PIMENTA, Matusalém G. *Responsabilidade civil do prático*. Rio de Janeiro: Lumen Juris, 2007.

SILVA, José Afonso da. *Curso de direito constitucional positivo*. 38. ed. São Paulo: Malheiros, 2015.

ZAGREBELSKY, Gustavo. *El derecho dúctil*. Ley, derechos, justicia, Madrid: Trotta, 2003.

Informação bibliográfica deste texto, conforme a NBR 6023:2018 da Associação Brasileira de Normas Técnicas (ABNT):

MIGUEL FILHO, Theophilo Antonio. A natureza jurídica da remuneração da praticagem e a possibilidade de atribuição de preço máximo pela Autoridade Marítima brasileira. *In*: LEWANDOWSKI, Enrique Ricardo (Coord.). *Direito Marítimo*: estudos em homenagem aos 500 anos da circum-navegação de Fernão de Magalhães. Belo Horizonte: Fórum, 2021. p. 561-597. ISBN 978-65-5518-105-0.

TRIBUNAL MARÍTIMO:
VISITANDO A CORTE DO MAR BRASILEIRA

WILSON PEREIRA DE LIMA FILHO

1   Introdução

Quando nos debruçamos sobre os compêndios do direito, deparamo-nos com uma enormidade e variedade de áreas de atuação, cada uma com suas características e especificidades. Entre estas várias áreas, uma delas carece de atenção especial em um país vocacionado para o mar: o direito marítimo. Neste contexto, é importante perceber que a ligação umbilical do Brasil com o mar é inquestionável. Nosso país foi descoberto pelo mar, e foi nele que se consolidou a sua independência. A nossa vocação marítima não se deve apenas a essas raízes históricas, mas também às próprias características geográficas e geopolíticas de nosso país-continente. Somos uma nação totalmente dependente do mar e demais vias navegáveis. Além de possuir uma localização estratégica na América do Sul, possuímos 7,4 mil quilômetros de litoral, mais de 15.000 km de hidrovias navegáveis, 100 portos (37 marítimos e 63 fluviais) e 128 terminais privados, além dos milhares de navios mercantes transportando riquezas brasileiras que navegam nos mares e oceanos de nosso planeta.

Quando apreciamos as características de nosso país e sua inserção no cenário internacional, um aspecto deve ser tratado com a máxima atenção: a soberania, pilar fundamental do Estado. Dentro deste contexto, aflora o Poder Nacional, uno e indivisível, possuindo cinco expressões que o caracterizam: a política, a econômica, a psicossocial, a militar, a científica e a tecnológica. Podemos, em análise superficial, constatar que o mar está diretamente atrelado a estas cinco expressões, seja nas relações entre nações, na exploração dos recursos advindos do mar e seu subsolo, no transporte marítimo, na geração de empregos, ou na defesa da pátria, atividades sempre permeadas pela busca incessante de novas tecnologias. O Brasil é inviável sem o mar, dele dependendo em todas as expressões do Poder Nacional.

É importante, também, ressaltar que o território nacional se constitui em um dos três elementos basilares do Estado (povo, território e governo), contudo, não se pode olvidar que nele está incluído o mar territorial, onde o Brasil possui jurisdição soberana: são as águas marítimas abrangidas por uma faixa de doze milhas marítimas de largura, medidas a partir da linha de baixa-mar do litoral continental e insular brasileiro tal como indicado nas cartas náuticas de grande escala reconhecidas oficialmente no Brasil. Contudo, há que se ressaltar que existe uma extensa faixa em que o Brasil exerce uma espécie de "soberania econômica", podemos assim dizer, em consonância com o preconizado na Convenção das Nações Unidas sobre o Direito do Mar (Montego Bay – 1982). Neste caso, estão a Zona Contígua, a Zona Econômica Exclusiva (ZEE) e a Plataforma Continental até 350 milhas da costa, espaços marítimos para além de nossas águas territoriais, mas em que o Brasil possui prerrogativas na utilização dos recursos, tanto vivos como não vivos, e responsabilidade na sua gestão ambiental. É importante destacar a complexidade do exercício da soberania em uma região em que, por normas internacionais, é livre a navegação, como são os casos das áreas marítimas supramencionadas.

Assim, por esse precioso quinhão, parte indissociável do Brasil que denominamos Amazônia Azul, trafegam diariamente mais de 1.600 embarcações das mais variadas classes e bandeiras, sejam transportando riquezas, em atividades de apoio marítimo, explorando o leito marinho ou realizando atividades de pesca. Nesta área, o Estado brasileiro, em consonância com o ordenamento jurídico internacional, possui suas próprias leis e normas. Sob a ótica da segurança da navegação, estas normas são estabelecidas pela Marinha do Brasil (MB), que é a Autoridade Marítima brasileira, e são muito claras, abrangentes e dinâmicas: as Normas da Autoridade Marítima, as Normam.

Essas palavras introdutórias são relevantes para que o leitor tenha, de forma cristalina, a percepção da envergadura marítima do país, sua relevância e a complexidade das ações a serem empreendidas para o uso consciente, seguro, e sustentável do nosso mar. Em que pesem as medidas normativas, fiscalizatórias e de conscientização implementadas pelo Estado brasileiro por intermédio da Marinha do Brasil (MB), acidentes ocorrem neste ambiente em que convivem milhares de embarcações. Com o propósito de manter a segurança marítima, a MB instituiu um regramento específico em decorrência dos diferentes tipos de acidentes e fatos da navegação[1] e seus respectivos efeitos. Com isso, está sob a responsabilidade da MB a segurança do tráfego aquaviário em águas brasileiras, cabendo às capitanias dos portos e suas delegacias e agências a efetiva coordenação e o controle das atividades desenvolvidas nos mares e rios e, consequentemente, a investigação[2] apurada dos acidentes e fatos da navegação.

---

[1] "Considera-se fato da navegação: o mau aparelhamento ou a impropriedade da embarcação para o serviço em que é utilizada e a deficiência da equipagem; a alteração da rota; a má estivação da carga [...]; a recusa injustificada de socorro à embarcação em perigo; todos os fatos que prejudiquem ou ponham em risco a incolumidade e segurança da embarcação, as vidas e fazendas de bordo; o emprego da embarcação, no todo ou em parte, na prática de atos ilícitos, previstos em lei como crime ou contravenção penal, ou lesivos à Fazenda Nacional" (Lei nº 2.180/54, Cap. II, art. 15).

[2] Maiores detalhes sobre os referidos inquéritos administrativos, os IAFN, poderão ser obtidos na Normam-09, disponível na página da Diretoria de Portos e Costas na internet: https://www.marinha.mil.br/dpc.

Neste diapasão, em países vocacionados para o mar como o Brasil, é importante que exista uma instituição que disponha de especialistas que possam julgar de forma isenta e com elevado padrão de tecnicismo os acidentes e fatos da navegação, uma vez que, diferentemente de outras áreas, a atividade marítima possui procedimentos, nomenclaturas e regras que exigem conhecimentos bem específicos e, em geral, desconhecidos de grande parte dos julgadores. No Brasil, esta importante instituição é o Tribunal Marítimo (TM), marca registrada de uma nação marítima que valoriza a justiça e a segurança da navegação.

2   Uma história resumida do Tribunal Marítimo

No início da década de 1930, o crescente aumento de acidentes da navegação em águas brasileiras demonstrava a premente necessidade de se estabelecer no Brasil um órgão técnico para avaliação das causas e circunstâncias dos acidentes de embarcações nacionais – onde quer que estejam – e estrangeiras, quando em águas jurisdicionais brasileiras, de maneira a não ficar à mercê das decisões das cortes marítimas estrangeiras. Havia, por conseguinte, uma questão de soberania em pauta.

Sem dúvidas, o fato de maior peso para a criação de um Tribunal Marítimo Administrativo foi o incidente ocorrido no fim da tarde do dia 24.10.1930. O comandante do navio alemão *Baden*, em escala no Rio de Janeiro, decidiu prosseguir viagem para o sul, sem autorização para sair da baía da Guanabara. Ignorando os avisos dados pela Fortaleza de Santa Cruz, continuou sua navegação para fora da barra. Foi quando o Forte do Vigia, localizado no Leme, recebeu ordem para abrir fogo sobre o navio, forçando o seu retorno ao porto. O caso foi julgado pelo Tribunal Marítimo da Alemanha, que concluiu pela precipitação do comandante do navio, bem como pela negligência de nossas fortalezas que bombardearam o *Baden*.

O caso rendeu muitos comentários nos principais jornais da capital, além de grande repercussão internacional. Este fato corroborou ainda mais para criação de um órgão especializado, de modo a não ficarmos à mercê das decisões de órgãos estrangeiros. Em 21.12.1931, por meio do Decreto nº 20.829, criava-se a Diretoria da Marinha Mercante, subordinada diretamente ao Ministério da Marinha. Da mesma forma, em seu art. 5º, foram criados os tribunais marítimos administrativos, subordinados a essa nova diretoria.

Entretanto, o mencionado decreto autorizou apenas a implementação e o funcionamento do Tribunal Marítimo Administrativo do Distrito Federal, enquanto as necessidades do serviço e os interesses da navegação não demonstrassem a conveniência da divisão do território nacional em circunscrições marítimas. Com a finalidade de regulamentar a diretoria recém-criada, foi formada uma comissão para a ativação do Tribunal Marítimo Administrativo do Distrito Federal, incluindo uma subcomissão específica para a elaboração de seu regulamento.

Posteriormente, em julho de 1933, o Decreto nº 22.900 desvincula o Tribunal da Diretoria da Marinha Mercante, passando a ser diretamente subordinado ao ministro da Marinha. Um ano mais tarde, o Decreto nº 24.585, de 5.7.1934, aprova o Regulamento do Tribunal Marítimo Administrativo, data considerada como a de criação do tribunal e na qual se comemora o seu aniversário. Nesse regulamento, abandona-se a ideia de divisão do território nacional em circunscrições marítimas, sendo confirmada a existência de apenas um Tribunal Marítimo, com sede na então capital federal, Rio de Janeiro. O Colegiado da Corte Marítima foi inicialmente composto por um juiz-presidente e cinco juízes, sendo o Contra-Almirante Adalberto Nunes seu primeiro presidente, permanecendo no cargo até 17.7.1935.

3 As atribuições do Tribunal Marítimo

O Tribunal Marítimo, conforme preceitua o art. 1º, da Lei nº 2.180/1954, é um órgão autônomo, com jurisdição em todo o território nacional, auxiliar do Poder Judiciário, vinculado ao Comando da Marinha, e possui duas principais atribuições, previstas no art. 13 da citada lei. A primeira é julgar os acidentes e fatos da navegação, definindo-lhes a natureza e determinando-lhes as causas, circunstâncias e extensão, indicando os responsáveis, aplicando-lhes as penas estabelecidas nesta lei; e propondo medidas preventivas e de segurança da navegação. A segunda – não menos importante – responsabilidade é manter o registro geral da propriedade marítima, das correspondentes hipotecas, demais ônus sobre embarcações brasileiras; e dos armadores de navios brasileiros.

Além das mencionadas acima, outra importante atividade cartorária é o Registro Especial Brasileiro (REB), instituído por intermédio da Lei nº 9.432, de 8.1.1997, constituindo-se em uma medida de apoio e estímulo à Marinha Mercante Nacional e à indústria naval brasileira. A Divisão de Registros estabelece procedimentos padronizados para a execução dos serviços cartoriais de registros e transferências de propriedades marítimas das embarcações, dos registros de armadores; das averbações de ônus; dos registros no REB, bem como de renovações, cancelamentos e averbações em geral, entre outras. Já o PRÉ-REB permite que, na fase da construção das embarcações, em estaleiros nacionais, sejam obtidos incentivos fiscais na compra de chapas, tintas e equipamentos diversos de governo, comunicações e eletrônica. Após sua construção, a embarcação ainda poderá ser inscrita no REB e continuar a usufruir dos incentivos fiscais.

A Portaria nº 6/TM, de 10.4.2015, aprova os modelos de requerimentos e o rol de documentos necessários para registros, averbações, emissão de certidões e 2ª via de documentos no Tribunal Marítimo. Por força de lei, o TM é a única instituição com poder para registrar a propriedade marítima em território nacional.

4 A composição do Colegiado do Tribunal Marítimo

Ao longo de sua história, a competência do Tribunal Marítimo acompanhou a mudança do cenário mundial e, também, de compromissos internacionais firmados pelo Brasil, na qualidade de Estado signatário de muitas convenções e regulamentos na área marítima. Desta maneira, houve por bem modificar sua estrutura organizacional, passando o Colegiado a ser composto por sete juízes, com as seguintes qualificações previstas em lei. A seguir, apresento a sua composição com o nome dos juízes que estão ocupando estes cargos em 2019:

- um presidente, oficial-general do Corpo da Armada da ativa ou na inatividade. Hoje exerce o cargo o Vice-Almirante (RM1) Wilson Pereira de *Lima Filho*;
- dois juízes militares, capitão de mar e guerra ou capitão de fragata, hoje o CMG (RM1) *Sergio* Bezerra de Matos – um do Corpo da Armada, e outro do Corpo de Engenheiros e Técnicos Navais, hoje o CMG (EN-RM1) Geraldo de Almeida *Padilha*; e
- quatro juízes civis, sendo dois bacharéis em direito – um especializado em direito marítimo, na atualidade, o Dr. *Nelson* Cavalcante e Silva Filho, e o outro, em direito internacional público, o Dr. *Marcelo* David Gonçalves; um (a) especialista em armação de navios e navegação comercial, posição ocupada por nossa Juíza Decana, Dra. *Maria Cristina* de Oliveira Padilha; e um capitão de longo curso da Marinha Mercante, desde 2004, o CLC Fernando Alves *Ladeiras*.

Nota-se que ante as qualificações mencionadas, o Colegiado foi composto de forma a abranger todas as áreas do conhecimento imprescindíveis à análise das circunstâncias que envolvem os acidentes e fatos da navegação. Como consequência, as decisões do Tribunal têm valor probatório e se presumem certas, no que diz respeito à matéria técnica, atribuindo uma importância aos acórdãos prolatados, haja vista a especificidade da matéria tratada e a expertise do Colegiado. Com isto, produz uma doutrina de prevenção de acidentes de navegação baseada nos casos julgados que subsidia a legislação, contribuindo, de forma contundente, para a segurança da navegação em águas territoriais e interiores brasileiras.

5 O Tribunal Marítimo e os acidentes e fatos da navegação

Nos últimos anos a quantidade de acidentes e fatos da navegação que geraram inquéritos administrativos sobre acidentes e fatos da navegação (IAFN) e foram transformados em processos no TM tem se mantido dentro de uma média histórica – cerca de 900 por ano.

A seguir apresento a quantidade de processos distribuídos para os juízes nos últimos dez anos:

2009	2010	2011	2012	2013	2014	2015	2016	2017	2018	2019
699	996	1035	1.110	840	810	1.002	930	864	912	630

Fonte: Tribunal Marítimo.
Dados computados até o dia 30.9.2019.

O processo é distribuído através de um sorteio eletrônico, por meio do qual são definidos os juízes relator e revisor. A seguir é analisado pela Procuradoria Especial da Marinha (PEM), que poderá propor a sua representação (denúncia) ou seu arquivamento. Quando apreciamos as estatísticas de tipos de acidentes julgados no TM, constatamos que as maiores quantidades de acidentes da navegação são naufrágios e abalroamentos. Mas é importante o leitor observar que, quando nos referimos a um abalroamento ou naufrágio julgado no TM, pode ser tanto uma plataforma de petróleo como uma moto aquática, tendo em vista que na Corte Marítima se julgam todos os acidentes ocorridos em águas jurisdicionais, independentemente das dimensões da embarcação.

Outro ponto importante é que alguns acidentes e fatos da navegação são acompanhados com muita atenção pelos especialistas do tribunal. Um deles é o escalpelamento, que tem acontecido com maior frequência na Amazônia Ocidental. Há esforços intensos da Marinha do Brasil para reduzir este tipo de ocorrência, tanto na prevenção – com a instalação de protetores de eixo (para evitar que os cabelos longos das mulheres se enrosquem) – como na conscientização das populações ribeirinhas. Pode-se observar que houve uma significativa redução nestes números, mas eles ainda acontecem. A ocorrência de acidentes de mergulho, principalmente, no Nordeste brasileiro, onde a "pesca com compressor" (ilegal) ainda é praticada, também é outro tipo de fato da navegação que tem ocorrido com certa frequência naquela região do país, tendo sido inclusive recomendado pelo TM que se intensificassem as ações conscientizadoras nas colônias de pescadores dos estados nordestinos. O número de pescadores que perderam suas vidas ou sofreram sequelas é ainda bastante importante.

Ao apreciar o quadro a seguir, pode-se ter uma ideia dos principais tipos de acidentes e fatos da navegação julgados na Corte Marítima nos últimos cinco anos:

Acidentes	2014	2015	2016	2017	2018	2019	Total	Percentual de processos julgados
Naufrágio	89	127	151	137	129	122	755	17,23%
Abalroamento	104	96	130	113	95	77	615	14,03%
Colisão	47	56	70	74	60	55	362	8,26%
Incêndio	26	34	46	58	39	22	225	5,13%
Encalhe	37	34	48	32	46	30	227	5,18%
Moto aquática	31	26	28	30	22	29	166	3,79%
Mergulho	9	12	22	13	5	6	67	1,53%
Explosão	8	7	14	10	12	13	64	1,46%
Escalpelamento	5	1	4	2	4	3	19	0,43%
Outros	340	339	161	294	423	325	1882	42,95%
Total	696	732	674	763	835	682	4382	100,00%

Fonte: Tribunal Marítimo.
Dados computados até o dia 30.9.2019.

Nestes 85 anos, o TM já julgou, até setembro de 2019, 31.405 processos relativos a acidentes e fatos da navegação. A Corte Marítima possui um banco de dados importantíssimo que pode ser utilizado não apenas pela Autoridade Marítima, mas também por outros segmentos do governo e pela sociedade em geral. No quadro a seguir, o leitor pode ter uma ideia do crescente número de acidentes julgados, principalmente pelo aumento da quantidade de embarcações que trafegam em nossas águas jurisdicionais, sejam navios mercantes, de apoio marítimo ou de esporte e recreio.

Ano	Julgados	Ano	Julgados	Ano	Julgados
1935	43	1964	158	1993	464
1936	76	1965	159	1994	514
1937	98	1966	232	1995	512
1938	84	1967	190	1996	514
1939	69	1968	159	1997	472
1940	71	1969	228	1998	585
1941	98	1970	272	1999	564
1942	82	1971	284	2000	533
1943	178	1972	314	2001	466
1944	112	1973	418	2002	533
1945	167	1974	422	2003	629
1946	172	1975	414	2004	478
1947	162	1976	464	2005	559
1948	123	1977	726	2006	593
1949	140	1978	585	2007	592
1950	131	1979	526	2008	704
1951	177	1980	418	2009	698
1952	137	1981	309	2010	637
1953	169	1982	360	2011	892
1954	188	1983	283	2012	967
1955	194	1984	242	2013	890
1956	203	1985	381	2014	696
1957	256	1986	379	2015	732
1958	163	1987	424	2016	674
1959	174	1988	317	2017	763
1960	175	1989	387	2018	835
1961	164	1990	357	2019	682
1962	146	1991	382	Total	31405
1963	140	1992	345		

Fonte: Tribunal Marítimo.
Dados computados até a ATA nº 7.364, de 25.9.2019.

A existência de um colegiado especializado garante que tais acidentes sejam julgados com uma relevante componente técnica, de forma que seja garantida uma segurança jurídica em nossas águas jurisdicionais. O Poder Judiciário possui, assim, todas as ferramentas para tomar suas decisões em julgamentos afetos a acidentes e fatos da navegação, com o necessário embasamento técnico, utilizando as informações constantes nos acórdãos prolatados pelo Tribunal Marítimo.

6 O Tribunal Marítimo hoje

Acompanhando a evolução da tecnologia da informação (TI), o TM procura disponibilizar uma série de ferramentas para facilitar a interação com o seu público. Na nossa página, os interessados podem encontrar orientações para a entrada de processos, uma coletânea de legislação de interesse, arquivo de portarias, pautas e atas, informações sobre o registro de embarcações e tabela de custas. Ademais, o *Diário Eletrônico do Tribunal Marítimo (e-DTM)* talvez seja um dos mais importantes veículos da página *web* do TM. É o documento oficial que publica as atividades processuais referentes aos processos e serviços decorrentes de acidentes e fatos da navegação e dos atos relativos aos registros e averbações realizados pela Divisão de Registros.

Outro avanço tecnológico de relevância é a implantação de um sistema que viabilizará o trâmite de processos por meio digital. No dia 5.10.2018, o Tribunal Marítimo assinou um Acordo de Cooperação Técnica com o Tribunal Regional Federal da 4ª Região (TRF-4), com o objetivo da cessão de direito de uso, sem custo de aquisição para o TM, do Sistema Eletrônico de Informações (SEI), com a funcionalidade SEI Julgar. O SEI é a base para a implantação do processo eletrônico do TM que está em sua fase final. O sistema foi desenvolvido pelos servidores do TRF-4 e é totalmente parametrizado, o que permitiu uma fácil customização com um menor número de pessoas no projeto. Entre suas capacidades estão o acompanhamento de processos *on-line*, o acesso remoto por meio de diversos tipos de equipamentos e a assinatura de documentos por usuários internos e externos. Vale comentar que os patronos poderão realizar suas petições pela internet. A previsão é que o sistema esteja totalmente operacional no primeiro semestre de 2020. Essas capacidades permitirão o aumento da produtividade e a diminuição do uso do papel no trâmite de processos no TM.

Em 2019, uma importante ferramenta foi disponibilizada com o objetivo de facilitar o acesso pelo público em geral aos resultados dos julgamentos (os chamados acórdãos). Na página do TM na internet, o mecanismo de busca encontra-se disponível. A pesquisa pode ser realizada através do número do processo, nome da embarcação, tipo de acidente ou fato da navegação, nomes dos envolvidos, além de outras funcionalidades. Pode ser acessada pelo computador, *tablet* ou *smartphone*.

Também está disponível para consulta na internet o boletim de acidentes julgados no Tribunal Marítimo. Esta nova ferramenta apresenta, de forma resumida, uma análise dos acidentes julgados a cada trimestre, em que se identificam as falhas, suas causas determinantes, ensinamentos colhidos e recomendações aos navegantes, bem como ações que poderiam ter sido tomadas para evitá-los, sem, contudo, revelar os nomes das embarcações e pessoas envolvidas. Nem todos os acidentes julgados são analisados, somente aqueles que apresentam lições importantes e que sejam passíveis de divulgação para os navegantes.

Dessa forma, o Tribunal contribui para consolidar uma mentalidade de segurança da navegação junto à sociedade em geral e dos condutores de embarcações em particular. O Tribunal possui como pedra basilar que a vida humana é o bem jurídico tutelado mais importante, e neste contexto o seu papel se torna essencial, pois estabelece causas determinantes, circunstâncias e extensão dos acidentes e fatos da navegação, podendo propor, inclusive, medidas preventivas e de segurança da navegação (Lei nº 2.180/1954 – art. 13). Assim, os navegantes podem tomar conhecimento de ocorrências e ações que poderiam ter sido tomadas para evitar acidentes, e, principalmente, a perda de preciosas vidas humanas.

Uma das importantes tarefas do Tribunal Marítimo consiste na aplicação de penalidades aos representados que tenham sido julgados culpados pela egrégia Corte Marítima. Entre as penas passíveis de serem aplicadas encontram-se as medidas educativas concernentes à segurança da navegação. Dentro das inovações recentes, há uma tendência de os juízes substituírem algumas penas pecuniárias por penas educativas que possam trazer benefícios para a segurança ou para a consolidação de uma mentalidade de segurança. No julgamento do dia 25.6.2019, o Juiz Fernando Alves Ladeiras aplicou a pena de medida educativa de fornecer 500 coletes salva-vidas às comunidades carentes da Amazônia, sob orientação e supervisão da Capitania dos Portos da Amazônia Ocidental. Essas medidas trazem benefícios não apenas para as comunidades, mas também para a própria empresa armadora penalizada, que pratica, efetivamente, um ato em prol da segurança.

7 Considerações finais

Por fim, gostaria de relembrar que o Tribunal Marítimo é um órgão autônomo, auxiliar do Poder Judiciário, vinculado ao Comando da Marinha. O atual e os antigos comandantes da Marinha, bem como seus gabinetes, sempre dispensaram especial atenção ao TM, provendo de forma inequívoca recursos orçamentários e de pessoal para o adequado funcionamento de nossa Corte. Em algumas situações as decisões prolatadas no TM subsidiarão juízes e desembargadores em suas decisões, podendo acarretar impactos substanciais em armadores, empresas, aquaviários, seguradoras etc. O seu atual presidente assumiu o cargo em 30.7.2018 e tem o desafio de conduzir os julgamentos de processos dos acidentes e fatos da navegação marítima, fluvial e lacustre, e, ainda, a concessão de: registro da propriedade marítima, de armadores de navios brasileiros, do Registro Especial Brasileiro (REB) e dos ônus que incidem sobre as embarcações nacionais.

Tamanha é a importância das decisões do tribunal que o novo Código de Processo Civil, em seu art. 313, inc. VII, determina a suspensão do processo quando se discutir em juízo questão decorrente de acidentes e fatos da navegação de competência do Tribunal Marítimo. Por lei, a "Corte do Mar" exerce jurisdição sobre todas as embarcações ou a elas equiparadas que arvoram bandeira brasileira e sobre todos os marítimos brasileiros, no Brasil ou em qualquer mar ou via navegável estrangeira ou internacional; sobre qualquer navio ou marítimo estrangeiros, sobre proprietários, armadores, afretadores e demais pessoas, de qualquer nacionalidade nas águas jurisdicionais brasileiras, assim como ilhas artificiais e instalações, sempre respeitando os acordos firmados pelo Brasil e as normas de direito internacional.

Como apresentado, o Brasil é uma nação vocacionada para o mar, sendo essencial que os brasileiros cada vez mais reconheçam sua relevância e, neste contexto, é importante que a navegação em nossas águas jurisdicionais se mantenha cada vez mais segura. A MB trabalha diuturnamente nesse sentido, contando com a atuação constante da única Corte Marítima de nosso país, seja no julgamento de acidentes da navegação ou no registro de embarcações, que segue honrando o seu lema: Tribunal Marítimo, trabalhando pela justiça e segurança da navegação!

Referências

BARBOSA, Murillo de Moraes Rego Corrêa. *A Convenção das Nações Unidas sobre o Direito do Mar*. Brasília: EMA, 1997. 19 p.

BRASIL. *Decreto nº 2.256 de 17 de junho de 1997*. Regulamenta o Registro Especial Brasileiro – REB, para embarcações de que trata a Lei nº 9.432, de 8 de janeiro de 1997. Disponível em: https://www2.camara.leg.br/legin/fed/decret/1997/decreto-2256-17-junho-1997-445006-publicacaooriginal-1-pe.html. Acesso em: 24 maio 2019.

BRASIL. *Decreto nº 20.829 de 21 de dezembro de 1931*. Cria a Diretoria da Marinha Mercante e dá outras providências. Disponível em: https://www2.camara.leg.br/legin/fed/decret/19301939/decreto-20829-21-dezembro-1931-519452-norma-pe.html. Acesso em: 24 maio 2019.

BRASIL. *Decreto nº 22.900 de 06 de julho de 1933*. Concede autonomia aos Tribunais Marítimos Administrativos e dá outras providências. Disponível em: https://www2.camara.leg.br/legin/fed/decret/1930-1939/decreto-22900-6-julho-1933-522521-publicacaooriginal-1-pe.html. Acesso em: 24 maio 2019.

BRASIL. Escola Superior de Guerra. *Fundamentos do Poder Nacional*. Rio de Janeiro: ESG, 2019.

BRASIL. *Lei nº 2.180 de 5 de fevereiro de 1954*. Dispõe sobre o Tribunal Marítimo. Disponível em: http://www.planalto.gov.br/ccivil_03/Leis/L2180.htm. Acesso em: 24 maio 2019.

BRASIL. *Lei nº 9.432, de 08 de janeiro de 1997*. Lei de Transporte Aquaviário. Dispõe sobre a ordenação do transporte aquaviário e dá outras providências. Disponível em: http://www.planalto.gov.br/ccivil_03/LEIS/L9432.htm. Acesso em: 24 maio 2019.

BRASIL. *Lei nº 9.537, de 11 de dezembro de 1997*. Lei de Segurança do Tráfego Aquaviário – LESTA. Dispõe sobre a segurança do tráfego aquaviário em águas sob jurisdição nacional e dá outras providências. Brasília: Presidência da República, 1997. Disponível em: http://www.planalto.gov.br/ccivil_03/leis/l9537.htm. Acesso em: 24 maio 2019.

BRASIL. Serviço de Documentação da Marinha. Incidente com o navio mercante Baden. *In*: SDM. *Histórico do Tribunal Marítimo*. Rio de Janeiro: SDM, 2004.

BRASIL. Tribunal Marítimo. *Tribunal Marítimo 50 anos*. Rio de Janeiro: Tribunal Marítimo, 1985.

CASELLA, Paulo Borba. 30 anos da Convenção das Nações Unidas sobre o Direito do Mar. *Revista da Escola de Guerra Naval*, Rio de Janeiro, v. 18, n. 2, p. 91-102, dez. 2012.

GONÇALVES, Marcelo David. O Tribunal Marítimo e o valor de seus acórdãos. *Revista Direito Aduaneiro, Marítimo e Portuário*, São Paulo, mar./abr. 2011.

MARTINS, Eliane Maria Octaviano. *Curso de direito marítimo*. 4. ed. Barueri: Manole, 2013. v. I; III.

VIANA, Fernando. A sentença do Tribunal Marítimo e sua eficácia perante o Poder Judiciário. *Justiça & Cidadania*, 20 jul. 2016. Disponível em: https://www.editorajc.com.br/a-sentenca-do-tribunal-maritimo-e-sua-eficacia-perante-o-poder-judiciario/. Acesso em: 25 ago. 2019.

Informação bibliográfica deste texto, conforme a NBR 6023:2018 da Associação Brasileira de Normas Técnicas (ABNT):

LIMA FILHO, Wilson Pereira de. Tribunal Marítimo: visitando a Corte do Mar brasileira. *In*: LEWANDOWSKI, Enrique Ricardo (Coord.). *Direito Marítimo:* estudos em homenagem aos 500 anos da circum-navegação de Fernão de Magalhães. Belo Horizonte: Fórum, 2021. p. 599-615. ISBN 978-65-5518-105-0.

SOBRE OS AUTORES

Alexandre de Moraes
Ministro do Supremo Tribunal Federal. Doutor e Livre-Docente pela Universidade de São Paulo. Professor associado da mesma instituição de ensino.

Antonio Carlos Ferreira
Ministro do Superior Tribunal de Justiça. Conferencista.

Antonio Eduardo Ramires Santoro
Professor associado da Universidade Federal do Rio de Janeiro. Doutor pela Universidade Federal do Rio de Janeiro. Pós-Doutor pela Universidade de Coimbra.

Benedito Gonçalves
Ministro do Superior Tribunal de Justiça. Conferencista.

Caetano Fernandes Augusta Silveira
Oficial da Marinha Portuguesa. Professor na Escola Naval. Mestre em Direito Internacional pela Universidade de Lisboa.

Carmem Lucia Sarmento Pimenta
Juíza-suplente do Tribunal Marítimo. Doutora pela Universidade Católica de Santos. Professora de pós-graduação da Universidade do Estado do Rio de Janeiro.

Duarte Manuel Lynce de Faria
Oficial da Marinha portuguesa. Doutor pela Faculdade de Direito da Universidade de Lisboa e pela Universidade da Extremadura.

Eliane M. Octaviano Martins
Pós-Doutora pela Western Michigan University. Doutora pela Faculdade de Direito da Universidade de São Paulo. Diretora da Maritime Law Academy.

Elton M. C. Leme
Desembargador do Tribunal de Justiça do Rio de Janeiro. Professor da Escola de Administração Pública e de Empresas – Ebape e da Fundação Getulio Vargas. Doutorando em Direito Público da Faculdade de Direito da Universidade de Coimbra, Portugal.

Enrique Ricardo Lewandowski
Ministro do Supremo Tribunal Federal. Doutor e Livre-Docente pela Faculdade de Direito da Universidade de São Paulo. Professor titular da mesma instituição de ensino.

Ilques Barbosa Junior
Almirante de Esquadra. Comandante da Marinha. Autoridade Marítima Brasileira.

Jose Luis Moreira da Silva
Mestre em Direito pela Universidade de Lisboa. Sócio da SRS Advogados.

Luis Felipe Galante
Presidente da Associação Brasileira de Direito Marítimo. Mestre em Direito pela Universidade Gama Filho. Coordenador do curso de pós-graduação em Direito Marítimo da Universidade do Estado do Rio de Janeiro.

Luis Felipe Salomão Filho
Engenheiro Naval e Oceânico pela Universidade Federal do Rio de Janeiro. Perito judicial e arbitral. Consultor.

Luis Manuel Gomes da Costa Diogo
Diretor Jurídico da Direção-Geral da Autoridade Marítima. Auditor de Defesa Nacional (CDN). Representante de Portugal nas Delegações ao *Legal Committee* da *International Maritime Organization*.

Manuel Carlos Lopes Porto
Professor Catedrático das Universidades de Coimbra e Lusíada.

Marcelo David Gonçalves
Juiz do Tribunal Marítimo. Doutor pela Universidade del Museo Social Argentino. Professor Adjunto da Universidade Federal do Estado do Rio de Janeiro.

Marco Aurélio Mello
Ministro do Supremo Tribunal Federal. Exerceu a Presidência do Tribunal Superior Eleitoral e do Supremo Tribunal Federal. Ocupou interinamente a Presidência da República.

Matusalém Gonçalves Pimenta
Pós-Doutor pela Universidade Carlos III de Madri. Doutor pela Universidade Católica de Santos. Professor da Maritime Law Academy.

Miguel Xavier da Cunha Oliveira Judice Pargana
Capitão-de-fragata da Marinha Portuguesa. Licenciado em direito pela Faculdade de Direito da Universidade de Lisboa. Mestre em Direito e Economia do Mar pela Faculdade de Direito da Universidade Nova de Lisboa.

Montserrat Abad Castelos
Professora catedrática e Subdiretora de Departamento da Universidade Carlos III de Madri. Doutora pela Universidade Complutense de Madri.

Nelson Cavalcante e Silva Filho
Mestre em Assuntos Marítimos (Escola de Guerra Naval – EGN). Juiz do Tribunal Marítimo (Titular da Cadeira de Direito Marítimo). Professor de Direito Marítimo.

Paulo Dias de Moura Ribeiro
Ministro do Superior Tribunal de Justiça. Coordenador Científico do curso de Direito da Universidade de Santo Amaro. Professor Titular da Faculdade de Direito de São Bernardo do Campo.

Raphael Magno Vianna Gonçalves
Advogado. Doutor pela Escola de Direito da Sorbonne – Universidade Paris 1, Panthéon-Sorbonne. Pós-Doutor pela Universidade de Nantes.

Ricardo Villas Bôas Cueva
Ministro do Superior Tribunal de Justiça. Mestre pela Universidade de Harvard. Doutor em Direito pela Universidade Johann Wolfgang Goethe.

Theophilo Antonio Miguel Filho
Desembargador Federal do Tribunal Regional Federal da Segunda Região. Doutor em Direito pela Pontifícia Universidade Católica do Rio de Janeiro. Professor adjunto da mesma instituição de ensino.

Wilson Pereira de Lima Filho
Presidente do Tribunal Marítimo. Vice-Almirante da Marinha do Brasil. Diplomado em Política e Estratégia pela Escola Superior de Guerra.

Esta obra foi composta em fonte Palatino Linotype, corpo 10
e impressa em papel Offset 63g (miolo) e Supremo 300g (capa)
pela Gráfica Formato, em Belo Horizonte/MG.